Sommaire abrégé

Le sommaire détaillé est en p. VI.

MW01714855

DANS LA MÊME COLLECTION

Atlas de poche de physiologie, par S. Silbernagl et A. Despopoulos
Atlas de poche d'anatomie, par Ch. Cabrol, W. Kahle, H. Leonhardt et W. Platzer
Atlas de poche d'anatomie en coupes sériées TDM-IRM, par T.B. Möller et E. Reif
Atlas de poche de biochimie, par J. Koolman et K.H. Röhm
Atlas de poche d'embryologie, par A. Drews
Atlas de poche de génétique, par E. Passarge
Atlas de poche d'histologie, par W. Künhel
Atlas de poche de microbiologie, par T. Hart et P. Shears
Atlas de poche en couleurs de pathologie infectieuse, par N.J. Beeching et F.J. Nye
Atlas de poche de cardiologie, par A. Timmis et S. Brecker
Atlas de poche d'hématologie. Diagnostic pratique morphologique et clinique, par H. Theml
Atlas de poche de mycologie, par G. Midgley, Y. Clayton et R.J. Hay
Atlas de poche de pharmacologie, par H. Lüllmann, K. Mohr et A. Ziegler
Atlas de poche des méthodes d'analyse, par G. Schwedt
Atlas de poche des maladies sexuellement transmissibles, par A. Wisdom et D.A. Hawkins

CHEZ LE MÊME ÉDITEUR

Traité de médecine interne Cecil, par J.C. Bennett et F. Plum
Biologie moléculaire de la cellule, par B. Alberts, D. Bray, J. Lewis, M. Raff, K Roberts et J.D. Watson
Immunologie, par J.-F. Bach
Biologie moléculaire et médecine, par J.C. Kaplan et M. Delpech
Principes de biochimie, par A.L. Lehninger, D.L. Nelson et M.M. Cox
Pneumologie, par M. Aubier, M. Fournier et R. Pariente
Maladies du foie et des voies biliaires, 4e Ed., par J.-P. Benhamou et S. Erlinger
Comprendre la physiologie cardiovasculaire, par E.-P. d'Alché
Endocrionologie, nutrition et maladies métaboliques, par J.P. Luton, P. Thomopoulos et A. Basdevant

Pour recevoir le catalogue Flammarion Médecine-Sciences,
Il suffit d'envoyer vos nom et adresse à
Flammarion Médecine-Sciences
4, rue Casimir-Delavigne
75006 PARIS

Vous pouvez également consulter le site internet :
http://www.medecine-flammarion.com

Atlas de poche de physiopathologie

Stefan Silbernagl
Florian Lang

Traduit de l'allemand par
Dominique Duval
Docteur ès Sciences
Directeur de recherche CNRS
Centre Cyceron, Cyclotron bio-médical de Caen

Illustrations de Rüdiger Gay et Astried Rothenburger

Médecine-Sciences
Flammarion
4, rue Casimir-Delavigne, 75006 Paris
www.medecine-flammarion.com

Prof. Dr. med. Stefan Silbernagl
Institut de Physiologie de l'Université de Würzburg
Röntgenring 9
97070 Würzburg, Allemagne
e-mail : silbernagl@mail.uni-wuerzburg.de

Prof. Dr. med. Florian Lang
Institut de Physiologie de l'Université de Tübingen
Département de Physiologie I
Gmelinstraße 5
72076 Tübingen, Allemagne
e-mail : florian.lang@uni-tuebingen.de

Figures et environnement graphique :
Atelier Gay & Rothenburger, Stuttgart

L'édition originale de cet ouvrage a été publiée en allemand sous le titre :
Taschenatlas der Pathophysiologie
© 1998, Georg Thieme Verlag, Rüdigerstraße 14, D-70469 Stuttgart.

© 2000, Flammarion Médecine-Sciences pour la traduction française.
ISBN : 2-257-15075-9
Imprimé en France

Remarque importante : comme chaque connaissance, la médecine est en développement permanent. La recherche et la pratique clinique élargissent nos connaissances, surtout en ce qui concerne les traitements et l'utilisation des médicaments. Chaque fois que sera mentionnée dans cet ouvrage une concentration ou une application, le lecteur peut être assuré que les auteurs, l'éditeur et l'imprimeur ont consacré beaucoup de soins pour que cette information corresponde rigoureusement à **l'état de l'art au moment de l'achèvement de ce livre**.

L'éditeur ne peut cependant donner aucune garantie en ce qui concerne les indications de dose ou de forme d'administration. Chaque **utilisateur** est donc **invité** à examiner avec soin les notices des médicaments utilisés pour établir, sous sa propre responsabilité, si les indications de doses ou si les contre-indications signalées sont différentes de celles données dans cet ouvrage. Ceci s'applique en particulier aux substances rarement utilisées ou à celles récemment mises sur le marché. **Chaque dosage ou chaque traitement est effectué aux risques et périls de l'utilisateur**. Les auteurs et l'éditeur demandent à chaque utilisateur de leur signaler toute inexactitude qu'il aurait pu remarquer.

Les marques déposées ne sont **pas** signalées par un signe particulier. En l'absence d'une telle indication, il ne faudrait pas conclure que le titre d'*Atlas de Poche* corresponde à une marque libre.
Tous les droits de reproduction de cet ouvrage et de chacune de ses parties sont réservés. Toute utilisation en dehors des limites définies par la loi sur les droits d'auteurs est interdite et passible de sanctions sauf accord de l'éditeur. Ceci vaut en particulier pour les photocopies, les traductions, la prise de microfilms, le stockage et le traitement dans des systèmes électroniques.

Avant-propos

À ses débuts la médecine était un mélange singulier de superstitions, d'empirisme et d'observations attentives (Abraham Flexner). La voie vers la médecine moderne est issue des efforts des médecins pour éliminer les superstitions et pour baser les pratiques médicales de moins en moins sur l'empirisme et de plus en plus sur les résultats de la recherche médicale. La physiopathologie est un élément indispensable de ces connaissances de base. Elle décrit les mécanismes qui conduisent des causes primaires au tableau de la maladie par l'intermédiaire de certaines altérations fonctionnelles ainsi que les possibles complications. Cette compréhension permet, lorsque cela est possible, de développer un traitement, de soulager les symptômes du patient et d'éviter les suites dangereuses de sa maladie.

Notre but avec cet atlas de poche de physiopathologie était de fournir aux étudiants des premier et second cycles des études médicales mais également aux médecins et à leurs aides, infirmiers et personnels hospitaliers, une vue d'ensemble associant le texte et l'image du noyau des connaissances de la physiopathologie moderne et de parties de la biochimie pathologique. C'est à nos lecteurs de décider si ce but a été atteint, et nous les prions dès maintenant de bien vouloir nous transmettre leurs observations critiques et leurs suggestions.

Ce livre débute avec les principes de base de la vie cellulaire et de ses altérations comme la division, la mort cellulaire, la croissance tumorale et le vieillissement. Viennent ensuite les descriptions de l'influence de l'altération des équilibres thermiques et énergétiques sur les mécanismes pathologiques du sang, des poumons, des reins, du tractus gastro-intestinal, du cœur et de la circulation, et des maladies métaboliques parmi lesquelles les maladies musculaires, celles touchant les organes des sens ainsi que le système nerveux central ou périphérique. Partant d'un court rappel des principes de physiologie nous avons décrit les causes, le déroulement, les symptômes et les complications du processus de la maladie ainsi que, dans certains cas, les possibilités de traitement. Un choix de références bibliographiques peut aider ceux qui sont intéressés à approfondir et compléter leurs connaissances. Un index détaillé, qui contient aussi la liste des abréviations, doit permettre de trouver rapidement les thèmes et les termes recherchés.

La réussite de cet atlas n'aurait pas été possible sans l'engagement important, la compétence et le professionnalisme extraordinaire de l'équipe graphique, Mme Astried Rothenburger et M. Rüdiger Gay. Nous souhaitons les remercier à nouveau du fond du cœur pour ce travail en commun si productif. Notre reconnaissance va également à la maison d'édition, en particulier MM. les docteurs Jürgen Lüthje et Rainer Zepf pour leur aide bienveillante, Mme Marianne Mauch pour sa grande compétence et son dynamisme comme rédactrice ainsi que Mme Susanne Hauser pour son travail important lors de la fabrication. Mme Annette Ziegler s'est surpassée lors de la composition, et Mme Katharina Völker a écrit et ordonné avec grand soin l'index. Nous remercions également Mme le docteur Heidi Silbernagl qui est restée à nos côtés pendant toutes ces années où le livre était en gestation avec son regard engagé et critique sur nos illustrations et notre manuscrit.

Plusieurs de nos collègues nous ont été d'une grande aide. Parmi ceux-ci nous remercions en particulier le professeur Niels Birbaumer pour ses avis précieux concernant les chapitres sur le système nerveux, les organes des sens et les muscles, mais également les docteurs Michael Gekle, Erich Gulbins, Albrecht Lepple-Wienhues, Carsten Wagner et Siegfried Waldegger. Nous remercions enfin les professeurs Eva-Bettina Bröcker, Andreas Warnke et Klaus Wilms pour l'usage amical de leurs photographies.

Nous espérons maintenant que le lecteur trouvera dans cet atlas ce qu'il y cherche, que ce que nous voulu faire passer dans le texte et les illustrations lui sera compréhensible et qu'il aura plaisir à travailler avec le livre durant ses études et sa vie professionnelle.

Würzburg et Tübingen, août 1998

Stefan Silbernagl et Florian Lang

Table des matières

7 Cœur et circulation S. Silbernagl 176

8 Métabolisme S. Silbernagl 242

9 Hormones F. Lang 256

Naunyn B. Ärzte und Laien. *In* : Gesammelte Abhandlungen II (1862-1908), Würzburg, Stürtz, 1909, p. 1348.
Gerok W. Grundlagen und Grenzen der wissenschaftlichen Medizin. *In* : J Köbberling. Die Wissenschaft in der Medizin, 2e Ed. Stuttgart, Schattauer, 1993, p. 41.

La médecine sera une science
ou ne sera pas.

Bernhard Naunyn, ≈ 1900

La science est une base nécessaire
mais non suffisante
de la pratique médicale.

Wolfgang Gerok, 1993

---

pour Jakob

Stefan Silbernagl

pour Viktoria et
Undine, Karl, Philipp, Lisa

Florian Lang

Croissance et adaptation cellulaires

C'est il y a plus d'un siècle que Rudolf Virchow a, dans sa thèse intitulée *Pathologie cellulaire*, présenté pour la première fois les maladies comme des altérations des événements physiologiques vitaux de la **cellule**. La cellule est la plus petite unité du vivant (Wilhelm Roux), c'est-à-dire que la cellule (et aucune unité plus petite) est capable d'accomplir les fonctions de base de l'organisme, comme le *métabolisme*, les *mouvements*, la *croissance*, la *multiplication* et la *transmission* des caractères héréditaires. Les trois derniers phénomènes ne sont possibles que grâce à la **division cellulaire**, tandis que les cellules qui ne se divisent plus sont encore capables de métabolisme ou de mouvements.

À l'exception des cellules germinales dont la division réductionnelle (*méiose*) s'accompagne d'une division par deux du nombre de chromosomes, la plupart des cellules se divisent après avoir subi au préalable un doublement du nombre de chromosomes : division indirecte du noyau (mitose) associée à la division cellulaire (cytokinèse). Chaque cellule capable de se diviser suit ainsi un **cycle cellulaire** (→ **A**), durant lequel une mitose (durée environ de 0,5 à 2 h) est toujours séparée de la précédente par une **interphase** (durée de 6 à 36 h selon la fréquence des divisions). Le cycle cellulaire est régulé, entre autres, par certaines protéines spécifiques des phases du cycle, les *cyclines*. Celles-ci forment un complexe avec une protéine kinase exprimée pendant toutes les phases nommée cdc2 ou $p34^{cdc2}$. Après la fin de la cytokinèse (= fin de la télophase → **A**), les cellules qui se divisent en permanence (encore appelées cellules labiles, voir ci-dessous) entrent dans la *phase* G_1 (**g**ap phase 1), pendant laquelle elles peuvent atteindre leur taille maximale, se différencier et accomplir les fonctions caractéristiques du type cellulaire auquel elles appartiennent (synthèse d'ARN et donc synthèse protéique élevées). Vient ensuite la *phase S*, d'une durée de 8 heures environ, pendant laquelle le nombre de chromosomes est doublé (synthèse d'ADN élevée). Après la phase suivante, la *phase* G_2, longue de 1 à 2 h (synthèse d'ARN et de protéine importante ; mise en réserve d'énergie pour la mitose à venir ; division du centriole et formation du fuseau achromatique) débute la **mitose** suivante : après la *prophase* (dédifférenciation de la cellule, par ex., perte des microvillosités et de l'appareil de Golgi ; spiralisation des chromosomes) vient la *métaphase* (disparition de la membrane nucléaire, les chromosomes se disposent dans le plan équatorial), puis l'*anaphase* (division des chromosomes et migration vers les pôles) et enfin la *télophase* (formation de la membrane nucléaire). La *cytokinèse* et l'étranglement de la membrane plasmique débutent à la fin de l'anaphase. Commence alors une nouvelle phase G_1.

Les cellules ayant une courte durée de vie, encore appelées **cellules labiles**, poursuivent continuellement ce cycle cellulaire, de façon à remplacer les cellules altérées et à maintenir constant le nombre total des cellules. Parmi les organes dont les cellules sont labiles, on trouve les épithéliums superficiels comme ceux de la peau, de la muqueuse buccale, du vagin et du col, les épithéliums des glandes salivaires, du tractus gastro-intestinal, du canal cholédoque, de l'utérus, celui de la partie basse des voies urinaires ainsi que les cellules de la moelle osseuse. Dans la plupart de ces tissus, les nouvelles cellules proviennent de la division de cellules souches peu différenciées (→ p. 28 *sqq.*). Au cours de ce processus, une cellule fille demeure en général indifférenciée (cellule souche) tandis que l'autre cellule fille se différencie en une cellule ayant perdu la capacité de se diviser, par ex., les érythrocytes ou les granulocytes (→ **A**). Une *division différentielle* de ce type est également un signe caractéristique de la spermatogenèse.

Les cellules de nombreux tissus et organes ne prolifèrent pas en temps ordinaire (voir ci-dessous). De telles **cellules stables, au repos**, entrent après la mitose dans une phase de repos appelée *phase* G_0 (→ **A**). Parmi ces cellules on trouve les cellules parenchymateuses du foie, du rein et du pancréas, ainsi que les cellules du tissu conjonctif ou les cellules mésenchymateuses (fibroblastes, cellules endothéliales, chondrocytes, ostéocytes, cellules musculaires lisses). Ce sont surtout des stimuli particuliers, déclenchés par une surcharge, une lésion ou la réduction d'un organe (par ex., néphrectomie unilatérale ou nécrose tubulaire ; ablation ou nécrose d'une grande partie du foie) ou encore une lésion du tissu (blessure cutanée) qui poussent ces cellules à entrer de nouveau en phase G_1 (→ **A**, **B**). En temps normal, moins de 1 p. 100 des cellules hépatiques se divisent tandis qu'il y en a plus de 10 p. 100 après une hépatectomie partielle.

Le passage de la phase G_0 à la phase G_1 et, de façon plus générale, le déclenchement de la **prolifération cellulaire** nécessite entre autres la liaison de **facteurs de croissance** (*growth factors*, GF) et d'hormones stimulant la croissance à des récepteurs spécifiques situés en général sur la membrane cellulaire, mais qui dans le cas des stéroïdes sont localisés dans le cytoplasme ou dans le ▶

A. Cycle cellulaire

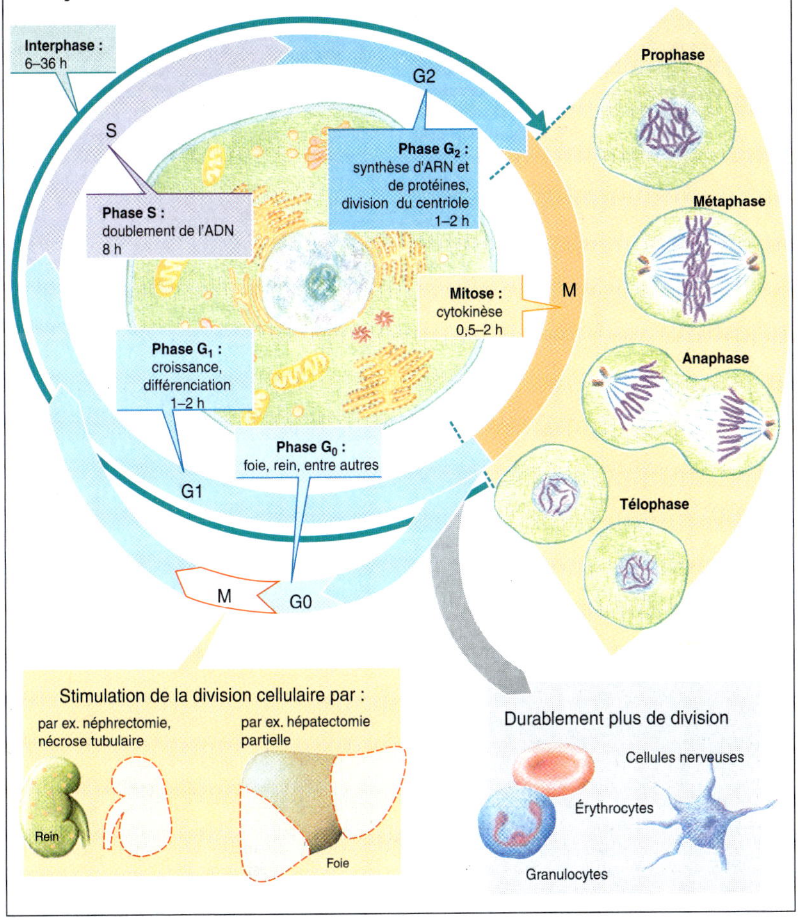

B. Hyperplasie compensatrice

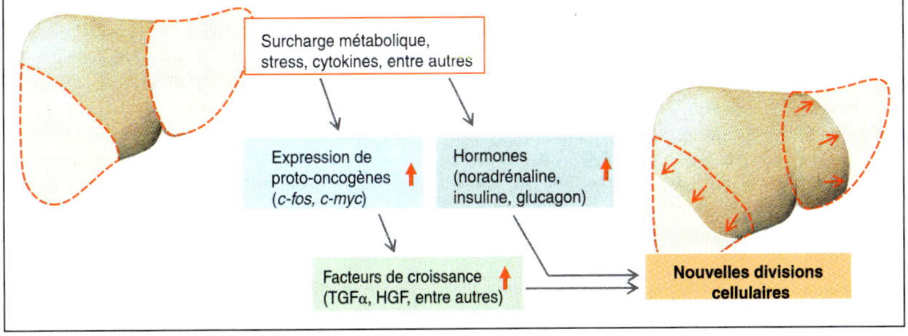

Figure 1-1 **Croissance et adaptation cellulaires**

noyau (→ **C**). Les récepteurs des facteurs de croissance seront alors activés (le plus souvent des activités tyrosine kinases (→ p. 7, A10), ce qui a pour conséquence la *phosphorylation* d'une succession de protéines. Le signal atteint finalement le noyau, la synthèse d'ADN est stimulée et la cellule se divise (→ p. 14). À côté de facteurs de croissance spécifiques d'un tissu donné (comme l'HGF dans le foie), il en existe d'autres avec des spectres d'action plus larges, en particulier l'EGF (*epidermal GF*), le TGFβ (*transforming GF*β), le PDGF (*platelet derived GF*), les FGF (*fibroblast GF*) ansi que certaines cytokines comme l'interleukine 1 et le TNF (*tumor necrosis factor*). On peut observer une **inhibition de la croissance** (→ p. 14), par ex. dans un épithélium où une lésion a été comblée par la division des cellules, lorsque les cellules voisines entrent en contact les unes avec les autres (*inhibition de contact*). La croissance compensatrice du foie (→ **B**) cesse également lorsque la taille originale de l'organe est de nouveau atteinte. Les signaux sont dans ce cas le TGFβ et l'interféron β.

Ce n'est pas essentiellement le fait que la structure initiale du tissu soit rétablie qui bloque la régénération des cellules labiles ou non labiles. Le facteur indispensable est l'intégrité de la **matrice extracellulaire** qui constitue un guide contribuant à la forme des cellules, à leur croissance, à leur migration et à leur différenciation (→ **C**). La matrice extracellulaire se compose de protéines de structure, fibreuses (collagène I, II et V ; élastine) et d'un ciment constitué de glycoprotéines d'adhésion noyées dans un gel de protéoglycanes et de glycosaminoglycanes. Sous forme d'une *membrane basale*, elle borde les cellules épithéliales, les cellules endothéliales et les cellules musculaires lisses (→ **E**). Les *intégrines* sont des protéines de la membrane cellulaire qui relient la matrice extracellulaire au cytosquelette et transmettent à l'intérieur des cellules des signaux de croissance, de migration et de différentiation (→ **C**). Si la matrice est en grande partie détruite, comme c'est le cas dans des lésions sévères (par ex., dans un ulcère de l'estomac [voir p. 144 *sqq.*] ou dans une blessure importante de la peau), le tissu initial sera remplacé par du *tissu cicatriciel* formé par la prolifération des cellules mésenchymateuses et des cellules du tissu conjonctif, demeurées jusque-là au repos (voir ci-dessus).

Lorsque les **cellules** dites **permanentes** ont disparu, elles ne peuvent pas être remplacées, car elles ne sont pas capables de se diviser. Parmi ces cellules on trouve en particulier les cellules nerveuses de l'adulte ; les capacités de régénération des cellules cardiaques et des cellules des muscles squelettiques sont également très limitées chez l'adulte (→ par ex., Infactus du myocarde, p. 220). L'**adaptation** à une variation des besoins physiologiques ou à des situations non physiologiques peut être réalisée par une augmentation ou une diminution du **nombre de cellules** (*hyperplasie* ou *aplasie* ; → **D**, **E**). Cette adaptation peut être déclenchée par voie *hormonale* (par ex., développement des caractères sexuels secondaires, croissance de l'épithélium des glandes mammaires durant la grossesse), ou représenter une *compensation*, comme c'est le cas lors de la cicatrisation d'une blessure ou après une diminution du parenchyme hépatique (→ **B**). Lorsque la **taille de la cellule** se modifie, on parlera d'*hypertrophie* ou d'*atrophie* (→ **E**). Cette adaptation peut aussi être déclenchée par un facteur hormonal ou bien par une augmentation ou une diminution des efforts. Alors que l'utérus subira pendant la grossesse à la fois une hypertrophie et une hyperplasie, la force des muscles squelettiques et du muscle cardiaque ne peut être augmentée que par une hypertrophie. C'est ainsi que les muscles squelettiques vont subir une hypertrophie au cours d'un entraînement (bodybuilding) ou une atrophie en position de repos (jambe plâtrée, perte d'innervation). Une hypertrophie cardiaque se développe dans les sports demandant un débit cardiaque élevé (cyclisme, ski de fond!) ou de façon pathologique, par exemple, chez les patients hypertendus (→ p. 208 *sqq.*). Les cellules atrophiées ne sont pas mortes et peuvent être de nouveau réactivées, à l'exception des cellules permanentes (atrophie cérébrale !). Cependant, ce sont les mêmes voies de signalisation qui conduisent à l'atrophie comme à l'apoptose, la « mort programmée » (→ p. 12), si bien que dans un tissu atrophié un nombre accru de cellules peuvent aussi disparaître (→ **D**).

La **métaplasie** est une transformation réversible d'un type de cellule adulte à un autre (→ **E**). Il s'agit également dans la plupart des cas d'un événement adaptatif. C'est ainsi que l'épithélium intermédiaire de la vessie va être transformé en épithélium aplati par les traumatismes dus à un calcul, la même chose a lieu pour l'épithélium de l'œsophage après un reflux œsophagien (→ p. 136 *sqq.*), ou pour l'épithélium cilié des voies respiratoires exposé durablement à la fumée du tabac. L'épithélium de remplacement peut certes mieux supporter ces efforts non physiologiques, mais les irritations qui entretiennent une métaplasie durable peuvent aussi déclencher le développement de cellules cancéreuses (→ p. 14).

C. Contrôle de la prolifération, de la mobilité et de la différenciation cellulaires

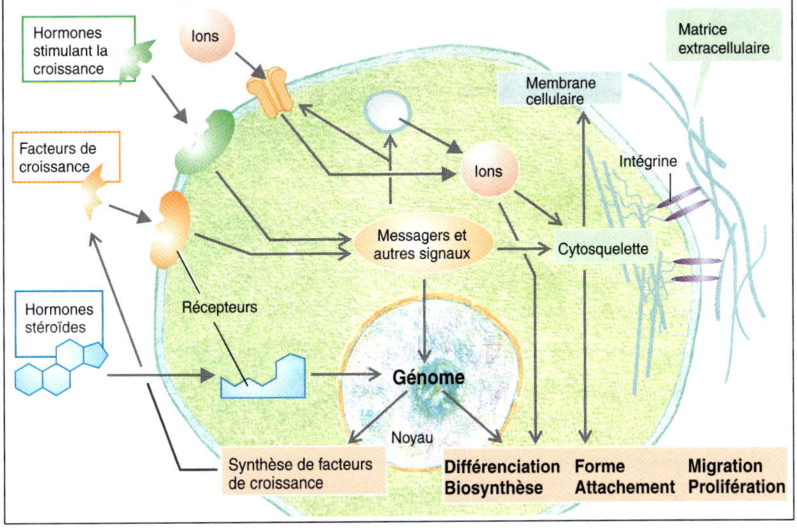

D. Variations des populations cellulaires

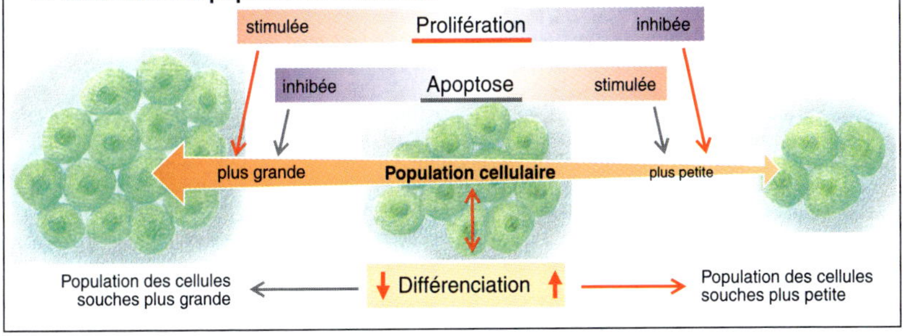

E. Adaptation cellulaire

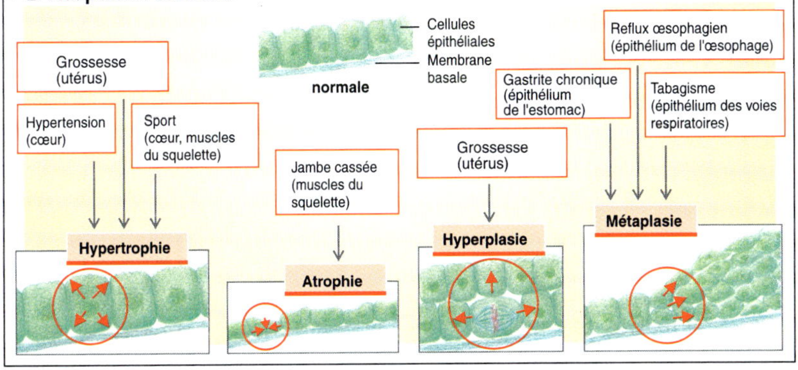

Figure 1-2 Croissance et adaptation cellulaires II

Altérations de la transduction des signaux

Les hormones n'agissent en général pas directement sur les fonctions cellulaires mais par l'intermédiaire de signaux secondaires intracellulaires. Cette transduction des signaux est modifiée dans quelques maladies et peut être influencée par des toxines ou des médicaments déterminés.

Une partie des hormones se lie à des **récepteurs membranaires** (→ **A1-3**). L'interaction hormone-récepteur déclenche le plus souvent par l'intermédiaire d'une **protéine G** (liant les nucléotides guanyliques) la libération d'un **médiateur intracellulaire** (*second messager*), qui transmet le signal hormonal à l'intérieur de la cellule. La même hormone peut, selon les cellules cibles et les récepteurs, déclencher la formation de différents seconds messagers. Des **altérations** se produisent entre autres lorsque le *nombre des récepteurs* est diminué (par ex., *down-regulation* due à l'élévation prolongée de la concentration hormonale), lorsque l'*affinité* du récepteur pour l'hormone est abaissée ou lorsque le couplage à la chaîne intracellulaire de signaux est interrompu (→ **A** : *Défaut des récepteurs*).

Les grandes **protéines G**, hétérotrimériques, se composent de trois sous-unités, α, β et γ. Lorsque l'hormone se lie au récepteur, une molécule de GTP se fixe à la sous-unité α en échange de GDP, et cette sous-unité se dissocie de β. La sous-unité α ainsi activée sera ensuite inactivée de nouveau par déphosphorylation du GTP en GDP (activité GTPase intrinsèque) et réassociation avec la sous-unité β.

Un grand nombre d'**hormones peptidiques** utilisent l'adénosine monophosphate cyclique (**AMPc**) comme second messager : par le biais d'une *protéine G stimulatrice* (G_s), l'*adénylyl cyclase* (AC) sera activée conduisant à une formation accrue d'AMPc (→ **A1**). L'AMPc active une *protéine kinase A* (PKA), qui phosphoryle entre autres des enzymes ou des transporteurs et peut ainsi les activer ou les inactiver. Via la PKA et la phosphorylation d'un élément de réponse à l'AMPc (CREB), l'AMPc peut également moduler l'expression des gènes. L'AMPc sera transformée en AMP non cyclique par des *phosphodiestérases* intracellulaires interrompant ainsi le signal. La corticotropine (ACTH), la lutropine (LH), la thyrotropine (TSH), la prolactine, la somatotropine, une partie des libérines (*releasing hormones*, RH) ou des statines (*release inhibiting hormones*, RIH), le glucagon, la parathormone (= PTH), la calcitonine, l'hormone antidiurétique (ADH, récepteur V_2), la sérotonine (récepteur 5-HT_2), la gastrine, la sécrétine, la dopamine (récepteur D_1), l'histamine (récepteur H_2) et une partie des prostaglandines fonctionnent par exemple via une augmentation de la concentration intracellulaire d'AMPc.

D'autres hormones peptidiques ou des neurotransmetteurs comme par exemple la somatostatine, l'adénosine (récepteur A_1), la dopamine (récepteur D_2), la sérotonine (récepteur 5-HT_{1A}), l'angiotensine II, l'acétylcholine (récepteur M_2) fonctionnent en activant une *protéine G inhibitrice* (G_i) qui bloque l'AC, **diminuant** ainsi **la concentration intracellulaire** d'AMPc (→ **A2**). Quelques hormones peuvent, en se liant à des récepteurs différents, augmenter (adrénaline : récepteur β ; dopamine : récepteur D_1) ou diminuer (adrénaline : récepteur α_2 ; dopamine : récepteur D_2) les concentrations d'AMPc.

La chaîne de signalisation de l'AMPc peut être influencée par des **médicaments** ou des **toxines** : la *cholératoxine* issue de l'agent responsable du choléra et d'autres toxines empêchent l'inactivation de la sous-unité α_s avec pour conséquence une activation incontrôlée de l'AC et donc de canaux chlores AMPc-dépendants. Il se produit alors une sécrétion anormale de NaCl déclenchant ainsi dans la lumière intestinale une diarrhée massive (→ p. 150). La *toxine pertussique*, issue de l'agent responsable de la coqueluche, bloque la protéine G_i, et augmente ainsi, entre autres, la concentration d'AMPc (levée d'inhibition de l'AC). La *forskoline* stimule directement l'AC, tandis que les *dérivés des méthylxanthines*, par exemple la théophylline, inhibent les phosphodiestérases et donc la dégradation de l'AMPc, ce qui entraîne une augmentation de la concentration d'AMPc (→ **A4**). Les dérivés des xanthines sont utilisés sur le plan thérapeutique, par exemple dans les cas d'asthme, pour augmenter la concentration d'AMPc et provoquer ainsi une dilatation des muscles bronchiques.

À côté de l'AMPc, le guanosine monophosphate cyclique (**GMPc**) sert également de second messager (→ **A5**). Le GMPc est formé par une *guanylyl cyclase*. Le GMPc exerce également son action principalement via une activation d'une protéine kinase (*kinase G*). Le facteur atrial natriurétique (ANF) et le monoxyde d'azote (NO) agissent, entre autres, via le GMPc.

L'inositol 1,4,5 triphosphate (IP_3), l'inositol tétrakisphosphate (IP_4) et le diacyl glycérol sont d'autres transmetteurs intracellulaires : une phospholipase C (PLC), présente dans la membrane, va cliver après activation par une protéine G_0, le phosphatidylinositol diphosphate (PIP_2) en IP_3 et DAG. Cette réaction est déclenchée entre autres par l'adrénaline (α_1), l'acétylcholine (récepteur M_1), l'histamine (H_1), l'ADH (récepteur V_1), CCK

(= pancréatozymine), l'angiotensine II, la thyrolibérine, la substance P et la sérotonine (récepteur 5-HT_1). L'**IP_3** libère, entre autres, du Ca^{2+} à partir de stocks intracellulaires. La vidange des stocks ouvre des canaux calciques de la membrane cellulaire (→ **A6**). Par ailleurs, le Ca^{++} peut pénétrer dans la cellule via des canaux stimulés par un ligand. Le calcium par sa liaison à la calmoduline ou par l'intermédiaire d'une kinase calmodulinedépendante (CaM kinase) influence un grand nombre de fonctions cellulaires comme les transports à travers les épithéliums, l'excrétion d'hormones et la prolifération cellulaire. Le **DAG** stimule entre autres la protéine kinase C (PKC), qui est également activée par le Ca^{2+}. La PKC régule à son tour d'autres kinases, des facteurs de transcription (voir ci-dessous), le cytosquelette et l'échangeur Na^+/H^+. Ce dernier conduit à une alcalinisation du cytosol et à une augmentation du volume cellulaire. De cette manière, de nombreuses fonctions cellulaires seront à leur tour influencées comme le métabolisme, l'activité des canaux K^+, la division cellulaire, etc.

La formation d'inositol à partir d'inositol monophosphate sera inhibée par le **lithium** (Li), une molécule à effet antidépresseur (→ **A7**). La protéine kinase C sera activée par les **esters de phorbol** (→ **A8**).

L'**acide arachidonique**, un acide gras polyinsaturé, peut être libéré par une *phospholipase A* à partir des lipides, y compris le DAG (→ **A9**). L'acide arachidonique lui-même exerce quelques effets cellulaires (par ex., sur les canaux ioniques), mais peut également être transformé en *prostaglandines* et *thromboxane* par une *cyclo-oxygénase*. Ces molécules exercent leurs actions via une activation de l'adénylyl cyclase ou de la guanylyl cyclase. L'acide arachidonique peut encore être transformé par la *lipoxygénase* en *leucotriènes*. Les prostaglandines et les leucotriènes jouent un rôle très important par exemple dans les réactions inflammatoires (→ p. 48 *sqq*.). Ces molécules ne jouent pas seulement un rôle de signaux intracellulaires mais également celui de médiateurs extracellulaires (→ p. 296). Les **inhibiteurs de lipoxygénases** et les inhibiteurs de **cyclooxygénases**, souvent utilisés sur le plan thérapeutique (comme anti-inflammatoires et antiagrégants plaquettaires) bloquent la formation des leucotriènes ou des prostaglandines.

L'insuline et un grand nombre de facteurs de croissance activent des **tyrosine kinases** (→ **A10**). Celles-ci en phosphorylant d'autres kinases, des enzymes et des protéines de transport entraînent des actions cellulaires. Les tyrosine kinases peuvent faire partie intégrante du récepteur ou s'associer au récepteur après activation. Les kinases agissent souvent par phosphorylation d'autres kinases et induisent ainsi une *cascade de kinases*. La MAP (*mitogen activated*) kinase est ainsi activée par une autre kinase (MAP kinase kinase). Grâce à cet effet « boule de neige », on obtient une amplification exponentielle des signaux cellulaires. La p38 kinase et la Jun kinase, qui régulent l'expression des gènes, en particulier via des facteurs de transcription, seront également activées par de telles cascades.

D'autres molécules commme les *petites protéines G* (p_{21}Ras) ou les *facteurs de transcription* (par ex., c-Jun, c-Fos, c-Myc, NFκB, AP-1) jouent également un rôle dans la transduction des signaux des facteurs de croissance (→ p. 14) ou dans l'apoptose (→ p. 12).

Les **mutations** des (proto-onco-)gènes des récepteurs pour les facteurs de croissance, des tyrosine kinases, de Ras, de Jun, de Myc en **oncogènes** peuvent favoriser la prolifération autonome des cellules ainsi que le développement de *cellules tumorales* (→ p. 14).

Certains médiateurs (par ex., le *tumor necrosis factor* [TNF] et le ligand CD95[Fas-Apo1]) activent une sphingomyélinase acide, qui clive des *céramides* à partir des sphingomyélines (→ **A11**). Les céramides déclenchent à leur tour une succession d'effets cellulaires, comme l'activation des petites protéines G (par ex., Ras), ou l'activation de kinases ou de phosphatases. Les actions des céramides interviennent entre autres dans la transduction des signaux conduisant à l'apoptose (→ p. 12).

Les **hormones stéroïdes** (par ex., l'aldostérone) n'agissent habituellement pas sur des récepteurs membranaires, mais traversent facilement la membrane cellulaire à cause de leur caractère liposoluble et se lient à des *récepteurs intracellulaires* (→ **A12**). Le complexe hormone-récepteur s'associe à l'ADN du noyau et régule ainsi la synthèse des protéines.

A. Transduction des signaux à l'intérieur de la cellule et altérations possibles

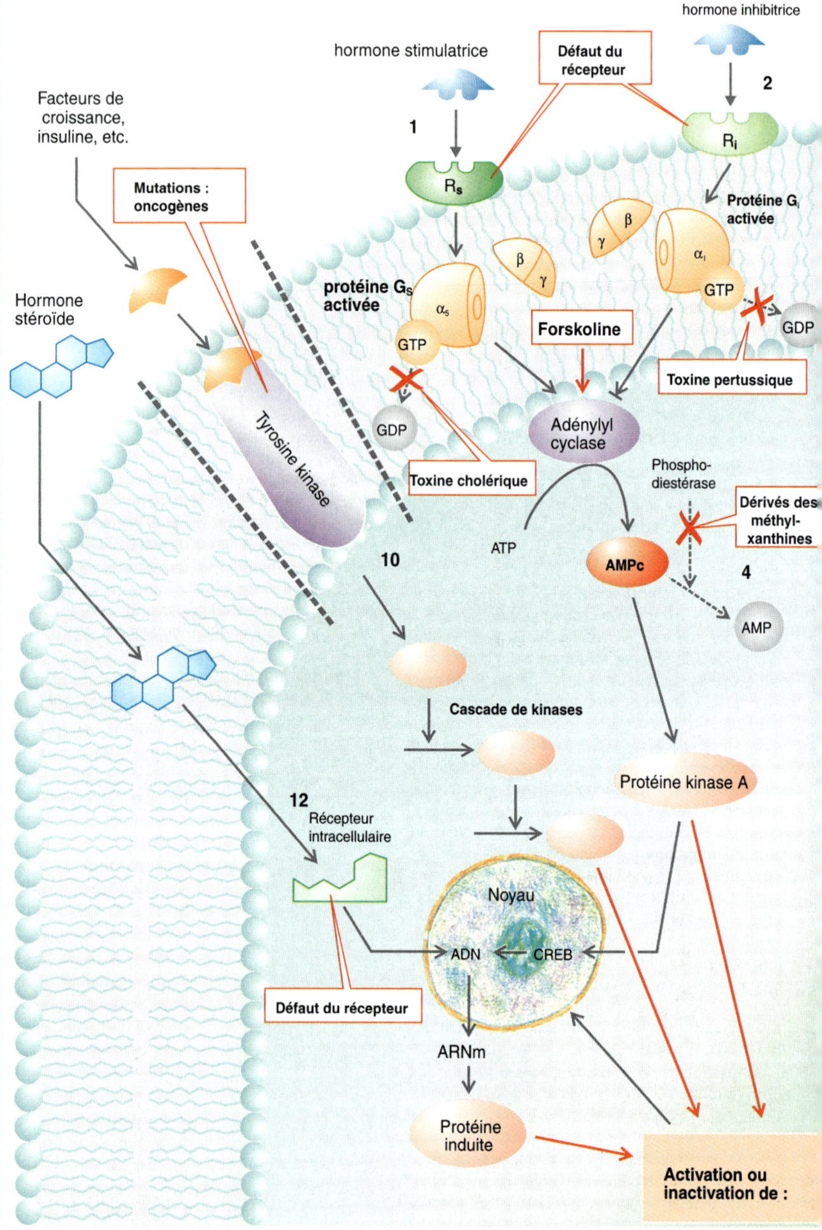

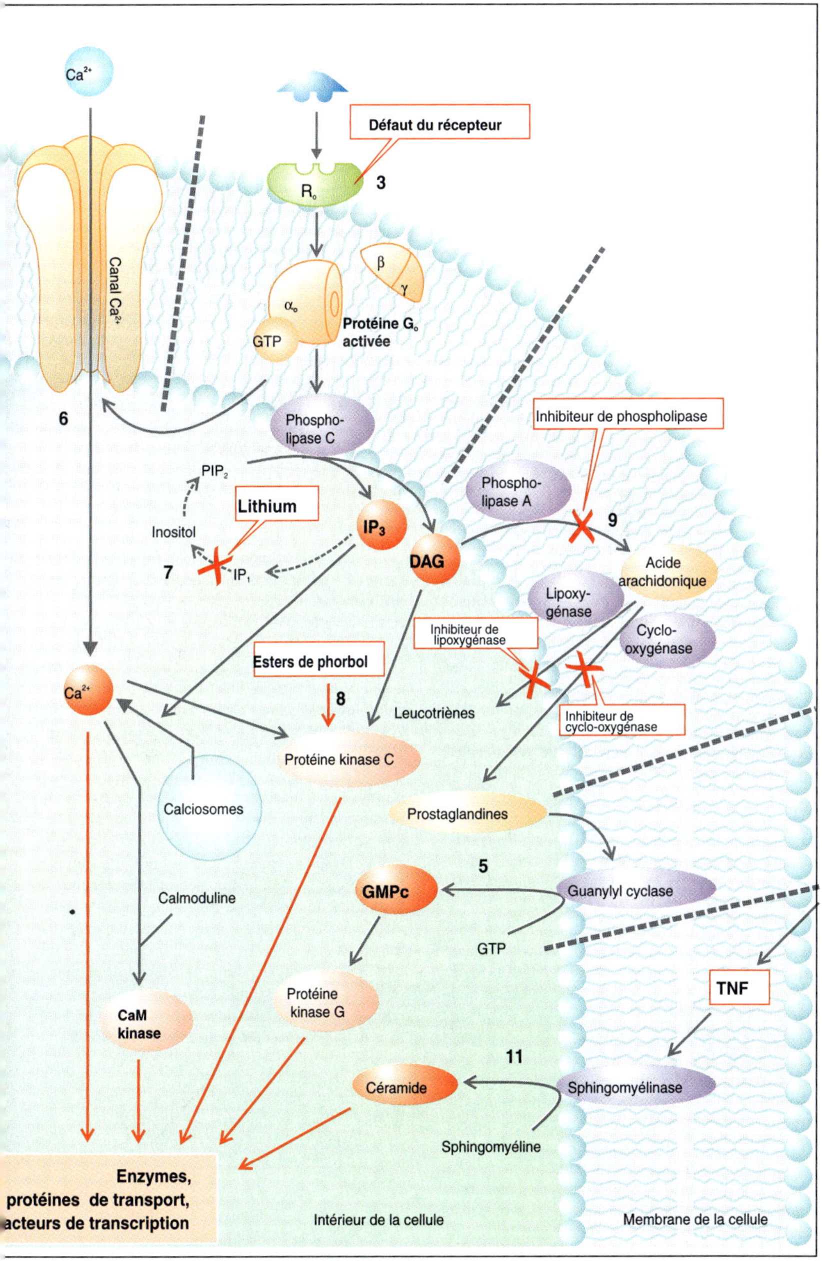

Ca2+
Défaut du récepteur
R0
3
Canal Ca2+
β
γ
α0
GTP
Protéine G0 activée
6
Phospho-lipase C
Inhibiteur de phospholipase
PIP2
Phospho-lipase A
Lithium
IP3
9
Inositol
DAG
Acide arachidonique
7
IP1
Lipoxy-génase
Inhibiteur de lipoxygénase
Cyclo-oxygénase
Esters de phorbol
Ca2+
8
Leucotriènes
Inhibiteur de cyclo-oxygénase
Protéine kinase C
Calciosomes
Prostaglandines
5
GMPc
Guanylyl cyclase
Calmoduline
GTP
TNF
Protéine kinase G
CaM kinase
11
Céramide
Sphingomyélinase
Sphingomyéline
Enzymes, protéines de transport, acteurs de transcription
Intérieur de la cellule
Membrane de la cellule

Mort cellulaire par nécrose

La survie de la cellule est liée au maintien du volume cellulaire et à celui du milieu intérieur (→ **A**). Comme la membrane cellulaire est en général aisément perméable à l'eau et que l'eau suit le gradient osmotique (→ **A1**), la cellule doit pour maintenir son **volume** assurer un équilibre osmotique de part et d'autre de sa membrane. Pour compenser la concentration intracellulaire élevée en protéines ainsi que la prise des substrats organiques qui lui sont nécessaires (par ex., les acides aminés, → **A7**), la cellule va diminuer la concentration cytosolique des ions. C'est le rôle de la Na^+/K^+ ATPase qui pompe du Na^+ hors de la cellule en échange du K^+ (→ **A2**). Normalement, la membrane cellulaire est peu perméable au Na^+ (→ **A3**) mais plus perméable au K^+, de sorte que le K^+ diffuse à nouveau vers l'extérieur (→ **A4**). Ce flux sortant de K^+ génère un potentiel interne négatif (→ **A5**), qui maintenant pousse également le Cl^- hors de la cellule (→ **A6**). Grâce à ce système de transferts ioniques réclamant de l'ATP, la diminution des concentrations cytosoliques de Na^+ et Cl^- (au total environ 230 mOsm/l) est nettement plus importante que l'augmentation de la concentration de K^+ (voisine de 140 mOsm/l).

La réduction de la concentration intracellulaire de Na^+ due à la Na^+/K^+ ATPase n'est pas seulement indispensable à la diminution du gonflement cellulaire, mais le caractère abrupt du gradient électrochimique des ions Na^+ est également utilisé pour une série de **mécanismes de transport**. L'*échangeur Na^+/H^+* (→ **A9**) élimine un H^+ contre un Na^+, l'*échangeur $3Na^+/Ca^{2+}$* un Ca^{2+} contre 3 Na^+ (→ **A8**). Les systèmes de transport couplés au Na^+ permettent aussi le captage (secondairement) actif par la cellule d'acides aminés, de glucose, etc. (→ **A7**). Finalement, la dépolarisation générée par l'ouverture de canaux sodiques (→ **A10**) sert à la genèse et à la propagation des signaux dans le système nerveux ainsi qu'au déclenchement des contractions musculaires.

Comme le Na^+ s'accumule constamment dans la cellule à cause de l'activité des transporteurs du Na^+ et de celle des canaux sodiques, la survie des cellules réclame un fonctionnement constant de la Na^+/K^+ ATPase. On peut aboutir à des **altérations** de cette homéostasie intracellulaire de Na^+, lorsque la capacité de la Na^+/K^+ ATPase est affectée par une **carence en ATP** (ischémie, hypoxie, hypoglycémie). Le K^+ intracellulaire va alors diminuer tandis que le K^+ extracellulaire augmente, dépolarisant la membrane cellulaire et entraînant une entrée de Cl^- dans la cellule et son gonflement (→ **B**). Ces altérations peuvent également se produire si l'approvisionnement énergétique est normal, mais que le flux entrant de Na^+ est tel que la Na^+/K^+ ATPase est débordée. Un grand nombre de substances endogènes (comme par ex., le glutamate, un neurotransmetteur) ou de poisons exogènes (par ex., les oxydants) augmentent les **influx de Na^+** et/ou de **Ca^{2+}** via l'activation des canaux correspondants (→ **B**).

L'augmentation des concentrations intracellulaires de Na^+ conduit non seulement à un gonflement des cellules mais aussi à une altération des échangeurs 3 Na^+/Ca^{2+}, et à une augmentation de la **concentration** cytosolique **de Ca^{2+}**. Le Ca^{2+} déclenche une série de réactions cellulaires (→ p. 6 *sqq.*), entre autres, il pénètre également dans les mitochondries et conduit à une inhibition de la respiration mitochondriale et une carence en ATP (→ **B**).

Lors d'une carence en oxygène, le métabolisme énergétique repose sur la glycolyse anaérobie. La formation d'acide lactique, qui se dissocie en lactate et H^+, est à l'origine d'une **acidose** cytosolique qui interfère avec les activités des enzymes intracellulaires et aboutit ainsi à une inhibition de la glycolyse, tarissant de ce fait cette dernière source d'ATP (→ **B**).

En cas de carence énergétique, la cellule est exposée à un nombre croissant d'**altérations oxydatives**, car les mécanismes de défense cellulaires contre les oxydants (radicaux oxygénés) dépendent de l'ATP (→ **B**). Ces phénomènes entraînent une dégradation de la membrane cellulaire (peroxydation lipidique) et la **libération de macromolécules intracellulaires** dans l'espace extracellulaire. Comme le système immunitaire n'est pas, en temps normal, exposé à ces macromolécules intracellulaires, il ne présente à leur égard aucune tolérance immunitaire. Il se produit alors une activation du système immunitaire et une réaction inflammatoire qui entraînent à leur tour de nouvelles altérations.

Le temps séparant l'interruption de l'apport énergétique de la mort nécrotique dépend de l'intensité de l'influx de Na^+, mais aussi de l'**activité** des cellules excitables ou des capacités de transport des cellules épithéliales par exemple. Comme les canaux sodiques, dépendants du potentiel, des cellules excitables sont activées par une dépolarisation de la membrane cellulaire, la dépolarisation peut accélérer la mort de la cellule.

A. Maintien du volume et du contenu de la cellule en électrolytes

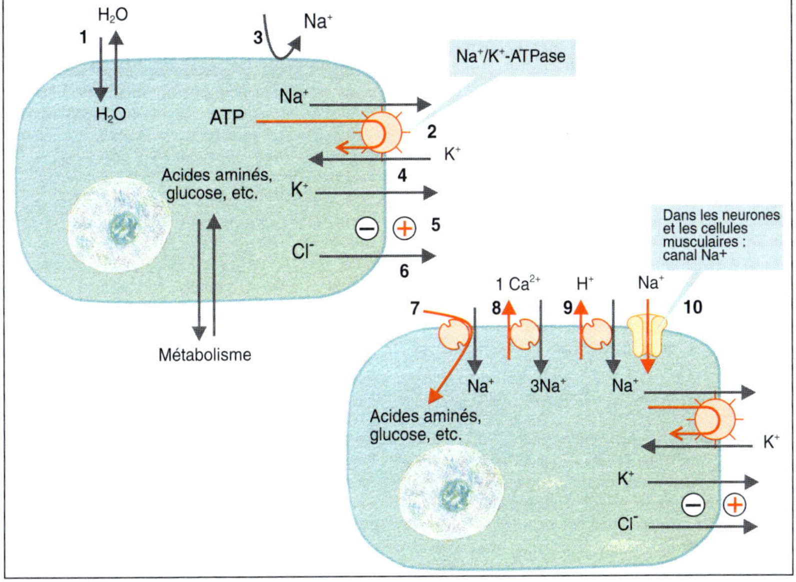

B. Nécrose

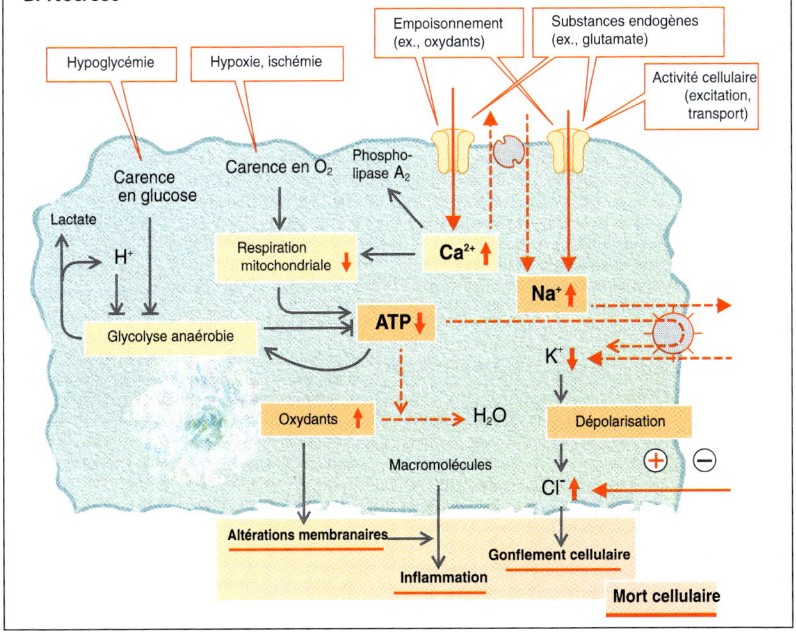

Figure 1-5 **Nécrose**

Mort cellulaire par apoptose

Des centaines de milliards de cellules de notre organisme sont éliminées quotidiennement et remplacées par la division des cellules présentes (→ p. 2 *sqq.*). À l'inverse de la nécrose (→ p. 10), l'**apoptose** est une **mort cellulaire programmée** et un mécanisme physiologique régulé de façon très précise comme l'est la division cellulaire (→ p. 2 *sqq.*, p. 14). Elle sert à l'*adaptation* du tissu à des efforts variables, à l'élimination des cellules devenues superflues lors du *développement embryonnaire* ainsi qu'à l'élimination des *cellules lésées*, comme les cellules tumorales, les cellules touchées par un virus ou les cellules immunocompétentes dirigées contre leurs propres antigènes.

L'apoptose est médiée par une **cascade de signaux** (→ **A**) : des caspases clivant des protéines, activent les sphingomyélinases, qui libèrent un céramide à partir d'une sphingomyéline. On observe, parmi d'autres événements, l'activation de petites protéines G, Ras et Rac, la formation d'O_2^-, l'altération des mitochondries et la libération de cytochrome c. Par l'intermédiaire d'une activation de tyrosine kinases, le céramide entraîne une inhibition de canaux potassiques, une activation de canaux chlore et finalement une acidification de la cellule. Par ailleurs, la cascade des MAP kinases et la concentration cytosolique de calcium jouent un rôle dans l'apoptose.

L'apoptose peut être favorisée (par ex., *bax*) ou au contraire inhibée par certains gènes (par ex., *bcl2*). L'activation d'une *endonucléase* conduit finalement à une coupure (**fragmentation**) de l'ADN. La cellule perd ses électrolytes et ses osmolytes organiques et dégrade ses protéines. Finalement, elle se **rétracte** et se sépare en petites particules (corps apoptotiques) qui seront phagocytées par les macrophages. La cellule va ainsi disparaître sans que son contenu intracellulaire n'ait été libéré et sans avoir déclenché de réaction inflammatoire.

Les **inducteurs d'apoptose** (→ **A**) sont en particulier le *tumor necrosis factor* (*TNF*α), les *glucocorticoïdes*, une activation du récepteur *CD95* (*Fas/Apo1*) ou la *privation en facteur de croissance*. Par l'intermédiaire de la *protéine p53*, les *lésions de l'ADN* favorisent l'apoptose. Lors d'une ischémie par exemple, les cellules touchées expriment parfois le récepteur CD95 et s'exposent ainsi au risque d'apoptose. De cette manière, « elles précèdent le processus de nécrose » et empêchent au moins la libération dans le milieu des macromolécules intracellulaires, qui auraient déclenché une inflammation (→ p. 10).

Dans le cas d'une **apoptose pathologique** (→ **B**), on aboutit à une réduction du nombre des cellules, non planifiée par l'organisme. Ceci peut être dû à la formation locale de puissants médiateurs pro-apoptotiques, à l'expression (erronée) de récepteurs pour ces médiateurs ou au déclenchement de la cascade de signalisation sans intervention des récepteurs. Les mécanismes responsables de ces phénomènes sont par exemple l'*ischémie*, certaines *toxines*, une *rétractation* osmotique massive *des cellules*, un *rayonnement* ou une *réaction inflammatoire* (infection ou maladies auto-immunes). Cette apoptose a pour conséquence une perte exagérée de cellules aux fonctions nécessaires et peut conduire à une insuffisance de l'organe (→ **B**). L'apoptose conduit, par exemple, de cette façon au *rejet d'une greffe*, à un *processus neurodégénératif* (maladie de Parkinson, maladie d'Alzheimer, sclérose latérale amyotrophique, paraplégie, sclérose multiple, etc.) ainsi qu'à une perte des cellules hépatiques due à un processus toxique, ischémique et/ou inflammatoire (*insuffisance hépatique*), à une disparition des cellules β du pancréas (*diabète insulino-dépendant*), des cellules hématopoïétiques (*anémie aplasique*) ou des lymphocytes (immunodépression, par ex., consécutive à une *infection par le VIH*).

Une **diminution pathologique de l'apoptose** conduit à un excès des cellules atteintes (→ **C**). L'origine de cette anomalie peut être, par exemple, une *altération de la régulation endocrine* ou *paracrine*, un *défaut génétique* ou une *infection virale* (par ex., le virus d'Epstein-Barr). Les phénomènes physiologiques d'apoptose peuvent être inhibés par un excès d'un facteur de croissance anti-apoptotique, par la surexpression de Bcl2 par exemple, ou une diminution de l'expression de protéines fonctionnelles comme p53 ou le ligand de CD95. Les cellules atteintes par un virus et ne subissant pas d'apoptose peuvent provoquer des *infections persistantes*. Les cellules qui échappent à l'apoptose peuvent se transformer en *cellules tumorales*. Une apoptose insuffisante de cellules immunocompétentes dirigées contre des structures propres de l'organisme peut être à l'origine de *maladies auto-immunes*. Par ailleurs, un excès de cellules peut provoquer des *altérations fonctionnelles* comme dans le cas d'une formation persistante de progestérone par des cellules du corps jaune ne subissant pas d'apoptose. Finalement, un déficit en apoptose peut provoquer des *altérations du développement embryonnaire* (par ex., syndactylie).

A. Déclenchement et déroulement de l'apoptose

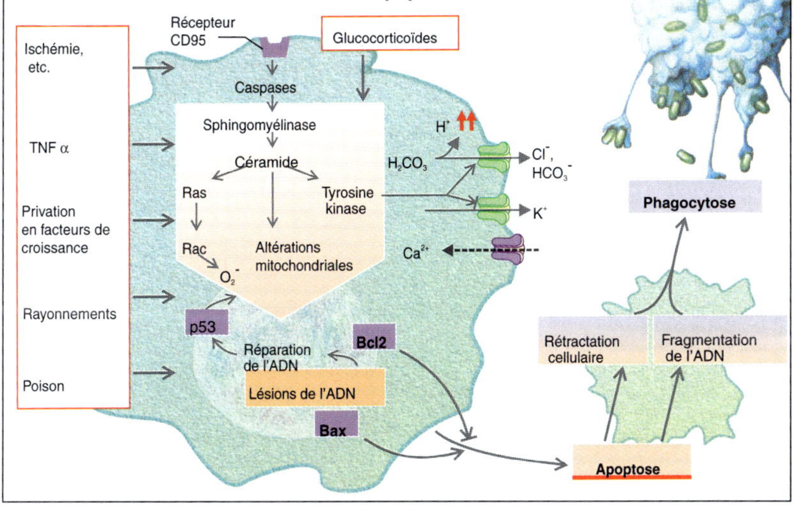

B. Conséquences d'une apoptose induite

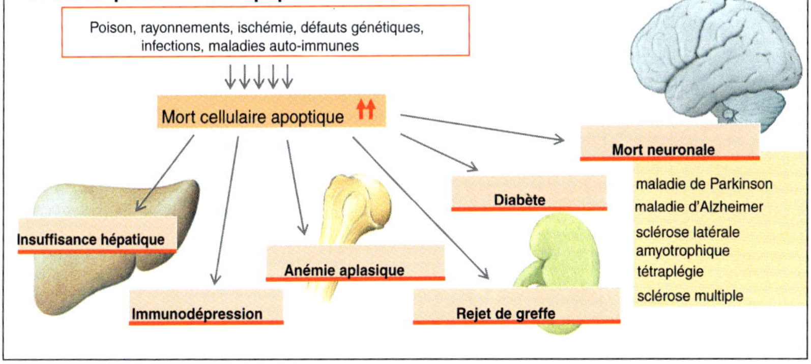

C. Diminution de l'apoptose

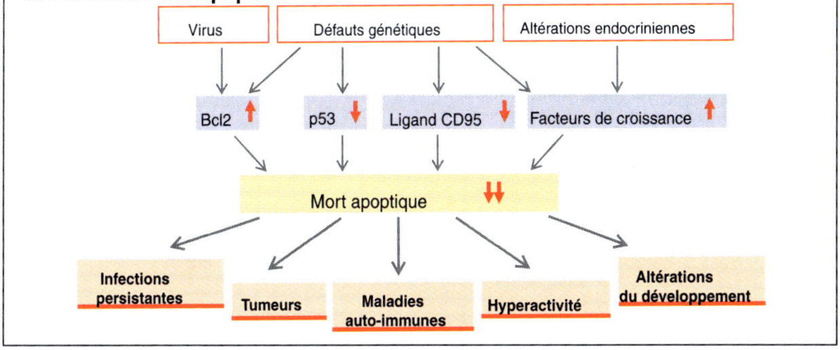

Figure 1-6 **Apoptose**

Formation de cellules tumorales

La régulation précise de la quantité de cellules nécessaire par les divisions cellulaires ou mitoses est assurée par un apport local de facteurs de croissance (→ p. 4). Les **facteurs de croissance** (GF) stimulent des récepteurs situés sur la membrane qui possèdent une activité tyrosine kinase propre ou stimulent des tyrosine kinases (→ **A1**). Grâce à des protéines adaptatrices (GRB_2), le facteur SOS, échangeant GDP contre GTP, vient maintenant se fixer sur certaines phosphotyrosines et active alors la petite protéine G Ras. Ras stimule, via la sérine/thréonine kinase Raf (→ **A2**), une cascade de kinases (cascade des protéines kinase kinase activée par un mitogène, MAPK cascade) et provoque ainsi l'activation de facteurs de transcription contrôlant à leur tour l'expression de gènes nécessaires à la division cellulaire. Les facteurs de transcription importants pour la division cellulaire sont entre autres Fos, Jun, Myc, Myb, Rel, E2F et DP1. Les hormones thyroïdiennes se lient à des récepteurs cytosoliques (ErbA ; → **A3**). Le complexe hormone-récepteur migre dans le noyau cellulaire et stimule également l'expression de gènes et la division cellulaire.

Il existe à côté des mécanismes stimulant la croissance des **facteurs inhibiteurs** qui bloquent en temps normal les divisions cellulaires excédentaires. Ils entrent en jeu, en particulier, lorsque la cellule subit des lésions de l'ADN et qu'une division pourrait alors conduire à des cellules filles présentant des défauts génétiques. Parmi ces facteurs inhibiteurs, on trouve la protéine Rb (protéine du rétinoblastome), qui s'associe aux facteurs de transcription E2F et DP1 et les inactive (→ **A4**). De son côté, Rb est maintenue inactive par son association avec la cycline E et la kinase CDK_2 (= E-CDK_2) ou avec le complexe entre la cycline D et la kinase CDK_4 (= D-CDK_4). C'est de cette façon que E-CDK_2 et D-CDK_4 stimulent la division cellulaire, leur action, cependant, sera levée par la protéine p21, qui est exprimée sous l'influence du facteur de transcription p53, qui inhibe également la division cellulaire (→ **A4**).

Par suite de la *mutation de gènes impliqués dans les phénomènes de prolifération* peuvent apparaître des **oncogènes**, dont les produits, les **oncoprotéines**, sont actifs en l'absence de stimulations physiologiques et peuvent ainsi provoquer des mitoses en l'absence des facteurs de croissance physiologiques. On trouve parmi les oncoprotéines (→ **A**, cases violettes) :

- les *facteurs de croissance*, formés par les cellules tumorales et qui stimulent de façon autocrine leurs propres divisions cellulaires (par ex., Sis, un fragment du PDGF, *platelet derived growth factor*) ;
- les *récepteurs* de l'hormone thyroïdienne (ErbA) ;
- les *récepteurs des facteurs de croissance* (par ex., ErbB pour l'EGF [*epidermal growth factor*] et Fms pour le *monocyte-colony stimulating factor*) ;
- les *tyrosine kinases* (par ex., Abl, Src, Fes) ;
- les *protéines G* (Ras) ;
- les *sérine/thréonine kinases* (par ex., Raf, Mos) ;
- les *facteurs de transcription* (Fos, Jun, Myc, Myb, Rel).

L'inactivation de **Ras** sera, par exemple, accélérée par une protéine GAP, activant une GTPase (→ **B**). Certaines mutations de Ras diminuent sa sensibilité à GAP, et Ras demeure actif.

Les mutations peuvent également entraîner une **altération des protéines inhibant la prolifération.** Une perte de Rb ou de p53 favorise ainsi une prolifération incontrôlée (→ **A5**). Un défaut de p53 inhibe également l'apoptose (→ p. 13 **A**).

Les *cancérogènes* chimiques ou les *rayonnements* peuvent **déclencher des mutations** (→ **A**, à gauche), dans la mesure où des *altérations de la réparation de l'ADN* favorisent la persistance des mutations. Les cellules sont particulièrement sensibles aux mutations durant la mitose ; ceci signifie que les tissus qui prolifèrent sont plus souvent exposés à des mutations que les tissus différenciés. Cela est valable, en particulier, pour les *réactions inflammatoires* et les *lésions tissulaires*, car ces deux processus activent la division cellulaire. Les mutations favorisant les tumeurs peuvent aussi être *héréditaires*. Finalement, des *virus* peuvent aussi introduire des oncogènes dans les cellules cibles (→ **A6**, **B1**) ou stimuler le développement de cellules modifiées via l'inactivation (Rb, p53) ou l'activation (par ex., Bcl2) de protéines cibles spécifiques.

Une seule mutation n'est pas suffisante pour le développement d'une tumeur ; au contraire, *plusieurs mutations* doivent avoir lieu (→ **C2**) avant qu'une cellule ne se transforme en cellule tumorale. Les **promoteurs de tumeur** (par ex., les esters de phorbol, → p. 6) favorisent la prolifération des cellules mutées et donc le développement des tumeurs sans induire eux-mêmes de mutations (→ **C3**).

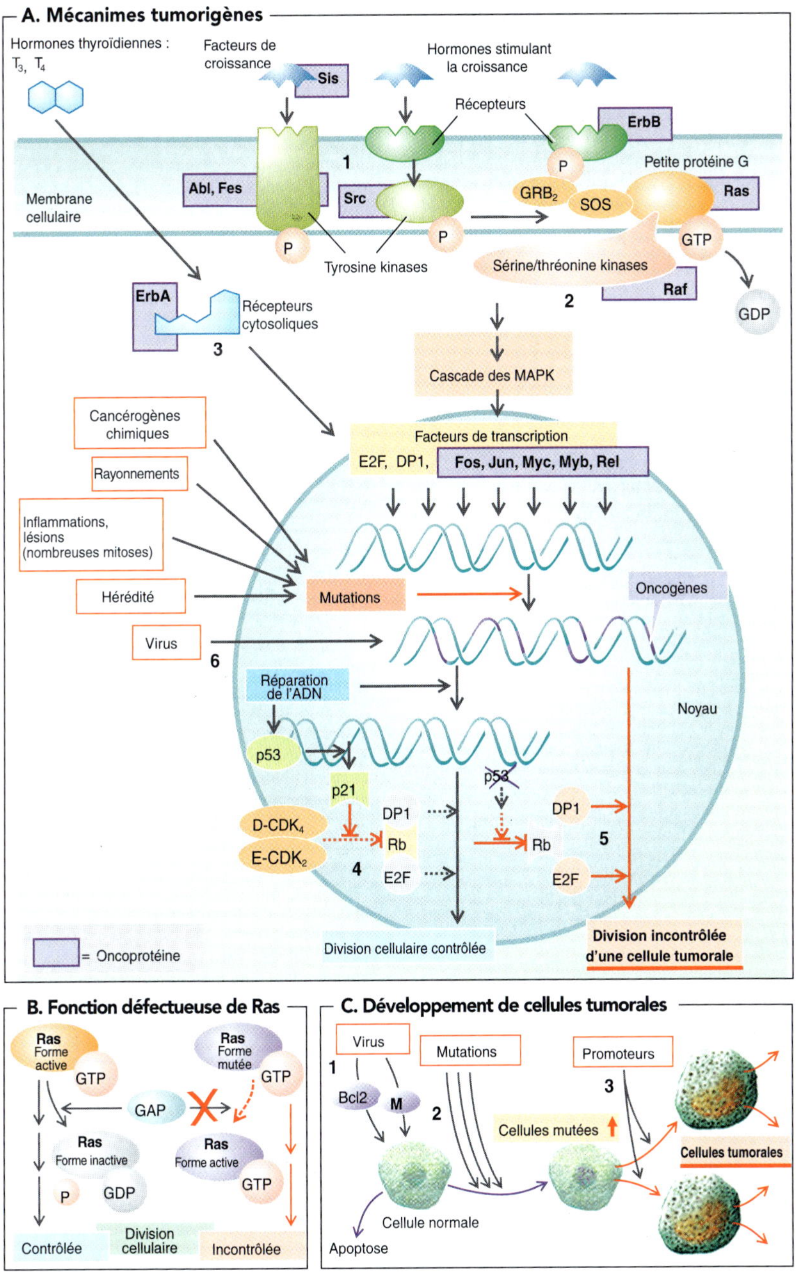

Figure 1-7 Apparition de cellules tumorales

Conséquences d'une tumeur

Au cours d'une division incontrôlée (→ p. 14) les cellules passent par des stades de **dédifférenciation** croissante. Les cellules modifiées seront donc souvent reconnues et éliminées par le **système immunitaire**. Les cellules tumorales peuvent se soustraire à l'action de ces défenses par exemple en exprimant à leur surface les ligands du récepteur CD95 (→ **A1**) et en déclenchant ainsi l'apoptose des lymphocytes (→ p. 12). Un affaiblissement du système immunitaire (par ex., infection par le VIH, → p. 58) favorise la survie des cellules tumorales.

Si les cellules tumorales prolifèrent, il se développe alors une tumeur, dont l'**extension locale** peut déjà avoir des conséquences sévères. Une tumeur cérébrale, par exemple, repousse les neurones voisins et peut ainsi déclencher une épilepsie (→ **A2** et p. 338). Comme la calotte crânienne n'autorise aucune augmentation notable du volume du cerveau, une tumeur au cerveau entraîne finalement une augmentation de la pression intracrânienne qui peut être mortelle (→ p. 358). Un carcinome bronchique peut bloquer l'apport d'air aux alvéoles touchés et provoquer ainsi un collapsus des alvéoles (atélectasie, → p. 72).

Les tumeurs très indifférenciées peuvent essaimer dans d'autres tissus (**Formation de métastases**, → **A3**).

Les cellules tumorales doivent alors se détacher des autres cellules, pénétrer dans les vaisseaux sanguins puis les quitter pour d'autres organes et fonder de nouvelles colonies. Quitter le tissu initial nécessite la capacité de *migrer* et la dégradation des enveloppes du tissu. Ce dernier point sera obtenu grâce à la sécrétion d'enzymes protéolytiques ou la réduction de l'expression ou de l'activité d'inhibiteurs de protéases. Les cellules tumorales passées dans le vaisseau vont rester accrochées dans le lit capillaire voisin. Pour pouvoir quitter la circulation sanguine, elles doivent s'associer à des molécules d'adhésion spécifiques de l'endothélium et se frayer un passage à travers la paroi vasculaire.

Une croissance de la taille de la tumeur ou de ses métastases nécessitent une formation correspondante de capillaires sanguins pour permettre l'approvisionnement en O_2 et en substrats. L'**angiogenèse** est stimulée par la libération de médiateurs et peut être inhibée par des inhibiteurs de l'angiogenèse (angiostatine, endostatine). Dans le cas de tumeurs de grande taille, l'irrigation supplémentaire nécessaire surcharge le système circulatoire (↑ débit cardiaque – DC –, → **B**).

Le **besoin énergétique** des cellules tumorales est souvent couvert par la *glycolyse anaérobie*, en particulier lorsque l'apport en oxygène est insuffisant. Dans ce cas, le rendement énergétique par mole de glucose ne correspond qu'à 5 p. 100 de celui fourni par la dégradation oxydative. Les conséquences en sont une *hypoglycémie* et une *acidose* (→ **B**). L'hypoglycémie stimule la sécrétion de glucagon, d'adrénaline et de glucocorticoïdes qui stimulent la dégradation des graisses et des protéines, entraînant finalement un amaigrissement important du patient : **cachexie tumorale** (→ **B**). Les cellules tumorales peuvent en partie activer la coagulation et/ou la fibrinolyse, aboutissant ainsi à des altérations de l'hémostase ou à des *hémorragies*. Les saignements, les besoins en fer élevés des cellules tumorales ainsi que la cachexie provoquent souvent une **anémie** (→ p. 38).

Les cellules tumorales provoquent souvent des troubles en stimulant fortement des *fonctions caractéristiques du tissu* ou en suscitant des fonctions nouvelles.

C'est ainsi que les plasmocytes tumoraux forment souvent des quantités importantes d'**anticorps**, en général anormaux, qui peuvent entre autres léser les reins (→ p. 102). Au cours de leur dédifférenciation, les cellules tumorales peuvent exprimer des protéines « étrangères » contre lesquelles vont être formés des anticorps. Les anticorps formés par ou contre les cellules tumorales peuvent par exemple bloquer des canaux ioniques ou des récepteurs, déclenchant par exemple une myasthénie (→ p. 304).

Des petites tumeurs localisées dans un tissu endocrinien, ou des tumeurs indifférenciées développées dans un tissu non endocrinien (par ex., les carcinomes bronchiques à petites cellules) peuvent déjà conduire à des **altérations hormonales** massives (→ **B**). L'élévation de la sécrétion hormonale peut déclencher des altérations diverses (→ chap. 9), comme par exemple une augmentation de la pression artérielle, une hyperhydratation hypotonique, un catabolisme accru, une acromégalie, une hypoglycémie, une ostéoporose, une hypercalcémie et des calculs, une polyglobulie, une hyperthyroïdie, une virilisation, une galactorrhée, des diarrhées et des ulcères. Inversement, les hormones pourront être utilisées en tant que marqueur tumoral pour diagnostiquer certaines tumeurs, par exemple la calcitonine (carcinome de la médulla thyroïdienne), les gonadotrophines chorioniques (entre autres cancer des testicules) ou l'ACTH (cancer du poumon).

Lors de l'élimination des cellules tumorales, on observe une **hyperkaliémie** due à la libération du potassium cellulaire, et une **hyperuricémie** provoquée par la dégradation des acides nucléiques (→ **B** et p. 250).

A. Tumeurs : diminution des défenses lymphocytaires, altérations locales et métastases

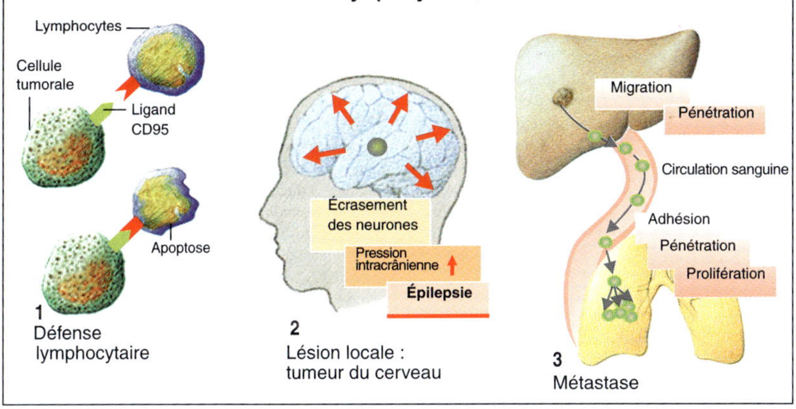

B. Conséquences d'une tumeur

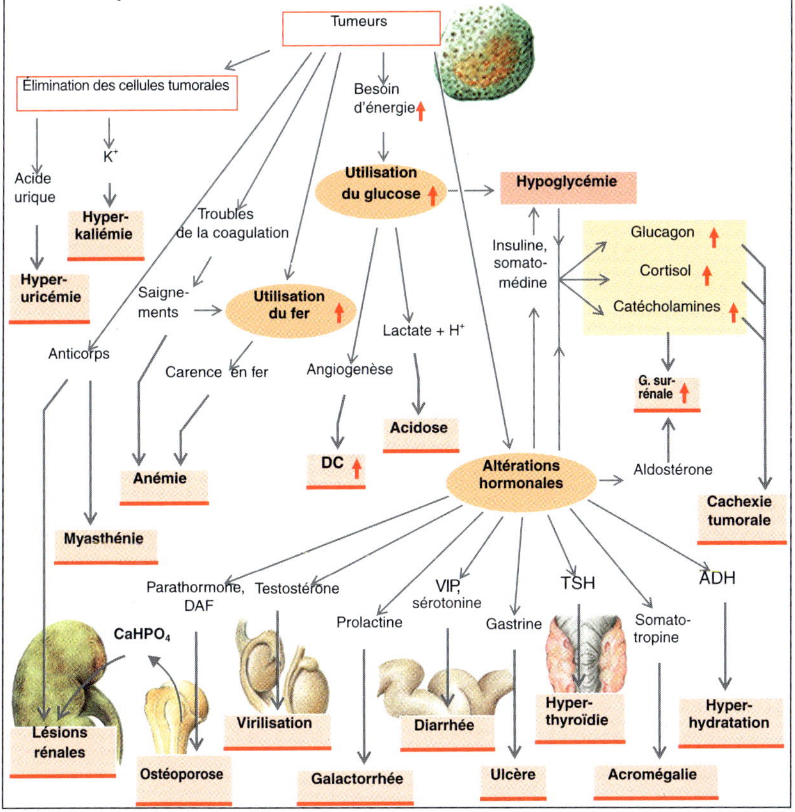

Figure 1-8 **Conséquences d'une tumeur**

Vieillissement et espérance de vie

Le vieillissement est un processus normal et inévitable qui se termine par la *mort*. Alors que l'**espérance de vie moyenne** d'un nouveau-né était il y a 50 000 ans estimée à seulement environ 10 ans et autour de 25 ans dans la Rome antique (→ **A1**), elle atteint aujourd'hui entre 38 ans (en Sierra Leone) et 80 ans (au Japon). Grâce à la diminution de la mortalité infantile et au contrôle de principales maladies infectieuses (chez l'enfant), l'espérance de vie dans les pays industrialisés a augmenté de façon considérable au cours des cent dernières années (par ex., aux États-Unis, de 47 ans jusqu'à 72 chez les hommes et 79 chez les femmes). C'est pourquoi ce sont les maladies des vieillards qui sont aujourd'hui parmi les principales **causes de mortalité** : environ 50 p. 100 pour les accidents cardiovasculaires (hommes > femmes), et 25 p. 100 pour les tumeurs.

Ce sont également les maladies qui nous empêchent d'atteindre notre **espérance de vie maximale**, qui aujourd'hui comme autrefois est d'environ 100 ans (→ **A1**). C'est ainsi que parmi les gens âgés de 98 ans, 10 p. 100 vont encore vivre après 3 ans et encore 0,005 p. 100 après 10 ans (→ **A2**). Le « record du monde » atteint par Jeanne Calment avec ses 122 ans est une exception extrêmement rare.

Les **origines du vieillissement** sont peu claires. Même les cellules isolées en culture « vieillissent » c'est-à-dire cessent de se diviser après un nombre donné de cycles (dans le cas de fibroblastes issus de poumon embryonnaire, après environ 60 cycles, → **B**). Quelques cellules seulement sont « immortelles » (prolifération illimitée, par ex., les cellules germinales, les cellules tumorales et les cellules souches hématopoïétiques). Espérance de vie et vieillissement sont déterminés génétiquement. C'est ainsi que la mutation du gène *age-1* peut doubler l'espérance de vie chez un nématode tandis que celle d'un gène humain codant pour une hélicase de l'ADN peut conduire à un vieillissement prématuré (*progeria adultorum*, syndrome de Werner). Dans le cas de la mutation *age-1*, on observe en particulier une résistance accrue contre les radicaux libres. Plusieurs éléments sont en faveur de l'intervention de **lésions oxydatives** lors du vieillissement, en particulier le fait que les lipides membranaires, l'ADN et les protéines lésés par les radicaux oxygénés s'accumulent en fonction de l'âge et que simultanément l'activité des enzymes anti-oxydants décroît. En revanche, lors d'une déficience de l'hélicase, des mutations somatiques lésant l'ADN s'accumulent, et la longueur des télomères diminue, ce qui réduit la capacité de division des cellules. On a récemment découvert un gène (MORF4), dont l'extinction par mutation rend des cellules immortelles. Si l'on transfecte le gène MORF4 normal dans des cellules cancéreuses (immortelles), elles vont arrêter leur prolifération. L'expression de MORF4 est importante dans des cellules « âgées », et inhibée dans des cellules en division.

De nombreuses **maladies héréditaires** et des **facteurs de risques** (souvent polygénétiques) ont une *influence secondaire* sur l'espérance de vie, par exemple dans le cas de certaines tumeurs. Des études effectuées chez des jumeaux ont cependant montré qu'au moins les deux tiers de la variabilité de l'espérance de vie *ne sont pas génétiquement déterminés*.

Au cours du vieillissement, on observe une **réduction des fonctions de l'organisme** (→ **C**), comme par exemple de la capacité respiratoire, du débit cardiaque, de la captation maximale d'oxygène, du taux de filtration glomérulaire, etc. La masse musculaire et la masse osseuse décroissent tandis que la masse graisseuse augmente, ce qui est essentiellement dû à un *changement endocrinien* (→ **D**). Pour la plupart des gens très âgés (par ailleurs en bonne santé), c'est cette *fragilité* qui devient le facteur limitant. Cette « faiblesse du vieillard » est caractérisée par une diminution de la force musculaire, par un ralentissement des réflexes, par une mobilité réduite, par des altérations de l'équilibre et un manque de résistance. Les conséquences de ces altérations sont des chutes, des fractures, une réduction des activités quotidiennes et une perte d'indépendance. L'origine de cette faiblesse musculaire n'est pas seulement liée aux altérations physiologiques du vieillissement (→ **D**), ou aux processus de détérioration (par ex., lésions des articulations), mais aussi à un manque de mouvements, ce qui donne naissance à un cercle vicieux.

L'origine des *troubles de mémoire* purement liés à l'âge (par ex., problème d'orientation dans un environnement inhabituel) semble être une altération des processus de potentialisation à long terme dans le cortex et l'hippocampe (diminution de la densité des récepteurs glutamatergiques, de type NMDA, dans le gyrus denté). Le fait qu'il y ait au cours du vieillissement normal une perte importante des neurones, analogue à celle observée dans la maladie d'Alzheimer ou dans les déficits circulatoires dus à l'athérosclérose, est aujourd'hui discuté.

A. Espérance de vie

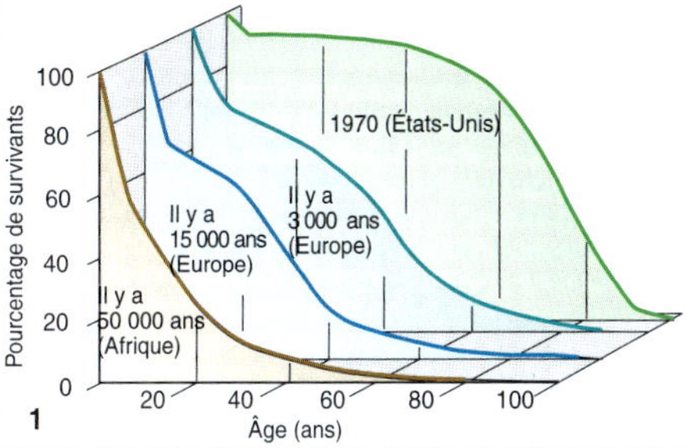

1

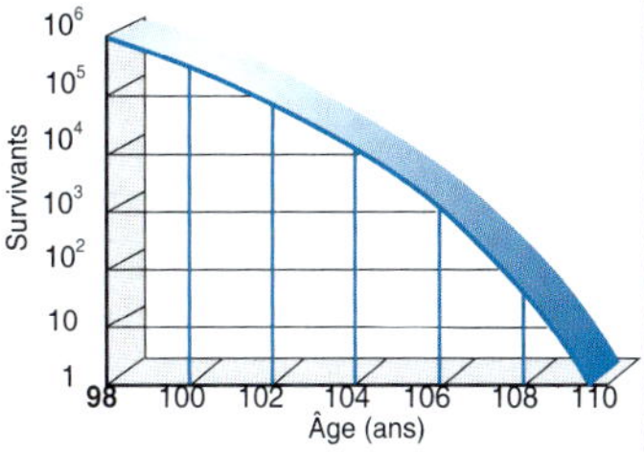

2 Espérance de vie d'un homme de 98 ans

B. Capacité de division de cellules en culture

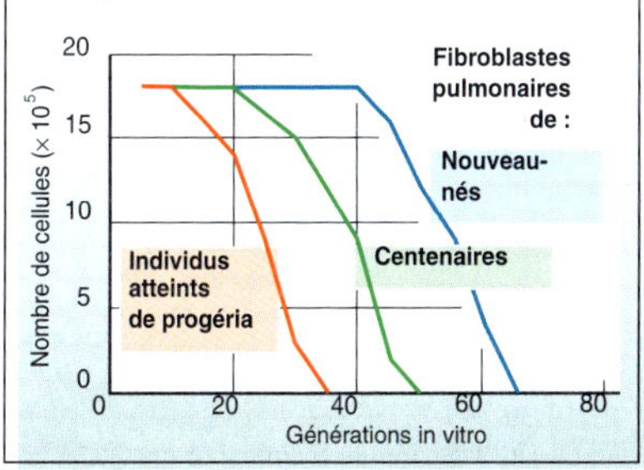

C. Fonctions organiques évoluant avec l'âge

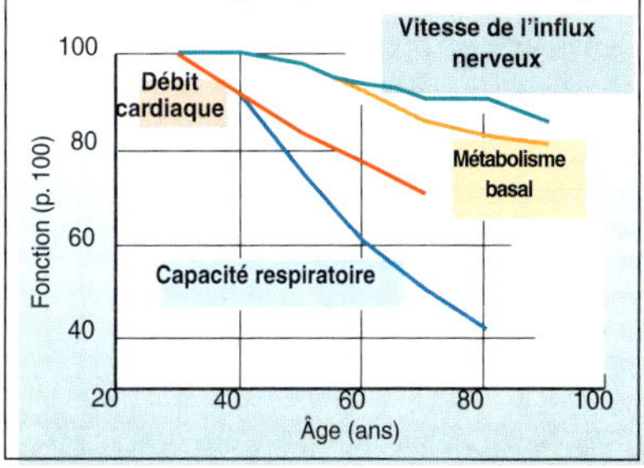

D. Endocrinologie de la personne âgée

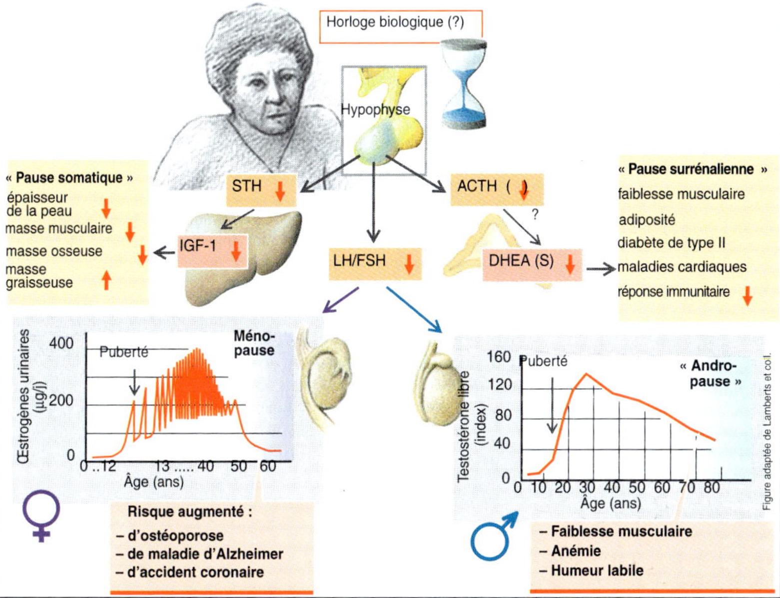

Figure 1-9 Vieillissement et espérance de vie

Fièvre

Le but de la thermorégulation est de maintenir la *valeur réelle* de la température corporelle autour d'une « *valeur de référence* » d'environ 37 °C (avec des variations journalières). Contrairement à l'hyperthermie (→ p. 22), lors d'un accès de fièvre la valeur de référence est augmentée ; dans ce cas, les mécanismes de thermorégulation participent également à la lutte contre cette température élevée (→ **A5**, courbe verte). Ce phénomène est particulièrement visible lors d'une *poussée de fièvre* : à cause du décalage entre la valeur réelle et la valeur de référence, brusquement augmentée, la déperdition de chaleur va être abaissée grâce à une *diminution de la circulation cutanée* provoquant ainsi un refroidissement de la peau (*sensation de froid*). Par ailleurs, la production de chaleur sera augmentée par des frissons (*fièvre accompagnée de frissons*). Ceci va se prolonger jusqu'à ce que la valeur réelle (→ **A5**, courbe rouge) se soit ajustée à l'élévation de la valeur de référence (*plateau*). Lorsque la *fièvre tombe*, la valeur de référence diminue de nouveau, si bien que la valeur réelle est trop élevée et que l'on aboutit à une augmentation de la circulation cutanée avec une *sensation de chaleur* et des suées (→ **A5**).

La fièvre se produit entre autres lors d'infections dans le cadre d'une *réaction de phase aiguë* (→ p. 49 *sqq.*), où des substances provoquant une fièvre (pyrogènes) sont à l'origine d'un « déplacement de la valeur de référence ». Les **pyrogènes exogènes** sont des fragments d'agents pathogènes, parmi lesquels les lipopolysaccharides complexes de la paroi des bactéries à Gram négatif (« endotoxine ») sont particulièrement actifs. Les agents pathogènes ou les pyrogènes sont opsonisés par le complément (→ p. 42 *sqq.*) et phagocytés par des macrophages, par exemple les *cellules de Kupffer* hépatiques, grâce à des récepteurs du complément (→ **A1**). Celles-ci déversent alors de nombreuses cytokines, entre autres les **pyrogènes endogènes**, interleukines 1α, 1β, 6, 8 et 11, l'interféron α_2 et γ, le TNFα (cachexine), le TNFβ (lymphotoxine), et le MIP (*macrophage inflammatory protein*). On admet que ces cytokines (M_r = ~15-30 kDa) parviennent via la circulation sanguine jusqu'aux *organes périventriculaires* qui ne possèdent pas de barrière hémato-encéphalique pour déclencher sur place ou dans l'*aire préoptique* et les *organes vascularisés de la lame terminale* (OVLT) une réaction fébrile par l'intermédiaire de la prostaglandine **PGE_2** (→ **A2**). Les médicaments abaissant la fièvre (*antipyrétiques*) agissent à ce niveau : c'est ainsi que l'acide acétylsalicylique inhibe les enzymes qui catalysent la formation de PGE_2 à partir de l'acide arachidonique (cyclo-oxygénases 1 et 2).

Comme les cytokines citées ci-dessus apparaissent dans les 30 minutes suivant l'induction de la fièvre par une injection intraveineuse de lipopolysaccharides et que cette sécrétion peut en plus être bloquée par une vagotomie sous-diaphragmatique, il semble que les pyrogènes exogènes puissent activer l'aire préoptique et l'OVLT via des *afférences nerveuses* provenant de la cavité abdominale. C'est ainsi que les signaux (cytokines ? PGE_2 ?) libérés par les cellules de Kupffer du foie vont activer les faisceaux afférents du vague situés à proximité, qui vont conduire le signal pyrogène via le noyau solitaire jusqu'aux groupes de cellules noradrénergiques A1 et A2. Ceux-ci vont de leur côté envoyer une projection jusqu'aux neurones générateurs de la fièvre de l'aire préoptique et de l'OVLT, via une fibre ventrale noradrénergique (→ **A3**). La noradrénaline libérée va alors déclencher la formation de PGE_2 et donc une fièvre. Il se produit simultanément une sécrétion d'ADH (action sur des récepteurs V_1), d'α-MSH (*melanocytes stimulating hormon*) et de CRH (corticolibérine), qui vont lutter contre la fièvre (**antipyrétiques endogènes**, → **A4**), via une boucle de rétrocontrôle négatif.

La **fièvre va provoquer** une élévation de la *fréquence cardiaque* (8-12 min^{-1}/°C) et un accroissement des *échanges énergétiques*. Elle s'accompagne également de maux de tête, de frissons, de palpitations (voir p. 49 *sqq.*), d'épisodes plus nombreux de *sommeil à ondes lentes* (qui ont une action réparatrice sur le cerveau) ainsi que le cas échéant de pertes de connaissance et d'hallucinations (*délire fébrile*) ou de convulsions (voir ci-dessous).

L'**utilité de la fièvre** est essentiellement de lutter contre les infections. L'élévation de la température bloque la prolifération de nombreux agents pathogènes et en tue un certain nombre. On observe également une diminution des concentrations plasmatiques de métaux, tels le fer, le zinc et le cuivre, essentiels à la prolifération des bactéries. Finalement, l'apparition de cellules lésées par des virus va déclencher des mécanismes de défense qui finalement vont inhiber la prolifération virale. Pour ces raisons, les antipyrétiques ne doivent être utilisés en général que lorsque la fièvre provoque des **convulsions fébriles** (souvent chez les nourrissons et les enfants) ou grimpe si haut (> 39 °C), que l'on craint ces convulsions.

A. Fièvre

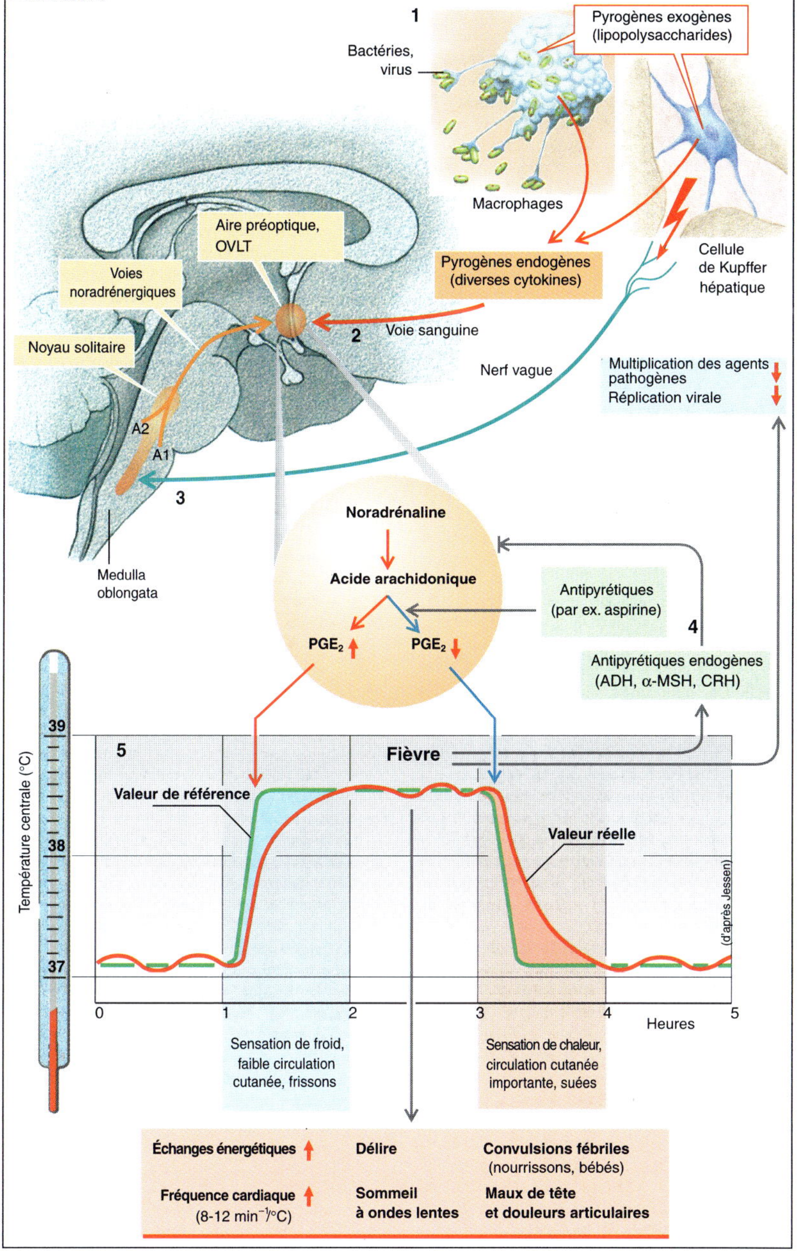

1
Bactéries, virus
Pyrogènes exogènes (lipopolysaccharides)
Macrophages
Cellule de Kupffer hépatique
Aire préoptique, OVLT
Voies noradrénergiques
Noyau solitaire
Pyrogènes endogènes (diverses cytokines)
2
Voie sanguine
Nerf vague
A2
A1
3
Medulla oblongata
Multiplication des agents pathogènes
Réplication virale
Noradrénaline
Acide arachidonique
PGE2
PGE2
Antipyrétiques (par ex. aspirine)
4
Antipyrétiques endogènes (ADH, α-MSH, CRH)
Température centrale (°C)
39
38
37
5
Fièvre
Valeur de référence
Valeur réelle
(d'après Jessen)
0
1
2
3
4
5
Heures
Sensation de froid, faible circulation cutanée, frissons
Sensation de chaleur, circulation cutanée importante, suées
Échanges énergétiques
Fréquence cardiaque (8-12 min⁻¹/°C)
Délire
Sommeil à ondes lentes
Convulsions fébriles (nourrissons, bébés)
Maux de tête et douleurs articulaires

Hyperthermie, lésions dues à la chaleur

Lors d'un effort physique intense (augmentation de la formation de chaleur) et/ou dans un environnement très chaud (diminution de la perte nette de chaleur), les mécanismes thermorégulateurs de l'organisme sont dépassés, en particulier si l'apport en eau est insuffisant et l'atmosphère très humide : la température du corps ne peut plus être maintenue à la *valeur de référence* de 37 °C, qui demeure inchangée, contrairement à ce qui se passe lors d'une fièvre, et on aboutit à une **hyperthermie** (→ **A**, en haut). En position debout, la vasodilatation due à la chaleur maintient une partie de la masse sanguine « emprisonnée » dans les jambes, et la sudation diminue le volume extracellulaire. Ces phénomènes entraînent une diminution du débit cardiaque et de la pression artérielle, la vasodilatation cutanée diminue en particulier les résistances périphériques. Pour une température centrale inférieure à 39 °C, la *diminution de la pression artérielle* peut déjà entraîner une sensation de faiblesse, des étourdissements, des nausées et des évanouissements (**collapsus de chaleur**, → **A1**). On peut faire remonter la pression artérielle en allongeant la personne et en compensant la perte de liquide.

Cela devient beaucoup plus dangereux lorsque la température du corps atteint 40,5 °C, car le cerveau ne supporte pas ces températures. Pour éviter un **coup de chaleur**, le cerveau peut être maintenu de façon préférentielle à une température inférieure à celle du reste du corps : l'augmentation de la température centrale (mais également la déshydratation) déclenche une sudation plus abondante au niveau de la tête et en particulier du visage (→ **A2**). Le sang ainsi refroidi atteint le système veineux endocrânien et le sinus caverneux, où il diminue la température sanguine des artères voisines. C'est seulement de cette manière que l'on peut expliquer qu'un coureur de marathon, dont la température corporelle peut être mesurée pendant une courte période jusqu'à 41,9 °C, ne soit pas atteint par un coup de chaleur.

Lors d'une augmentation de longue durée de la température centrale pour atteindre 40,5 à 43 °C, on observe une *défaillance des centres thermorégulateurs* dans le cerveau médian (→ p. 20), la sudation s'arrête. La personne atteinte est apathique, confuse et perd conscience (**coup de chaleur**). Il se produit un *œdème cérébral* avec des lésions du système nerveux central qui vont provoquer la mort en l'absence d'une aide extérieure rapide. Les enfants sont plus fragiles que les adultes car le rapport surface/masse est plus important dans leur cas, mais leur production de sueur est cependant plus faible. Le *traitement* des sujets atteints d'un coup de chaleur consiste à les placer dans un endroit frais et/ou à les plonger dans de l'eau froide. Il faut cependant faire attention que la surface du corps ne devienne pas trop froide, car la vasoconstriction provoquée par ce refroidissement cutané pourrait freiner la baisse de la température centrale. Les personnes ayant surmonté un coup de chaleur peuvent cependant garder des altérations permanentes des centres thermorégulateurs, qui restreignent par la suite leur tolérance aux températures extrêmes.

L'**hyperthermie maligne** (→ **B**) est une conséquence, potentiellement mortelle, d'affections génétiques hétérogènes touchant les systèmes sarcoplasmiques de transport du calcium et en particulier un canal libérant le Ca^{2+}, connu sous le nom de *récepteur de la ryanodine*. Certains anesthésiques inhalés (halothane, enflurane, isoflurane) ou certains relaxants musculaires dépolarisants (type succinylcholine) déclenchent soudainement dans les muscles squelettiques une *libération* excessive de Ca^{2+} à partir du réticulum sarcoplasmique, provoquant ainsi des contractions généralisées et non coordonnées des muscles accompagnées d'une consommation d'O_2 élevée et d'une énorme production de chaleur. Les conséquences de ce phénomène sont une acidose, une hyperkaliémie, une tachycardie, une arythmie et une hyperthermie d'installation rapide. Si elle est détectée à temps, une hyperthermie maligne peut être traitée avec succès en cessant l'administration de l'anesthésique ou du myorelaxant, grâce à l'administration d'un bloqueur de la libération du calcium (*dantrolène*), et par un refroidissement de l'organisme.

Les **crampes de chaleur** surviennent lors d'un travail physique intense dans un environnement chaud (par ex., un haut fourneau), lorsque l'eau, mais également le chlorure de sodium, perdus avec la sueur, ne sont pas remplacés.

L'**insolation** qui résulte d'une exposition directe de la tête et de la nuque aux rayons du soleil ne doit pas être confondue avec l'hyperthermie. Elle s'accompagne de nausées, d'étourdissements, de maux de tête violents ainsi que d'une hyperémie cérébrale et d'une méningite séreuse et peut éventuellement être mortelle. Le rayonnement ou le contact avec une source de chaleur peuvent provoquer des *brûlures* **cutanées** du premier, second ou troisième degré (rougeurs, formations de cloques ou nécroses). L'exposition prolongée et fréquente au soleil augmente par ailleurs les risques de *mélanomes*.

A. Collapsus, coup de chaleur

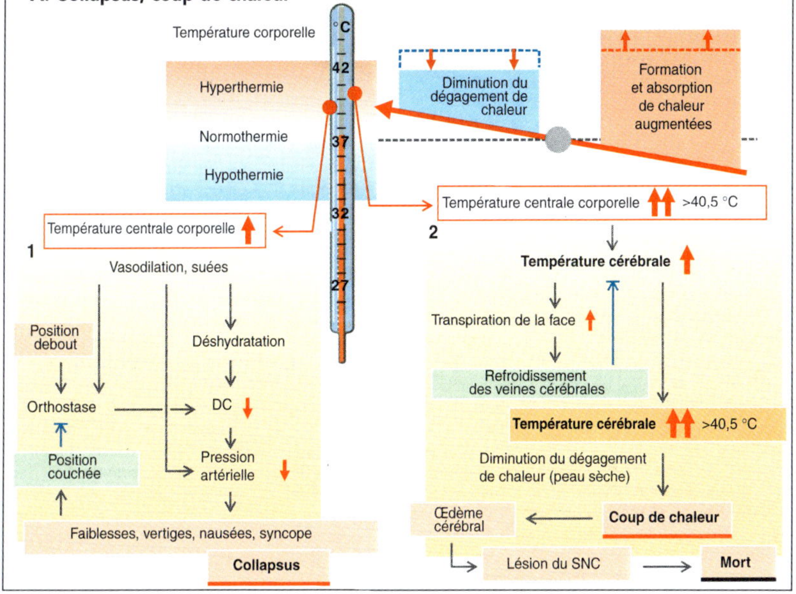

B. Hyperthermie maligne

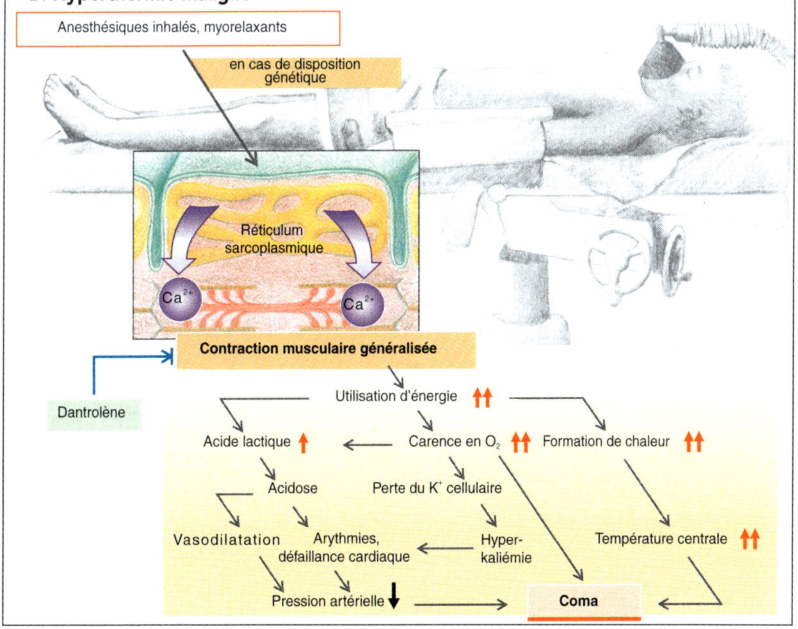

Figure 2-2 **Hyperthermie, lésions dues à la chaleur**

Hypothermie, lésions dues au froid

S'il arrive que la température du corps s'abaisse, une (contre-)régulation se met en place et produit de la chaleur (*frissons* et *mouvements musculaires*) (→ **A**). Les limites étroites de ces mécanismes ne sont habituellement pas franchies car le refroidissement qui s'amorce déclenche une *modification du comportement* (mise à l'abri du vent, habits supplémentaires, sortie de la piscine). Si cette réaction persiste, soit parce que le changement de situation n'est physiquement pas possible, que le danger encouru n'est pas reconnu ou qu'il existe des perturbations neurologiques ou hormonales, on aboutit à une **hypothermie**, avec un refroidissement de la température centrale **en dessous de 35 °C** (→ **A**). Le séjour dans une eau à 5-10 °C peut déjà en 10 minutes entraîner une hypothermie (en fonction du capiton de graisse) ; le port de vêtements mouillés dans un vent violent et une température de l'air voisine de 0 °C peut entraîner en moins d'une heure une hypothermie irréversible. Les plus exposés sont avant tout les *personnes âgées* (amplitude de thermorégulation réduite) et les *jeunes enfants* (voire les *prématurés*), qui présentent un rapport surface/masse corporelle assez important, une production basale de chaleur faible et possèdent une couche de graisse sous-cutanée très mince. Tandis qu'un jeune adulte déshabillé peut maintenir sa température centrale constante grâce à sa production de chaleur basale jusqu'à une température extérieure de 27 °C, un nouveau-né va déclencher une hypothermie dès que la température extérieure descend en dessous de 34 °C.

Les **suites immédiates** et les **symptômes** d'une hypothermie peuvent être divisés en **3 stades** (→ **A**, I-III) :

- **stade d'excitation** (hypothermie modérée, 35-32 °C) : frissons musculaires importants ; le métabolisme basal augmente donc de façon importante, toutes les sources de glucose sont utilisées (hyperglycémie) et l'utilisation d'O_2 s'accroît (multiplication jusqu'à 6 fois). La tachycardie et la vasoconstriction font augmenter la pression artérielle, et la vasoconstriction provoque des douleurs aux extrémités. Dans un premier temps, le patient est bien éveillé mais plus tard il sombre dans l'apathie, sa capacité d'analyse s'amenuise ;
- **stade d'épuisement** (hypothermie massive 32-28 °C) : les sources de glucose s'épuisent (hypoglycémie). On voit apparaître une bradycardie, des arythmies et une dépression respiratoire chez des patients qui ont des hallucinations et se comportent de façon paradoxale. Les sujets sont bientôt sans connaissance et n'éprouvent plus aucune douleur ;
- **stade de la paralysie** (hypothermie sévère, < 28 °C) : coma ; la réaction pupillaire disparaît (dans ce cas il ne s'agit pas d'un signe de mort cérébrale !), finalement apparaissent des fibrillations, une asystolie et une apnée. Cependant, plus la baisse de température a été importante avant la chute de la perfusion cérébrale et plus longue est la période pendant laquelle le cerveau peut tolérer l'arrêt circulatoire (30 °C : 10-15 min ; 18 °C : 60-90 min !). Certains patients ayant subi une hypothermie extrême (< 20 °C !) doivent leur vie à ce fait, et il est également utilisé au cours d'une *hypothermie thérapeutique* (chirurgie à cœur ouvert, conservation d'organes en vue d'une greffe).

Il faut malgré tout tenter un **réchauffement** même en cas d'hypothermie inférieure à 20 °C. Cependant, ce réchauffement est parfois accompagné de complications potentiellement mortelles, en particulier s'il est réalisé de façon externe et trop rapidement, c'est-à-dire à raison de plus de quelques degrés/h (→ **B**). Lors d'une phase I (> 32 °C), la chaleur sera apportée de façon *passive* et par voie *externe* (chambre chaude, couvertures). Lors d'une phase II, il faut apporter de la chaleur de façon *active* (sous surveillance constante des paramètres circulatoires) : couverture chauffante, infusions chaudes, le cas échéant hémodialyse. Dans le cas d'une hypothermie de phase III avec un arrêt circulatoire, le réchauffement actif au moyen d'une circulation extracorporelle est le plus efficace (machine cœur-poumons).

Parmi les **conséquences à long terme** d'une hypothermie prolongée, on trouve une insuffisance cardiaque et des insuffisances hépatiques ou rénales, des altérations de l'érythropoïèse, un infarctus du myocarde, une pancréatite et des désordres neurologiques.

Gelures. La circulation sanguine dans les extrémités ou la peau peut déjà être fortement réduite pour une hypothermie légère et/ou une faible température ambiante, de façon à pouvoir être libérée de temps à autre pour un court instant (réaction de Lewis, pour une température cutanée < 10 °C, environ toutes les 20 min). Il peut cependant se produire des gelures, de degré 1 (d'abord une décoloration et une perte de sensibilité, suivie après un réchauffement de gonflements et de douleurs) ; de degré 2 (formation de cloques après 12-24 h avec par la suite une défoliation de la peau), ou de degré 3 (après des jours ou des semaines : nécroses tissulaires profondes et mauvaise cicatrisation).

A. Hypothermie

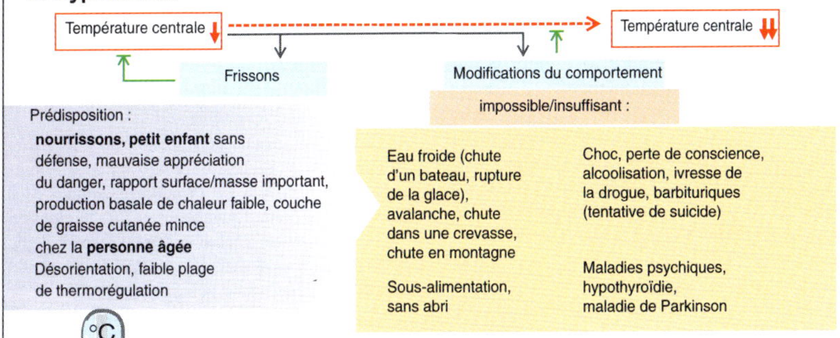

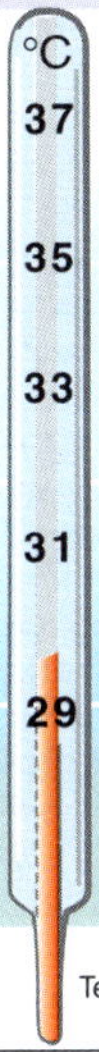

Refroidissement accidentel

Stades	Symptômes	Métabolisme	État de conscience	Système cardio-vasculaire, respiration	Réchauffement
I Excitation	Frissons, douleurs (extrémités)	Métabolisme ↑↑ Hyperglycémie Utilisation d'O_2 ↑	Très éveillé ↓ Confus	Tachycardie, vasoconstriction périphérique Pression artérielle ↑	Chambre chaude, couverture
II Épuisement	Engourdissement musculaire Réflexe pupil-laire encore présent	Hypoglycémie Métabolisme ↓	Hallucinations, somnolence ↓ Perte de conscience	Bradycardie Dépression respiratoire Arythmies ↓	Couverture chauffante, infusions chaudes, en hémodialyse
III Paralysie	Pupilles dilatées non sensibles à la lumière	Métabolisme ↓↓	Coma	Fibrillations Asystolie Apnée	Circulation extracorporelle

B. Complications dues au réchauffement

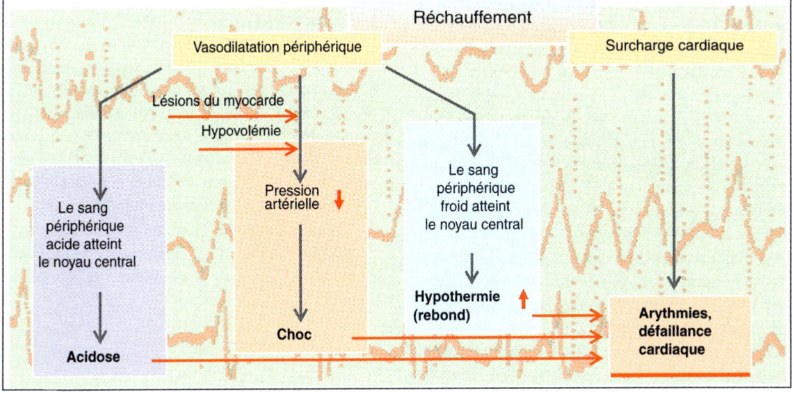

Obésité, troubles alimentaires

Plusieurs boucles de **régulation du poids corporel** ont été proposées où l'*hypothalamus* constitue dans chaque cas le centre régulateur avec le noyau ventromédian comme *centre de la satiété* et l'hypothalamus latéral comme « *centre de l'appétit* ». Le circuit de régulation connu depuis le plus longtemps est le *mécanisme de lipostase* : la masse adipeuse de l'organisme est fixée par le biais d'une substance contenue dans les adipocytes (vraisemblablement la *leptine*) et un rétrocontrôle maintient constante la masse adipeuse au cours des variations de l'appétit ou de celles des activités corporelles (→ **A**). C'est ainsi, par exemple, que la graisse retirée au cours d'une opération va être rapidement remplacée.

L'**obésité** (*surpoids, adiposité, obésité*) constitue un *facteur de risque* d'hypertension, de diabète de type II, d'hyperlipidémie, d'athérosclérose ainsi que de calculs rénaux ou biliaires. Dans plus de 40 p. 100 des cas, un surpoids est associé à une probabilité doublée de mort prématurée. L'obésité est en partie d'origine (poly-)génétique et en partie liée à des facteurs de l'environnement. Les causes de l'obésité sont mal connues. Dans deux souches de souris présentant une forte obésité et un diabète de type II, on a cependant découvert un gène défectueux : si le gène *ob*[ésité], qui n'est exprimé que dans la graisse blanche, est muté, il manque dans le plasma une protéine de 16 kDa, la **leptine**, codée par ce gène. L'injection de leptine à des souris présentant la mutation homozygote *ob* normalise les symptômes dus à la déficience génétique, son administration à une souris normale provoque son amaigrissement. Si au contraire c'est le gène *db* qui est muté, on observe dans l'hypothalamus (en particulier dans le noyau arqué) une altération du **récepteur de la leptine**. Bien qu'il circule dans le plasma des concentrations élevées de leptine, l'hypothalamus n'y réagit pas. Chez de nombreux sujets obèses, il existe effectivement une *mutation du gène de la leptine*, et chez la plupart des autres la concentration plasmatique de leptine est élevée. Chez ces sujets, il se pourrait que la chaîne de rétrocontrôle en aval de la leptine soit interrompue quelque part (→ **A**, X rouges). On a également proposé les anomalies suivantes :

- la leptine ne pourrait plus traverser la barrière hémato-encéphalique (anomalie de transcytose ?) ;
- l'action inhibitrice de la leptine sur la sécrétion du *neuropeptide Y* (NPY) dans l'hypothalamus serait altérée. Ce peptide stimule la prise de nourriture et diminue l'utilisation d'énergie ;
- la leptine ne déclencherait pas dans l'hypothalamus la sécrétion d'α-*MSH* (mélanocortine). Cette hormone agit sur des récepteurs MCR-4 et possède un effet inverse de celui du NPY.

Très récemment on a découvert chez trois sœurs présentant une obésité sévère une *mutation* homozygote *du récepteur de la leptine*. Comme elles présentent un retard pubertaire et une diminution de la sécrétion de STH et de TRH, il semble que la leptine joue également un rôle dans la régulation d'autres boucles endocriniennes.

Les **troubles alimentaires** touchent dans plus de 90 p. 100 des cas des jeunes femmes, chez lesquelles la **boulimie** est plus fréquente que l'**anorexie**. Les troubles alimentaires sont caractérisés par une distorsion de la perception de son propre corps (sensation d'être trop gros en dépit d'un poids normal ou faible) et une modification pathologique des comportements alimentaires (relation entre la confiance en soi et le poids de son corps). Il existe parmi les causes une *prédisposition génétique* (50 p. 100 de concordance chez les quelques jumeaux étudiés), sans que l'on connaisse la nature de l'altération primaire, mais également des *facteurs psychologiques* comme une relation familiale perturbée (surprotection, étouffement des conflits, rigidité) et les problèmes sexuels de la puberté, ainsi que des *influences socioculturelles* (idéal de beauté, attentes sociales).

Dans le cas d'une *recherche de la maigreur* (→ **B**), les troubles alimentaires se caractérisent par l'observation d'un régime très sévère qui peut aller jusqu'à un rejet complet de la nourriture ainsi qu'un abus des laxatifs, avec pour conséquence une forte perte de poids pouvant aller jusqu'à la cachexie, ce qui nécessite une alimentation par perfusion. On aboutit à des troubles graves des *systèmes végétatif* et *endocrinien*, par exemple à une élévation de la sécrétion de cortisol et une diminution de celle des gonadotrophines (aménorrhée ; chez l'homme, perte de la libido et impuissance), à une hypothermie, une bradycardie et une perte des cheveux entre autres. Chez des personnes touchées depuis de longues années, on déplore un taux de mortalité qui peut atteindre 20 p. 100.

Dans les cas de *boulimie*, on observe des *accès de fringale* suivis de vomissements volontaires chez des gens ayant à première vue un poids normal.

A. Obésité

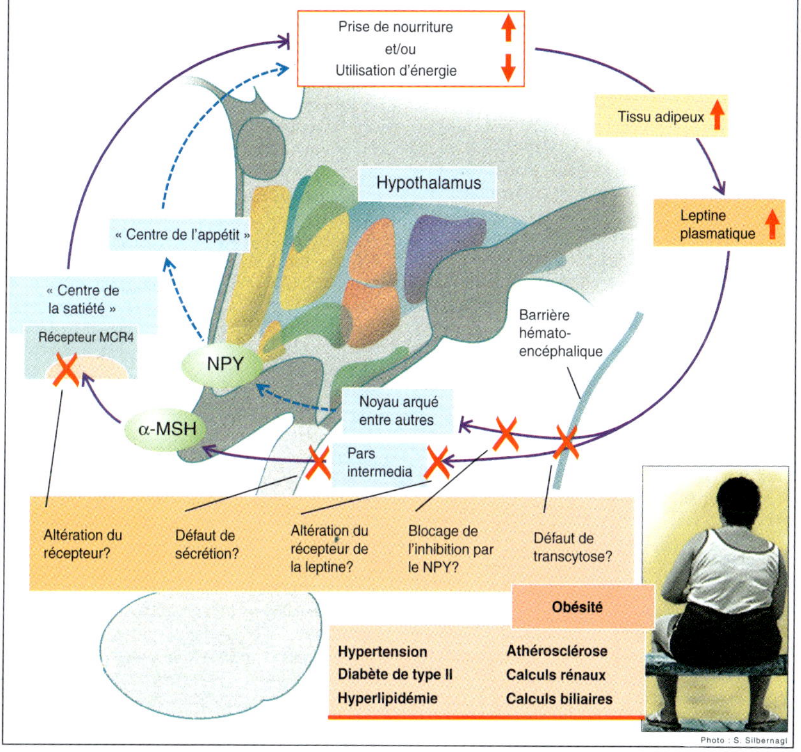

B. Anorexie

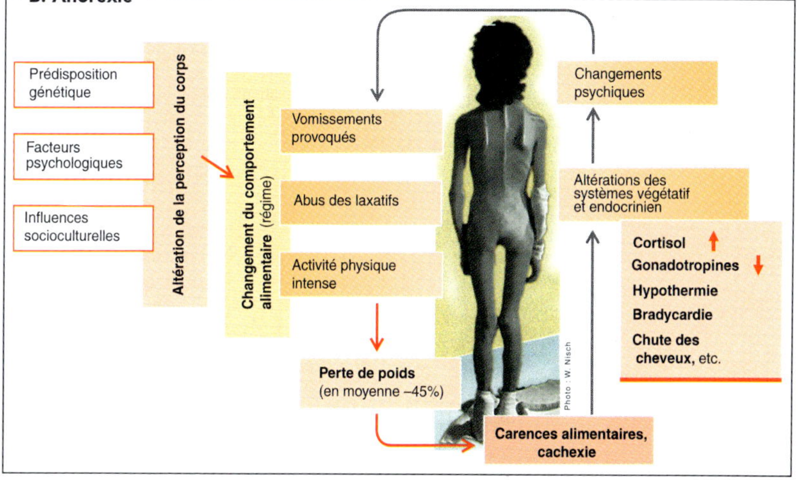

Vue d'ensemble

Le volume total du sang est corrélé à la masse du corps (sans tenir compte de la graisse) (voir le tableau) et atteint en moyenne 3,6 l chez les femmes et 4,5 l chez les hommes. On compte parmi ses **fonctions** le *transport* de nombreuses substances (O_2, CO_2, aliments, produits du métabolisme, vitamines, électrolytes, etc.), le transport de chaleur (chauffage et refroidissement), la *transmission de signaux* (hormones), *le pouvoir tampon* ainsi que la *défense* de l'organisme contre les substances étrangères et les micro-organismes. Ce sont les **cellules sanguines** qui participent à ces fonctions (→ **A** et tableau), parmi lesquelles les *érythrocytes* contribuent au transport de l'O_2 à une partie du transport du CO_2, et des capacités tampons. Parmi les *leucocytes*, les *granulocytes* neutrophiles sont nécessaires aux mécanismes de défense immunitaire non spécifique tandis que les *monocytes* et les *lymphocytes* participent aux réactions spécifiques. Les *thrombocytes* ont une part essentielle dans la coagulation sanguine. Le rapport entre le volume des cellules sanguines et le volume sanguin total est nommé *hématocrite* (→ p. 31 **A**). Il est constitué à 99 p. 100 d'érythrocytes.

Les électrolytes, les aliments, les produits du métabolisme, les vitamines, les gaz ainsi que les protéines sont en solution dans la phase liquide du sang, le **plasma** (→ tableau). Parmi les **fonctions des protéines plasmatiques** on compte la défense immunitaire humorale, le maintien de la pression colloïde osmotique (oncotique), qui contribue à maintenir constant le volume sanguin, ainsi que le transport de nombreuses substances insolubles dans l'eau ou la protection de nombreuses molécules contre une dégradation plasmatique ou une élimination urinaire (par ex., le groupement hème). La fixation aux protéines plasmatiques des petites molécules diminue d'un côté leur activité osmotique mais leur permet d'un autre côté d'agir comme un haptène et d'acquérir une fonction antigénique (→ p. 52 *sqq.*). L'association des hormones, des médicaments et des substances toxiques aux protéines plasmatiques diminue leur action thérapeutique, de signal ou toxique mais bloque en même temps leur excrétion rapide. Finalement, de nombreuses protéines plasmatiques sont impliquées dans la coagulation sanguine et la fibrinolyse. Si le sang coagule, le fibrinogène du plasma est utilisé et il se forme du *sérum*.

Formation des cellules sanguines (→ **A**). Le tissu hématopoïétique, chez l'adulte la *moelle osseuse* et chez le fœtus le *foie* et la *rate*, renferme des *cellules souches pluripotentes* qui se différencient en précurseurs, myéloïdes, érythroïdes et lymphoïdes sous l'action de facteurs de croissance hématopoïétiques (voir ci-dessous). Ces cellules souches sont également capables de se reproduire, si bien qu'elles seront présentes pendant toute la vie (→ p. 2*sqq.*). Les lymphocytes provenant des précurseurs lymphoïdes doivent encore subir une « formation » (en partie dans le thymus, en partie dans la moelle osseuse) et pourront plus tard être formés, proliférer et mûrir non seulement dans la moelle mais également dans la rate et les ganglions lymphoïdes (*lymphopoïèse*). Tous les autres précurseurs restent dans la moelle jusqu'au dernier stade de maturation (*myélopoïèse*) pour finalement aboutir dans le sang (→ **A**). Deux *hormones* rénales participent à ce processus, en particulier l'*érythropoïétine* pour la maturation et la prolifération des érythrocytes (→ **A** et p. 32) et la *thrombopoïétine* pour les mégakaryocytes ou les thrombocytes (→ **A**). Il existe également d'autres facteurs qui stimulent de façon *paracrine* la formation des cellules sanguines dans la moelle. Compte tenu de leur action sur des cellules en cultures, une partie de ces facteurs sont également appelés CSF (*colony-stimulating factors*). Le SCF (*stem cell factor* = *steel factor* = ligand c-kit) et le FL (= ligand flt3) sont aussi des facteurs de croissance des cellules souches. Ils stimulent la libération de facteurs agissant en synergie comme les CSF et les interleukines (IL-3, 6, 11 et 12) et seront, entre autres, inhibés par le TGF-β (*transforming growth factor β*) et le TNF-α (*tumor necrosis factor α*).

Sang total	Volume sanguin (l)	♂ 0,041 · kg + 1,53	♀ 0,047 · kg + 0,86
	Hématocrite ($l_{cellules}/l_{sang}$)	♂ 0,40-0,54	♀ 0,37-0,47
Érythrocytes	Nombre ($10^{12}/l_{sang} = 10^6/\mu l_{sang}$)	♂ 4,6-6,2	♀ 4,2-5,4
	Hémoglobine (g/l_{sang})	♂ 140-180	♀ 120-160
Leucocytes	Nombre ($10^9/l_{sang} = 10^3/\mu l_{sang}$)	3-11 (dont granulocytes 63 p. 100, lymphocytes 31 p. 100, monocytes 6 p. 100)	
Thrombocytes	Nombre ($10^9/l_{sang} = 10^3/\mu l_{sang}$)	♂ 170-360	♀ 180-400
Protéines plasmatiques	g/l de sérum	66-85 (dont 55-64 p. 100 d'albumine)	

A. Étapes du développement et différenciation des cellules sanguines

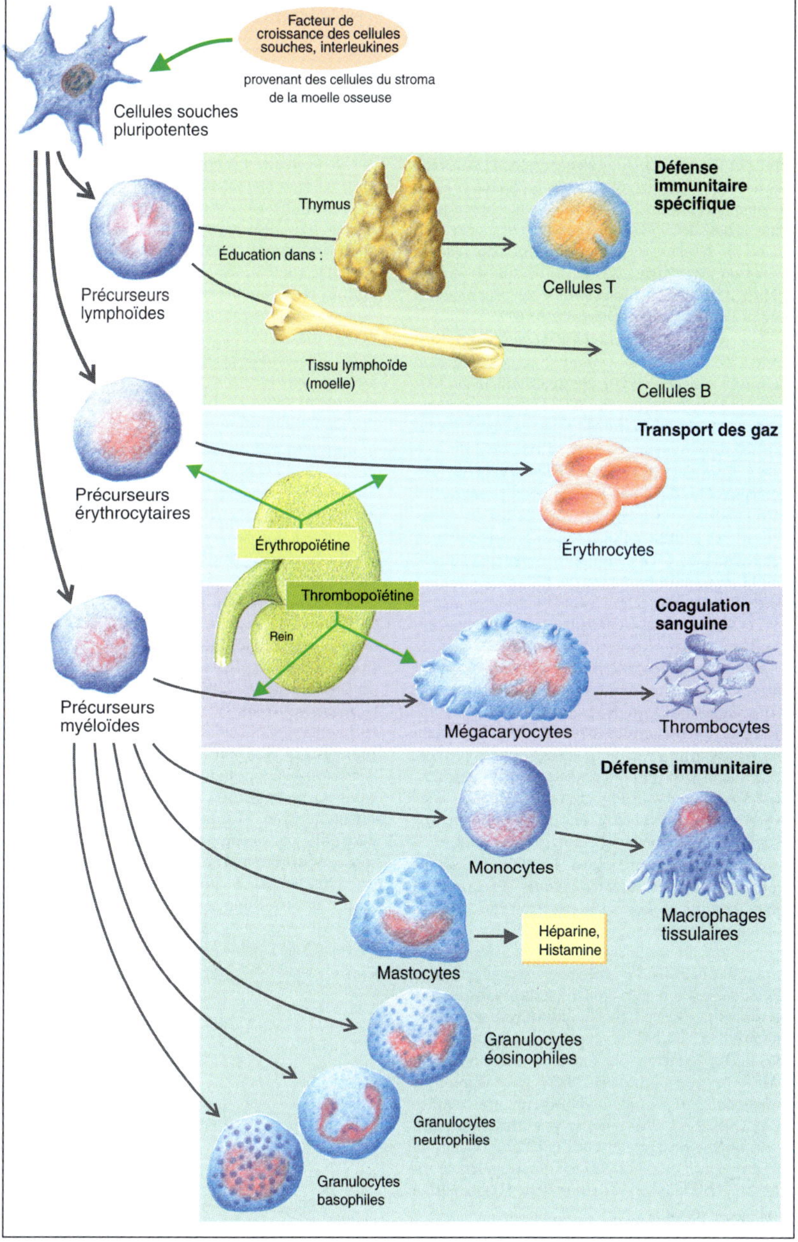

Figure 3-1 **Vue d'ensemble**

Érythrocytes

Les érythrocytes sont formés dans la moelle à partir de précurseurs érythroïdes présentant un noyau (→ **B** et p. 29 A), et passent dans le flux sanguin sous forme de petits disques dépourvus de noyau et de mitochondries (environ 7,5 × 2 µm). Ils peuvent être fortement déformés dans les capillaires sanguins, ce qui facilite le passage dans ces capillaires et les échanges de substances et de gaz avec les tissus avoisinants. Juste après leur passage dans le sang, les érythrocytes contiennent encore pendant un ou deux jours des restes d'organites formant un réseau (*réticulocytes*). Au cours de la *durée de vie* normale des érythrocytes, d'environ 110 à 120 jours, la proportion de réticulocytes atteint de façon habituelle 1 à 2 p. 100.

Les **érythrocytes** contiennent de l'**hémoglobine** (**Hb**) en grande quantité ; la concentration cellulaire moyenne d'Hb atteint normalement 300-360 g/l d'érythrocytes (→ **A**). Comme le volume moyen d'un érythrocyte de taille normale est de 80-100 fl, il contient 26-35 pg d'Hb.

Le contenu élevé des érythrocytes en Hb contribue de façon considérable à l'**osmolalité intracellulaire**, si bien que pour éviter un influx d'eau lié à la pression osmotique, la concentration intracellulaire d'ions doit être maintenue à une valeur plus faible que celle du plasma. La Na^+-K^+ *ATPase* joue dans ce processus un rôle essentiel et l'*ATP* nécessaire provient dans les érythrocytes uniquement de la *glycolyse anaérobie* (à cause de l'absence de mitochondries). La véritable *régulation du volume* des érythrocytes s'effectue indirectement, entre autres via des transporteurs d'ions sensibles au volume, qui peuvent diminuer le contenu des érythrocytes en K^+ et Cl^- grâce à un gonflement des cellules (p. 10). Lors d'une chute de la production d'ATP ou d'une altération des membranes, les érythrocytes vont gonfler et vont donc avoir une durée de vie raccourcie (hémolyse prématurée).

Dans la pulpe de la **rate**, les globules rouges vont à intervalles réguliers quitter les artérioles pour aboutir à travers des pores étroits jusque dans les sinus. Au voisinage de ces pores, les érythrocytes âgés ou fragilisés par une maladie seront séparés et détruits. Les fragments seront phagocytés et dégradés par des macrophages dans la rate, le foie et la moelle osseuse : **hémolyse extravasculaire** dans le système réticulo-endothélial (**RES**), ou mieux système phagocytaire mononucléaire (**MPS** ; → p. 44). L'*hème* libéré sera dégradé en *bilirubine* (→ p. 168), le *fer* libéré sera réutilisé (→ p. 38). Lors d'une **hémolyse intravasculaire** l'Hb libérée peut se lier dans une certaine mesure à l'*haptoglobine* (→ p. 38), ce qui empêche la filtration glomérulaire de l'Hb et donc son excrétion (hémoglobinurie).

Érythropoïèse, anémie

On désigne sous le terme d'anémie une *diminution du nombre d'érythrocytes*, de la *concentration d'Hb* et/ou de l'*hématocrite* en faisant l'hypothèse que le volume sanguin total est normal. Peu après une perte de sang importante, une déshydratation ou une hyperhydratation, il est nécessaire pour pouvoir diagnostiquer une anémie de normaliser d'abord le volume sanguin. En utilisant les caractéristiques des globules rouges (volume moyen VCM et contenu en Hb VMH, → **A**), on peut classer les anémies selon le volume cellulaire (micro-, normo- ou macrocytaire) et le contenu en Hb des globules rouges (hypo-, normo- et hyperchrome). Il existe une classification pathogénétique des anémies basée sur les *étapes* individuelles *de l'érythropoïèse* et sur la *durée de vie* des érythrocytes circulant dans le sang (*anémie hémolytique*, → **B**). Enfin, les *pertes de sang* aiguës ou chroniques peuvent également provoquer une anémie.

Les **altérations de l'érythropoïèse** (→ **B**) peuvent provenir 1) d'un manque ou d'une différenciation anormale des cellules souches hématopoïétiques pluripotentes (*anémie anaplasique* due à une panmyélopathie ou une leucémie myéloïde aiguë) ; 2) d'une diminution transitoire (infection virale) ou chronique des seuls précurseurs érythrocytaires (*anémie anaplasique isolée*) due à la présence d'autoanticorps dirigés contre l'érythropoïétine ou des protéines membranaires des précurseurs) ; 3) d'une carence en érythropoïétine due à une insuffisance rénale (*anémie d'origine rénale*) ; 4) d'une réaction inflammatoire chronique ou de la présence d'une tumeur qui activent entre autres la synthèse d'interleukines inhibitrices de l'érythropoïèse (*anémie secondaire*) ; 5) d'une altération de la différenciation cellulaire (érythropoïèse inefficace) due par exemple à une mutation génétique mais aussi à une carence en acide folique ou en vitamine B12 (*anémie mégaloblastique*, → p. 34) ; 6) d'une altération de la biosynthèse de l'Hb (*anémie microcytaire hypochrome*, → p. 36 *sqq.*).

A. Paramètres érythrocytaires (CMH, VCM)

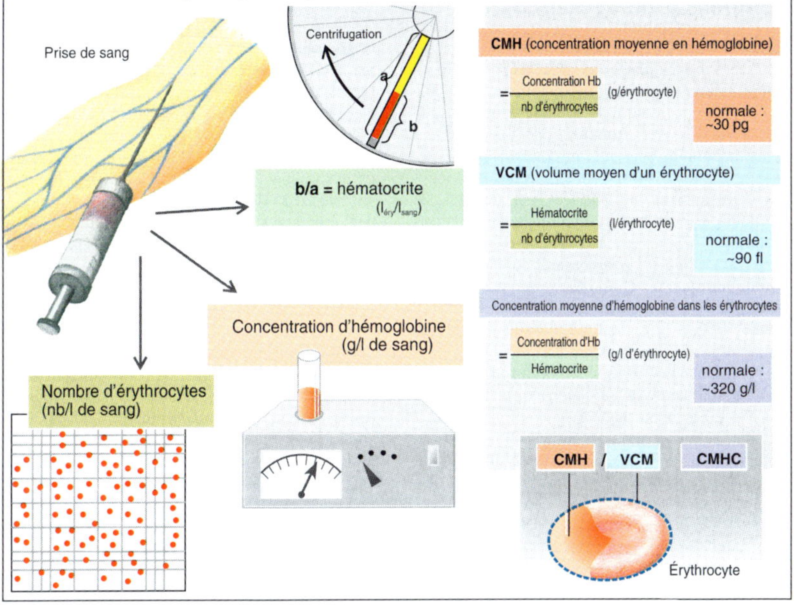

B. Différentes formes d'anémies

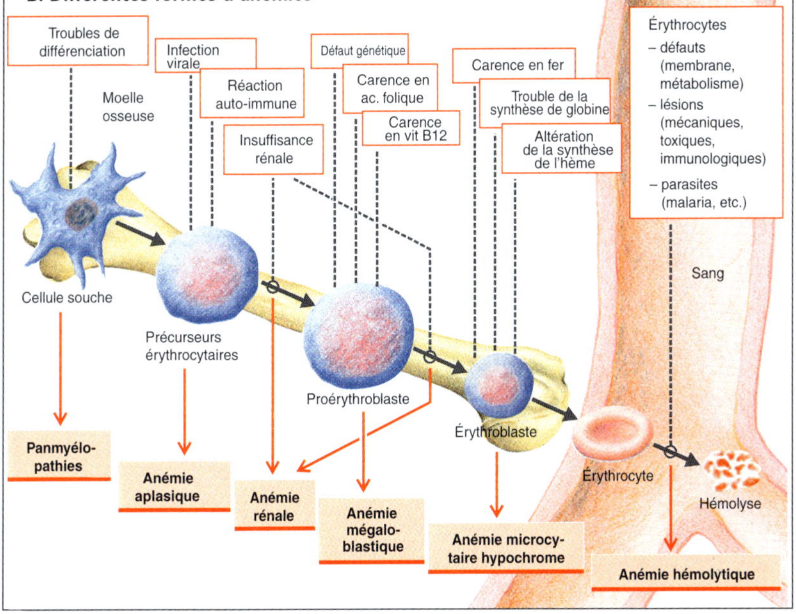

Figure 3-2 **Érythrocytes, érythropoïèse, anémie**

Renouvellement des érythrocytes : altérations, compensation et diagnostic

La prolifération et la différenciation des précurseurs érythroïdes jusqu'aux globules rouges fonctionnels durent un peu moins d'une semaine. Cette durée peut être réduite de quelques jours lorsque l'érythropoïèse est stimulée, par exemple lors d'une importante perte de sang (hémolyse, saignement). Comme le **temps de séjour** des érythrocytes dans le sang périphérique est de plus de 100 jours, une altération de courte durée de la formation des cellules ne se remarque pas, mais une perte de cellule plus importante conduit rapidement à une anémie. (Dans le cas des granulocytes neutrophiles dont la durée de différenciation est du même ordre, c'est tout à fait l'inverse, comme leur durée de vie dans le sang périphérique est de 10 heures, une neutropénie se manifeste lors d'une altération aiguë de la formation des cellules mais pas lors d'une hémorragie.)

Avec une durée de vie d'environ 10^7 s et un nombre total d'érythrocytes de $1{,}6 \cdot 10^{13}$ on peut calculer une **vitesse de formation** des globules rouges d'environ 1,6 million/s. Cette vitesse augmente en cas de besoin, jusqu'à dix fois, sans que cela provoque un épuisement de la moelle. Il est donc possible de compenser largement une anémie hémolytique chronique.

Les **altérations du renouvellement des érythrocytes**, qu'elles soient dues à des perturbations d'une des étapes de l'érythropoïèse (→ **A**), à un raccourcissement de la durée de vie ou à un saignement chronique, peuvent être distinguées par un ensemble de *paramètres diagnostiques* :

◆ les cellules souches obtenues par ponction de la moelle osseuse peuvent être mises en culture en présence d'érythropoïétine. Dans ces conditions se forment des colonies plus ou moins différenciées, cellules contenant de l'hémoglobine (« E ») ; *burst-forming units* (**BFU-E**), ou *colony-forming units* (**CFU-E**). Leur nombre est diminué lorsque l'anémie est due à une perturbation de la formation des cellules, il est augmenté lorsque les cellules sont bloquées à un stade de différenciation plus tardif (érythroblastes, érythrocytes ; → **A1**) ;

◆ les **érythroblastes** peuvent être reconnus morphologiquement et dénombrés après coloration d'un prélèvement de moelle : leur nombre est diminué lors d'une aplasie ou d'un trouble de la différenciation des cellules souches, augmenté lorsque l'érythropoïèse est stimulée par exemple en cas d'augmentation de l'hémolyse (→ **A2**) ;

◆ la détermination du **nombre de réticulocytes** (→ p. 30), permet d'évaluer l'*efficacité de l'ensemble de l'érythropoïèse*. Si les réticulocytes sont diminués, on doit conclure à une altération de la formation des cellules (→ **A3**), car la deuxième origine théorique possible, un allongement de la durée de vie des érythrocytes, n'est pas observée. D'un autre côté, la présence durable d'un nombre élevé de réticulocytes dans le sang (*réticulocytose*) est la preuve d'un raccourcissement du temps de séjour des érythrocytes dans la circulation (hémolyse ou saignement chronique). Une réticulose persistante est le signe d'une érythropoïèse stimulée, peut-être après une hémorragie, une hémolyse aiguë ou après cessation d'un trouble de la formation des cellules (associé à un niveau élevé d'érythropoïétine ; → **B2**, **B3**) ;

◆ l'hème libéré lors de la dégradation des érythrocytes dans les macrophages (→ p. 30), donne de la **bilirubine** qui est excrétée avec la bile après conjugaison dans le foie. La concentration de la bilirubine non conjuguée dans le sérum (« indirecte ») augmente après hémolyse (→ **A4**, voir aussi p. 164 *sqq.*), mais aussi, éventuellement, lors d'un renouvellement accru de l'hémoglobine lié à une érythropoïèse inefficace ;

◆ on peut évaluer la **durée de vie** des érythrocytes (raccourcie lors d'une anémie hémolytique ; → **A5**) ainsi que leur **volume total** en marquant in vitro des érythrocytes avec du chrome radioactif (^{51}Cr, qui se lie à la chaîne β de l'Hb), et en les réinjectant ensuite. Comme le ^{51}Cr est libéré par hémolyse et éliminé par les reins, on peut calculer la durée de vie des érythrocytes en mesurant chaque jour la diminution de la radioactivité dans le sang. Le volume total des érythrocytes peut être évalué selon le principe de la dilution d'un indicateur à partir de la quantité de radioactivité injectée et de la concentration initiale de ^{51}Cr dans le sang ;

◆ mesure de **l'érythropoïétine** (→ **A6**) : une diminution de la concentration d'érythropoïétine dans le plasma permet de conclure à une origine néphrogénique d'une anémie (→ **B4**). La plupart des anémies sont cependant associées à une élévation (compensatrice) de la concentration d'érythropoïétine (→ **B2**, **B3**).

A. Paramètres permettant le diagnostic d'une anémie

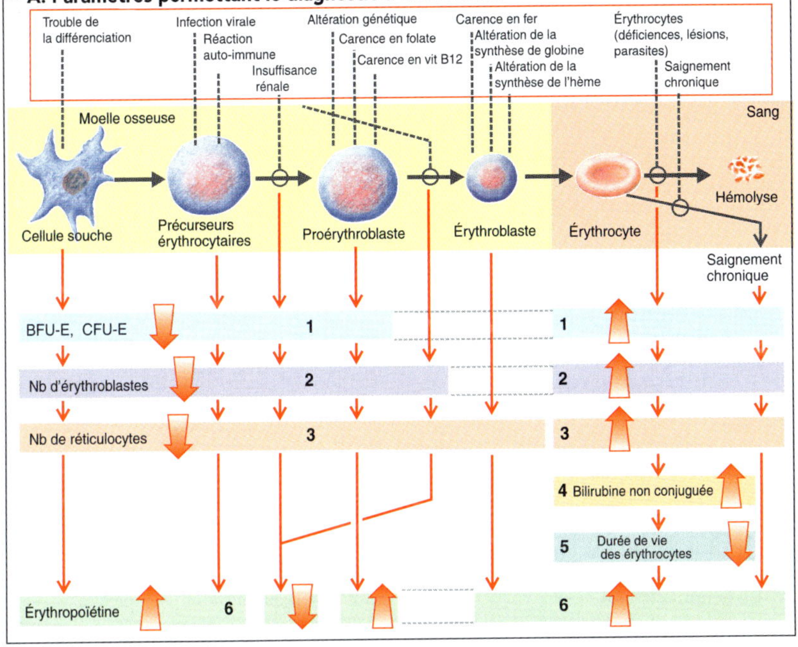

B. Concentration en érythropoïétine comme indicateur d'anémie

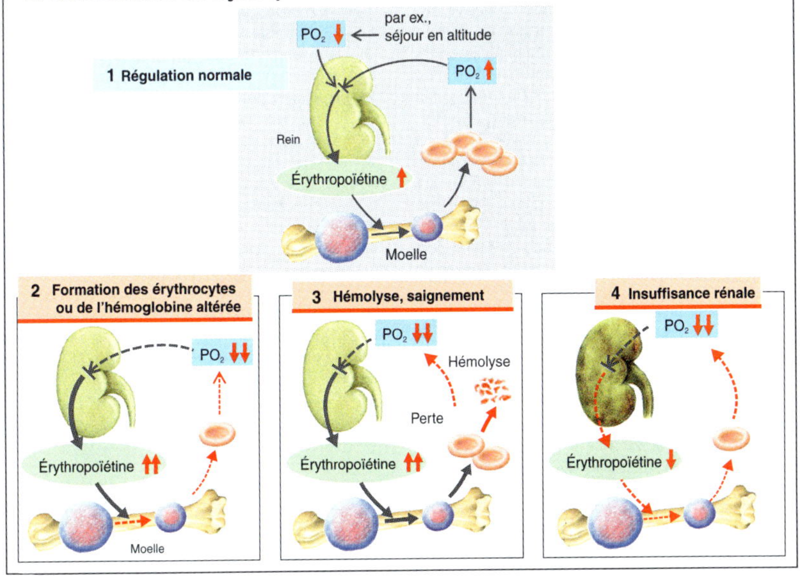

Figure 3-3 **Renouvellement des érythrocytes**

Anémies mégaloblastiques associées à une altération de la synthèse d'ADN

Quelques formes d'anémie acquise proviennent de troubles de l'**absorption** ou du **métabolisme de l'acide folique** et de la **cobalamine** (**vit. B12**) (→ **A**). Ces altérations entraînent une *inhibition de la synthèse d'ADN* et provoquent un ralentissement du cycle cellulaire au cours de l'érythropoïèse. Pendant ce temps, la synthèse d'hémoglobine se poursuit dans le cytoplasme si bien que les érythroblastes grossissent (*mégaloblastes*) et que l'on trouve dans le sang des érythrocytes ovales, hypertrophiés (*mégalocytes* : volume moyen > 100 fl). La formation des granulocytes et celle des mégacaryocytes sont aussi altérées. À côté des troubles de la prolifération, la destruction anticipée des mégaloblastes dans la moelle osseuse (*érythropoïèse inefficace accrue* ; → p. 38) ainsi qu'un raccourcissement de la durée de vie des mégalocytes passés dans le sang (*hémolyse prématurée*) peuvent aussi contribuer à l'anémie.

Acide folique. Le N^5,N^{10} méthylène tétrahydrofolate, un métabolite de l'acide folique est nécessaire à la synthèse du *désoxythymidylate* (→ **A3**), la seule source de la thymine indispensable à la synthèse de l'ADN. Une carence en acide folique inhibe donc la synthèse de l'ADN, ce qui retentit en particulier sur la vitesse de formation des cellules à renouvellement rapide et, entre autres, sur celle de l'érythropoïèse ou de la formation des tumeurs. Les besoins en folate pour 2-4 mois sont stockés dans le foie. L'acide folique se trouve surtout dans l'alimentation sous la forme de ptéroylpolyglutamate, dont les résidus glutamate en excès doivent être éliminés avant qu'il puisse être absorbé par un transporteur, dans l'intestin grêle, sous forme de *ptéroylmonoglutamate* (→ **A1**). Dans la muqueuse intestinale se forme ensuite le N^5-méthyltétrahydrofolate, le substrat nécessaire à la formation du tétrahydrofolate (→ **A2**). La méthylcobalamine est indispensable à cette étape (voir ci-dessous). Le N^5,N^{10}-méthylène tétrahydrofolate est formé à partir du tétrahydrofolate puis réagit avec le désoxyuridylate pour donner le *désoxythymidylate* et le 7,8-dihydrofolate sous l'action de la thymidylate synthétase. Finalement, le tétrahydrofolate utilisé sera régénéré à partir du 7,8-dihydrofolate (→ **A3**).

Les **altérations du transport ou du métabolisme du folate** que nous allons décrire inhibent la synthèse de l'ADN et donc l'érythropoïèse (→ **A**, flèche rouge) :

- *apport alimentaire trop faible de folate* (< 50 µg/j ; une cuisson trop longue, par ex., dégrade le folate) ;
- augmentation des besoins (*grossesse*) ;
- *mauvaise absorption*, par ex. associée à des maladies intestinales ou à une inhibition du transporteur du folate par le méthotrexate (→ **A1**) ;
- carence en cobalamine (→ **A4**) ;
- *inhibition de la thymidylate synthétase* par un métabolite du fluoro-uracile, le fluorodésoxyuridylate ;
- *inhibition de la dihydrofolate réductase* par l'aminoptérine ou le méthotrexate dont l'affinité pour l'enzyme est 100 fois plus forte que celle du substrat naturel, le 7,8-dihydrofolate (→ **A3**).

Comme une inhibition du métabolisme du folate freine aussi la croissance des tumeurs, les médicaments que nous venons de citer, fluoro-uracile, aminoptérine et méthotrexate, sont également utilisés comme *cytostatiques*. Leurs effets sur l'érythropoïèse sont dans la plupart des cas indésirables et constituent souvent un facteur limitant les doses utilisées.

La **cobalamine** (**vitamine B12**) doit être apportée chez l'homme par l'alimentation (besoin quotidien 3-5 µg/j). Une quantité 1 000 fois plus importante environ est stockée dans le foie. Liée à diverses protéines, elle sera transportée jusqu'au site d'action où, sous forme de *méthylcobalamine*, elle sert de cofacteur à la déméthylation du N^5-méthyltétrahydrofolate (→ **A2**). Parmi les **causes d'une carence en cobalamine** on pourra trouver (→ **A4**) :

- un *apport diminué* (par ex., alimentation strictement végétarienne) ;
- une carence en *facteur intrinsèque* (FI, lors d'une atrophie gastrique, voir aussi p. 142) : le FI est indispensable à la liaison et à l'absorption de la cobalamine qui est libérée dans l'intestin de sa liaison aux protéines de la salive ;
- *compétition* pour la cobalamine ou dégradation du FI par des bactéries (*Blind loop syndrome*, → p. 148) ou un ver plat dans la lumière intestinale ;
- *l'absence* (congénitale, résection) ou l'inflammation *de l'iléon terminal* qui est aussi le site d'absorption de la cobalamine (p. 152 *sqq.*) ;
- une *déficience en transcobalamine II* (TC II), qui participe au transport de la cobalamine dans le cytoplasme.

Compte tenu des réserves importantes de cobalamine dans le foie, les symptômes d'une carence en cobalamine (*anémie pernicieuse*, troubles neurologiques) ne surviennent que des années après le blocage de l'apport.

A. Anémies liées à une carence de la synthèse d'ADN

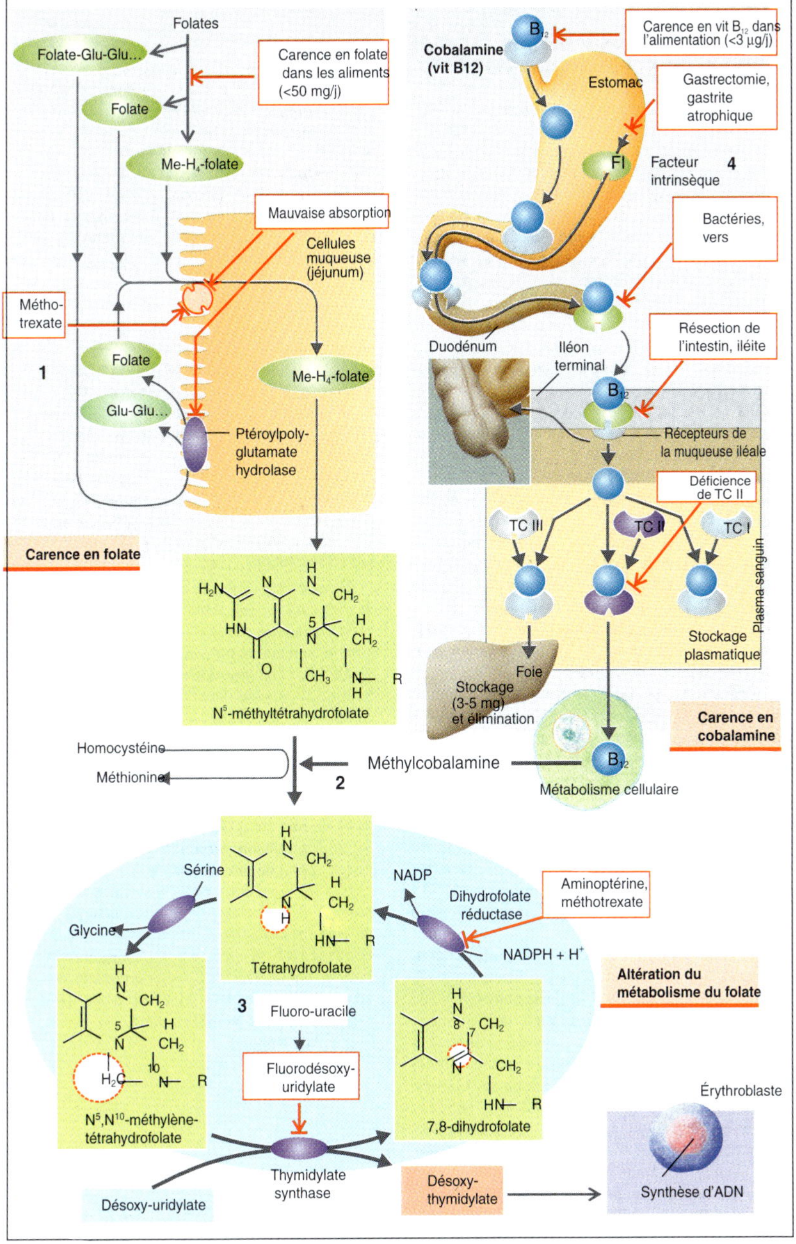

Figure 3-4 **Anémie mégaloblastique**

Anémies dues à des altérations de la synthèse d'hémoglobine

Les érythrocytes servent au *transport d'O_2 et de CO_2* et contribuent au *pouvoir tampon*. L'**hémoglobine (Hb)** est indispensable à ces trois fonctions. Elle est composée de *4* sous-unités (2 α, 2 β), dont chacune contient *trois composants* : la *protoporphyrine*, le *fer* (*Fe^{2+}*) et la *globine* (α ou β). Si le fer est incorporé dans la protoporphyrine, il se forme un groupement **hème**. Lors d'une carence ou d'une déficience de l'un de ces trois composants, la synthèse d'Hb est diminuée. Les érythrocytes sont alors plus petits (↓ VCM) et leur contenu en Hb est diminué (↓ CMH) : **anémie microcytaire hypochrome**.

Les **troubles de la synthèse des protoporphyrines** proviennent de défauts enzymatiques héréditaires (→ p. 254), comme par exemple l'*anémie sidéroblastique héréditaire*, dans laquelle la formation d'acide δ-aminolévulinique (δ-ALA) à partir de glycine et de succinylCoA est inhibée et donc également la synthèse de l'hème (→ **A1**). L'hème exerce un rétrocontrôle négatif sur l'ALA-synthétase. Si maintenant la concentration d'hème diminue, l'inhibition de l'enzyme sera levée et, en dépit de la déficience, une quantité suffisante d'hème sera malgré tout formée. Les défauts touchant une chaîne d'enzyme se traduisent par une augmentation des produits intermédiaires. De ce fait, la vitesse de synthèse de l'hème sera à nouveau augmentée, mais ces produits déclenchent d'autres troubles : *porphyries* (→ p. 254).

Altérations de la synthèse de la globine. Normalement, l'Hb se compose de deux chaînes α de 141 acides aminés chacune, et de deux chaînes β de 146 acides aminés → **HbA_1** = $Hb\alpha_2\beta_2$). Seulement 2 à 3 p. 100 de l'hémoglobine contiennent à la place des chaînes β des chaînes δ (**HbA_2** = $Hb\alpha_2\delta_2$). Chez le fœtus est synthétisée une hémoglobine qui possède une affinité plus importante pour l'oxygène (adaptation à la faible PO_2 régnant dans le placenta). Cette hémoglobine fœtale (**HbF**) contient des chaînes dites γ au lieu des chaînes β ($Hb\alpha_2\gamma_2$).

Les propriétés de l'Hb (solubilité, affinité pour O_2, sensibilité à l'oxydation, etc.) dépendent de la séquence en acides aminés. Dans la plupart des 300 variants génétiques connus de l'Hb, la fonction de la protéine n'est cependant qu'à peine modifiée. Par ailleurs, la présence de quelques acides aminés « erronés » (valine à la place du glutamate en position 6 de la chaîne β = **HbS**, → **A2**) peut conduire à des perturbations importantes de la fonction. C'est ce que montre le cas de l'**anémie falciforme**, qui survient lors d'une mutation homozygote. Sous sa forme désoxygénée, l'HbS s'agrège et entraîne alors une modification de la forme des érythrocytes en forme de faux (→ **A**). Ces *hématies en forme de faux* (falciforme) ne sont plus déformables et s'accumulent dans les capillaires ce qui aboutit finalement à l'*obturation des petits vaisseaux*. L'agrégation de l'HbS demande quelques secondes si bien que ce sont en particulier les capillaires avec le temps de passage le plus important qui sont touchés (rate, vasa recta de la médulla rénale ; → p. 106). Lors d'un *ralentissement* systémique du *flux sanguin* (choc) ou lors d'une *hypoxie* (séjour en altitude, voyage en avion, anesthésie), l'altération peut également toucher d'autres organes (par ex., le cœur). À cause du rétrécissement des vaisseaux, le flux dans les régions atteintes sera encore plus lent et la PO_2 va diminuer, provoquant un cercle vicieux (*crise*). La maladie touche presque exclusivement les populations noires qui proviennent elles-mêmes, ou leurs ancêtres, des régions d'Afrique centrale où l'incidence de la malaria est élevée. La « persistance » de la mutation chez environ 40 p. 100 des habitants de ces zones, et en dépit du fait que (jusqu'à une date récente) les enfants homozygotes mouraient dès l'enfance, s'explique par la protection conférée aux porteurs hétérozygotes contre la forme dangereuse de la malaria (avantage de sélection).

Dans le cas d'une **β-thalassémie**, la synthèse des chaînes β est réduite, ce qui entraîne une carence en HbA. Celle-ci ne peut être que partiellement compensée par une synthèse accrue d'HbA_2 et d'HbF. L'incorporation du fer est diminuée si bien qu'il persiste dans les érythrocytes (*sidéroachrésie*) et s'accumule, le cas échéant, dans l'organisme (hémochromatose secondaire ; → p. 252). Bien que la résistance osmotique des érythrocytes (→ p. 40) soit même augmentée, ils sont mécaniquement plus fragiles (dégradation plus rapide dans la rate, hémolyse précoce). Tandis que la forme hétérozygote (*thalassémie mineure*) ne provoque que peu de symptômes, la forme homozygote (*thalassémie majeure*) est mortelle avant la puberté. L'**α-thalassémie**, rare, conduit dans la plupart des cas à une mort du fœtus car, sans chaînes α, l'HbF ne peut pas non plus être formée. L'$Hb\gamma_4$ fœtale et l'$Hb\beta_4$ formée chez le nouveau-né ne sont manifestement pas suffisantes pour remplacer les formes normales d'Hb.

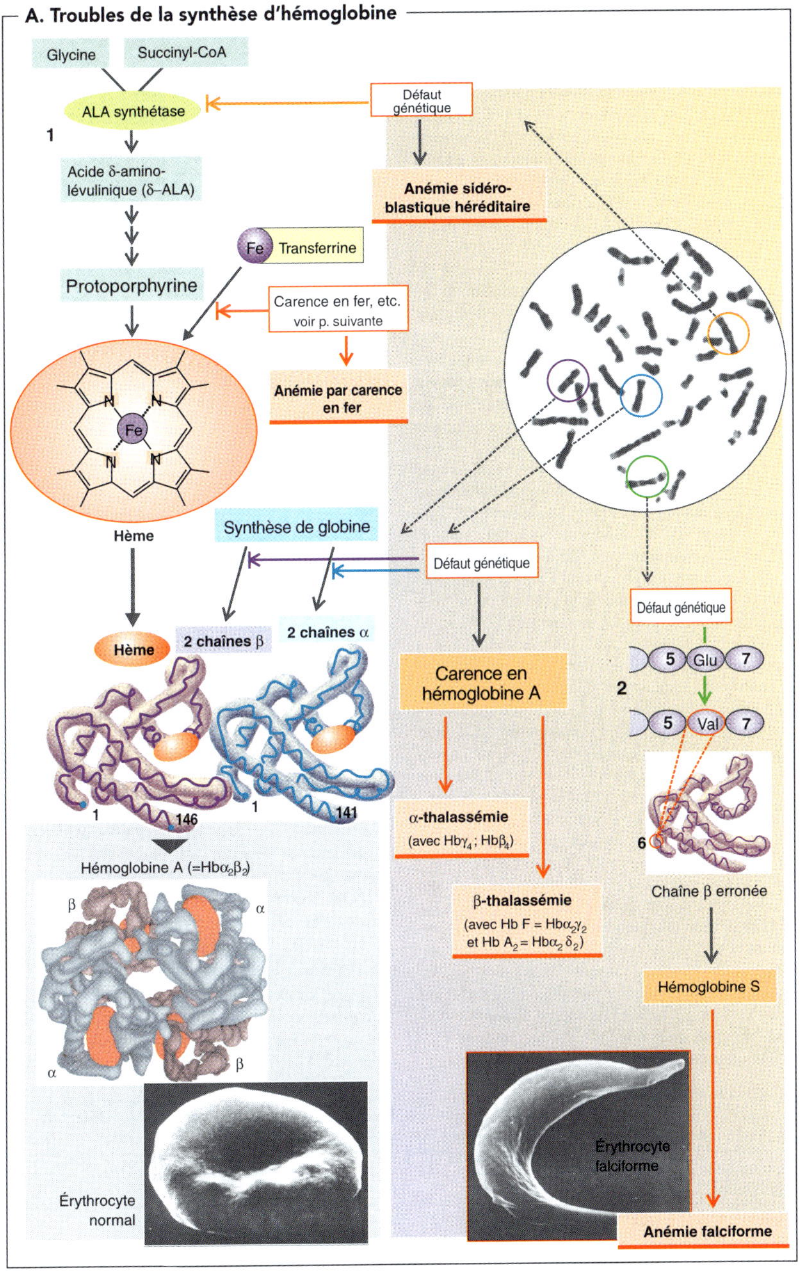

Figure 3-5 **Anémies liées à des altérations de la synthèse d'hémoglobine**

Anémies dues à une carence en fer

Si l'on considère le contenu en **fer (Fe)** de l'organisme (2 g chez la femme, 5 g chez l'homme), deux tiers environ sont associés à l'*hémoglobine* (Hb), un quart est constitué de *réserves de fer* (ferritine, hémosidérine), le reste correspond à du *fer fonctionnel* (myoglobine, enzymes contenant du fer). Les **pertes en fer** représentent environ 1 mg/j chez l'homme et 2 mg/j chez la femme (menstruations, grossesse, naissance). Trois à 15 p. 100 du fer contenu dans la nourriture seront en temps normal absorbés au niveau du duodénum (→ **A**), et jusqu'à 25 p. 100 en cas de carence en fer (voir ci-dessous). La **quantité de fer** présente dans la nourriture doit donc représenter au moins 10 à 20 mg/j (femme > enfant > homme).

Absorption du fer (→ **A1**). Le fer peut être absorbé de façon relativement efficace **sous forme héminique** (viande, poisson). Le fer libéré de l'hème va alors passer dans le sang ou demeurer dans la muqueuse sous forme de complexe Fe^{3+}-ferritine et repasser dans la lumière intestinale lors du remplacement des cellules. Le **fer non héminique** peut uniquement être absorbé sous forme Fe^{2+}, via un système de transporteur symport Fe^{2+}-H^{+} (DTC1) : compétition avec Mn^{2+}, Co^{2+}, Cd^{2+}, etc.). Il est important que la *valeur du pH du chyme* soit *basse*, car cela a) augmente le gradient de protons qui pousse le fer dans les cellules via DTC1 et b) libère le fer complexé aux aliments. Le fer (Fe^{3+}) non héminique contenu dans les aliments doit d'abord être réduit en Fe^{2+} à la surface luminale des cellules de la muqueuse par une *ferriréductase* (+ ascorbate) (→ **A1** : FR). Le passage du fer dans le sang sera *régulé par la muqueuse intestinale* : en cas de carence en fer, la traduction de la ferritine dans la muqueuse sera inhibée par la liaison de la protéine régulatrice IRP1 sur l'ARNm de la ferritine, permettant au fer de parvenir en plus grande quantité dans le sang. Il y sera oxydé en Fe^{3+} par la céruloplasmine (+ cuivre) et associé à une *apotransferrine* qui assure le **transport de fer** dans le plasma (→ **A**). La transferrine (= apotransferrine + 2 Fe^{3+}) sera captée par endocytose via des *récepteurs de la transferrine* par les érythroblastes, les hépatocytes, les cellules du placenta, etc. Après délivrance du fer aux cellules cibles, l'apotransferrine est de nouveau disponible pour aller chercher du fer provenant de l'intestin ou des macrophages (voir ci-dessous).

Réserve en fer (→ **A2**). La *ferritine* (dans la muqueuse intestinale, le foie, la moelle osseuse, les érythrocytes, le plasma) qui dispose d'une réserve d'environ 4 500 ions Fe^{3+}, constitue une réserve de fer très rapidement disponible (environ 600 mg de fer), tandis que le fer de l'*hémosidérine* est plus difficile à mobiliser (250 mg de fer dans les macrophages du foie et de la moelle). Les complexes Hb-Fe et hème-Fe libéré des érythroblastes défectueux (*érythropoïèse inefficace*) ou des érythrocytes hémolysés seront liés par l'*haptoglobine* ou l'*hémopexine*, capturés par endocytose dans les macrophages de la moelle, du foie ou de la rate avec une réutilisation de 97 p. 100 du fer.

Une **carence en fer** (fer sérique < 0,4 g/ml ; ↓ ferritine sérique) inhibe la synthèse d'Hb (voir aussi p. 36) aboutissant à une **anémie microcytaire hypochrome** : CMH < 26 pg, VCM < 70 fl, Hb < 110 g/l. Les **causes** de ce phénomène sont (→ **A** et tableau) :

- une *perte de sang* (tractus gastro-intestinal, saignement menstruel accru) représente chez l'adulte la *cause la plus fréquente* d'une carence en fer (perte de 0,5 mg Fe/ml de sang) ;
- *diminution de la réutilisation du fer*. Cette forme d'anémie (la deuxième par ordre de fréquence dans le monde) se produit lors d'*infections chroniques*. Dans ce cas, le fer récupéré par les macrophages n'est plus restitué de façon suffisante échappant ainsi au recyclage ;
- *apport trop faible en fer* (carence alimentaire, en particulier dans le tiers-monde) ;
- *diminution de l'absorption du fer* due a) à une achlorhydrie (gastrite atrophique après une gastrectomie ; → p. 142, 148), ainsi b) qu'à une *mauvaise absorption* lors de maladies de la partie supérieure de l'intestin grêle ou à la présence d'aliments liant le fer (phytate dans les céréales et les légumes ; tannins du thé, oxalate, etc.) ;
- *besoins accrus en fer* (croissance, grossesse, allaitement) ;
- déficience en apotransferrine (rare).

Une **surcharge en fer** de l'organisme peut entraîner des lésions au niveau du foie, du pancréas et du myocarde (entre autres) : **hémochromatoses** (→ p. 252).

	Normale	Carence en fer	Déficience en apotransferrine	Baisse de l'utilisation du fer	Défaut du recyclage du fer
Fer sérique : capacité de liaison	1 mg/l : 3,3 mg/l	↓ : ↑	↓ : ↓	↑ : normale	↓ : ↓
Saturation de la transferrine (p. 100)	~33	<10	0	>50	>10

A. Une carence en fer inhibe la synthèse d'hémoglobine

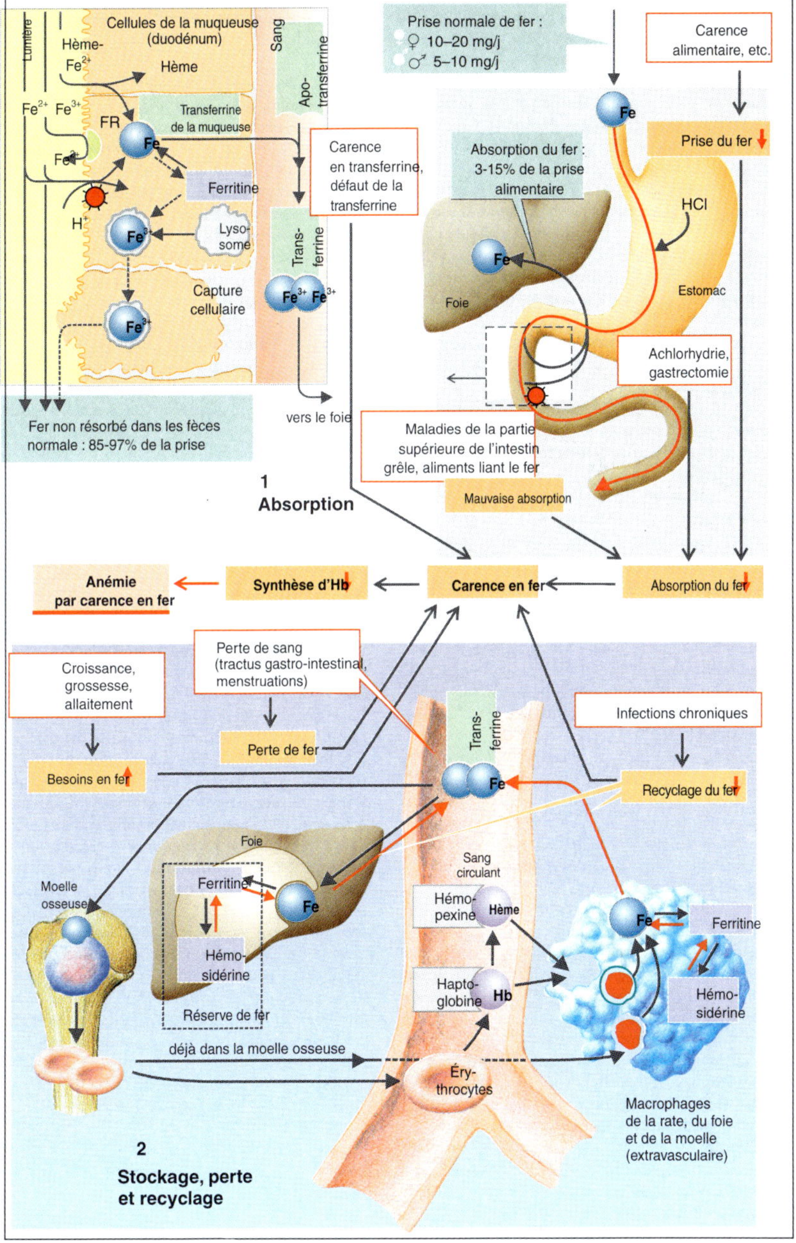

Anémies hémolytiques

Les érythrocytes ne peuvent atteindre leur durée de vie normale que lorsque leur déformabilité, leur résistance osmotique et mécanique, leur potentiel réducteur et leur approvisionnement en énergie sont normaux (→ p. 30). Si l'une de ces propriétés est défectueuse, on peut aboutir à un raccourcissement de la durée de vie des globules rouges (jusqu'à atteindre quelques jours) : *anémie hémolytique corpusculaire*. D'un autre côté, il existe de nombreuses causes qui peuvent diminuer la vie des érythrocytes normaux : *anémies hémolytiques extracorpusculaires*. Ces anémies sont associées à une *élévation* de la *concentration d'érythropoïétine* qui stimule par compensation l'érythropoïèse (→ p. 33, A et B3).

Les **causes des anémies hémolytiques corpusculaires** (→ **A**) sont essentiellement des défauts génétiques :

◆ les *sphérocytoses héréditaires* font partie des *membranopathies* (anémies à cellules sphériques). Elles dérivent d'une altération fonctionnelle (ankyrine altérée) ou d'une carence en spectrine, un élément constitutif essentiel du cytosquelette, indispensable à sa stabilité (→ **A1**). Les sphérocytes ont un volume normal mais les défauts du cytosquelette donnent aux érythrocytes une forme sphérique au lieu de la forme normale et flexible en disque. La *résistance osmotique* de ces cellules est *diminuée* ce qui signifie que les cellules subissent une hémolyse pour une hypotonie relativement faible du milieu extérieur. Les cellules seront séparées transitoirement au niveau de la *rate* si bien qu'une splénectomie peut avoir un effet thérapeutique ;

◆ certains *défauts enzymatiques* altèrent le métabolisme érythrocytaire du glucose (→ **A2**) : a) si c'est la *pyruvate kinase* qui est atteinte, l'approvisionnement en ATP s'arrête ; la carence en énergie bloque la Na^+-K^+ ATPase, provoquant un gonflement des cellules auquel les érythrocytes sont plus sensibles ce qui entraîne alors une hémolyse précoce ; b) une déficience en *glucose-6-phosphate déshydrogénase* (Glu-6-PDH ; → **A3**) ralentit le cycle des pentoses, de sorte que lors d'un stress oxydatif, le glutathion oxydé formé (GSSG) ne peut pas être régénéré à une vitesse suffisante en GSH réduit. Les ponts disulfures des enzymes et des protéines membranaires ainsi que les phospholipides ne sont pas assez protégés de l'oxydation, ce qui conduit à une hémolyse prématurée. Certaines nourritures (fèves → favisme) ou certains médicaments (par ex., primaquine ou sulfonamide) augmentent le stress oxydatif et aggravent donc la situation ; c) une déficience en *hexokinase* entraîne à la fois une carence en ATP et une déficience en GSH (→ **A2, 3**) ;

◆ l'*anémie falciforme et la thalassémie* (→ p. 36) ont également une composante hémolytique (→ **A4**) ;

◆ dans l'*hémoglobinurie nocturne paroxysmique* (acquise) une partie des érythrocytes (qui proviennent de cellules souches ayant subi une mutation somatique) présentent une *sensibilité accrue au complément*. Elle est due à l'absence de certaines protéines membranaires qui participent à la régulation du complément (voir en particulier DAF, *decay accelerating factor* ; → **A5**). Une activation du complément se termine par une perforation de la membrane érythrocytaire. On ignore pourquoi l'hémolyse a lieu surtout pendant la nuit.

On trouvera parmi les **causes des anémies hémolytiques extracorpusculaires** :

◆ des *causes mécaniques* comme une altération des érythrocytes due à une collision avec une valvule cardiaque artificielle ou des prothèses vasculaires, en particulier lorsque le débit cardiaque est important ;

◆ des *causes immunologiques*, par exemple à la suite d'une erreur de transfusion, ou lors d'une incompatibilité Rhésus entre la mère et son enfant ;

◆ des *toxines* comme par exemple certains venins de serpent.

Dans la plupart des anémies hémolytiques, les érythrocytes seront phagocytés de façon normale par des macrophages de la rate, de la moelle et du foie puis digérés (*hémolyse extravasculaire*), le fer sera réutilisé (→ p. 38). Dans une faible proportion, l'Hb libérée dans la lumière vasculaire sera fixée par l'haptoglobine (→ p. 38). Lors d'une **hémolyse intravasculaire aiguë** (→ **B**), l'haptoglobine sera surchargée et l'hémoglobine libre filtrée au niveau rénal. Ce phénomène peut non seulement provoquer une *hémoglobinurie* mais peut également induire une obturation des tubules et une *insuffisance rénale aiguë* (→ p. 108). Une **hémoglobinurie chronique** a en plus pour conséquence une *anémie par carence en fer*, le débit cardiaque augmente et l'hémolyse mécanique provoquée par ces conditions boucle le cercle vicieux (→ **B**). Les fragments érythrocytaires provenant de l'hémolyse intravasculaire vont finalement provoquer des *thromboses* et des *embolies*, qui peuvent entraîner des *ischémies* cérébrales, cardiaques, rénales ou dans d'autres organes.

A. Origines des anémies corpusculaires hémolytiques

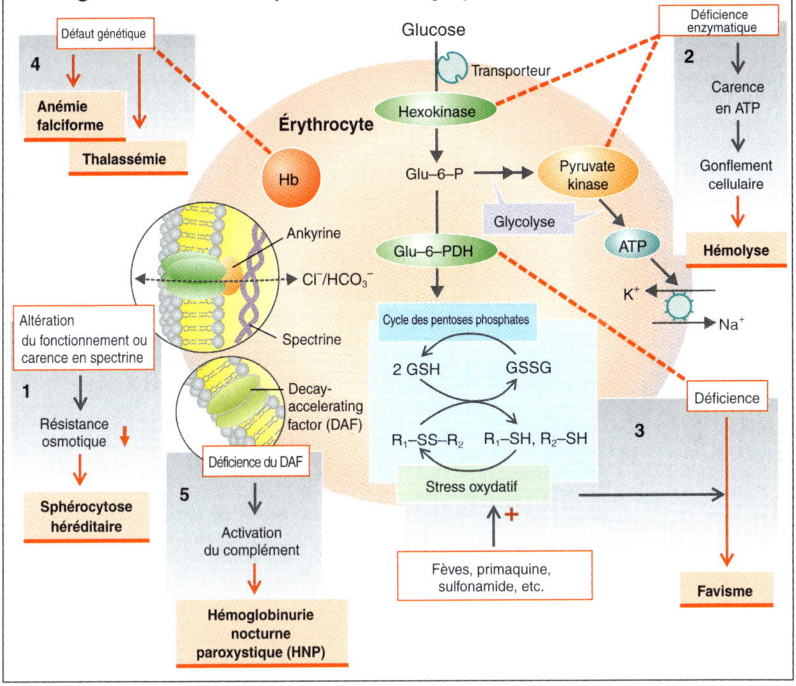

B. Causes et conséquences d'une hémolyse intravasculaire aiguë

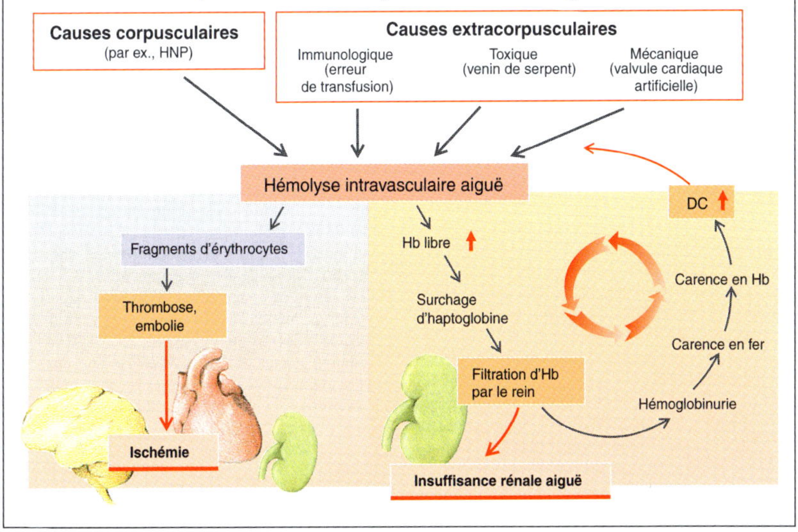

Figure 3-7 **Anémies hémolytiques**

Défense immunitaire

L'organisme possède une défense immunitaire *non spécifique*, *innée* et une défense *spécifique*, *acquise* ou *adaptative* (associée à la précédente) contre les micro-organismes (bactéries, virus, champignons, parasites) ou contre les macromolécules identifiées comme « étrangères ». Les substances étrangères de masse moléculaire élevée et les fragments d'agents pathogènes constituent des **antigènes** envers lesquels le système de défense spécifique réagit par une *activation* et une *multiplication* de **lymphocytes T et B** monospécifiques (en abrégé cellules T et B). Les cellules B se différencient alors en plasmocytes produisant des **anticorps** : **immunoglobulines (Ig)** de sous-groupe A, D, E, G, M. La fonction de ces molécules est a) de neutraliser les antigènes ; b) de les opsoniser et c) d'activer le complément (voir ci-dessous). Ces mécanismes hautement spécifiques du système de défense servent à la *reconnaissance* des antigènes correspondants, dont l'élimination se fait alors de façon relativement peu spécifique. Par ailleurs, l'antigène est gardé « en mémoire » (dans des cellules mémoires T ou B) : *mémoire immunologique*.

À partir des précurseurs des cellules lymphoïdes qui ne possèdent encore aucun récepteur antigénique, sera constitué par **empreinte** dans le thymus (cellules T) ou dans la moelle (cellules B) un répertoire > 10^8 types de lymphocytes monospécifiques, différents mais dirigés contre un antigène donné. De tels lymphocytes encore « naïfs » croisent dans l'organisme (sang → tissu lymphatique périphérique → lymphe → sang). S'ils découvrent alors « leur » antigène, ce qui se produit en général dans le tissu lymphatique, le type de lymphocytes adapté va se multiplier (**sélection clonale** et **prolifération**) pour donner naissance à de nombreuses cellules filles monospécifiques. Celles-ci se différencient en cellules T « armées » ou en plasmocytes qui vont finalement s'occuper de l'élimination de l'antigène.

Les lymphocytes possédant des récepteurs contre les tissus propres de l'organisme seront éliminés peu après la reconnaissance de « leur » antigène dans le thymus ou dans la moelle osseuse. Cette **délétion clonale** entraîne également une *tolérance immunologique* (*centrale*). Le système immunitaire « apprend » cette façon de distinguer entre les antigènes étrangers et ses propres antigènes à partir de la naissance. Les substances avec lesquelles il a été en contact avant ce moment sont normalement reconnues comme propres à l'organisme, toutes celles qui surviennent plus tard seront considérées comme « étrangères ». Si cette distinction ne fonctionne pas, on aboutit à des maladies auto-immunes (→ p. 56).

À lui seul le système non spécifique ne peut que rarement empêcher, par exemple lors d'une première infection de rougeole, la multiplication du virus dans l'organisme et son extension, ceci signifie que la maladie va se développer. Le système de défense immunitaire spécifique avec les cellules T tueuses (→ **B2** ; figure B → p. 46), et les immunoglobulines (d'abord les IgM, puis les IgG ; → **B5**) n'entre que lentement en action (**réponse primaire** ou **sensibilisation**), s'il parvient par la suite cependant à rendre les agents pathogènes inoffensifs, la rougeole va alors guérir. Lors d'une deuxième infection, la production d'anticorps (IgG) se déclenche d'un seul coup (**réponse secondaire**), et les virus vont être éliminés dès le départ sans déclencher une nouvelle poussée : *immunité*. (La réponse primaire ainsi que l'immunité qui l'accompagne peuvent être obtenues par *innoculation* d'un antigène de l'agent pathogène : *immunisation active*.)

Des **molécules de défense solubles** comme le *lysozyme* et les *facteurs du complément* (→ **A1**) ainsi que des **phagocytes** comme les *macrophages* (se forment dans les tissus à partir des monocytes résidents) et les *granulocytes neutrophiles* (→ **A2**) participent à la **défense non spécifique** (→ **A**). Les granulocytes sont formés dans la moelle osseuse comme les monocytes et les granulocytes éosinophiles, ils parcourent l'organisme et seront finalement attirés par des *chémokines* (*chimiotactisme)* à l'endroit où se trouvent les agents pathogènes. Ils vont ensuite déclencher une *réaction inflammatoire* grâce à la sécrétion d'autres *médiateurs* (→ **A2**, **4** et p. 48 *sqq.*). Les phagocytes vont « avaler » l'agent pathogène et le détruire (surtout après avoir été activés, voir ci-dessous et **B6**), grâce au *lysozyme* et à des *oxydants* comme le peroxyde d'hydrogène (H_2O_2), les radicaux oxygénés (O_2^-, $OH\cdot$, $^1O_2$) et le *monoxyde d'azote* (NO), entre autres, et le digèrent à l'aide de leurs enzymes lysosomiaux (*lyse*). Si l'antigène est trop important (par ex., des vers), les substances de défense que nous venons de citer seront déversées dans le milieu (dans ce cas par les granulocytes éosinophiles). En temps normal, la concentration des divers oxydants est maintenue à un faible niveau par des enzymes réducteurs comme la *catalase* et la *superoxyde dismutase*. Ce « *contrôle* » sera levé lors de l'activation des phagocytes de façon à ce que l'action bactéricide des oxydants puisse se développer pleinement. Par la même occasion, le phagocyte lui-même et, le cas échéant, d'autres cellules de l'organisme seront pris dans la tourmente.

▶

A. Réponse immunitaire non spécifique renforcée par des anticorps spécifiques

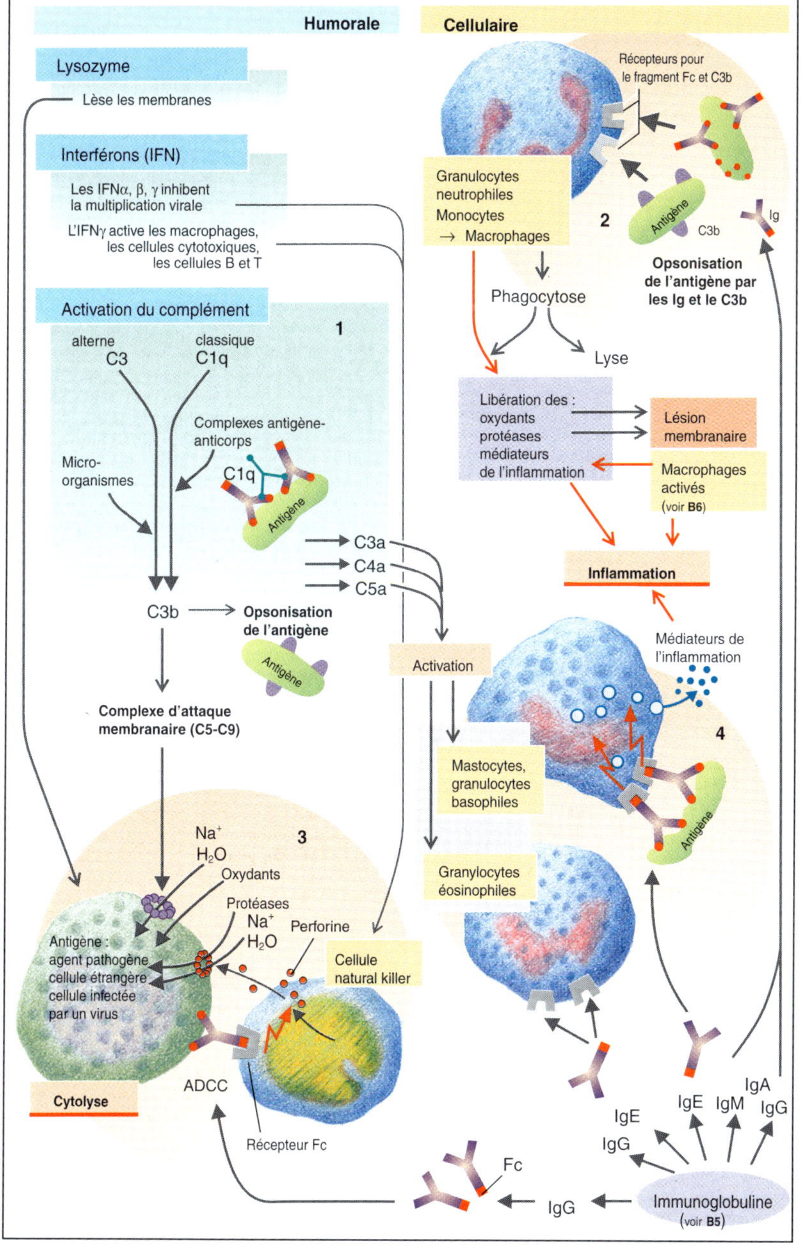

La phagocytose et la digestion lysosomale seront renforcées (et rendues possibles pour les bactéries possédant une capside polysaccharidique), lorsque la surface de l'antigène sera recouverte d'IgM, d'IgG ou du C3b, un composant du complément (**Opsonisation**, → **A1**, **2**) : les phagocytes possèdent des récepteurs pour le C3b et le fragment Fc des immunoglobulines, indépendant de l'antigène, sur lesquels peuvent venir s'associer les antigènes opsonisés (important en particulier pour les antigènes TI, voir ci-dessous). C'est ainsi que la phagocytose, qui est en soi un phénomène non spécifique, va participer à la défense immunitaire spécifique. En allant plus loin, il semble que la protéine liant le mannose (*mannose binding protein* : *MBP*), qui se lie aux groupements mannanes de la surface des bactéries ou des virus, puisse avoir une action opsonisante en tant qu'« anticorps non spécifique ».

Les agents pathogènes opsonisés (voie classique) par les Ig mais également non opsonisés (voie alterne) et éventuellement la MBP peuvent déclencher la **cascade du complément** (→ **A1**). À la fin de cette cascade, sera formé à partir des composants C5-C9 le *complexe d'attaque membranaire* qui perfore la paroi externe des bactéries (à Gram négatif) et provoque leur mort. En même temps, le **lysozyme** (également présent dans le plasma, la lymphe et les sécrétions) dégrade par voie enzymatique la paroi bactérienne : *cytolyse* (→ **A3**).

Les **cellules NK** (*natural killer*) sont spécialisées dans la lutte non spécifique contre les *virus*, les *mycobactéries* et les *cellules tumorales*. Elles reconnaissent leur « victime », la cellule infectée ou la cellule tumorale, grâce à leur surface « étrangère » (absence de HLA propre à l'organisme, voir ci-dessous) ou bien s'associent par leurs récepteurs Fc aux antigènes opsonisés présents à la surface des victimes (ADCC : *antigen dependent cell-mediated cytotoxicity* ; → **A3**). Dans chaque cas, les cellules NK trouent la membrane cellulaire des victimes grâce à la *perforine* libérée, ce qui les fait mourir (*cytolyse* ; → **A3**). Non seulement ce phénomène prive les virus ayant envahi les cellules de leur capacité de se multiplier (équipement enzymatique de la cellule !), mais encore elle les rend accessibles (ainsi que les autres agents pathogènes vivant encore à l'intérieur de la cellule) au reste du système de défense. Les cellules NK sont activées par les **interférons** (**IFN**) notamment par l'*IFN*α et l'*IFN*β – qui sont libérés, entre autres, par les leucocytes et les fibroblastes –, ainsi que par l'*IFN*γ sécrété par les cellules T activées ou par les cellules NK elles-mêmes. Les interférons, qui peuvent être libérés en particulier par les cellules infectées, vont induire dans les cellules encore saines une résistance accrue aux virus. Les **défensines** sont des peptides (environ 30 amino-acides) libérés par les phagocytes et qui ont une action cytotoxique non spécifique (via, entre autres, la formation de canaux ioniques dans la membrane de la cellule cible) sur les agents pathogènes résistant aux cellules NK.

Les **macrophages** proviennent des monocytes qui se sont infiltrés dans le tissu ou de monocytes résidents (avec une mobilité locale), comme par exemple dans les sinus hépatiques (*cellules étoilées* de *Kupffer*), les alvéoles pulmonaires et la séreuse intestinale, dans les sinus de la rate, les ganglions lymphatiques, la peau (*cellules de Langerhans*), les articulations (*cellules A synoviales*), dans le cerveau (*microglie*) et dans l'endothélium (par ex., dans les glomérules rénaux). L'ensemble de ces cellules est connu sous le nom de *système phagocytaire mononucléé* (**SPM**) ou encore *système réticulo-endothélial* (**RES**). Les macrophages reconnaissent de façon relativement non spécifique les oligosaccharides présents à la surface des bactéries, phagocytent celles-ci et les digèrent. Pour pouvoir en terminer avec les agents pathogènes qui survivent dans les phagosomes, les macrophages doivent être activés (voir ci-dessous et **B6**).

La **réponse immunitaire cellulaire spécifique** médiée par des cellules T effectrices « armées », dont l'activation est relativement longue (jours, *immunité retardée*), suppose que l'antigène préparé (fragment peptidique) sera « présenté » aux cellules T « naïves » qui passent par là par des cellules « professionnelles » de la **présentation des antigènes** (**APC**, *antigen presenting cells*) : *présentation* (→ **B1**). L'antigène sera ensuite introduit dans un « site » moléculaire des **protéines MHC** de **classe I** ou **II**, encore appelées chez l'homme protéines HLA (*human leukocyte antigen*) de classe I et II. (Le complexe majeur d'histocompatibilité, MHC, fait partie du patrimoine génétique de l'individu.) Les *cellules dendritiques*, dont le siège est principalement situé dans les tissus lymphatiques, agissent comme des APC. Lors de la présentation, (→ **B1**), une molécule ICAM située à la surface de la cellule APC se lie à un complexe LFA1 (*lymphocyte function-associated antigen* 1) sur la membrane de la cellule T. Si la cellule T qui survient est spécifique de l'antigène, la liaison sera renforcée et la cellule T sera activée par un **double signal** déclenchant ainsi une sélection clonale (→ **B1**). Le double signal se compose 1) de la reconnaissance de l'antigène (lié au MHC-I ou au MHC-II) par le *récepteur de la cellule T*, avec son *corécepteur* (CD8 pour les cellules T cytotoxiques ou CD4 pour les cellules T auxiliaires) et 2) du *signal de costimulation* c'est-à-dire de la liaison de la protéine B7 (à la surface de l'APC) à la protéine CD28 de la cellule T. (Dans le cas d'une liaison de l'antigène *sans* costimulation [par ex., dans le foie où il n'existe ordinairement pas d'APC], le lymphocyte sera même inactivé, c'est-à-dire sera *sans réaction : tolérance immune périphérique.*) La cellule T peut également recevoir le double signal de l'APC venant de macrophages infectés ou de cellules B, qui ont lié les antigènes grâce à leurs récepteurs (par exemple des venins d'insectes ou de serpents, ou des allergènes). Le double signal de l'APC déclenche dans la cellule T l'expression de l'**interleukine 2** (**IL-2**) ainsi que celle des récepteurs de l'IL-2 sur la membrane cellulaire. L'IL-2 (ou encore l'IL-4, 7, 15) est le signal caractéristique (action autocrine et paracrine) gouvernant l'*expansion clonale* de ces cellules T monospécifiques. Les cellules T se différencient ainsi en trois catégories de cellules T « armées » (cellules tueuses, T-*killer*, et les cellules T_{H1} et T_{H2}), qui n'ont plus besoin de costimulation et expriment de nouvelles protéines d'adhésion (VLA-4 au lieu de L-sélectines), de sorte que ces cellules vont maintenant se fixer à l'endothélium des fragments de tissu enflammés (au lieu de le faire dans les ganglions lymphatiques comme leurs cellules mères « naïves »). La signification du signal des IL est également mise en évidence par le fait qu'il est possible d'obtenir une *immunosuppression* très importante en utilisant des inhibiteurs de l'IL-2 comme la *ciclosporine A* et la *rapamycine* (par ex., lors des transplantations d'organes).

Les **cellules T cytotoxiques** (**T-killer**) proviennent de cellules T-CD8, « naïves », après présentation de l'antigène associé au MHC-I, au cours de laquelle le complexe MHC-I a en général prélevé son antigène dans le *cytoplasme* de l'APC (présentation endogène : virus, protéine cytosolique). Les cellules T cytotoxiques reconnaissent ensuite grâce à leur récepteur T associé au CD8 l'antigène en question lié au MHC-I de cellules de l'organisme infectées (par des virus), de cellules tumorales ou sur les cellules d'organes transplantés et les tuent (→ **B2**) : la *perforine* forme des pores à travers lesquels le *granzyme B* (protéase) aboutit à l'intérieur des cellules déclenchant une *apoptose* et une *cytolyse*. L'association du ligand Fas et de la protéine Fas (= CD95) déclenche également l'apoptose (→ **B2** et p. 12).

Les cellules T-CD4, « naïves », se transforment après présentation de l'antigène associé au MHC-II (provenant de vésicules intracellulaires, par exemple bactéries phagocytées ou protéines d'enveloppe virale : présentation exogène de l'antigène) en cellules T effectrices immatures (T_{H0}). Celles-ci donneront par différenciation des cellules T auxiliaires et soit des **cellules T inflammatoires** (**T_{H1}**), qui vont activer les macrophages grâce à l'INFγ (→ **B6**), soit des **cellules T auxiliaires de type 2** (**T_{H2}**) nécessaires à l'activation des cellules B (→ **B4**). Ces deux types de cellules s'inhibent mutuellement (*suppression*), si bien que lorsque le choix est fait, seul l'un des deux types subsiste (→ **B6**).

La **réponse immunitaire humorale spécifique** démarre des **lymphocytes B** (→ **B3**). Sur leur membrane sont ancrés des *IgD* et les monomères des *IgM* (les IgM en solution se trouvent sous forme de pentamères), dont beaucoup se lient à l'antigène qui leur correspond. Le *réseau d'anticorps* ainsi formé déclenche dans la cellule B l'*internalisation* et l'*assimilation* des complexes antigènes-anticorps. Un deuxième signal est cependant nécessaire à l'activation définitive des cellules B. Ce signal peut provenir de l'antigène lui-même (par ex., un lipopolysaccharide bactérien) dans le cas d'antigènes thymo-indépendants ou TI (*thymus-independent*) ; ou bien être issu des cellules T_{H2}, auxquelles les cellules B présentent l'antigène TD associé au MHC-II, dans le cas d'antigènes thymo-dépendants ou antigènes TD (*thymus dependent*) (→ **B4**). Si le récepteur T de la cellule T_{H2} « reconnaît » l'antigène, celle-ci exprime à sa surface le *ligand CD40* (qui se lie à la protéine CD40 de la cellule B) et sécrète par ailleurs de l'IL-4. L'IL-4 et le ligand CD40 (plus tard l'IL-5 et aussi l'IL-6) déclenchent la sélection clonale des cellules B, la sécrétion d'IgM monospécifiques ainsi que la différentiation en **plasmocytes**. Celles-ci vont produire maintenant, selon le codage de la région Fc (*saut de classe*, « *switch* »), des IgA, des IgG ou des IgE. Toutes les Ig provenant d'un même clone de cellules B sont spécifiques d'un même antigène.

B. Réponse immune spécifique

Présentation de l'antigène par des APC :
- macrophages
- cellules dendritiques
- cellules B

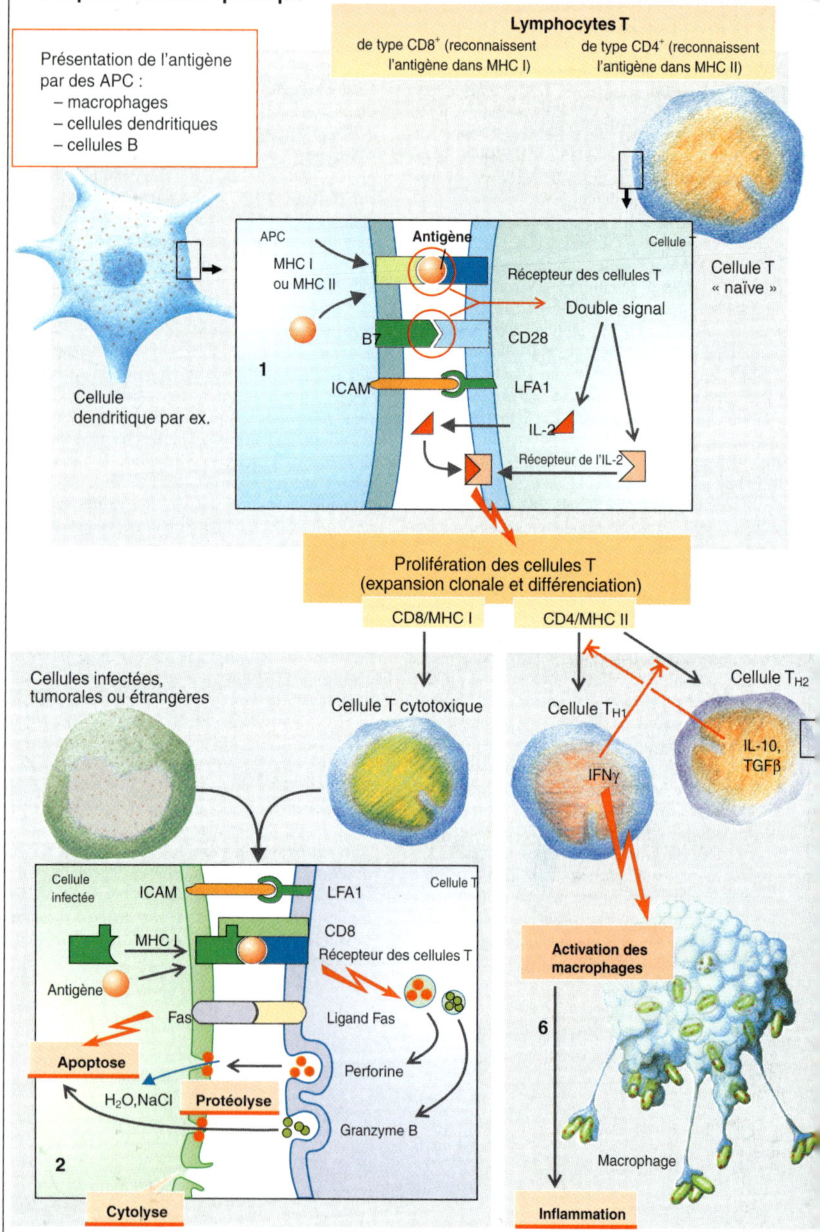

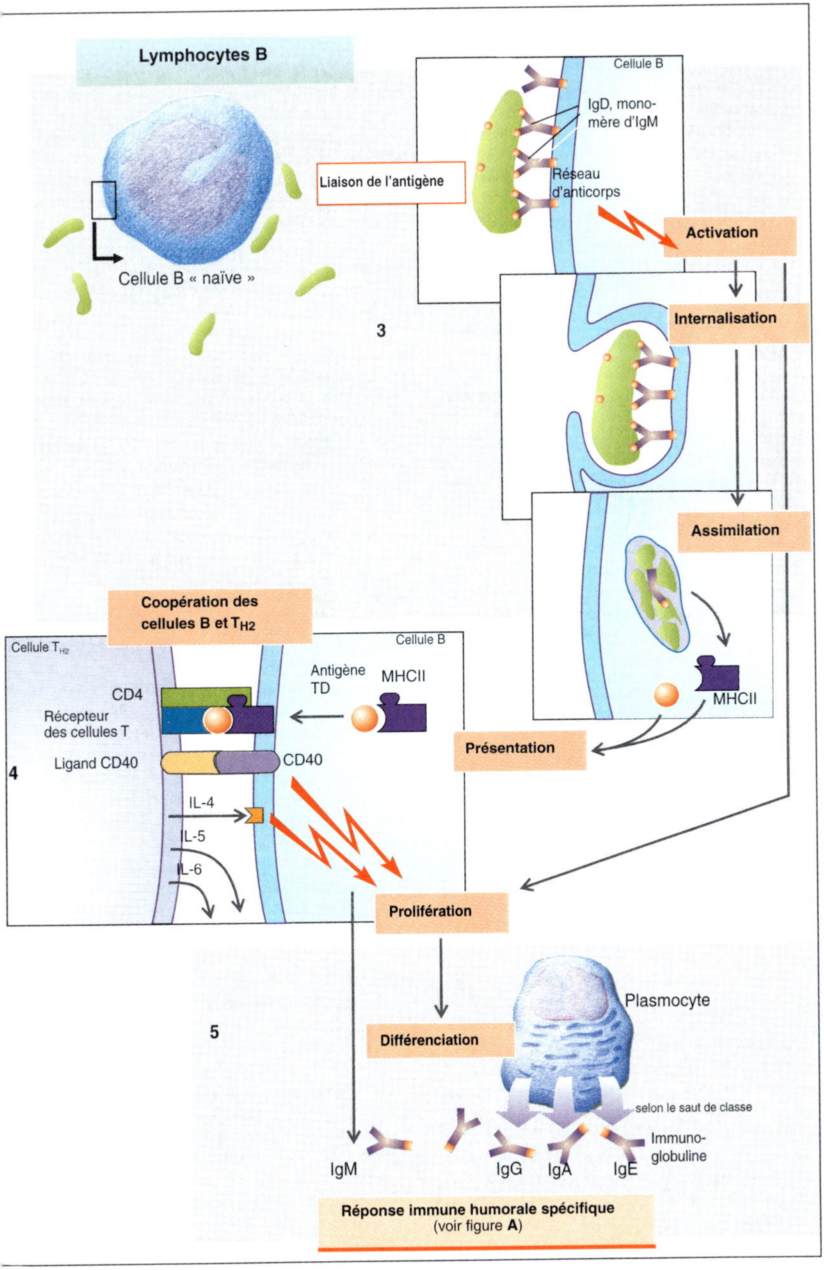
Lymphocytes B
Cellule B « naïve »
Liaison de l'antigène
Cellule B
IgD, mono-
mère d'IgM
Réseau
d'anticorps
Activation
Internalisation
3
Assimilation
MHCII
Présentation
Coopération des
cellules B et T_{H2}
Cellule T_{H2}
Cellule B
CD4
Récepteur
des cellules T
Antigène
TD
MHCII
Ligand CD40
CD40
4
IL-4
IL-5
IL-6
Prolifération
Plasmocyte
5
Différenciation
selon le saut de classe
Immuno-
globuline
IgM
IgG
IgA
IgE
Réponse immune humorale spécifique
(voir figure A)

Inflammation

L'inflammation est une **réaction de défense** de l'organisme et de ses tissus contre des stimuli nocifs. Le but est de supprimer la lésion ou au moins de la limiter au niveau local, et par ailleurs d'éliminer la cause du dommage, ainsi éventuellement que les bactéries ou les corps étrangers.

La réaction inflammatoire peut être **déclenchée** par :

◆ des *micro-organismes* (→ **A**) comme des bactéries, des virus, des champignons ou des parasites ;
◆ des *corps étrangers* (des protéines étrangères, par ex., les pollens ; des cristaux de silice ou d'amiante) ou
◆ des *lésions tissulaires* avec formation de débris de tissus comme après une *atteinte mécanique* (coupure, piqûre, frottement, ou corps étranger), *chimique* (acides et bases) ou *physique* (chaleur, froid ou rayonnement [UV, X, radioactifs]), ou encore sous l'influence d'*inducteurs endogènes* comme les cellules tumorales tuées, hémorragies, réactions auto-immunes (→ p. 56), ou cristaux formés dans l'organisme (urée, oxalate ou phosphate de calcium, cholestérol).

L'inflammation aiguë se manifeste **localement** par des symptômes, connus depuis les temps anciens, *douleur* (dolor), *gonflement* (tumor), *rougeur* (rubor) et *échauffement* (calor). Des **réactions inflammatoires généralisées** peuvent également se produire (*réponse de phase aiguë*, voir ci-dessous).

L'activation brutale des *mastocytes* (dans les tissus) ou de leurs homologues circulants, les *granulocytes basophiles*, est un exemple du déclenchement d'une **réaction inflammatoire aiguë** très puissante (→ **A**). Cette réaction est en particulier au centre des réactions d'hypersensibilité de type I (→ p. 52). Si l'organisme a déjà été en contact auparavant avec un antigène (= allergène dans le cas d'une réaction d'hypersensibilité), par exemple, avec les protéines d'un venin d'abeille, les lymphocytes B ont été sensibilisés selon les réactions décrites ci-dessus (coopération avec les cellules T_{H2} ; → p. 47, B4). Les plasmocytes provenant des ces réactions produisent des IgE qui se lient aux récepteurs Fc_{ε}, des mastocytes. Lors d'un contact nouveau avec l'antigène, celui-ci est maintenant lié aux extrémités Fab des IgE, spécifiques de l'antigène. Il semble important pour la réaction ultérieure du mastocyte que l'allergène soit fixé à plusieurs molécules d'IgE (formation d'un *réseau d'anticorps*) ; les antigènes de grande taille, dont les différentes parties peuvent agir comme autant de déterminants antigéniques (polyvalents) sont particulièrement actifs (par ex., parasites, protéines avec plusieurs haptènes associés).

Les anticorps associés déclenchent dans le mastocyte la libération de seconds messagers (GMPc, inositol triphosphate, Ca^{++}) qui provoquent une *dégranulation* rapide des mastocytes, c'est-à-dire une exocytose de **médiateurs de l'inflammation** stockés dans les granules : *histamine*, *IL-8* (interleukine 8), *éotaxine*, *NCF* (*neutrophil chemotactic factor*), entre autres. Le calcium active par ailleurs une phospholipase A_2 qui libère l'acide arachidonique présent dans les phospholipides membranaires. Cet acide est le précurseur d'autres médiateurs importants de l'inflammation, et en particulier des *prostaglandines* (notamment E_2) et des *leucotriènes* (C4, D4 et E4, qui constituent ensemble ce que l'on appelle le SRS-A [*slow reacting substance of anaphylaxis*], ainsi que le leucotriène B4). Un autre médiateur important de l'inflammation et de la coagulation sanguine, le PAF (*platelet activating factor*), est également libéré de la membrane des mastocytes.

Les leucotriènes et le PAF seront également libérés dans la suite de la réaction inflammatoire par les granulocytes éosinophiles et les neutrophiles, par les macrophages ainsi que par les thrombocytes (PAF), phénomène qui participe au renforcement de la réaction ainsi qu'au *démarrage de la coagulation sanguine*. Ces cellules sont attirées par des **chémokines (chimiotactisme)**. L'éotaxine, le PAF et les leucotriènes exercent une action chimiotactique sur les granulocytes éosinophiles (et les cellules T_{H2}). Comme le PAF réactive également les mastocytes, il existe une *coopération* entre les deux types cellulaires. Les granulocytes neutrophiles et les monocytes sont attirés par le leucotriène B4, le C5a (voir ci-dessous), le NCF, l'IL-8, le TNFα (*tumor necrosis factor* α) ainsi que par l'IL-1, l'IL-4 et l'IL-8 (→ **A**).

L'histamine, le PAF et les leucotriènes C4, D4 et E4 agissent avec d'autres médiateurs (prostaglandine E_2, bradykinine) pour provoquer a) une vasodilatation, b) une élévation de la perméabilité des endothéliums ainsi c) qu'une stimulation des nocicepteurs (→ **A**).

La **vasodilatation** est à l'origine de la rougeur et de la chaleur qui touchent le site de l'inflammation (voir ci-dessus) et fait décroître la vitesse du flux sanguin ce qui permet aux leucocytes attirés par chimiotactisme de nager jusqu'à proximité de l'endothélium. L'endothélium de la région enflammée activé, entre autres, par l'IL-4 (provenant des lymphocytes T_{H2}) exprime la *sélectine* sur sa face luminale. Cette molécule d'adhésion permet aux leucocytes de rouler le long de l'endothélium et d'activer ainsi de nouvelles *molécules d'adhésion* (intégrines ; ICAM 1, VCAM). Celles-ci facilitent ▶

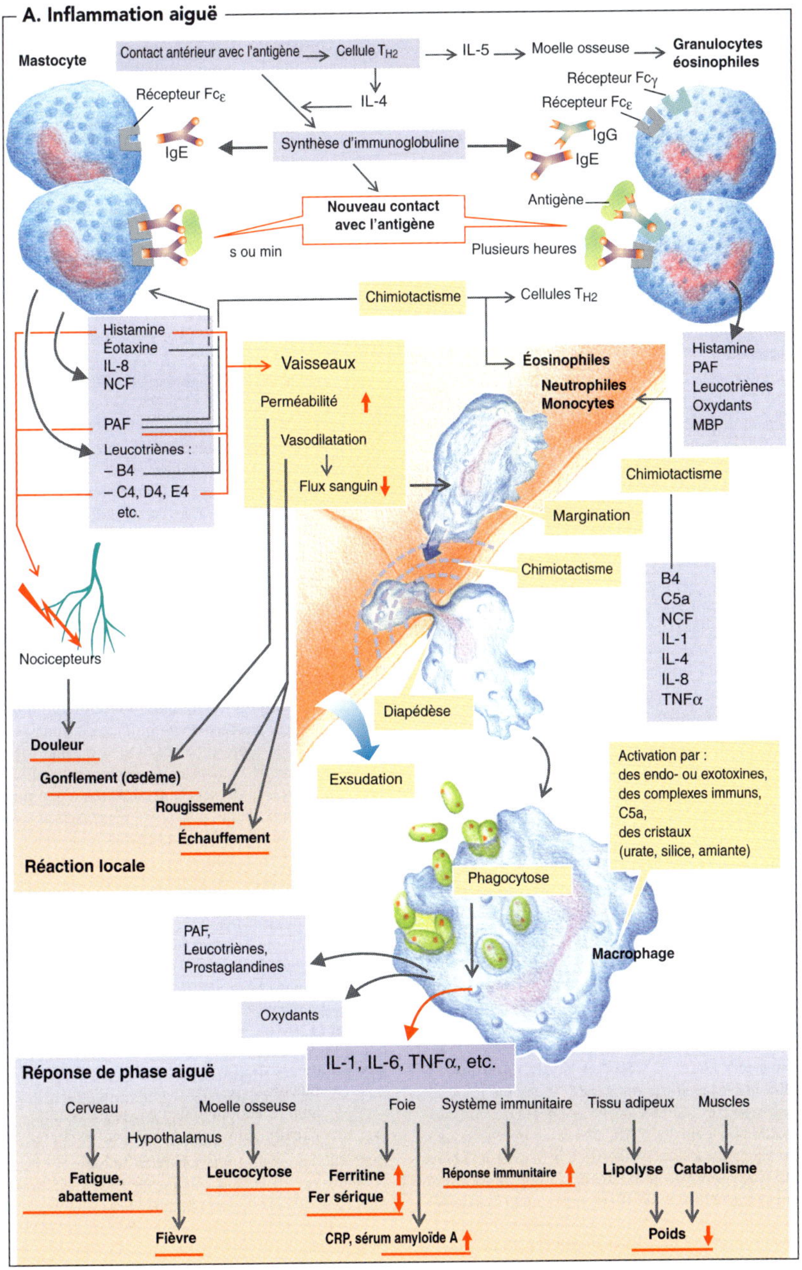
A. Inflammation aiguë
Mastocyte
Contact antérieur avec l'antigène
Cellule T_{H2}
IL-5
Moelle osseuse
Granulocytes éosinophiles
Récepteur Fcγ
Récepteur Fcε
IL-4
Récepteur Fcε
IgE
Synthèse d'immunoglobuline
IgG
IgE
Antigène
Nouveau contact avec l'antigène
s ou min
Plusieurs heures
Chimiotactisme
Cellules T_{H2}
Histamine
Éotaxine
IL-8
NCF
PAF
Leucotriènes :
– B4
– C4, D4, E4
etc.
Vaisseaux
Perméabilité
Vasodilatation
Flux sanguin
Éosinophiles
Neutrophiles
Monocytes
Histamine
PAF
Leucotriènes
Oxydants
MBP
Chimiotactisme
Margination
Chimiotactisme
B4
C5a
NCF
IL-1
IL-4
IL-8
TNFα
Nocicepteurs
Diapédèse
Exsudation
Douleur
Gonflement (œdème)
Rougissement
Échauffement
Réaction locale
Activation par :
des endo- ou exotoxines,
des complexes immuns,
C5a,
des cristaux
(urate, silice, amiante)
Phagocytose
PAF,
Leucotriènes,
Prostaglandines
Macrophage
Oxydants
IL-1, IL-6, TNFα, etc.
Réponse de phase aiguë
Cerveau
Moelle osseuse
Foie
Système immunitaire
Tissu adipeux
Muscles
Hypothalamus
Fatigue, abattement
Leucocytose
Ferritine
Fer sérique
Réponse immunitaire
Lipolyse
Catabolisme
Fièvre
CRP, sérum amyloïde A
Poids

l'adhésion des leucocytes à la paroi des vaisseaux (*margination*). Les leucocytes vont pouvoir s'infiltrer dans l'espace extravasculaire grâce à une **augmentation des possibilités de passage à travers l'endothélium** (relâchement des interactions entre les cellules endothéliales) (*diapédèse*, → **A**). Un fluide riche en protéines s'accumule maintenant en quantités importantes dans l'espace extracellulaire (*exsudat inflammatoire*) provoquant un **gonflement œdémateux**. Dans des cas extrêmes, les érythrocytes peuvent également quitter le lit vasculaire : *inflammation hémorragique*. Finalement, surviennent des **sensations douloureuses** qui vont révéler la lésion (modification du comportement) et vont inciter la personne à ménager par réflexe la zone enflammée (par ex., une extrémité).

Les *granulocytes neutrophiles* ayant migré jusqu'au site de la lésion et les *macrophages*, provenant de la différenciation des monocytes circulants, vont maintenant chercher à **phagocyter** les responsables de l'inflammation et à les « digérer » dans leurs lysosomes. Une *opsonisation* par des IgG ou le C3b (→ p. 44) va « ouvrir leur appétit ».

Lors de l'inflammation, le **système du complément** va également être activé aussi bien par la voie « classique », rapide, en présence de complexes antigènes-anticorps que par la voie alterne, plus lente via la liaison peu spécifique à des bactéries ou des cellules infectées par des virus. Dans les deux cas, il y aura formation du composant **C3b**. Il sert non seulement à l'opsonisation des antigènes, mais suscite également la polymérisation d'autres composants (C5 à C9) sur la membrane de l'agent pathogène attaqué, formant ainsi le complexe d'attaque membranaire et provoquant la lyse de l'agresseur (→ p. 44). Le système du complément peut, de plus, mettre en pièces des particules virales et des complexes antigènes-anticorps. Des produits secondaires provenant de l'activation du complément (C3a, C4a, et C5a encore appelés *anaphylatoxines*) ont une action chimiotactique et activent les macrophages.

Les **macrophages** sont *activés* par les exo- et les endotoxines des agents pathogènes, ainsi que par les complexes antigènes-anticorps, le C5a, des cristaux (voir ci-dessus) ou le phénomène de phagocytose. Cette activation va alors libérer des oxydants tels que O_2^-, OH·, $^1O_2$ et H_2O_2, destinés à éliminer les agents pathogènes (→ **A**). De plus, les macrophages sécrètent des médiateurs de l'inflammation. À côté du PAF, des leucotriènes et des prostaglandines, ce sont l'IL-1, l'IL-6 et le TNFα qui n'agissent pas uniquement sur le plan local par chimiotactisme mais font également participer l'ensemble de l'organisme à la réaction inflammatoire : **réponse de phase aiguë** (→ **A**).

Via des récepteurs spécifiques, ces cytokines vont, entre autres, déclencher :
- dans le cerveau, des réactions d'assoupissement (*fatigue, abattement*) ;
- dans l'hypothalamus, une modification de la valeur de référence de la température (*fièvre* ; → p. 20) ;
- dans la moelle osseuse, une augmentation de la libération de leucocytes ;
- dans le foie, une stimulation de la capture de fer (pour en priver les bactéries présentes dans le sérum) ainsi qu'une augmentation de la synthèse des *protéines de phase aiguë* (entre autres, la protéine C réactive = CRP et la SAA, *serum amyloid A*) ;
- une stimulation du système immunitaire (formation d'anticorps, etc.) ;
- une activation de la lipolyse et du catabolisme (*perte de poids*).

Réparation des tissus. Après formation transitoire d'un *tissu granulaire* riche en cellules (macrophages entre autres) caractérisé par le bourgeonnement de vaisseaux, le PDGF (*platelet-derived growth factor*) et d'autres médiateurs stimulent la multiplication et la migration de *fibroblastes*. Ils produisent des *glycosaminoglycanes* qui gonflent et s'associent aux faisceaux de collagène. Du nouveau *collagène* est également formé qui en se *rétrécissant* va refermer les lèvres de la plaie. Les fibres de collagène (*cicatrice*) vont finalement être remplacées par le tissu habituel à cet endroit (*restitution à l'identique* ; → **B**). Ce dernier point ne s'applique sans doute qu'à des lésions de petite taille et non infectées. Si l'origine de l'inflammation ne peut pas être éliminée de cette façon (par ex., à cause d'un corps étranger ou d'une infection de la plaie), la cicatrisation se ralentit et le combat des phagocytes s'intensifie. Ceci nécessite beaucoup d'énergie (échauffement accru), le système de coagulation activé simultanément obture les vaisseaux au voisinage, de sorte que l'ATP devient insuffisant à cause du manque d'oxygène et que la valeur du pH diminue (formation anaérobie de lactate). Les oxydants libérés vont également léser les cellules de l'organisme dont la dégradation libère à son tour des enzymes lysosomiaux si bien que les leucocytes et les cellules du tissu inflammatoire subissent eux aussi une lyse. Cette dégradation des tissus (*nécrose*, → p. 10), qui peut aller jusqu'à la formation d'une cavité (*abcès*, → **B**), est le prix à payer pour empêcher l'extension de l'inflammation et laisse derrière elle en général une **cicatrice** durable. Celle-ci se forme également lorsque la lésion est trop importante (par ex., une plaie béante).

On aboutit également à une **altération de la cicatrisation** (→ **B**) lorsque les processus

B. Inflammation : troubles et conséquences

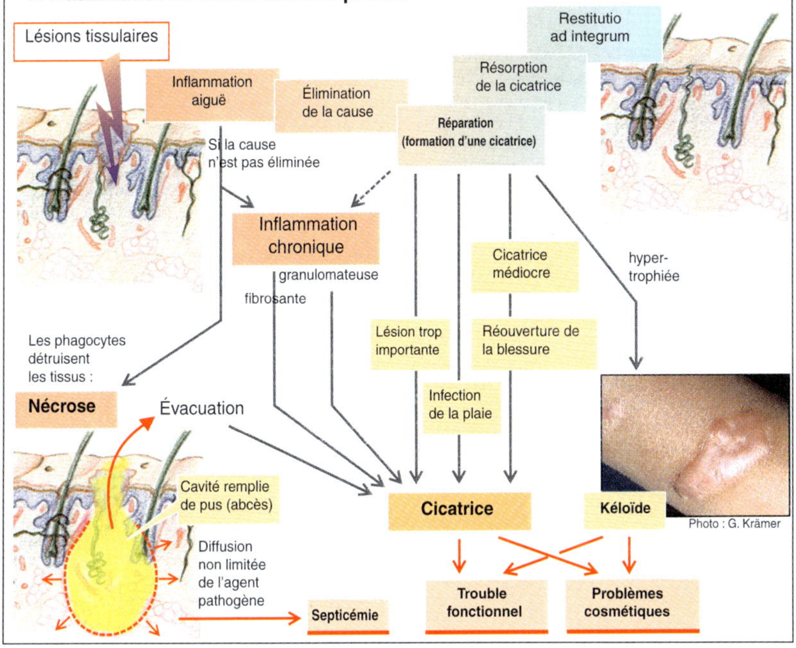

d'inflammation et de cicatrisation se maintiennent en équilibre : **inflammation chronique** (par ex., lors d'une bronchite chronique ou d'une lésion hépatique due à l'alcool). Si ce phénomène s'accompagne d'une formation importante de collagène, on aura une *inflammation fibrosante* (par ex., cirrhose du foie, → p. 172 *sqq.*), tandis que la formation excessive de tissu granulaire est caractéristique d'une *inflammation granulomateuse* (par ex., lors d'une tuberculose, ou en présence d'un corps étranger).

Si le *tissu cicatriciel* est *médiocre*, par exemple, à la suite d'une inhibition de la synthèse de collagène par les corticoïdes ou d'une altération des interactions entre les fibres de collagène, liée à une carence en vitamine C, une forte tension peut conduire à la réouverture de la blessure, comme par exemple une « éventration » après une opération de l'abdomen. Des cicatrices plus importantes, en particulier sur le visage, peuvent provoquer des **problèmes cosmétiques**, entre autres, lors de la formation d'une cicatrice hypertrophiée (*kéloïde* → **B**). Les cicatrices peuvent aussi avoir pour conséquence des **troubles fonctionnels** importants, par exemple au niveau de la cornée (troubles de vision), au niveau des valvules cardiaques (sténose, insuffisance ; → p. 194 *sqq.*), ou dans la paroi abdominale (adhésions ; obstructions intestinales ; → p. 156).

Si l'inflammation provoquée par un agent pathogène ne peut être limitée au niveau local, elle se répand à tout l'organisme essentiellement via le système lymphatique : **septicémie**. Elle peut également se produire lorsque le péritoine, dont la surface est importante, est submergé de façon aiguë par des microbes (rupture de l'intestin, ouverture d'un abcès).

Réactions d'hypersensibilité (allergies)

L'allergie est une réaction exagérée spécifique du système immunitaire vis-à-vis d'une substance étrangère à l'organisme (par ailleurs souvent sans danger), mais aussi vis-à-vis d'un antigène (→ p. 42), qui se comporte ainsi comme un *allergène*. En liant des molécules étrangères de petit poids moléculaire (ou *haptènes*), les protéines endogènes peuvent avoir une action allergénique. Alors que la réaction immunitaire renforcée (secondaire) exerce normalement une action protectrice lors de contacts répétés avec l'antigène (*immunisation* ; → p. 42 *sqq.*), elle conduit lors d'une allergie et par des mécanismes immunitaires très voisins à une *destruction* des tissus intacts. Le premier contact a dans ce cas provoqué également un *effet allergisant*. Lorsque le système immunitaire, de façon erronée, ne reconnaît pas comme telles les protéines endogènes et génère des *autoanticorps*, on observe également des lésions du même genre (→ p. 54). Dans chaque cas, ce sont des *réactions inflammatoires* qui provoquent les lésions (→ p. 48 *sqq.*).

Les réactions d'hypersensibilité sont divisées en cinq types (I à V, partiellement chevauchants). La plus fréquente est la **réaction de type I**. Dans ce cas, l'effet allergisant est l'effet majeur : via une coopération entre cellules B et cellules T_{H2}, l'antigène est présenté, des interleukines sont libérées, entre autres l'IL-4 et l'IL-5. L'IL-4 provoque la prolifération de cellules B spécifiques de l'antigène (→ formation d'IgE ; → p. 47, B4), l'IL-5 stimule la différentiation des granulocytes éosinophiles dans la moelle osseuse et leur passage dans le sang (→ p. 49, en haut). Lors d'un deuxième contact se produit alors une *réaction immédiate* (*anaphylaxie*), en l'espace de quelques secondes ou de quelques minutes, qui peut être suivie après quelques heures de *réactions tardives*. La réaction immédiate a pour origine la libération rapide de médiateurs de l'inflammation vasoactifs par des mastocytes garnis d'*IgE*, tandis que les réactions tardives sont médiées par des granulocytes éosinophiles et neutrophiles attirés par chimiotactisme et par des *IgG* (→ p. 49, en haut). La réaction immédiate de type I peut, selon le type d'exposition à l'allergène, se dérouler de façon *locale* ou de façon plus ou moins *généralisée*. Les allergènes présents dans l'air (pollen, poussières d'acariens, poils d'animaux) vont déclencher dans l'*appareil respiratoire* des réactions conduisant à un œdème de la muqueuse et à une hypersécrétion (par ex., rhume des foins) ou à un bronchospasme (asthme). Les allergènes alimentaires (par ex., certains composants du lait, des fruits ou des poissons) conduisent en premier lieu à des *symptômes* touchant l'*estomac* ou l'*intestin* comme des douleurs abdominales, des nausées, des vomissements et des coliques. Les sécrétions de l'appareil respiratoire ainsi que les vomissements et les coliques permettent dans ces conditions d'éliminer l'allergène. La *peau* réagit vis-à-vis des allergènes (par ex., un venin d'abeille) par des démangeaisons, un gonflement, une urticaire voire une dermatite atopique. Si l'allergène parvient dans le sang par injection (par ex., un sérum ou un haptène comme la pénicilline), on observe une réaction immédiate systémique, qui peut entraîner une chute de tension artérielle, mettant la vie en danger via la libération de médiateurs vasoactifs : *choc anaphylactique* (→ p. 230 *sqq.*). Cette réaction peut également se produire, bien que quelque peu retardée, après une forte exposition du tractus gastro-intestinal ou de l'arbre respiratoire à un allergène ; de la même manière, on peut aboutir à une urticaire après une allergie à un aliment.

Dans l'**hypersensibilité de type II** encore appelée **cytotoxique** (→ **A**), ce sont des *cellules* antigéniquement actives ou des protéines de la matrice extracellulaire qui sont au centre des réactions. Il peut s'agir d'*haptènes* (par ex., des médicaments) qui se sont fixés sur les cellules endogènes (sanguines) ou de cellules sanguines étrangères ayant pénétré dans l'organisme. Après un premier contact allergisant avec l'allergène, il se produira lors des contacts suivants une synthèse importante d'*IgM* et d'*IgG* spécifiques de l'antigène. Ces molécules vont se lier en quantités importantes (10^4 à 10^5 par cellule) à la surface de la cellule allergénique (*opsonisation* ; → **A**), ce qui va activer le *système du complément* (→ p. 43, A1), tandis que les cellules NK déploient leur action cytotoxique (ADCC ; → p. 43, A3). Les deux phénomènes conduisent après quelques *heures* à la destruction des cellules allergéniques : *cytolyse* (→ **A**). La liaison d'un haptène sur les érythrocytes endogènes va entraîner une anémie hémolytique (→ p. 40) et une thrombopénie, si elle se produit sur les thrombocytes. (Ces deux types de cellules sont très exposées aux attaques du complément car elles ne possèdent pratiquement pas de protéines le régulant ; voir p. 40.) Les érythrocytes étrangers (par ex., lors d'une incompatibilité ABO) seront agglutinés, c'est-à-dire liés les uns aux autres par des IgM, et rapidement hémolysés (accident transfusionnel ; → p. 41 B). D'une manière à peu près semblable (bien que non complètement élucidée), les autoanticorps dirigés contre la membrane basale vont provoquer des lésions dans les reins et les poumons (*syndrome de Goodpasture*). Les IgG vont être déposées dans les reins le long des capillaires du glomérule, provoquant ainsi des

A. Hypersensibilité de type II (cytotoxique) vis-à-vis d'antigènes portés par une cellule

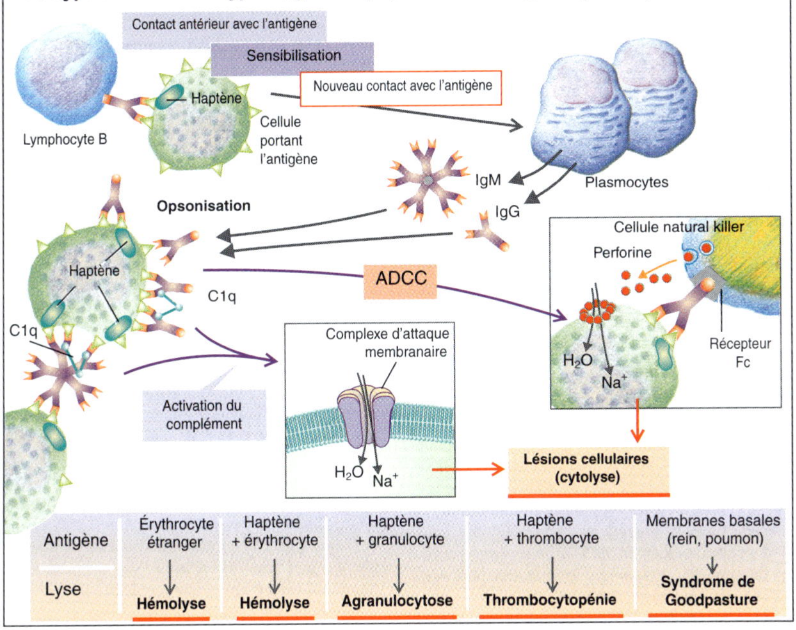

B. Hypersensibilité de type III vis-à-vis des complexes antigènes-anticorps

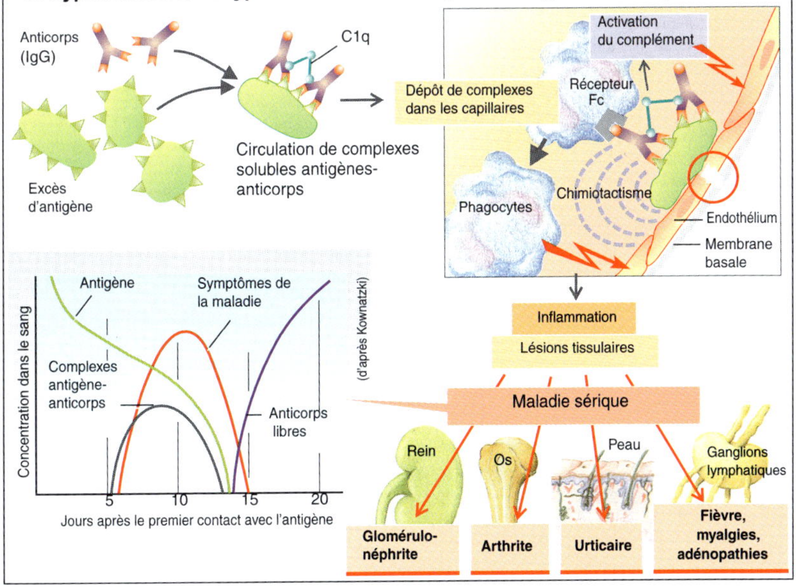

Figure 3-13 **Allergies I**

réactions inflammatoires aiguës (glomérulonéphrite à progression rapide avec une insuffisance rénale dangereuse ; → p. 102 *sqq.*), tandis que l'atteinte pulmonaire est caractérisée par des saignements pouvant être mortels.

Les **réactions de type III** (→ **B**) sont déclenchées par la formation et le dépôt de *complexes immuns* (complexes antigènes-anticorps), dans lesquels les antigènes sont souvent associés les uns aux autres par les immunoglobulines présentes dans le complexe (IgG, IgM). De tels complexes immuns activent le *système du complément* (→ p. 43, A1) avec la même efficacité que les macrophages, les granulocytes et les thrombocytes (via leurs récepteurs Fc). Lorsque les antigènes, en particulier, sont en excès par rapport aux anticorps, de *petits complexes immuns solubles* vont circuler dans le sang pendant plus longtemps et ne seront dégradés que très lentement (→ **B**, courbes). Ils se déposent en particulier dans les capillaires des glomérules rénaux mais peuvent également être retrouvés dans les articulations, la peau ou en d'autres endroits. La paroi des capillaires sera alors attaquée par le système du complément mais aussi par les phagocytes attirés par chimiotactisme et activés. Ceux-ci libèrent des protéases, des oxydants et des médiateurs de l'inflammation, provoquant ainsi des symptômes, glomérulonéphrites (à immuns complexes), douleurs articulaires, urticaire, inflammation des ganglions lymphatiques et fièvre, qui se sont manifestés après une immunisation passive antérieure pratiquée avec le sérum d'animaux (bœuf, mouton, cheval) et ont été désignés sous le terme de **maladie sérique**.

Les infections peuvent également déclencher une réaction systémique de phase III, et même, lorsque le système immunitaire ne parvient pas à éliminer de façon satisfaisante l'agent pathogène (streptocoque ou certains agents de la malaria), il forme cependant suffisamment d'anticorps pour maintenir élevée la concentration de complexes immuns dans le sang. Le lupus érythémateux disséminé est également une réaction de type III d'étiologie mal connue.

Une réaction *locale* de type III peut se produire au niveau de la peau (**réaction d'Arthus**), par exemple après une vaccination, ou se produire ensuite dans les poumons lorsque de petites quantités d'antigènes ont été inhalées de façon répétée. Lors d'un autre contact, de grosses quantités d'IgG seront excrétées (excès d'antigène), il se forme alors des complexes qui précipitent dans les poumons (*alvéolites exogènes allergiques*). Parmi quelques exemples citons la *maladie des éleveurs de pigeons* (présence d'antigène dans la fiente de pigeon) ou la maladie des fermiers (fièvre du battage ; antigènes de moisissures dans le foin).

La **réaction de type IV** (→ **C**, **D**) est réalisée par les cellules T_{H1}, les cellules T cytotoxiques et les macrophages et atteint son maximum après 2 à 4 jours (**hypersensibilité retardée**). Les facteurs déclenchants sont, entre autres, les *protéines des agents pathogènes* (virus, tuberculose, lèpre, leishmaniose, listériose, infections fongiques), d'autres protéines étrangères (par ex., la gliadine, une protéine du blé, qui déclenche la *maladie cœliaque*), et des *haptènes*, médicaments, métaux (par ex., le nickel, → **D**), des cosmétiques, certains composants végétaux (par ex., le pentadécacatéchol de *Rhus radicans*, ou celui du sumac vénéneux, *Rhus toxicodendron*). Le *rejet primaire d'un organe transplanté* est également une réaction de type IV.

L'antigène est phagocyté par les *macrophages*, remanié et présenté aux cellules T_H (→ **C**). La sensibilisation dure plus de 5 jours. Lors du deuxième contact de nombreuses cellules T sont activées en cellules T_{H1} (→ p. 45 *sqq.*). Celles-ci stimulent la formation des monocytes dans la moelle osseuse via l'IL-3 et le GM-CSF, attirent sur place les monocytes et les macrophages grâce au MIF et au MIC, les activent grâce à l'interféron γ (INFγ) et provoquent en leur compagnie (et en présence de TNFβ) une forte *réaction inflammatoire*, au cours de laquelle les tissus endogènes ou les tissus transplantés peuvent être détruits sur un périmètre important (tuberculose, lèpre, réaction de rejet).

Il existe des haptènes qui provoquent au niveau de la *peau* une forme particulière de réaction de type IV, la **dermatite de contact**. Libéré par exemple de montres-bracelets contenant du nickel, ce métal va pénétrer dans la peau et être phagocyté puis remanié, en tant qu'antigène fixé aux protéines endogènes, par les macrophages cutanés (cellules de Langerhans) (→ **D**). Les macrophages migrent jusqu'aux ganglions lymphatiques régionaux et y présentent (après s'être transformés en cellules dendritiques, B7 positives) l'antigène aux cellules T spécifiques de l'antigène du sang et de la lymphe. Celles-ci prolifèrent et se différencient (en cellules T cytotoxiques ou en cellules T_{H1}) pour atteindre maintenant en plus grande quantité le site d'exposition à l'antigène (via la voie sanguine, → **C**, **D**).

Les **réactions de type V** sont provoquées par des autoanticorps dirigés contre des neurotransmetteurs ou des récepteurs hormonaux (→ p. 56).

C. Hypersensibilité retardée (type IV)

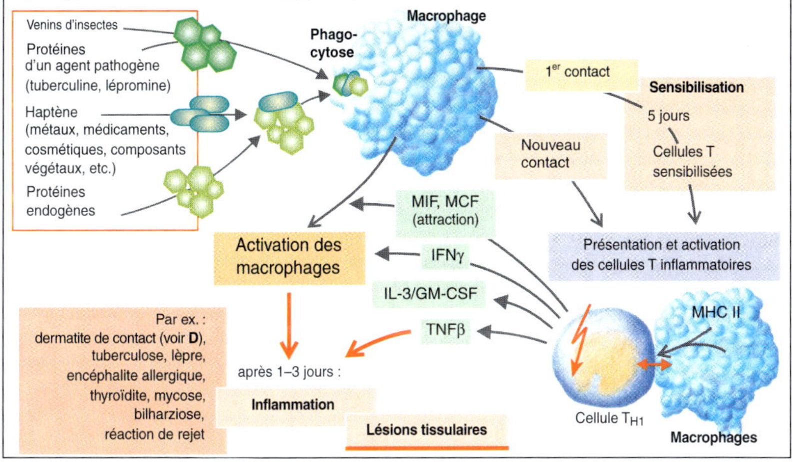

D. Apparition d'une dermatite de contact

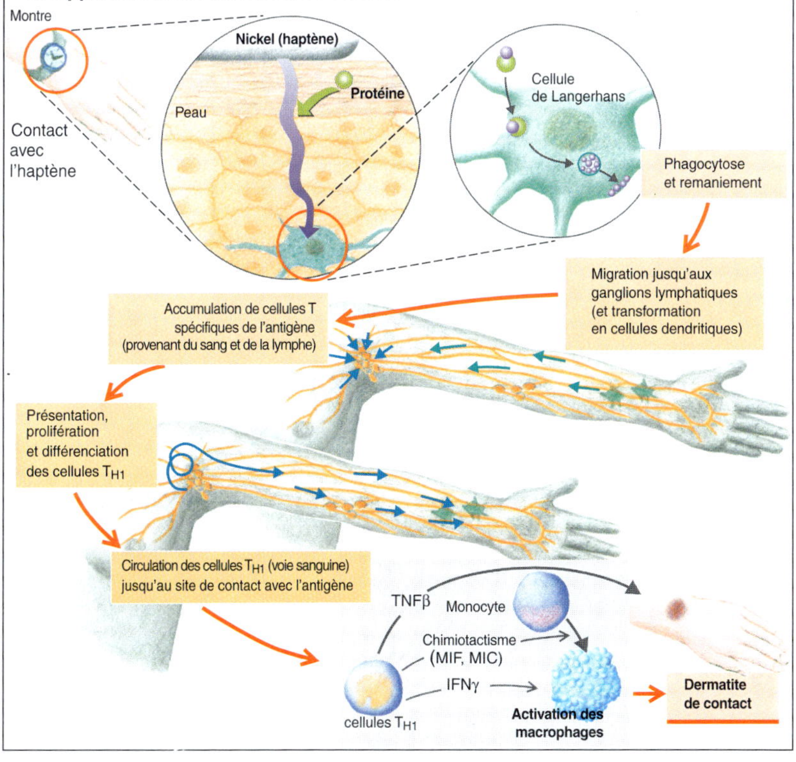

Maladies auto-immunes

Lorsque le système immunitaire génère en permanence des *autoanticorps* dirigés contre un antigène de l'organisme ou active les cellules T, il peut se produire des lésions touchant les tissus ou les organes : *maladie auto-immune.* (L'apparition d'autoanticorps n'est pas à elle seule une preuve de l'existence d'une maladie auto-immune, car les autoanticorps apparaissent souvent de façon transitoire à la suite d'une lésion tissulaire.)

Les maladies auto-immunes sont bloquées en temps normal car :

- les cellules T immatures qui reconnaissent les autoantigènes fréquents et ubiquistes, subissent dans le thymus la **délétion clonale** (→ p. 42) ;
- les cellules T matures subiront une **inactivation clonale** (*anergie* ; → p. 45). Ce phénomène repose sur le fait que les cellules associées à un tissu ne donnent *aucun signal de costimulation* (par ex., la protéine B7, → p. 46, B1) ;
- les cellules T spécifiques des autoantigènes ne vont en certains cas pas être activées bien qu'il y ait eu reconnaissance (**ignorance immunologique** ; voir ci-dessous point 3).

L'étiologie et la pathogenèse des maladies auto-immunes ne sont pas encore totalement éclaircies, mais la formation des autoanticorps ou l'activation des cellules T reposent sur les mêmes mécanismes que ceux qui se produisent lors des réactions immunes vis-à-vis des antigènes étrangers (→ p. 42 *sqq.*, p. 52 *sqq.*). Les origines suivantes (partielles) ont été proposées pour le déclenchement des maladies auto-immunes (→ **A**) :

1. une **prédisposition génétique** gouvernée par certains allèles HLA : les porteurs de l'allèle HLA-II DR3 + DR4 auront 500 fois plus de risque de souffrir d'un diabète de type I que les porteurs de l'allèle DR2 + DR2 (→ p. 286) ;
2. une dépendance vis-à-vis du sexe, visible à la puberté, suggère une **influence hormonale.** C'est ainsi que dans le *lupus érythémateux disséminé* le rapport femme/homme est de 10/1, et de 1/3 dans le cas de la *spondylite ankylosante* ;
3. les autoantigènes des **régions immunologiquement privilégiées** (cerveau, yeux, testicules, utérus) peuvent malgré tout quitter ces zones (par le sang et non par les voies lymphatiques) et interagir avec les cellules T. Il n'y aura cependant pas déclenchement de maladies auto-immunes, car les autoantigènes sont accompagnés de TGFβ qui va probablement entraîner une activation des cellules T_{H2} (au lieu des cellules T_{H1} destructrices). Cependant, les autoantigènes provenant de ces régions peuvent déclencher des maladies auto-immunes comme par exemple la sclérose multiple (une des maladies auto-immunes les plus fréquentes) due à la MBP (*myelin basic protein*) cérébrale. Les expériences effectuées chez les animaux montrent que la MBP ne suscite aucune tolérance ni anergie mais plutôt une *ignorance immunitaire* ; celle-ci se transforme en une destruction de la myéline, lorsque (éventuellement en association avec une infection) des cellules T_{H1} inflammatoires, spécifiques de la MBP, sont activées en d'autres sites puis pénètrent ensuite dans le cerveau. De la même manière, des protéines peuvent être libérées à l'occasion d'une blessure à un œil de sorte que la réaction immunitaire ainsi provoquée mette en danger l'autre œil (ophtalmie sympathique). L'infertilité due à des autoanticorps antispermatozoïdes est un autre exemple de ces réactions. L'embryon ou le fœtus sont au contraire totalement tolérés sur le plan immunologique en dépit de leurs nombreux antigènes étrangers (hérités du père) car le placenta maternel rend les cellules T anergiques (→ p. 45) ;
4. les **infections** peuvent être impliquées dans l'apparition des maladies auto-immunes. C'est ainsi que les cellules T spécifiques de la MBP sont activées lorsque certaines bactéries sont présentes (expérimentalement, on utilise pour stimuler les cellules T l'*adjuvant de Freund* contenant des mycobactéries). Ces agents pathogènes peuvent éventuellement déclencher le signal de costimulation manquant (voir ci-dessous). Par ailleurs, des anticorps dirigés contre certains antigènes bactériens ou des cellules T peuvent présenter une *réaction croisée* vis-à-vis d'autoantigènes (« *mimétisme moléculaire* »). C'est le cas des réactions d'anticorps antistreptocoques avec des antigènes du cœur (endocardite), des articulations (polyarthrite) ou des reins (glomérulonéphrite) ;
5. une **régulation défectueuse du système immunitaire**, de nature inconnue (défaut des cellules CD8 suppressives qui éliminent les cellules CD4 présentant l'antigène ?) peut également être impliquée dans ces phénomènes.

Les mécanismes immunitaires de ces maladies auto-immunes correspondent aux réactions d'hypersensibilité de type II à V (→ p. 52 *sqq.*). À côté de cela, on distingue les *maladies auto-immunes systémiques* (par ex., le lupus érythémateux disséminé, une réaction de type III) de celles *spécifiques d'un tissu ou d'un organe* (→ **B**). Des exemples de réaction de type II sont les anémies auto-immunes hémolytiques et le syndrome de Goodpasture, pour le type IV, l'arthrite rhumatoïde, la sclérose multiple (?) et le diabète de type I (au cours duquel les cellules CD8 détruisent les cellules β de l'organisme ; → p. 286). Les autoanticorps activant (maladie de Basedow) ou inhibant (myasthenia gravis) les récepteurs hormonaux font partie des réactions de type V.

A. Origine des maladies auto-immunes

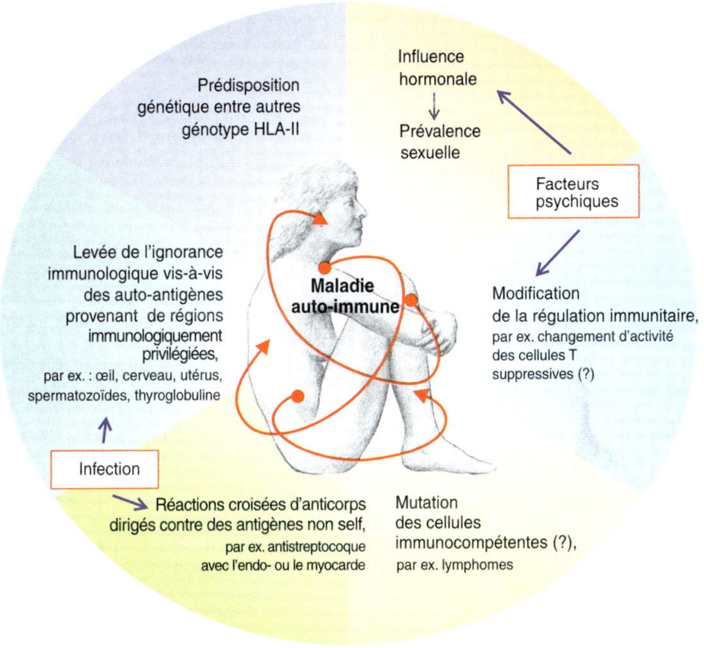

B. Maladies auto-immunes spécifiques d'un tissu ou d'un organe

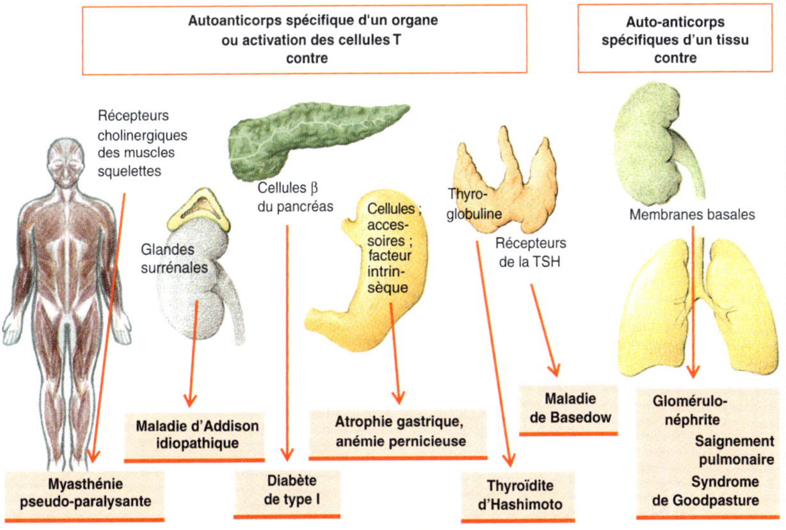

Figure 3-15 **Maladies auto-immunes**

Déficiences immunitaires

Les déficiences immunitaires se manifestent par des *infections fréquentes*, *de longue durée* et pouvant être *dangereuses* (également causées par des agents jusqu'ici sans danger), ainsi que par certaines *tumeurs*.

Parmi les déficits de la **défense non spécifique**, on trouvera ceux du *système du complément* (infections par des agents externes, entre autres *Neisseria*), ceux des *cellules NK* (infections par des agents endogènes comme les *Listeriae* ou les Herpesvirus), ainsi que celui dû à la *protéine de liaison du mannose* (→ p. 44). Les troubles de la *phagocytose* peuvent être liés au nombre de cellules (par ex., neutropénie due à une carence en G-CSF ; agranulocytose due à une irradiation ou à un traitement par des cytostatiques) ou être fonctionnels : dans le défaut d'adhésion des leucocytes, une déficience de la sous-unité d'une intégrine (CD18) empêche la margination ; dans le syndrome du leucocyte paresseux, la migration est ralentie ; dans la granulomatose chronique (ou septique), la formation d'oxydants est absente et dans le syndrome de Chediak-Higashi, la fusion du phagosome avec le lysosome est altérée.

Des **déficits immuns humoraux** peuvent être dus à des *troubles de la maturation*, *des fonctions* ou *de l'activation des cellules B*. Sans anticorps l'organisme ne peut rien faire contre les virus car ceux-ci, sans opsonisation, ne peuvent être phagocytés à cause de leur enveloppe polysaccharidique. Citons comme exemple a) la carence sélective en IgA (très fréquente 1 p. 700 naissances) associée à une déficience de la protection des muqueuses et donc à l'apparition fréquente d'infections des voies respiratoires ou du tractus gastro-intestinal ainsi qu'à une propension accrue aux allergies ; b) l'agammaglobulinémie qui se produit lors d'une déficience de la tyrosine kinase de Bruton et altère la maturation des cellules B ; c) un syndrome caractérisé par une augmentation des concentrations d'IgM (absence de saut de classe à cause d'une déficience des ligands du CD40 ; → p. 47, B4) ainsi que d) un syndrome encore appelé déficience immune variable (défaut de la stimulation des cellules B par les cellules T CD4).

Des perturbations de la **défense immune à médiation cellulaire** se produisent lors d'une *aplasie thymique* (*syndrome de DiGeorge*) et sont combinées avec des déficiences immunitaires humorales. Celles-ci vont d'une altération de la différentiation des cellules souches (*dysgénésie réticulaire*), en passant par une déficience de la formation du HLA (*syndrome des lymphocytes nus*), jusqu'à des altérations combinées des cellules B et T, potentiellement dangereuses (*SCID, severe combined immunodeficiency disease*, par exemple, due à un déficit en adénosine déaminase ou à un déficit en purine nucléotide phosphorylase).

Le **SIDA** (AIDS, *acquired immunodeficiency syndrome*) est provoqué par le VIH-1 ou le VIH-2 (virus de l'immunodéficience humaine, → **A**). Le génome de ce Rétrovirus est codé sous forme de deux molécules d'ARN simple brin (ssRNA) presque identiques. On trouve, entre autres, ancrée dans l'enveloppe virale la protéine gp120 (→ **A1**) qui s'associe à la membrane de la cellule cible simultanément via le *CD4* et un *récepteur des chémokines* (= CCR5 au début de l'infection ; = CXCR4 au stade tardif). Cette interaction déclenche la fusion des membranes et l'endocytose des virions (→ **A2**). (Les individus présentant un défaut du CCR5 sont protégés de façon permanente contre une infection par le VIH.) À côté des cellules CD8, les *cellules* T_H*-CD4* sont également touchées. Dans ces cellules, l'ARN simple brin sera transcrit en un ADN complémentaire par une *transcriptase inverse* virale pour finalement s'insérer sous forme d'un ADN double brin (dsDNA) dans le génome de la cellule hôte (Provirus ; *stade latent*). L'*activation* des cellules CD4 (lors du début de l'infection ou au stade tardif) déclenche l'expression du Provirus. Les protéines ainsi formées *tat* et *rev* ainsi que *NF-κB* appartenant à la cellule hôte participent à la formation des particules virales qui seront alors libérées par exocytose (*virémie* ; → **A3**, **4**). La cellule CD4 peut ainsi mourir (voir photo), surtout si elle est attaquée par les systèmes de défense de l'organisme (IgG anti-gp120 + complément, reconnaissance des peptides du virus par les cellules T cytotoxiques). Les cellules CD4 non infectées vont également mourir (apoptose indépendante du MHC), si bien qu'au stade tardif apparaît une *grave carence en cellules CD4* (→ **A4**). Les modifications des concentrations de cytokines (→ **A5**) provoquent une mort des cellules T_{H1} et des cellules T cytotoxiques. L'organisme est progressivement de plus en plus désarmé en face d'agents jusqu'à présent inoffensifs, par exemple des champignons, ou de certaines tumeurs comme le sarcome de Kaposi ou un lymphome (< 500 cellules CD4/µl de sang : ARC = *AIDS related complex* ; < 200 : SIDA déclaré). Entre la virémie initiale (niveau élevé d'antigène p24 avec formation d'IgM) et l'ARC avec une nouvelle virémie (plus d'IgM) peuvent s'écouler plusieurs années (→ **A4**), pendant lesquelles les Provirus survivent dans un petit nombre (10^6) de cellules CD4 inactives (dans les ganglions lymphatiques).

A. SIDA

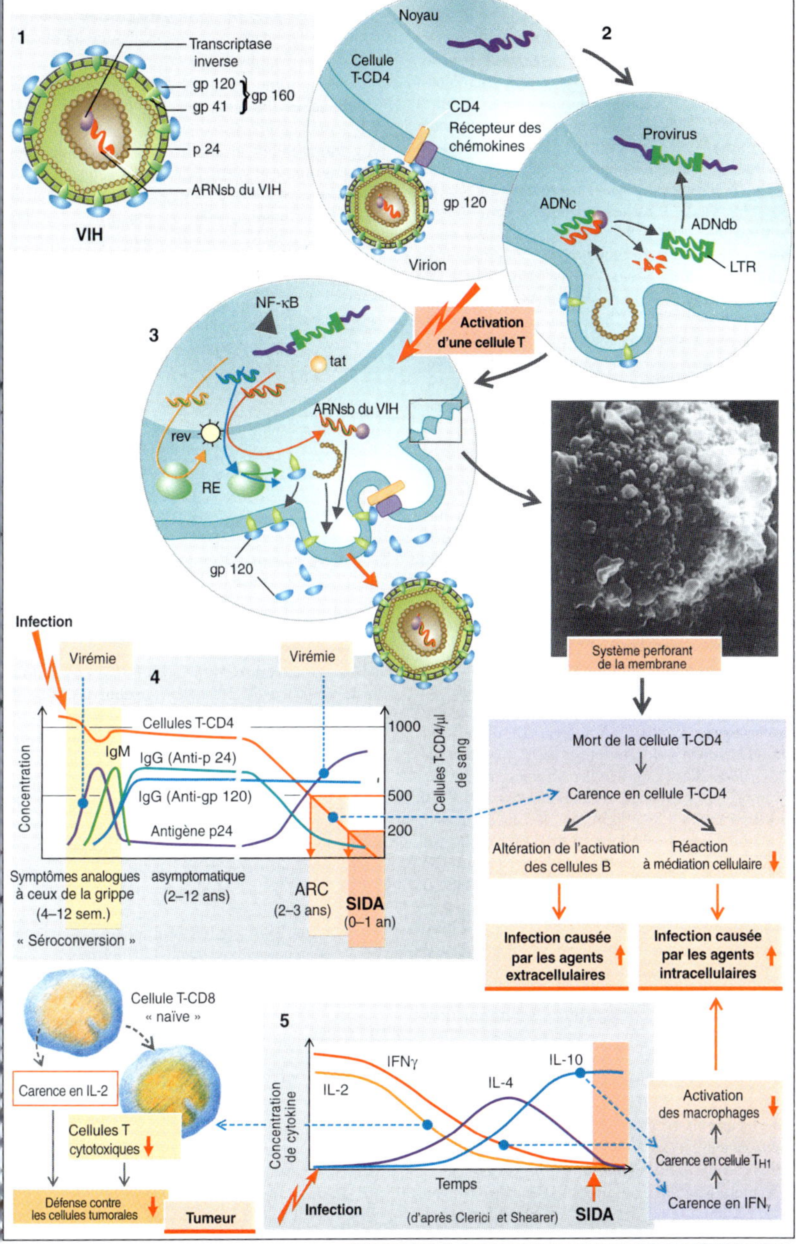

Photo d'après : Gallo RC. J Acquired Immune Deficiency Syndromes, 1988 : 521-535. © 1988 Raven Press, avec la gracieuse autorisation de Lippincott-Raven Publishers, Philadelphie, PA, États-Unis.

Coagulation (hémostase) et ses troubles

Le système d'hémostase auquel participent des *facteurs plasmatiques*, les *thrombocytes* et les *parois des vaisseaux* protège contre les saignements et les pertes de sang. Leurs interactions garantissent une obturation locale de la déchirure vasculaire, d'abord grâce à un calfeutrage provisoire réalisé par les thrombocytes (« caillot blanc ») puis grâce à la formation par le système de coagulation plasmatique d'un joint de fibrine (« thrombus rouge ») constituant une obturation plus solide. Il est cependant nécessaire d'éviter la formation d'un caillot trop important qui aurait pour conséquence l'obturation de vaisseaux plus importants (*thrombose*) ou le déplacement de thrombi (*embolie* ; → p. 240). Pour maintenir cet équilibre, le système d'hémostase sera, en cas de besoin, activé localement de façon très rapide (minutes), mais une activation anormale de l'hémostase sera empêchée par des facteurs inhibiteurs (rétrocontrôle partiel). Le *système de fibrinolyse* assure la dissolution du caillot de fibrine en excès.

Les **thrombocytes** (plaquettes ; $170\text{-}400 \times 10^3/\mu l$ de sang) sont des fragments anucléés provenant des mégacaryocytes de la moelle osseuse (→ p. 28). Une lésion de l'endothélium entraîne, grâce au facteur de von Willebrand (vWF) synthétisé dans les cellules endothéliales, une liaison immédiate (*adhésion*) des plaquettes au collagène mis à nu, ce qui nécessite, entre autres, la participation d'une glycoprotéine de la surface des thrombocytes, la protéine Ib (→ **F1**). Les plaquettes sont activées par cette adhésion, c'est-à-dire qu'elles s'associent fortement les unes aux autres (*agrégation*, provoquée par la thrombine), changent de forme et sécrètent entre autres des *facteurs vasoconstricteurs* (sérotonine, PDGF = *platelet-derived growth factor*, thromboxane A_2) et des *molécules favorisant l'agrégation* (fibronectine, vWF, fibrinogène). Par ailleurs, le thromboxane A_2, avec l'ADP, sécrété également, et un médiateur de l'inflammation, le PAF (→ p. 48) activent les plaquettes. Lors de l'agrégation les thrombocytes se contractent et changent de forme (formation de microvillosités), ce qui va en particulier exposer à leur surface les glycoprotéines IIb/IIIa. Celles-ci vont aussi bien permettre l'association à la fibronectine de la matrice sous-endothéliale que l'adhésion au fibrinogène qui relie entre elles les plaquettes (→ **F**).

Le **système de coagulation** est formé de nombreux facteurs dont font partie (→ **D**) :
- le facteur I (fibrinogène) ;
- le facteur II (prothrombine) ;
- le facteur III (thromboplastine tissulaire) ;
- le facteur IV (Ca^{++}) ;
- les facteurs VII à XIII ;
- la prékallikréine (PKK, facteur de Fletcher) ;
- le kininogène de haut poids moléculaire (facteur de Fitzgerald)

ainsi que les *facteurs d'inhibition* (→ **E**) :
- antithrombine III ;
- α_2-macroglobuline ;
- α_1-antitrypsine ;
- la protéine C^K ;
- la protéine S^K.

À l'exception du calcium il s'agit de protéines globulaires avec une masse moléculaire comprise entre 54 (α_1-antitrypsine) et 2 000 kDa (F VIII), dont la majeure partie est synthétisée dans le foie (facteurs I, II^K, V, VII^K, IX^K, X^K, XIII, kininogène). La *vitamine K* est nécessaire à la synthèse des facteurs et des protéines signalés par un ^{K}. Cette vitamine participe à la *γ-carboxylation* post-transcriptionnelle d'une série de résidus glutamine à l'extrémité N-terminale de la chaîne peptidique. Ces groupements γ-carboxylglutamiques sont indispensables à la fixation, par l'intermédiaire du Ca^{++}, aux phospholipides, et en particulier ceux de la membrane des thrombocytes (*formation d'un complexe*).

Coagulation (→ **D**, **E**). La plupart des facteurs de la coagulation ne sont pas activés en temps normal. Leur *activation* (index *a*) s'effectue sous forme d'une *cascade*. Le plus souvent, le facteur est converti de sa forme inactive (= pro-enzyme = zymogène) en une endopeptidase active, qui à son tour active de la même manière le facteur suivant. La cascade d'activation débute au voisinage de la lésion de l'endothélium (charges négatives du collagène sous-endothélial et des groupements sulfates) par l'activation du F XII en F XIIa (*activation endogène*). Le F XIIa active ensuite la PKK en kallikréine (KK), qui renforce l'activation du F XII (*phase de contact* avec rétrocontrôle positif). Le F XIIa active le F XI en F XIa, qui à son tour active le F IX en F IXa, et ainsi de suite jusqu'à ce que finalement des monomères de fibrine soient formés à partir du fibrinogène (FI) et s'associent de façon covalente en un bouchon de fibrine sous l'action du facteur XIII (transamidase). Lors d'une blessure plus importante, la thrombokinase tissulaire (F III) entre en contact avec le sang et active le F VII qui à son tour, sous forme d'un complexe avec le Ca^{++} et les phospholipides, active le facteur X (*activation exogène*).

Une **tendance au saignement** (diathèse hémorragique) peut avoir comme origine une altération du système de coagulation ou du système de fibrinolyse (D.H. plasmatique), une altération des plaquettes (D.H. thrombocytaire) ainsi qu'une déficience vasculaire (D.H. vasculaire). Tandis que dans le cas des altérations plasmatiques, les efforts mécaniques quotidiens sont à l'origine d'hématomes (meurtrissures) et de saignements articulaires, les diathèses hémorragiques d'origine plaquettaire ou vasculaire sont caractérisées par des

A. Origines et conséquences d'une tendance au saignement

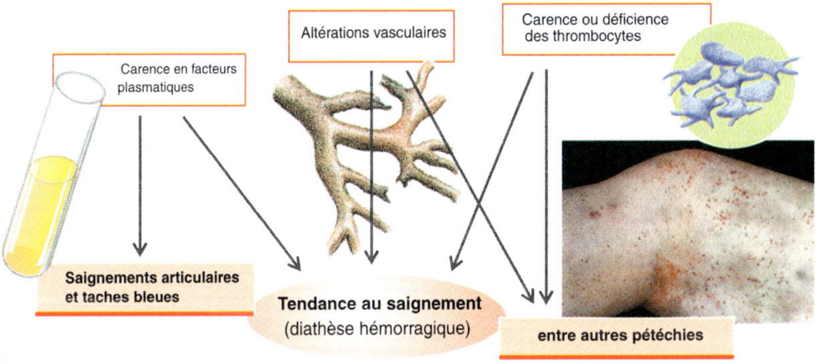

B. Tests de coagulation permettant d'identifier les diathèses hémorragiques plasmatiques

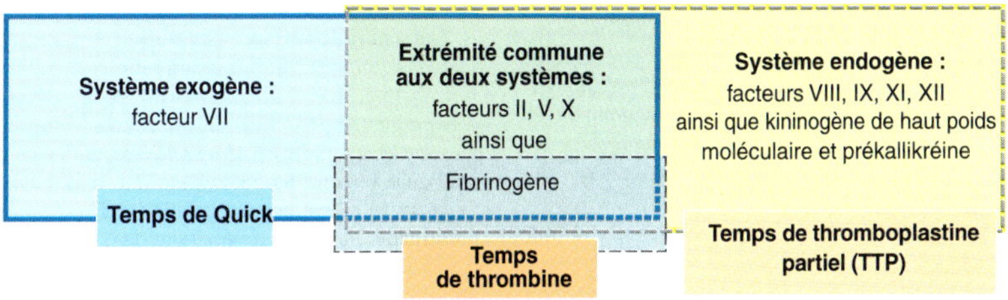

C. Interprétation des résultats des tests

Temps de Quick	TTP	Nombre de plaquettes	Temps de saignement	Causes les plus probables d'une diathèse hémorragique (valable pour des troubles modérés à sévères)
normal	normal	normal	normal	**Origine vasculaire, carence en facteur XIII**
↓	normal	normal	normal	**Carence en facteur VII**
normal	↑	normal	normal	**Administration d'héparine, carence en facteur VIII, IX, XI, XII, kininogène de haut poids moléculaire (KHP), prékallikréine**
normal	normal	↓	↑	**Thrombocytopénie**
↓	↑	normal	normal	**Administration de coumarine, carence en vit. K et en facteurs I, II, V, X**
normal	↑	normal	↑	**Maladie de von Willebrand**
↓	↑	↓	↑	**Lésions hépatiques, coagulopathies d'utilisation, septicémie**

(d'après E. Lechler)

↓ diminué ↑ allongé

Photo d'après Siegenthaler W. Differentialdiagnose innerer Kranheiten, 17e Éd., Stuttgart, Thieme, 1993.

saignements cutanés ponctuels semblables à des piqûres d'insectes (pétéchies, → **A**, photo).

Il est déjà possible à l'aide de quelques **tests de coagulation** simples de déterminer la cause probable d'une diathèse hémorragique prononcée (→ **B**). Dans le cas du **test de Quick**, le plasma est provisoirement rendu incoagulable à l'aide de complexants du calcium (oxalate, citrate ou EDTA) ; on ajoute maintenant du calcium et de la thromboplastine en excès et l'on compare le temps de coagulation ainsi obtenu avec celui d'une série de dilutions provenant de plasma normal. Si le plasma à tester coagule dans le même temps qu'une dilution 1 : 1 de plasma normal, on dit que le temps de coagulation est de 50 p. 100 (valeur normale : 70-125 p. 100). Un temps de Quick diminué signifie que le F VII (système exogène) ou la cascade en aval du F X sont altérés ou encore perturbés par des antagonistes de la vitamine K (→ **B, C, D**). Lors de la détermination du **temps de thromboplastine partiel (TTP)**, on ajoute au plasma citraté (en plus du calcium) des céphalines et du kaolin (substitut d'une activation de contact), et l'on mesure le temps de coagulation correspondant (normale : 25-38 s). S'il est allongé, la déficience est liée à l'activation endogène ou de nouveau à la partie terminale commune à partir du F X (→ **B, C**). Pour déterminer le **temps de thrombine (plasmatique)** on ajoute de la thrombine au plasma citraté et l'on mesure le temps de coagulation (normale : 18-22 s) ; de cette façon on peut mettre en évidence une carence en fibrinogène (→ **B**), ou surveiller un traitement par l'héparine qui renforce l'action inhibitrice de l'antithrombine III sur la thrombine (→ **E**). Une altération plaquettaire va en général de pair avec un allongement du **temps de saignement** (saignement > 5 min, par exemple après une piqûre au lobe de l'oreille). On peut distinguer entre une carence en plaquettes (thrombopénie ; < 50×10^3/µl de sang) et un trouble des fonctions plaquettaires (thrombopathies) grâce au *comptage des plaquettes* (→ **C**).

Les **diathèses hémorragiques plasmatiques** (coagulopathies) peuvent être dues à une carence innée ou acquise en facteurs plasmatiques. Les **coagulopathies héréditaires** (→ **D1**) peuvent toucher pratiquement n'importe lequel des facteurs plasmatiques, bien que l'absence de certains facteurs n'entraîne presque aucun symptôme (par ex., les facteurs de la phase de contact, le F XI). La forme héréditaire la plus fréquente (1 p. 10^4 nouveau-nés mâles, récessive et liée au chromosome X) est l'*hémophilie « classique »* (*type A*), qui a été par exemple transmise par la reine Victoria d'Angleterre à de nombreux descendants mâles des familles régnantes d'Europe (les femmes sont porteuses). La localisation la plus fréquente des saignements se situe au niveau des muscles et des articulations des jambes, qui de ce fait seront fortement déformées (arthropathie hémophile). L'origine de l'hémophilie A est un manque, une diminution de synthèse ou un défaut du F VIII. L'*hémophilie de type B*, cinq fois plus rare (carence en F IX), ressemble à la forme A par son mode de transmission et ses symptômes. Les carences héréditaires en F I, homozygote (relativement rare, afibrinogénémie), en F II (hypoprothrombinémie), en F V, F VII et F X conduisent, entre autres lors d'opérations ou de blessures graves, à des saignements importants. La survenue homozygote d'une carence en α_2-antiplasmine, un inhibiteur important de la fibrinolyse (→ **D3**) conduit en particulier à une tendance au saignement voisine de l'hémophilie. La carence en facteur XIII est caractérisée par une instabilité de la fibrine si bien que les saignements ne se produisent qu'après un intervalle assez long (jusqu'à 1,5 j). Avec les tests de coagulation habituels (→ **B**), on obtient la plupart du temps des résultats normaux dans le cas d'une carence en F XIII, car la coagulation proprement dite n'est pas altérée.

Les **coagulopathies acquises** (→ **D2**) surviennent lorsque la formation des facteurs est insuffisante, par exemple après administration d'héparine (→ **E**), ou lors d'une immunocoagulopathie (avec, par ex., des anticorps anti-facteur VIII), ou lorsque leur utilisation est trop importante (coagulopathie d'utilisation). Comme les principaux facteurs de coagulation sont formés dans le foie, les *lésions hépatiques* ont pour conséquence des troubles de coagulation (entre autres, cirrhose du foie ; → p. 172 *sqq.*). Une élévation simultanée de la pression artérielle dans la veine porte augmente le danger de saignement (essentiellement à partir de varices œsophagiennes ; → p. 170) d'autant plus que les thrombocytes sont emprisonnés dans la rate congestionnée et qu'il se crée ainsi une thrombopénie (voir ci-dessous). Comme toute une gamme de facteurs de coagulation dépend de la vitamine K (voir ci-dessus), une coagulopathie peut également avoir comme origine une *carence en vitamine K* ou une *inhibition de son action* (→ **D2**). Les causes d'une carence en vitamine K sont :

- un ictère obstrué empêchant l'absorption des vitamines liposolubles (vit. K_1 provenant des végétaux verts ou vit. K_3 synthétique) par suite d'une carence en sels biliaires (→ p. 168) ;
- une mauvaise absorption globale (→ p. 152 *sqq.*) ;
- une élimination par les antibiotiques de la flore intestinale qui contribue de façon importante aux besoins de l'organisme par la synthèse de vit. K_2.

L'inhibition de l'action de la vitamine K par des dérivés coumariniques (phenprocoumone, warfarine, acénocoumarol) est utilisée dans la prévention orale des thromboses (*traitement anticoagulant*).

D. Une carence innée ou acquise en facteurs de coagulation est à l'origine d'une tendance au saignement

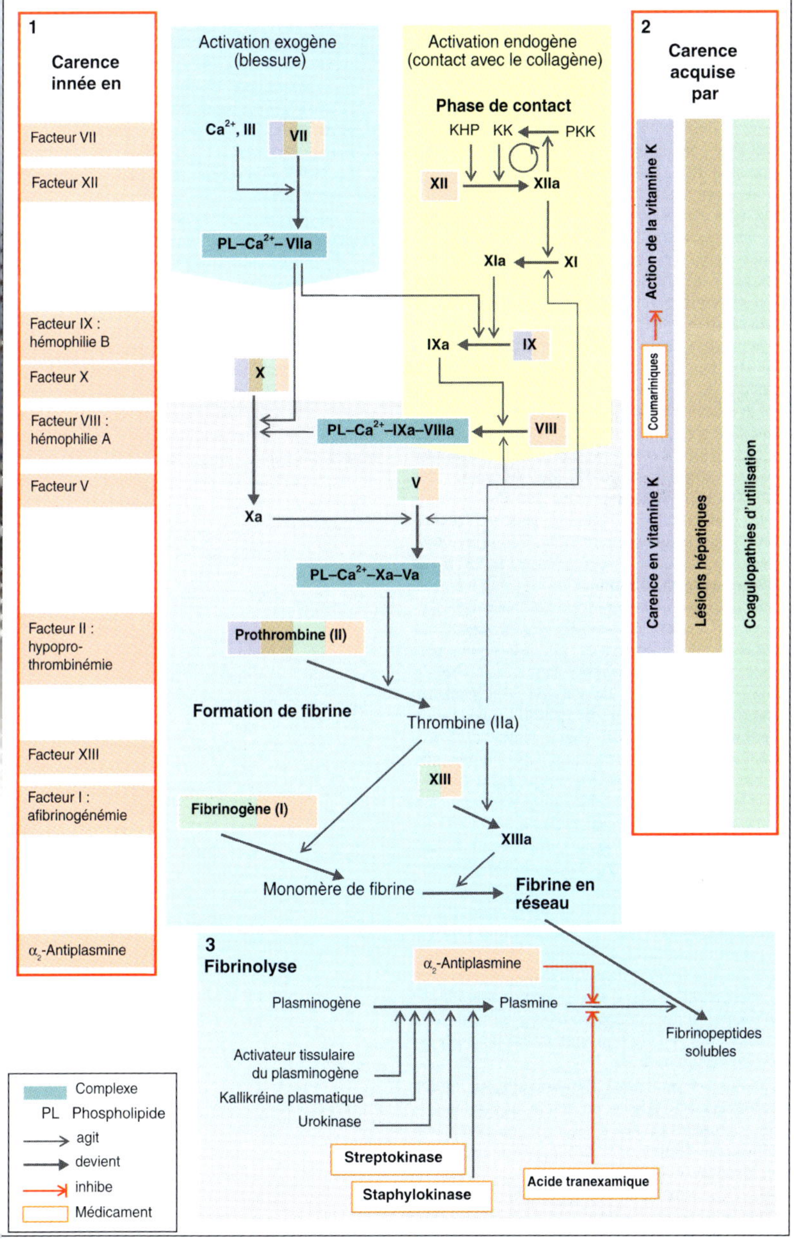

Figure 3-18 **Hémostase II**

▶ Une *coagulopathie d'utilisation* (= coagulation intravasculaire disséminée ; → **D2**) est un trouble de l'hémostase dû à une activation aiguë ou chronique de la thrombine, avec formation de caillots et activation des plaquettes, ce qui secondairement peut être associé avec une hyperfibrinolyse. Les causes principales sont la circulation de grandes quantités de thromboplastine tissulaire éventuellement après une embolie du liquide amniotique, à l'occasion d'une lésion cérébrale importante, dans certains cancers (leucémies) ou lors d'un choc septique (par ex., pétéchies associées à une infection à méningocoques : syndrome de Waterhouse-Friderichsen). Les coagulopathies d'utilisation peuvent avoir une cause vasculaire, par exemple lors d'un anévrysme aortique (→ p. 236 *sqq.*) ou de malformations vasculaires, une origine immunologique par incompatibilité ABO ou encore une origine enzymatique dans le cas de certains venins de serpent.

Les **diathèses hémorragiques d'origine plaquettaire** sont provoquées par des thrombopénies ou des thrombopathies. Les **thrombopénies acquises** sont les causes les plus fréquentes des diathèses hémorragiques. Elles peuvent provenir d'une *diminution de la formation* des plaquettes (thrombopénie aplasique, par ex., à la suite d'une tumeur de la moelle osseuse, d'une irradiation ou d'une carence en cobalamine ou en acide folique), d'une *dégradation accrue* (thrombopénie cytoclastique) ou d'une *séquestration des thrombocytes* dans une rate hypertrophiée. On observe une tendance accrue au saignement lorsque le nombre de plaquettes descend en dessous de 20×10^3/µl de sang. La thrombopénie idiopathique (maladie de Werlhof), dont la forme aiguë se produit 1 à 3 semaines après une infection virale (diminution de la durée de vie des plaquettes provoquée par des complexes immuns) est relativement fréquente. La forme chronique de cette maladie se manifeste sous la forme d'une maladie auto-immune. Des thrombopénies médicamenteuses dues à des allergies aux médicaments (par ex., à la quinine ou aux sulfamides) proviennent de l'action de ceux-ci comme haptènes (→ p. 52). Des **thrombopathies acquises** se manifestent chez des patients urémiques ou dysprotéinémiques (agrégation des plaquettes). Elles peuvent aussi être provoquées par des médicaments, comme par exemple l'acide acétylsalicylique, un effet qui sera utilisé pour la *prévention des thromboses.*

Parmi les **diathèses hémorragiques innées d'origine plaquettaire**, on trouve les thrombopénies transmises de façon récessive ou dominante (défauts de formation) ainsi que les altérations fonctionnelles suivantes :

- un *défaut membranaire* comme a) une carence en glycoprotéine Ib (→ **F1**), ce qui perturbe l'adhésion (syndrome de Bernard-Soulier), b) une déficience du complexe IIb/IIIa (→ **F2**), ce qui diminue l'agrégation et l'adhésion (thrombasthénie de Glanzmann-Naegeli) ;
- diverses *altérations du stockage* ou de la *sécrétion*, comme par exemple une déficience en cyclo-oxygénase et en thromboxane synthétase, associée à une diminution de la libération d'ADP (*storage pool deficiency* ; → **F3**).

Les différentes formes de la maladie héréditaire de von Willebrand, une déficience de l'endothélium vasculaire dans laquelle le facteur de von Willebrand est diminué ou altéré (→ **F4**) font partie des **diathèses hémorragiques d'origine vasculaire**. Cette maladie conduit à une diminution de l'adhésion plaquettaire ainsi que secondairement à une carence en facteur VIII, qui joue un rôle de transporteur du vWF (formation d'un complexe). On aboutit finalement à une série de troubles fonctionnels et d'altérations des propriétés de la paroi vasculaire et du tissu conjonctif, qui peuvent être innées (purpura simplex, maladie de Rendu-Osler-Weber, purpura rhumatoïde d'Henoch-Schönlein) ou acquises (scorbut par carence en vitamine C ; réactions immunes vis-à-vis de médicaments).

E. Inhibition du système de coagulation

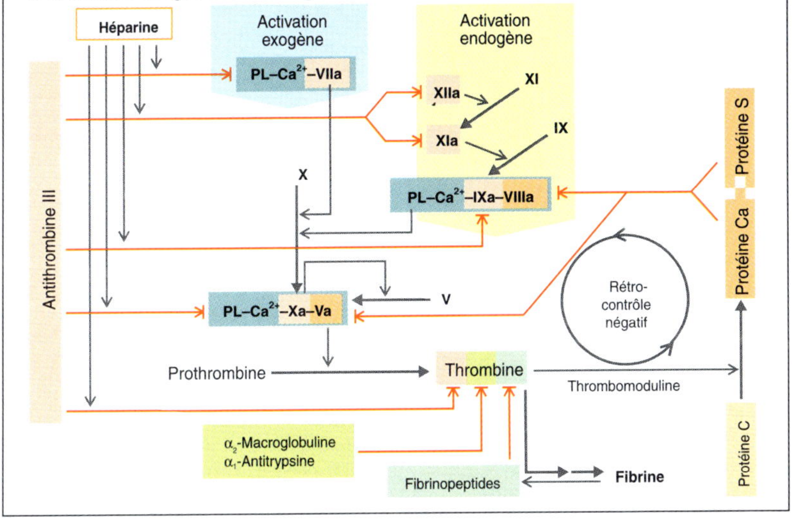

F. Cause d'une tendance au saignement d'origine thrombocytaire ou vasculaire

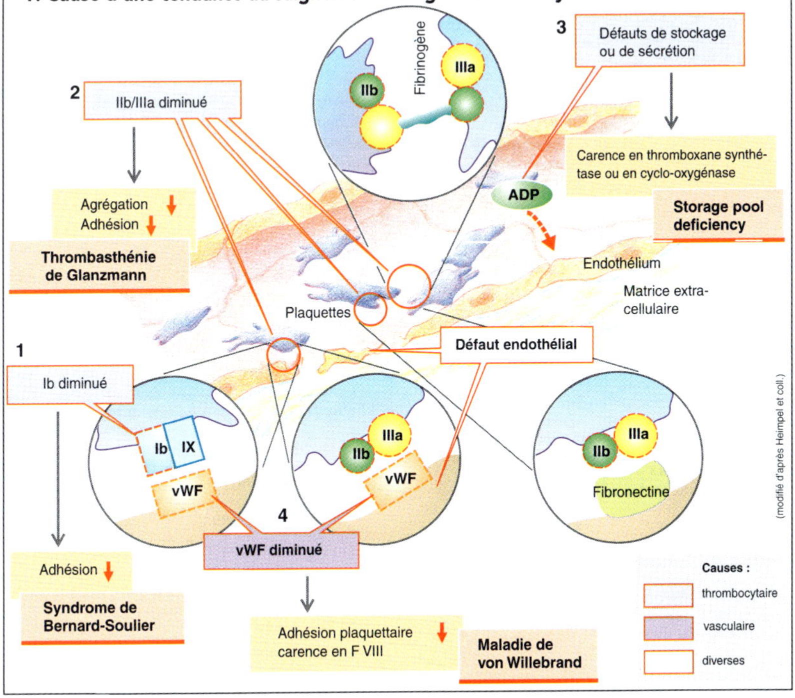

Vue d'ensemble

Les fonctions de la respiration pulmonaire sont d'un côté l'approvisionnement du sang en oxygène et de l'autre la régulation de l'équilibre acide-base par l'intermédiaire de la concentration sanguine en dioxyde de carbone. La mécanique respiratoire permet la ventilation des alvéoles, à travers la paroi desquelles peuvent diffuser l'O_2 vers le sang et le CO_2 du sang vers les alvéoles. Le transport des gaz respiratoires dans le sang s'effectue pour la plus grande partie sous forme liée, la quantité transportée dépend, entre autres, de la concentration dans le sang et du débit pulmonaire (perfusion). La régulation respiratoire a pour but d'adapter la ventilation aux besoins.

Une série de **troubles** peut altérer la respiration de telle sorte qu'un apport suffisant en O_2 et une élimination satisfaisante du CO_2 ne soient finalement plus garantis.

Dans le cas des **maladies pulmonaires obstructives** (→ p. 76), la résistance des voies respiratoires est augmentée ce qui diminue la ventilation des alvéoles (→ **A1**). La conséquence première est une hypoventilation d'une partie (troubles de répartition, → p. 72) ou de la totalité des alvéoles (hypoventilation globale). Si la ventilation d'un alvéole chute complètement, il se produit un shunt artérioveineux fonctionnel. L'hypoxie entraîne cependant une contraction des vaisseaux impliqués et diminue ainsi le flux sanguin à travers les alvéoles hypoventilés.

Dans le cas des **maladies pulmonaires restrictives** (→ p. 74), la perte de régions fonctionnelles du poumon réduit la surface de diffusion et diminue de cette façon les échanges gazeux. On observe également une réduction de la surface de diffusion lors d'un emphysème (→ p. 78), caractérisé par des avéoles de grande taille mais en nombre réduit. Les troubles de diffusion peuvent aussi être dus à un allongement de la distance de diffusion entre les alvéoles et les capillaires (→ **A2** ; → p. 70, 80). Si les alvéoles et les capillaires sont complètement séparés, apparaissent d'un côté un volume mort fonctionnel (alvéole non irrigué) et de l'autre un shunt artérioveineux.

Les maladies pulmonaires obstructives et restrictives ainsi que les maladies circulatoires ont en commun de pouvoir modifier la **perfusion pulmonaire** (→ **A3** ; → p. 68). Une baisse de la perfusion a pour conséquence une diminution du transport de gaz par le sang en dépit d'une saturation adéquate du sang en O_2 et d'une libération correcte du CO_2 dans les alvéoles. Lors d'une élévation de la résistance à la perfusion, il faut également craindre des conséquences circulatoires notables, car la totalité du débit cardiaque doit malgré tout traverser les poumons (→ p. 214).

La respiration est affectée en outre par les **anomalies fonctionnelles des neurones régulant la respiration** (→ p. 82) ainsi que par celles des motoneurones, des muscles et des nerfs contrôlés par ces neurones (→ p. 68). Les altérations des mouvements respiratoires dues à des troubles de régulation (voir tableau I) ne conduisent pas obligatoirement aux mêmes altérations de la ventilation alvéolaire.

Les conséquences d'une respiration inadéquate peuvent être une **hypoxémie** (→ **A5** ; → p. 84), une **hypercapnie** ou une **hypocapnie** (c'est-à-dire une élévation ou une diminution de la concentration de CO_2) du sang artériel. L'approvisionnement des cellules en O_2 ainsi que la collecte du CO_2 à la périphérie, à vrai dire, ne dépendent pas seulement de la respiration mais également de l'intégrité de la fonction de transport de l'oxygène par le sang (→ chap. 3) et de l'appareil circulatoire (→ Chap. 7).

Tableau 1: Termes utilisés pour décrire les capacités respiratoires

Hyperpnée	augmentation des mouvements respiratoires
Eupnée	mouvements respiratoires normaux
Hypopnée	diminution des mouvements respiratoires
Apnée	arrêt des mouvements respiratoires
Bradypnée	diminution de la fréquence respiratoire
Tachypnée	augmentation de la fréquence respiratoire
Dyspnée	essoufflement
Asphyxie	paralysie respiratoire
Orthopnée	la respiration nécessite le maintien debout du corps

Tableau 2 : Définition de quelques paramètres des fonctions pulmonaires

Volume courant (VT)	volume inspiré et expiré
Capacité vitale (CV)	volume maximal d'une inspiration
Débit expiratoire maximal (Vmax)	respiration volontaire maximale
Compliance (C)	capacité de distension des poumons
Volume expiratoire maximum seconde (VEMS)	volume maximal expiré en une seconde
Capacité fonctionnelle résiduelle (CFR)	volume pulmonaire à la fin d'une expiration

A. Pathophysiologie de la respiration (vue d'ensemble)

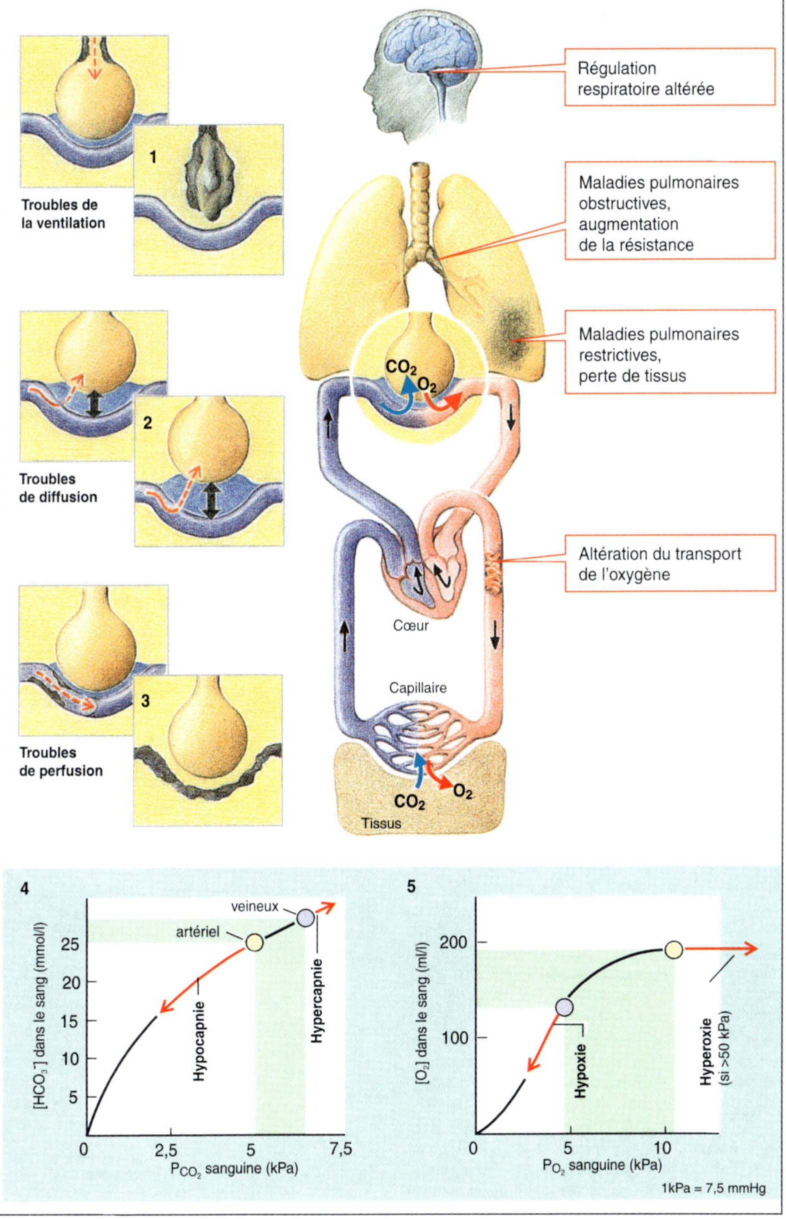

Figure 4-1 **Respiration, vue d'ensemble**

Ventilation, perfusion

L'air inspiré doit, pour parvenir aux alvéoles, traverser les voies respiratoires dans lesquelles aucun échange gazeux ne s'effectue (espace mort), ainsi normalement dans la bouche, la gorge, la trachée, les bronches et les bronchioles. Sur ce chemin, l'air sera réchauffé, saturé de vapeur d'eau et nettoyé.

Le **volume courant** (VT) comprend, à côté de l'air qui parvient jusqu'aux alvéoles (VA), celui qui reste dans les espaces morts (VD). Si le volume d'air inspiré est inférieur à VD (en temps normal 150 ml), les alvéoles ne seront pas ventilés (→ **A**, à droite). Lorsque le volume courant est supérieur à VD, la part de la ventilation alvéolaire augmente avec la profondeur de l'inspiration. Même en cas d'hyperpnée, la ventilation alvéolaire peut être diminuée lorsque la profondeur de la respiration est faible et que c'est surtout l'espace mort qui est ventilé.

Une **augmentation de la ventilation** peut être due à une augmentation physiologique (par ex., travail) ou physiopathologique (par ex., acidose métabolique, voir p. 88) des besoins (hyperventilation) ou à une hyperactivité inappropriée des cellules régulant la respiration (→ p. 82).

Une **diminution de la ventilation** peut survenir, en dehors d'une réduction des besoins, à la suite d'une lésion des cellules régulant la respiration ou de troubles de la conduction nerveuse ou neuromusculaire. Parmi les autres causes, on trouvera les maladies des muscles respiratoires, une mobilité réduite du thorax (déformations, inflammation des articulations), un accroissement de l'espace pleural dû à un épanchement pleural ou un pneumothorax (→ p. 74) ainsi que les maladies pulmonaires restrictives ou obstructives (p. 74 *sqq.*).

Les variations de la ventilation alvéolaire n'ont pas la même action sur la **capture d'O_2** par le sang et le **rejet de CO_2** au niveau des alvéoles : la forme sigmoïde de la courbe de liaison de l'oxygène fait que la capture d'oxygène dans les poumons devient, aux limites, indépendante de la pression partielle de l'oxygène dans les alvéoles ($P_{A_{O_2}}$). Pour une *hypoventilation de faible intensité*, la pression partielle en O_2 dans les alvéoles et donc aussi dans le sang est certes diminuée, mais la courbe de fixation est dans sa partie aplatie de sorte que le degré de saturation de l'hémoglobine et donc la capture de l'O_2 dans le sang ne sont pratiquement pas modifiés (→ **B**, à droite). D'un autre côté, une augmentation simultanée de la pression partielle en CO_2 dans les alvéoles et le sang conduit à une diminution sensible de la libération de CO_2 (→ **B**, à gauche). Une *hypoventilation importante* déplace cependant la pression partielle en O_2 dans les alvéoles et le sang jusqu'à la partie abrupte de la courbe de saturation de l'hémoglobine et affecte ainsi beaucoup plus la capture d'O_2 que la libération de CO_2. Une *hyperventilation* augmente la pression partielle en O_2 dans les alvéoles et le sang, mais n'augmente pas de façon sensible la capture d'O_2 dans le sang, à cause de la saturation presque complète de l'hémoglobine. Une hyperventilation stimule cependant la libération de CO_2.

La **perfusion pulmonaire** est par exemple augmentée par le travail physique et peut être diminuée à la suite d'une insuffisance cardiaque ou circulatoire (→ p. 224) ou de la contraction ou de l'obstruction des vaisseaux pulmonaires (→ p. 214).

Une augmentation massive de la perfusion pulmonaire avec une ventilation constante accroît la **capture d'O_2** de façon pratiquement proportionnelle à l'augmentation du flux sanguin (→ **C**, à droite). En effet, bien que la pression partielle en O_2 des alvéoles baisse légèrement à cause de la capture élevée de l'oxygène, ceci n'a tout d'abord aucun effet sur la saturation en O_2 du sang (voir ci-dessus). Ce n'est que lorsque la pression partielle alvéolaire en oxygène chute dans la portion abrupte de la courbe de saturation, que la capture d'O_2 peut être un peu augmentée par une augmentation supplémentaire de la pression de perfusion. Pour des niveaux très importants de perfusion, le temps de contact avec les alvéoles n'est plus suffisant pour aboutir à l'équilibre entre la pression partielle en O_2 des alvéoles et celle du sang (→ p. 70). Si l'on diminue la perfusion pulmonaire, la capture d'oxygène est diminuée proportionnellement.

La **libération de CO_2** dépend moins des variations de la perfusion pulmonaire que la capture d'O_2 (→ **C**, à gauche). Si la perfusion pulmonaire est abaissée (sans que la ventilation et la concentration veineuse de CO_2 soient modifiées), la pression partielle alvéolaire de CO_2 chute et favorise ainsi la libération de CO_2, ce qui va affaiblir encore plus l'effet de la réduction de la perfusion. Si la perfusion pulmonaire est accrue, la concentration alvéolaire en CO_2 augmente et empêche une élévation proportionnelle de la libération de CO_2.

A. Volume mort (V_D), volume alvéolaire (V_A) et volume courant (V_T)

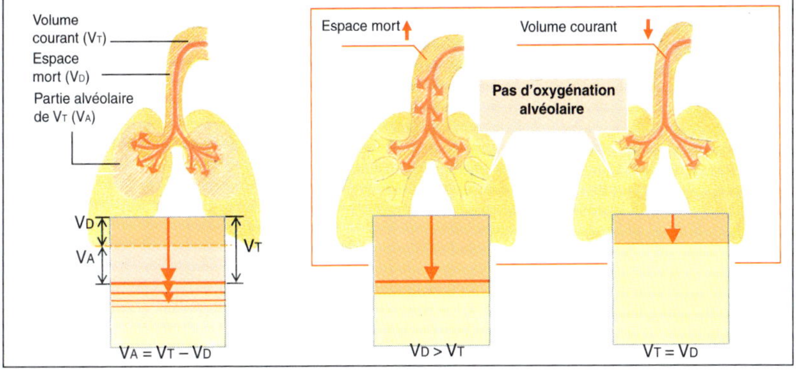

B. O_2 et CO_2 dans le sang artériel en cas de troubles de la ventilation

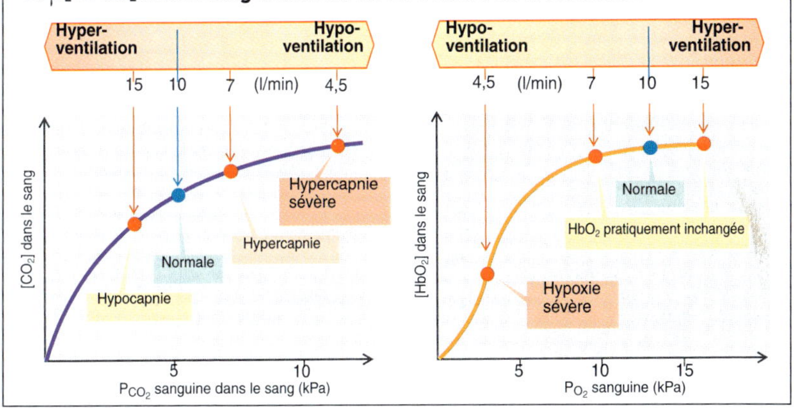

C. Libération de CO_2 et capture d'O_2 en fonction des variations de perfusion

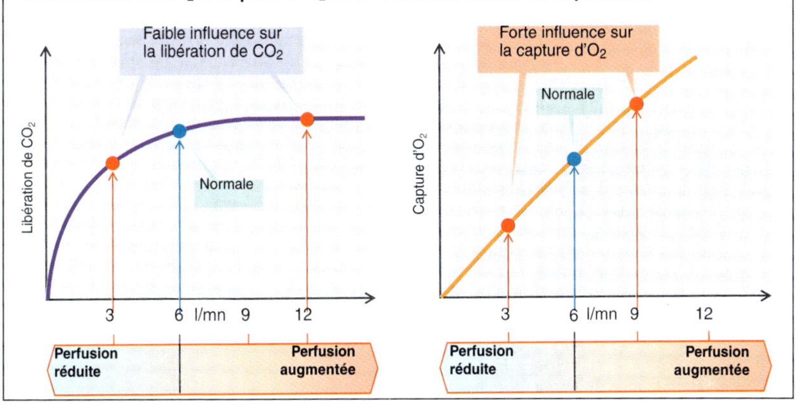

Troubles de diffusion

L'O_2 doit diffuser des alvéoles vers l'hémoglobine des érythrocytes et le CO_2 des érythrocytes vers les alvéoles. Les *quantités de gaz* ($\dot{Q}$) capables de passer par unité de temps à travers les barrières de diffusion existant entre les alvéoles et le sang sont proportionnelles à la surface de diffusion (S) et à la différence des pressions partielles entre l'air alvéolaire (P_A) et le sang (P_S), et inversement proportionnelles à la distance de diffusion (d) :

$$\dot{Q} = K \times S(P_A - P_S)/d.$$

Le facteur de proportionnalité K (coefficient de diffusion de Krogh) est environ 20 fois plus grand pour le CO_2 que pour O_2. La *capacité de diffusion* $D = K \times S/d$ atteint chez les bien-portants une valeur d'environ 230 ml/min · kPa.

On parlera d'un **trouble de diffusion** lors d'une diminution du rapport entre la capacité de diffusion et l'irrigation pulmonaire (ou le débit cardiaque).

La capacité de diffusion peut tout d'abord être diminuée en raison d'un **allongement de la distance de diffusion** (→ **A**) : dans le cas d'un œdème pulmonaire (→ p. 80), une augmentation de la pression intravasculaire provoque l'exsudation du liquide plasmatique dans l'espace interstitiel du tissu pulmonaire ou des alvéoles et allonge ainsi la distance de diffusion. Les réactions inflammatoires vont entraîner, via la formation d'un œdème et de tissu conjonctif, un élargissement de la fente séparant les capillaires sanguins des alvéoles. Lors d'une fibrose pulmonaire interstitielle (→ p. 74), le tissu conjonctif écarte les capillaires et les alvéoles les uns des autres. L'écart entre l'hémoglobine et l'air alvéolaire est primordial, la longueur de diffusion peut donc être aussi légèrement allongée par une dilatation des vaisseaux (inflammation) ou par une anémie.

Une réduction de la capacité de diffusion peut par ailleurs être provoquée par une **réduction de la surface de diffusion** (→ **A**), comme par exemple après résection d'un lobe pulmonaire, lors de la perte des parois alvéolaires (emphysème pulmonaire, → p. 78) ou de la destruction des alvéoles à la suite d'une pneumonie, d'une tuberculose ou d'une fibrose pulmonaire (voir ci-dessus). Le collapsus des alvéoles (atélectasie, → p. 72), un œdème ou un infarctus pulmonaire (→ p. 80) peuvent réduire la surface de diffusion.

Un trouble de diffusion devient particulièrement notable lorsque le **débit cardiaque** est important (→ **A**), le sang traverse rapidement les poumons et le temps de contact entre le sang et les alvéoles est alors faible. Finalement, la diminution de la surface de diffusion (par ex., après résection d'un lobe pulmonaire) provoque de la même manière une diminution du temps de contact dans le tissu résiduel, car une quantité plus importante de sang doit maintenant passer par unité de temps dans le tissu restant. L'augmentation du besoin en oxygène liée à celle du travail musculaire entraîne une augmentation du débit cardiaque et peut ainsi révéler un trouble de diffusion.

Les **répercussions d'un trouble de diffusion** touchent en premier lieu le transport d'oxygène : pour que la même quantité de gaz diffuse, le gradient pour l'oxygène doit être 20 fois plus important que celui du CO_2. Si maintenant la capacité de diffusion dans un alvéole diminue, pour une ventilation demeurant constante, la pression partielle en O_2 dans la branche veineuse pulmonaire de cet alvéole décroît. Si l'ensemble de cet alvéole est atteint, la pression partielle en O_2 dans le sang artériel baisse. Pour une consommation constante d'O_2, la pression partielle en O_2 dans le sang désoxygéné doit, par conséquent, également décroître (→ **B2**). Dans ces conditions, les patients souffrant d'un trouble de diffusion vont rapidement avoir les lèvres bleues lors d'un effort physique (*cyanose centrale* ; → p. 84). Les conséquences premières sur le transport de CO_2 et sur l'équilibre acide-base sont nettement plus faibles. L'hypoxie provoque une stimulation des centres respiratoires avec pour conséquence une augmentation de la ventilation qui peut entraîner une *hypocapnie*. L'hypoxémie consécutive à un trouble de diffusion n'est que faiblement influencée par une hyperventilation. Dans l'exemple (→ **B3**), un doublement de la ventilation pulmonaire pour une utilisation constante d'O_2 n'augmente la pression partielle d'O_2 dans les alvéoles que de 4 kPa pour atteindre 17 kPa, l'augmentation du gradient d'O_2 ne permet cependant pas de normaliser la saturation du sang en O_2. En même temps, on aboutit, en dépit du trouble de diffusion, à une *alcalose respiratoire* provoquée par l'expiration accrue de CO_2 (→ p. 86). L'hypoxémie due à un trouble de diffusion peut être compensée en inspirant un air enrichi en O_2 (→ **B4**). L'hypoxémie peut également être réduite en diminuant la consommation d'O_2.

A. Apparition de troubles de diffusion

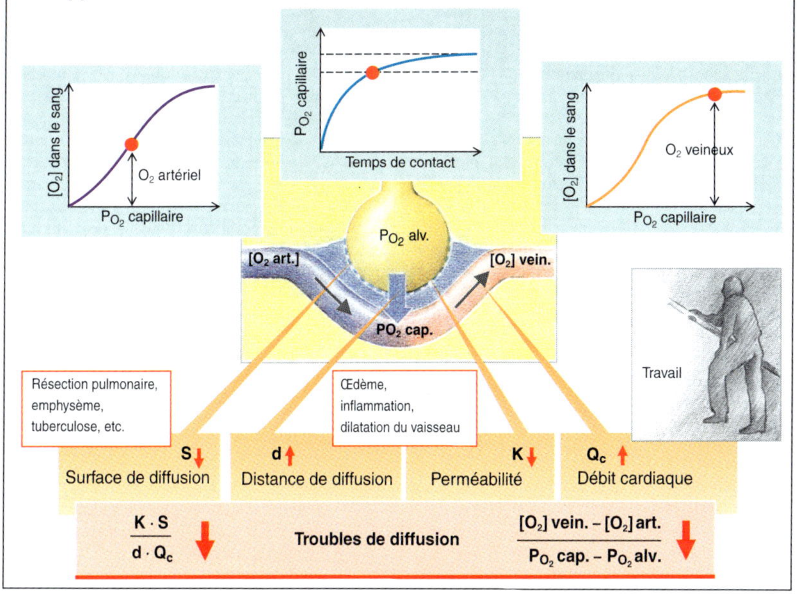

B. Trouble de diffusion : concentration de CO_2 et d'HbO_2 dans le sang

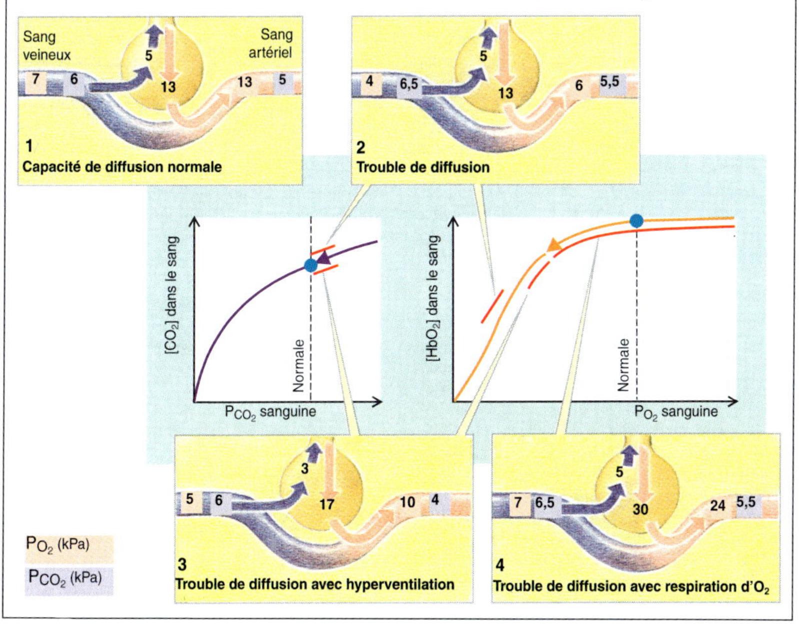

Troubles de répartition

Les concentrations d'O_2 et de CO_2 dans un alvéole et dans le capillaire associé dépendent du rapport entre la ventilation ($\dot{V}_A$) et la perfusion ($\dot{Q}$). Dans le cas idéal, ce rapport $\dot{V}_A/\dot{Q}$ et donc les concentrations d'O_2 et de CO_2 sont identiques dans tous les alvéoles. Les vaisseaux pulmonaires se contractent lors d'une hypoxie et garantissent ainsi en temps normal une adaptation globale de la perfusion à la ventilation de chaque alvéole. Durant la station debout, la ventilation et la perfusion dans les zones basales du poumon sont supérieures à celles dans les parties apicales. La perfusion est plus fortement affectée et le rapport $\dot{V}_A/\dot{Q}$ est donc, en temps normal, un peu plus élevé dans la partie apicale que dans la partie basale.

On parlera de **trouble de répartition** lorsque le rapport entre la ventilation et la perfusion d'alvéoles isolés s'écarte d'une façon significative sur le plan fonctionnel, de celui de l'ensemble du poumon. On peut, en théorie, envisager deux possibilités :

◆ une **réduction de la perfusion** d'alvéoles isolés par rapport à la ventilation peut survenir à la suite d'une obturation des vaisseaux, comme par exemple dans le cas d'une embolie pulmonaire (→ p. 214). Par ailleurs, les capillaires peuvent être écartés des alvéoles correspondants par la prolifération de tissus conjonctifs, ce qui se produit lors d'une fibrose pulmonaire (→ p. 70, 74). Finalement, la disparition des parois alvéolaires peut également aboutir à une diminution du réseau capillaire irrigant ces alvéoles, comme on l'observe en cas d'emphysème (→ p. 78).

L'absence de perfusion au niveau d'alvéoles ventilés *augmente l'espace mort fonctionnel* car l'air situé dans ces alvéoles ne prend plus aucune part aux échanges gazeux. Cette dégradation peut être compensée par une respiration plus profonde. Si une partie plus importante des alvéoles ventilés n'est plus perfusée, la *diminution de la surface de diffusion* devient sensible (→ p. 70), et ne peut plus être compensée par une respiration profonde.

◆ Dans le cas d'une **ventilation insuffisante** d'alvéoles perfusés (→ **A**), le sang n'est plus saturé en O_2 ni débarrassé du CO_2 de façon suffisante. Dans les cas extrêmes, on aboutit à un shunt artérioveineux fonctionnel. Dans les maladies pulmonaires obstructives (par ex., asthme, bronchite chronique ; → p. 76), les bronches sont en partie rétrécies et ne laissent pas parvenir dans leurs alvéoles une quantité d'air normale. La ventilation de bronches ou de bronchioles isolées peut être gênée par le passage à travers une tumeur. Le déploiement et donc l'aération de parties des poumons peuvent être empêchés par des adhérences, comme dans le cas d'une suppuration de la plèvre. Une paralysie du diaphragme a les mêmes conséquences en empêchant le déploiement de la portion basale des poumons. Des shunts artérioveineux fonctionnels peuvent finalement se produire également dans le cas de fibroses pulmonaires.

Le déficit en perfusion d'alvéoles ventilés conduit à un *mélange de sang non artérialisé* avec le sang de la veine pulmonaire. Cette situation entraîne une *hypoxémie* (→ **A** ; P_A = pression partielle dans l'air alvéolaire), qui ne peut pas non plus être compensée par une hyperventilation des alvéoles « intacts » (la capture d'O_2 dans le sang qui traverse les alvéoles ventilés peut en effet à peine être augmentée par une hyperventilation ; → p. 68). Dans la plupart des cas, on n'observe cependant pas d'hypercapnie car la réduction de la libération de CO_2 dans les alvéoles, dont l'aération est insuffisante (→ **A**, à droite) est compensée par une libération accrue dans les alvéoles hyperventilés (→ **A**, à gauche). Au contraire, l'hypoxémie provoque souvent une *hyperventilation excessive* avec développement d'une *hypocapnie*. Dans le cas d'un mélange veineux plus important, l'hypoxémie artérielle ne peut pas être abolie par la respiration d'oxygène pur.

Lors de l'occlusion complète des voies respiratoires les alimentant, les alvéoles vont subir un collapsus (**atélectase**). En temps normal, il y a plus d'O_2 capté par les tissus que de CO_2 libéré, la pression partielle en O_2 diminue plus fortement que ne croît la pression partielle en CO_2 (→ **B1**). Le sang prend dans les alvéoles plus de CO_2 qu'il n'en reçoit, et le volume des alvéoles décroît. Ce phénomène augmente dans les alvéoles la concentration de N_2 qui va diffuser en même temps dans le sang, en suivant son gradient. Finalement, la totalité du volume de l'alvéole sera résorbée. Le processus sera retardé par la diminution de la concentration alvéolaire d'O_2 et la contraction vasculaire qui suit (voir ci-dessus). La respiration d'O_2 peut favoriser le développement de l'atélectasie (→ **B2**). En effet, la capture d'O_2 sera augmentée par la pression partielle élevée régnant dans les alvéoles, et la contraction des vaisseaux afférents n'a plus lieu.

A. Effets des troubles de répartition sur la capture d'O_2 et la libération de CO_2

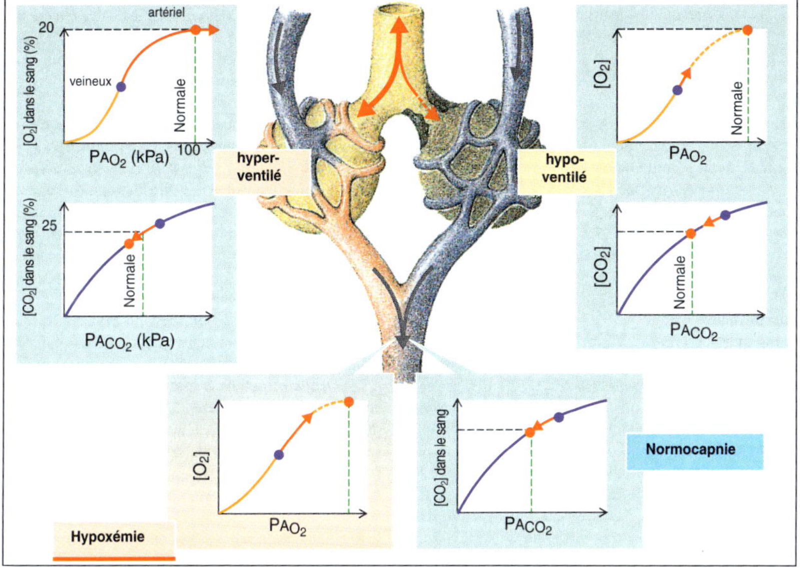

B. Apparition d'une atélectasie

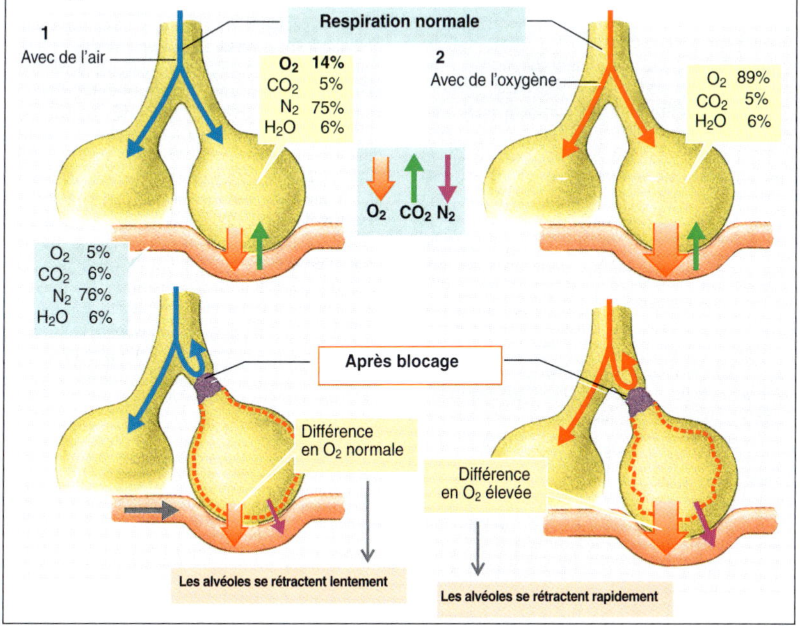

Maladies pulmonaires restrictives

On parle de maladies pulmonaires restrictives lors d'une perte anatomique ou fonctionnelle de la surface d'échange des gaz.

Une **perte anatomique** est observée après une résection du tissu pulmonaire ou de l'occupation de ce tissu (par ex., par un carcinome). Une atélectasie (→ p. 72) entraîne, entre autres, une diminution de la surface de diffusion.

Une **limitation fonctionnelle** de la surface des échanges gazeux a lieu lors de l'*exsudation de liquide plasmatique* dans les alvéoles, comme par exemple lors d'un œdème pulmonaire (→ p. 80) ou lors d'une inflammation (augmentation de la perméabilité vasculaire, par ex., lors d'une pneumonie). Lors d'une *fibrose pulmonaire*, le tissu conjonctif activé et proliférant envahit le parenchyme pulmonaire intact (diminution de la surface de diffusion), s'infiltre entre les capillaires et les alvéoles (augmentation de la distance de diffusion) et empêche le dépliement normal du poumon (limitation de la ventilation des alvéoles). Une fibrose pulmonaire peut être déclenchée par une réaction inflammatoire dirigée contre le tissu conjonctif (maladies du collagène) ou par l'inhalation de poussières contenant de la silice ou de l'amiante. Parfois il n'y a aucune cause reconnue (fibrose pulmonaire idiopathique d'Hamman-Rich). Un blocage local ou généralisé du repliement des poumons peut, de plus, être provoqué par une *déformation du thorax*, une *paralysie du diaphragme* ainsi qu'une *association* des deux parois de la plèvre (à la suite d'une inflammation).

Le **pneumothorax** fait également partie des maladies pulmonaires restrictives (→ **B**). Lors d'une *jonction ouverte* entre l'espace pleural et l'air extérieur (lésions thoraciques ; → **B**, en haut) ou les alvéoles (déchirure de la paroi alvéolaire par suite d'une élongation), l'air pénètre dans la fente pleurale et entraîne un collapsus du lobe situé du même côté. Mais la respiration dans le lobe controlatéral va également être empêchée, car la pression décroissante de la plèvre au moment de l'inspiration du côté sain va attirer le médiastin de ce côté. Lors de l'expiration, la dépression se réduit, et le médiastin va de nouveau se déplacer dans la direction du côté malade. Ce flottement du médiastin diminue les mouvements respiratoires du lobe situé du côté sain. Lorsque la zone blessée constitue un mécanisme ventilatoire, qui laisse quand même entrer de l'air mais ne le laisse pas sortir, on obtient ce que l'on appelle un *pneumothorax d'expansion* (→ **B** ; en bas). Les alvéoles crevés jouent souvent le rôle d'un clapet, car le lobe pulmonaire collapsé se déplie à chaque inspiration et laisse pénétrer l'air à travers les alvéoles lésés dans l'espace pleural, tandis que le poumon et les alvéoles collapsent lors de l'expiration et empêchent un échappement de l'air. Le médiastin est repoussé de plus en plus du côté sain et empêche la respiration correspondante. L'augmentation de la pression intrathoracique réduit, en outre, le retour du sang veineux vers le cœur droit. La diminution du remplissage du ventricule droit réduit le débit cardiaque. L'air contenu dans la plèvre et l'air alvéolaire ne peuvent être distingués l'un de l'autre dans une *pléthysmographie du corps entier*, car tous les deux diminuent de la même façon lors d'une expiration. Un gaz-test inspiré ne se répartira cependant que dans le poumon. En cas de pneumothorax, le volume intrathoracique mis en évidence par pléthysmographie à travers l'ensemble du corps est donc plus important que le volume alvéolaire évalué avec un gaz-test.

Les **conséquences d'une maladie pulmonaire restrictive** sont une diminution de la compliance, de la capacité vitale (CV), de la capacité résiduelle fonctionnelle (CRF) et de la capacité de diffusion (→ p. 66). Cette dernière entraîne des *troubles de diffusion* (→ p. 70) et donc une *hypoxémie* (→ A ; S_{O_2} = saturation en oxygène du sang). Le débit expiratoire maximal ($\dot{V}_{max}$) et le volume expiratoire maximum seconde (VEMS, volume maximal susceptible d'être expiré en une seconde) sont surtout diminués ; la capacité relative seconde (normalement 80 p. 100 de VC) est cependant pratiquement normale. Pour aspirer un volume donné, il faudra une dépression dans l'espace pleural (P_{pl}) plus importante que chez les individus en bonne santé, et il sera donc nécessaire de dépenser globalement une énergie plus importante pour respirer (travail respiratoire) (→ **A** ; $\dot{V}$ = intensité ventilatoire). La diminution du lit vasculaire due à une perte du tissu pulmonaire ou à l'encombrement des vaisseaux sanguins augmente la résistance vasculaire. Pour pomper le débit cardiaque à travers la circulation pulmonaire, il faut donc une pression plus importante qui doit être assurée par le cœur droit avec, pour conséquence, une *surcharge du cœur droit* (cor pulmonale, → p. 214).

A. Origines et effets de maladies pulmonaires restrictives

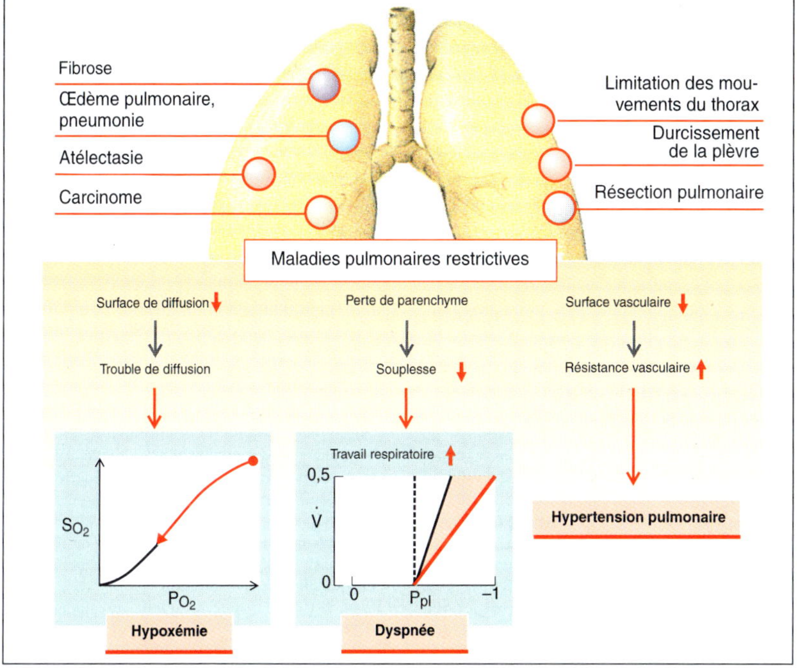

B. Pneumothorax

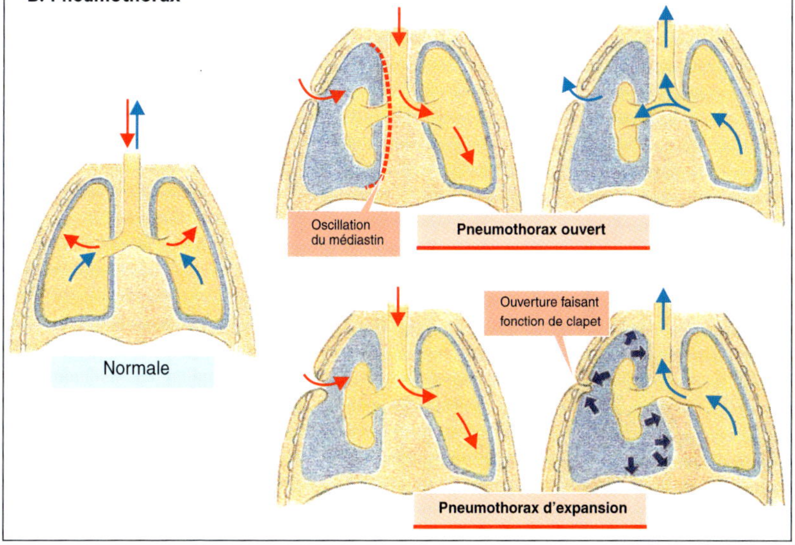

Maladies pulmonaires obstructives

Pour parvenir jusqu'aux alvéoles, l'air doit traverser les voies respiratoires (→ p. 68) qui opposent une résistance au flux. Cette résistance est imposée par la lumière de la voie respiratoire et en particulier celle des bronches moyennes. Cette lumière peut être rétrécie par du mucus et par la contraction des muscles bronchiques. Le *mucus* sera sécrété pour capturer les agents pathogènes et les particules en supension dans l'air. Ce mucus sera transporté vers le pharynx par les cils bronchiques où il sera ensuite avalé. Comme les cils bronchiques ne peuvent pas battre dans un mucus visqueux, une solution d'électrolytes est sécrétée en temps normal pour décoller le mucus des cils bronchiques. Le mucus se déplace ensuite en direction de la bouche sur une mince couche liquide. L'activation de la musculature bronchique peut rétrécir la lumière des bronches et augmenter la probabilité que l'agent pathogène reste englué dans le mucus. La contrepartie est une augmentation de la résistance. Dans le cas d'augmentations de la résistance, on parlera de *maladies pulmonaires obstructives*.

Une **augmentation intrathoracique de la résistance** est le plus souvent reliée à un rétrécissement ou une obstruction des bronches, que ce soit à la suite d'une compression d'origine externe, d'une contraction des muscles bronchiques, d'un épaississement de la muqueuse recouvrant les voies respiratoires ou d'une obstruction de la lumière par du mucus. Les modifications que nous venons de citer sont le plus souvent la conséquence d'un *asthme* ou d'une *bronchite chronique*. Dans le cas d'un asthme, il existe une allergie contre un antigène inhalé (pollen, poussières). Ces antigènes déclenchent une inflammation de la muqese bronchique et la libération d'histamine et de leucotriènes (encore appelés *slow reacting substance of anaphylaxis* = SRS-A). Sous l'influence de ces médiateurs, les muscles bronchiques se contractent tandis que la perméabilité vasculaire (œdème muqueux) et la sécrétion de mucus sont augmentées (→ **A**, en haut). À côté des antigènes inhalés, des micro-organismes présents dans la muqueuse peuvent agir comme antigène (asthme allergique infectieux). On est dans ce cas à la limite d'une bronchite chronique. La *mucoviscidose* peut aussi avoir pour conséquence une maladie pulmonaire obstructive : à la suite d'une altération génétique de la protéine CFTR (→ p. 162), la réabsorption de fluide devient plus importante et le mucus ne peut plus être éliminé. Une baisse de la force de rétraction du poumon (*poumon paresseux* → p. 78) peut provoquer des maladies obstructives, car il est nécessaire, lors d'une augmentation de la compliance à l'expiration, d'utiliser une surpression qui peut comprimer les voies respiratoires intrathoraciques (voir ci-dessous).

Une **augmentation extrathoracique de la résistance** se produit par exemple en cas de paralysie des cordes vocales, d'un œdème de la glotte et d'une compression de la glotte d'origine externe (par ex., tumeurs, goitre [voir p. 280 *sqq.*]). Lors d'une trachéomalacie, la paroi de la trachée est amollie et collapse lors de l'inspiration.

La **conséquence** d'une maladie pulmonaire obstructive est une réduction de la ventilation. Dans le cas d'*obstacles extrathoraciques*, c'est essentiellement l'inspiration qui est touchée (inspiration sifflante), car l'augmentation de la pression présténotique dans la lumière des voies respiratoires lors de l'expiration élargit la zone resserrée. Les *blocages intrathoraciques* affectent principalement l'expiration, car la baisse de la pression intrathoracique lors de l'inspiration élargit les voies respiratoires. Le rapport des durées respiratoires (durée d'expiration/durée d'inspiration) augmente. L'expiration plus difficile gonfle de façon anormale les alvéoles (*emphysème centrolobulaire*, → p. 78), la force de rétraction du poumon diminue (augmentation de la compliance), et la position d'équilibre respiratoire sera déplacée en direction de l'inspiration (*thorax en tonneau*, → p. 78). La capacité résiduelle fonctionnelle est donc augmentée. Compte tenu de l'augmentation de la compliance et de la résistance, il est nécessaire de créer une surpression thoracique pour pouvoir expirer. Cette augmentation de pression provoque une compression des artérioles qui augmente encore la résistance des voies respiratoires. Tandis que le travail nécessaire pour vaincre les résistances élastiques du poumon est normal voire diminué, celui nécessaire pour surmonter les résistances visqueuses et donc le *travail respiratoire* global sont massivement augmentés (→ **A**, milieu). L'obstruction limite la $\dot{V}_{max}$ et la VEMS, la ventilation variable des divers alvéoles provoque des *troubles de répartition* (→ p. 72). L'hypoxie des alvéoles hypoventilés déclenche une vasoconstriction, une augmentation des résistances dans la petite circulation, une hypertension pulmonaire et une surcharge du cœur droit (cor pulmonale, → p. 214).

A. Maladies pulmonaires obstructives

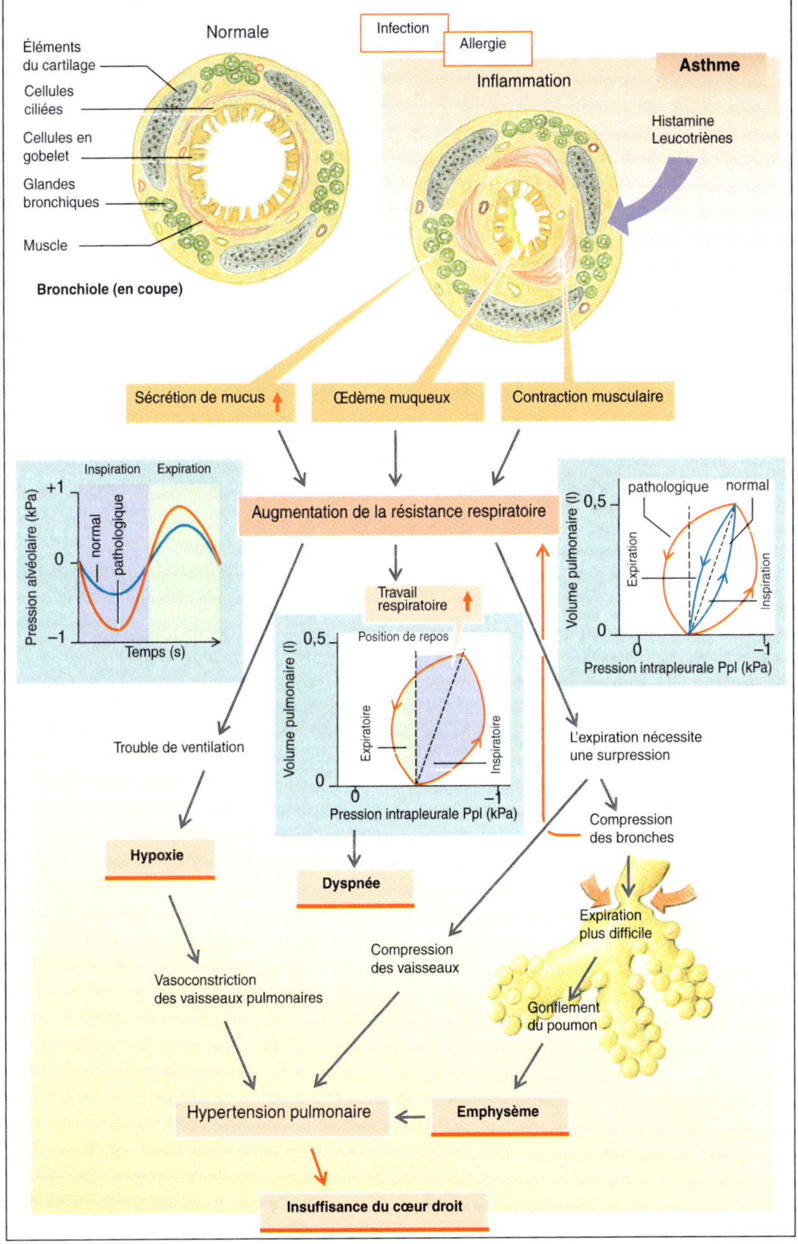

Emphysème pulmonaire

L'emphysème pulmonaire est caractérisé par une augmentation du volume de l'espace occupé par l'air en aval des bronchioles. On distingue l'**emphysème centrolobulaire** avec surtout un gonflement des conduits alvéolaires et des bronchioles respiratoires et l'**emphysème panlobulaire**, où ce sont avant tout les alvéoles terminaux qui sont élargis (→ **A**). Dans le cas du « **poumon paresseux** », il s'agit uniquement d'une diminution de la force de rétraction. La maladie peut affecter une zone délimitée du poumon (emphysème local) ou l'ensemble du poumon (emphysème généralisé). L'emphysème fait partie des maladies mortelles les plus fréquentes.

L'emphysème centrolobulaire peut, entre autres, être provoqué par une **maladie pulmonaire obstructive** ; dans le cas du poumon paresseux, on constate un appauvrissement en tissu conjonctif sans aucune cause identifiable, dans le cas d'un emphysème panlobulaire s'y ajoute une disparition des cloisons alvéolaires. Avec l'**âge**, on observe de façon générale une augmentation du volume des alvéoles par rapport à leur surface. Chez certains sujets (environ 2 p. 100), on a trouvé une **carence en inhibiteur de l'α_1-protéinase** (α_1-antitrypsine), une protéine qui normalement inhibe l'action des protéases (par ex., élastases leucocytaires). L'enzyme est synthétisé dans le foie, et des mutations peuvent entraîner des modifications de sa sécrétion et/ou de sa fonction. Dans les deux cas, la baisse de l'inhibition des protéases provoque une destruction et donc une perte d'élasticité du tissu pulmonaire. Dans le cas d'une anomalie de sécrétion, l'accumulation dans les cellules hépatiques des protéines modifiées peut en plus léser le foie. Finalement, l'absence d'inhibition des protéases peut également devenir perceptible dans d'autres tissus, entraînant par exemple, des lésions des glomérules rénaux ou du pancréas. Chez les fumeurs, l'inhibiteur des α_1-protéases sera oxydé et donc bloqué. Fumer favorise également le développement d'un emphysème chez des sujets sans altération génétique.

À côté d'une carence en inhibiteur, une **augmentation de la production d'élastase** pourrait être à l'origine d'un emphysème (entre autres, une sérine élastase granulocytaire, une métallo-élastase produite par les macrophages alvéolaires), ou encore différentes protéases provenant d'agents pathogènes. L'excès d'élastase conduit, entre autres, lors d'une inflammation chronique à la destruction des fibres élastiques du poumon.

Parmi les **effets** de ces phénomènes on trouve en premier lieu les conséquences de la *diminution de la force de rétraction*. La rétraction du poumon génère, en fin de compte, la surpression des alvéoles par rapport à l'air extérieur, nécessaire pour une expiration normale. Une surpression dans les alvéoles peut également être créée par une compression externe ou encore par l'activité des muscles expiratoires, cette compression provoque cependant une compression des bronchioles et donc une augmentation massive de la résistance. Le débit maximal expiratoire ($\dot{V}_{max}$) est donc une fonction du rapport entre la force de rétraction (F) et la résistance (R_p) (→ **A**, à droite). Une diminution de la force de rétraction peut ainsi avoir les mêmes effets qu'une maladies pulmonaire obstructive (→ p. 76). La force de rétraction peut être augmentée grâce à des inspirations plus profondes (→ **A**, à droite). L'élévation de la compliance conduit également à un *déplacement de la position de repos respiratoire* en direction de l'inspiration (*thorax en tonneau*, → **B**). Pour le même volume d'inspiration, la capacité fonctionnelle résiduelle et le volume résiduel, et parfois également la capacité totale, sont augmentés. La capacité vitale est cependant diminuée à cause de la réduction de l'expiration. La perte des parois alvéolaires conduit à une *diminution de la surface de diffusion* (→ p. 70), la perte des capillaires pulmonaires entraîne une *augmentation de l'espace mort fonctionnel* ainsi qu'une augmentation de la résistance et de la tension dans la petite circulation, conduisant au développement d'une *insuffisance cardiaque droite* (*cor pulmonale*, → p. 214). En cas d'emphysème centrolobulaire mais non d'emphysème panlobulaire, on observe en plus, des *troubles de distribution* (→ p. 72) en raison des différences de résistance dans différentes bronchioles. Le trouble de distribution provoque une *hypoxémie*, les patients avec un emphysème centrolobulaire résultant de maladies pulmonaires obstructives seront donc cyanosés (bleus) (→ **A**). Au contraire, les patients ayant un emphysème panlobulaire présenteront au repos l'image d'individus « bouffis et roses », car chez eux, l'augmentation de l'espace mort fonctionnel impose une respiration plus profonde. Ce n'est qu'en cas d'une réduction massive de la capacité de diffusion ou d'une augmentation de l'utilisation d'O_2 (effort) que le trouble de diffusion entraînera également une hypoxémie (→ p. 70).

A. Emphysème

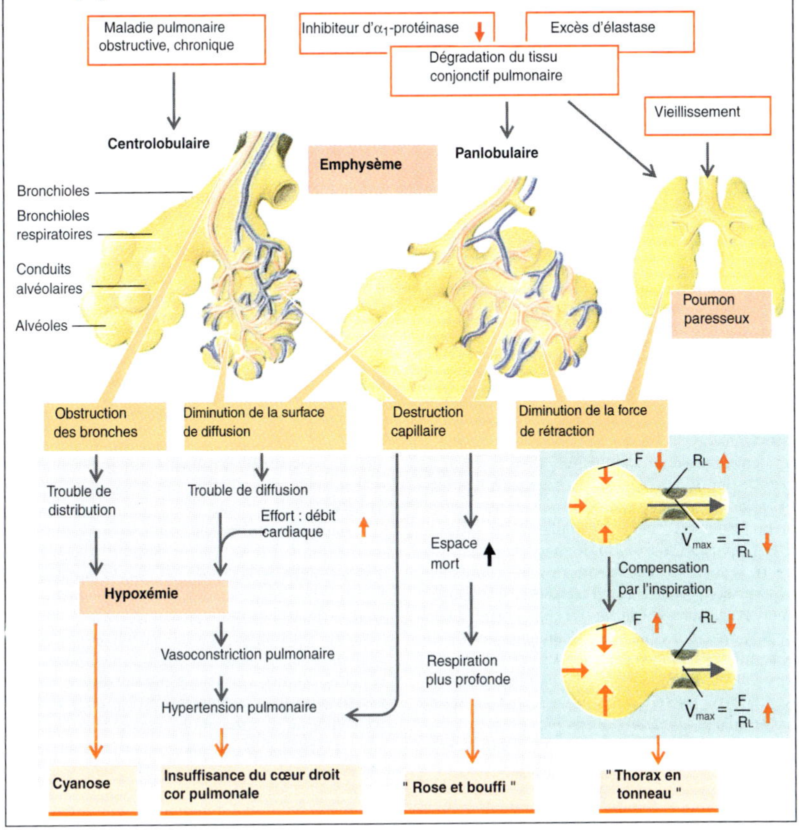

B. Position de repos respiratoire en cas d'emphysème

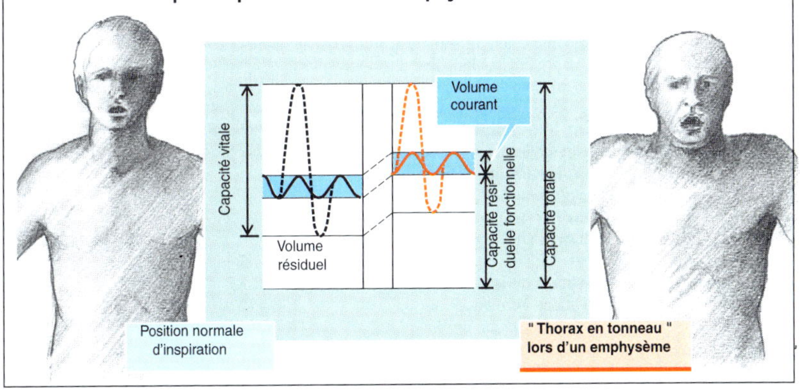

Œdème pulmonaire

Comme dans les capillaires périphériques (→ p. 234), c'est la pression de filtration effective, c'est-à-dire la différence entre les gradients de pression hydrostatiques et oncotiques qui gouverne la filtration dans les capillaires pulmonaires. Lors d'une augmentation de la pression dans les vaisseaux pulmonaires on parlera de **congestion pulmonaire**, lors d'une filtration de l'eau plasmatique dans l'espace interstitiel d'un **œdème pulmonaire interstitiel** et lors d'une filtration de l'eau plasmatique dans les alvéoles d'un **œdème pulmonaire alvéolaire** (**A**, au milieu).

On observe une **augmentation de la pression hydrostatique** dans les capillaires pulmonaires lors d'une insuffisance des capacités motrices du cœur gauche (→ **A**, à droite), donc les causes sont une diminution des capacités de travail ou une surcharge du muscle cardiaque (insuffisance cardiaque, → p. 224), et un rétrécissement ou une mauvaise étanchéité de la valve mitrale (→ p. 194 *sqq.*). L'augmentation de la pression dans l'oreillette gauche due à ces troubles se répercute dans les vaisseaux pulmonaires.

La formation d'un œdème pulmonaire est favorisée par une **altération du drainage lymphatique** (→ **A**, à gauche). En temps normal, le liquide filtré en excès est éliminé par le système lymphatique pulmonaire, mais la capacité de ce système est déjà limitée dans des conditions physiologiques. Si en plus de l'insuffisance gauche survient une insuffisance du cœur droit, la pression va également augmenter dans les veines de la grande circulation et, par là même, à l'endroit où les vaisseaux lymphatiques se déversent dans le circuit veineux, empêchant ainsi le drainage lymphatique.

La **pression oncotique** dans les capillaires est diminuée en cas d'*hypoprotéinémie* (→ **A**, à gauche), ce qui favorise le développement d'un œdème pulmonaire. L'hypoprotéinémie est le plus souvent la conséquence d'une hyperhydratation, peut-être liée à un apport inadapté d'une quantité importante de liquide chez des patients dont les capacités d'excrétion rénales sont diminuées (par ex., dans le cas d'une insuffisance rénale, → p. 110 *sqq.*). Naturellement, une diminution de la synthèse des protéines plasmatiques dans le foie (insuffisance hépatique, → p. 174) ou leur élimination par exemple au niveau des reins (syndrome néphrotique, → p. 104) entraîne également une diminution de la concentration des protéines plasmatiques.

Finalement, une **augmentation de la perméabilité capillaire** peut également provoquer un œdème pulmonaire (→ **A**, à droite). Le passage des protéines à travers la paroi capillaire diminue le gradient de pression osmotique et augmente par là même la pression de filtration effective. La perméabilité capillaire sera par exemple augmentée à la suite de l'inhalation de gaz irritants ou de la respiration prolongée d'oxygène pur (→ p. 84).

Les **effets d'une congestion pulmonaire** sont une diminution de la perfusion pulmonaire et, de ce fait, une réduction de la capture maximale d'O_2. Le gonflement des vaisseaux congestionnés empêche l'élargissement des alvéoles et diminue l'élasticité (compliance) du poumon. De plus, les bronches seront étranglées par les vaisseaux congestionés, augmentant ainsi la résistance respiratoire (→ p. 76). Ce phénomène est caractérisé par une diminution de $\dot{V}_{max}$ et une diminution de la VEMS (→ p. 66).

Dans le cas d'un **œdème pulmonaire interstitiel**, l'espace entre les capillaires et les alvéoles est élargi, ce qui a pour conséquence un trouble de diffusion, qui touche essentiellement la capture de l'oxygène (→ p. 70). Si en plus, un effort physique augmente le besoin en oxygène, la concentration d'O_2 dans le sang va alors diminuer (hypoxémie, cyanose ; → **A**, en bas).

Une augmentation supplémentaire de la pression et une lésion de la paroi alvéolaire conduisent à un **passage de filtrat dans l'espace alvéolaire**. Les alvéoles remplis de liquide sont indisponibles pour la respiration et il apparaît des shunts artério-veineux fonctionnels avec une diminution de la saturation en O_2 dans le sang mélangé artérialisé (cyanose centrale). Le liquide pénètre dans les voies respiratoires et augmente ainsi la résistance. L'augmentation de la filtration de liquide dans l'espace pleural (épanchement pleural) diminue encore plus la respiration.

L'œdème pulmonaire incite le patient à respirer en se tenant debout (**orthopnée**) : le passage de la position couchée à la position debout (orthostase) abaisse la pression veineuse centrale (→ p. 178), dans la région de l'oreillette droite, ce qui entraîne un meilleur drainage lymphatique du poumon, diminue l'effort demandé au cœur droit et entraîne ainsi une diminution de la pression hydrostatique dans les capillaires pulmonaires. Dans cette position, la congestion pulmonaire, l'œdème interstitiel et l'œdème alvéolaire seront atténués.

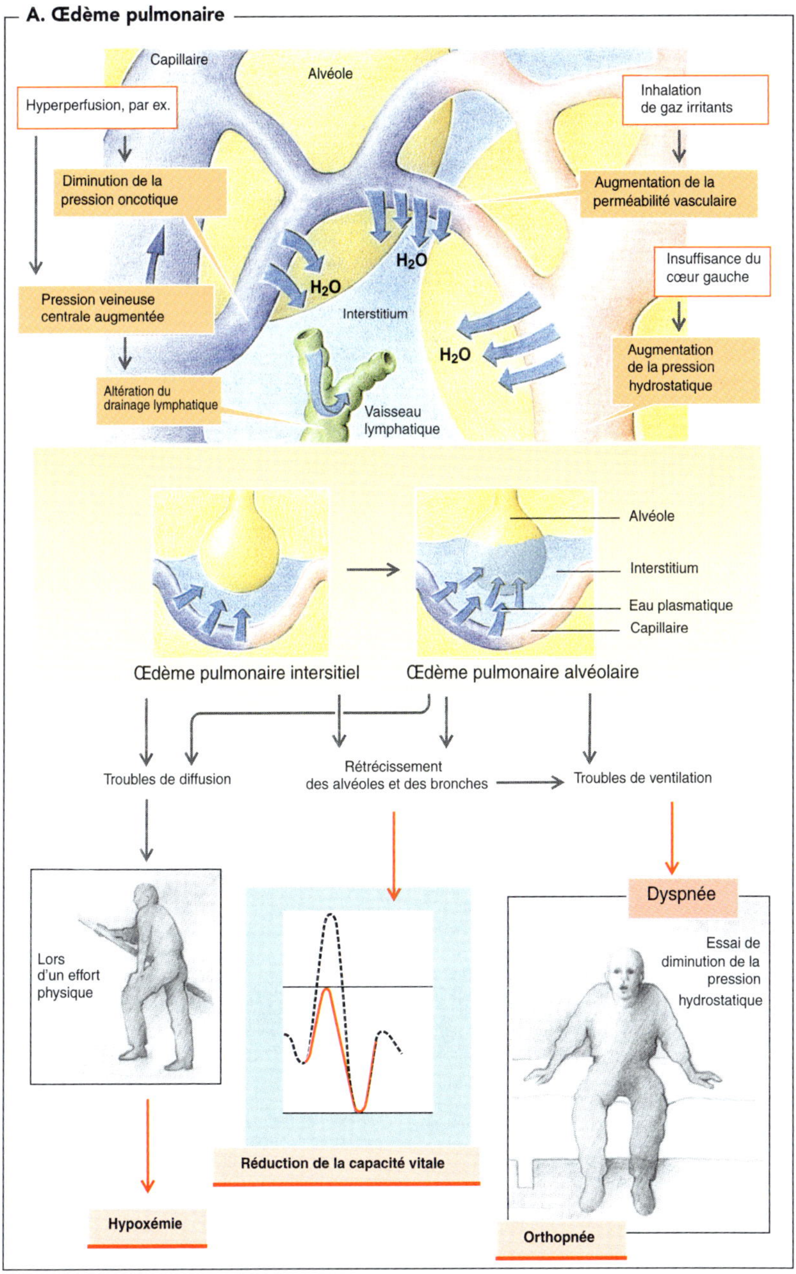
A. Œdème pulmonaire
Capillaire
Alvéole
Hyperperfusion, par ex.
Inhalation de gaz irritants
Diminution de la pression oncotique
Augmentation de la perméabilité vasculaire
H_2O
H_2O
Insuffisance du cœur gauche
Pression veineuse centrale augmentée
Interstitium
H_2O
Augmentation de la pression hydrostatique
Altération du drainage lymphatique
Vaisseau lymphatique
Alvéole
Interstitium
Eau plasmatique
Capillaire
Œdème pulmonaire intersitiel
Œdème pulmonaire alvéolaire
Troubles de diffusion
Rétrécissement des alvéoles et des bronches
Troubles de ventilation
Lors d'un effort physique
Dyspnée
Essai de diminution de la pression hydrostatique
Réduction de la capacité vitale
Hypoxémie
Orthopnée

Troubles de la régulation respiratoire

De nombreux facteurs peuvent influencer les cellules régulant la respiration dans la medulla oblongata (→ **A**).

La **ventilation sera augmentée** par une acidose, une hypercapnie, une hypoxie, et une diminution du Ca^{++} et du Mg^{++} dans le liquide céphalorachidien (LCR). La douleur, la stimulation de la peau par une chaleur ou un froid intense, une augmentation ou une importante diminution de la température corporelle, une chute de la pression artérielle, ainsi que le travail musculaire renforcent la ventilation. Parmi les autres facteurs stimulants, on trouve l'adrénaline et la noradrénaline circulantes, l'histamine, l'acétylcholine et les prostaglandines dans le système nerveux central (SNC) ainsi que la progestérone, la testostérone et l'ACTH.

Inversement, la **ventilation sera diminuée** par l'alcalose, l'hypocapnie, l'hyperoxie périphérique et l'augmentation du Ca^{++} et du Mg^{++} dans le LCR. L'hypoxie du SNC, une hypothermie profonde, une augmentation de la pression artérielle, les bloqueurs ganglionnaires, ainsi que des concentrations élevées en atropine, catécholamines, endorphines et glycine dans le SNC diminuent la ventilation. Pendant le sommeil la ventilation est également abaissée.

En temps normal c'est le **pH autour des neurones régulant la respiration** ou celui du LCR, qui exercent une influence prépondérante sur la ventilation. Les variations de pH dans le cerveau lors de changements rapides de la P_{CO_2} seront favorisées par la faible capacité tampon du LCR (faible concentration en protéines). Comme le CO_2, mais non le HCO_3^- ou les H^+, traverse très rapidement la barrière hémato-encéphalique ou celle entre le sang et le LCR, les variations de la teneur en CO_2 dans le sang conduiront à une adaptation très rapide de la ventilation, tandis que cette adaptation ne se produit que très lentement lors d'un changement de la concentration d'HCO_3^- ou du pH sanguin, avec un retard de quelques heures à quelques jours. Lors de la survenue soudaine d'une *acidose métabolique* (→ **B**, en haut, voir aussi p. 88 *sqq.*), la compensation respiratoire ne se met en place que lentement. Inversement, après le traitement d'une acidose, partiellement compensée par voie respiratoire, par exemple par une perfusion de HCO_3^-, il persiste souvent une *alcalose respiratoire* (→ **B**, en bas). De même, lors d'une chute brutale de la PO_2 dans l'air inspiré (séjour en altitude), la ventilation n'est pas immédiatement augmentée de façon adéquate : l'hyperventilation initiale conduit à une hypocapnie et l'alcalose intracérébrale qui en résulte inhibe alors au passage toute augmentation ultérieure de la ventilation. Une adaptation complète de la respiration à la diminution de l'apport en O_2 demande une excrétion rénale accrue de HCO_3^- avec pour conséquence une diminution de la concentration de HCO_3^- dans le plasma et (de façon atténuée) dans le LCR.

Les **barbituriques** (somnifères) et une **insuffisance respiratoire chronique** diminuent la sensibilité des neurones régulant la respiration au pH du LCR ou au CO_2. C'est alors la *carence en O_2* qui devient le *stimulus respiratoire majeur*. Dans les deux cas, l'apport d'un air enrichi en O_2 provoque une hypoventilation et une acidose respiratoire (→ p. 88 *sqq.*). L'urémie (→ p. 110 *sqq.*) ou le sommeil renforcent ce phénomène. Comme la capture d'O_2 est à la limite indépendante de la ventilation alvéolaire (→ p. 68), il se produit d'abord une stimulation respiratoire pour une diminution significative de la concentration d'O_2 alvéolaire associée à une diminution de la saturation en O_2 du sang. L'augmentation de la ventilation qui en résulte sera de nouveau stoppée dès que la saturation du sang en O_2 est de nouveau normalisée, si bien que la respiration est irrégulière.

La diminution de la sensibilité des neurones régulateurs au CO_2 peut également déclencher une **apnée du sommeil**, un arrêt de plusieurs secondes de la respiration pendant le sommeil. Ce phénomène est favorisé par une alcalose métabolique.

Une lésion ou une stimulation massive des neurones régulateurs peut également déclencher une **respiration pathologique** (→ **C**).

La **respiration de Kussmaul** (→ **C1**) est une réaction appropriée de la régulation respiratoire à une acidose métabolique. Les mouvements respiratoires sont de forte amplitude, mais la respiration reste régulière.

La **respiration de Cheyne-Stokes** (→ **C2**) est au contraire irrégulière : l'amplitude de la respiration devient périodiquement plus forte puis de nouveau plus faible. La cause de ce phénomène est une réaction retardée de la régulation respiratoire aux variations des gaz du sang, qui suscite une réaction trop importante. Ceci se produit par exemple en cas d'irrigation insuffisante du cerveau ou lorsque la respiration est régulée par une carence en oxygène (voir ci-dessus).

La **respiration de Biot** (→ **C3**) est interrompue par des pauses. Elle reflète une lésion des neurones régulateurs. La **respiration haletante** (→ **C4**) indique également une altération massive de la régulation respiratoire.

A. Facteurs inflençant les neurones régulateurs de la respiration

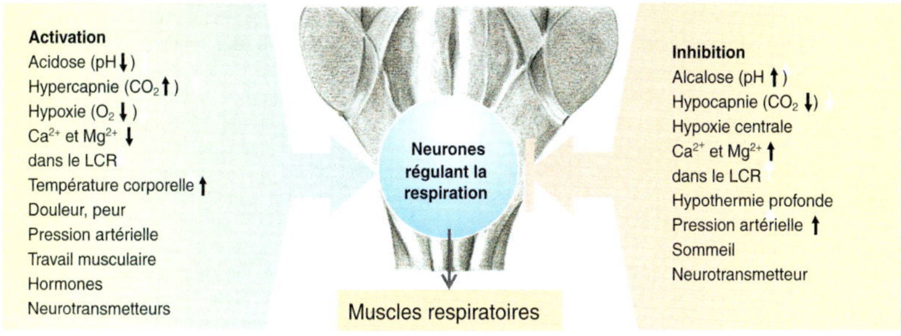

B. Influence de la barrière sang-LCR

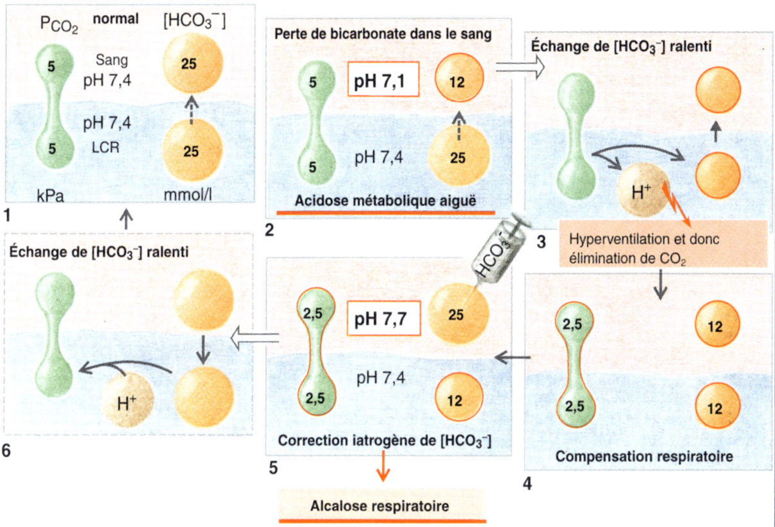

C. Types de respiration pathologique

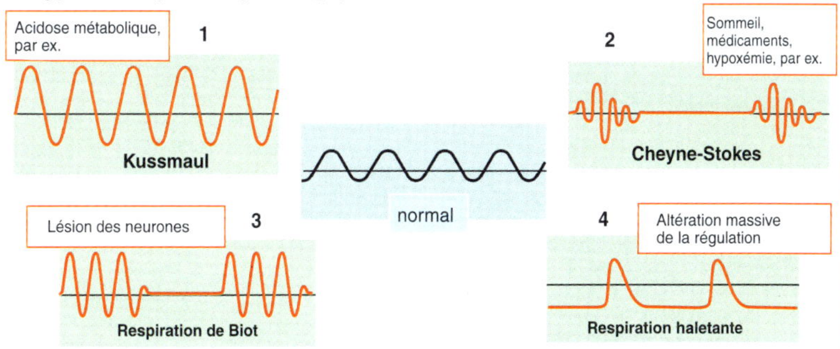

Hypoxie et hyperoxie

Dans le cas d'une inhibition du transport de l'O_2 depuis l'air extérieur jusqu'aux cellules, on aboutit à une **hypoxie**. Les causes de cette inhibition peuvent être les suivantes (→ **A**) :

- une hypoventilation diminue le gradient de diffusion jusqu'au sang pulmonaire artériel et gêne de cette façon la capture de l'oxygène. Cependant, la ventilation doit être bloquée de façon importante pour pouvoir réduire de façon perceptible la capture de l'O_2 (→ p. 68) ;
- une **diminution de la capacité de diffusion** (→ p. 70) empêche l'équilibre des concentrations entre les alvéoles et le sang capillaire ;
- une **diminution de la capacité du sang à capter l'O_2** peut se produire en cas d'anémie (→ p. 30 *sqq.*), ou lors d'une incapacité de l'hémoglobine à fixer ou à libérer l'O_2. C'est ainsi, par exemple, que le CO se fixe à l'hémoglobine avec une affinité 200 fois supérieure à celle de l'O_2. Une molécule de CO liée à l'un des groupements hèmes augmente l'affinité pour l'O_2 des trois autres groupements de l'hémoglobine atteinte de sorte que celle-ci va non seulement lier moins d'O_2 mais encore aura plus de mal à libérer celui qui lui est fixé. Une augmentation de l'affinité associée à une diminution de la libération est également observée dans le cas d'une alcalose ou d'un déficit en 2,3 DPG ;
- une **insuffisance circulatoire** (→ p. 224) va affecter le transport de l'oxygène dans le système vasculaire ;
- la **diffusion dans les tissus** est empêchée par un accroissement de la distance séparant une cellule du capillaire le plus proche, comme dans le cas d'une hypertrophie tissulaire non accompagnée du développement capillaire correspondant ou d'un œdème. La contraction des sphincters précapillaires des capillaires les plus proches va également allonger la distance de diffusion car l'alimentation doit s'effectuer par le capillaire suivant ;
- certains **inhibiteurs de la chaîne respiratoire** peuvent bloquer l'utilisation de l'oxygène.

La **conséquence** la plus importante de tous ces phénomènes est la mise en danger de l'approvisionnement énergétique des cellules par la voie aérobie.

Dans le cas d'un apport insuffisant en O_2 quelques cellules peuvent couvrir leurs besoins énergétiques grâce à la dégradation du glucose en acide lactique. Cependant, le rendement énergétique de cette réaction est faible (2 ATP par glucose contre 36 ATP par glucose dans le cas de la combustion oxydative) et la dissociation de l'acide lactique conduit à une **acidose** métabolique (et non respiratoire) (→ p. 88). La carence énergétique provoque d'abord une limitation réversible des fonctions cellulaires puis conduit à une lésion irréversible des cellules (voir par ex., p. 218).

Une hypoventilation, des troubles de la diffusion pulmonaire et une insuffisance circulatoire conduisent à une **cyanose** (coloration de la peau en bleu), lorsque la concentration en hémoglobine désoxygénée dans les capillaires atteint en moyenne environ 0,7 mmol/l (5 g/100 ml) (→ **A**). En cas d'hypoventilation et de troubles de la diffusion pulmonaire, le sang artérialisé est déjà hypoxique, on parle donc de *cyanose centrale*. Il faut souligner qu'une cyanose n'est pas toujours associée à une carence en O_2 : si la concentration d'hémoglobine dans le sang est élevée, il se produit assez facilement une cyanose, sans qu'il y ait besoin d'avoir une carence en O_2 (**pseudo-cyanose**). Inversement, lors d'une carence en hémoglobine (anémie), il peut se produire une carence en O_2, sans que la concentration en hémoglobine désoxygénée nécessaire pour qu'il y ait cyanose soit atteinte.

Ce n'est pas seulement l'hypoxie mais également l'**hyperoxie** qui peut présenter un danger pour l'organisme à cause de la réactivité élevée de l'O_2 (→ **B**). L'hyperoxie due à une respiration sous pression élevée au cours d'une plongée sous-marine ou à la respiration pendant de longues périodes d'O_2 pur peut inhiber l'*oxydation* cellulaire *du glucose*. Une pression partielle élevée en O_2 diminue le débit cardiaque et l'irrigation des reins et du cerveau. Les conséquences cliniques sont des *étourdissements* et des *crampes*. La stimulation des voies respiratoires provoque des *toux* et des *douleurs*, les lésions oxydatives des épithéliums alvéolaires et des endothéliums capillaires entraînent une augmentation de la perméabilité et la formation d'un *œdème pulmonaire* (→ p. 80). Le surfactant, qui en temps normal abaisse la tension superficielle des alvéoles et garantit leur dépliement égal, peut être oxydé et donc inactivé. Des modifications variables des paramètres des alvéoles peuvent déclencher des troubles de répartition. De plus, la respiration d'oxygène favorise le collapsus des alvéoles (*atélectasie*, → p. 72). Chez les nouveau-nés, la respiration d'un mélange contenant plus de 40 p. 100 d'O_2 peut déjà conduire à la formation de *membranes hyalines* dans les poumons et empêcher les échanges gazeux. Dans l'humeur vitrée et la rétine, on observe une prolifération des vaisseaux et du tissu conjonctif qui peut conduire à la cécité (*fibroplasie rétrolentale*).

A. Origine d'une carence en oxygène

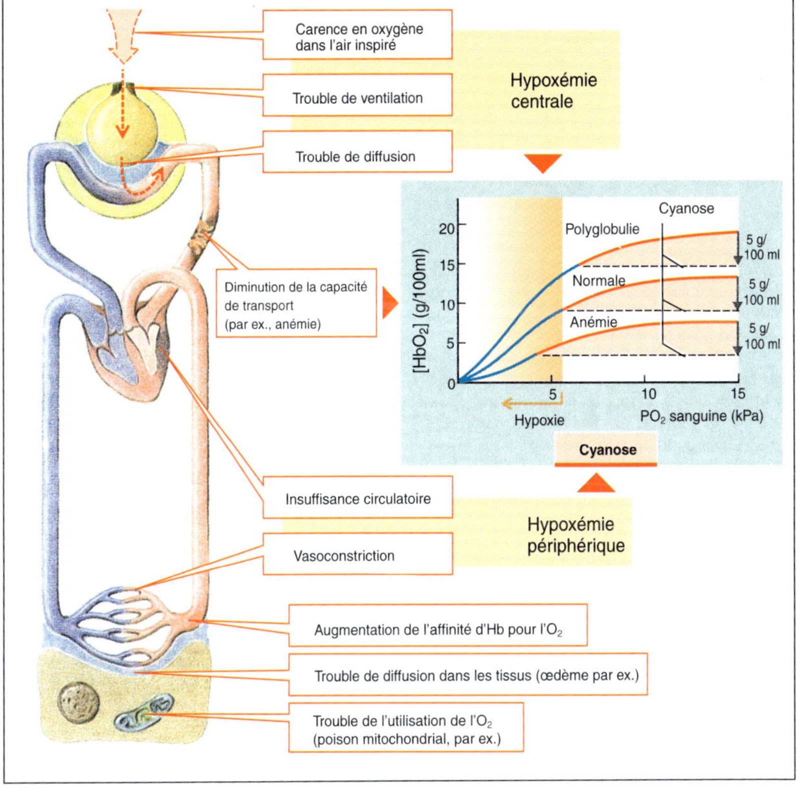

B. Conséquences d'une hyperoxie

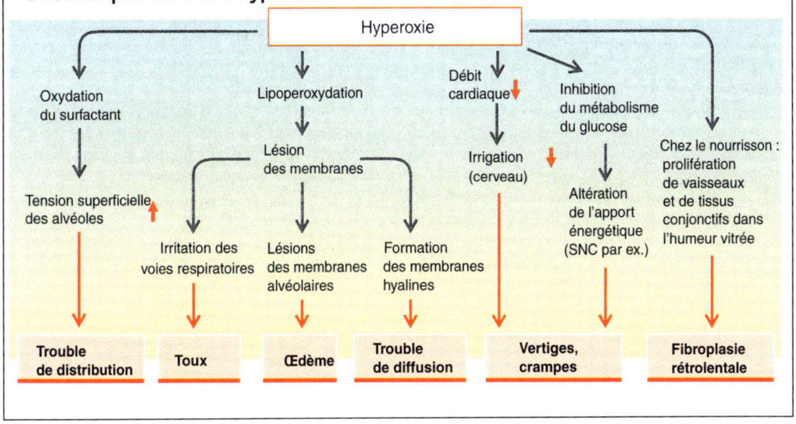

Apparition d'une alcalose

Le pH sanguin dépend du rapport des concentrations de CO_2 et de HCO_3^- :

$$pH = pK + Log \frac{[HCO_3^-]}{[CO_2]}$$

pK est relié à la constante de dissociation de H_2CO_3 et la constante de réaction de CO_2 en H_2CO_3. Une alcalose ($pH > 7,45$) apparaît donc lorsque la concentration en CO_2 est trop faible (hypocapnie, alcalose respiratoire) ou que la concentration de HCO_3^- est trop élevée dans le sang (alcalose métabolique).

Une **alcalose respiratoire** se produit en cas d'**hyperventilation** (→ **A3** et p. 82). Les causes possibles sont une stimulation psychique, une intoxication aux salicylates ou une lésion des neurones régulateurs (entre autres à la suite d'une inflammation, d'une blessure ou d'une insuffisance hépatique). Un apport insuffisant en O_2 dans l'air inspiré (altitude) déclenche parfois une ventilation plus importante qui a pour conséquence une expiration accrue de CO_2.

De nombreux troubles peuvent entraîner une **alcalose métabolique (= non respiratoire)** :

◆ lors d'une **hypokaliémie**, le gradient chimique du K^+ augmente au niveau de la membrane, ce qui entraîne dans certaines cellules une hyperpolarisation qui pousse l'ion HCO_3^- chargé négativement hors de la cellule. Dans les tubules proximaux, par exemple, l'hyperpolarisation augmente le flux sortant de HCO_3^- via le cotransport $Na^+(HCO_3^-)_3$ (→ **A4**). L'acidose intracellulaire qui s'ensuit stimule l'échangeur luminal Na^+/H^+ et provoque ainsi la sécrétion d'H^+ et la production de HCO_3^- au niveau du tubule proximal. Les deux processus aboutissent finalement à une alcalose (extracellulaire) ;

◆ le **vomissement du contenu de l'estomac** entraîne pour l'organisme une perte d'ions H^+ (→**A6**). Mais il reste les ions HCO_3^- produits dans les cellules accessoires lors de la sécrétion d'acide chlorhydrique. En temps normal, l'HCO_3^- formé dans l'estomac sera utilisé pour neutraliser le contenu acide de l'estomac dans le duodénum et ne produit donc qu'une alcalose transitoire et de faible amplitude ;

◆ lors d'un vomissement, on aboutit de plus à une **diminution du volume sanguin**. Les œdèmes, les pertes liquidiennes rénales et extrarénales aboutissent également à une hypovolémie (→ **A4**, p. 122). L'hypovolémie stimule l'échangeur Na^+/H^+ dans le tubule proximal et provoque dans les reins, même en alcalose, une réabsorption accrue de HCO_3^-. Lors d'une hypovolémie se produira également une sécrétion d'aldostérone qui stimule la sécrétion d'H^+ dans la partie distale du néphron (→ **A5**), avec pour conséquence une **alcalose hypovolémique**. Un **hyperaldostéronisme** produira aussi une alcalose même si le volume sanguin reste normal ;

◆ la parathormone inhibe la réabsorption de HCO_3^- dans le tubule proximal si bien qu'une **hypoparathyroïdie** peut déclencher une alcalose ;

◆ le NH_4^+ provenant de la dégradation des acides aminés dans le foie aboutit à la formation de glutamine ou bien d'urée. La formation d'urée nécessite, à côté de deux NH_4^+, l'utilisation de deux HCO_3^- qui seront perdus au moment de l'excrétion de l'urée (la dégradation de la glutamine dans le rein libérera au contraire des ions NH_4^+ qui seront excrétés sous cette forme). En cas d'**insuffisance hépatique**, la production d'urée par le foie est diminuée (→ **A7**) ; le foie utilise moins de HCO_3^-, et il se développe une alcalose. Il est vrai que lors d'une insuffisance hépatique on observe essentiellement une alcalose respiratoire due à une lésion des neurones régulant la respiration (voir ci-dessus) ;

◆ une augmentation de l'apport de **sels alcalins** ou leur mobilisation à partir des os (→ **A2**), par exemple, lors d'une immobilisation, peuvent provoquer une alcalose ;

◆ des **acides organiques** comme l'acide lactique ou les acides gras peuvent s'accumuler dans certaines réactions métaboliques. Au pH sanguin, ces acides sont presque complètement dissociés, et il apparaît un H^+ pour chaque molécule d'acide. Si les anions correspondants sont métabolisés, l'H^+ disparaît à nouveau (→ **A1**). L'utilisation des acides peut donc déclencher une alcalose ;

◆ la dégradation de la cystéine et de la méthionine fournit normalement $SO_4^{2-} + 2\ H^+$, celle de l'arginine et de la lysine libère un H^+. Une diminution de la dégradation protéique (par ex., à la suite d'une alimentation pauvre en protéines, → **A8**) diminue la formation métabolique des H^+ et favorise ainsi l'apparition d'une alcalose.

L'importance des variations du pH sanguin dépend, entre autres, de la **capacité tampon** du sang, qui est réduite lorsque la concentration des protéines plasmatiques diminue.

A. Origines d'une alcalose

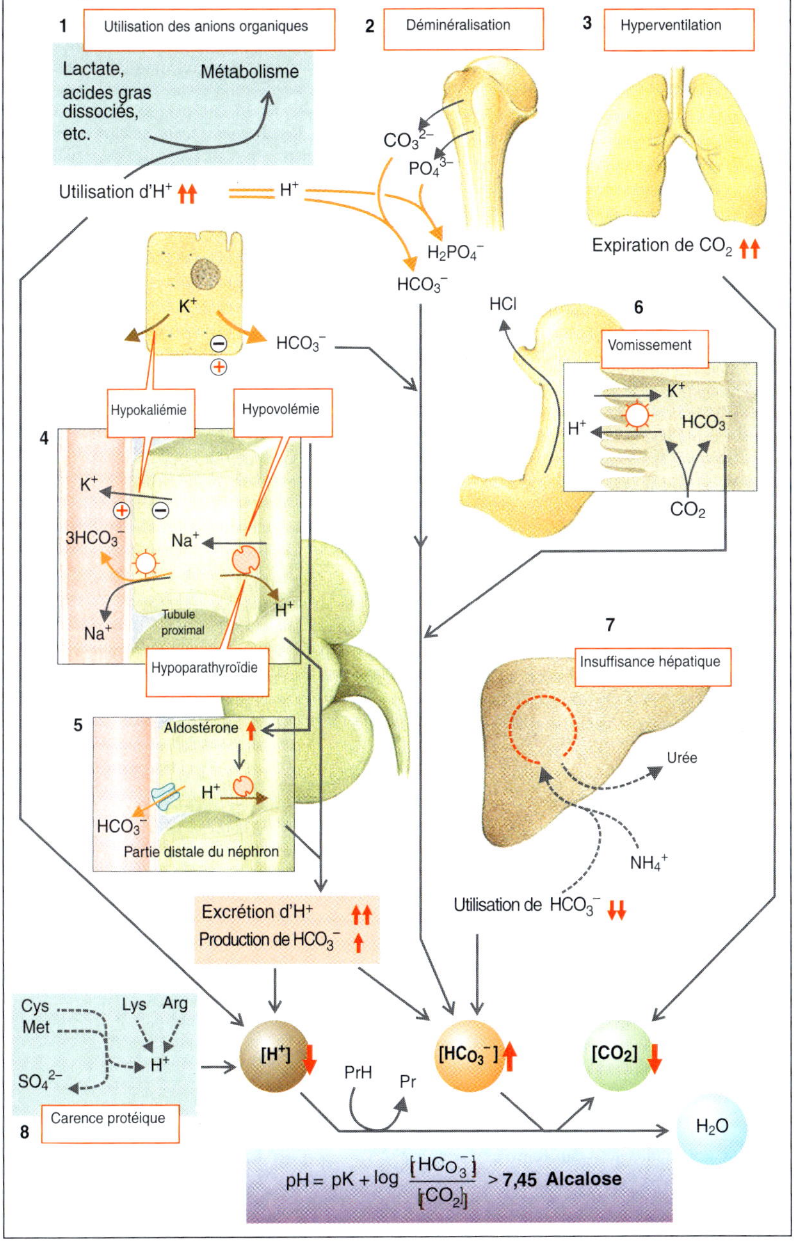

Apparition d'une acidose

Le pH sanguin est une fonction de la concentration de HCO_3^- et de CO_2 (→ p. 86). Une acidose (pH < 7,35) apparaît en cas de concentration élevée en CO_2 (hypercapnie, acidose respiratoire) ou de concentration trop faible en HCO_3^- (acidose métabolique ou non respiratoire) dans le sang.

Les maladies de l'appareil respiratoire (→ p. 66-80) ainsi que les altérations de la régulation respiratoire (→ p. 82) peuvent déclencher une **acidose respiratoire** (→ **A3**). L'inhibition de l'anhydrase carbonique érythrocytaire entraîne une acidose respiratoire, car la formation de CO_2 à partir de HCO_3^- dans les poumons est ralentie, et l'expiration de CO_2 est donc touchée.

Les causes d'une **acidose métabolique** sont les suivantes :

◆ lors d'une **hyperkaliémie** (→ **A4**) le gradient des ions K^+ au niveau des membranes cellulaires décroît. La dépolarisation qui s'en suit diminue la force électrique nécessaire au transport électrogénique de HCO_3^- en dehors de la cellule. Dans le tubule proximal, elle freine l'efflux de HCO_3^- via le cotransport $Na^-(HCO_3^-)_3$ avec pour conséquence une alcalose intracellulaire qui inhibe l'échangeur luminal Na^+/H^+ et bloque ainsi la sécrétion d'H^+ et la production de HCO_3^-. Ces phénomènes conduisent finalement à une acidose (extracellulaire) ;

◆ d'autres causes possibles d'une diminution de l'excrétion rénale d'H^+ et de la formation de HCO_3^- sont une **insuffisance rénale** (→ p. 110 *sqq.*), un **défaut du transport** tubulaire (→ p. 96 *sqq.*) et un **hypoaldostéronisme** (→ **A5**). (L'aldostérone stimule en temps normal la sécrétion d'H^+ dans la partie distale du néphron ; → p. 270.) ;

◆ la parathormone inhibe la réabsorption de HCO_3^- dans le tubule proximal ; en cas d'*hyperparathyroïdie*, l'excrétion rénale de HCO_3^- est donc augmentée. Comme la parathormone provoque en même temps une mobilisation de sels minéraux alcalins dans les os (→ p. 132), on aboutit cependant rarement à une acidose. L'**inhibition de l'anhydrase carbonique** dont l'activité est indispensable à la réabsorption de HCO_3^- dans le tubule proximal entraîne une perte massive de HCO_3^- au niveau des reins ;

◆ une perte de bicarbonates au niveau de l'intestin (→ **A6**) se produit en cas de **vomissement** du **contenu de l'intestin**, en cas de **diarrhées** ou de liaisons ouvertes de l'intestin ou des canaux glandulaires vers l'extérieur (**fistules**). De grandes quantités de suc pancréatique alcalin sont ainsi perdues en cas de fistule pancréatique ;

◆ comme le foie utilise deux ions HCO_3^- pour la transformation de deux NH_4^+ en urée (→ p. 86), une augmentation de la production d'urée peut ainsi conduire à une acidose. De la même manière, un **apport de NH_4Cl** génère une acidose (→ **A7**).

Le cas échéant, la **perfusion de grandes quantités d'une solution de NaCl** peut conduire à une acidose car le HCO_3^- extracellulaire est ainsi « dilué ». Par ailleurs, l'augmentation du volume extracellulaire inhibe l'échangeur Na^+/H^+ du tubule proximal, si bien que non seulement la réabsorption proximale de Na^+, mais encore la sécrétion d'H^+ et la réabsorption de HCO_3^- sont touchées ;

◆ lors d'une **perfusion de $CaCl_2$** une partie du Ca^{2+} sera déposée dans les os sous forme de sels alcalins (phosphate ou carbonate de calcium). Les ions H^+ libérés par la dissociation du bicarbonate ou du phosphate peuvent déclencher une acidose ;

◆ même sans qu'il y ait de perfusion de $CaCl_2$, la **minéralisation osseuse** favorise le développement d'une acidose (→ **A2**) ;

◆ on peut de plus aboutir à une acidose via une augmentation de la synthèse ou une diminution de la dégradation d'**acides organiques** (→ **A1**). Les acides se dissocient presque complètement au pH sanguin si bien qu'il apparaît un H^+ par acide. L'*acide lactique* sera ainsi formé lorsque l'approvisionnement en énergie est assuré par la glycolyse anaérobie, comme dans le cas d'une carence en oxygène (→ p. 84), d'une insuffisance circulatoire (→ p. 232), d'un travail musculaire intense, d'une fièvre (→ p. 20), de tumeurs (→ p. 16) ou d'un diabète sucré (→ p. 288). La *dégradation de l'acide lactique* est diminuée en cas d'insuffisance hépatique et dans certaines déficiences enzymatiques. Les acides gras, l'acide β-hydroxybutyrique et l'acide acétoacétique s'accumuleront dans certaines déficiences enzymatiques mais surtout lors de la mobilisation des graisses, comme en cas de faim, de diabète ou d'hyperthyroïdie ;

◆ une nourriture riche en protéines déclenche une acidose métabolique car la dégradation des acides aminés contenant du soufre (méthionine, cystine, cystéine) libère SO_4^{2-} + 2 H^+, et celle de la lysine et de l'arginine un H^+ (→ **A8**).

L'importance de l'acidose dépend, entre autres, de la **capacité tampon** du sang.

A. Causes d'une acidose

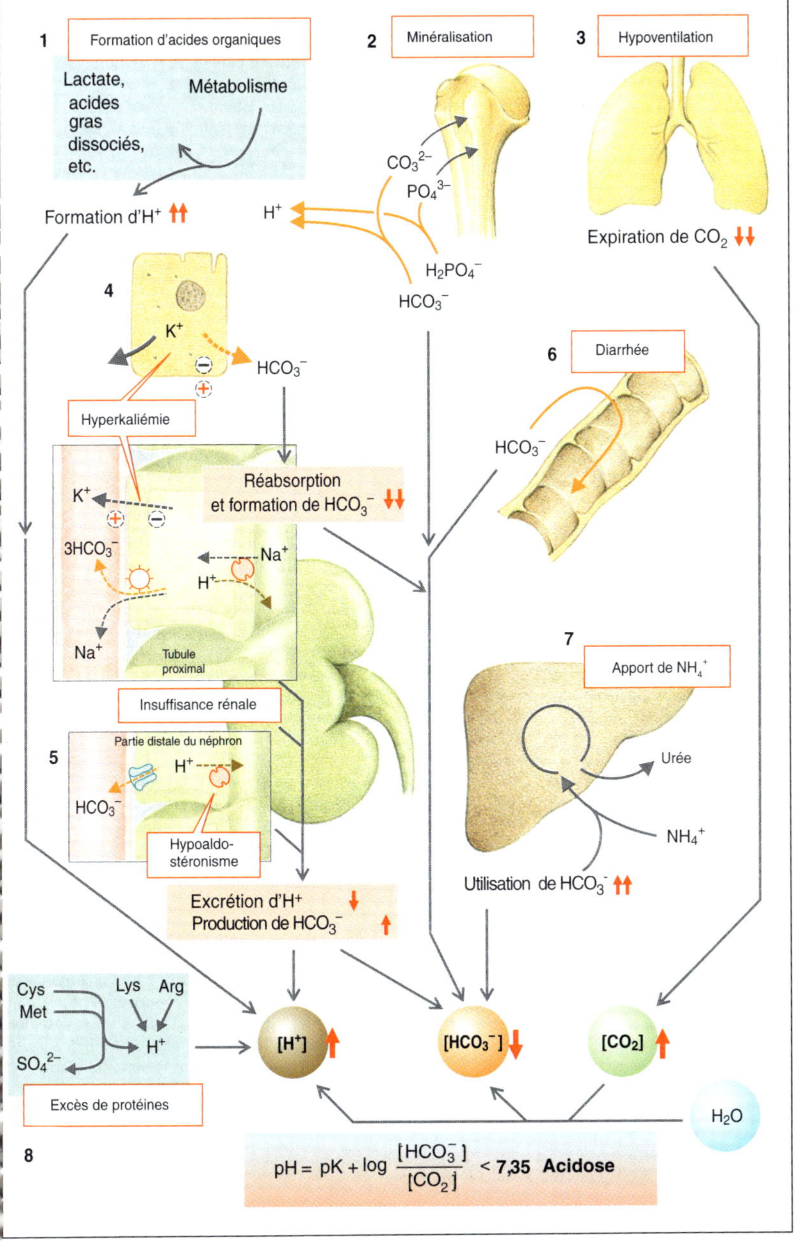

Figure 4-12 Causes d'une acidose

Effets d'une acidose et d'une alcalose

La respiration et les reins vont chercher à compenser les altérations de l'équilibre acidobasique et à maintenir constant le pH sanguin. Les changements du pH ainsi que des concentrations de HCO_3^- et du CO_2 dans le sang lors d'altérations de l'équilibre acide-base et leurs compensations peuvent être représentés graphiquement. Comme exemple, on a présenté la courbe donnant la concentration de HCO_3^- en fonction de la P_{CO_2} (→ **A**, à gauche), ou le logarithme de P_{CO_2} en fonction du pH (**A**, à droite, diagramme de Siggaard-Andersen : la ligne grise représente la ligne d'équilibre pour le CO_2). Sur ces graphiques on peut visualiser les **altérations** et leurs **compensations** correspondantes suivantes :

◆ une **alcalose respiratoire** (→ **A1**) sera compensée par une diminution de la réabsorption rénale de HCO_3^- ;

◆ une **alcalose métabolique** (→ **A2**) peut théoriquement être compensée par une hypoventilation. La nécessité de capter suffisamment d'oxygène maintient cependant cette compensation dans des limites étroites ;

◆ une **acidose métabolique** (→ **A3**) peut être compensée par une diminution respiratoire de la concentration de CO_2 dans le plasma, ainsi que par une hyperventilation. Plus la concentration de CO_2 dans le plasma est faible et moins la quantité de CO_2 expirée à chaque cycle inspiration-expiration sera grande. Pour pouvoir malgré tout expirer la quantité de CO_2 présente, l'hyperventilation doit également être maintenue jusqu'à ce que la concentration plasmatique de HCO_3^D soit de nouveau normalisée, que ce soit via une augmentation de l'excrétion rénale d'acides ou via une dégradation des anions organiques (→ p. 86) ;

◆ une **acidose respiratoire** (→ **A4**) sera compensée par une excrétion rénale accrue d'acides (ou une formation de HCO_3^-). L'élévation de la concentration plasmatique de HCO_3^- a pour conséquence une augmentation de la quantité de HCO_3^- à filtrer par le rein. Les reins doivent par conséquent réabsorber en permanence une charge plus importante de HCO_3^- filtré, si l'on veut éviter une perte rénale de HCO_3^-.

Les **conséquences d'une alcalose** sont avant tout une *hypokaliémie*, car les cellules qui libèrent moins de HCO_3^- sont moins dépolarisées et perdent donc moins de K^+. Si les ions H^+ sont transportés hors de la cellule par l'échangeur Na^+/H^+, du sodium pénètre dans la cellule et sera de nouveau pompé hors de la cellule en échange de K^+ (→ **B**).

Lors d'une alcalose, la quantité de Ca^{++} liée aux protéines plasmatiques sera plus importante (→ **B**, à droite), avec pour conséquence une *diminution de la concentration de calcium libre dans le plasma*. Comme une partie du Ca^{++} sanguin est également liée au HCO_3^-, le calcium libre décroît plus fortement en cas d'alcalose métabolique qu'en cas d'alcalose respiratoire. Une autre conséquence d'une alcalose respiratoire (hypocapnie) est une *augmentation de l'excitabilité neuromusculaire* associée à des crampes, dues en partie à une diminution de la concentration du calcium dans le plasma, mais surtout à une contraction des vaisseaux cérébraux, diminuant l'irrigation du cerveau. D'un autre côté, l'alcalose intracellulaire peut inhiber l'excitabilité neuromusculaire via une activation des canaux potassiques. L'hypocapnie peut, de plus, stimuler la *contraction des muscles bronchiques* et augmenter de ce fait la résistance respiratoire. L'alcalose inhibe la néoglucogenèse et stimule la glycolyse si bien que l'on peut aboutir à une *hypoglycémie et une lactatémie*. Finalement, l'alcalose intracellulaire favorise la *division cellulaire*.

Les **effets de l'acidose métabolique et respiratoire** (→ **B**, flèche rouge) s'étendent assez largement. Lors d'une acidose métabolique, les cellules perdent des ions HCO_3^- et plus d'ions K^+ à cause de la dépolarisation. En dehors de cela, l'acidose inhibe la Na^+/K^+ ATPase. Il se développe une *hyperkaliémie* (→ p. 124). L'acidose intracellulaire stimule par ailleurs l'échangeur Na^+/H^+, ce qui a pour conséquence une entrée de Na^+ et un gonflement des cellules.

De surcroît, l'acidose intracellulaire inhibe les canaux potassiques et exerce une action inotrope négative (via un blocage des interactions intercellulaires) et une action dromotrope négative sur le *cœur* (→ **B**, à droite). L'hypercapnie stimule une *vasodilatation* (chute de la pression sanguine, augmentation de la pression intracrânienne) et une *dilatation des muscles bronchiques*. L'acidose intracellulaire inhibe l'enzyme limitant de la glycolyse, et on aboutit à une *hyperglycémie*. Une acidose persistante déclenche une *déminéralisation osseuse* (→ **B**, à droite), car les sels minéraux de l'os passent en solution en milieu acide (→ p. 132). Lors d'une acidose intracellulaire, les ions H^+ seront captés par les mitochondries en échange de Ca^{++}. De plus, les ions H^+ vont inhiber l'adénylate cyclase et par là même l'action des hormones. L'acidose cellulaire va finalement inhiber la division cellulaire et favoriser la mort cellulaire.

A. Altérations du pH et compensations

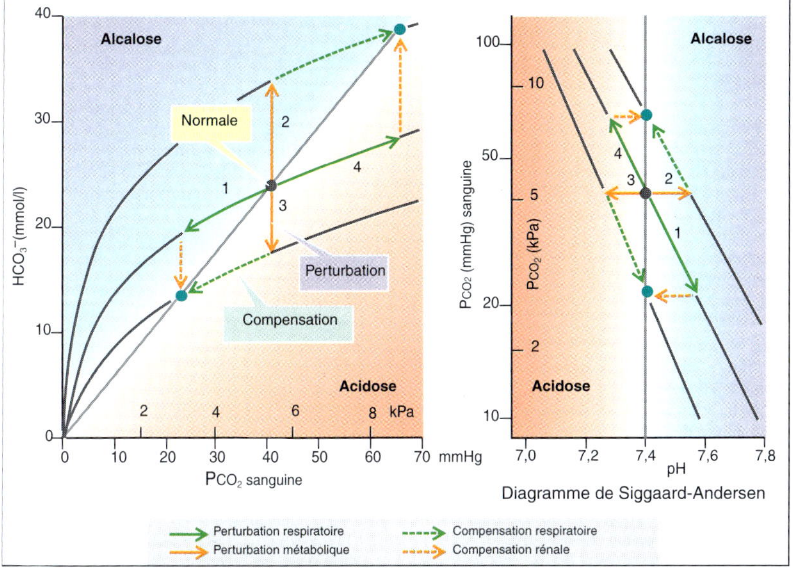

B. Effets d'une acidose et d'une alcalose

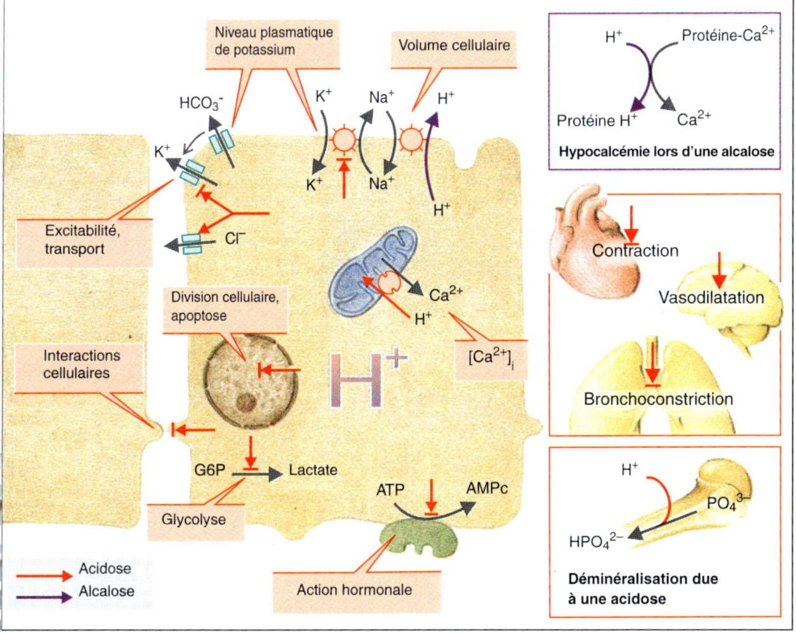

Vue d'ensemble

Une atteinte rénale peur affecter l'**irrigation sanguine**, la **fonction glomérulaire** et/ou la **fonction tubulaire** (→ **A**). De plus, une composition inadéquate de l'urine peut provoquer des précipités (**urolithiases**, calculs) qui vont interrompre l'écoulement de l'urine. Une altération de la fonction rénale peut avoir pour conséquence une diminution de l'**excrétion rénale** de substances inutiles ou dangereuses (par ex., acide urique, urée, créatinine, vanadate [VnO_4], substances étrangères, toxines urémiques), dont la concentration plasmatique va augmenter de façon correspondante (→ **A3**). Une déficience de la filtration glomérulaire peut, à l'inverse, conduire à une perte de protéines par le rein, une réabsorption tubulaire anormale peut entraîner une excrétion accrue de substances importantes pour l'organisme (électrolytes, minéraux, bicarbonate, glucose, acides aminés). Une diminution de la fonction d'élimination rénale affecte la participation fondamentale des reins à la **régulation des équilibres hydrique, électrolytique, minéral et de l'équilibre acidobasique** (→ p. 122 *sqq.*). Par le biais de la régulation de l'eau et des électrolytes, les reins sont au centre de la **régulation** à long terme **de la pression artérielle** (→ p. 208 *sqq.*).

La capacité des reins de réguler la composition du liquide extracellulaire est fonction du volume qui subira le contrôle de leurs épithéliums par unité de temps. Dans le cas des substances qui ne sont pas sécrétées par les cellules tubulaires, le volume contrôlé correspond au **taux de filtration glomérulaire (TFG)**. Toutes les substances dissoutes dans le plasma vont être soit réabsorbées au niveau de l'épithélium tubulaire soit excrétées. Dans le cas des substances qui peuvent être sécrétées par l'épithélium (par ex., le potassium), le volume contrôlé correspond en fin de compte à la totalité du plasma sanguin passant par les reins (**flux plasmatique rénal, FPR**).

L'excrétion rénale est régulée ou stimulée par des **hormones** (par ex., l'hormone antidiurétique [ADH], l'aldostérone, le facteur atrial natriurétique [ANF], la parathormone, le calcitriol, la calcitonine, le cortisol, la prostaglandine E_2, l'insuline, la progestérone, les œstrogènes, la thyroxine, la somatotropine), et donc ajustée aux besoins. Les troubles de la sécrétion des hormones vont ainsi altérer les fonctions d'excrétion rénale.

En temps normal, la quantité d'eau et de substances dissoutes filtrée est plusieurs fois supérieure à la quantité excrétée : quoi qu'il en soit, la totalité de l'eau plasmatique va traverser l'épithélium rénal toutes les 20 minutes, et l'ensemble du volume extracellulaire toutes les 3 heures. La capacité d'excrétion des reins n'est pas atteinte et de loin. Par conséquent, il peut se produire une limitation notable du taux de filtration glomérulaire et du volume contrôlé, sans que cela ne déclenche des effets négatifs sur l'organisme. Cependant, une diminution du taux de filtration glomérulaire est associée dès le début avec une **diminution de la plage de régulation**, qui peut être visible en cas de surcharge.

Les reins ne sont pas seulement un organe cible d'actions hormonales mais ils influencent via la **formation d'hormones** aussi bien leurs propres fonctions que des sites extrarénaux participant au contrôle de l'équilibre minéral (calcitriol) ou de la pression artérielle (rénine/angiotensine) (→ **A2**). Les kinines et les prostaglandines formées dans les reins participent au contrôle des fonctions rénales. En cas de lésions rénales, s'ajoutent les effets d'une altération des fonctions d'excrétion et ceux d'une déficience de la sécrétion hormonale. L'érythropoïétine, une hormone synthétisée dans le rein, contrôle l'érythropoïèse et sa diminution provoque une anémie (→ p. 32).

Finalement, les reins exercent des **fonctions métaboliques** (→ **A1**). C'est ainsi par exemple qu'ils dégradent lors d'une acidose la glutamine en ammoniaque (l'ammoniaque sera excrété sous forme de NH_4^+, → p. 86), et qu'ils synthétisent du glucose à partir des squelettes carbonés (néoglucogenèse). Du glucose sera, de plus, formé dans les tubules proximaux à partir du lactate réabsorbé. D'autre part, des acides gras seront dégradés à ce niveau. Les reins jouent un rôle important dans l'inactivation des hormones. C'est ainsi que 40 p. 100 de la dégradation de l'insuline va avoir lieu dans les reins, qui dégradent également les hormones stéroïdes. Les oligopeptides filtrés (entre autres les hormones) seront dégradés dans la lumière tubulaire et les acides aminés seront alors réabsorbés. Une réduction du tissu rénal fonctionnel affecte obligatoirement l'ensemble des fonctions métaboliques que nous venons de citer.

A. Physiopathologie du rein (vue d'ensemble)

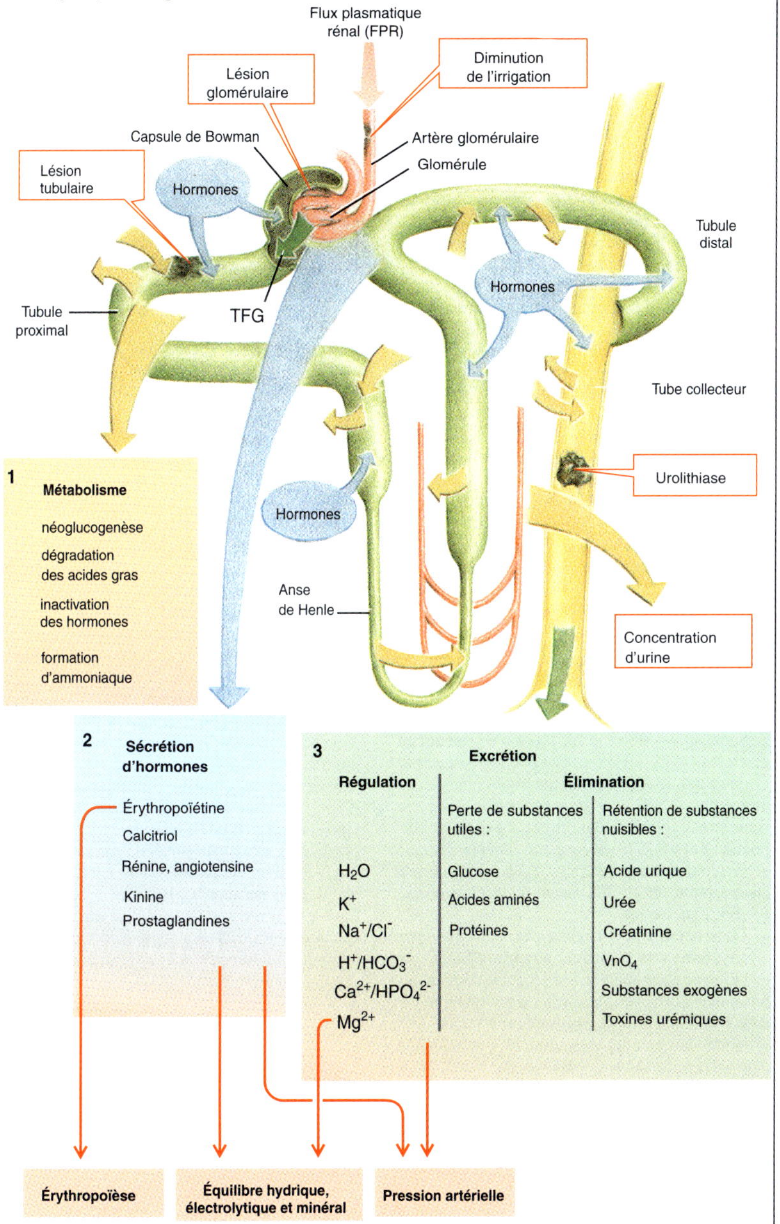

Troubles de l'excrétion rénale

L'élimination rénale d'une substance est réduite par diminution de la filtration ou réduction de la sécrétion tubulaire et augmentée par une diminution de la réabsorption ou une sécrétion accrue. Ces changements peuvent modifier la **concentration plasmatique** de la substance. Celle-ci dépend également de **facteurs extrarénaux** (→ **A**), comme la production ou la dégradation, l'absorption entérale, l'élimination extrarénale (par ex., intestin, sueur), ainsi qu'un dépôt ou une mobilisation. La quantité de substance résultant par unité de temps de l'ensemble de ces processus extrarénaux constitue la **charge prérénale**.

L'interprétation exacte des changements de concentrations plasmatiques nécessite la connaissance des **relations existant entre la concentration plasmatique et l'excrétion rénale** (→ **B**).

Cette relation est simple pour des substances qui sont filtrées mais pas sécrétées ou réabsorbées de façon notable (par ex., créatinine). La quantité excrétée (M_e) est identique à la quantité filtrée (M_f) et correspond donc au produit de la concentration plasmatique (C) par le taux de filtration glomérulaire (TFG) : $M_e = M_f = C \times TFG$ (→ **B1** ; ligne verte). La clairance (M_e/C) est identique au TFG et donc indépendante de la concentration plasmatique (→ **B2**, ligne verte). Dans le cas d'une production constante de créatinine, une **baisse du TFG** conduit transitoirement à une diminution de l'excrétion rénale de créatinine (→ **B3**a). La quantité produite et alors plus importante que la quantité éliminée de sorte que la concentration plasmatique et avec elle la quantité excrétée par unité de temps augmentent (→ **B3**b), jusqu'à ce qu'il y ait autant de créatinine excrétée qu'il y en a de produite par l'organisme. L'excrétion rénale est de nouveau au même niveau que la **charge prérénale**. Pour des substances exclusivement filtrées, il existe une corrélation linéaire entre la concentration plasmatique et l'excrétion rénale et donc également entre la charge prérénale et la concentration plasmatique (→ **B4**, ligne verte).

Dans le cas d'une **réabsorption médiée par des systèmes de transport à haute affinité** (par ex., glucose, la plupart des aminoacides, les anions phosphate et sulfate), la totalité de la quantité filtrée est pratiquement réabsorbée et donc non excrétée, aussi longtemps que la concentration plasmatique est faible (→ **B1**, courbe bleue). Si la quantité filtrée dépasse cependant les capacités maximales de transport, la totalité de la quantité filtrée en excès sera éliminée. La concentration plasmatique au moment où la quantité filtrée est identique à la capacité maximale de transport correspond au *seuil rénal* (→ **B1**, zone rouge de la courbe bleue).

Les **systèmes de transport dont l'affinité est plus faible** (par ex., urée, glycine) ne réabsorbent pas la totalité des quantités filtrées même à faible concentration plasmatique. Lorsque la concentration plasmatique augmente, le taux de réabsorption ainsi que l'excrétion rénale augmentent également (→ **B1**, courbe jaune).

En cas de **sécrétion** (par ex., l'acide para-aminohippurique, PAH), seront éliminées non seulement la substance filtrée mais encore la substance excrétée (→ **B1**, courbe violette). Dans le cas d'une affinité élevée du système de transport et d'une faible concentration plasmatique la totalité de la substance parvenue jusqu'au rein sera éliminée. La clairance rénale correspond alors au flux plasmatique rénal c'est-à-dire à la quantité de plasma sanguin s'écoulant à travers les reins par unité de temps. Si la quantité de substance proposée dépasse la capacité maximale de transport, la quantité de substance éliminée ne peut augmenter encore que grâce à l'augmentation de la quantité filtrée, et la clairance rénale diminue (→ **B2**).

Une **altération de facteurs prérénaux** peut augmenter l'excrétion d'une substance donnée via une augmentation de la concentration plasmatique et de la quantité filtrée en dépit d'un transport tubulaire intact. Même si le transport rénal de glucose est normal, on peut cependant observer une glycosurie si la concentration plasmatique de glucose est augmentée au-dessus du seuil rénal comme dans le cas d'un diabète (**glycosurie d'excédent**). De même, les altérations de la dégradation des acides aminés conduisent à des aminoaciduries par débordement. Inversement, une variation de la concentration plasmatique peut être empêchée par des mécanismes de régulation extrarénaux en dépit d'une altération du transport rénal (→ **A**). C'est ainsi qu'en cas d'une altération de la réabsorption rénale de Ca^{2+}, l'hypocalcémie est évitée grâce à une sécrétion de parathormone. Cette hormone mobilise le calcium à partir des os et augmente l'absorption entérale de Ca^{2+}, via une sécrétion de calcitriol (→ p. 128). La conséquence de ce phénomène est une calciurie mais pas une hypocalcémie.

A. Facteurs déterminant la concentration plasmatique

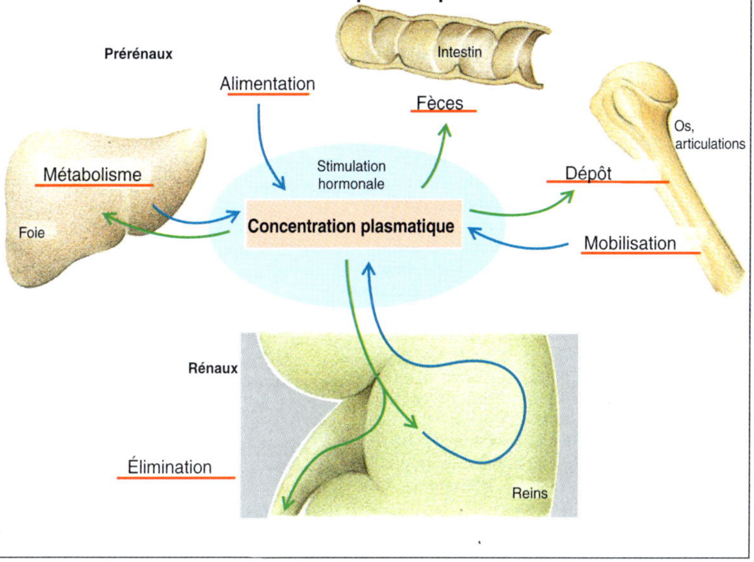

B. Concentration plasmatique, élimination rénale, clairance

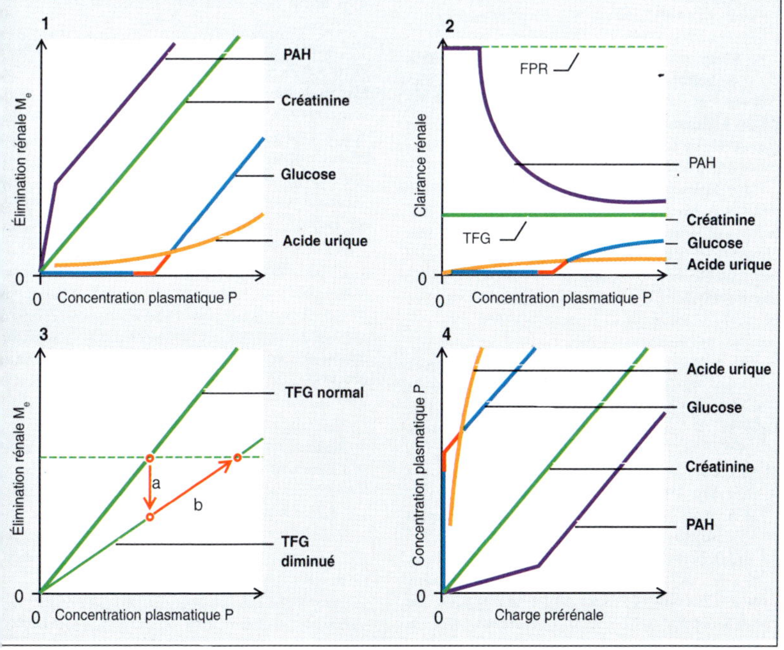

Figure 5-2 **Élimination rénale**

Physiopathologie des processus de transport rénaux

Des causes génétiques, des produits toxiques, des médicaments ou des altérations hormonales peuvent entraîner des altérations des processus de transport tubulaires (*voir aussi* Protéinurie tubulaire, p. 104).

Deux transporteurs luminaux, au moins, réalisent la réabsorption du glucose au niveau du tubule proximal. Un défaut génétique touchant les transporteurs Na^+-glucose/galactose rénaux ou intestinaux (→ **A1**), conduit à une **mauvaise absorption du glucose et du galactose**. Un défaut du deuxième transporteur rénal du glucose conduit à un trouble classique, la **glycosurie rénale**, dans lequel ce sont soit la capacité maximale de transport (type A) soit l'affinité du transporteur (type B) qui sont diminuées (→ **D3**). Si la concentration plasmatique s'élève au-dessus du seuil rénal dans le cas d'un déficit de type A, on observe une élimination quantitative de la quantité de glucose filtrée en trop ; si la concentration plasmatique est inférieure au seuil, le glucose sera complètement réabsorbé. Dans une glycosurie rénale de type B, au contraire, du glucose sera déjà éliminé pour de faibles concentrations plasmatiques.

Le cotransport Na^+-phosphate peut être diminué en cas de déficit génétique (**diabète rénal**) (→ **A2**), ou par une carence en *calcitriol*. La diminution de la réabsorption rénale de phosphate conduit, à cause d'une carence en phosphate, à une déminéralisation des os (rachitisme, → p. 132). Une **augmentation de la réabsorption rénale du phosphate**, par exemple à la suite d'une carence en parathormone (*hypoparathyroïdie*) ou d'une altération de l'action de la parathormone (*pseudo-hypoparathyroïdie*), entraîne une hyperphosphatémie (→ p. 130).

Une déficience du cotransport Na^+-acides aminés neutres au niveau des reins et de l'intestin (→ **A3**) provoque le **syndrome d'Hartnup** associé à une élimination accrue des acides aminés. Comme le tryptophane est nécessaire à la biosynthèse de l'acide nicotinique, on peut aboutir à une carence en acide nicotinique et donc à des lésions de la peau et du système nerveux.

Un défaut de l'échangeur des acides aminés pour les acides aminés neutres et dibasiques (→ **A4**) augmente l'élimination de l'ornithine, de la lysine, de l'arginine et de la cystine (**cystinurie**). La cystine difficilement soluble va alors précipiter et provoquer des calculs urinaires (→ p. 120). Dans le cas d'une **intolérance familiale aux protéines** c'est la réabsorption des acides aminés basiques qui est altérée.

Un défaut du cotransport Na^+-acides aminés acides (→ **A5**) conduit à leur **élimination dans l'urine** (inoffensive) ; un défaut du système de cotransport Na^+-acides aminés cycliques, telle la proline, conduit à une **iminoglycinurie** bénigne (→ **A6**).

Une activité insuffisante des échangeurs Na^+/H^+ (→ **A7**), des cotransporteurs Na^+, $3HCO_3^-$ (→ **A8**), ou une inhibition de l'anhydrase carbonique (AC) entraînent une **acidose tubulaire proximale** (→ p. 88 *sqq.*). Comme la diminution de la réabsorption de HCO_3^- dans les tubules proximaux ne peut être compensée par la capacité de transport des tubules distaux (également faible en temps normal), il se produit une élimination urinaire de bicarbonates pour une charge normale en bicarbonates (→ **E2**). Lorsque la concentration plasmatique en HCO_3^- est diminuée, le néphron proximal est cependant capable de réabsorber la majeure partie des bicarbonates, et le néphron distal génère alors une urine acide normale (→ **E3**).

Le cotransport Na^+, $3HCO_3^-$ dépend essentiellement du potentiel de membrane et donc du flux d'ions K^+ à travers les canaux K^+ (→ **A15**), et de la concentration extracellulaire de K^+. Une hyperkaliémie dépolarise la membrane cellulaire et inhibe la réabsorption de HCO_3^- au niveau du tubule proximal, tandis qu'une hypokaliémie l'augmente. L'excrétion rénale d'ions H^+ et donc l'**équilibre acidobasique** est également une **fonction de la concentration extracellulaire de K^+** (→ p. 86 *sqq.*).

La déshydratation stimule les échangeurs Na^+, H^+ (→ **A7**) et donc la réabsorption de HCO_3^- au niveau du tubule proximal, avec pour conséquence une **alcalose liée à une hypovolémie**. L'inhibition des échangeurs Na^+/H^+ ou bien de l'anhydrase carbonique augmente l'élimination du NaCl (**saliurèse**). L'inhibition de la réabsorption de Na^+ dans le tubule proximal pourra cependant être compensée en partie par une augmentation de la réabsorption, entre autres au niveau de l'anse de Henle.

Dans le **syndrome de Fanconi** lié à des causes génétiques ou toxiques, plusieurs systèmes de transport couplés au Na^+ sont altérés (→ **A1-A7**) avec pour conséquences une glycosurie, une élimination des acides aminés dans l'urine, une phosphaturie, une acidose tubulaire proximale et une hypokaliémie (voir ci-dessous).

Une augmentation de la réabsorption d'eau et de Na^+ concentre l'acide urique dans la lumière et stimule donc sa réabsorption par les échangeurs d'anions et les canaux luminaux et basolatéraux (→ **A9**). Ce phénomène a pour conséquence une hyperuricémie avec précipitation de l'acide urique peu soluble, au niveau des articulations (**goutte** → p. 250).

Lors d'une carence énergétique (par ex., une irrigation insuffisante), la **Na^+/K^+ ATPase** (→ **ABC10**)

A. Processus de transport dans le tubule proximal

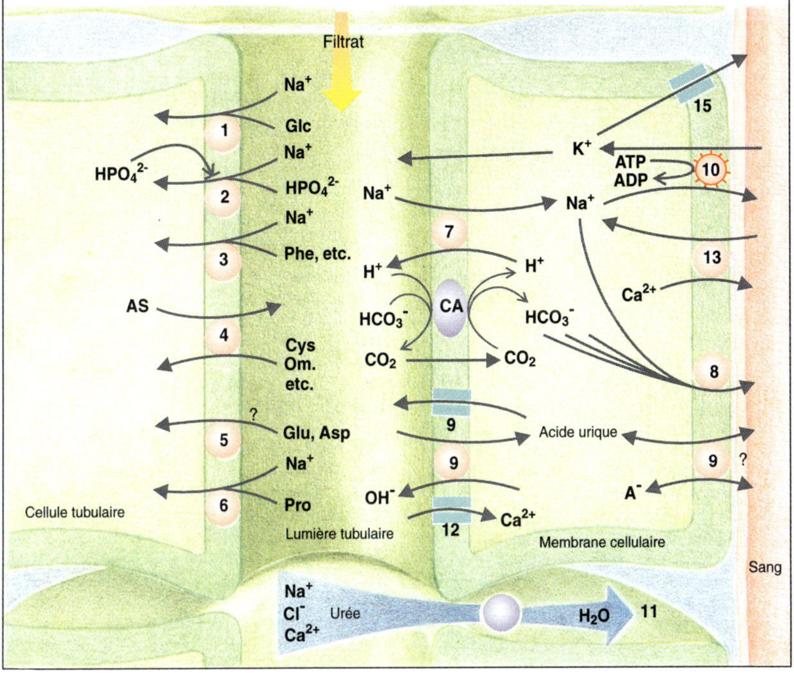

B. Processus de transport dans la partie ascendante de l'anse de Henle

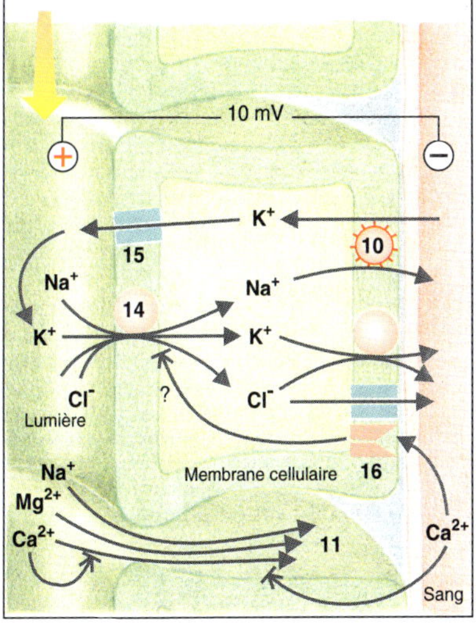

C. Processus de transport dans la partie distale du néphron

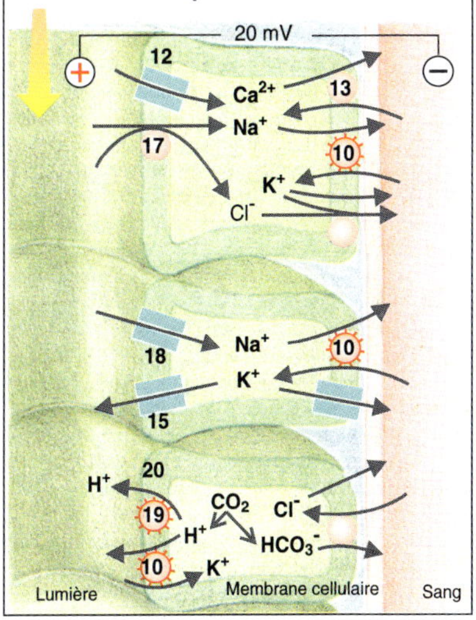

est affectée, ce qui entraîne une altération de la réabsorption des électrolytes (perte de sels au niveau des reins), un gonflement et une mort cellulaire.

Dans le tubule proximal et l'anse de Henle, la **réabsorption du Ca^{++}** est en partie assurée par des processus paracellulaires (→ **AB11**), par des canaux calciques dans la membrane luminale (→**AC12**) et par l'échangeur $3Na^+/Ca^{++}$ dans la membrane péritubulaire (→ **AC13**). Une augmentation de la concentration intracellulaire de Na^+ diminue le gradient sodique gouvernant l'échangeur $3Na^+/Ca^{++}$ (→ **C13**) et affecte ainsi la réabsorption du Ca^{++}. La parathormone stimule la réabsorption du Ca^{++}, si bien qu'un hypoparathyroïdisme entraîne une hypercalciurie. La voie de shunt paracellulaire (→ **B11**) sera bloquée par des concentrations élevées de Ca^{++} (hypercalcémie), ce qui provoque non seulement une altération de la réabsorption de Ca^{++}, mais aussi de celle du Mg^{++} (perte de magnésium !) et de celle du Na^+ (natriurèse, perturbation du processus de concentration de l'urine, → p. 100). À côté d'une perte de Ca^{++}, la conséquence d'une hypercalciurie est une précipitation de sels de Ca^{++} dans l'urine (→ p. 120).

L'inhibition du cotransport Na^+-K^+-$2Cl^-$ (→ **B14**) par les **diurétiques de l'anse** bloque la réabsorption de NaCl dans l'anse de Henle et donc la concentration de l'urine (→ p. 100). On aboutit à une salurèse et une diurèse massives. Le tubule distal et le tube collecteur vont être submergés par du Na^+ et vont réabsorber Na^+ en échange de K^+ (voir ci-dessous), ce qui provoque une kaliurèse et une hypokaliémie. Le cotransport Na^+-K^+-$2Cl^-$ a besoin comme substrat d'ions K^+, qui doivent recirculer via des canaux potassiques (ROMK, → **B15**). Lors d'une carence en K^+ ou d'une hypokaliémie, les canaux K^+ sont fermés, ce qui altère la réabsorption du NaCl au niveau de l'anse de Henle. Une déficience génétique du cotransport Na^+-K^+-$2Cl^-$ ou des canaux chlore ou potassiques est à l'origine du **syndrome de Bartter**, associé à une altération de la concentration de l'urine, à une natriurèse, à une hypokaliémie et à une diminution de la pression artérielle en dépit d'une augmentation de la production de rénine, d'angiotensine et d'aldostérone (→ p. 114). Par suite de l'altération de la réabsorption du sodium, les reins synthétisent de grandes quantités de prostaglandines, qui provoquent une vasodilatation périphérique pouvant être mortelle. La réabsorption du sel au niveau de l'anse de Henle est finalement altérée par une hypercalcémie, entre autres via le blocage de la voie de shunt paracellulaire (voir ci-dessus) ainsi que via l'activation d'un récepteur du Ca^{++} (→ **B16**). Dans la partie proximale du tubule distal, le NaCl est réabsorbé par un cotransport Na^+Cl^- (→ **C17**). Les diurétiques thiazidiques en bloquant ce transporteur provoquent une diurèse et une salurèse (voir ci-dessus). En diminuant la concentration intracellulaire de Na^+, ils augmentent le gradient qui meut l'échangeur $3Na^+/Ca^{++}$ et stimulent ainsi la réabsorption rénale de Ca^{++} (voir ci-dessus, → **D1**). Un défaut génétique du transporteur conduit au **syndrome de Gitelman**, une variante modérée du syndrome de Bartter.

Dans la partie terminale du tubule distal et dans le tube collecteur, le Na^+ sera réabsorbé par l'intermédiaire de **canaux sodiques** luminaux (→ **C18**) et des Na^+/K^+ ATPases basolatérales. Le flux entrant de Na^+ dépolarise la membrane luminale et stimule ainsi la sécrétion de K^+ via des canaux potassiques luminaux. Lors d'une inhibition de la réabsorption du Na^+ dans le tubule proximal, l'anse ou la partie proximale du tubule distal, une quantité plus importante de Na^+ aboutit alors dans la partie distale du néphron et y sera réabsorbée en échange de K^+. Les conséquences de ce phénomène sont une perte rénale de K^+ (voir ci-dessus). Les canaux sodiques et les ATPases Na^+/K^+ seront activées par l'**aldostérone** (→ **D1**). Une carence (*hypoaldostéronisme*) ou une diminution de l'action de l'aldostérone (*pseudo-hypoaldostéronisme*, par exemple, à la suite d'une déficience des canaux sodiques) conduisent à des pertes rénales de sodium, à une hypovolémie et une diminution de la pression artérielle. Les **diurétiques à action distale** agissent en bloquant les récepteurs de l'aldostérone (antagonistes de l'aldostérone) ou par un blocage direct des canaux sodiques. Ils provoquent une natriurèse modérée et une rétention rénale de K^+. Inversement une hyperréactivité du canal Na^+ (**syndrome de Liddle**) conduit à une rétention de sodium et une hypertension.

La sécrétion de H^+ au niveau du tubule distal est réalisée par les ATPases H^+ (→ **C19**) et K^+/H^+ (→ **C20**). Une déficience conduit à une **acidose tubulaire distale** (→ **D2**, **E4**). Les personnes atteintes ne peuvent produire qu'une urine modérément acide, même lors d'une diminution de la concentration plasmatique de bicarbonates. De plus, elles présentent des calculs de $CaHPO_4$, car le phosphate précipite facilement dans une urine alcaline (→ p. 120).

En dehors de la partie ascendante de l'anse de Henle, l'eau peut être réabsorbée dans la totalité du néphron. La réabsorption de l'eau dans le tubule distal ou le tube collecteur nécessite essentiellement de l'ADH. Une carence en ADH ou une insensibilité du néphron à l'ADH entraînent un **diabète insipide** (→ p. 100).

D. Mécanismes de la perte rénale de K^+

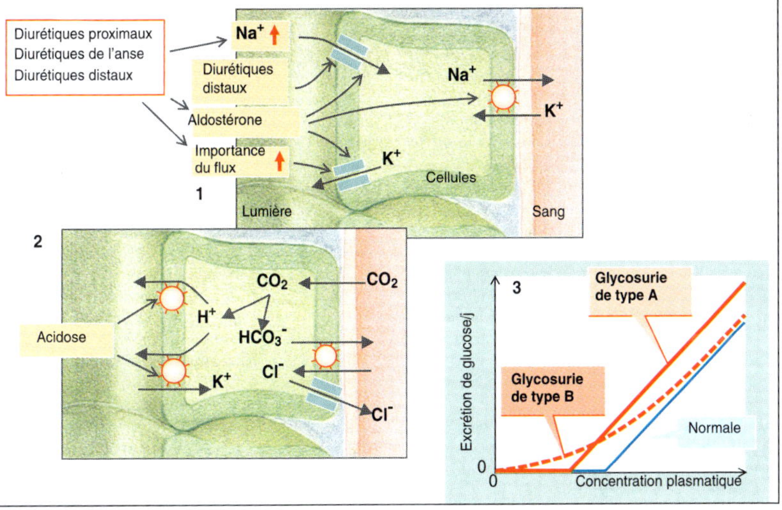

E. Acidoses rénales tubulaires

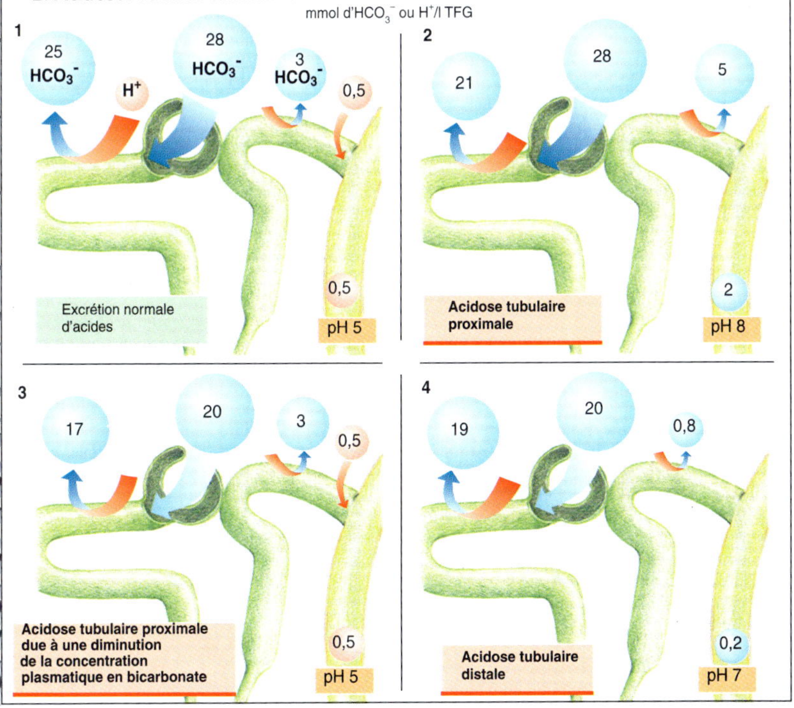

Troubles de la concentration de l'urine

En temps normal les reins peuvent, selon les besoins, éliminer une urine hypotonique (< 100 mOsmol/l) ou hypertonique (> 1 200 mOsmol/l). La concentration ou la dilution de l'urine sont essentiellement la conséquence des événements survenant dans la **branche ascendante large de l'anse de Henle**, laquelle transporte le NaCl dans le parenchyme rénal médullaire (→ **A**, flèche rouge, voir également p. 96), sans que l'eau ne puisse suivre (flèche bleue). Le liquide intratubulaire sera donc hypo-osmotique jusqu'à la fin de la branche ascendante (50-100 mOsmol/l) et le parenchyme hypertonique. Ce parenchyme hypertonique attire le long de la **branche descendante de l'anse de Henle** plus d'eau (flèche bleue) que d'électrolytes (flèche rouge), si bien que l'osmolarité du liquide intratubulaire descendant va croître jusqu'au creux de l'anse.

L'organisation en boucle des vaisseaux de la medulla rénale (**vasa recta**) empêche la dissipation de l'hyperosmolarité qui y règne.

L'**urée** (flèche violette) ne suit que partiellement l'eau réabsorbée dans le tubule proximal, l'anse de Henle et le tubule distal, de sorte que sa concentration luminale augmente jusqu'au tube collecteur. La perméabilité du tube collecteur à l'urée est élevée et celle-ci diffuse dans le tissu interstitiel. Les concentrations élevées d'urée dans le parenchyme médullaire attirent de l'eau provenant de la branche descendante de l'anse de Henle. L'urée diffuse en partie dans la lumière tubulaire et parvient de nouveau dans le tube collecteur via l'anse de Henle et le tubule distal.

L'**ADH** stimule la formation de pores laissant passer l'eau dans les membranes des cellules du tubule distal et du tube collecteur et met ainsi en place les conditions nécessaires à une réabsorption de l'eau dans ces segments du néphron. L'eau quitte la lumière tubulaire en suivant le gradient osmotique. Dans le tubule distal, l'osmolarité du liquide tubulaire est d'abord hypotonique (voir ci-dessus), mais atteint cependant l'osmolarité du sang vers la fin du tubule distal. Dans le parenchyme rénal, de l'eau est encore absorbée du tube collecteur, jusqu'à ce que l'osmolarité de l'urine et celle du tissu interstitiel soient en équilibre.

Dans le cas d'une **carence en ADH** (diabète insipide d'origine centrale) ou d'une insensibilité du néphron distal à l'ADH (diabète insipide d'origine rénale), la perméabilité à l'eau du tubule distal et du tube collecteur est faible (→ **A1**), et jusqu'à 20 l d'urine hypotonique peuvent alors être excrétés. L'élimination de sodium et d'urée peut également être augmentée.

Lors d'une **inhibition de la réabsorption** au niveau de l'anse, l'hyperosmolarité de la medulla rénale s'effondre. Les diurétiques de l'anse utilisés sur le plan thérapeutique inhibent le cotransport Na^+-K^+-$2Cl^-$. L'hypercalcémie inhibe la réabsorption via un récepteur du Ca^{++} au niveau du tubule, et via une inhibition de la réabsorption paracellulaire. Une hypokaliémie ou une déficience des canaux potassiques (ROMK) inhibent la recirculation de K^+ et donc indirectement le cotransport Na^+-K^+-$2Cl^-$ (→ p. 97 B).

Une **augmentation du flux sanguin dans la medulla rénale** atténue l'hyperosmolarité (→ **A3**). Lors d'une inflammation les médiateurs libérés (entre autres, les kinines et les prostaglandines) vont provoquer une vasodilatation et diminuent également l'hyperosmolarité médullaire et donc le processus de concentration de l'urine. La caféine a également une action vasodilatatrice sur les vasa recta. Finalement, une augmentation de la pression artérielle peut augmenter la perfusion dans les vasa recta et laver la medulla rénale (diurèse due à une hypertension).

La réabsorption de l'eau peut également être diminuée par **une augmentation de l'osmolarité intraluminale**, lorsque des substances peu ou pas absorbées sont présentes dans le liquide tubulaire. Ces substances sont concentrées lors de la réabsorption du liquide et retiennent alors l'eau (→ **A4**). Il se produit alors une diurèse osmotique. L'altération de la réabsorption d'eau conduit secondairement à une diminution de la réabsorption de NaCl et d'urée ce qui diminue l'osmolarité dans la medulla rénale et perturbe le processus de concentration de l'urine. La diurèse osmotique peut être suscitée à titre thérapeutique en utilisant le mannitol, un sucre dont la réabsorption est difficile. Elle se produit, en outre, lors d'une élimination accrue de glucose, de bicarbonate, d'urée et de phosphate.

Une **alimentation pauvre en protéines** altère la capacité de concentration de l'urine à cause d'une diminution de la participation de l'urée au mécanisme de concentration (→ **A5**).

Une altération de la capacité de concentration de l'urine se manifeste par une perte nocturne d'urine (**nycturie**), une **soif** ou un **volume important d'urine** peu concentrée.

A. Altérations des processus de concentration de l'urine

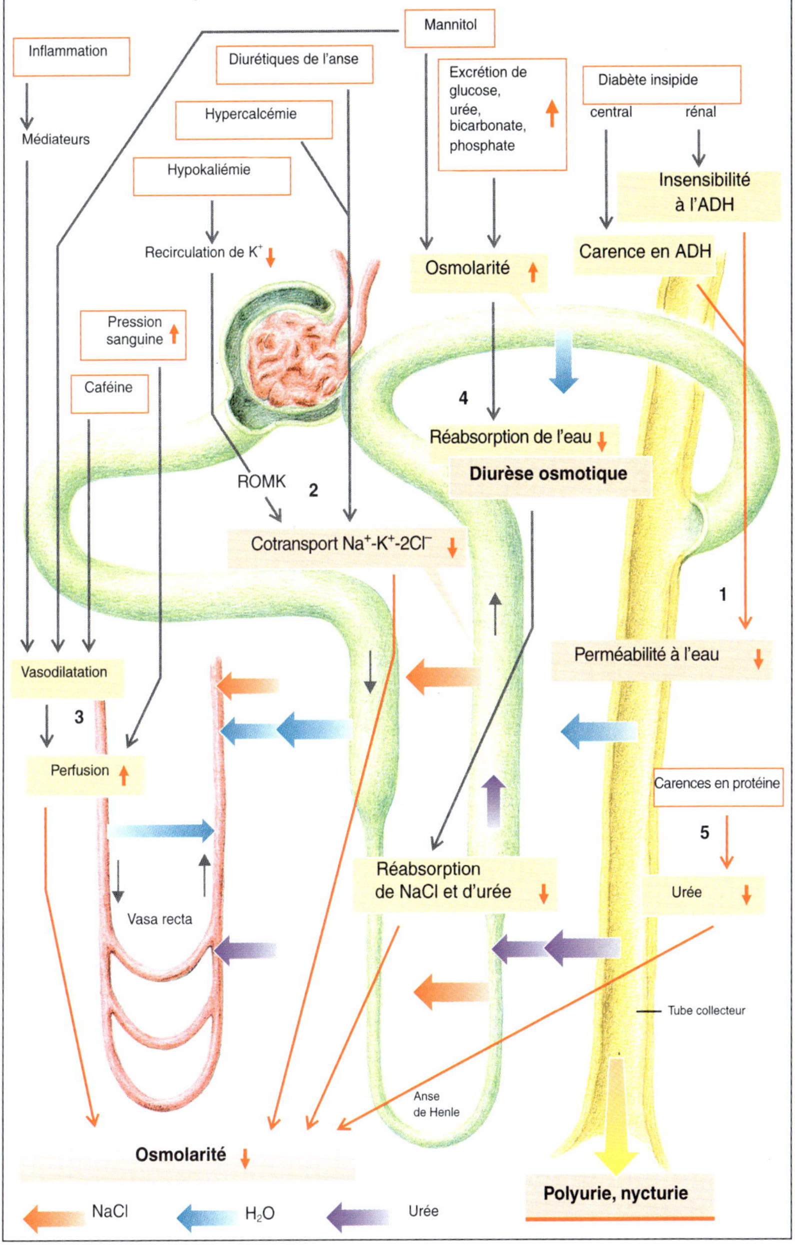

Troubles de la fonction glomérulaire

La fonction des glomérules est d'engendrer un taux de filtration glomérulaire suffisant (**TFG**) et de produire le même volume d'eau plasmatique que celui qui a été envoyé par le système de contrôle à travers l'épithélium rénal. La perméabilité sélective du filtre (→ p. 104) garantit ainsi la formation d'un filtrat pratiquement dépourvu de protéines. Comme la totalité du sang traversant le rein doit passer par les vaisseaux des glomérules, la résistance de ces vaisseaux conditionne également le flux plasmatique rénal (**FPR**).

Le TFG est dicté par la pression effective de filtration (P_{eff}), la capacité hydraulique (k) et la surface de filtration (S) : $TFG = k \times S \times P_{eff}$. La **pression de filtration effective** prend en compte de nouveau la chute de pression hydrostatique (ΔP) et oncotique ($\Delta\pi$) à travers le filtre (→ **A**) : $P_{eff} = \Delta P - \Delta\pi$. Même en cas de défaut du filtre, la valeur de π dans la capsule glomérulaire est pratiquement négligeable, ce qui signifie que $\Delta\pi$ est pratiquement égale à la pression oncotique dans le plasma (π_{cap}). Lors de la filtration, la concentration de protéines dans le plasma augmente, et π_{cap} atteint en général à la fin du réseau de capillaires glomérulaires la valeur de la chute de pression hydrostatique (équilibre de filtration).

Une **diminution de la capacité hydraulique** (→ **A2**) ou une réduction de la surface de filtration diminuent le TFG. Il ne peut s'établir aucun équilibre de filtration ; l'augmentation plus faible de π_{cap} augmente finalement P_{eff}.

Une **contraction du vaisseau afférent** (→ **A3**) pour une pression sanguine systémique constante diminue la pression de filtration et donc la proportion de l'eau plasmatique filtrée (fraction de filtration = TFG/FPR). L'irrigation rénale et avec elle le TFG diminuent simultanément à cause d'une augmentation de la résistance.

Une **contraction du vaisseau efférent** (→ **A4**), augmente la pression de filtration effective et donc le rapport TFG/FPR. En même temps, elle diminue cependant l'irrigation glomérulaire, de sorte qu'une contraction du vaisseau efférent (par ex., à la suite d'une perfusion d'angiotensine II) ou une inhibition de l'écoulement veineux (par ex., thrombose des veines rénales) peuvent cependant réduire finalement le TFG.

Les glomérules peuvent être lésés par des réactions inflammatoires (**glomérulonéphrite** → **B**) dont les causes peuvent être le dépôt dans les glomérules de complexes antigènes-anticorps. Ces complexes vont déclencher une inflammation locale en activant le système du complément (→ p. 48 *sqq.*). Ce phénomène bloque les capillaires glomérulaires et détruit le filtre (**néphrites à complexes immuns**). Les antigènes en question sont un grand nombre de médicaments, d'allergènes et d'agents pathogènes. Les streptocoques (groupe A, type 12) sont très fréquemment responsables. Les anticorps sont des IgG, des IgM et souvent des IgA (néphrites à IgA).

Les **néphrites** dites **de Masugi** sont nettement plus rares que les néphrites à complexes immuns. Elles sont provoquées par des autoanticorps dirigés contre la membrane basale. Les conséquences d'une inflammation locale sont une hypérémie initiale, une infiltration de granulocytes neutrophiles (phase exsudative) et une altération de la membrane basale, qui est souvent fortement épaissie. On observe fréquemment une prolifération des cellules endothéliales, des cellules mésangiales ou des cellules de l'épithélium de la capsule et finalement une formation anormale de la matrice mésangiale (sclérose).

Une altération des glomérules est également possible en l'absence d'inflammation locale, par exemple à la suite de **dépôt** d'amyloïde (amyloïdose), de la présence dans le plasma de concentrations élevées de protéines susceptibles d'être filtrées (par ex., plasmocytome), d'une **pression élevée** dans les capillaires glomérulaires (par ex., hypertension artérielle, thrombose des veines rénales, « retour » veineux dû à une insuffisance cardiaque droite, hyperfiltration due à une néphropathie diabétique), ainsi que par une **filtration insuffisante** (athérosclérose, sclérose des artérioles).

Lors d'une glomérulonéphrite, la résistance des vaisseaux afférents et efférents augmente, et le FPR diminue par suite d'une augmentation de la pression de filtration. La réduction de la capacité hydraulique empêche d'atteindre l'équilibre de filtration et diminue le TFG. L'altération de l'irrigation rénale stimule la sécrétion de rénine, qui augmente la pression artérielle via la formation d'angiotensine et d'aldostérone. De plus, l'altération de l'excrétion de NaCl et d'H_2O due à une diminution du TFG favorise le développement d'une **hypertension** (→ p. 114).

La lésion des filtres glomérulaires entraîne une perte de la perméabilité sélective, il apparaît une **protéinurie** et un **œdème** (→ p. 104).

Les lésions du rein peuvent entraîner la destruction des cellules synthétisant l'érythropoïétine et conduire à une **anémie**.

A. Filtration glomérulaire : résistance vasculaire et capacité hydraulique

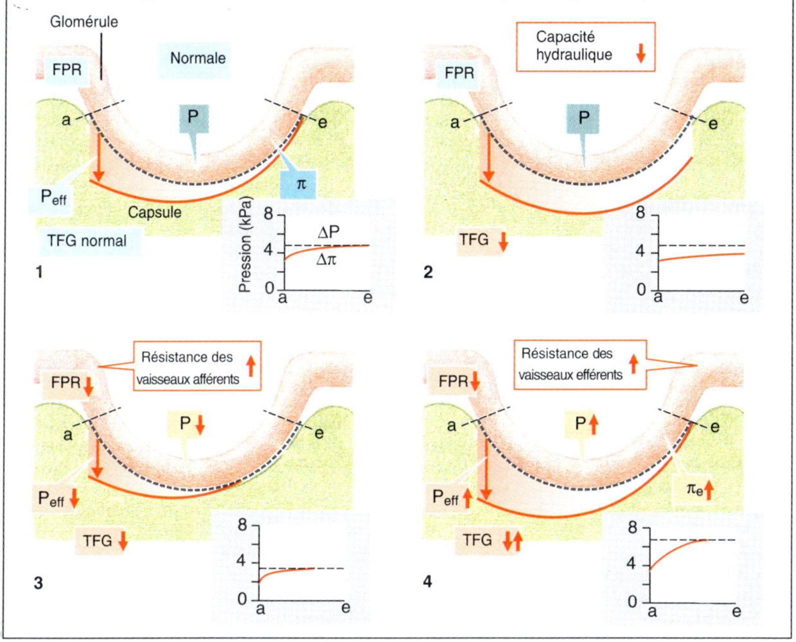

B. Maladies glomérulaires

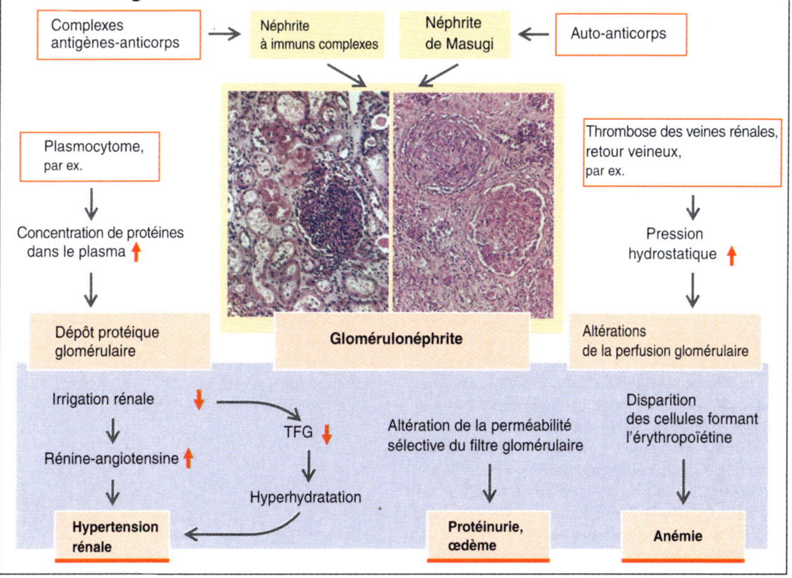

Photographies tirées de Doerr W. Organpathologie, Stuttgart, Thieme, 1974.

Altération de la perméabilité sélective du glomérule, syndrome néphrotique

Le **filtre glomérulaire** (fenêtre des cellules endothéliales, membrane basale, membrane rainurée des podocytes) n'est pas perméable de la même façon à tous les composants du sang (perméabilité sélective). Les molécules dont le diamètre est supérieur à celui des pores du filtre ne passeront pratiquement pas à travers. Les molécules ayant un diamètre nettement plus petit traverseront pratiquement comme l'eau, ce qui signifie que leur concentration dans le filtrat est proche de celle existant dans le plasma. Si ces substances ne sont pas réabsorbées, leur clairance (C) est identique au TFG et l'élimination fractionnelle (C/TFG) a une valeur de 1. Les molécules dont le diamètre est juste inférieur à celui des pores ne vont que partiellement pouvoir suivre l'eau, et leur concentration dans le filtrat est inférieure à celle du plasma (→ **A1**).

C'est, cependant, non seulement la taille mais également la **charge de la molécule** qui influencent la perméabilité : en condition normale, les molécules portant une charge négative passent beaucoup moins bien que les molécules neutres ou chargées positivement (→ **A1**). Ce sont les charges fixes négatives qui sont responsables de ce phénomène et qui rendent plus difficile le passage des particules négatives.

Lors d'une **glomérulonéphrite** (→ p. 102), l'intégrité du filtre glomérulaire peut être détruite, de sorte que les protéines du plasma et même les érythrocytes aient accès à la capsule (→ **A2**). La conséquence de ce phénomène est une protéinurie et une hématurie. Dans ces conditions c'est essentiellement la perméabilité pour les protéines chargées négativement qui augmente. Ce phénomène peut en particulier être montré grâce à l'injection de polysaccharides de charges différentes. En temps normal, les dextrans chargés négativement (–) seront filtrés nettement plus mal que les dextrans neutres (n) ou cationiques (+). Cette sélectivité est perdue lors d'une glomérulonéphrite, et la filtration des dextrans chargés négativement augmente de façon massive (→ **A2**). L'origine est, entre autres, une dégradation des protéoglycanes chargés négativement par les enzymes lysosomiaux provenant des cellules inflammatoires. Comme le montre l'électrophorèse ce seront surtout les **albumines** relativement petites et avec une **charge négative** forte qui vont pouvoir passer (→ **A3**). Un glomérule intact peut également laisser passer les protéines de petites tailles mais celles-ci seront ensuite réabsorbées dans le **néphron proximal**. En cas de lésion du filtre glomérulaire, la faible capacité de transport ne va cependant pas pouvoir faire face à un afflux massif de protéines filtrées, et l'on observe une protéinurie. En cas d'altération de la réabsorption proximale de protéines, on observe en particulier une excrétion des protéines de faible masse moléculaire (protéinurie tubulaire).

La perte de protéines à la suite d'une lésion glomérulaire conduit à une **hypoprotéinémie**. Ce qui est frappant sur l'électrophorèse des protéines sériques c'est une diminution du pic d'albumine (→ **A4**), tandis que la concentration des protéines de plus grande taille augmente plutôt. La diminution de la pression oncotique dans le système vasculaire conduit en effet à une augmentation de la filtration de l'eau plasmatique et donc à une concentration des autres composants du plasma.

La filtration dans les capillaires périphériques est non seulement favorisée par la diminution de la pression oncotique mais aussi par les lésions de la paroi capillaire, qui peut être soumise aussi lors d'une glomérulonéphrite à des modifications dues à l'inflammation. La filtration des protéines vers la périphérie augmente la concentration protéique et la pression oncotique dans le tissu interstitiel de sorte que l'équilibre de filtration se déplace au bénéfice de l'espace interstitiel (→ **A5**). Si l'écoulement via le système lymphatique n'est pas suffisant, un **œdème** peut alors se développer (→ **A7**).

En présence d'une protéinurie, d'une hypoprotéinémie et d'un œdème, on parlera d'un **syndrome néphrotique**. Comme les lipoprotéines ne sont pas filtrées, même par les capillaires lésés, mais que leur formation est cependant stimulée dans le foie par l'hypoprotéinémie, on aboutit à une hyperlipidémie et donc également à une hypercholestérolémie (→ **A6**). La participation éventuelle à ce phénomène de la perte d'une lipoprotéine lipase glomérulaire reste controversée.

Le passage d'eau plasmatique dans le tissu interstitiel entraîne une *soif* due à une insuffisance du volume sanguin, la sécrétion d'*hormone antidiurétique* (ADH) ainsi que celle d'*aldostérone* via une sécrétion de rénine et d'angiotensine (→ p. 122). L'apport accru d'eau et l'augmentation de la réabsorption de NaCl et d'eau fournissent les éléments nécessaires à la formation d'un œdème. Comme l'aldostérone stimule l'élimination rénale de K^+ et d'H^+ (→ p. 98), on aboutit à une *hypokaliémie* et une *alcalose*.

A. Troubles de la perméabilité glomérulaire sélective et syndrome néphrotique

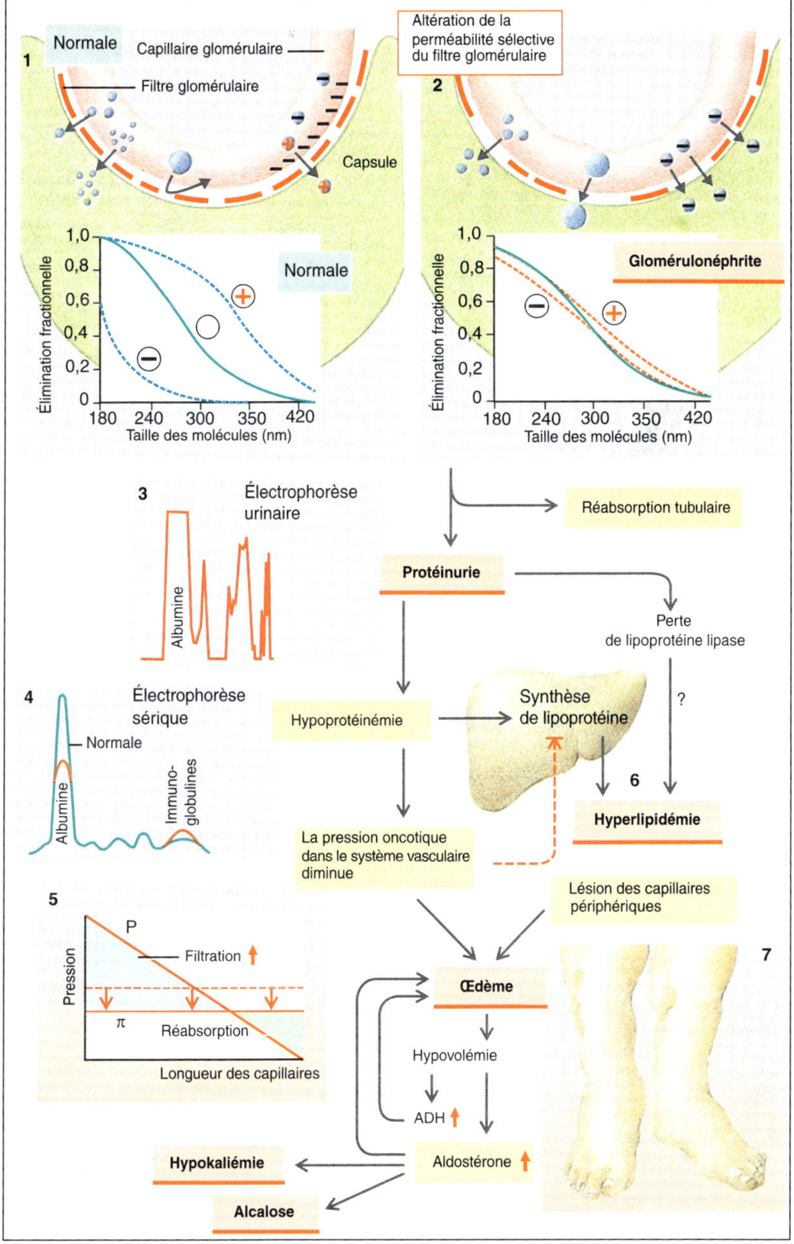

Néphrite interstitielle

On parle de néphrite interstitielle en présence de modifications du rein dues à une inflammation, lorsque celle-ci ne provient pas des glomérules. Le tissu rénal est alors envahi de cellules inflammatoires (en particulier des granulocytes). La réaction inflammatoire peut entraîner une destruction locale du tissu rénal.

La forme la plus fréquente de néphrite interstitielle est celle d'origine bactérienne (**pyélonéphrite**). Dans la plupart des cas, l'infection provient des voies urinaires (vessie → uretère → rein : pyélonéphrite *ascendante*), plus rarement elle est issue du côté sanguin (pyélonéphrite *descendante*) (→ **A1**). C'est la medulla rénale qui est presque toujours atteinte en premier car les mécanismes de défense de l'organisme sont affaiblis à cause de la valeur plus élevée de l'acidité, de la tonicité, et de la concentration d'ammoniaque. Un lavage de la medulla rénale atténue ainsi le risque d'infection. L'infection est favorisée par une altération de l'écoulement vésical (calculs des voies urinaires [→ p. 120], une grossesse [→ p. 116], une hyperplasie prostatique, une tumeur) et par un abaissement des défenses immunitaires (par ex., diabète de type I [→ p. 290]).

Une néphrite interstitielle peut aussi être provoquée, sans qu'il y ait infection, par un **dépôt** dans la medulla **d'éléments minéraux** (sels de calcium, acide urique) (→ **A2**). Les dépôts d'acide urique au niveau des reins surviennent en premier lieu comme conséquence d'un apport alimentaire trop important en purines, qui sont dégradées en acide urique dans l'organisme, ou encore à la suite d'une production endogène massive d'acide urique comme il s'en produit sous l'action du traitement des leucémies, par exemple, par des cytostatiques ou, plus rarement, à la suite d'un défaut enzymatique du métabolisme de l'acide urique. Les dépôts de calcium sont la conséquence d'une hypercalciurie survenant à la suite d'une augmentation de la réabsorption entérale de calcium (par ex., surdosage en vitamine D), ou bien après une mobilisation accrue de calcium à partir des os (par ex., tumeurs, immobilisation, → p. 132).

Une néphrite interstitielle peut enfin se produire à la suite d'une **réaction toxique** (par ex., phénacétine), **allergique** (par ex., pénicilline), après une irradiation ou une **réaction de rejet** d'un rein greffé. La medulla rénale est en particulier hypoxique car l'oxygène diffuse de la branche descendante vers la branche ascendante des vasa recta. En cas d'**anémie falciforme** (→ p. 36), la désoxygénation entraîne donc, principalement dans la medulla, une polymérisation de l'hémoglobine et une obturation des vaisseaux.

Une utilisation massive d'**inhibiteurs de la synthèse des prostaglandines** peut produire une ischémie et une lésion de la medulla rénale : en temps normal, l'irrigation sanguine de cette medulla est maintenue constante, en cas de baisse de la pression de perfusion, par la libération de prostaglandines vasodilatatrices. Une inhibition de la synthèse des prostaglandines bloque ce mécanisme protecteur.

Compte tenu de la localisation des événements inflammatoires, les premiers **effets** se manifestent par une lésion des segments médullaires du néphron (anse de Henle et tube collecteur). On observe, de façon relativement précoce, une **diminution de la capacité de concentration de l'urine**, qui résulte d'une lésion de la branche ascendante, un lessivage de la médullaire par l'hyperémie inflammatoire ainsi qu'une insensibilité de la partie distale lésée du néphron à l'ADH. L'augmentation du volume de l'urine provoque chez les patients des pertes urinaires nocturnes (nycturie). La diminution de la sécrétion de K^+ dans le tube collecteur peut déclencher une *hyperkaliémie*, tandis que la diminution de la réabsorption de Na^+ va entraîner une *hypovolémie* (→ **A3**). Cependant, l'altération de la réabsorption de Na^+ dans l'anse de Henle, peut également conduire à une sécrétion distale accrue de K^+ et à une *hypokaliémie* lorsque la sécrétion d'aldostérone est augmentée en raison de l'hypovolémie (→ p. 266).

La sécrétion des acides peut être altérée, ce qui conduit chez les uns à la formation d'une urine alcaline et chez les autres à une *acidose systémique*.

Les fonctions du **tubule proximal** (réabsorption de glucose et d'acides aminés, sécrétion de l'acide para-aminohippurique, PAH) et celles des **glomérules** (TFG) seront touchées en premier lors du développement d'une pyélonéphrite.

Les infections provoquées par des **micro-organismes hydrolysant l'uréase** conduisent à une dégradation de l'urée en ammoniaque dans l'urine. Comme l'ammoniaque fixe des protons (→ **A4**), il se forme une urine alcaline qui stimule la précipitation de sels contenant des phosphates (→ p. 120). Ces précipités peuvent à leur tour provoquer une altération de l'écoulement et donc favoriser le développement d'une pyélonéphrite ascendante (cercle vicieux).

A. Néphrite interstitielle

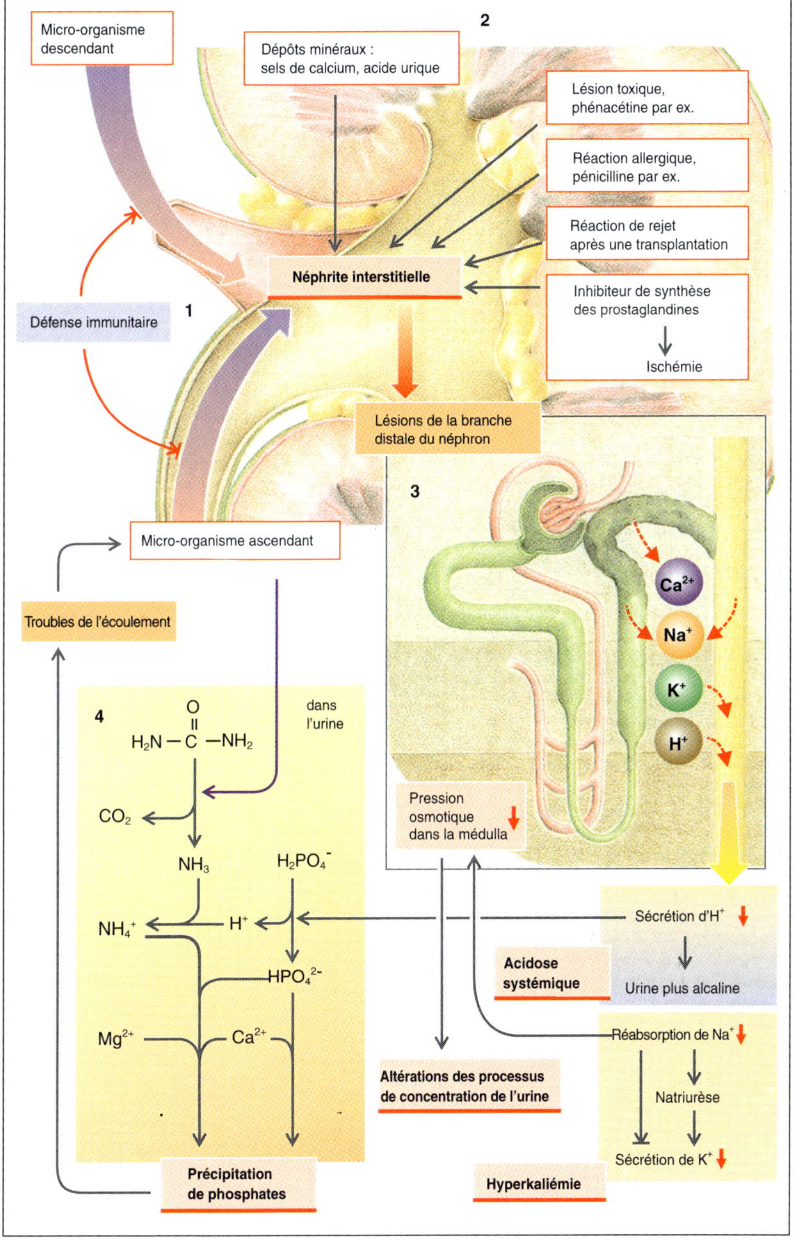

Insuffisance rénale aiguë

Un grand nombre d'altérations distinctes peuvent entraîner une interruption plus ou moins soudaine de la fonction rénale (→ **A1**).

L'excrétion de l'urine par des reins au départ intacts peut également être interrompue par le **blocage des voies urinaires efférentes**, par exemple par des calculs urinaires (→ p. 120).

Lors d'une **hémolyse** ou de la fonte de cellules musculaires (**myolyse**), l'hémoglobine ou la myoglobine seront filtrées et précipitent dans la lumière acide du tubule, leur concentration dans le tubule augmente en particulier par suite du processus de concentration. L'obstruction qui en découle peut interrompre la formation de l'urine.

Certaines maladies rénales à évolution rapide (par ex., les **glomérulonéphrites**, → p. 102) et les **atteintes toxiques** des reins peuvent conduire à une interruption des fonctions rénales.

Les **pertes de sang et de plasma** touchent l'irrigation rénale et la filtration glomérulaire, car les reins sont traités comme un organe périphérique par le système de coordination de la circulation (→ p. 230). Ceci signifie que l'activation du système sympathique conduit à une contraction des vaisseaux rénaux, via une stimulation des récepteurs α, avec pour conséquence une insuffisance rénale aiguë d'origine ischémique.

Plusieurs **mécanismes physiopathologiques** peuvent aussi, après avoir surmonté un choc et rétabli la pression artérielle, empêcher un rétablissement du TFG ou l'excrétion normale de substances filtrées par les glomérules (→ **A1**) :

◆ **Contraction des vaisseaux afférents :**
- une **carence en énergie** altère la Na^+/K^+ ATPase ; l'augmentation de la concentration intracellulaire de Na^+ qui en résulte provoque également via l'échangeur $3Na^+/Ca^{++}$ une augmentation de la **concentration** intracellulaire **de** Ca^{++} (→ p. 10, 112) et une vasoconstriction ; l'ischémie stimule, de façon directe et par le biais d'une augmentation de la fourniture de NaCl dans la macula densa (diminution de la réabsorption de Na^+ dans la branche ascendante), l'excrétion de rénine et donc la formation intrarénale d'un peptide à action vasoconstrictrice, l'**angiotensine** ;
- lors d'une carence en énergie, de l'**adénosine** est libérée à partir d'ATP. Contrairement à ce qui se passe dans d'autres organes, cette molécule a dans le rein une action vasoconstrictrice forte ;

◆ **colmatage du filtre glomérulaire** par la fibrine et les érythrocytes agrégés. ;

◆ **disparition du liquide filtré** dans les tubules lésés ;

◆ **étranglement de la lumière tubulaire** par des cellules tubulaires détachées, des cristaux ou à la suite du gonflement des cellules tubulaires ;

◆ **stase intravasculaire** (*sludge*), qui ne peut plus être évacuée du réseau vasculaire situé entre la medulla et le cortex rénal, même lorsque la pression de perfusion augmente de nouveau.

Dans les 1-3 premiers jours d'une insuffisance rénale aiguë, l'élimination urinaire est nulle (anurie) ou faible, avec une urine peu concentrée (oligurie) (**phase oligurique**, → **A2**). Le volume urinaire lui-même est un très mauvais indicateur de la capacité rénale en cas d'insuffisance rénale, car les processus de transport tubulaire sont massivement altérés, ce qui abaisse par là même la réabsorption du liquide filtré. En dépit d'un volume urinaire apparemment normal, l'excrétion rénale des substances à destination urinaire peut être fortement diminuée. L'estimation de la concentration de créatinine plasmatique donne dans ce cas une indication de l'altération fonctionnelle réelle des reins.

Après la phase oligurique, peut se produire lors de l'évolution vers un rétablissement une **phase polyurique** caractérisée par une augmentation graduelle du TFG, associée à une capacité de réabsorption encore altérée (→ **A3**). Lors d'une lésion des tubules rénaux, par exemple par des métaux lourds, on aboutit dès le début à une insuffisance polyurique, c'est-à-dire à l'élimination d'un volume d'urine plus élevé en dépit d'un TFG très altéré.

Les **dangers** d'une insuffisance rénale aiguë résident dans l'incapacité des reins à réguler le bilan hydrique et électrolytique. Durant la phase oligurique se produisent surtout une hyperhydratation (en particulier par perfusion de quantités trop importantes de liquide) et une hyperkaliémie (provenant essentiellement d'une libération du K^+ intracellulaire, comme chez les brûlés, les gens atteints de contusions, d'hémolyse, etc.). Dans la phase polyurique, les pertes d'eau, de Na^+, de HCO_3^- et en particulier de K^+ peuvent atteindre un niveau critique.

A. Insuffisance rénale aiguë

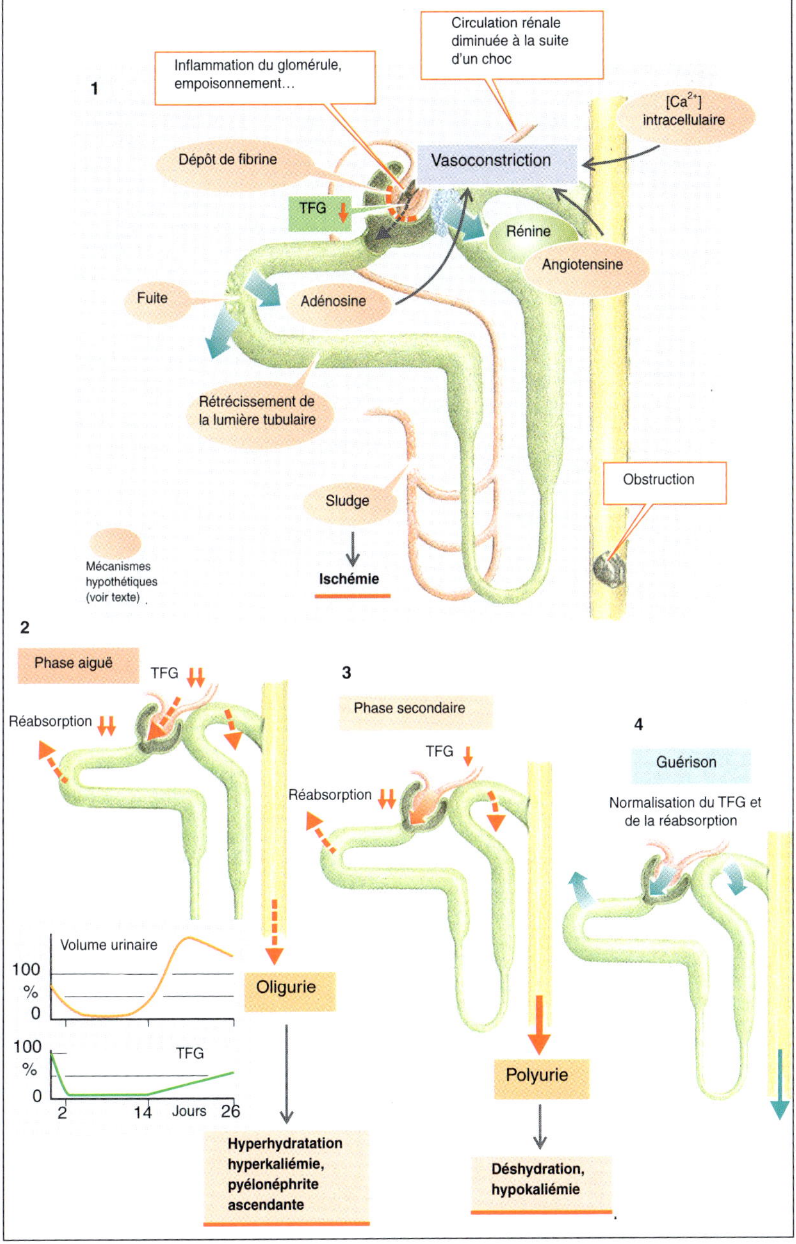

Insuffisance rénale chronique : troubles fonctionnels

Une série de maladies rénales peut finalement aboutir à une perte de tissu rénal (→ p. 102 *sqq.*, p. 114). Un tableau d'insuffisance rénale se développe lorsque le tissu rénal résiduel n'est pas capable de remplir de façon satisfaisante ses fonctions.

La **diminution de l'excrétion rénale** a un rôle critique. La diminution du TFG entraîne une augmentation inversement proportionnelle du niveau de **créatinine** dans le plasma (→ **A**, en haut et p. 94). La concentration plasmatique des **substances réabsorbées** croît également, bien que de façon moins importante, car la réabsorption tubulaire est altérée par l'insuffisance rénale. En cas d'insuffisance rénale, la réabsorption de l'eau et du Na^+ est ainsi inhibée par toute une série de facteurs, comme l'hormone natriurétique, la parathormone et le vanadate (→ p. 112). La diminution de la réabsorption de Na^+ dans le tubule proximal diminue de façon directe ou indirecte la réabsorption d'autres substances comme les phosphates, l'acide urique, HCO_3^-, Ca^{++}, l'urée mais aussi le glucose et les acides aminés. La réabsorption des phosphates est par ailleurs inhibée par la parathormone.

La diminution de la réabsorption de NaCl dans la branche ascendante réduit à néant le mécanisme de concentration (→ p. 100). L'importance du volume et de l'apport de NaCl provenant des segments proximaux du néphron stimule la réabsorption distale de Na^+ et favorise la sécrétion distale d'H^+ et de K^+. La concentration d'électrolytes peut ainsi rester proche de la normale même pour une réduction importante du TFG (**insuffisance rénale compensée**). Les altérations ne se produisent que lorsque le TFG est descendu en dessous du quart de la valeur normale. L'ajustement s'effectue à vrai dire aux dépens de l'amplitude de régulation, et le rein lésé ne peut plus augmenter de façon adéquate (par ex., lors d'une augmentation d'un apport oral) l'excrétion d'eau, de Na^+, K^+, H^+, phosphate, etc.

L'altération de l'excrétion rénale d'eau et d'électrolytes est au moins en partie responsable du développement des principaux **symptômes**. L'*excédent de volume* et les *variations des concentrations à électrolytes* vont directement ou via l'activation d'hormones (→ p. 112) conduire à un **œdème**, une **hypertension**, une **ostéomalacie**, une **acidose**, un **prurit**, et une **arthrite**. D'autres **altérations des cellules excitables** (polyneuropathies, confusion, coma, crampes, œdème cérébral), **des fonctions du tractus digestif** (ulcère gastrique, nausées, diarrhées), et des **cellules sanguines** (hémolyse, altérations des fonctions leucocytaires, troubles de la coagulation) relèvent des mêmes causes.

L'*acide urique* peut certes, à fortes concentrations, précipiter au niveau des articulations et déclencher la **goutte** (→ p. 250), cependant les concentrations d'acide urique suffisantes sont rarement atteintes en cas d'insuffisance rénale. Le rôle de la diminution de l'élimination des **toxines urémiques** (par ex., cétones, 2,3-butylène glycol, guanidinosuccinate, méthylguanidine, indoles, phénols, amines aliphatiques ou aromatiques) ou des « moyennes molécules » (lipides ou peptides avec une masse moléculaire de 300-2 000 daltons) dans la symptomatique de l'insuffisance rénale est très controversé. L'*urée* peut à fortes concentrations dénaturer les protéines et provoquer une rétractation des cellules mais son action est cependant bloquée par la capture cellulaire d'osmolytes stabilisateurs (par ex., bétaïne, ou glycérophosphocholine).

L'altération de la production rénale d'*érythropoïétine* provoque le développement d'une **anémie** rénale (→ p. 30 *sqq.*), la diminution de la synthèse de *calcitriol* participe aux **troubles de minéralisation** (→ p. 112). Selon l'origine et le développement de la maladie, la production intrarénale de rénine ou de prostaglandines peut être augmentée (→ p. 114) ou diminuer (disparition des cellules synthétisant la rénine ou les prostaglandines). Une formation accrue de *rénine* stimule, tandis qu'une diminution de la synthèse ralentit le développement d'une **hypertension**, fréquente en cas d'insuffisance rénale (→ p. 112 *sqq.*). Les *prostaglandines* déclenchent au contraire plutôt une vasodilatation et une **chute de la pression artérielle** (→ p. 296). La diminution de l'*inactivation rénale des hormones* (→ p. 92) devrait augmenter l'inertie des boucles de régulation hormonale. Le rôle de ces altérations dans le développement des symptômes reste cependant mal connu.

La diminution de l'utilisation des acides gras peut provoquer une **hyperlipidémie**, la baisse de la gluconéogenèse favorise l'apparition d'une **hypoglycémie**.

A. Insuffisance rénale chronique

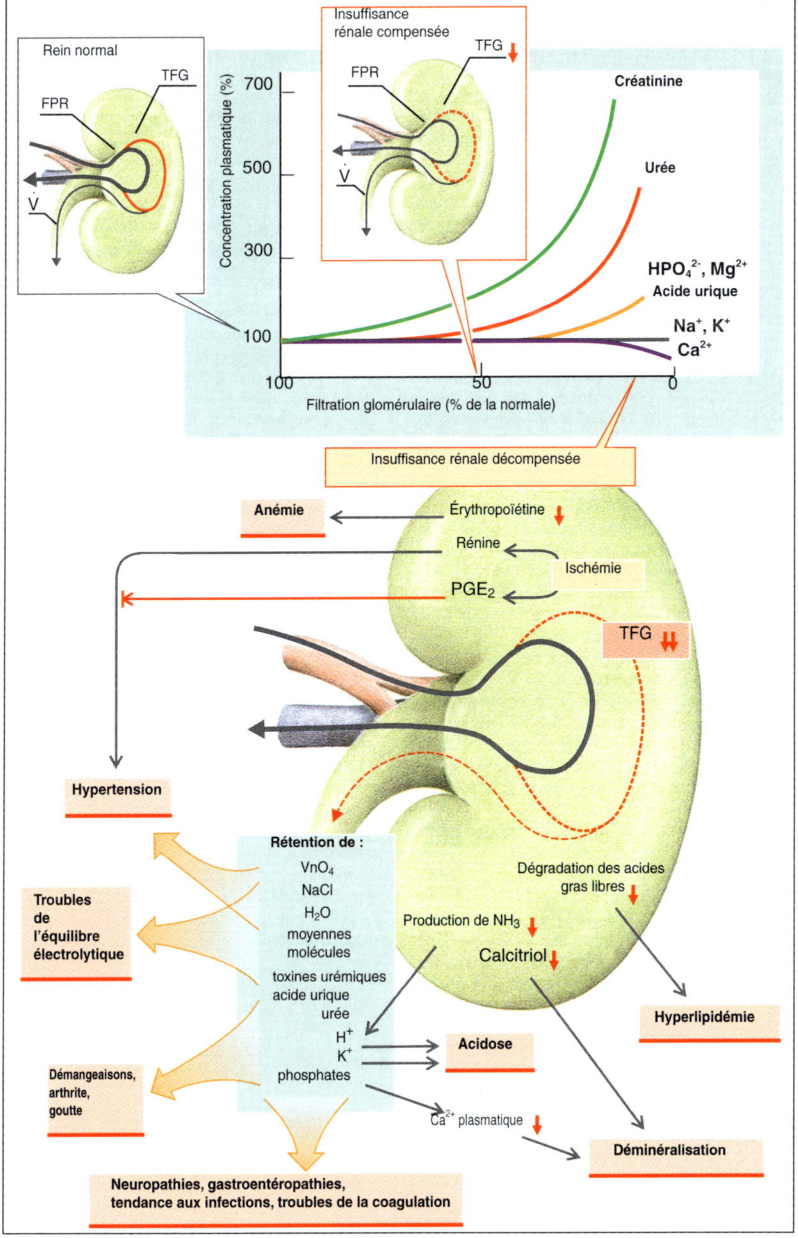

Insuffisance rénale chronique : troubles de régulation

La diminution de l'excrétion rénale d'eau et d'électrolytes joue un rôle majeur dans le développement des symptômes de l'insuffisance rénale (voir p. 110). L'excès d'eau et de NaCl (→ **A**) entraîne une expansion du volume extracellulaire et provoque une **hypervolémie** et des **œdèmes** (→ p. 122), parmi lesquels l'*œdème pulmonaire* constitue la complication la plus dangereuse (→ p. 80). Lorsque l'excès est essentiellement un excès d'eau, le volume intracellulaire augmente en raison d'un influx d'eau dû à la pression osmotique (→ **A**), entraînant le développement d'un *œdème cérébral* (→ p. 358).

L'hypervolémie conduit à la sécrétion du facteur atrial natriurétique (**ANF**) et vraisemblablement d'**ouabaïne**. L'ouabaïne inhibe la Na^+/K^+ ATPase (→ **A1**). Le **vanadate** (VnO_4), un oligo-élément excrété principalement par les reins, exerce le même rôle. Sa clairance se situe dans la même zone que le TFG, et son niveau plasmatique est fortement augmenté en cas d'insuffisance rénale.

L'**inhibition de la Na^+/K^+ ATPase** entraîne une diminution de la réabsorption rénale de Na^+. De plus, la concentration intracellulaire de K^+ diminue et les cellules dépolarisent. La concentration intracellulaire de Na^+ augmente ce qui affecte l'échange $3Na^+/Ca^{++}$ (→ **A2**) et entraîne l'augmentation de la concentration intracellulaire de Ca^{++}. Les conséquences de la dépolarisation sont des **troubles de l'excitabilité neuromusculaire**, une accumulation cellulaire de Cl^-, et un **gonflement cellulaire** (→ **A**, voir aussi p. 10). L'élévation de la concentration de Ca^{++} provoque également une **vasoconstriction** ainsi qu'une élévation de la **sécrétion** (entre autres gastrine, insuline) ou de l'action d'**hormones** (adrénaline).

La modification de l'**équilibre minéral** participe également de façon importante aux symptômes d'une insuffisance rénale (→ **B**). Pour une diminution du TFG de moins de 20 p. 100 par rapport à la normale, on observe que la filtration de *phosphate* est inférieure à l'absorption entérale. Même lorsque la totalité de la quantité de phosphate filtrée est excrétée, et que la réabsorption est complètement bloquée, l'excrétion rénale ne peut plus faire face à l'absorption entérale, et la concentration plasmatique de phosphate augmente. Lorsque le produit de solubilité est dépassé, le phosphate s'associe au Ca^{++} pour former du phosphate de calcium très peu soluble. Les précipités de phosphate de calcium vont alors se déposer dans les articulations et la peau (**douleurs articulaires**, **démangeaisons**).

La complexation avec le phosphate diminue la concentration de Ca^{++}. L'*hypocalcémie* stimule dans les glandes parathyroïdes la sécrétion de **parathormone** qui mobilise le phosphate de calcium à partir des os (→ **B**). La conséquence de ce phénomène est une déminéralisation osseuse (**ostéomalacie**). En temps normal, la parathormone permet, en inhibant simultanément la réabsorption rénale de phosphate, une diminution de la concentration plasmatique de phosphate. Elle permet également, en dépit de la mobilisation de phosphate de calcium à partir des os, que le produit de solubilité ne soit pas dépassé dans le plasma et que la concentration de Ca^{++} puisse monter. Lors d'une insuffisance rénale, l'excrétion rénale de phosphate ne peut plus être encore augmentée, le phosphate de calcium provenant de la déminéralisation osseuse précipite, et la concentration de Ca^{++} reste basse. Le stimulus déclenchant la sécrétion de parathormone persiste donc. Dans ces conditions de stimulation persistantes, les glandes parathyroïdes s'hypertrophient et sécrètent des quantités toujours croissantes de parathormone (cercle vicieux).

Comme on a trouvé des récepteurs de la parathormone dans bien d'autres organes que les reins et les os (système nerveux central, estomac, cellules sanguines, gonades), on pense que la parathormone jouerait un rôle dans le développement de troubles dans ces tissus. En fait, l'ablation des parathyroïdes devrait provoquer une amélioration considérable d'un grand nombre des symptômes de l'insuffisance rénale.

Lors d'une insuffisance rénale, la diminution de la synthèse du **calcitriol** est également à l'origine de troubles de l'homéostasie ionique. En temps normal, l'hormone stimule l'absorption entérale de calcium et de phosphate (→ **B**). La carence en calcitriol diminue certes l'absorption entérale de phosphate mais elle aggrave cependant l'hypocalcémie. On a également trouvé des récepteurs du calcitriol dans différents organes. Un traitement de substitution par du calcitriol n'améliore pas les symptômes de façon notable et met en péril les patients souffrant d'une insuffisance rénale en stimulant l'absorption entérale de phosphate.

A. Troubles de l'homéostasie du sel et de l'eau lors d'une insuffisance rénale

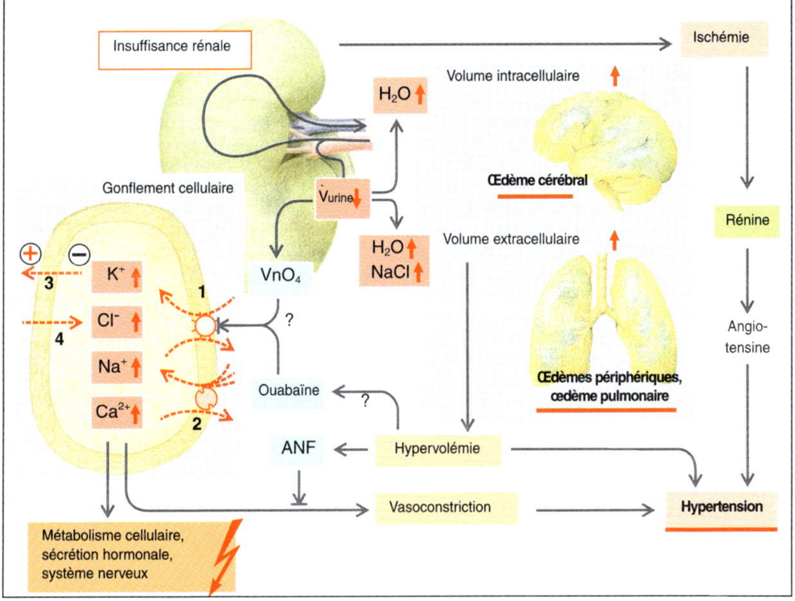

B. Influence de l'insuffisance rénale sur l'homéostasie ionique

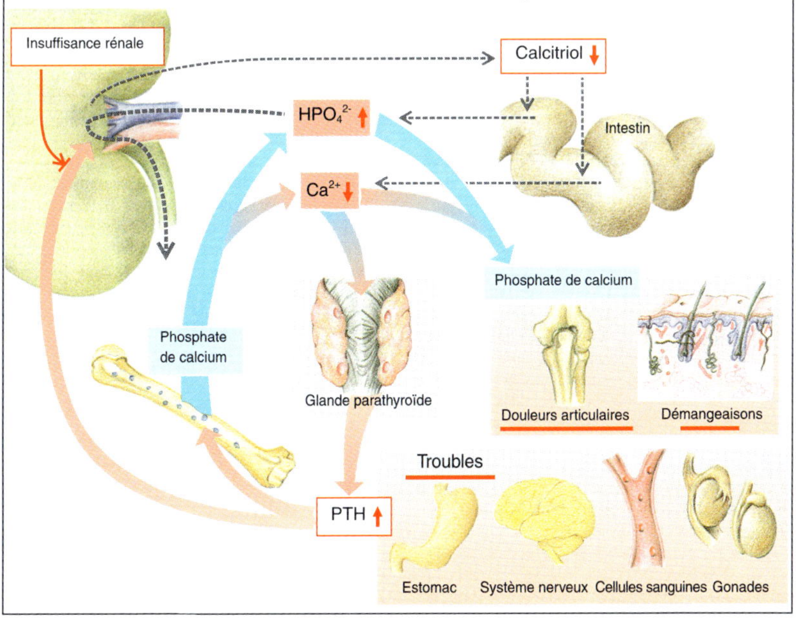

Hypertension rénale

La plupart des maladies rénales peuvent déclencher une hypertension, et, environ 7 p. 100 de toutes les hypertensions peuvent être attribuées à des maladies rénales. Par ailleurs, les reins jouent un rôle prépondérant dans le développement et le déroulement des hypertensions, même s'il n'existe aucune cause rénale primaire (→ p. 208 *sqq.*).

L'**ischémie rénale** est une **cause** importante des hypertensions dues à des maladies rénales : une diminution de la pression de perfusion rénale conduit également chez l'animal d'expérience à une hypertension (de type Goldblatt). En fait, l'emplacement où se situe cette inhibition du flux sanguin rénal n'a pas d'importance : à l'intérieur du rein comme conséquence de maladies rénales (par ex., glomérulonéphrite [→ p. 102], pyélonéphrite [→ p. 106]), au niveau de l'artère rénale (sténose de l'artère rénale) ou de l'aorte au-dessus des reins (sténose de l'isthme aortique) (→ **A1**).

L'insuffisance de l'irrigation sanguine au niveau rénal va déclencher une hypertension via la stimulation du **système rénine-angiotensine** (→ **A2**) : la rénine sera libérée par l'appareil juxtaglomérulaire, entre autres lors d'une ischémie rénale, et hydrolyse une protéine plasmatique provenant du foie, l'angiotensinogène, pour donner l'angiotensine I. Ce peptide sera hydrolysé, à son tour, par l'enzyme de conversion présent dans de nombreux tissus pour donner l'angiotensine II. L'angiotensine II a une forte action vasoconstrictrice et augmente ainsi la pression sanguine. En même temps, l'angiotensine II stimule la libération d'aldostérone et d'ADH, qui vont provoquer une rétention de sel ou d'eau via l'activation de canaux sodiques ou de canaux hydriques (→ **A3**).

La concentration plasmatique de l'angiotensinogène formé dans le foie est, en temps normal, inférieure à celle de la rénine, ce qui signifie qu'une augmentation de la concentration d'angiotensinogène va augmenter la pression artérielle. La surexpression d'angiotensinogène favorise donc le développement d'une hypertension de la même manière que la surexpression de rénine.

La **rétention de sodium et d'eau** déclenche également une hypertension, sans intervention du système rénine-angiotensine. Une augmentation primaire de la sécrétion d'aldostérone (hyperaldostéronisme, → p. 266) entraîne une hypertension de la même façon qu'une hyperactivité des canaux sodiques (syndrome de Liddle, → p. 98), ou une prise de sel excessive chez des personnes dites sensibles au sel. L'hypervolémie stimule vraisemblablement la sécrétion d'ouabaïne, qui augmente le tonus des muscles lisses vasculaires via une inhibition de la Na^+/K^+ ATPase et donc une augmentation de la concentration cellulaire de sodium, qui bloque l'échangeur $3Na^+/Ca^{++}$ et provoque une augmentation de la concentration cytosolique de Ca^{++} (→ p. 112). Cette hypothèse n'a certes pas été démontrée de façon irréfutable, mais une hypervolémie provoque cependant de façon habituelle une hypertension (→ p. 208 *sqq.*).

D'autres maladies rénales peuvent également déclencher une hypertension, sans que les causes primaires que nous venons de citer y soient impliquées. C'est ainsi par exemple qu'une **tumeur rénale** produisant de la rénine peut provoquer une hypertension, ou encore qu'un **kyste rénal** peut, d'une façon obscure et sans qu'il y ait ischémie, déclencher une hyperréninémie et donc une hypertension.

La chute de la production rénale de **prostaglandines** vasodilatatrices (→ p. 296) ne joue probablement qu'un rôle mineur dans le développement d'une hypertension rénale.

Les **conséquences** d'une hypertension sont en premier lieu des lésions du cœur et des vaisseaux (→ **A**, en bas). Chaque forme d'hypertension aboutit également à des lésions rénales. Une hypertension de longue durée lèse les artérioles rénales (→ p. 208 *sqq.*) et les glomérules (néphrosclérose) et a pour conséquence une ischémie rénale. Compte tenu du développement d'une néphrosclérose, une hypertension dont l'origine primaire est extrarénale peut ainsi se transformer en hypertension rénale. On aboutit ainsi à un cercle vicieux, où hypertension et ischémie rénale se renforcent mutuellement. Un rein présentant une sténose de l'artère rénale ou les deux reins en cas de sténose aortique sont exclus de ce cercle vicieux, car il règne en effet derrière la sténose une pression artérielle normale voire abaissée, de sorte que les artérioles ne sont pas lésées. Il existe un cas particulier dans lequel la sténose d'une artère rénale déclenche une hypertension qui va affecter le rein controlatéral, à l'origine normal. Après suppression de la sténose, l'hypertension peut alors être maintenue par le rein controlatéral.

A. Hypertension rénale

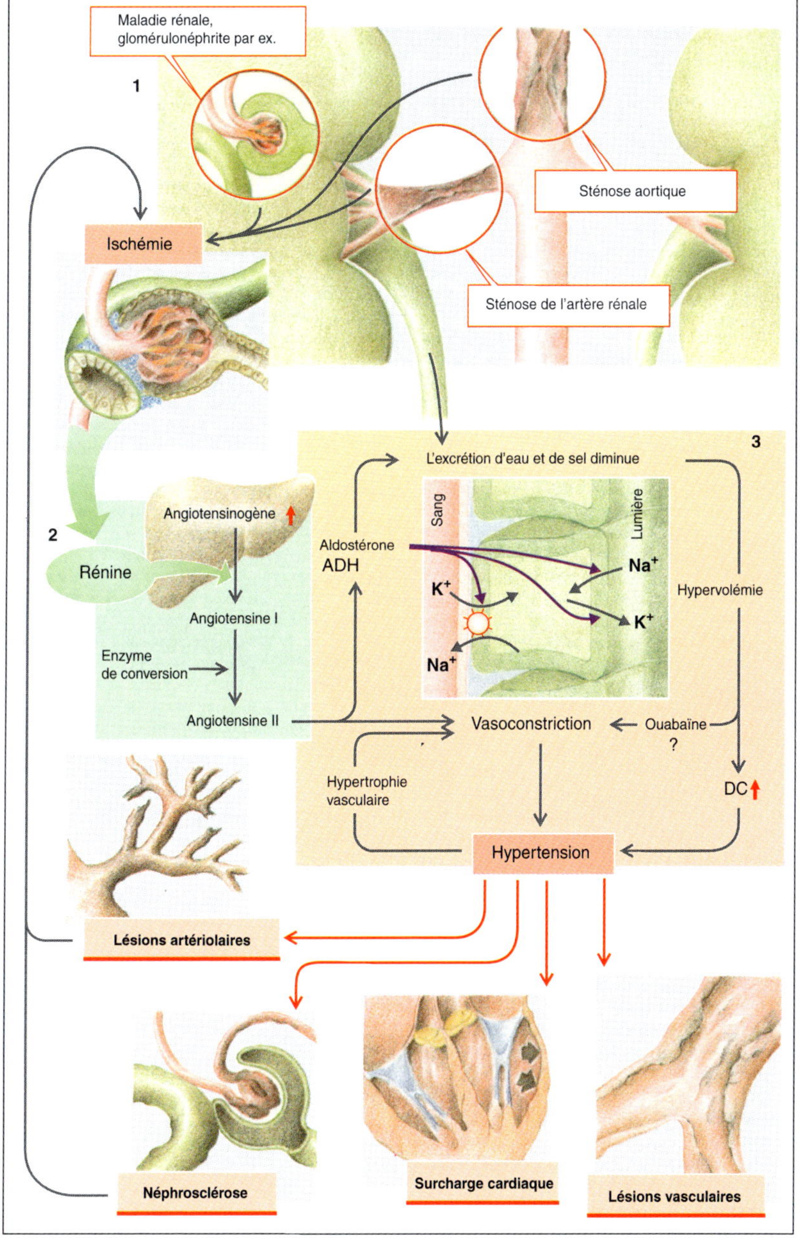

Néphropathie gravidique

Au cours d'une **grossesse normale** (→ **A**), des substances vasodilatatrices, *prostaglandines* (entre autres PGE_2) et vraisemblablement d'autres substances, sont synthétisées par le placenta et diminuent la réactivité des vaisseaux aux stimuli vasoconstricteurs. La résistance périphérique (R) sera donc abaissée, et la pression sanguine chute. La résistance vasculaire décroît également dans les reins, le flux plasmatique rénal (FPR) et le taux de filtration glomérulaire (TFG) sont nettement augmentés.

La réabsorption de Na^+ dans le tubule proximal ne va pas de pair avec le TFG élevé. De plus, les *œstrogènes* inhibent le canal IsK, un canal potassique du tubule proximal. La dépolarisation qui en résulte retient le HCO_3^- dans la cellule, et l'alcalose intracellulaire inhibe l'échangeur Na^+/H^+ (→ p. 97A). La dépolarisation inhibe également les mécanismes de transport électrogénique pour le glucose, les acides aminés, etc. La diminution de la réabsorption de Na^+ et de liquide va entraîner une baisse de la concentration intraluminale d'acide urique et également une diminution de sa réabsorption. Les conséquences d'une baisse de la réabsorption dans les tubules proximaux sont entre autres une baisse du seuil rénal pour le glucose (tendance à la glycosurie) et pour les bicarbonates (diminution de la concentration plasmatique de bicarbonates).

L'augmentation de l'apport de sel à la macula densa va vraisemblablement stimuler la sécrétion de *rénine*. Les niveaux plasmatiques de rénine et donc d'angiotensine II et d'aldostérone sont augmentés. L'aldostérone stimule la réabsorption distale de Na^+. Globalement, on observe dans le cas d'une grossesse normale, et en dépit d'un TFG élevé, une rétention d'eau et de sel. Les volumes extracellulaires et le volume plasmatique augmentent. Compte tenu de la faible réactivité des vaisseaux périphériques aux stimuli vasoconstricteurs, il ne se développe aucune hypertension, en dépit du niveau plasmatique élevé d'angiotensine II et de l'hypervolémie.

Dans 5 p. 100 des grossesses environ apparaissent des œdèmes, une protéinurie et une hypertension, on parle de **prééclampsie**. Les symptômes indiquent une lésion rénale, et c'est pourquoi l'on parle aussi de **néphropathie gravidique** (→ **B**). La pathogenèse de ce syndrome n'est pas encore bien connue.

Un des facteurs pourrait être le passage de *thrombokinase* dans le placenta. La stimulation de la coagulation sanguine (→ **B1**) entraînerait un dépôt de fibrine, entre autres au niveau des glomérules, qui provoquerait un épaississement de la membrane basale et des cellules endothéliales. La lésion des glomérules pourrait expliquer la **protéinurie**. Une lésion correspondante des vaisseaux périphériques conduirait à un **œdème** aux dépens du volume plasmatique qui serait alors réduit.

Chez les patientes présentant un état prééclampsique, on observe de plus une diminution de la capacité du placenta à synthétiser des *prostaglandines* vasodilatatrices (et d'autres vasodilatateurs ?) (→ **B2**). La sensibilité des vaisseaux aux influences vasoconstrictrices (par ex., angiotensine II) est, de ce fait, nettement augmentée. Cette situation entraîne d'une part une vasoconstriction périphérique et une hypertension et, d'autre part, une augmentation de la résistance des vaisseaux rénaux (→ **B3**). Le FPR et le TFG sont diminués. Une des conséquences de l'hypovolémie est la réabsorption dans le tubule proximal d'une quantité plus importante de Na^+, le débit luminal est diminué, le temps de contact avec l'épithélium où a lieu l'absorption est plus grand, et la réabsorption de l'acide urique est donc augmentée. Le niveau plasmatique d'acide urique augmente, ce qui donne une indication diagnostique précieuse.

L'augmentation ou non de la concentration de *rénine* et d'*angiotensine II* lors d'une prééclampsie reste controversée. Une stimulation de la sécrétion de rénine pourrait être expliquée par une altération de la circulation rénale. En tout cas, l'action vasoconstrictrice de l'angiotensine II est massivement augmentée, en cas de prééclampsie, par l'élévation de la réactivité vasculaire (voir ci-dessus). À côté d'une augmentation des résistances périphériques, l'élévation de la réactivité vasculaire conduit également à l'apparition de **vasospasmes locaux**. Ceux-ci peuvent se produire dans différents organes, et aussi dans le cerveau, où ils peuvent entraîner dans quelques cas des convulsions et un coma (éclampsie). Déjà quelques jours avant le déclenchement de l'éclampsie, on peut parfois observer au niveau de la rétine un rétrécissement des vaisseaux.

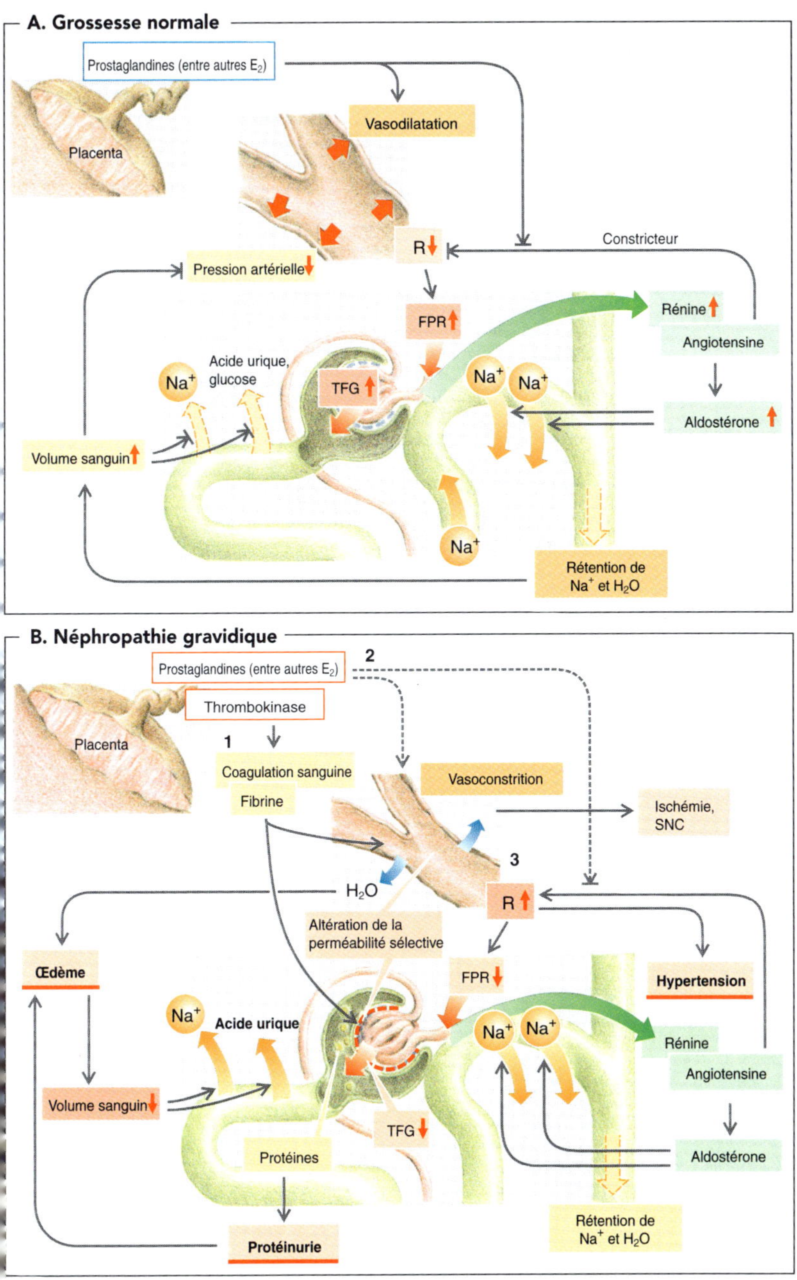

Figure 5-13 **Néphropathie gravidique**

Syndrome hépatorénal

Chez les patients ayant une cirrhose du foie, on observe relativement souvent une ischémie rénale et finalement une insuffisance rénale oligurique, une évolution de maladie que l'on décrit sous le terme de syndrome hépatorénal. Une série de facteurs participe au développement d'un syndrome hépatorénal, mais on ne sait pas encore très bien, à l'heure actuelle, lequel de ces facteurs a une influence majeure, ou si d'autres facteurs jouent également un rôle.

Lors d'une cirrhose hépatique, le rétrécissement du lit vasculaire entraîne d'abord un reflux sanguin dans le système porte (→ p. 170). La pression hydrostatique dans les capillaires augmente et une quantité plus importante de liquide sera filtrée dans la cavité abdominale (**ascites**, → p. 170). Compte tenu de la perméabilité importante des sinusoïdes hépatiques aux protéines, des protéines plasmatiques seront également perdues dans le volume extracellulaire. De plus, le parenchyme hépatique lésé produit une quantité plus faible de protéines plasmatiques. L'hypoprotéinémie qui en résulte entraîne une augmentation de la filtration de l'eau plamatique et donc le développement d'**œdèmes périphériques** (→ p. 234). La formation d'ascites et d'œdèmes s'effectue aux dépens du volume plasmatique circulant avec pour conséquence une **hypovolémie**.

En outre, une **vasodilatation périphérique** est induite dans le système circulatoire. En temps normal, les médiateurs vasodilatateurs formés dans l'intestin (entre autres la substance P) et les endotoxines libérées par les bactéries sont éliminés par le foie. En cas de cirrhose, la perte de tissu hépatique et l'augmentation du passage du sang de la veine porte à la circulation systémique en contournant le foie (→ p. 170) font que ces substances parviennent librement dans la circulation systémique. Les médiateurs exercent une action vasodilatatrice directe, les endotoxines agissent via une stimulation de l'expression de la NO synthase inductible. Il se produit alors une chute de la pression artérielle qui conduit à une activation massive du système sympathique. Ce phénomène associé à l'hypovolémie provoque une **diminution de la circulation rénale** et donc une diminution du TFG. La diminution de l'irrigation rénale stimule la libération de rénine et donc la formation d'angiotensine II, d'ADH et d'aldostérone (→ p. 266). L'ADH et l'aldostérone augmentent la réabsorption tubulaire d'eau et de sel (perte de potassium ! → p. 124), et les reins excrètent un petit volume d'une urine très concentrée (**oligurie**).

L'élimination hépatique incomplète de médiateurs qui exercent une action vasoconstrictrice directe dans le rein (par ex., les **leucotriènes**) participe aussi à la vasoconstriction rénale.

L'ischémie rénale stimule en temps normal la libération de **prostaglandines** vasodilatatrices, qui empêchent une réduction supplémentaire du flux sanguin rénal (→ p. 296). Si la synthèse de prostaglandines est insuffisante (par ex., en cas de prise d'inhibiteurs de synthèse des prostaglandines), ce mécanisme de défense est bloqué, ce qui favorise le développement d'une insuffisance rénale. Chez les patients souffrant d'un syndrome hépatorénal on observe dans les faits une diminution de la capacité de synthèse des prostaglandines (carence en précurseurs ?).

Une vasoconstriction rénale peut également être déclenchée par une **encéphalopathie hépatique** (→ p. 174). La diminution des capacités métaboliques du foie conduit à une modification de la concentration des acides aminés et à une augmentation du niveau de NH_4^+ dans le sang et dans le cerveau. La conséquence de ce phénomène est un gonflement des cellules gliales et une altération profonde du métabolisme cérébral des neurotransmetteurs, qui provoque une vasoconstriction des vaisseaux du rein, via une activation du système nerveux sympathique.

En raison de l'altération des capacités de synthèse hépatique, on aboutira de plus à une synthèse plus faible de **kininogène** et donc à une synthèse plus faible de kinines vasodilatatrices (par ex., bradykinine), ce qui favorise la vasoconstriction dans le rein.

En cas d'insuffisance hépatique, une **altération du métabolisme des graisses** peut finalement participer aux lésions rénales : le foie synthétise, entre autres, moins de lécithine-cholestérol-acyl transférase (LCAT), un enzyme qui estérifie les acides gras au cholestérol (→ p. 246) et joue un rôle fondamental dans la synthèse et la dégradation des lipoprotéines. En cas de carence familiale en LCAT (déficience de l'enzyme), on observe en général une insuffisance rénale, due probablement à des dépôts lipidiques intrarénaux.

A. Syndrome hépatorénal

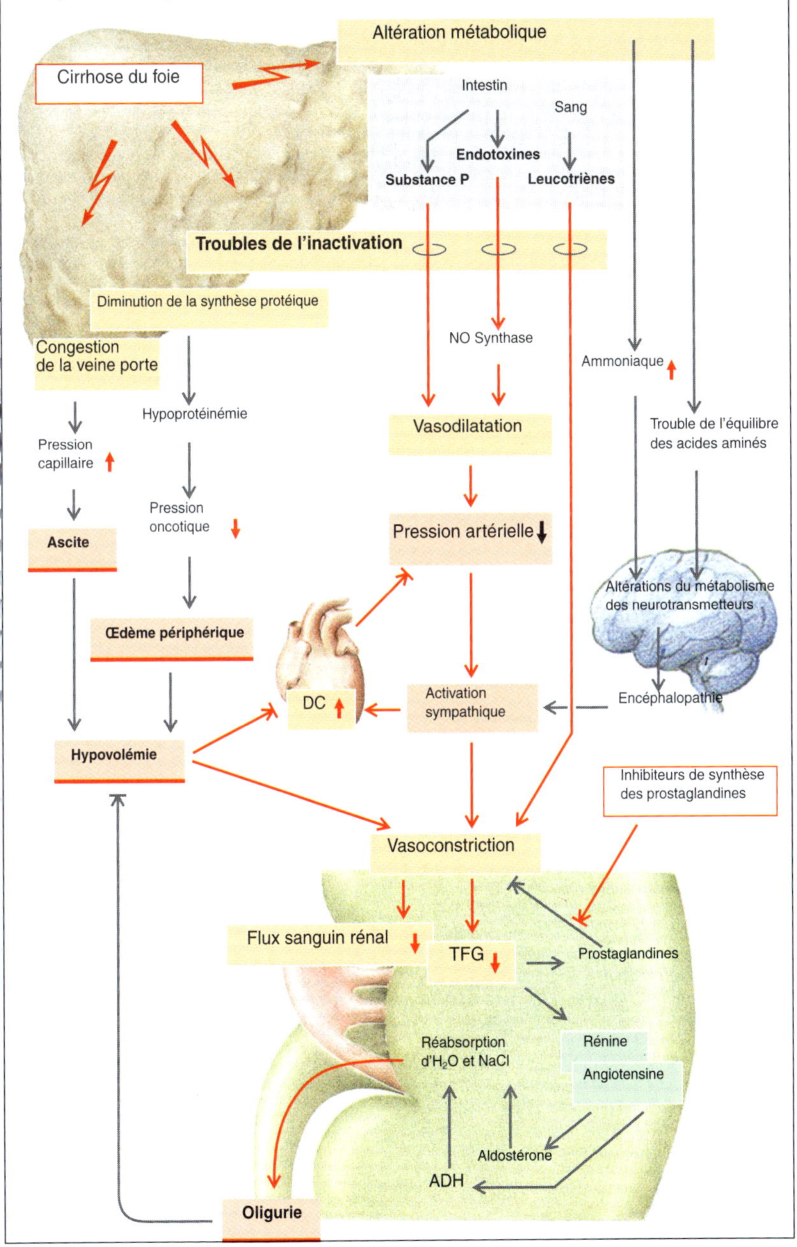

Figure 5-14 Syndrome hépatorénal

Urolithiase

Les **substances lithogènes** (→ **A1**) peuvent atteindre dans l'urine des concentrations supérieures à leurs limites de solubilité. Dans ce **domaine** dit **métastable**, la formation de cristaux peut, malgré la saturation du milieu, ne pas avoir lieu ou se dérouler très lentement. Si les concentrations dépassent cependant le domaine métastable, on aboutit alors à une cristallisation. La dissolution de cristaux déjà formés n'est possible qu'en abaissant les concentrations en dessous de la région métastable.

Les **substances les plus fréquemment trouvées dans les calculs rénaux** sont l'oxalate de calcium (~70 p. 100), le phosphate de calcium ou un phosphate d'ammonium et de magnésium (~30 p. 100), l'acide urique ou un urate (~30 p. 100) ainsi que la xanthine ou la cystine (< 5 p. 100). Plusieurs substances participent souvent à la formation des cristaux, car des cristaux déjà formés peuvent servir de **noyaux de cristallisation**, favorisant le dépôt d'autres substances dissoutes métastables (ce qui explique pourquoi la somme est supérieure à 100 p. 100).

Certains **complexants**, comme le citrate, le pyrophosphate et le phosphate (acide), peuvent fixer le calcium et empêcher ainsi la précipitation d'oxalate ou de phosphate de calcium en diminuant la concentration de Ca^{++}.

Causes de la formation de calculs. L'augmentation de la concentration des substances lithogènes peut avoir une origine prérénale aussi bien qu'une origine rénale.

Les *causes prérénales* reposent sur une **élévation de la concentration plasmatique**, une augmentation de la filtration et de l'élimination de substances lithogènes (→ p. 94). C'est ainsi que l'hypercalciurie ou l'hyperphosphaturie prérénales sont la conséquence d'une augmentation de l'absorption entérale ou d'une mobilisation accrue à partir des os, par exemple en cas d'un excès de parathormone ou de calcitriol (→ **A2**). Une hyperoxalémie peut être déclenchée par une déficience métabolique touchant la dégradation des acides aminés ou par une augmentation de l'absorption entérale (→ **A3**). Un apport excédentaire de purines, une augmentation de la synthèse de novo ou de la dégradation des purines peuvent entraîner une hyperuricémie (→ **A3**). Les calculs contenant de la xanthine peuvent se produire lorsque la synthèse des noyaux puriques est massivement augmentée et que la dégradation de la xanthine en acide urique est inhibée. La xanthine est cependant nettement plus soluble que l'acide urique, et ces calculs sont très rares.

L'augmentation de l'*excrétion rénale* est souvent due, en cas de calciurie et toujours en cas de cystinurie, à une **altération de la réabsorption rénale** (→ p. 96). La concentration sanguine de Ca^{++} sera ensuite maintenue par l'absorption entérale et une mobilisation à partir des os, la concentration de cystine par une diminution de la dégradation.

La sécrétion d'ADH (hypovolémie, stress, etc., → p. 260) conduit, via une **concentration de l'acide urique** à une augmentation de la concentration des substances lithogènes (→ **A4**).

La **solubilité** de quelques substances dépend du **pH de l'urine** : les phosphates sont solubles en milieu acide mais peu solubles en milieu basique. On ne trouve en général des calculs contenant des phosphates que dans les urines alcalines. Inversement, l'acide urique dissocié (urate) est plus soluble que la forme non dissociée, et la formation de calculs contenant de l'acide urique est donc favorisée en milieu acide. Dans le cas d'une diminution de la formation de NH_3, une acidification plus forte de l'urine est nécesaire pour éliminer les acides, ce qui va favoriser la formation de calculs.

Finalement, la **persistance** de cristaux déjà formés dans une urine sursaturée est importante. Elle dépend de la diurèse et de la proportion des flux dans la partie descendante du tractus urogénital, qui peut par exemple aboutir à un maintien en suspension des cristaux (*origine post-rénale*).

L'**effet** d'une urolithiase est le blocage des voies urinaires en aval (→ **A5**). L'extension de la musculature de l'uretère déclenche finalement des contractions douloureuses (*coliques néphrétiques*). Le blocage du flux conduit à un reflux qui peut remonter jusqu'aux reins et bloquer l'élimination. Même après extraction des calculs, les reins peuvent conserver des lésions. La stase favorise la multiplication des micro-organismes pathogènes (*infection des voies urinaires, pyélonéphrite*, → p. 106). Les micro-organismes hydrolysant l'urée vont former de l'ammoniaque à partir d'urée, alcalinisant ainsi l'urine (→ p. 106) et favorisant à leur tour la formation de calculs contenant des phosphates (cercle vicieux). Le dépôt intrarénal d'acide urique (*goutte rénale*) ou de sels de calcium (*néphrocalcinose*) peuvent, même en l'absence d'infection bactérienne, provoquer une inflammation et des lésions des tissus rénaux.

A. Urolithiase

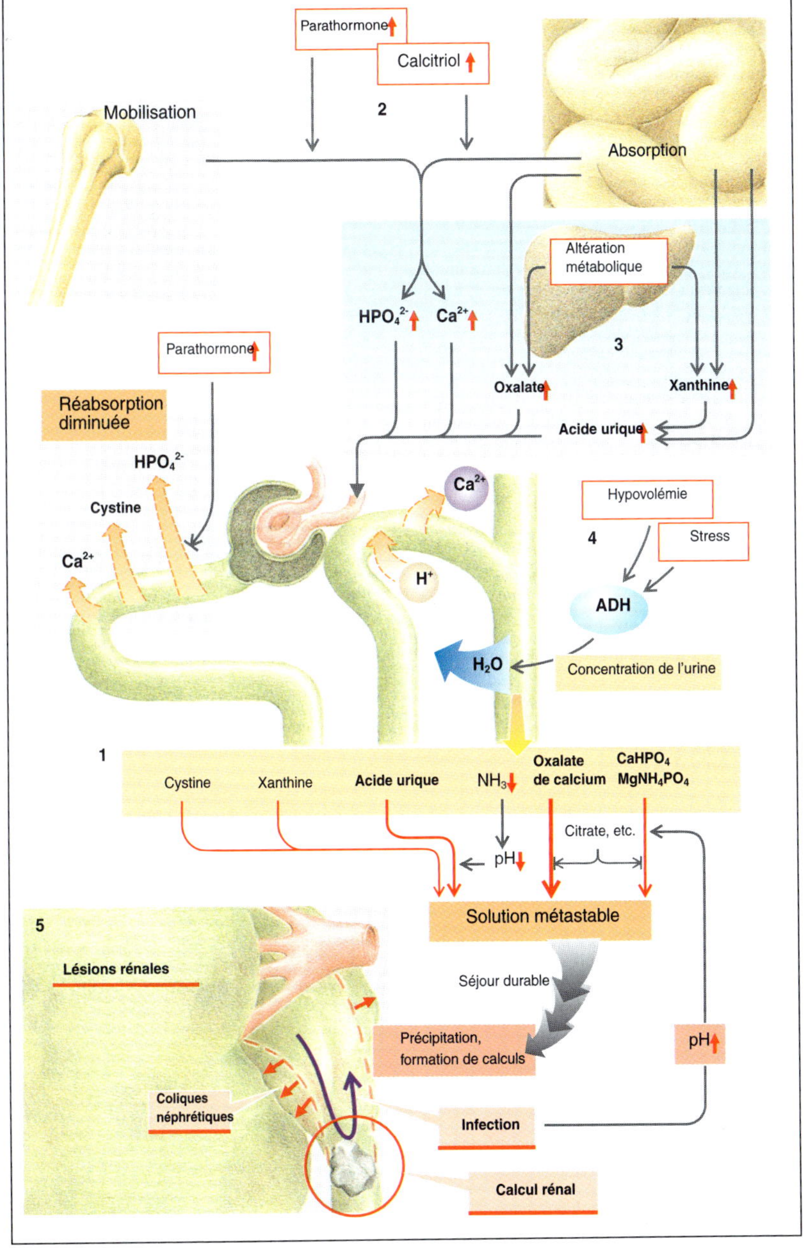

Troubles de l'homéostasie de l'eau et du sel

Une *surcharge hydrique* inhibe normalement, via une diminution de l'osmolarité (récepteurs dans le foie et le cerveau) et par le biais d'une hypervolémie (récepteurs dans l'oreillette droite), la sécrétion d'ADH et déclenche ainsi une diurèse (→ p. 100). L'élévation de la pression artérielle due à l'hypervolémie inhibe le système rénine-angiotensine-aldostérone. Simultanément, la libération d'ANF (facteur atrial natriurétique) et vraisemblablement celle d'ouabaïne sont également stimulées. La conséquence de ces phénomènes est une natriurèse et donc, avec retard, une correction de l'osmolarité et du volume plasmatique. L'hyperosmolarité due à *un excès de NaCl* provoque une stimulation de la sécrétion d'ADH qui s'oppose à la diurèse et conduit également à un équilibre osmotique.

Un **excès d'eau et de sel** (→ **A**) se produit, entre autres, lors d'un apport de liquide dont l'osmolarité dépasse l'osmolarité maximale de l'urine (*consommation d'eau de mer* durant un naufrage). L'élimination rénale d'eau et de NaCl est en outre affectée par une *altération des fonctions rénales* (↓ TFG). La perfusion non contrôlée de solutions isotoniques de NaCl peut alors entraîner un excès d'eau et de NaCl, la perfusion de solutions isotoniques de glucose peut provoquer une surcharge hydrique, qui persiste après utilisation métabolique du glucose dans l'organisme. Un excès d'eau et de sel peut se produire également dans des conditions où les fonctions rénales sont normales, s'il existe une élévation inadéquate de la *sécrétion d'ADH et d'aldostérone* (par ex., tumeurs produisant des hormones, → p. 260, 266). Si l'équilibre de filtration dans les vaisseaux périphériques est déplacé, il se produit un **œdème** aux dépens du volume plasmatique (→ p. 234), avec pour conséquence une diminution de ce volume plasmatique qui provoque une inhibition de la sécrétion d'ANF et une stimulation de la sécrétion de rénine. La rétention rénale de sel conduit alors à une correction du volume plasmatique, et donc à une augmentation du volume extracellulaire.

Une **carence d'eau et de sel** (→ **B**) peut être la conséquence d'une *perte de liquide vers l'extérieur*, comme dans le cas d'une sudation excessive (fièvre !), de coliques, de pertes de sang, de brûlures ou de pertes rénales de sel (→ p. 108). Des pertes rénales d'eau se produisent, en outre, lors d'une carence en ADH (diabète insipide d'origine centrale, → p. 260) ainsi que lors d'une insensibilité du rein à l'ADH (diabète insipide d'origine rénale, → p. 100). Même dans le cas d'un bilan complètement équilibré vers l'extérieur, des « *pertes vers l'intérieur* », dangereuses, peuvent également avoir lieu, comme un passage du plasma dans la lumière intestinale (paralysie intestinale, « iléus » → p. 156), dans la cavité abdominale (ascites, → p. 170), ou à la périphérie (œdème, → p. 234).

L'excès hydrique (**hyperhydratation**) conduit obligatoirement à une augmentation d'un compartiment de l'organisme (→ **C**). S'il y a en même temps un excès de NaCl (hyperhydratation isotonique ou hypertonique), c'est l'espace extracellulaire qui augmente. Lors d'une *hyperhydratation hypertonique*, l'espace extracellulaire augmente, en partie par suite d'une captation osmotique de l'eau cellulaire. Si le contenu en NaCl est normal ou diminué *(hyperhydratation hypotonique)* c'est essentiellement l'espace intracellulaire qui est augmenté.

En cas de carence hydrique (**déshydratation**), l'espace extracellulaire est diminué principalement lorsqu'il existe en même temps un manque de sel (déshydratation hypotonique ou isotonique). L'espace intracellulaire est diminué en cas de carence hydrique isolée (déshydratation hypertonique), et augmenté en cas se carence en sel seule (déshydratation hypotonique).

La *diminution de l'espace extracellulaire* est surtout dangereuse en raison de la diminution du volume plasmatique (**hypovolémie**). Les signes cliniques sont une diminution de la pression veineuse centrale, une tachycardie et une tendance au collapsus. Dans le cas d'une chute de la pression artérielle, la fonction rénale est affectée ; la sécrétion d'ADH et d'aldostérone entraîne une **oligurie** (danger d'urolithiase !). Inversement, une *augmentation du volume de l'espace extracellulaire* aboutit à une **augmentation de la pression artérielle**, lorsqu'une fraction du volume demeure dans le lit vasculaire (→ p. 114). La dilution des protéines dans la lumière vasculaire favorise par ailleurs la filtration au niveau des capillaires périphériques et donc la formation d'**œdèmes** (→ p. 234), dans les cas graves se forme un œdème pulmonaire (→ p. 80).

En cas d'*augmentation du volume intracellulaire* c'est essentiellement la formation d'un **œdème cérébral** qui est dangereuse (→ p. 358). Une diminution de l'espace intracellulaire entraîne également des troubles du système nerveux qui peuvent conduire à la perte de conscience et à la mort.

A. Causes d'une hyperhydratation

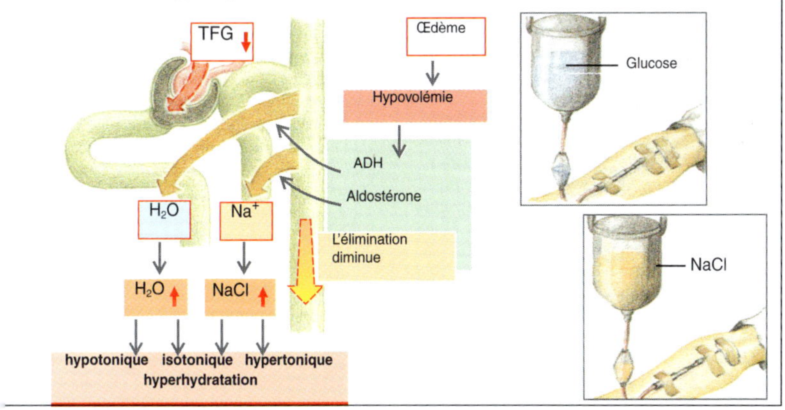

B. Causes d'une déshydratation

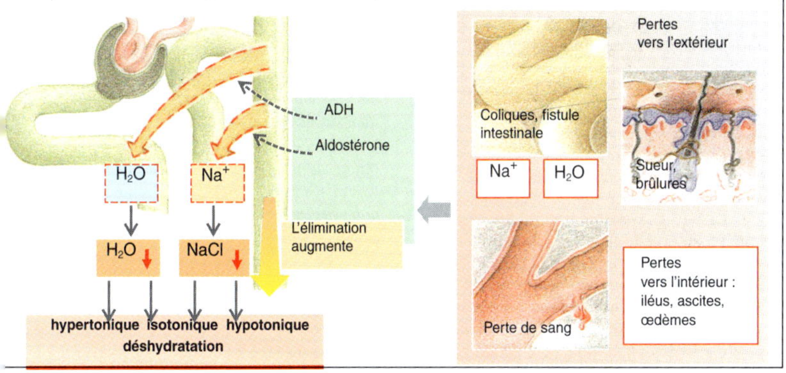

C. Principales conséquences d'une hyperhydratation

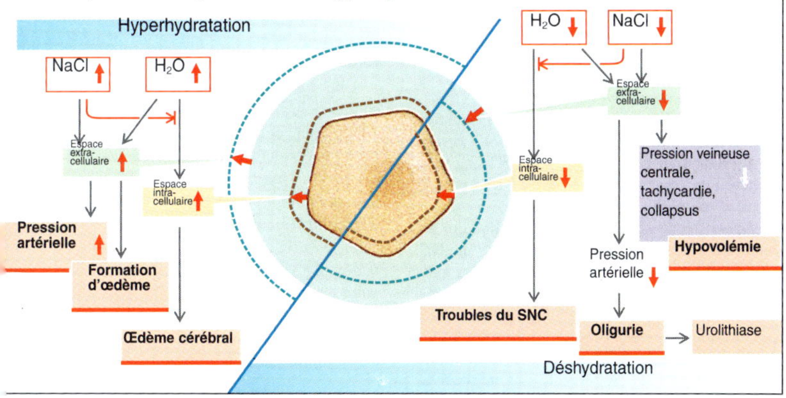

Troubles de l'homéostasie du potassium

Un niveau plasmatique pathologique de potassium est la conséquence d'une altération du bilan potassique ou de la répartition de K^+ entre l'espace intracellulaire et l'espace extracellulaire.

Les **troubles du bilan potassique vers l'extérieur** se produisent par exemple lors d'un *apport inapproprié* (→ **A1**). Un apport intraveineux de K^+ retentit en premier lieu dans un compartiment (plasma) où la concentration en K^+ est faible. Une perfusion rapide de K^+ peut donc conduire à une hyperkaliémie dangereuse, même en cas de carence en K^+. En ce qui concerne l'*élimination rénale de K^+*, c'est la sécrétion dans le tubule distal, en échange de Na^+ qui est l'élément majeur (→ **A2**, voir aussi p. 96 *sqq.*). Des pertes rénales de K^+ se produisent, entre autres, en cas d'hyperaldostéronisme (→ p. 266) ou d'une augmentation de l'apport de Na^+ au niveau distal (→ p. 98 D). L'élimination rénale de K^+ est diminuée inversement par une altération de la réabsorption distale de Na^+, comme elle l'est, en cas d'hyperaldostéronisme, par un traitement avec des diurétiques à action distale ou une diminution de l'apport de Na^+ (par ex., en cas d'insuffisance rénale). En cas d'*alcalose*, il y a plus d'ions H^+ sécrétés au niveau distal et les pertes de K^+ sont donc accrues. Au contraire, une *acidose* diminue la sécrétion distale de K^+. Des pertes de K^+ sont également possibles au niveau de l'*intestin* (→ **A3**) : en cas d'augmentation de l'apport en Na^+ ou lors d'un hyperaldostéronisme, on observe au niveau du côlon une augmentation de l'absorption de Na^+ en échange de K^+.

Des **déplacements** de peu d'ampleur **entre les liquides intra- et extracellulaires** peuvent entraîner des variations massives de la concentration plasmatique de K^+. En effet, il y a dans les cellules environ 30 fois plus de K^+ qu'il n'y en a dans l'espace extracellulaire. Des pertes cellulaires de K^+ et une hyperkaliémie se produisent, par exemple, en cas de carence énergétique au niveau cellulaire (→ **A4**), lors d'un travail musculaire intense (perte musculaire de K^+), un perte cellulaire (par ex., en cas d'hémolyse ou de myolyse), ou lors de la transfusion de produits sanguins conservés longtemps (perte érythrocytaire de K^+). Par ailleurs, l'hémolyse survenant au cours d'une prise de sang peut augmenter la concentration de K^+ dans le plasma prélevé et simuler une hyperkaliémie.

Dans le cas d'une **alcalose** (extracellulaire) les cellules donnent plus d'H^+ en échange de Na^+ (échangeur Na^+/H^+) et repompent alors le Na^+ prélevé en échange de K^+ (Na^+/K^+ ATPase) (→ **A5**). La prise de K^+ provoque ainsi une hypokaliémie. Inversement, une *acidose* entraîne une hyperkaliémie. Le glucose stimule la sécrétion d'**insuline** qui accroît la capture cellulaire de K^+ via une activation de l'échangeur Na^+/H^+, du cotransport Na^+, K^+, $2Cl^-$ et de la Na^+/K^+ ATPase. En cas de carence en insuline ou d'une hypoglycémie (jeûne), les cellules perdent du K^+. Une administration d'insuline lors d'une hyperglycémie diabétique (→ p. 286 *sqq.*) ou un apport de nourriture chez des patients affamés peut conduire ainsi, via une capture cellulaire de K^+, à une hypokaliémie dangereuse.

Les **catécholamines** stimulent la capture cellulaire de K^+ par l'intermédiaire de récepteurs β, et son efflux via les récepteurs α.

Les **effets** d'une variation de la concentration plasmatique de K^+ s'exercent en partie par le biais d'altérations du potentiel des membranes. L'hypokaliémie hyperpolarise et l'hyperkaliémie dépolarise le potentiel d'équilibre du K^+ et donc le potentiel de membrane des cellules plus sélectives du K^+. L'hypokaliémie diminue ainsi l'excitabilité des cellules nerveuses (hyporéflexie), celle des muscles striés (adynamie) et celle des muscles lisses (vessie, intestin, etc.) (→ **A6**). L'hyperkaliémie peut, au contraire, augmenter l'excitabilité du système nerveux (hyperréflexie) ou celle des muscles lisses (→ **A7**).

D'un autre côté, une diminution de la concentration de K^+ diminue la conductance des canaux K^+, et l'influence hyperpolarisante de K^+ sur le potentiel de membrane décroît. Ce phénomène favorise l'automatisme hétérotopique au niveau du cœur, ce qui peut déclencher le cas échéant des fibrillations ventriculaires (→ p. 188 *sqq.*). La diminution de la conductance potassique est également responsable de la repolarisation tardive des fibres de Purkinje, ce qui se traduit par l'apparition d'une onde U sur l'électrocardiogramme (→ **A6**). Inversement, une hyperkaliémie augmente la conductance potassique ce qui diminue le potentiel d'action et donc le segment ST dans l'électrocardiogramme (→ **A7**).

Une carence potassique stimule la capture cellulaire des protons et la sécrétion d'H^+ par le tubule distal, ce qui entraîne une alcalose (→ p. 86). Inversement, un excès d'H^+ conduit à une acidose (→ p. 88). Une hypokaliémie déclenche en outre une polyurie (→ p. 100) et peut entraîner des lésions irréversibles des tubules rénaux. En cas de carence en K^+, on observe finalement une perturbation de la sécrétion d'une série d'hormones, entre autres l'insuline (→ p. 286) et l'aldostérone (→ p. 266).

A. Troubles de l'homéostasie du potassium

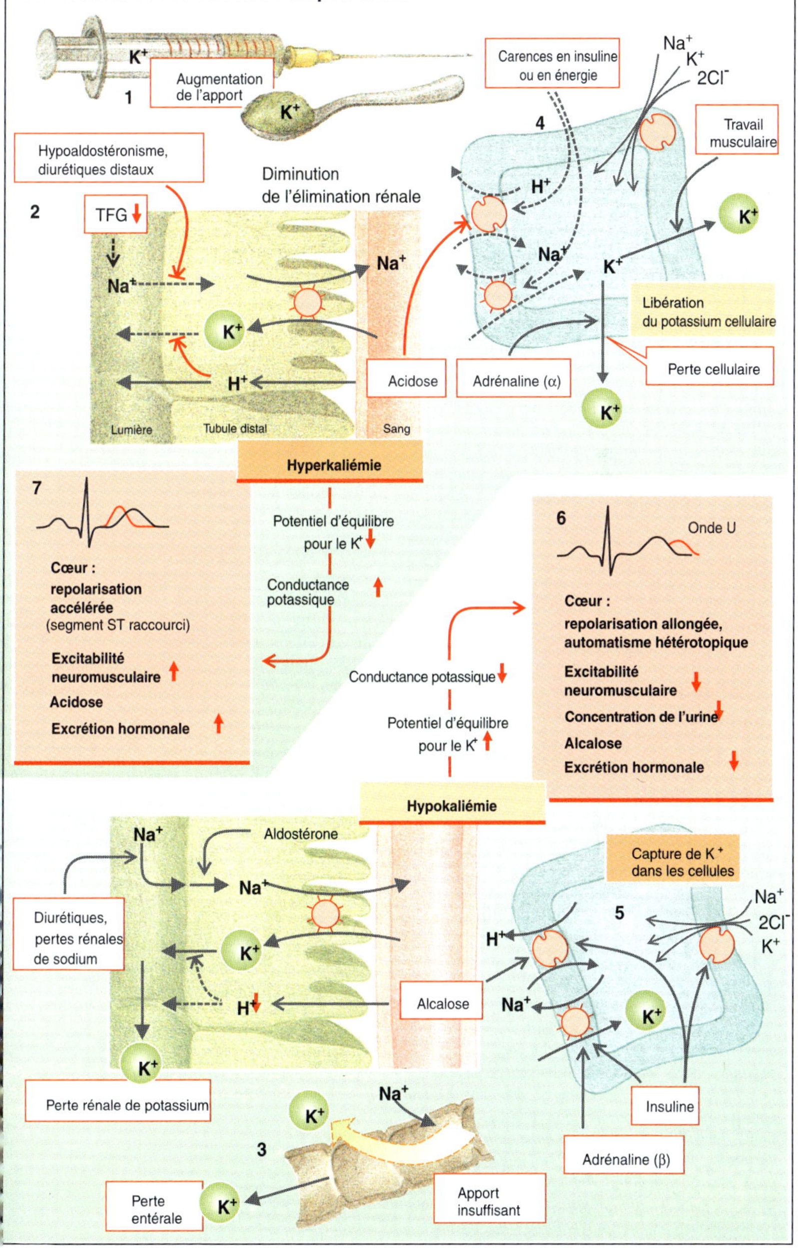

Figure 5-17 Troubles de l'homéostasie du potassium

Troubles de l'homéostasie du magnésium

La moitié du magnésium de l'organisme est liée aux os, l'autre moitié se trouve à l'intérieur des cellules. Le Mg^{++} est indispensable à l'activité de très nombreux enzymes. Il agit comme antagoniste du Ca^{++} dans toute une série de fonctions, car il est capable de le déplacer de ses sites de liaison sur les protéines. C'est ainsi que le magnésium peut inhiber la libération de transmetteur par les synapses du système nerveux et bloquer de ce fait la transmission synaptique. Comme dans le cas du K^+ (→ p. 124), la mesure de la concentration plasmatique du Mg^{++} après une prise de sang constitue un indicateur incertain.

Une **carence en** Mg^{++} survient en cas d'apport insuffisant ou de pertes par l'intestin ou les reins (*malabsorption*, → **A1**, voir aussi p. 152 *sqq.*). La réabsorption rénale de magnésium s'effectue, entre autres, au niveau de la branche ascendante de l'anse de Henle et a lieu selon un mode paracellulaire, à travers les « *tight junctions* ». Elle est mue par le potentiel transépithélial, formé indirectement par la réabsorption de NaCl (→ **A2**). La perméabilité des *tight junctions* est diminuée par une *hypercalcémie* et une *alcalose* avec pour conséquence une magnésurie. De plus, le Ca^{++} inhibe via un récepteur au calcium le cotransport Na^+-K^+-$2Cl^-$ et diminue donc le potentiel transépithélial et la réabsorption de Mg^{++}. Un défaut génétique du cotransport Na^+-K^+-$2Cl^-$, du canal Cl^- ou du canal potassique luminal (*syndrome de Bartter*) conduit de la même façon à une magnésurie.

La réabsorption de sel et donc le potentiel transépithélial dans la branche ascendante sont augmentés par l'ADH. En cas d'*alcoolisme*, la sécrétion d'ADH est bloquée, ce qui diminue la réabsorption de NaCl et de Mg^{++}.

La réabsorption de Mg^{++} est de plus réduite en cas de *pertes rénales de sel*, en cas de diurèse osmotique (par ex., glycosurie associée à un diabète sucré) et sous l'action de *diurétiques de l'anse*. En cas d'*hyperaldostéronisme*, on aboutit même à des pertes rénales de Mg^{++}, vraisemblablement via une expansion volumique, qui provoque une diminution de la réabsorption de Na^+ et de Mg^{++} dans le tubule proximal et la branche ascendante (→ **A2**).

Même lorsque le bilan externe du Mg^{++} est en équilibe, des **déplacements du** Mg^{++} **entre les espaces intra- et extracellulaires** peut modifier la concentration plasmatique de magnésium. Comme l'insuline stimule non seulement la capture de K^+ (→ p. 124) par les cellules, mais encore celle de Mg^{++} (→ **A3, A7**), il se produit en cas de diabète ou d'un jeûne prolongé des pertes de magnésium. Un traitement de substitution par l'insuline ou une réalimentation conduit à une hypomagnésémie.

Une diminution du magnésium ionisé peut se produire en cas de **pancréatite** aiguë (→ **A4**) : les lipases activées libérées par le pancréas lésé hydrolysent les triglycérides du tissu adipeux (TG) et libèrent des acides gras libres (AG) qui forment avec le Mg^{++} des complexes insolubles ($Mg[AG]_2$).

Les **effets d'une carence en magnésium** sont une augmentation de l'excitabilité neuromusculaire, une hyperréflexie et des crampes (→ **A5**). Les crampes ressemblent parfois à une perte des ganglions de la base (→ p. 312 *sqq.*). Au niveau cardiaque peuvent se produire une tachycardie et des troubles du rythme pouvant aller jusqu'à une fibrillation ventriculaire, et l'on observe parfois une augmentation de la pression artérielle. Ces symptômes (lorsqu'ils ne sont pas dus à une hypercalcémie) sont renforcés par une hypocalcémie qui est vraisemblablement due à une diminution de la synthèse de parathormone (le magnésium stimule la sécrétion de parathormone). Dans la plupart des cas, une carence en Mg^{++} est associée à une carence en K^+ (origine commune → p. 124) et il s'y associe donc les symptômes d'une hypokaliémie.

Un **excès de magnésium** est le plus souvent la conséquence d'une *insuffisance rénale* (→ **A6**). Lors d'une diminution de la filtration glomérulaire (↓ TFG), l'excrétion de Mg^{++} peut dans un premier temps être maintenue par une diminution de la réabsorption. Ce n'est que lorsque le TFG tombe en dessous de 30 ml/min que cette diminution ne peut plus être compensée au niveau tubulaire. Une hypermagnésémie (non associée à une excès de magnésium) survient en cas de *diabète* (→ **A7**). Finalement, un *apport excessif* de magnésium (nutrition parentérale, lavement contenant du magnésium ou administration thérapeutique de Mg^{++} pour diminuer l'excitabilité neuromusculaire) peut déclencher une hypermagnésémie.

Les **effets d'un excès de magnésium** sont une diminution de l'excitabilité neuromusculaire (hyporéflexie) pouvant aller jusqu'au blocage, des troubles de la formation et de la propagation de l'excitation cardiaque, des vomissements et une constipation (→ **A8**).

– A. Troubles de l'homéostasie du magnésium

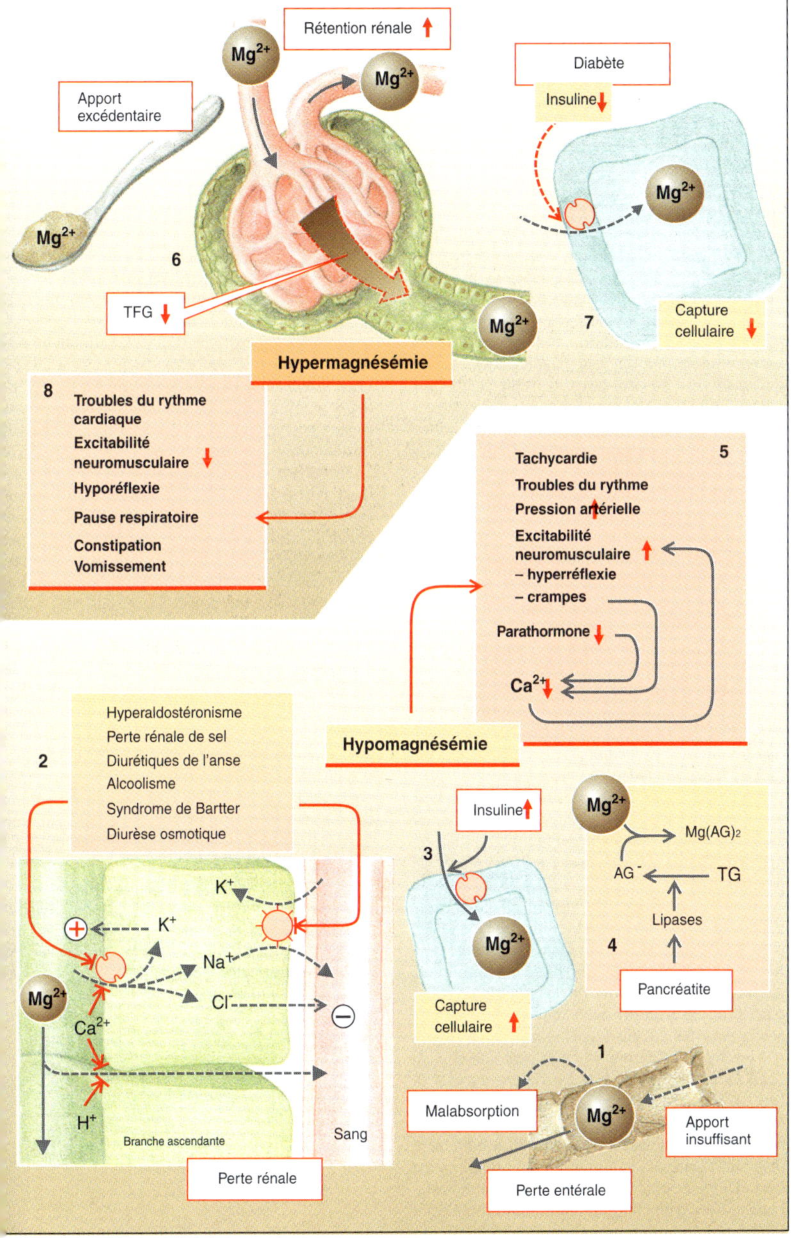

Troubles de l'homéostasie du calcium

En tant que « transmetteur intracellulaire », le Ca^{++} permet le couplage électromécanique. Il stimule l'excrétion des neurotransmetteurs (transmission synaptique) et des hormones, favorise la capacité de sécrétion des glandes exocrines et active toute une série d'enzymes (entre autres ceux de la glycogénolyse, les phospholipases A, l'adénylate cyclase, les phosphodiestérases). Le Ca^{++} active certains canaux potassiques comme c'est le cas dans le cœur où des canaux K^{+} sensibles au Ca^{++} participent à la repolarisation. Le calcium extracellulaire stabilise les canaux sodiques, diminue la perméabilité de la membrane basale ou des « *tight junctions* » et participe à la coagulation sanguine.

C'est la parathormone qui est responsable en premier lieu de la **régulation de la concentration extracellulaire de Ca^{++}** : la parathormone est normalement sécrétée en cas d'hypocalcémie et ses effets aboutissent à une augmentation de la concentration plasmatique de Ca^{++} (→ **A1, A2**). Elle stimule la mobilisation du phosphate de calcium à partir des os, diminue la concentration plasmatique de phosphate en inhibant sa réabsorption rénale et stimule la formation de calcitriol. Cette hormone augmente l'absorption entérale de Ca^{++} et de phosphate et favorise donc la minéralisation des os.

Une **hypocalcémie** (→ **A1**) peut être la conséquence d'une *inhibition de la sécrétion de parathormone* (hypoparathyroïdisme) ou d'une diminution de son action (pseudo-parahypothyroïdisme). En outre, une *carence en vitamine D* entraîne une hypocalcémie via une diminution de la synthèse du calcitriol. Lors d'une *insuffisance rénale*, l'élimination rénale de phosphate est altérée, le niveau plasmatique de phosphate augmente, et le phosphate de calcium précipite dans l'organisme (→ p. 110) entraînant, entre autres, une hypocalcémie. Une *carence en* Mg^{++} conduit également à une hypocalcémie, en particulier via une stimulation insuffisante de la sécrétion de parathormone.

Même pour une concentration sanguine normale de Ca^{++}, la concentration du calcium ionisé actif peut être diminuée à cause d'une *complexation* plus importante par les protéines (alcalose), les bicarbonates (alcalose métabolique), les phosphates (en cas d'insuffisance rénale) ou encore les acides gras (pancréatite aiguë, → p. 126, 158 ; **A3**).

Une **hypercalcémie** (→ **A2**) peut survenir en cas d'*hyperparathyroïdie* et d'*excès en vitamine D*. Les *tumeurs* cancéreuses ayant des métastases osseuses provoquent une mobilisation accrue de phosphate de calcium à partir des os et entraînent donc une hypercalcémie. De temps à autre, même les tumeurs cancéreuses qui n'ont pas de métastases osseuses synthétisent des hormones mobilisant la trame osseuse, comme l'OAF (*osteoclast-activating factor*). La trame minérale sera enfin mobilisée à la suite d'une *immobilisation* aiguë du squelette aboutissant à une atrophie. Une augmentation de l'absorption entérale de Ca^{++} sera provoquée par un *apport excessif* de calcium et des substances alcalines (syndrome du lait et des bases).

L'**effet** le plus significatif **d'une hypocalcémie** sur le plan clinique est une *augmentation de l'excitabilité* des muscles et du système nerveux avec survenue de spasmes musculaires involontaires (tétanie) ainsi que de paresthésies (→ **A4**). L'augmentation de l'excitabilité est due à une diminution du seuil des canaux sodiques en cas d'hypocalcémie. Dans les cas graves, il peut se produire des crises d'épilepsie (→ p. 338). Au niveau cardiaque, l'hypocalcémie entraîne un allongement du potentiel d'action à cause d'une activation retardée des canaux potassiques, ce qui se traduit sur l'électrocardiogramme par un allongement du segment ST.

Les **effets d'une hypercalcémie** sont des *douleurs gastro-intestinales* (activation du récepteur au calcium : ⇒ malaise, nausée, constipation), une *polyurie* (inhibition de la réabsorption rénale par suite de la fermeture des *tight junctions* et de l'activation des récepteurs au Ca^{++}), une augmentation de la *soif* avec une polydipsie et des *altérations psychiques* (→ **A5**). Il apparaît de plus une *néphrolithiase*. Lorsque la concentration de Ca^{++} dépasse 3,5 mmol/l (syndrome hypercalcémique) se déclenchent un *coma*, des *troubles du rythme cardiaque* et une *insuffisance rénale* (en particulier à la suite de dépôts de Ca^{++} dans le tissu rénal). Sur le plan clinique il faut faire particulièrement attention en cas de syndrome hypercalcémique à la précipitation de phosphate de calcium au niveau de la cornée rendue localement alcaline par l'expiration de CO_2 (kératite « en ruban »). Au niveau de l'ECG, le segment ST est raccourci, ce qui correspond à une activation accélérée du canal K^{+} repolarisant. En cas d'hypercalcémie, il faut se rappeler que le cœur présente une sensibilité accrue aux digitaliques, car l'action des digitaliques est médiée par une augmentation des concentrations intracellulaires de Ca^{++} (→ p. 182).

A. Troubles de l'homéostasie calcique

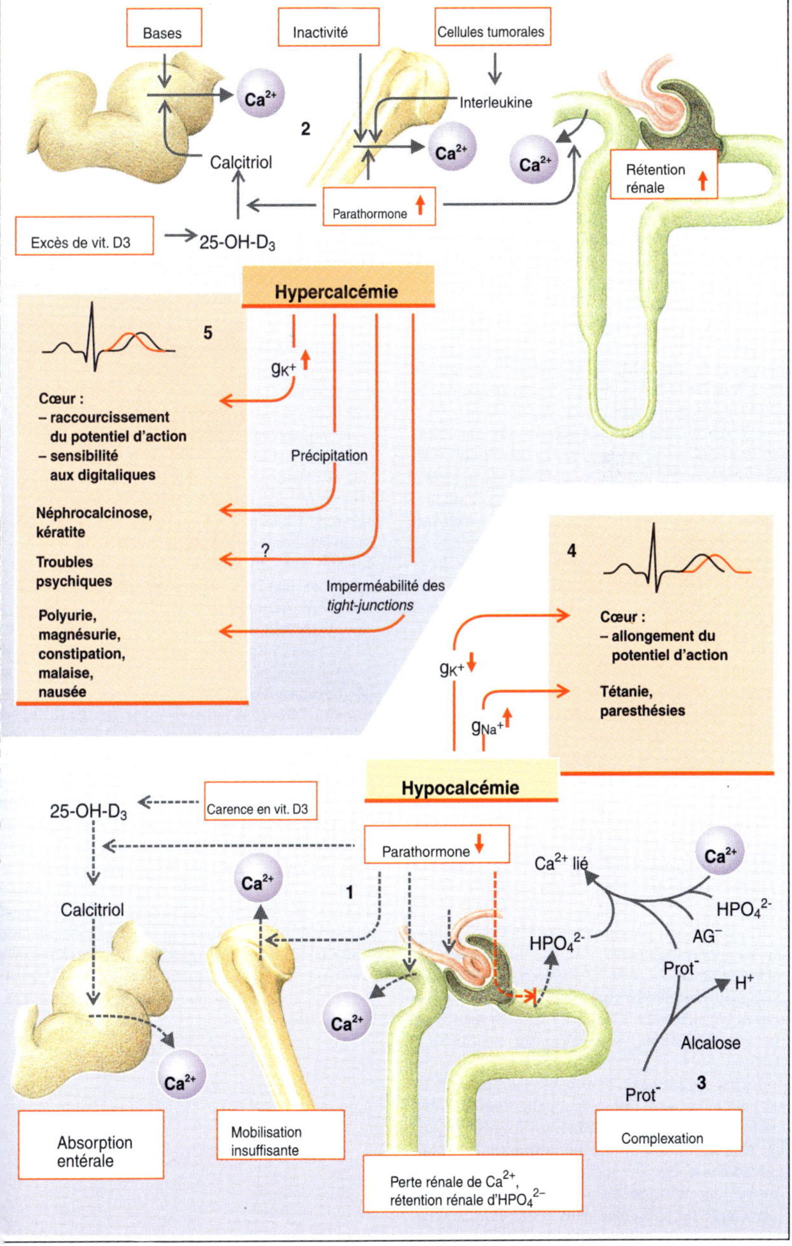

Troubles de l'homéostasie des phosphates

Les phosphates sont des composants de nombreuses molécules comme par exemple les nucléotides (ATP, AMPc, GMPc, etc.), les acides nucléiques, la créatine phosphate, les substrats intermédiaires du métabolisme des sucres (par ex., glucose phosphate) et les phospholipides. Le groupement phosphate sert à l'activation ou l'inactivation de nombreux enzymes et constitue un tampon fondamental dans les cellules et l'urine. Il participe enfin de façon majeure à la minéralisation des os.

Les **facteurs** importants de la **régulation des phosphates** sont la parathormone et le calcitriol. Si les reins sont intacts, la parathormone diminue le niveau plasmatique de phosphates en inhibant leur réabsorption rénale mais stimule cependant, en même temps, leur mobilisation à partir des os. Le calcitriol augmente le niveau plasmatique de phosphates en stimulant leur absorption entérale et leur réabsorption rénale.

Les **troubles de l'homéostasie des phosphates** peuvent être provoqués par un déséquilibre du bilan externe ou un changement de répartition à l'intérieur de l'organisme (espace intracellulaire, espace extracellulaire, os). Le **bilan externe** dépend du rapport entre l'absorption entérale et l'élimination rénale.

Une **carence en phosphate** peut être la conséquence d'une *absorption entérale insuffisante*, éventuellement via un apport nutritionnel trop faible (alcooliques !), une malabsorption, une carence en vitamine D ou une administration chronique de composés tels l'hydroxyde d'aluminium, liant les phosphates (→ **A1**). Les *pertes rénales* de phosphates peuvent se produire en cas d'hyperparathyroïdie, de carence en vitamine D ou de déficiences de certains transports au niveau du tubule proximal (diabète avec perte de phosphates, syndrome de Fanconi, → p. 96), et, en proportion moindre, dans le cas de reins perdant du sel, lors d'une expansion du volume extracellulaire, en cas d'un traitement par des diurétiques et sous l'influence des glucocorticoïdes.

Un **excès de phosphates** peut être provoqué par un apport oral excessif ou une intoxication par la vitamine D (→ **A2**). L'élimination rénale des phosphates est altérée par une diminution de la filtration (insuffisance rénale) ou une augmentation de la réabsorption tubulaire (hypoparathyroïdisme).

La concentration de phosphates dans les cellules est nettement plus élevée que celle dans l'espace extracellulaire (voir Potassium, p. 124), si bien que les **déplacements entre les espaces intra- et extracellulaires** ont une influence considérable sur la concentration plasmatique de phosphates. Une entrée de phosphate dans les cellules se produit à la suite de l'intégration de groupements phosphates dans le métabolisme, par exemple la formation de glucose phosphate à partir de glucose. Une augmentation considérable de cet influx est observée après un apport alimentaire chez des sujets affamés et des alccoliques, après une injection d'insuline lors d'un coma diabétique ainsi qu'en cas d'une alcalose sévère (→ **A3**) avec pour conséquence de temps à autre une hypophosphatémie massive. Inversement, des phosphates seront libérés des cellules lors d'une acidose, d'un coma diabétique ou d'une lésion cellulaire (→ **A4**).

Finalement, un excès de phosphates peut se produire via une **mobilisation à partir des os** (par ex., en cas de tumeur, d'immobilisation ou d'hyperparathyroïdisme), lorsque l'excrétion rénale n'est pas augmentée en même temps. En cas d'insuffisance rénale, une augmentation de la mobilisation osseuse de phosphates (→ p. 132) due à un hyperparathyroïdisme participe à l'hyperphosphatémie.

Les **conséquences** cliniques **d'une hypophosphatémie** dépendent de l'importance et de la durée de l'altération. Lorsque la teneur en phosphate du sérum est inférieure à 0,3 mmol/l se produisent des myopathies (faiblesse musculaire, myolyse), une insuffisance cardiaque, une hémolyse et des troubles du système nerveux (crampes, coma) (→ **A5**). Ces troubles peuvent s'expliquer, en particulier, par une altération de l'équilibre énergétique des cellules (ATP). La chute du 2,3 DPG érythrocytaire entraîne une diminution de la quantité d'oxygène délivrée aux tissus. Lors d'une hypophosphatémie de longue durée, on aboutit à une déminéralisation osseuse (ostéomalacie, → p. 132).

Les **effets d'une hyperphosphatémie** sont principalement la précipitation de phosphate de calcium et le développement d'une calcification des parties molles dans des tissus comme les glandes salivaires, les articulations et la peau. Les conséquences correspondantes sont un prurit et une arthrose. La concentration plasmatique de calcium ionisé décroît, ce qui stimule la sécrétion de parathormone. En cas d'insuffisance rénale se développe de cette façon un véritable cercle vicieux (→ p. 110 *sqq.*).

A. Troubles de l'homéostasie des phosphates

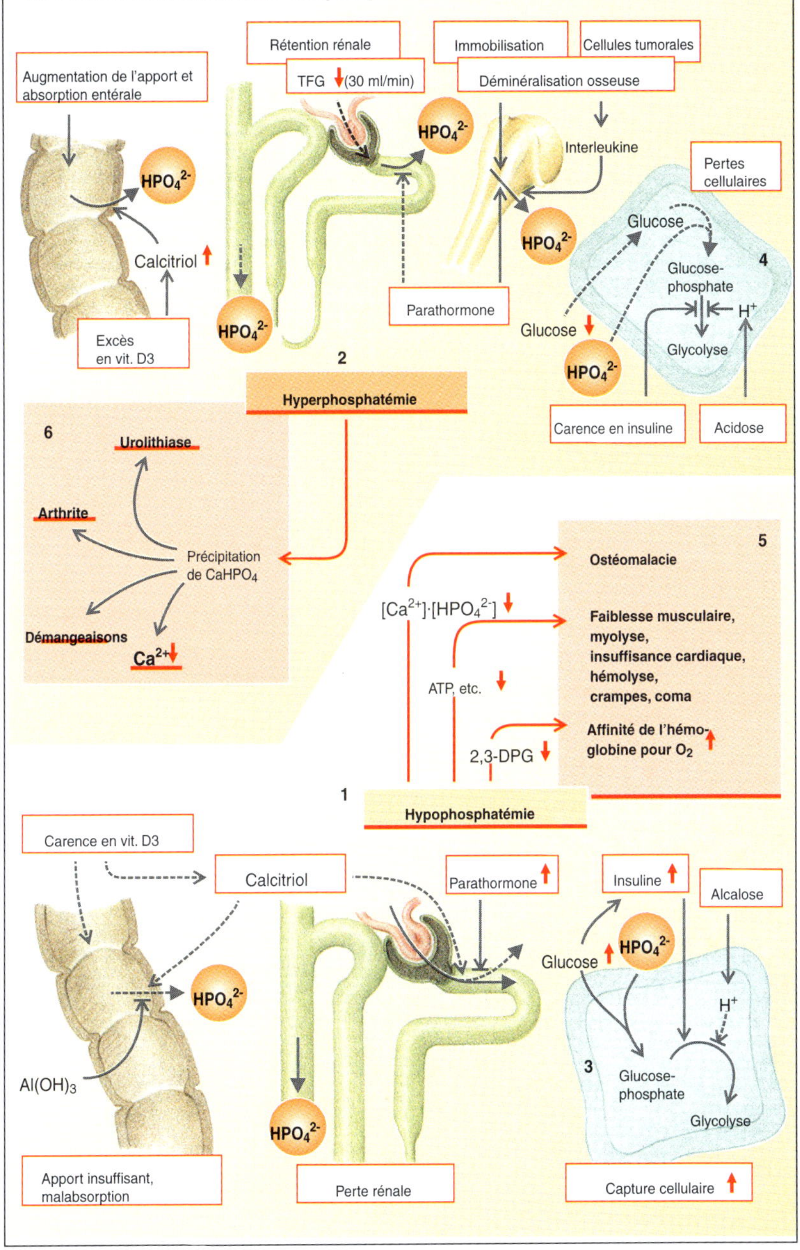

Physiopathologie des os

Les os se composent d'une trame osseuse de base (protéoglycanes contenant des sulfates, glycoprotéines, fibres de collagène renfermant de l'hydroxyproline) et de composes minéraux (sels alcalins du Ca^{++}, phosphates, Na^{+}, CO_3^{2-}, Mg^{++}, K^{+} et F^{-}).

Formation et minéralisation. La formation de la *trame osseuse* est, entre autres, stimulée par l'insuline et inhibée par les glucocorticoïdes.

La *minéralisation* de l'os est inhibée par le pyrophosphate (deux acides phosphoriques estérifiés). Cette réaction est vraisemblablement précédée par une hydrolyse du pyrophosphate par la *phosphatase alcaline*. La concentration plasmatique de cet enzyme, formé par les ostéoblastes est une indication de l'activité des ostéoclastes. La minéralisation est favorisée par les phosphates et le Ca^{++}, dont les concentrations plasmatiques sont augmentées sous l'action du calcitriol. La formation de *calcitriol* ($1,25[OH_2]D_3$) s'effectue en plusieurs étapes (→ **A1**) : la vitamine D_3 est formée dans la peau à partir du 7-déhydrocholestérol sous l'action de la lumière (rayonnement UV). Cette molécule est transformée dans le foie en $25(OH)D_3$, entre autres sous l'action des œstrogènes, puis au niveau des reins en $1,25(OH)_2D_3$ sous l'influence de la parathormone. La formation et la minéralisation des os sont par ailleurs stimulées par une *contrainte mécanique*.

La **dégradation** de la trame osseuse conduit à une augmentation de l'élimination rénale d'hydroxyproline (→ **A2**). La déminéralisation s'accompagne d'une augmentation de l'élimination rénale de Ca^{++} et de phosphates (urolithiase, → **A3**).

On observe par exemple une dégradation osseuse lors d'une stimulation mécanique insuffisante (**immobilisation**). Une dégradation locale de l'os peut être déclenchée par l'OAF (*osteoclast activating factor*), qui peut conduire en cas de **tumeur** à une déminéralisation osseuse.

Les principales maladies des os sont cependant l'ostéopénie (ou ostéoporose) et l'ostéomalacie (ou rachitisme). L'**ostéopénie** correspond à une *diminution de la masse du squelette* en dessous de la valeur normale correspondant à l'âge et au sexe du sujet, en raison d'un déséquilibre durable entre la formation et la dégradation des os. Sous le terme d'**ostéoporose**, on rassemble les maux cliniques résultant d'une réduction de la masse du squelette (→ **A4**). Les causes de cette affection peuvent être un excès de glucocorticoïdes, une carence en œstrogènes (post-ménopause), un diabète (de type I) et l'inactivité (plâtre, tétraplégie, surpoids), mais restent encore mal connues dans la plupart des cas (ostéoporose primaire).

Les **effets d'une ostéoporose** sont des douleurs osseuses statiques, un écrasement des vertèbres, une fracture de l'avant-bras ou du col du fémur. Dans des cas extrêmes, on peut aboutir à une hypercalcémie. L'ostéoporose peut, selon sa cause, être localisée (fracture) ou généralisée (par ex., excès de glucocorticoïdes).

Dans le cas d'une **ostéomalacie** ou d'un **rachitisme**, la *minéralisation* de la trame osseuse (ostéoïde) ou des cartilages de croissance est altérée (→ **A5**). Avant l'arrêt de la croissance en longueur et la fermeture des épiphyses, cette altération conduit en priorité au *rachitisme* (élargissement des jointures épiphysaires et croissance insuffisante), après l'arrêt de cette croissance en longueur, elle entraîne une réduction de la minéralisation de la trame osseuse nouvellement formée dans le contexte d'une synthèse normale du squelette (*ostéomalacie*). La cause de ces deux affections peut être une diminution de la formation de calcitriol, éventuellement en cas de carence en vitamine D ou en lumière UV, une carence en œstrogènes (post-ménopause) et une insuffisance rénale (→ p. 110 *sqq.*). Même en l'absence d'une carence en calcitriol, une hypophosphatémie (diabète avec perte de phosphate, syndrome de Fanconi, → p. 96, p. 110 *sqq.*) ou une acidose rénale chronique peuvent entraîner une ostéomalacie. L'ostéomalacie associée à une dialyse se produit chez des patients souffrant d'une insuffisance rénale et avec une intoxication par l'aluminium. Finalement, un tableau clinique comparable à celui d'une ostéomalacie et d'un rachitisme peut être observé dans une maladie génétique rare avec carence en phosphatase alcaline (hypophosphatasie).

Les **effets du rachitisme** sont une petite taille, des jambes cagneuses ou arquées, des déformations de la colonne vertébrale, un gonflement des cartilages de côtes, et une faible solidité des os du crâne. L'**ostéomalacie** conduit à des douleurs osseuses (douleurs associées aux mouvements), à des pseudo-fractures ainsi qu'à une faiblesse musculaire (manque de Ca^{2+}).

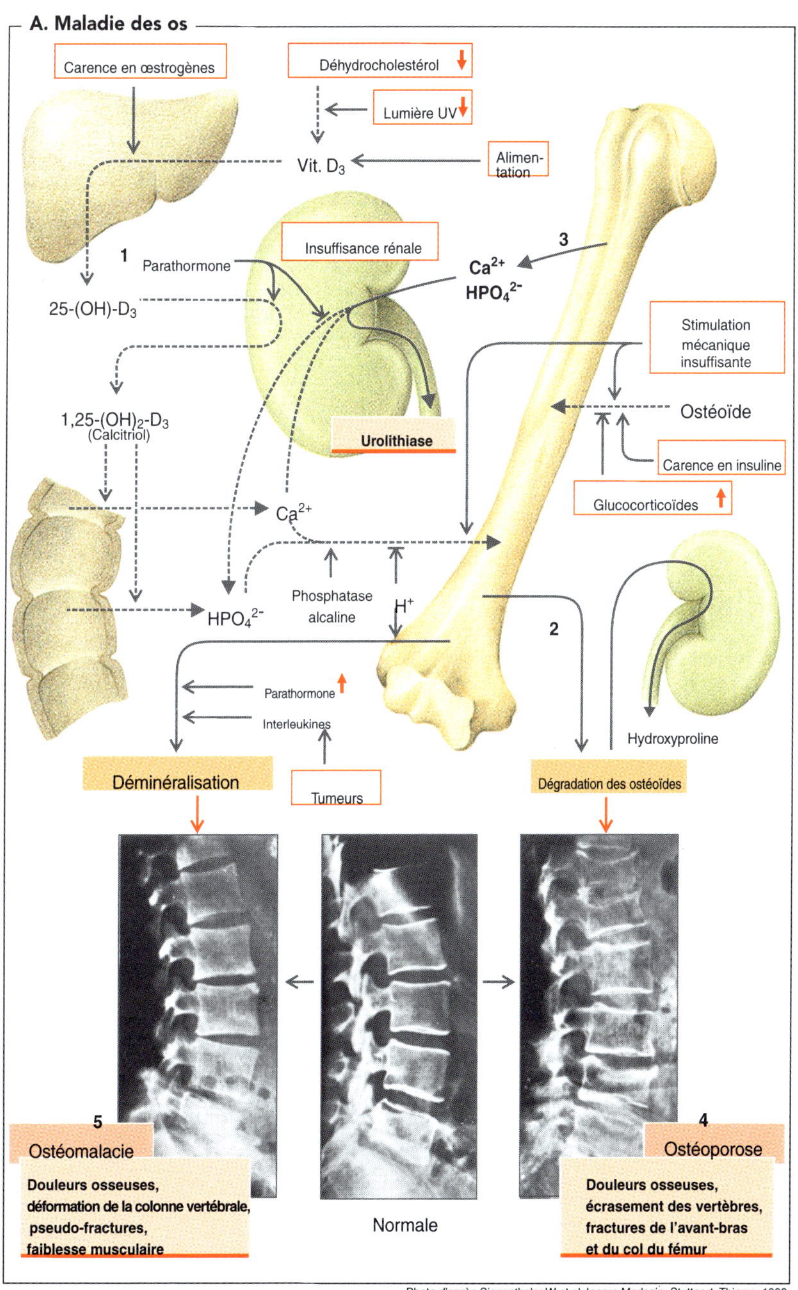

Photo d'après Siegenthaler W et al. Innere Medezin, Stuttgart, Thieme, 1992.

Fonctions du tractus gastro-intestinal

Pour couvrir les besoins de l'organisme en matières et en énergie, la nourriture doit être avalée, préparée et hydrolysée (**digestion**), mais aussi captée dans l'intestin (**absorption**). Les aliments solides seront mâchés par les dents et les bouchées mélangées avec de la salive provenant des glandes salivaires. La **salive** grâce à son contenu en mucus sert de film lubrifiant et contient, à côté de substances de défense (voir ci-dessous), de l'α-amylase qui participe à la digestion des polysaccharides. La fonction de l'œsophage est d'assurer un transport rapide des bouchées, du pharynx vers l'estomac. Le sphincter situé à la base de l'**œsophage** s'ouvre brièvement mais empêche normalement un reflux du suc gastique corrosif. La **partie proximale** de l'estomac sert principalement à la mise en réserve de la nourriture prise pendant le repas. Son tonus indique l'approvisionnement destiné à la **partie distale de l'estomac**. C'est dans cette zone que la nourriture sera préparée (découpée et émulsifiée), les protéines seront dénaturées par l'acidité du suc gastrique et hydrolysées par la pepsine, et les lipases débuteront la digestion des graisses. C'est au niveau de la partie distale de l'estomac que s'effectue le fractionnement du chyme. Par ailleurs, l'estomac sécrète également le *facteur intrinsèque*, indispensable à l'absorption de la cobalamine.

L'hydrolyse complète des composants de la nourriture sera achevée dans l'**intestin grêle** grâce aux *enzymes* du **pancréas** et de la muqueuse intestinale. Les ions HCO_3^- du suc pancréatique sont nécessaires à la neutralisation du chyme acide. Les sels biliaires libérés avec la **bile** sont, de plus, indispensables à la digestion des graisses. Les produits de digestion (monosaccharides, acides aminés et dipeptides ainsi que les monoglycérides et les acides gras) seront absorbés au niveau de l'intestin grêle en même temps que l'eau, les sels minéraux et les vitamines.

En même temps que la bile sécrétée par le **foie** plusieurs *produits d'élimination* parviennent dans les selles (par ex., bilirubine). Par ailleurs, le foie occupe de nombreuses fonctions métaboliques. Il est, entre autres, un intermédiaire obligé pour presque toutes les substances provenant de l'intestin et est également capable de *détoxifier* de nombreuses substances étrangères ainsi que des produits terminaux du métabolisme et d'assurer leur élimination.

Le **gros intestin** est le dernier site d'absorption de l'eau et des ions ; il est occupé par des *bactéries* qui remplissent une fonction physiologique. Le gros intestin et en particulier le **cæcum** et le **rectum** constituent un site d'accumulation pour les fèces, si bien que la *défécation* ne se produit que relativement rarement en dépit de prises de nourriture assez fréquentes.

Les deux *plexus* situés dans la paroi de l'œsophage, de l'estomac et de l'intestin assurent la **régulation de la motilité et des sécrétions** du tractus gastro-intestinal. C'est par leur intermédiaire et celui du *système nerveux végétatif* et des *voies viscérales afférentes* que les réflexes interrégionaux et les influences modulatrices peuvent se produire. Par ailleurs, le tractus gastro-intestinal sécrète de nombreuses *hormones peptidiques* et des *transmetteurs* qui participent à la régulation du tractus gastro-intestinal et de ses glandes annexes.

De nombreux mécanismes spécifiques et non spécifiques participent à la **défense** contre les micro-organismes des quelque 100 m² de la surface intérieur du tractus gastro-intestinal. Déjà au niveau de la bouche, certains composants de la salive comme le *mucus*, les *immunoglobulines A* (IgA), le *lysozyme* inhibent la pénétration des microbes. Dans l'estomac, l'*acide chlorhydrique* et la *pepsine* ont une action bactéricide. Le tube digestif possède avec les **plaques de Peyer** un tissu lymphoïde propre, immunocompétent. Des cellules spéciales, *cellules M* (« membraneuses »), favorisent l'accès des antigènes jusqu'aux plaques de Peyer, qui peuvent alors y répondre par une sécrétion d'IgA (*immunisation* orale, ou de façon pathologique, *allergisation*). Dans l'épithélium intestinal, un *composant sécrétoire* sera associé aux IgA, pour protéger les IgA sécrétées contre les enzymes digestifs. Les **macrophages** de la paroi intestinale ou ceux situés dans les sinusoïdes hépatiques (*cellules étoilées de Kupffer*) forment une barrière supplémentaire contre l'entrée des micro-organismes.

A. Fonctions des organes du tractus gastro-intestinal

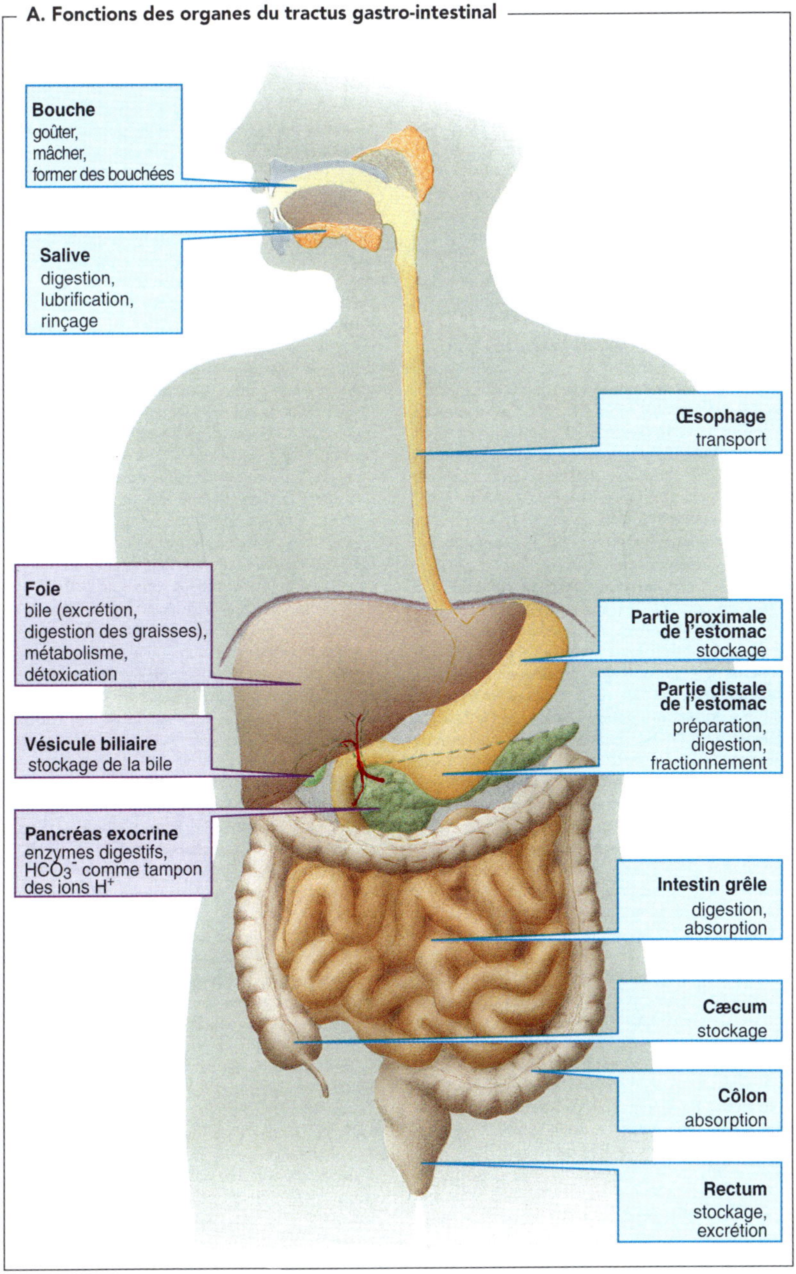

Œsophage

La paroi musculaire de l'œsophage est en partie striée (sur le tiers supérieur) et en partie lisse. Au moment de la **déglutition**, le *sphincter supérieur de l'œsophage* s'ouvre de façon réflexe, et une **onde** (primaire) **péristaltique réflexe** fait passer la bouchée dans l'œsphage. La distension déclenche d'autres ondes péristaltiques (secondaires) qui ne cessent que lorsque la bouchée a atteint l'estomac. Dès le début de la déglutition le *sphincter inférieur de l'œsophage* est ouvert par un réflexe vagovagal. Cette **relaxation réceptive** s'effectue par l'entremise des *neurones* inhibiteurs non cholinergiques-non adrénergiques (NANC) du plexus mésentérique (→ **A**).

La motilité œsophagienne, par exemple le cheminement de l'onde péristaltique, est évaluée grâce à des **mesures de pression** dans les différents segments de l'œsophage (→ **A1, A2**). La pression de repos à l'intérieur du sphincter inférieur est d'environ 20-25 mmHg. Au cours de la relaxation réceptive, elle tombe aux quelques millimètres de mercure qui règnent dans l'estomac (→ **A3**), ce qui permet l'ouverture du sphincter.

Le **sphincter inférieur de l'œsophage** est fermé la plupart du temps comme l'est le sphincter supérieur. Cette **barrière contre le reflux** du suc gastrique corrosif (pepsine et HCl) est renforcée lorsque la pression au niveau du sphincter augmente (→ **B**), sans doute via l'*acétylcholine* libérée à partir des cellules ganglionnaires du plexus mésentérique, via des agonistes α-adrénergiques, via des *hormones* comme la gastrine (réflexe de défense au moment des mouvements digestifs de l'estomac), la motiline (réflexe de défense contre des mouvements entre deux stades digestifs), la somatostatine et la substance P, via des *influences paracrines* (histamine, $PGF_{2\alpha}$), par des nourritures riches en protéine ainsi que par une *pression intra-abdominale élevée* (pression abdominale, adiposité, ascites). Cette pression pourrait enfoncer le sphincter, si un morceau de 3 à 4 cm de long du sphincter œsophagien inférieur n'était pas situé lui-même à l'intérieur de la cavité abdominale. De cette façon, la pression au niveau du sphincter (externe) augmente en même temps que la pression intra-abdominale. D'autre part, une partie du diaphragme forme une pince autour du sphincter inférieur de l'œsophage, de sorte que le sphincter est automatiquement étranglé au moment de l'extension du diaphragme causée par la pression abdominale. La présence d'un ligament phréno-œsophagien intact (→ **E1**) ainsi que l'existence d'un coude relativement aigu entre la fin de l'œsphage et l'estomac sont importants pour une bonne protection contre le *reflux au moment de la déglutition*.

Les influences qui diminuent la pression au niveau du sphincter **facilitent le reflux**. À côté du VIP et de l'ATP (le transmetteur des *neurones NANC* inhibiteurs), font partie de ces influences les agonistes β-adrénergiques, les *hormones* comme la sécrétine, la CCK et le GIP, les *signaux paracrines* (NO, PGI_2, PGE_2, dopamine), la grossesse (effet de la progestérone), une alimentation riche en graisses, etc.

Un **reflux sporadique** du suc gastrique dans la partie distale de l'œsophage est un phénomène physiologique quotidien. Il peut se produire à la suite d'une pression inopinée sur l'ensemble de l'estomac, au moment de la **déglutition** (ouverture du sphincter durant plusieurs secondes ; → **B5**, à droite) ou bien lors d'**ouvertures transitoires des sphincters** (→ **B5**, à gauche), qui peuvent durer jusqu'à 30 s et être déclenchées par un étirement important de la paroi de l'estomac et non par la déglutition elle-même. Ces ouvertures transitoires du sphincter font probablement partie des renvois réflexes qui permettent d'expulser de l'estomac l'air et le CO_2 avalés. Le fait qu'un reflux non négligeable se déclenche à cette occasion est probablement lié à la diminution importante du pH dans la partie distale de l'œsophage (→ **B4**).

Trois mécanismes participent à la défense de la muqueuse œsophagienne après un reflux :

- une **clairance du volume**, c'est-à-dire le retour rapide du renvoi dans l'estomac, par le biais du réflexe péristaltique de l'œsophage. En temps normal, un volume de reflux de 15 ml ne demeure (à l'exception d'un petit résidu) que 5-10 s dans l'œsophage (→ **B1**) ;
- le reste de suc gastrique, laissé derrière lui par ce phénomène de clairance, présente une valeur de pH inchangée, basse. Ce pH va d'abord augmenter par paliers (→ **B2**), à chaque déglutition (→ **B3**), ce qui signifie que la *salive* avalée *contribue à la neutralisation du résidu du renvoi* : **clairance du pH**. Cette action dépend de la quantité et du pouvoir tampon de la salive ;
- la paroi de l'œsophage possède un **épithélium présentant des propriétés de barrière**. La couche cornée (stratum corneum), située du côté luminal, représente une épaisseur d'environ 10 couches de cellules (sur les 25-30 couches de l'épithélium, → **E**, à droite) et est particulièrement épaisse. La pénétration des composants agressifs du suc gastrique (ions H^+, pepsine et sels biliaires) est ainsi fortement gênée. Par ailleurs, comme dans le cas de la muqueuse gastrique (→ p. 144), les ions H^+ ayant pénétré dans la cellule sont transportés très efficacement vers l'extérieur (échangeur Na^+/H^+), tandis que des ions HCO_3^- sont sécrétés dans un périmètre plus faible.

A. Motilité de l'œsophage

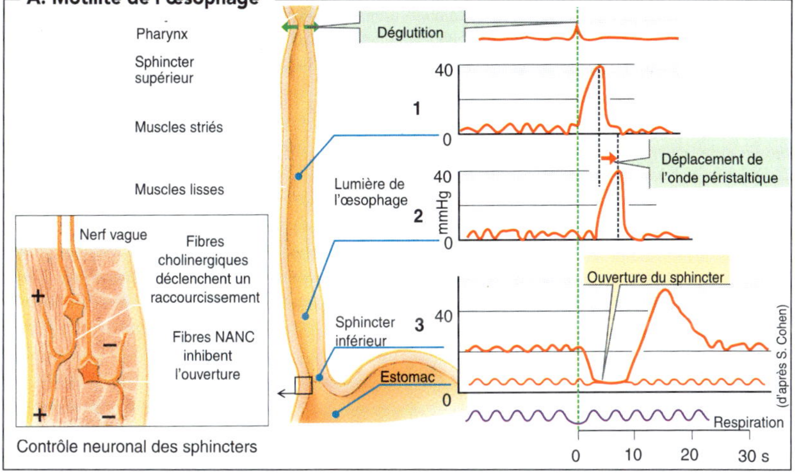

B. Pression, clairance du volume et du pH de la partie distale de l'œsophage

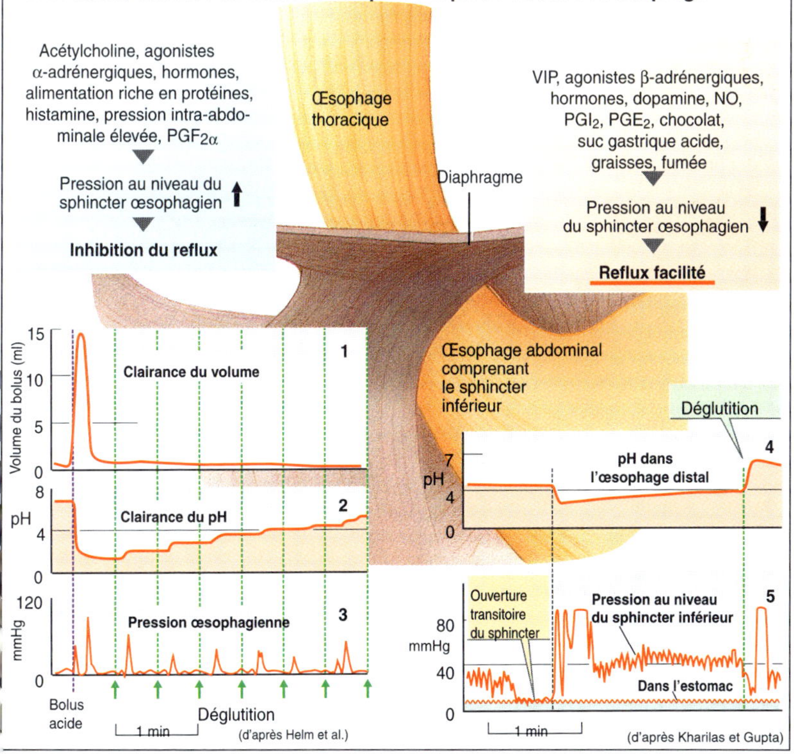

▶

Les **altérations fonctionnelles** les plus importantes de l'**œsophage** ont pour origine une mobilité anormale (hyper- ou hypomobilité, troubles de coordination), ou le fait que les mécanismes de défense contre le reflux ne sont plus adaptés (maladie du reflux gastro-œsophagien).

Les causes d'une **hypermotilité** peuvent être un *épaississement de la couche musculaire*, une *sensibilité musculaire* accrue aux transmetteurs excitateurs (acétylcholine) ou aux hormones (gastrine, entre autres) ainsi qu'une diminution de la sensibilité aux influences inhibitrices (par ex., VIP). Une *augmentation de l'activité* des neurones cholinergiques et une diminution de l'activité des neurones inhibiteurs NANC peuvent également être à l'origine de ces troubles. Finalement on peut aboutir à une **achalasie** (→ **C**), dont est responsable une diminution du nombre des *neurones NANC* intramuraux, ainsi que des capacités de réaction de ces neurones à l'acétylcholine libérée au niveau préganglionnaire. La **conséquence** de ces troubles chez des patients achalasiques est une *élévation* notable *de la pression de repos dans le sphincter inférieur*. La relaxation réceptive se met en place tardivement et est surtout trop faible de sorte que la pression au niveau du sphincter est également plus forte que celle régnant dans l'estomac au moment de la phase de relaxation réceptive (→ **C**, en bas). Ce phénomène se traduit par une accumulation de la nourriture avalée dans l'œsophage et une augmentation de la pression globale avec pour conséquence, le cas échéant, une *dilatation* énorme *de l'œsophage* (→ **C**). Le déplacement de l'onde péristaltique s'arrête également (comparez **A1, A2** et **C**, à droite). Les **symptômes** de l'achalasie sont donc une dysphagie (difficultés à avaler), une régurgitation de la nourriture (rien à voir avec un vomissement !), des douleurs au niveau du sternum et une perte de poids. Les **complications** aggravantes d'une achalasie sont une *œsophagite* et une *pneumonie*, qui apparaissent à cause de l'aspiration du contenu de l'œsophage (contenant des bactéries).

Une **hypomotilité** de l'œsophage a les origines inverses de celles décrites ci-dessus pour l'hypermotilité. Une maladie auto-immune, la **sclérodermie** (→ **D**), repose à un stade précoce sur un défaut neuronal qui a pour conséquence ultérieure une atrophie des muscles lisses de l'œsophage et une disparition du péristaltisme dans la partie distale de l'œsophage. Au contraire de ce qui se passe dans l'achalasie, la *pression au niveau du sphincter diminue* de sorte que se développe une maladie du reflux œsophagien (voir ci-dessous).

Maladie du reflux œsophagien (→ **E**). Le reflux du suc gastrique est dans une certaine mesure un phénomène physiologique (voir ci-dessus), cependant les *brûlures d'estomac* indiquent l'existence d'une œsophagite due aux reflux. Les facteurs **déclenchants** peuvent être :

- les influences qui peuvent diminuer la pression au niveau du sphincter inférieur de l'œsophage (→ **B, D**) ;
- une augmentation de la fréquence des ouvertures transitoires du sphincter (aérophagie, boissons contenant du CO_2) ;
- une diminution de la clairance du volume (trouble du péristaltisme de la partie distale de l'œsophage) ;
- une clairance du pH plus courte ou ralentie, par exemple en cas d'une diminution du flux salivaire (sommeil, carence chronique en salive [xérostomie]) ou une diminution de la capacité tampon de la salive (fumeurs de cigarettes) ;
- une hernie hiatale qui a pour conséquence que la partie abdominale de l'œsophage est déplacée vers l'espace thoracique (→ **E**, à droite). Il manque alors un important mécanisme de fermeture du sphincter en cas d'élévation de la pression intra-abdominale ;
- une irritation ou une lésion directe de la muqueuse de l'œsophage, par exemple par des citrons, une alimentation à base de tomates, des épices, des alcools forts, des anti-inflammatoires non stéroïdiens (→ p. 142).

La **conséquence** d'une maladie chronique du reflux gastro-œsophagien est une *métaplasie* de l'*épithélium* dans la partie distale de l'œsophage, phénomène précancéreux qui peut aboutir à un *carcinome*.

C. Achalasie

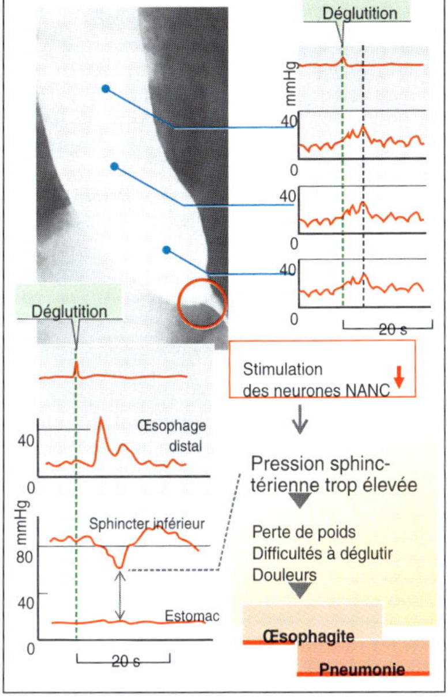

D. Sclérodermie

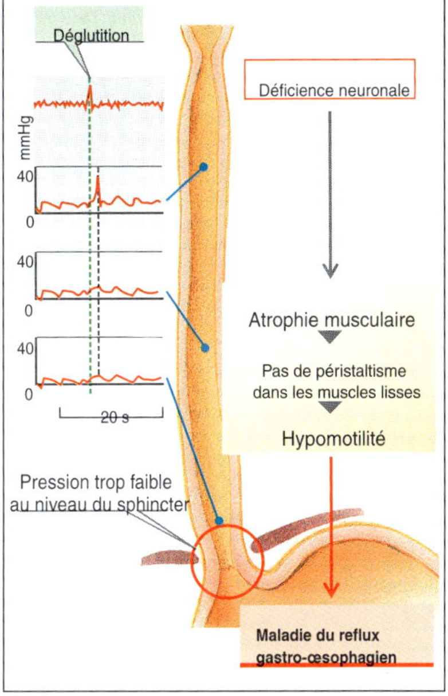

E. Maladie du reflux gastro-œsophagien

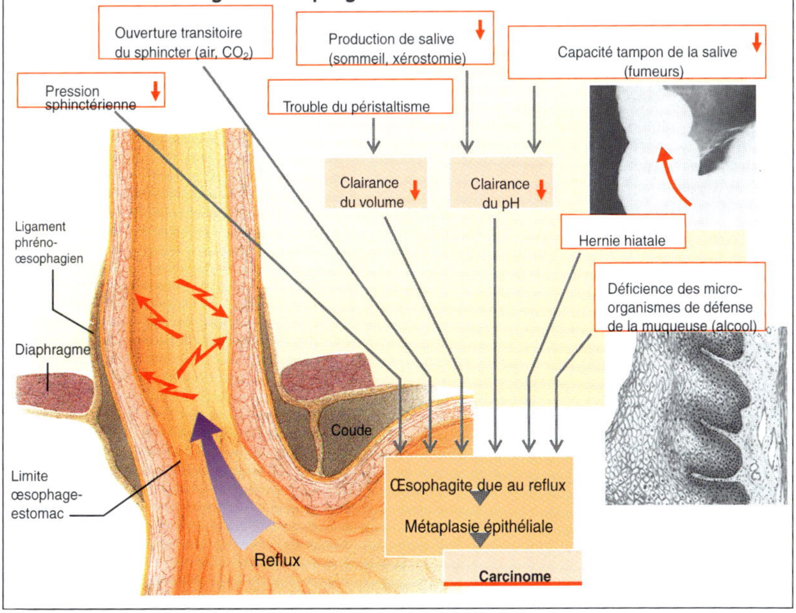

C. Photo tirée de P Thum et al. Einführung in die radiologische Diagnostk, 10e éd. Stuttgart, Thieme, 1998.
E. Photo tirée de J. Treichel. Doppelkontrastuntersuchung des Magens, 2e éd. Stuttgart, Thieme, 1990.

Nausées et vomissements

Le vomissement et ses **signes avant coureur**, la nausée et l'étranglement sont des *réflexes de défense*, mais également des *symptômes* importants. Les vomissements chroniques peuvent déclencher des *troubles* sévères.

Le **centre du vomissement** situé dans la medulla oblongata (→ **A**, en haut) est, entre autres, gouverné par les **chémorécepteurs** de l'area postrema dans le plancher du quatrième ventricule (*zone de stimulation riche en chémorécepteurs, ZSC*), un emplacement où la barrière hémato-encéphalique est moins épaisse. Cette zone est activée par les agonistes dopaminergiques comme l'apomorphine (**émétique** utilisé sur le plan thérapeutique), par de nombreux médicaments ou des toxines comme les digitaliques, la nicotine, l'entérotoxine du staphylocoque ou encore l'hypoxie, l'urémie et le diabète. Les cellules de la ZSC possèdent également des récepteurs pour les neurotransmetteurs (par ex., noradrénaline, sérotonine, GABA, substance P) qui permettent une régulation neuronale de ce centre.

Le centre du vomissement peut également être activé sans intervention de la ZSC, par exemple par une stimulation non physiologique des organes de l'équilibre : **kinétoses**. De même, des **maladies vestibulaires** comme la *maladie de Ménière* déclenchent des nausées et des vomissements.

Le centre du vomissement peut être activé par l'intermédiaire d'afférences vagales provenant du **tractus gastro-intestinal** par :

- une *dilatation anormale* de l'estomac ou une *lésion* de la muqueuse gastrique, par exemple par l'alcool ;
- par un *ralentissement de la vidange gastrique* causé par des efférences végétatives (provenant également du centre du vomissement), par des aliments difficiles à digérer ainsi que par un blocage de la sortie de l'estomac (sténose du pylore, tumeur) ou de l'intestin (atrésie, maladie de Hirschsprung, iléus ; → p. 156) ;
- par une *dilatation exagérée* ou une *inflammation* du péritoine, des voies biliaires, du pancréas et de l'intestin.

Finalement, les afférences viscérales en provenance du **cœur** peuvent également déclencher nausées et vomissements par exemple lors d'une ischémie coronaire. Au premier trimestre de la **grossesse**, se produisent souvent des vomissements matinaux, qui peuvent exceptionnellement provoquer des troubles liés aux vomissements (voir ci-dessous). Les **vomissements psychogènes** se produisent le plus souvent chez des jeunes filles (non enceintes) et peuvent avoir pour cause des conflits sexuels, des problèmes domestiques ou la perte d'un soutien parental. Il est possible de déclencher un vomissement **sans motif**, en enfonçant son doigt dans sa gorge (afférences des détecteurs de contact au niveau du pharynx). Ce geste peut à l'occasion, être libérateur mais il est réalisé si souvent par les malades souffrant de boulimie (→ p. 26) qu'il peut occasionner des conséquences graves (voir ci-dessous).

Finalement, l'**exposition aux rayonnements** (par ex., traitement d'une tumeur) et une augmentation de la **pression intracrânienne** (hémorragie cérébrale, tumeur) sont sur le plan clinique des facteurs importants du déclenchement de nausées et de vomissements.

Les conséquences de vomissements chroniques (→ **A**, en bas) sont dus à la diminution des apports alimentaires (**malnutrition**), ainsi qu'à la **perte des sucs gastriques**. Par la même occasion seront également perdues la salive avalée, les boissons ainsi, le cas échéant, que les sécrétions de l'intestin grêle, entraînant une *hypovolémie*. La *sécrétion d'ADH* initiée par le centre du vomissement retient certes l'eau, mais le risque est maintenant celui d'une *hyponatrémie*, due à une dilution plasmatique et encore renforcée par une élimination rénale supplémentaire de $NaHCO_3$. Cette dernière est déclenchée par une *alcalose non respiratoire*. Celle-ci provient du fait que les cellules accessoires de l'estomac libèrent dans le sang un ion HCO_3^- pour chaque ion H^+ sécrété dans la lumière. Comme les ions H^+ (10-100 mmol/l de suc gastrique) sont vomis, et que leur neutralisation dans le duodénum ne nécessite plus de HCO_3^-, celui-ci s'accumule dans l'organisme. L'alcalose sera renforcée par une *hypokaliémie* : les ions K^+ seront perdus aussi bien avec les vomissures (nourriture, salive et suc gastrique) qu'avec l'urine (l'*hyperaldostéronisme* dû à l'hypovolémie conduit en même temps qu'une réabsorption accrue de Na^+ à une élimination accrue de K^+, → p. 98 et 122 *sqq.*).

Le fait de vomir et les vomissures occasionnent d'autres lésions : une *rupture de l'estomac*, les *crevasses* de la *paroi œsophagienne* (syndrome de Mallory-Weiss), les *caries* (acidité !), les inflammations de la muqueuse buccale ainsi que les *pneumonies d'aspiration* en sont les exemples les plus importants.

A. Origines et conséquences d'un vomissement

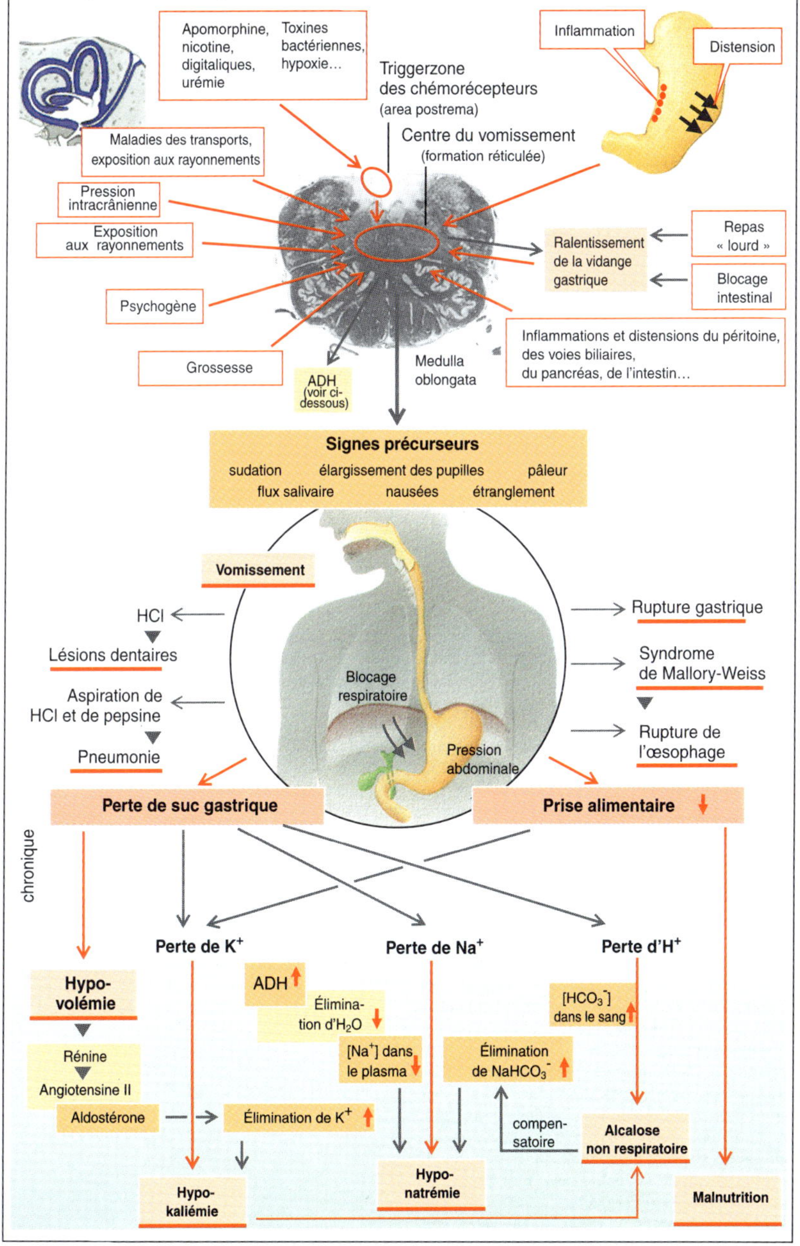

Gastrites

En simplifiant, il est possible de distinguer trois types principaux de gastrites :
- la *gastrite érosive* et *hémorragique* ;
- la *gastrite chronique active* mais *non érosive* ;
- la *gastrite atrophique* (atrophie des glandes gastriques).

(Comme dans de nombreuses gastrites on n'observe pas de réaction inflammatoire complète, on utilise souvent le terme récent de *gastropathies*.)

La **gastrite érosive** et **hémorragique** (→ **A1**) peut avoir de nombreuses causes, par exemple :
- la prise d'anti-inflammatoires non stéroïdiens (AINS) dont l'action délétère locale et systémique sur les muqueuses est décrite en détails à la page 146 ;
- une ischémie (vascularite ou course de fond de longue durée) ;
- un stress (défaillances multiples, brûlure, opération, traumatisme crânien) au cours duquel la gastrite est effectivement liée en partie à l'ischémie ;
- un abus d'alcool ou l'absorption de produits caustiques ;
- des traumatismes (sonde gastrique, ingestion d'un corps étranger, étranglement et vomissement, etc.) ;
- un traitement par des rayonnements.

Ce type de gastrite peut conduire rapidement à un **ulcère aigu** (par ex., après un stress ou un traitement par des AINS ; → p. 146), avec le danger d'un *saignement gastrique* important ou d'une *perforation* de la paroi de l'estomac (→ **A1**).

La **gastrite chronique active mais non érosive** (« type B », → **A2**) est le plus souvent localisée au niveau de l'*antrum*. Comme on l'a mis en évidence de plus en plus nettement au cours de ces dernières années, la cause majeure est une colonisation de l'antre par la bactérie *Helicobacter pylori*, qui peut être soignée par un traitement antibiotique (voir aussi Ulcère, → p. 144 *sqq.*). La colonisation par *Helicobacter* diminue non seulement les mécanismes de défense mais peut également stimuler la sécrétion antrale de gastrine et donc celle du suc gastrique dans le fundus, une conjonction d'événements qui favorise l'apparition d'un **ulcère chronique**.

Une quatrième forme, dite encore **gastrite réactive** (→ **A4**), apparaît à proximité des gastrites érosives (voir ci-dessus), des ulcères ou des incisions d'opération. Lors d'une opération de l'antre ou du pylore, cette gastrite réactive peut en partie être liée à un reflux entérogastrique (**gastrite de reflux**), au cours duquel les enzymes intestinaux ou pancréatiques ainsi que les sels biliaires attaquent la muqueuse gastrique. D'un autre côté, le pH alcalin du suc intestinal lève l'inhibition de la sécrétion de gastrine. Ces conditions représentent un milieu hostile pour *Helicobacter pylori*. (Pour les mêmes raisons, l'invasion d'*Helicobacter* est diminuée en cas de gastrite atrophique.)

La **gastrite atrophique** (« type A », → **A3**), localisée principalement au niveau du fundus, a des causes totalement différentes. Chez ces patients, on trouve dans le suc gastrique et en général au niveau plasmatique des **autoanticorps** (principalement de type G, des infiltrations de plasmocytes et de lymphocytes B) dirigés contre des fragments ou des produits des **cellules accessoires** (→ **A**, en haut à droite), tels que les lipoprotéines microsomiales, le récepteur de la gastrine, l'anhydrase carbonique, l'ATPase H^+/K^+ et le facteur intrinsèque (FI). Les cellules accessoires vont alors s'atrophier tandis que la sécrétion d'acide et celle du facteur intrinsèque diminuent fortement (*achlorhydrie*). Les anticorps anti FI vont bloquer la liaison de la cobalamine (vit. B_{12}) au FI ou l'endocytose du complexe FI-cobalamine au niveau de l'iléon, ce qui va susciter à long terme une carence en cobalamine et une **anémie pernicieuse** (→ Sang, p. 34). Lors d'une gastrite atrophique, la sécrétion de gastrine augmente par réaction provoquant une *hypertrophie des cellules G*. Vraisemblablement comme conséquence du niveau élevé de gastrine, on observe une *hyperplasie des cellules ECL* (*enterochromaffin like cells*), qui portent les récepteurs de la gastrine et sont responsables de la production d'histamine dans la paroi de l'estomac. Cette hyperplasie des cellules ECL peut, le cas échéant, dégénérer en un **carcinoïde**. Le danger principal en cas de gastrite atrophique est en effet l'extension des zones *métaplasiques* de la muqueuse, qui, étant précancéreuses, peuvent aboutir à un **carcinome de l'estomac**.

Les **gastrites provoquées par des parasites spécifiques**, comme le bacille de la tuberculose, les virus de l'herpès ou le Cytomégalovirus, les champignons comme le *Candida albicans*, sont relativement rares. Ces gastrites se produisent souvent chez des patients immunodéprimés (SIDA, traitement immunosuppresseur à la suite d'une transplantation).

A. Gastrites

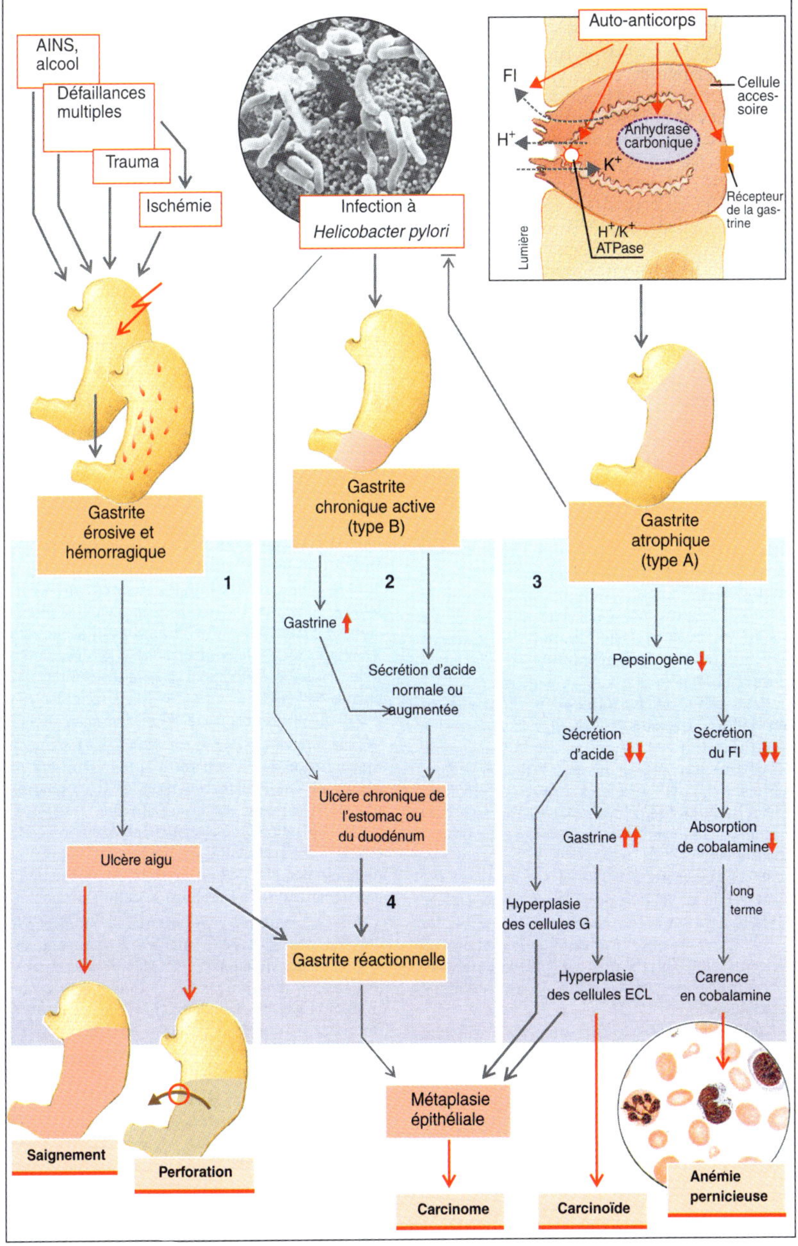

Figure 6-5 **Gastrites**

Ulcères

Les **ions H^+** contenus dans le suc gastrique sont sécrétés par les cellules accessoires qui possèdent à cet effet dans leur membrane luminale, une H^+/K^+ ATPase, tandis que les cellules principales enrichissent les sécrétions glandulaires avec du *pepsinogène* (→ **A**). Les protéines alimentaires seront dénaturées par la concentration élevée en ions H^+ (pH 1-2), et le pepsinogène sera activé en *pepsine*. Ces endopeptidases vont ensuite cliver certaines des liaisons peptidiques des protéines alimentaires.

Le **contrôle de la sécrétion du suc gastrique** (→ **A1**) est effectué par voie nerveuse et par voie endocrine, paracrine et autocrine. Parmi les facteurs **stimulants**, on trouve l'*acétylcholine* (récepteurs muscariniques M1, neurones à GRP [*gastrin releasing peptide*], au niveau desquels le GRP libère de la gastrine), la *gastrine* (action endocrine) qui provient des cellules G de l'antre, et l'*histamine* (action paracrine, récepteurs H_2) sécrétée par les cellules ECL (*enterochromaffin like cells*) et les mastocytes de la paroi gastrique. Parmi les **inhibiteurs** on trouve la *sécrétine* (action endocrine) issue de l'intestin grêle, la *SIH* (inhibe la sécrétion de la gastrine), ainsi que les *prostaglandines* (entre autres E_2 et I_2), le *TGFα* et l'adénosine (tous par voie paracrine et autocrine). L'inhibition de la sécrétion de gastrine par la concentration élevée d'ions H^+ régnant dans la lumière gastrique constitue un important mécanisme de régulation (rétrocontrôle négatif, → **A1**, à gauche).

Protection de la muqueuse gastrique et duodénale. Comme le mélange acide-pepsine contenu dans les sécrétions gastriques dénature et dégrade les protéines, la paroi gastrique et la paroi duodénale qui, en effet, contiennent des protéines doivent être protégées contre ce suc agressif. Les mécanismes suivants vont participer à cette protection (→ **A2**) :

1. un film muqueux gélifié d'une épaisseur de 0,1 à 0,5 mm protège la paroi supérieure de l'épithélium gastrique. Le mucus est sécrété par les cellules accessoires (estomac) ou les cellules en gobelet (intestin) (ce mucus peut être dépolymérisé par les pepsines et donc passer sous forme soluble) ;
2. l'**épithélium sécrète des ions HCO_3^-** qui vont non seulement s'accumuler dans la couche de liquide en contact direct avec l'épithélium mais vont également diffuser dans le mucus, où ils vont tamponner les ions H^+ provenant de la lumière de l'estomac. Les *prostaglandines* constituent un important stimulant de cette sécrétion d'HCO_3^- ;
3. l'**épithélium lui-même** (membrane cellulaire apicale, *tight junction*) *possède* également *des propriétés de barrière*. Il peut empêcher de façon importante l'entrée des ions H^+ ou refouler très efficacement vers l'extérieur les ions H^+ ayant pénétré (présence d'un échangeur Na^+/H^+ sur la seule face basolatérale). Ces propriétés sont, entre autres, régulées par l'*EGF* (*epithelial growth factor*) contenu dans la salive et qui va se fixer à des récepteurs situés sur la membrane apicale des cellules épithéliales. Des mécanismes antioxydants, dépendants du glutathion, participent également à cette *cytoprotection* ;
4. la dernière ligne de défense est enfin une bonne **irrigation sanguine de la muqueuse.** Le sang emporte rapidement les ions H^+ ou fournit un apport d'ions HCO_3^- et les substrats du métabolisme énergétique.

Réparation et cicatrisation de l'épithélium. Plusieurs mécanismes existent pour réparer les lésions de l'épithélium survenues malgré la présence de ces dispositifs de protection (→ **B**, en bas à gauche) :

- les cellules voisines de la lésion s'aplatissent et ferment la lacune en migrant latéralement le long de la membrane basale. Ce mécanisme de **restitution** dure environ 30 min ;
- la fermeture de la lésion par **multiplication cellulaire** dure plus longtemps. Les facteurs stimulants sont ici l'EGF, le TGFα, l'IGF-1 (insulin like growth factor 1), la bombésine et la gastrine. Lors d'une blessure épithéliale, ce sont les cellules qui renferment un facteur de croissance semblable à l'EGF qui prolifèrent particulièrement rapidement ;
- si la membrane basale est également lésée, des **mécanismes de cicatrisation aigus** se mettent en place : attraction de leucocytes et de macrophages, phagocytose des résidus cellulaires nécrosés, revascularisation (angiogenèse), régénération de la matrice extracellulaire et, finalement, après la réparation de la membrane basale, fermeture de la lésion par restitution et division cellulaire.

Les risques d'une *érosion de l'épithélium* et par voie de conséquence d'un **ulcère** sont toujours associés à des situations où les *mécanismes de protection et de réparation sont affaiblis* et/ou l'*agression chimique* du mélange acide-pepsine est trop forte ou dure trop longtemps (→ **A3** et **B**, en haut). Les ulcères gastriques ou duodénaux peuvent donc avoir plusieurs **origines**.

L'**infection par *Helicobacter pylori*** est la *cause d'ulcère la plus fréquente*. L'administration d'antibiotique s'est donc logiquement imposée depuis quelques temps comme le traitement le plus efficace des ulcères non liés aux AINS (voir ci-dessous). La bactérie survit à l'environnement acide de la couche de mucus vraisemblablement

A. Sécrétion du suc gastrique, protection de la muqueuse et danger d'un ulcère

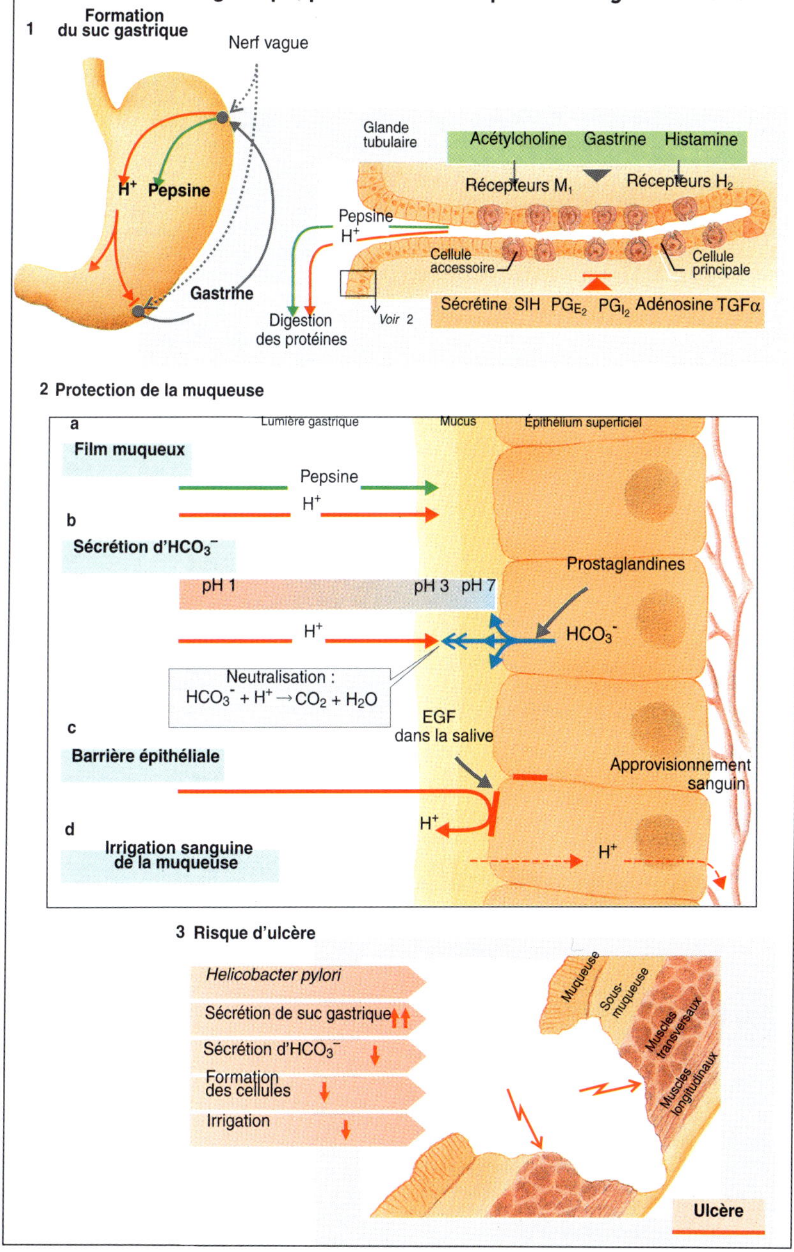

du CO_2 et du NH_3 ou des ions HCO_3^- et NH_4^+ et peut ainsi neutraliser elle-même les ions H^+ qui l'entourent. *H. pylori* peut être transmis d'un individu à un autre et provoque une inflammation de la muqueuse gastrique (gastrite en particulier dans l'antre ; p. 142), à partir de laquelle un ulcère de l'estomac ou du duodénum a 10 fois plus de risques de se développer que chez une personne ne présentant pas une telle gastrite. La cause de l'ulcère est en premier lieu à rechercher dans l'*altération de la fonction de barrière* de l'épithélium lors de l'infection (→ **A, B**).

Il est probable que soit associée également à cette formation d'ulcère liée à l'infection une agression chimique accrue, peut-être via des *radicaux libres oxygénés* produits par la bactérie elle-même ou par les leucocytes et les macrophages participant à la défense anti-inflammatoire, ou encore via la *pepsine* car *H. pylori* stimule la sécrétion de pepsinogène.

Le fait que l'infection de l'antre gastrique conduise fréquemment à un **ulcère duodénal** est vraisemblablement lié à l'*augmentation de la sécrétion de gastrine* dans l'antre lors de l'infection. La sécrétion d'acide et de pepsinogène est donc augmentée, et l'épithélium duodénal est exposé à une agression chimique plus importante. Celle-ci provoque la transformation de l'épithélium (*métaplasie*) qui, à son tour, facilite la nidation d'*H. pylori*, conduisant à une *duodénite* et une métaplasie renforcée et ainsi de suite.

La prise d'**a**nti-**i**nflammatoires **n**on **s**téroïdiens (**AINS**) comme l'indométacine, le diclofénac et l'acide acétylsalicylique à fortes doses fait partie des causes d'ulcères les plus fréquentes. Leur action anti-inflammatoire et analgésique repose sur leur capacité à inhiber la cyclo-oxygénase et donc à *bloquer* la *synthèse de prostaglandines* (à partir d'acide arachidonique). Un des effets secondaires des AINS est d'inhiber également par voie systémique la synthèse des prostaglandines dans l'épithélium gastrique et duodénal, ce qui d'un côté *diminue la sécrétion d'*HCO_3^- (affaiblissement de la défense de la muqueuse ; → **B**, en haut et à gauche), et d'un autre côté *désinhibe la sécrétion d'acide* (→ **A1**). De plus, ils lèsent localement l'épithélium par une diffusion non ionique dans les cellules de la muqueuse (le pH du suc gastrique est très inférieur au pKa des AINS !). Lors d'un traitement par les AINS un ulcère aigu peut ainsi se développer au fil des jours ou des semaines. Compte tenu de l'action inhibitrice des AINS sur l'agrégation des plaquettes le risque de saignement de l'ulcère est accru.

Les **ulcères aigus** se produisent également en cas de surcharges importantes de l'organisme (**stress**), par exemple après une grave opération, lors de brûlures étendues ou lors d'un choc associé à des défaillances multiples. Dans ce cas, la cause principale est vraisemblablement la concentration élevée du *cortisol* plasmatique qui est associé avec des *perturbations de l'irrigation* de la muqueuse.

Des **facteurs psychologiques** prennent souvent une part dans la genèse d'un ulcère. Une tension psychologique forte sans possibilité d'extériorisation (cortisol élevé) et/ou une altération de la capacité à supporter des difficultés « habituelles », par exemple sur le plan professionnel, en sont souvent la cause. L'élévation psychogène des niveaux de sécrétion d'acide ou de pepsinogène ansi que des comportements erronés (tabagie importante, comprimés contre les migraines [AINS !], alccols forts) sont souvent impliqués.

La **tabagie** est un facteur de risque pour l'apparition d'un ulcère. Il semble dans ce cas que se cumulent un ensemble de facteurs, dont chacun n'a qu'un effet modéré (→ **B**). L'**alcool** en grandes quantités ou à concentrations élevées lèse la muqueuse, tandis qu'une consommation modérée de vin ou de bière va, par le biais de composants non alcoolisés, augmenter la sécrétion gastrique.

Parmi les **causes plus rares d'ulcère**, on va trouver des tumeurs, qui sécrètent de la gastrine de façon autonome (*gastrinome*, syndrome de Zollinger-Ellison), une *mastocytose* systémique ou une *basophilie* avec une concentration élevée d'histamine dans le plasma.

À côté du traitement par les antibiotiques (voir ci-dessus) et de l'opération (rarement indispensable), le **traitement de l'ulcère** repose sur un blocage de la sécrétion de pepsinogène et d'acide par des inhibiteurs des récepteurs H_2 et M_1 (→ **A1**) et/ou de la H^+/K^+ ATPase (→ p. 143, à droite et en haut). Les produits appelés antiacides agissent en partie comme tampons du pH dans la lumière mais aussi sur la muqueuse, par d'autres mécanismes encore mal connus.

B. Origine d'un ulcère

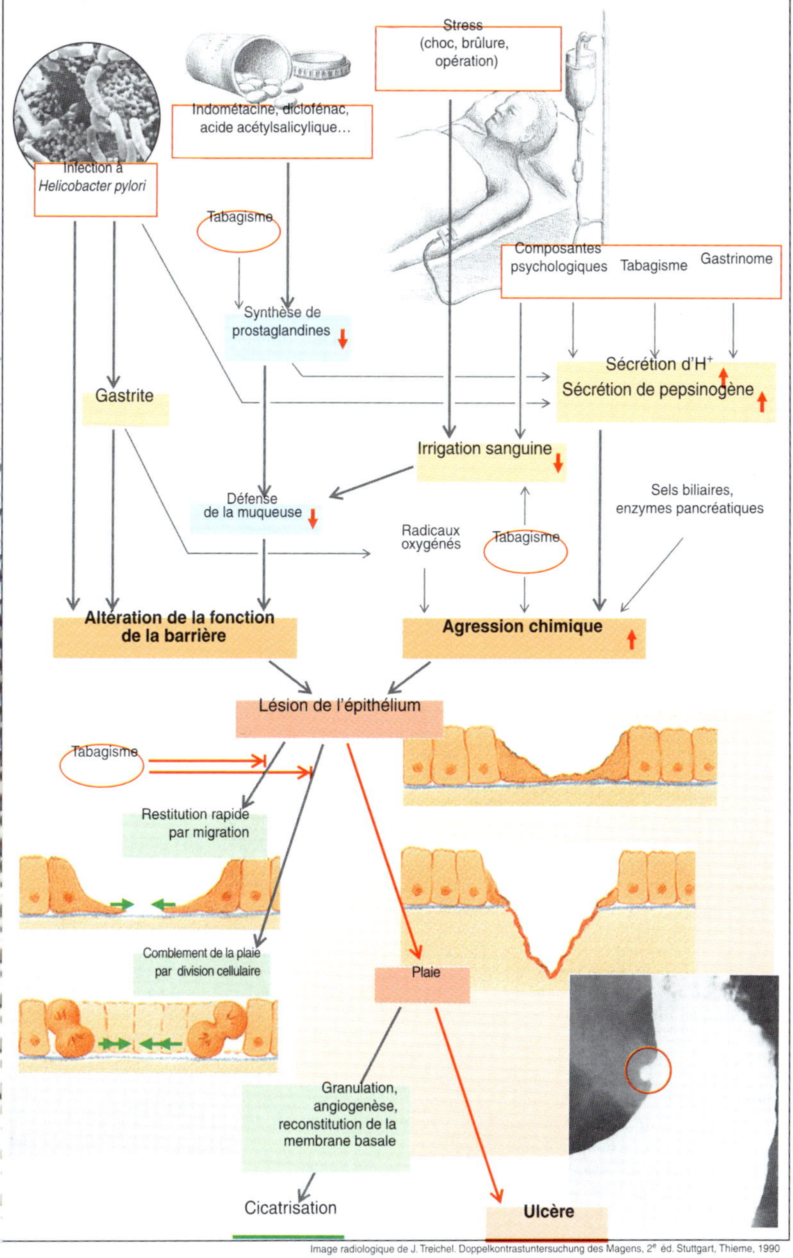

Image radiologique de J. Treichel. Doppelkontrastuntersuchung des Magens, 2e éd. Stuttgart, Thieme, 1990

Troubles consécutifs à une opération de l'estomac

L'ablation de l'estomac (**gastrectomie**) avec mise en place d'un estomac artificiel à l'aide d'une boucle duodénale, ainsi que la **résection de l'estomac** (Billroth I et II, ou Roux) font partie des traitements des tumeurs gastriques. Les ulcères à l'estomac résistants aux traitements ont été traités également par **vagotomie** sélective (VT). La vagotomie non sélective est souvent inévitable lors d'ablations de tumeurs ou en cas de saignements. Ces atteintes conduisent parfois à des **altérations fonctionnelles** non désirées (→ **A**).

Le rétrécissement chirurgical de l'estomac et l'altération des réflexes d'accommodation et de relaxation réceptive (VT) augmentent la tension de la paroi stomacale lors d'un repas ce qui peut conduire à un *sentiment de satiété*, des *nausées* et des *vomissements* ainsi qu'à un *rassasiement prématuré*. La **vidange trop rapide de l'estomac** est lourde de conséquence. Elle est due 1) au fait que le réflexe d'accommodation est absent et donc que le gradient de pression de l'estomac vers l'intestin grêle est augmenté ; 2) à l'absence de l'antre et du pylore qui assurent une fonction de segmentation ; 3) au fait que la vidange de l'estomac n'est plus inhibée par l'intestin. C'est en particulier le cas lors d'une vagotomie (disparition du réflexe vagovagal) ou d'une résection, Billroth II ou Roux (contournement des chémorécepteurs duodénaux).

Les **conséquences** d'une vidange trop rapide de l'estomac sont (→ **A**, en bas) :

- le **volume trop élevé de chyme** par unité de temps distend la paroi de l'intestin et déclenche des *nausées*, des *vomissements*, des *crampes* et des *douleurs* ainsi qu'une *dilatation des vaisseaux cutanés* (flush), une tachycardie, des palpitations et des troubles de la régulation orthostatique ;
- l'**hypertonicité** du chyme, trop rapidement évacué, est également responsable de ce **syndrome précoce de Dumping** (qui intervient 30-60 min après le repas). La *sécrétion d'eau* dans l'intestin grêle provoquée par ces conditions osmotiques 1) renforce la distension de l'intestin, 2) provoque des *coliques* et 3) conduit à des réactions cardiovasculaires ultérieures en raison de la survenue d'une *hypovolémie* ;
- par ailleurs, l'eau ainsi sécrétée *dilue les enzymes et les sels biliaires* dans la lumière intestinale, ce qui peut être critique, entre autres, pour la libération du fer héminique à partir de l'hémoglobine contenue dans les aliments ou pour l'absorption des graisses (voir ci-dessous Vitamine D) ;
- les concentrations élevées d'hydrates de carbones et en particulier de sucres (confiture) contenues dans le chyme conduisent également à des malaises, car l'absorption rapide de glucose provoque un *pic d'hyperglycémie*, qui déclenche 90-180 minutes après le repas une *hypoglycémie réactionnelle* liée à l'insuline (confusion, perte de conscience), encore appelé **syndrome tardif de Dumping** ;
- la vidange rapide du chyme aboutit à ce que les capacités de digestion de la partie supérieure de l'intestin ne suffisent plus à la tâche, ce qui est également accentué par le fait que, lors d'une vagotomie, la sécrétion de suc pancréatique est diminuée de moitié. De même, lors d'une opération de Billroth ou de Roux, le duodénum n'est pas sur le trajet du chyme, de sorte que le signal normal pour la sécrétion de sécrétine ou de CCK est maintenant absent. La conséquence est que la *partie distale de l'intestin grêle* est également impliquée dans la digestion et l'absorption. Les chémorécepteurs situés dans cette zone participent fortement au déclenchement des signaux hormonaux et des réflexes qui suscitent la satiété. On renforce donc la sensation de **satiété prématurée** (voir ci-dessus), si bien que ces patients ne mangent pas assez (**perte de poids**). La **préparation insuffisante du chyme** joue également un rôle dans le déplacement du processus de digestion vers la partie distale de l'intestin. Après une résection distale de l'estomac, des morceaux de nourriture trop gros (> 2 mm) quittent l'estomac. Comme un bon tiers du fer alimentaire provient de l'hémoglobine (viande), une digestion incomplète des gros morceaux de viande diminue la biodisponibilité du fer de l'hème. L'opération de Billroth II (mais pas celle de Roux) conduit le cas échéant au syndrome de la boucle aveugle (*blind-loop syndrome,* → p. 34 et 152).

La **diminution de la sécrétion d'ions H^+** par l'estomac diminue la libération du fer alimentaire à partir de complexes ainsi que l'absorption du fer (II). La disparition des sources de fer conduit finalement à une **anémie par carence en fer** (→ p. 38). De plus, la diminution du nombre et de l'activité des cellules accessoires aboutit à une diminution de la sécrétion du *facteur intrinsèque* (FI). Si elle descend en dessous de 10 p. 100 de la valeur normale, l'*absorption de cobalamine* en souffre et l'on obtient à long terme une **carence en cobalamine**, qui renforce encore l'anémie (→ p. 34). La *carence en Ca^{++}* et en *vitamine D* provoque enfin une **ostéomalacie** (→ p. 132).

A. Troubles consécutifs à une opération de l'estomac

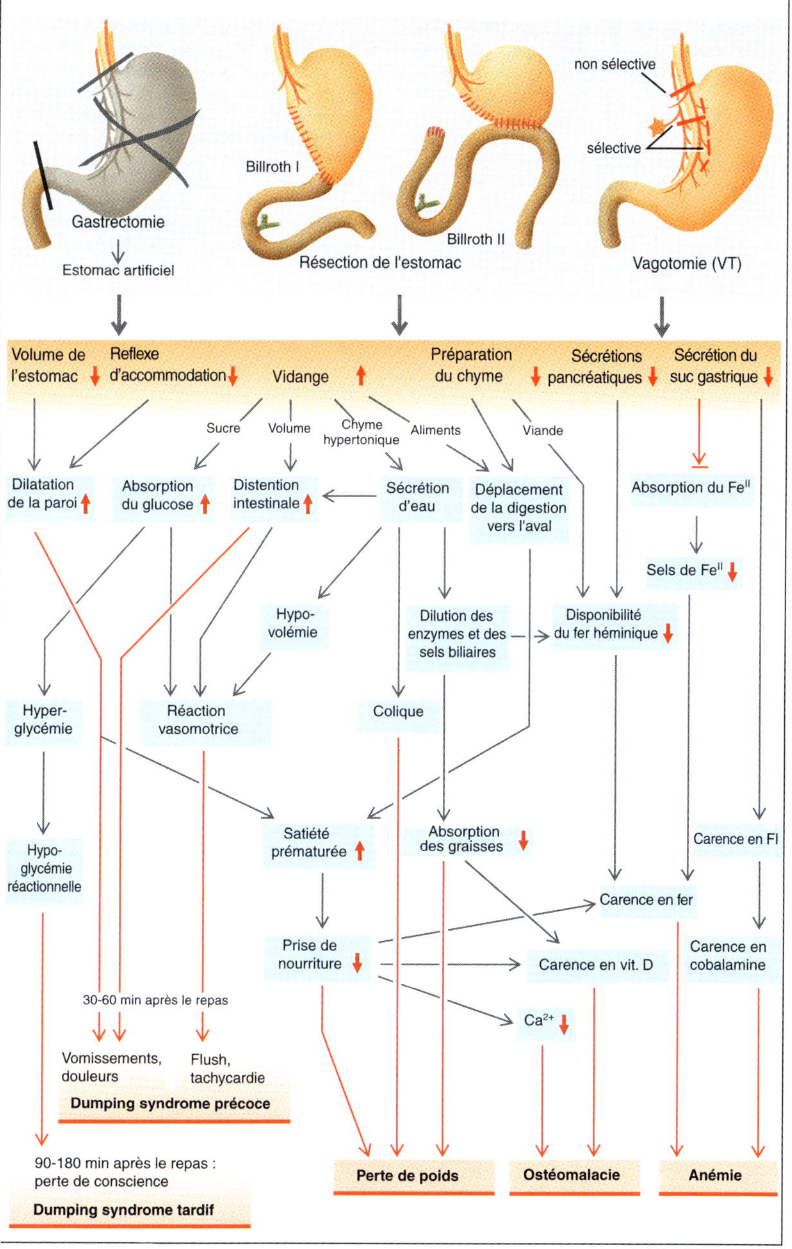

Figure 6-8 Troubles consécutifs à une opération de l'estomac

Colique

On parle de colique ou de diarrhée lorsque les selles perdent leur consistance normale, ce qui va en général avec une augmentation du poids (> 235 g/j chez l'homme, > 175 g/j chez la femme) et de la fréquence (> 2/j) des selles. La colique peut avoir différentes **causes.**

La **colique osmotique** survient lors de la prise en grandes quantités de substances mal absorbées en temps normal ou en cas de malabsorption (→ p. 152 *sqq.*). Appartiennent à ce premier groupe des substances comme le *sorbitol* (dans des préparations médicamenteuses ou des friandises « sans sucre » ou encore certains fruits), le *fructose* (dans la limonade, différents types de fruit, le miel), des *sels de magnésium* (laxatifs, antiacides), des *anions* mal absorbés comme le sulfate de sodium, le phosphate et le citrate de sodium.

Les substances mal absorbées sont osmotiquement actives dans l'intestin grêle et « pompent » donc de l'eau dans la lumière : « **sécrétion d'H_2O** » (→ **B**, à gauche). Le tableau A met ce phénomène en évidence au cours d'une étude expérimentale : la prise de 150 mmol d'une substance non absorbable (dans ce cas, le polyéthylène glycol : PEG) dans 250 ml d'eau ([PEG] = 600 mmol/l) déclenche dans le duodénum une sécrétion d'eau osmotique qui augmente le volume jusqu'à 750 ml ([PEG] diminue jusqu'à 200 mmol/l). L'osmolarité s'est adaptée à celle du plasma (290 mOsmol/l), avec à cette occasion le transport de 90 mOsmol/l de Na^+, K^+ et des anions associés (influx ionique dans la lumière à cause des gradients chimiques plus élevés). Au milieu de l'intestin grêle, le volume a atteint 1 000 ml, la [PEG] a chuté à 150 mmol/l, et la quantité d'ions importée atteint 140 mOsmol/l. Compte tenu de la réabsorption plus importante, entre autres du Na^+ (+ anions$^-$), dans l'iléum et le côlon (épithélium plus épais que dans le jéjunum), l'osmolarité des ions importés tombe à 90 ou 40 mOsmol/l respectivement. Dans les selles, le cation principal est le K^+ (absorption élevée de Na^+ dans l'iléum et le côlon). En conclusion : avec 150 mmoles de PEG dans 250 ml d'eau, on a provoqué une colique de 600 ml. S'il n'y avait pas eu une absorption ionique dans l'iléum et le côlon (résection, maladie), la colique aurait même atteint 1 000 ml. (Le PEG sera administré, par exemple, pour nettoyer l'intestin avant une coloscopie.)

En cas de **malabsorption des hydrates de carbone (HC)** (→ **B**, à droite et p. 152 *sqq.*), la diminution de l'absorption de Na^+ dans la partie supérieure de l'intestin grêle (inhibition du Na^+ symport par le glucose et le galactose) provoque une diminution de l'absorption d'eau. L'activité osmotique des HC non absorbables conduit entre autres à une sécrétion d'eau. Certes, les **bactéries du gros intestin** peuvent métaboliser jusqu'à 80 g/j d'HC non absorbables (répartis en 4 repas) en *acides organiques* utilisables sur le plan énergétique, qui seront absorbés dans le côlon en même temps qu'H_2O (→ **B**, au milieu). Seule la production élevée de gaz (**flatulence**) montre dans ce cas l'existence d'une mauvaise absorption des HC. Si cependant plus de 80 g/j (c'est-à-dire un quart de l'apport quotidien normal d'HC) ne sont pas absorbés ou si les bactéries intestinales sont décimées par des **antibiotiques**, il se produit alors une diarrhée.

Une **colique sécrétoire** survient lorsque la **sécrétion de Cl^-** de la muqueuse intestinale est stimulée (→ **C**). Les cellules de la muqueuse sont enrichies en ions Cl^- grâce à un symport basolatéral Na^+-K^+-$2Cl^-$, actif de façon secondaire, et ces ions sont sécrétés à travers des *canaux chlore sur la face luminale*. Ces canaux sont activés par l'**AMPc**, qui est formé en quantités plus importantes sous l'influence de certains *laxatifs* et de certaines *toxines bactériennes* (*Clostridium difficile*, vibrion du choléra). La *toxine cholérique* conduit à des diarrhées extrêmement violentes (jusqu'à 1 000 ml/h) qui peuvent rapidement mettre la vie de l'individu en péril à cause de la perte d'eau de K^+ et de HCO_3^- (*choc hypovolémique, hypokaliémie, acidose non respiratoire*). Il en est de même lorsqu'une tumeur des îlots pancréatiques sécrétant du VIP provoque une élévation d'AMPc (choléra pancréatique).

Après **résection de l'iléon** et d'une partie du **côlon**, on peut observer des diarrhées pour de nombreuses raisons (→ **D**). Les *sels biliaires* normalement absorbés dans l'iléon passent *plus rapidement dans le côlon* (diminution de l'absorption d'eau). D'autre part, les sels biliaires non absorbables seront déshydroxylés par les bactéries du côlon. Les métabolites ainsi formés vont stimuler dans le côlon la *sécrétion de NaCl et d'H_2O*. Finalement, la réabsorption de Na^+ dans le fragment d'intestin réséqué n'a naturellement pas lieu.

A. Colique osmotique

Prise de 150 mmol d'une substance osmotiquement active mais non absorbable (PEG) dans 250 ml d'eau

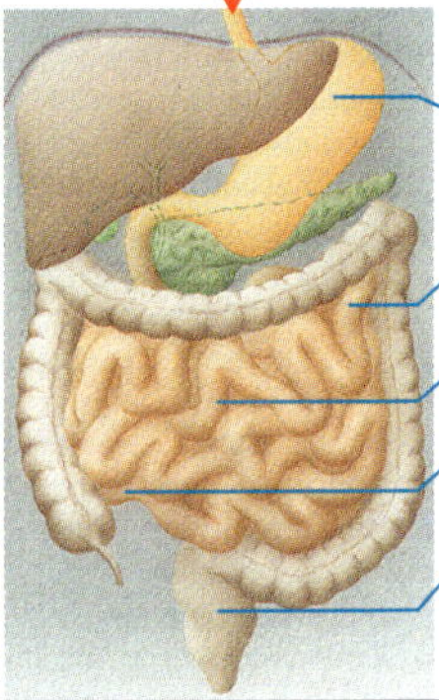

H_2O (ml)	PEG (mmol)	[PEG] (mmol/l)	$[Na^+]+[K^+]$ (mmol/l)	[Anions] (mmol/l)	Osmol. (mosm/l)
250	150	600	~0	~0	600
750	150	200	45	45	290
1000	150	150	70	70	290
750	150	200	45	45	290
600	150	250	20	20	290

Sécrétion de $H_2O + Na^+$ (+anions + K^+)

Absorption de $H_2O + Na^+$, sécrétion de K^+

(d'après K.D. Fine et al.)

B. Mauvaise absorption d'hydrates de carbone

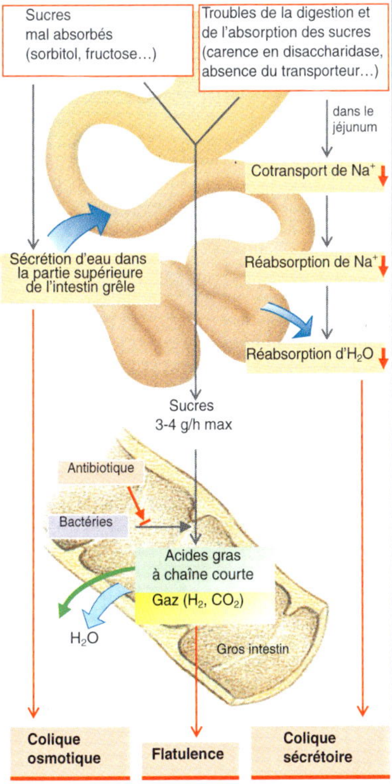

C. Sécrétion accrue de chlore

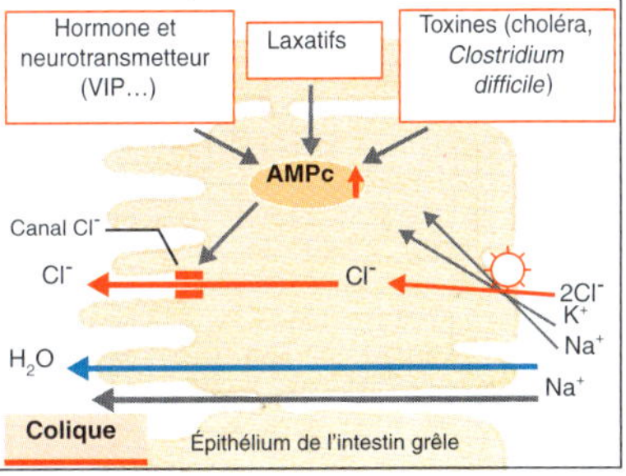

D. Résection partielle de l'intestin

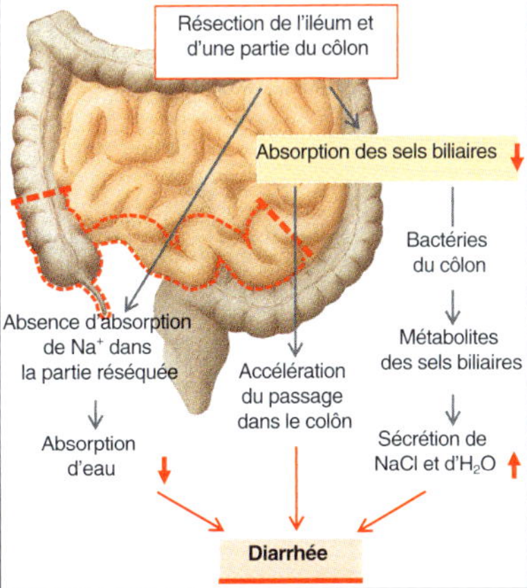

Figure 6-9 **Colique**

Mauvaise digestion et malabsorption

Une déficience dans le traitement et dans l'hydrolyse enzymatique au niveau du tractus gastro-intestinal sera appelée une *mauvaise digestion*, tandis qu'une altération de l'absorption sera nommée *malabsorption*. Comme ces deux phénomènes sont étroitement imbriqués on les rassemblera ici sous le terme de malabsorption.

Les trois types d'apports énergétiques de l'alimentation, les graisses, les protéines et les sucres, ainsi que les vitamines, le fer, le calcium, le magnésium et les oligoéléments comme le zinc peuvent être affectés par une malabsorption (→ **C**). La malabsorption des sels biliaires qui suivent un cycle entérohépatique a également une signification clinique (→ **D**). Le **site d'absorption** respectif des substances que nous venons de citer (→ **A**) dépend 1) du nombre et de la durée des étapes de préparation et d'hydrolyse préalables et 2) de la présence dans les différents segments de l'intestin de mécanismes d'absorption spécifiques.

Les monosaccharides comme le glucose et le galactose peuvent ainsi être absorbés dès le début du duodénum ; les disaccharides, au contraire, doivent d'abord être hydrolysés par les enzymes de la bordure en brosse, et les polysaccharides (comme les protéines et les graisses) doivent d'abord être en contact avec les enzymes pancréatiques, de sorte que leur absorption ne s'effectue que tardivement dans le jéjunum (→ **A**). Une vidange accélérée de l'estomac peut repousser loin vers la partie distale le site d'absorption (→ p. 148), si bien que des segments d'intestin situés en aval peuvent maintenant prendre en charge l'absorption, induisant même à long terme une transformation de la muqueuse. L'iléon peut ainsi acquérir des propriétés comparables à celles du jéjunum. Ceci n'est pas possible dans le cas de substances, pour lesquelles seul l'iléon terminal possède des mécanismes d'absorption spécifiques (cobalamine, sels biliaires).

La **digestion** et l'**absorption normales** comprennent différentes étapes successives (→ **B**) :

1. la *préparation* mécanique de la nourrirure (mastication, muscles de la partie distale de l'estomac) ;
2. la *digestion luminale* (sucs gastrique, intestinal et pancréatique, bile) ;
3. la *digestion muqueuse* par les enzymes de la bordure en brosse ;
4. l'*absorption* à travers l'épithélium de la muqueuse ;
5. la *transformation* dans les cellules de la muqueuse ;
6. le *transport*, et le passage dans le sang et la lymphe par l'intermédiaire desquels les substances absorbées vont parvenir dans la circulation systémique ou dans le foie.

Les **causes d'une malabsorption** peuvent être liées à une atteinte de chacune de ces étapes (→ **C, D**) :

◆ après une **résection de l'estomac** et/ou une **vagotomie** (→ p. 148), la stimulation de la sécrétion entérale d'hormones (entre autres CCK) est réduite, et la synchronisation entre la partition du chyme d'une part et la stimulation de la sécrétion pancréatique, de la vidange de la vésicule biliaire et de la cholérèse d'autre part, est altérée. Par ailleurs, le passage dans l'intestin grêle est accéléré et la valeur du pH dans la lumière duodénale est trop acide, ce qui peut y perturber sensiblement le processus de digestion (inactivation des enzymes, précipitation des sels biliaires). Pour les mêmes raisons, un **gastrinome** (*syndrome de Zollinger-Ellison*) peut provoquer une malabsorption ;

◆ les **maladies du pancréas** comme une pancréatite chronique (→ p. 160), un carcinome pancréatique, une mucoviscidose (→ p. 162) ou la résection du pancréas provoquent une malabsorption, car elles entraînent une *carence des enzymes les plus importants* (lipase, colipase, trypsine, chymotrypsine, amylase entre autres) ainsi que des ions HCO_3^- qui sont nécessaires à la neutralisation du chyme acide ;

◆ une **gastrite atrophique** avec une **achlorhydrie** (→ p. 142) 1) provoque une diminution de la digestion dans l'estomac et 2) facilite une *colonisation de l'intestin grêle par des bactéries* ; une stase du contenu de l'intestin grêle en cas de diverticulose ou un shunt de l'intestin grêle peuvent également être responsables de ce phénomène (→ p. 148, *blind-loop syndrome*). Les bactéries vont déconjuguer les sels biliaires (→ **D**) et attaquent les liaisons entre la cobalamine (vit. B_{12}) et le facteur intrinsèque (FI). La malabsorption de la cobalamine qui en résulte conduit à une **carence en cobalamine** comme le fait une prise insuffisante (alimentation strictement végétarienne, ce risque s'applique également aux nourrissons de ces mères, car leur lait est pauvre en cobalamine) ou encore une carence en FI (achlorhydrie, → p. 142), une altération de la libération enzymatique de la cobalamine de sa liaison avec d'autres protéines (valeur élevée du pH gastrique, déficit en trypsine) ou la résection de l'iléon terminal, qui est le lieu d'absorption du complexe FI-cobalamine ;

◆ une **carence en disaccharidase de la bordure en brosse** provoque une malabsorption du disaccharide correspondant. C'est souvent un déficit en *lactase*, qui hydrolyse le sucre du lait (lactose) en glucose et galactose. La carence en lactase, qui s'accompagne d'une intolérance au lait et aux aliments contenant du lactose, est rarement innée mais se développe fréquemment après le sevrage. Il existe à ce sujet de nombreuses différences ethniques ;

A. Sites d'absorption, substances susceptibles de présenter un trouble d'absorption

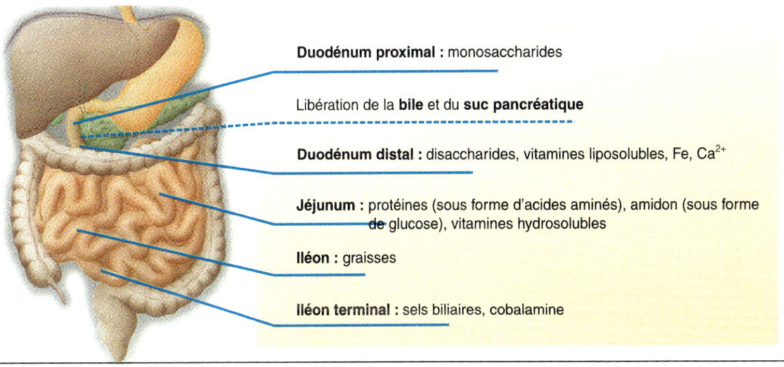

B. Étape de la digestion dont l'insuffisance provoque une malabsorption

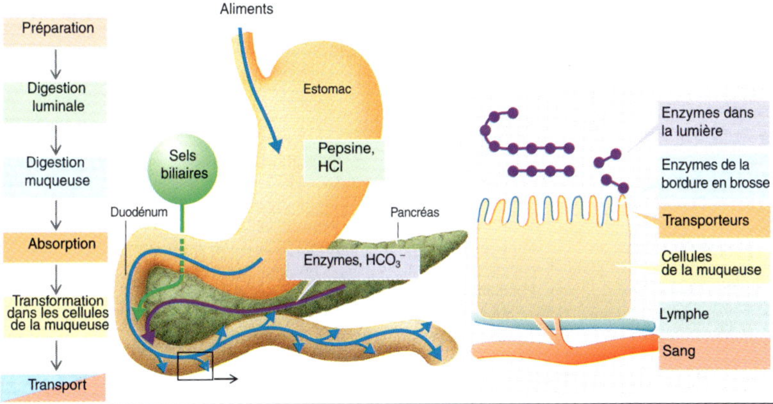

C. Origines et conséquences d'une malabsorption (*voir aussi* D)

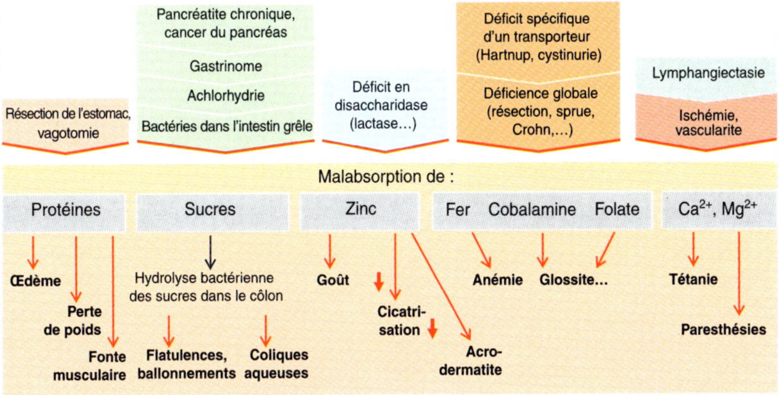

▶

◆ la **déficience de transporteurs spécifiques de la muqueuse** provoque des malabsorptions. Dans la *maladie d'Hartnup*, par exemple, c'est un transporteur particulier pour les acides aminés neutres qui est absent, dans le cas de la *cystinurie*, c'est un transporteur pour les acides aminés cationiques (basiques) et la cystine (La capture des acides aminés touchés sous forme de dipeptide reste inaltérée, car la muqueuse possède un transporteur propre pour les dipeptides.) ;

◆ des **déficiences globales** de la digestion et de l'absorption se produisent lors de *maladies diffuses de la muqueuse*, comme la maladie cœliaque, la sprue tropicale, la maladie de Crohn ou la maladie de Whipple, le SIDA, des infections (par ex., par des salmonelles), une *entérite* consécutive à un traitement par les *rayons*, ainsi que la *résection* d'un segment important de l'intestin grêle ;

◆ à côté de l'**alcool** (insuffisance pancréatique, maladie chronique du foie), une série de **médicaments** peuvent provoquer une malabsorption : la *colchicine* (inhibe la division des cellules des cryptes et les disaccharidases), la *néomycine* et les antibiotiques de la même famille (inhibent la division des cellules des cryptes et les disaccharidases, font précipiter les sels biliaires et les micelles d'acides gras), le *méthotrexate* (inhibe l'absorption du folate), la *cholestyramine* (s'associe aux sels biliaires), certains *laxatifs*, les *biguanides*, etc. ;

◆ la **transformation à l'intérieur des cellules de la muqueuse** (formation de chylomicrons) est une étape importante, en particulier dans le cas de l'absorption des graisses, dont l'altération en cas d'*abêtalipoprotéinémie* conduit à une mauvaise absorption des graisses (→ **D**). Une autre cause de malabsorption des graisses est un *obstacle à l'écoulement lymphatique* (lymphangiectasie, lymphome) ;

◆ finalement, une malabsorption a lieu, de manière compréhensible, lorsque l'**irrigation de l'intestin** est **altérée** (ischémie, par ex., en cas de vascularite).

Les **conséquences d'une malabsorption** dépendent du type de substances dont l'absorption est altérée :

◆ une **malabsorption des protéines** (→ **C**) peut provoquer une carence protéique avec une *fonte musculaire* et une *perte de poids*, l'hypoprotéinémie qui en résulte va déclencher un *œdème* (→ p. 234) ;

◆ la **malabsorption des hydrates de carbone** dans l'intestin grêle a pour conséquence (→ **C**) que ces sucres vont être partiellement métabolisés par les bactéries du gros intestin en *acides gras* à courte chaîne et en gaz (CO_2, H_2), provoquant des **flatulences** et des **ballonnements**. Si plus de 80 g de sucre/j échappent à l'absorption se produisent des coliques aqueuses dues à des problèmes osmotiques (→ p. 150) ;

◆ la **malabsorption des graisses** (→ **D**) se manifeste par des selles grasses (*stéatorrhée*) et entraîne une *perte de poids* à cause de l'absence de ces composants alimentaires très énergétiques. Lorsque la malabsorption des graisses est, en particulier, due à une *carence en sels biliaires* ou à un *défaut* ultérieur *de la formation des micelles* (→ **D**), survient une **malabsorption des vitamines liposolubles A**, **D**, **E** et **K**. En effet, ces molécules ne peuvent atteindre la muqueuse et donc être absorbées que si le milieu lipidique est continu, ce qui nécessite la présence de micelles. Lors d'une **carence en vitamine K**, les résidus glutamyl de la prothrombine et d'autres facteurs de coagulation ne seront pas γ-carboxylés dans le foie, ce qui peut entraîner des *saignements*. La **carence en vitamine D** conduit chez les enfants au *rachitisme* et chez les adultes à l'*ostéomalacie*. Lors d'une **carence en vitamine A**, apparaît une *hyperkératose* et une *mauvaise vision nocturne* ;

◆ la **malabsorption des vitamines hydrosolubles, cobalamine** (vitamine B12, voir les causes ci-dessus) et **folate** (par ex., lors d'une malabsorption globale ou l'administration de méthotrexate) conduit à une *anémie* macrocytaire (→ p. 34), que l'on nomme *anémie pernicieuse* en cas de carence en cobalamine, et conduit également à des *aphtes* et des *glossites* ainsi, dans le cas de la cobalamine, qu'à des troubles neurologiques (dégénérescence nerveuse) ;

◆ la **malabsorption du fer** conduit à une anémie hypochrome (→ p. 38).

D. Malabsorption des graisses

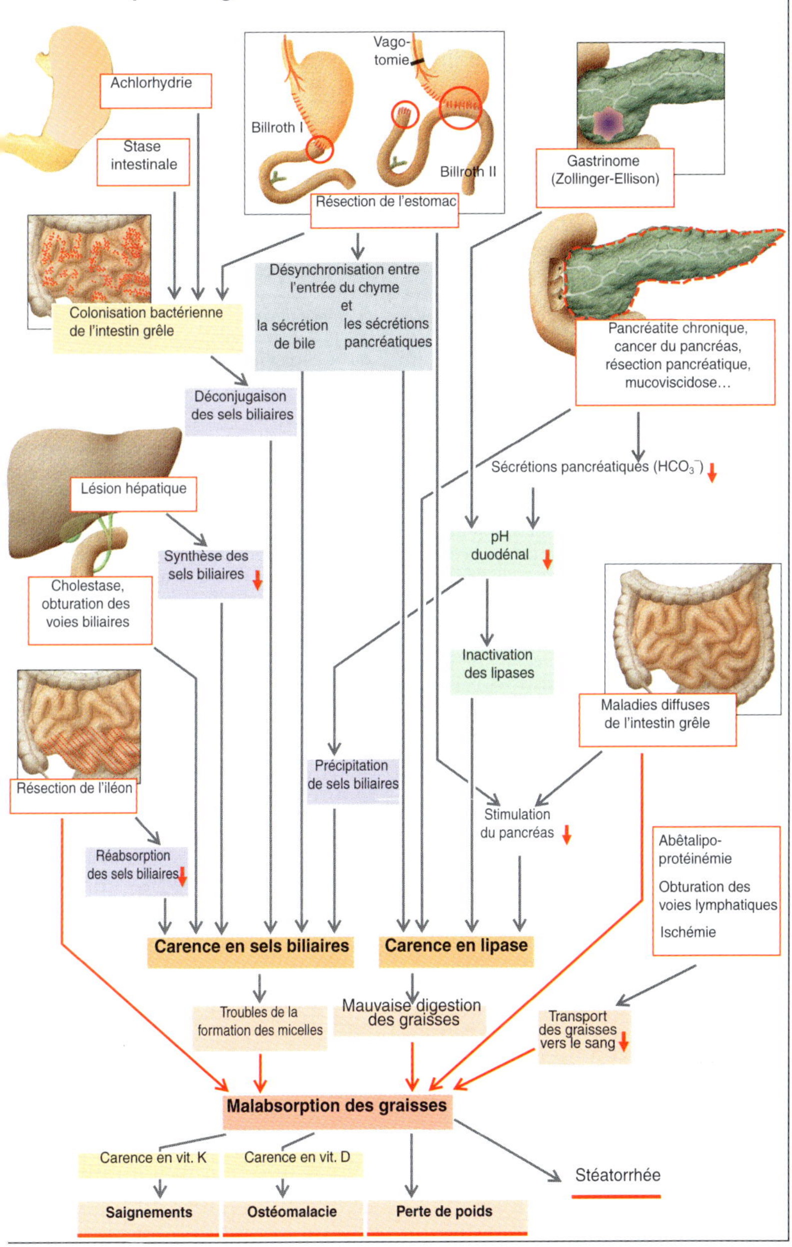

Constipation et (pseudo-) obstruction

La constipation est un symptôme qui peut avoir une signification différente selon ce que chacun considère comme une selle « normale » : selle trop peu importante, trop dure, trop rare, défécation difficile ou dont on a la sensation qu'elle est incomplète. La constipation est souvent sans danger, mais peut aussi être le signe de nombreuses maladies.

Les **causes** d'une constipation sont :

◆ une **nourriture pauvre en ballast**, car la motilité intestinale dépend du volume du contenu de l'intestin : plus ce volume est important et plus la motilité est grande ;

◆ des **troubles réflexes et/ou psychogènes**, parmi lesquels on va rencontrer 1) une **fissure anale** douloureuse qui augmente par voie réflexe le tonus du sphincter, ce qui accroît la douleur et ainsi de suite ; 2) une **contraction anale** (au lieu de la dilatation normale du plancher pelvien provoquée par une dilatation du rectum). Un tel *réflexe erroné* s'observe souvent des jeunes filles qui ont subi étant enfant des abus sexuels mais aussi chez des patients souffrant de la maladie de Parkinson ; 3) un **iléus paralytique** (pseudo-obstruction aiguë) provoqué de façon *réflexe* par une opération (surtout dans l'abdomen), un traumatisme ou une péritonite et qui peut persister dans le côlon durant plusieurs jours ;

◆ des **altérations fonctionnelles du transport**, qu'elles soient d'origine neurogène, myogène, réflexe (voir ci-dessus), médicamenteuse (par ex., opiacés) ou ischémique (traumatisme ou artériosclérose de l'artère mésentérique). On observe dans ce cas un fermeture fonctionnelle de l'intestin : **pseudo-obstruction** ;

◆ **origines neurogènes**. Une absence congénitale des cellules ganglionnaires proches de l'anus (aganglionose dans la *maladie de Hirschsprung*) entraîne à cause de l'absence de la relaxation réflexive un spasme persistant du segment atteint (→ **A**, à droite et en bas) et une absence du réflexe inhibiteur recto-anal (le sphincter anal interne ne s'ouvre pas lors du remplissage du rectum). Dans la *maladie de Chagas*, le parasite (*Trypanosoma cruzi*) entraîne une dénervation des ganglions, ce qui entraîne essentiellement une dilatation du côlon (mégacôlon, voir ci-dessous). Les *maladies nerveuses systémiques* (maladie de Parkinson, polyneuropathie diabétique, névrites virales, tabès dorsal, sclérose multiple) ou les *lésions des nerfs et de la colonne vertébrale*, qui interrompent les réflexes intestinaux lointains peuvent causer une pseudo-obstruction ;

◆ **origines myogènes** : dystrophies musculaires, sclérodermie (voir Fig. 6-3), dermatomyosis et lupus érythémateux disséminé,

◆ un **obstacle mécanique** dans la lumière intestinale (corps étranger, calcul biliaire, ascaris), dans la paroi de l'intestin (tumeur, diverticule, sténose, striction, hématome, infection) ou provenant de l'extérieur (grossesse, adhésion, hernie, volvulus, tumeur, kyste) avec pour conséquence une fermeture mécanique de l'intestin : **obstruction** ;

◆ on observe finalement chez de nombreux patients une constipation (alternant avec des diarrhées) sans qu'aucune des causes mentionnées ci-dessus ne soit présente. Cette situation est souvent déclenchée par un stress émotionnel ou physique ; on parle d'un **côlon irritable**.

Conséquences d'une obstruction ou d'une pseudo-obstruction. Une fermeture complète entraîne une accumulation de gaz et de liquide en amont de l'obturation et une dilatation de l'intestin dont la première conséquence est une contraction **douloureuse** plusieurs fois par minute. La *dilatation* progressive réduit l'*irrigation sanguine* et déclenche, en particulier lorsque l'intestin grêle proximal est affecté, des **vomissements** et un risque d'**hypovolémie** consécutive à la déshydratation. Celle-ci peut se produire rapidement car une quantité accrue de fluide est sécrétée dans l'intestin. À côté de la dilatation, une ascension des bactéries du gros intestin dans l'intestin grêle peut également être une des causes de ces vomissements. Les endotoxines bactériennes vont déclencher la sécrétion de VIP, de PGI_2 et de $PGF_{2\alpha}$. Une **inflammation** d'origine bactérienne avec formation d'un œdème dans la paroi intestinale et d'une péritonite ainsi que l'apparition éventuelle d'une **ischémie** (voir ci-dessus) peuvent rapidement provoquer une situation périlleuse. Si l'obstruction (pseudo-obstruction) est située nettement en position anale, il peut se développer un **mégacôlon** (→ **A**), qui peut se produire de façon *aiguë* lors d'une colite fulminante, d'un volvulus ou sans cause caractéristique (syndrome d'Ogilvie). La distinction avec un iléon paralytique (voir ci-dessus) s'effectue surtout par les antécédents médicaux.

A. Causes et conséquences d'une constipation et d'une (pseudo-)obstruction

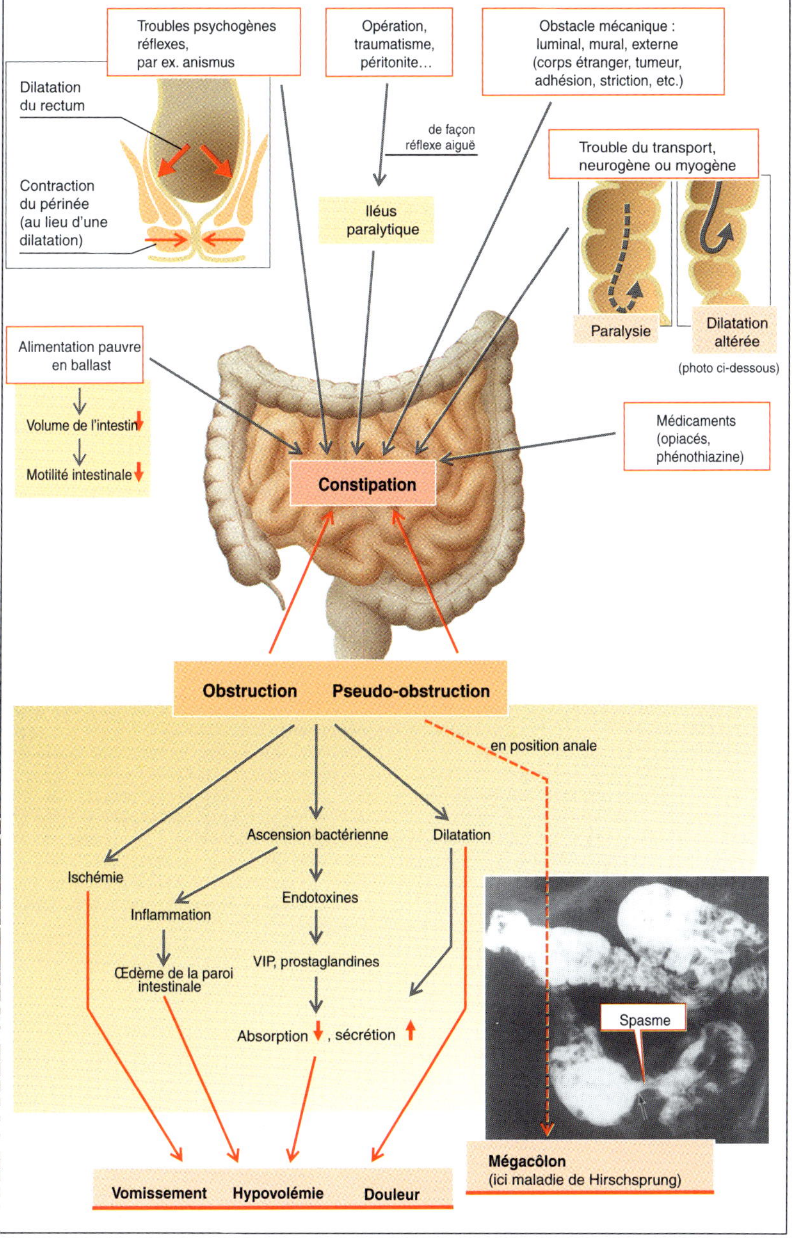

Photo : Schleisenger et Fortran. Gastrointestinal Disease, 5ᵉ éd. Philadelphia, WB Saunders, 1993, vol. 1 : 892.

Pancréatite aiguë

La plupart des enzymes du pancréas sont d'abord activés dans la lumière intestinale par une entéropeptidase. L'activation d'un trypsinogène en trypsine est une étape clé de ce processus, car la trypsine active ensuite d'autres enzymes. Si la trypsine est activée dans les cellules acineuses, une protéine pancréatique, l'*inhibiteur de la trypsine*, permet qu'elle n'y exerce pas d'activités. Si ce mécanisme de défense ne se met pas en place en même temps que l'activation de la trypsine, ou si la trypsine est active dans la lumière des voies pancréatiques, on aboutit à une **autodigestion** du **pancréas**, ainsi qu'à une pancréatite aiguë.

Bien que l'on retrouve dans près de 80 p. 100 des cas des antécédents de **consommation** élevée et chronique d'**alcool** et de **calculs biliaires**, les **mécanismes pathogénétiques** de cette affection ne sont pas clairs. Nous allons discuter plusieurs possibilités qui peuvent jouer un rôle, soit simultanément soit alternativement selon les cas.

◆ Une **élévation de la pression dans le canal pancréatique** (résistance à l'écoulement et/ou débit trop important) peut participer au déclenchement d'une pancréatite aiguë (→ **A1**). Une *obturation du canal excréteur* après l'orifice des voies biliaires (par ex., par un calcul biliaire, → **A2**) entraîne de plus un **reflux de la bile** dans le pancréas, avec lésion de l'épithélium du canal et accélération de la digestion des graisses.

◆ Tandis que l'on ne sait pas comment est activée la trypsine lors de la fermeture du canal pancréatique, les enzymes activés dans le duodénum vont refluer vers le pancréas lors d'un **reflux duodénopancréatique** (par ex., associé à une obturation du duodénum) (→ **A3**).

◆ L'alcool, l'acide acétylsalicylique, l'histamine, entre autres, augmentent la **perméabilité de l'épithélium du canal pancréatique,** de sorte qu'il devient perméable aux grosses molécules. Les enzymes sécrétés par les acini vont donc diffuser dans l'interstitium péricanalaire et y occasionner des lésions (→ **A4**). En outre, l'alcool semble précipiter les protéines dans les voies pancréatiques ce qui déclenche une augmentation de la pression en amont (→ **A4**).

◆ Des études effectuées sur des modèles animaux présentant des pancréatites aiguës ont montré que les enzymes pancréatiques peuvent également, le cas échéant, être **activés à l'intérieur même des cellules**. Le système d'adressage, présent normalement dans l'appareil de Golgi, et qui oriente d'un côté les enzymes lysosomiaux et les H^+ ATPases (vers les lysosomes) et de l'autre les enzymes pancréatiques à sécréter, semble altéré (→ **A5**). Les protéines exportées sont alors empaquetées avec les protéases lysosomiales dans la même vésicule, si bien que la trypsine peut y être activée. Il suffit de quelques traces, car la trypsine peut s'activer de façon autocatalytique.

La **trypsine active** d'autres **enzymes** (phospholipase A_2, élastase entre autres), des **facteurs** de **coagulation** (prothrombine en thrombine), des **hormones tissulaires** (la kallikréine va activer la bradykinine et la kallidine) et des **protéines cytotoxiques** (système du complément). La première conséquence au niveau du pancréas (→ **A6**, P dans l'image scanner) est un gonflement cellulaire général (*œdème pancréatique* ; → **A7**, P + E). L'effet principal est dû à l'élastase qui provoque une *érosion vasculaire* accompagnée de saignements (pancréatite hémorragique) et une ischémie dans la région de l'organe. La formation de thrombi due à l'activation de la thrombine élargit cette zone ischémiée et entraîne une *nécrose*. Les îlots de Langerhans endocrines sont également altérés ce qui entraîne une carence en insuline et une *hyperglycémie* (→ p. 286 *sqq.*). **Autour du pancréas** apparaissent des nécroses du tissu adipeux avec formation de savons, un processus qui nécessite du Ca^{++} (séquestration de calcium) et entraîne une hypocalcémie (voir ci-dessous). La liaison des ions Mg^{++} du plasma aux acides gras ainsi libérés entraîne une *hypomagnésémie* (→ p. 126). Toutes ces lésions peuvent également toucher les **organes rétropéritonéaux** voisins, la rate, le mésentère, l'omentum, le duodénum, etc.

Comme les enzymes activés apparaissent également dans le plasma (où leur présence joue un rôle dans le diagnostic), on observe une **hypoalbuminémie** avec pour conséquence une **hypocalcémie** ainsi qu'une vasodilatation systémique et une exsudation plasmatique (déclenché par la bradykinine et la kallidine) qui peut aller jusqu'au **choc vasculaire**. La phospholipase A_2 et les acides gras libres (provenant d'une lipolyse accrue) du plasma altèrent le surfactant de l'épithélium alvéolaire entraînant une **hypoxie** artérielle. Finalement, les reins seront également lésés (danger d'**anurie**).

A. Causes et conséquences d'une pancréatite

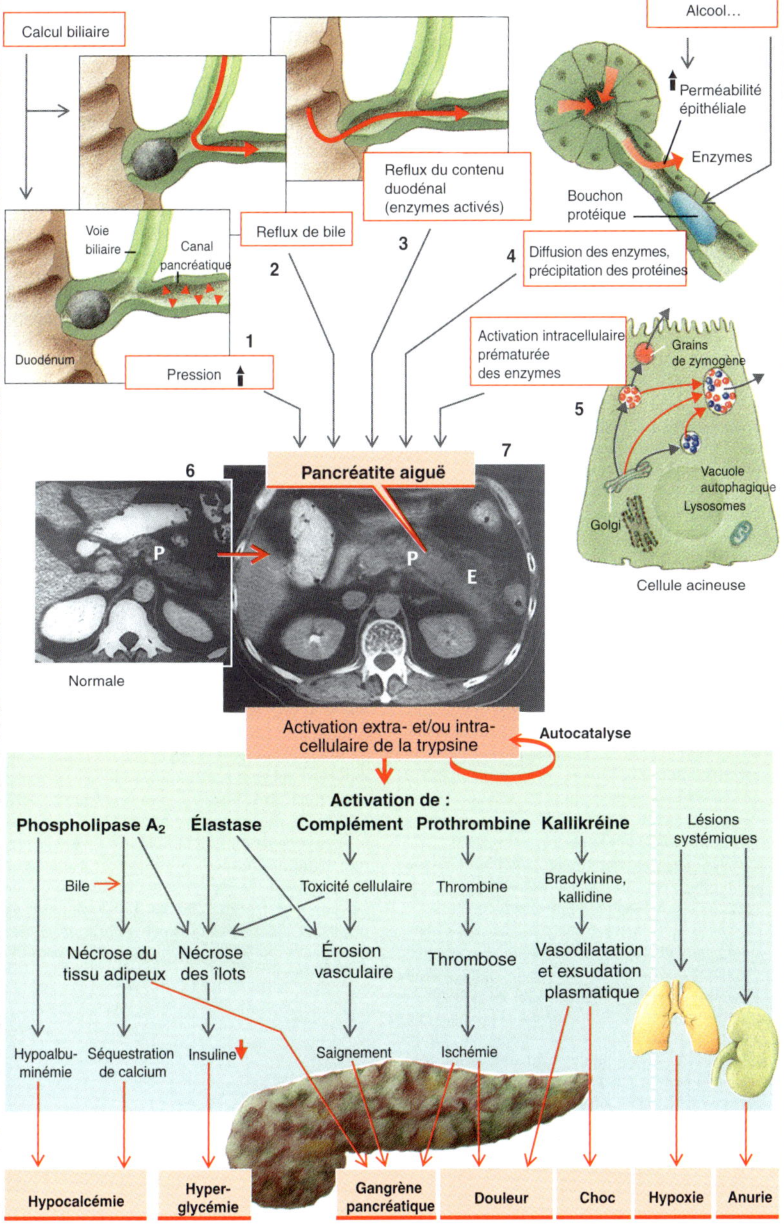

Coupes transversales : Schleisenger, Fortran. Gastrointestinal Disease, 5e éd. Philadelphia, WB Saunders, 1993, vol. 2 : 1641 (avec la permission du Dr E.T. Steward).

Pancréatite chronique

La pancréatite chronique est un processus inflammatoire qui lèse les tissus exocrine et endocrine et induit une fibrose. On distingue les formes suivantes :

◆ la **pancréatite chronique calcifiante** est la forme la plus fréquente et représente 70-80 p. 100 de l'ensemble des cas (→ **A**, à gauche). Elle a pour origine un **abus chronique d'alcool** (> 80 g/j, à longueur d'années) et se caractérise par des lésions irrégulièrement réparties, avec des bouchons protéiques et des calculs intraluminaux ainsi que par une atrophie et une sténose du système canalaire. Les mécanismes suivants jouent un rôle dans la pathogenèse de cette affection :

1. tandis qu'en temps normal, la stimulation des acini (sécrétion riche en enzyme) va de pair avec une élévation de la sécrétion des canaux excréteurs (eau, HCO_3^-), cette dernière est diminuée en cas de pancréatite chronique. La concentration en protéines du suc sécrété va donc s'élever, en particulier lors d'une stimulation de la sécrétion pancréatique. Cette situation aboutit à une précipitation des protéines dans la lumière des canaux et entraîne la formation de **dépôts** et de **bouchons protéiques** ;
2. des *sels de calcium* vont alors se déposer dans les précipités protéiques, ce qui a pour conséquence la **formation de calculs** dans les canaux étroits ou celle de dépôts calcaires concentriques sur la paroi des canaux plus larges. La cause de ce phénomène est vraisemblablement, en cas de pancréatite chronique, la diminution de deux composants du suc pancréatique qui empêchent, en temps normal, la précipitation des sels de calcium : l'un est le **citrate** qui fixe des complexes du calcium, l'autre est une protéine de 14 kDa, la **lithostatine** (ou *pancreatic stone protein*, **PSP**), qui garde les sels de calcium en solution en cas de sursaturation (susceptible de se produire même dans des conditions physiologiques) ;
3. comme dans le cas de la pancréatite aiguë (→ p. 158), on observe une **activation** intracanalaire de la **trypsine**, qui non seulement participe à la digestion des tissus pancréatiques, mais est également capable d'activer, dans le système canalaire mais aussi le cas échéant dans le tissu interstitiel, d'autres enzymes agressifs comme la phospholipase A_2 et l'élastase. La cause de l'activation prématurée des enzymes serait, pense-t-on, l'élévation de la pression intracanalaire liée au blocage du reflux, qui provoque des lésions épithéliales, en relation avec l'augmentation du contenu en proenzyme (et dans des conditions où la concentration de la protéine inhibitrice de la trypsine reste inchangée ; → p. 158) ;

◆ la **pancréatite obstructive chronique,** plus rare (→ **A**, à droite), est due à une *obstruction du canal excréteur principal* (ou bien des deux canaux excréteurs), dont l'origine peut être, entre autres, une tumeur, la striction d'une cicatrice ou une sténose papillaire. On observe dans ce cas une absence de calcifications et une forte **dilatation** du **système canalaire** en amont de la sténose (→ **A** ; pancréatographie endoscopique rétrograde [PRE], montrant un cliché des canaux, obtenu avec un produit de contraste aux rayons X). Si la cause de l'obstruction peut être traitée en temps utile, cette forme de pancréatite est réversible (contrairement à la forme calcifiante) ;

◆ d'autres formes de pancréatites chroniques peuvent se présenter, entre autres une forme **idiopathique**, non liée à l'alcoolisme, et observée chez des enfants sous-alimentés des régions tropicales, ou une pancréatite chronique associée à une **hypercalcémie,** consécutive à une hyperparathyroïdie.

Les **poussées aiguës**, d'une pancréatite chronique sont en général difficiles à distinguer des pancréatites aiguës, en particulier chez des sujets présentant des antécédents d'alcoolisme. Dans les deux cas, on note une activation prématurée des enzymes pancréatiques (voir ci-dessus et p. 158), ce qui peut provoquer un œdème pancréatique et de là une hémorragie et une nécrose, ainsi que des pseudo-kystes aigus et un abcès du pancréas. On assiste également à une atteinte des organes voisins, tels le duodénum, l'antre, le canal cholédoque, le côlon, etc.

Les **conséquences** d'une pancréatite chronique sont une atrophie tissulaire, une sténose des canaux, une fibrose péricanalaire et la formation de tissu cicatriciel. Ces phénomènes conduisent à une *perte du parenchyme* graduelle et à l'apparition d'une **insuffisance pancréatique** d'abord exocrine puis également endocrine. Y sont associées des *douleurs* intermittentes ou permanentes, une *malabsorption* (→ p. 152 *sqq.*), des coliques (→ p. 150) et une *perte de poids* ainsi qu'un *diabète de type I* (→ p. 286 *sqq.*) et une *lésion des organes voisins* (ascites pancréatiques, thrombose des veines porte ou splénique, ictère congestif entre autres).

A. Causes et conséquences d'une pancréatite chronique

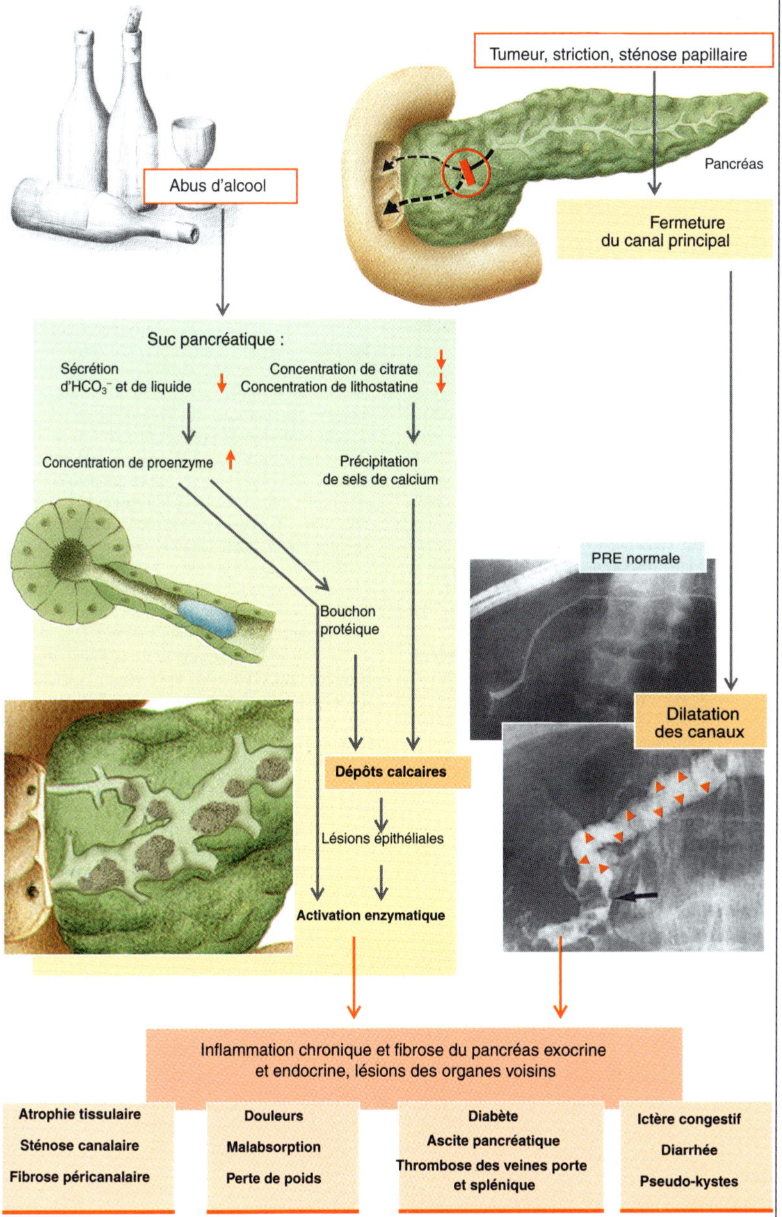

Photo d'après P. Thurn et al. Einführung in die radiologische Diagnostik, 10e éd. Stuttgart, Thieme, 1998.

Mucoviscidose (fibrose kystique)

La mucoviscidose (*cystic fibrosis,* CF) est une *maladie génétique* dans laquelle est atteinte la **sécrétion** épithéliale, entre autres, dans le poumon, le pancréas, le foie, le tractus génital, l'intestin, la muqueuse nasale et les glandes sudoripares. La mucoviscidose est l'altération génétique létale (en moyenne après 40 ans) la plus fréquente chez les Blancs (1 pour 2 500 naissances).

L'anomalie est transmise de façon récessive (→ **A1**) et touche une protéine de transport épithéliale, **CFTR** (*cystic fibrosis transmembrane conductance regulator*). Chez les sujets bien portants, la protéine CFTR comporte 1 480 acides aminés, avec 12 domaines transmembranaires, deux domaines de liaison des nucléotides (NBD_1 et NBD_2) et un domaine régulateur au niveau duquel elle est régulée par une protéine kinase A, dépendante de l'AMPc (→ **A2** ; la protéine CFTR est représentée vue du dessus). La CFTR est vraisemblablement un **canal chlore**, qui s'ouvre lorsque la concentration intracellulaire en AMPc est élevée et que l'ATP est en plus lié (et peut-être hydrolysé ?) au niveau de NBD_1. La CFTR inhibe alors certains **canaux sodiques** (type ENaC). L'ouverture accrue de ces canaux a pour conséquence, par exemple au niveau de l'épithélium bronchique, une augmentation de la réabsorption du Na^+ et de l'eau présents dans le mucus sécrété dans la lumière bronchique, ce qui va le rendre plus épais.

Les patients atteints de mucoviscidose présentent différentes mutations de CFTR, mais les formes les plus graves sont reliées à l'une de ces deux *altérations au niveau de* NBD_1 (→ **A3**) : l'absence de la phénylalanine en position 508 (= F, mutation ΔF 508), ou le remplacement en position 551 de la glycine (= G) par l'aspartate (= D) (mutation G551D).

CFTR est insérée en position apicale (luminale) dans la membrane de nombreuses cellules épithéliales. Dans les canaux excréteurs du **pancréas**, la CFTR assure la sécrétion d'un liquide riche en $NaHCO_3$: dans ces cellules, les ions HCO_3^- sont échangés contre des ions Cl^- via un antiport (→ **A4**). L'ouverture de CFTR, par exemple par la sécrétine, qui augmente la concentration intracellulaire d'AMPc, favorise le *recyclage* du Cl^- parvenu dans les cellules, permettant à cet ion d'être à nouveau disponible pour la sécrétion d'HCO_3^-, que suivent Na^+ et l'eau. Si la concentration d'AMPc diminue, la CFTR se ferme et la sécrétion se tarit.

Chez les patients atteints de mucoviscidose, la CFTR ne s'ouvre pas pour des concentrations élevées d'AMPc, si bien que les canaux sécréteurs du pancréas contiennent, en particulier lors de la stimulation de la sécrétion des acini, une sécrétion riche en protéine et visqueuse qui bouche ces canaux et entraîne ainsi une *pancréatite chronique* avec son cortège de conséquences (par ex., *malabsorption* à cause de la carence en enzymes pancréatiques et en HCO_3^- dans l'intestin grêle ; → p. 160).

L'altération de CFTR a pour conséquence au niveau de l'**épithélium intestinal** une consistance visqueuse du méconium du nouveau-né, qui retarde son évacuation après la naissance, comme c'est le cas habituellement (*iléus méconial*). Les **voies biliaires** peuvent également être encombrées comme celles du pancréas, prolongeant ainsi l'ictère du nouveau-né. L'anomalie de CFTR touche aussi les **organes génitaux** conduisant chez les patients mâles à une *infertilité* (fermeture du canal déférent) et chez les femmes à une diminution de la fertilité. Au niveau des **muqueuses nasales** les conséquences du trouble de sécrétion sont la présence de polypes et une inflammation chronique des fosses nasales. La sécrétion des glandes sudoripares est accrue ce qui peut entraîner en cas de fièvre ou de températures extérieures élevées, une *hypovolémie* et, le cas échéant, un risque de choc circulatoire. De plus, la concentration des électrolytes dans la sueur est augmentée et la concentration de Cl^- est supérieure à celle du Na^+ (c'est l'inverse en temps normal), ce qui peut être utilisé pour *diagnostiquer une mucoviscidose*.

La morbidité et la gravité de la mucoviscidose sont liées aux effets sur l'**épithélium bronchique**. En temps normal le mucus présent à la surface de cet épithélium est dilué par une sécrétion de liquide. L'altération de CFTR se traduit par le fait (en plus d'une sécrétion accrue de mucus) que le liquide est *réabsorbé* plutôt que sécrété. Il se forme alors une couche de mucus très visqueuse et riche en protéines, qui non seulement gêne la respiration, mais constitue un terrain de choix pour des *infections,* entre autres à *Pseudomonas aeruginosa*. Les conséquences sont la survenue de bronchites chroniques, de pneumonies, de bronchectases et de lésions cardiovasculaires secondaires.

A. Causes et conséquences de la mucoviscidose (fibrose kystique)

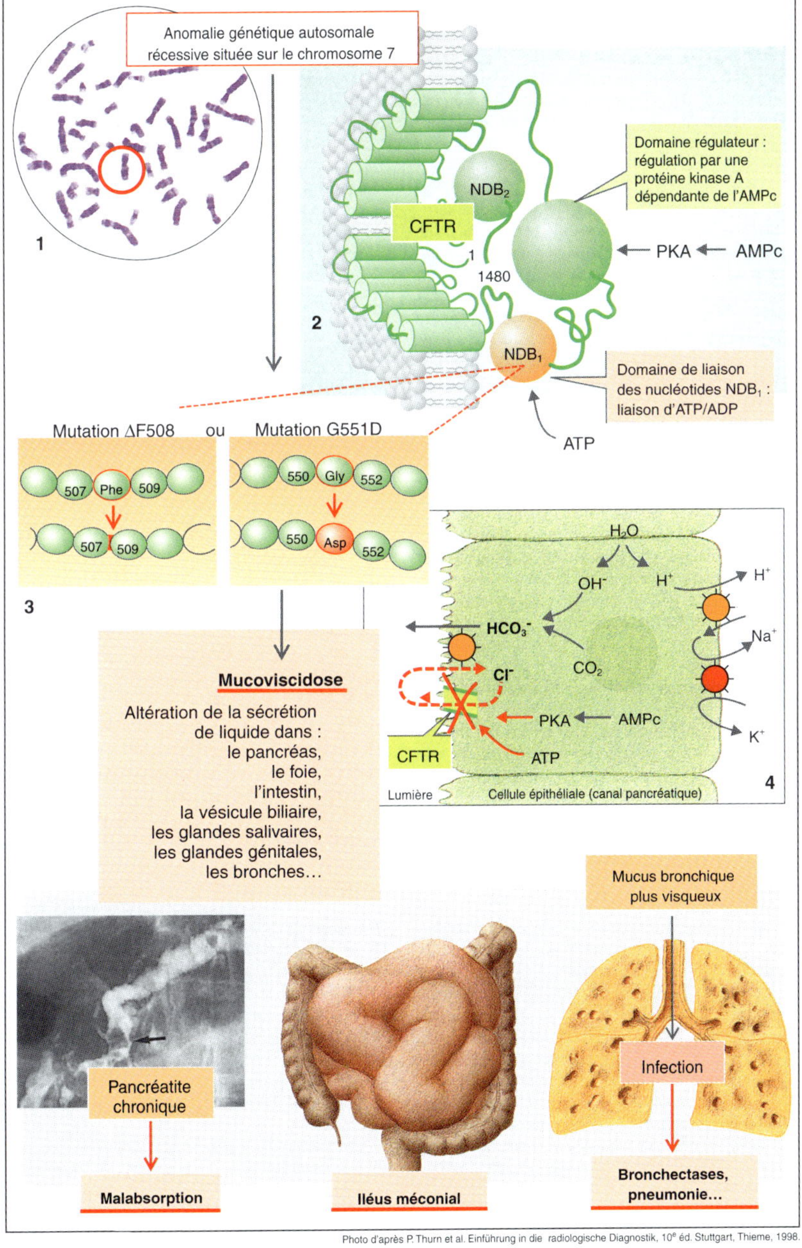

Photo d'après P. Thurn et al. Einführung in die radiologische Diagnostik, 10e éd. Stuttgart, Thieme, 1998.

Calculs biliaires (cholélithiases)

Les calculs biliaires se composent de cholestérol chez environ 75 p. 100 des patients (les femmes étant plus touchées que les hommes), le reste est constitué de calculs formés de pigments biliaires, entre autres de la bilirubine non conjuguée. Les deux types de calculs ont en commun leur mauvaise solubilité.

En temps normal, le **cholestérol** (Ch) ne précipite pas dans la bile parce qu'il s'y trouve suffisamment de **sels biliaires** (**SB**) conjugués et de **phosphatidylcholine** (**PCh** = lécithine) pour assurer son maintien en *solution micellaire* (→ **A4**, zone verte). Si le rapport des concentrations **[Ch]/[SB + PCh]** augmente, le cholestérol demeure encore en solution micellaire « sursaturée » dans une bande étroite (→ **A4**, zone orange). Cette sursaturation apparente est vraisemblablement due au fait que le cholestérol hépatique est sécrété dans la bile sous la forme d'une vésicule unilamellaire contenant un noyau de Ch très concentré (→ **A2**), entourée d'une enveloppe de PCh, épaisse de 50-100 nm, qui constitue le système de solubilisation de cette grosse vésicule. Si la concentration relative de Ch s'élève encore, il se forme des vésicules multilamellaires (jusqu'à 1 000 nm), qui sont moins stables et libèrent du Ch qui précipite alors dans l'environnement aqueux sous forme de **cristaux de cholestérol** (→ **A2** ; → **A4**, surface rouge). Ces cristaux sont les précurseurs des calculs biliaires.

Les **causes** principales de l'augmentation du rapport [Ch]/[SB + PCh] sont :

- une **augmentation de la sécrétion de cholestérol** (→ **A2**), à laquelle on aboutit soit par une *augmentation de la synthèse de Ch* (augmentation de l'activité de l'HMG [3-hydroxy-3-méthylglutaryl]-CoA réductase) soit par une *inhibition de l'estérification du cholestérol* par exemple en présence de *progestérone* lors de la grossesse (inhibition de l'ACAT [acyl-CoA : cholestérol acyltransférase]) ;
- une **diminution de la sécrétion des sels biliaires** (→ **A1**). Elle repose sur une *diminution du compartiment des sels biliaires*, éventuellement via une altération de la réabsorption des sels biliaires dans l'iléon terminal (par ex., cas d'une maladie de Crohn ou après résection intestinale), ou sur une *séquestration* de longue durée *des sels biliaires* dans la vésicule biliaire, par exemple en cas de *jeûne* (déjà après une nuit) ou de *nutrition parentérale*. Le cycle entérohépatique des sels biliaires est donc diminué, si bien que leur sécrétion dans la bile décroît. Comme la sécrétion de Ch n'est pas proportionnelle à celle des SB (→ **B**, à droite), le rapport [Ch]/[SB + PCh] augmente pour une sécrétion plus faible de SB. Ce rapport s'accroît encore sous l'action des *œstrogènes*, qui fait augmenter le rapport des concentrations cholate/désoxycholate (activation de la 12α-hydroxylase ; → **B**, à gauche), de sorte qu'il y a plus de Ch sécrété par mole de SB (→ **B**, comparez les deux courbes) ;
- on observe chez les femmes chiliennes qui se nourrissent de grandes quantités de légume qu'une **diminution de la sécrétion de phosphatidylcholine** peut être la cause de calculs.

Calculs constitués de pigments (→ **C**). Ils se composent principalement (~50 p. 100) de *bilirubinate* de *calcium* qui colore en noir ou en brun les précipités. Les *calculs noirs* contiennent en plus du carbonate et du phosphate de calcium, les *calculs bruns* du stéarate, du palmitate et du cholestérol. La formation de ces calculs pigmentés a pour origine essentielle une élévation du contenu de la bile en **bilirubine non conjuguée**, qui ne se dissout que dans des micelles. En temps normal, la bile n'en contient que 1-2 p. 100. Les **causes** d'une augmentation de cette concentration peuvent être (→ **C**) :

- une augmentation de la libération d'hémoglobine, par exemple lors d'une *anémie hémolytique*, au cours de laquelle apparaît tant de bilirubine que le processus de conjugaison hépatique qui passe par une glucuronidation est débordé (→ p. 169) ;
- une diminution de la capacité de conjugaison hépatique, par exemple en cas de *cirrhose* (→ p. 172) ;
- une *déconjugaison non enzymatique* dans la bile de bilirubine déjà conjuguée (monoglucuronate) ;
- une déconjugaison enzymatique (β-glucosidase) due à des *bactéries*.

Cette dernière est presque toujours la cause d'une formation de *calculs pigmentés en brun*. Les bactéries réalisent également une déconjugaison enzymatique des sels biliaires (diminution de la formation de micelles avec précipitation de Ch) et, par ailleurs, libèrent à l'aide de leur phospholipase A_2 de l'acide palmitique et de l'acide stéarique à partir des phosphatidylcholines. Ces acides forment des précipités en présence de calcium. Les *calculs noirs*, qui proviennent essentiellement des trois premiers mécanismes contiennent, entre autres, du carbonate et du phosphate de calcium, ce qui est lié à une diminution de la capacité d'acidification de la vésicule biliaire.

La **vésicule biliaire**, dans laquelle les constituants spécifiques de la bile (Ch, SB, Pch) sont concentrés plusieurs fois par élimination d'eau, joue également un rôle important dans l'apparition

A. Cholélithiase : altération du rapport sels biliaires/cholestérol

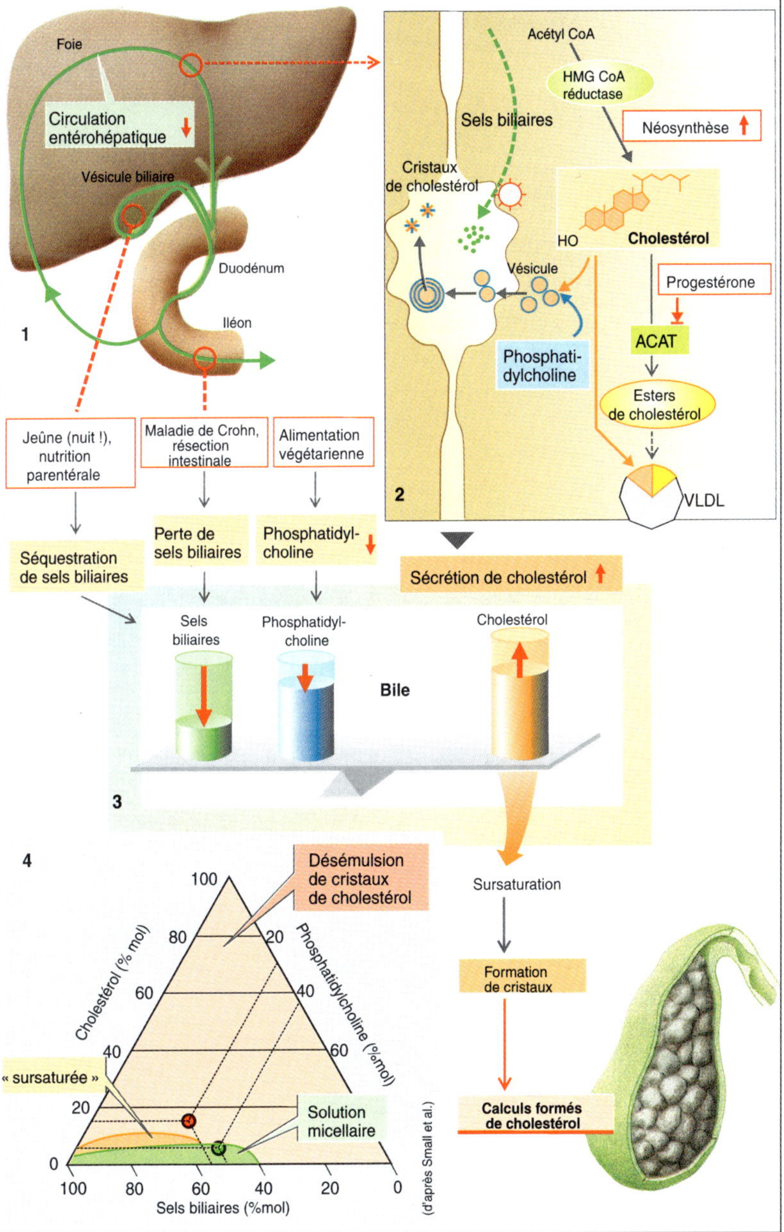

B. Cholestérol/sels biliaires : relation avec le type de sel et la vitesse de sécrétion

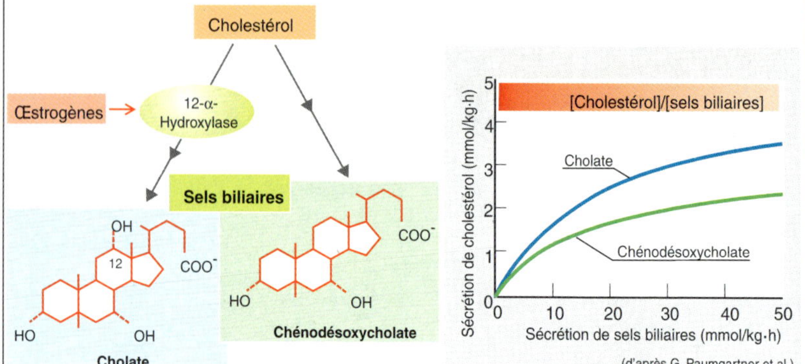

(d'après G. Paumgartner et al.)

des calculs (une cholélithiase est rarement observée après une cholécystectomie !) (→ **D**). Des **altérations de la vidange de la vésicule biliaire** peuvent être à l'origine de cette formation, soit qu'il n'y ait *pas assez de CCK* libérée (manque d'acides gras libérés dans la lumière en cas d'insuffisance pancréatique), de sorte que le principal stimulus gouvernant la contraction de la vésicule se trouve affaibli, soit qu'après une *vagotomie* non sélective (→ p. 148), l'acétylcholine, le deuxième signal par ordre d'importance pour la contraction de la vésicule, manque. Pendant la *grossesse* la contraction de la vésicule biliaire est également affaiblie. Ceci signifie qu'une vidange plus rare ou absente (voir ci-dessus) mais également qu'une vidange incomplète augmente le **temps de séjour de la bile dans la vésicule biliaire**. Ce temps est donc suffisant pour que des précipités plus importants puissent se former à partir des cristaux de cholestérol. Une augmentation de la *sécrétion de mucus* (stimulée par les prostaglandines) peut à cette occasion donner lieu à une production accrue de noyaux de cristallisation.

Les **conséquences** possibles d'une cholélithiase sont (→ **E**) :

◆ des **coliques.** Si le canal cystique ou le canal cholédoque sont bloqués transitoirement par un calcul, l'élévation de la pression dans les voies biliaires et le renforcement des contractions péristaltiques au voisinage du blocage peuvent être à l'origine d'une forte *douleur* viscérale au niveau de l'épigastre, pouvant irradier dans le dos, ainsi que des *vomissements* (→ p. 140) ;

◆ lors d'une **cholécystite aiguë**, une leucocytose et de la fièvre s'ajoutent aux symptômes cités plus haut. La cause principale est une lésion de l'épithélium de la vésicule biliaire, consécutive au traumatisme provoqué par un calcul, et à partir de laquelle seront libérées des prostaglandines et la phospholipase A_2. Cette dernière hydrolyse la phosphatidylcholine en lysolécithine (élimination de l'acide gras en position 2), qui va de son côté déclencher la cholécystite aiguë. On peut, le cas échéant, observer une perforation de la vésicule biliaire ;

◆ une **cholangite** provoquée par des bactéries survient le plus souvent lorsque la bile s'accumule de façon chronique à cause d'une lithiase du cholédoque. On constate une élévation de pression conduisant à une dilatation des voies biliaires ainsi, le cas échéant, qu'une cholestase post-hépatique et une pancréatite biliaire ;

◆ il est relativement rare que se développe un **carcinome de la vésicule** à partir d'une cholélithiase.

C. Causes de la formation de calculs contenant des pigments

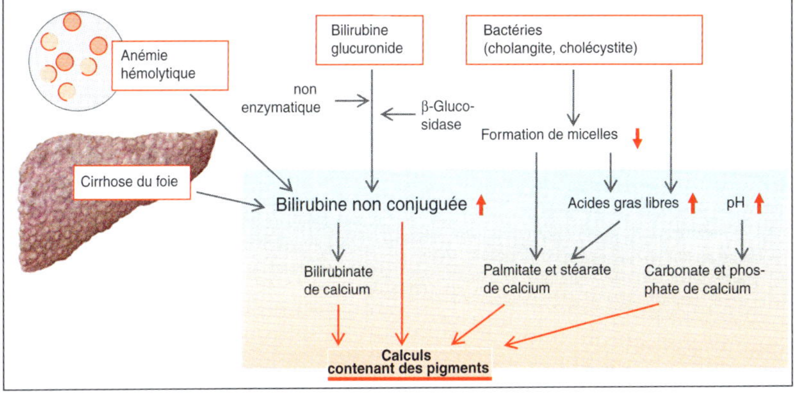

D. Rôle de la vésicule biliaire lors d'une cholélithiase

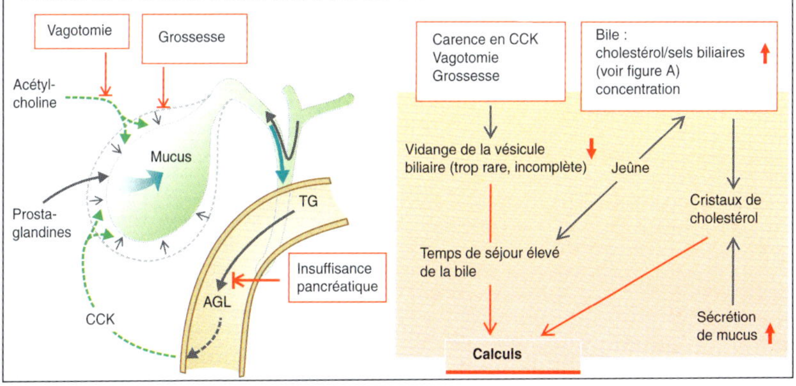

E. Conséquences d'une cholélithiase

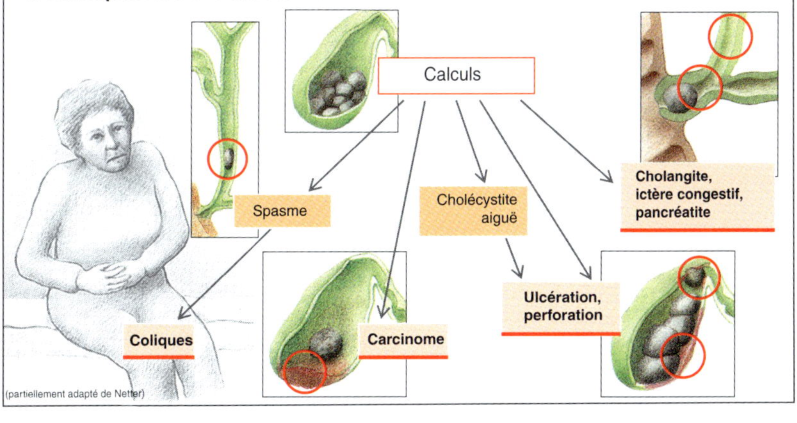

Ictère

La bilirubine provenant essentiellement de la **dégradation de l'hémoglobine** (~230 mg/j) sera captée par les cellules du foie et transformée en mono- et biglucuronide par la *glucuronyltransférase*. Cette bilirubine **conjuguée** plus hydrophile, sera sécrétée directement dans le canal biliaire et excrétée à 85 p. 100 avec les selles. Quinze p. 100 subiront une déglucuronidation dans l'intestin, seront absorbés et subiront un cycle entérohépatique.

La **concentration plasmatique** normale **de bilirubine** atteint un maximum de 17 µmol/l. Pour une valeur supérieure à 30 µmol/l, le blanc des yeux se colore en jaune ; pour des valeurs encore plus élevées, c'est la peau qui devient jaune (**ictère**). On distingue les formes d'ictère suivantes (→ **A**) :

- un **ictère préhépatique** survient lors d'une augmentation de la production de bilirubine, par exemple à la suite d'une *hémolyse* (anémie hémolytique, → p. 40, toxines), d'une érythropoïèse inefficace (anémie mégaloblastique, → p. 34), d'une transfusion de sang massive (les érythrocytes transfusés ont une courte durée de vie) ou de la résorption d'un hématome de grande taille, et se traduit par une élévation de la concentration de bilirubine non conjuguée dans le plasma ;
- un **ictère intrahépatique** survient à l'occasion d'une **altération spécifique** de la *capture* de *bilirubine* par les cellules hépatiques (syndrome de Gilbert), de la *conjugaison* (syndrome de Crigler-Najjar, syndrome de Gilbert, ictère des nouveau-nés), ou de la *sécrétion* de la bilirubine dans le canal biliaire (syndrome de Dubin-Johnson, syndrome de Rotor).

Dans les deux premières déficiences c'est essentiellement la bilirubine non conjuguée qui est augmentée dans le plasma, dans le cas du trouble de sécrétion c'est la bilirubine conjuguée. Ces trois étapes peuvent être touchées par des **troubles et des maladies hépatiques** (voir p. 170 *sqq.*), par exemple une hépatite virale, un abus d'alcool, l'action de médicaments (isoniazide, phénytoïne, halothane, etc.), une congestion du foie (par ex., insuffisance du cœur droit), une atteinte septique (endotoxine) ou un empoisonnement (par ex., ammanite phalloïde).

- Dans le cas d'un **ictère posthépatique**, les voies biliaires posthépatiques sont bloquées à la suite d'un calcul (→ p. 164 *sqq.*), d'une tumeur (par ex., carcinome pancréatique), d'une cholangite ou d'une pancréatite (→ p. 158). Dans ce cas, c'est principalement la bilirubine conjuguée dont la concentration plasmatique augmente.

Cholestase

Une cholestase (→ **A**, **B**), encore appelée engorgement biliaire, est due à une **altération intrahépatique**, par exemple une mucoviscidose (→ p. 162), une granulomatose, l'action de médicaments (par ex., sulfonamide, allopurinol), une concentration élevée d'œstrogènes (grossesse, pilule), à une réaction du greffon contre l'hôte après une transplantation (= réaction immune du greffon contre le receveur), ou secondairement à une **obturation extrahépatique des voies biliaires** (voir ci-dessus).

Lors d'une cholestase, on observe, entre autres, un élargissement des canalicules biliaires, une diminution de la *fluidité* de la **membrane cellulaire** des canalicules (dépôt de cholestérol, action des sels biliaires), dont la bordure en brosse est déformée ou absente, ainsi qu'une altération de la fonction du **cytosquelette**, y compris la *motilité canalaire*. De plus, l'un des deux **transporteurs** ATP-dépendants des **sels biliaires**, destinés à la membrane des canalicules, est inséré par erreur dans la membrane basolatérale. Les sels biliaires ainsi retenus augmentent à leur tour la perméabilité des *tight junctions* et inhibent la **synthèse** mitochondriale **d'ATP**. Il est souvent difficile de savoir parmi ces troubles lesquels sont à l'origine de la cholestase et lesquels en sont la conséquence. Certains *médicaments* ont une action cholestatique (ciclosporine A, par ex.), car ils inhibent le transporteur des sels biliaires, de même que l'*œstradiol*, car il inhibe la Na^+-K^+ ATPase et diminue la fluidité membranaire.

Les principales **conséquences d'une cholestase** (→ **B**) dérivent de la **rétention des composants de la bile** : la bilirubine entraîne un *ictère* (danger d'ictère nucléaire chez les nouveau-nés), le cholestérol conduit à une *insertion* dans les plis de la peau et les tendons, ainsi que dans les membranes cellulaires du foie, des reins et des érythrocytes (échinocytes, acanthocytes). Le *prurit* torturant (démangeaisons de la peau) est vraisemblablement déclenché par les *endorphines* ou les *sels biliaires* accumulés. L'**absence de bile dans l'intestin** a finalement pour conséquence des *selles grasses* et une *malabsorption* (→ p. 152 *sqq.*). Finalement, une infection de la bile accumulée conduit à une *cholangite*, qui à son tour a une action cholestatique.

A. Formes d'ictère

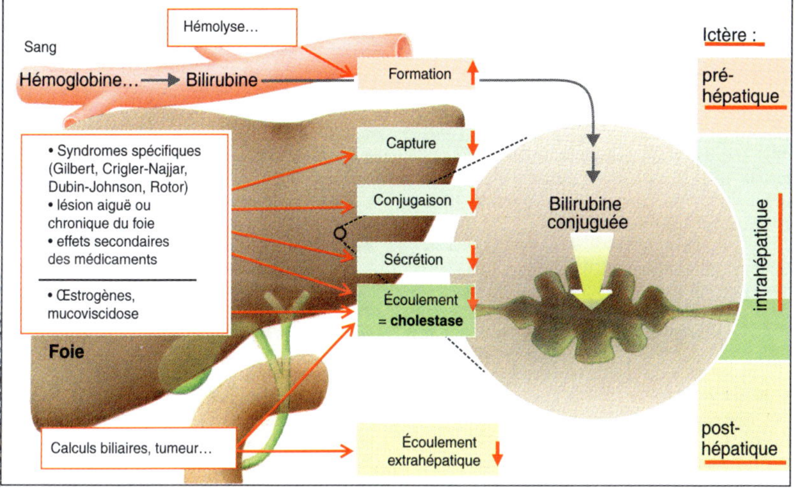

B. Mécanismes et conséquences d'une cholestase

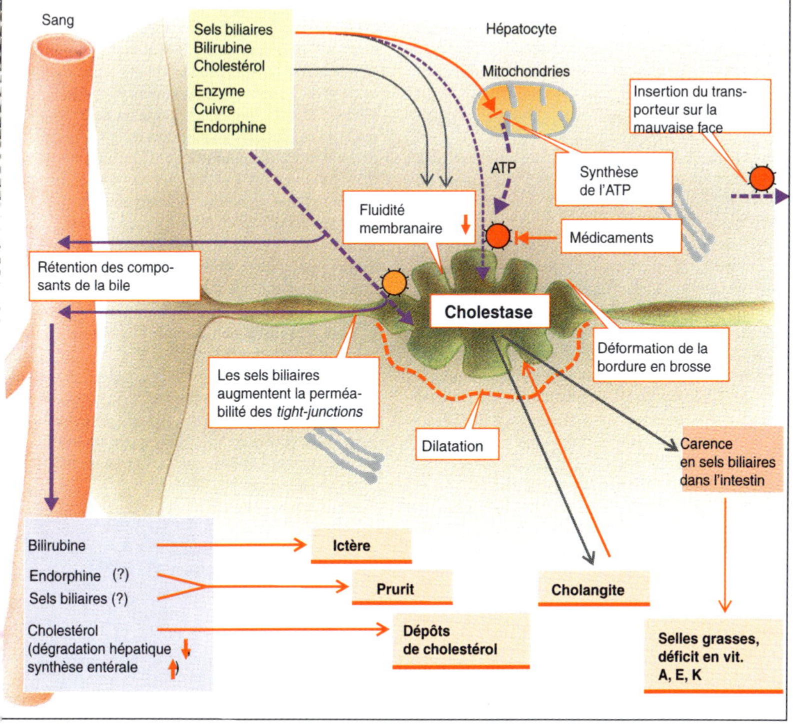

Hypertension porte

Le sang veineux provenant de l'estomac, de l'intestin, de la rate, du pancréas et de la vésicule biliaire aboutit au foie via la *veine porte* et entre en contact étroit avec les hépatocytes dans les *sinusoïdes* après s'être mélangé avec le sang oxygéné de *l'artère hépatique* (→ **A1**). Environ 25 p. 100 du débit cardiaque s'écoulent à travers le foie, mais la résistance vasculaire est si faible que la **pression** normale **dans la veine porte** atteint seulement 4-8 mmHg.

Si la section transversale du lit vasculaire hépatique est rétrécie, la pression dans la veine porte augmente et il se développe une *hypertension porte*. Les **causes** de cette augmentation peuvent être une élévation des résistances dans les segments vasculaires suivants, mais une séparation rigoureuse des trois types d'obstruction hépatique n'est pas toujours effectuée ni possible :

- **préhépatique** : thrombose de la veine porte (→ **A2**) ;
- **posthépatique** : insuffisance du cœur droit, péricardite constrictive entre autres (→ **A2** ; p. 228) ;
- **intrahépatique** (→ **A1**) :
  - *présinusoïdale* : hépatite chronique, cirrhose biliaire primaire, granulome associé à une schistosomiase, tuberculose, leucémie entre autres ;
  - *sinusoïdale* : hépatite aiguë, **lésions dues à l'alcool** (stéatose, **cirrhose**), toxines, amyloïdose, entre autres ;
  - *post-sinusoïdale* : maladie d'obstructions des veinules et des petites veines ; syndrome de Budd-Chiari (obstruction des grosses veines hépatiques).

Aussi bien l'*accroissement de taille des hépatocytes* (dépôts de graisse, gonflement cellulaire, hyperplasie) que l'augmentation de la synthèse de *matrice extracellulaire* (→ p. 172) participent également à l'obstruction des sinusoïdes. Comme le dernier de ces deux phénomènes inhibe également l'échange de gaz et de substances entre les sinusoïdes et les hépatocytes, le gonflement des cellules en sera encore renforcé. Des *dépôts amyloïdes* peuvent de la même manière provoquer une obstruction. Lors d'une hépatite aiguë ou d'une nécrose hépatique aiguë, l'espace des sinusoïdes peut finalement être encombré de *débris cellulaires*.

Conséquences d'une hypertension porte. Quelle que soit la localisation de l'obstruction, l'élévation de la pression dans la veine porte entraîne des lésions des organes en amont (*malabsorption, grosse rate* avec anémie et thrombopénie), associé au fait que le sang s'écoule des organes abdominaux par des vaisseaux qui contournent le foie. Ces **circuits contournant la veine porte** (→ **A3**) passent par des vaisseaux, qui, étroits en temps normal, sont maintenant fortement distendus : **formation de varices** (« hémorroïdes » au niveau du plexus veineux rectal ; *tête de méduse* au niveau de la veinule para-ombilicale). Les *veinules œsophagiennes* distendues présentent un **risque de rupture.** Cette circonstance, associée en particulier avec une *thrombocytopénie* et une *carence en facteurs de coagulation* (diminution de synthèse due à une lésion hépatique) peut entraîner un **saignement** massif et mettre en danger la vie du patient.

Les *vasodilatateurs* libérés lors d'une hypertension porte (glucagon, VIP, substance P, prostacycline, NO entre autres) provoquent par ailleurs une *diminution de la pression sanguine systémique*, ce qui augmente par compensation le débit cardiaque et conduit à une **hyperperfusion** des organes abdominaux et des circuits de contournement.

Dans le cas d'une obstruction préhépatique ou présinusoïdale, la **fonction hépatique** est pour l'essentiel intacte, car l'approvisionnement sanguin est assuré par une *arrivée accrue de sang provenant de l'artère hépatique* (par compensation). Au contraire, dans le cas d'une obstruction sinusoïdale, post-sinusoïdale ou posthépatique, la lésion hépatique est, pour l'essentiel, la cause et, en partie, la conséquence de l'obstruction. De ce fait l'écoulement de la lymphe hépatique riche en protéines est inhibée, si bien que que l'élévation de la pression porte, le cas échéant en synergie avec la diminution de la pression oncotique due à la lésion hépatique (*hypoalbuminémie*) va pousser un liquide riche en protéines dans la cavité abdominale ; il se forme une **ascite** qui déclenche un *hyperaldostéronisme* secondaire (→ p. 174), dont la conséquence est une augmentation du volume extracellulaire, qui représente une deuxième cause de l'augmentation du débit cardiaque.

Comme le sang provenant de l'intestin contourne le foie, les substances toxiques (NH_3, amines biogènes, acides gras à chaîne courte entre autres), qui sont en temps normal extraites du sang portal par les cellules hépatiques, parviennent jusqu'au système nerveux central, provoquant le développement d'une **encéphalopathie porte systémique** (« hépatique ») (→ p. 174).

A. Origines et conséquences d'une hypertension porte

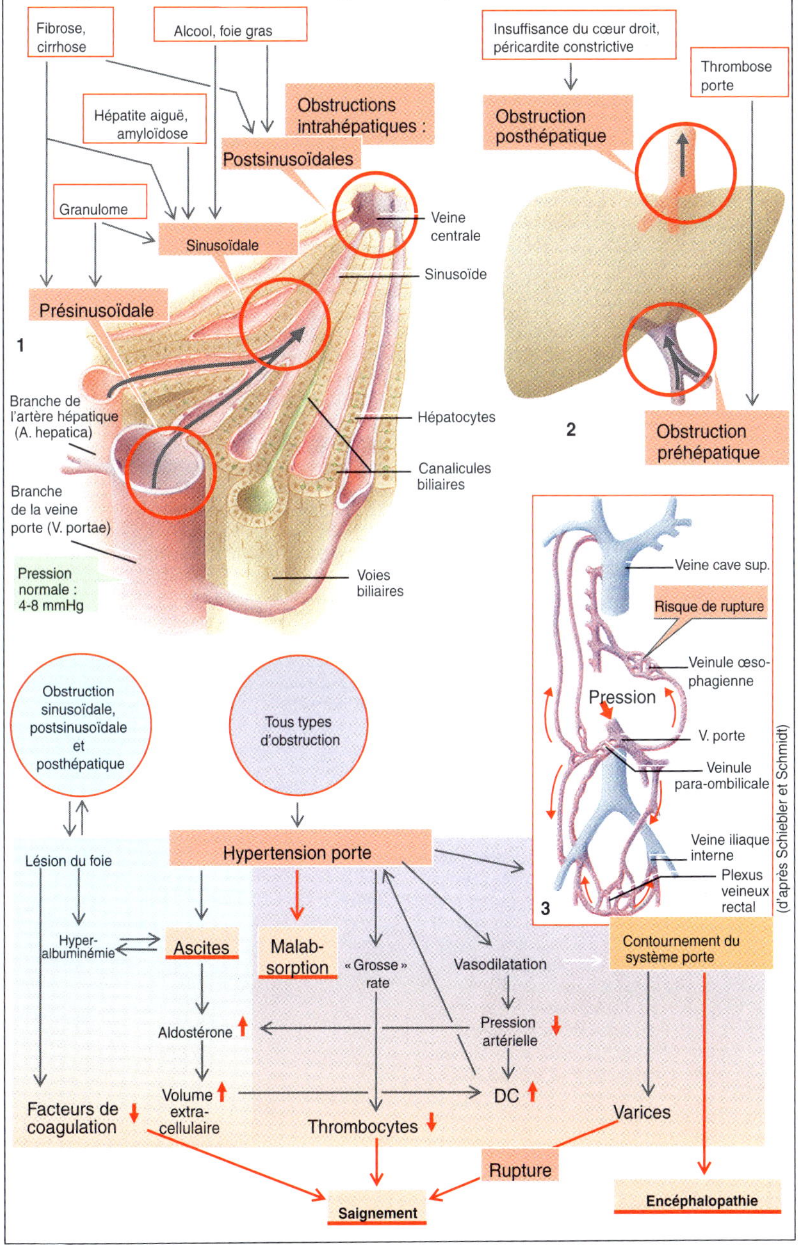

Figure 6-19 **Hypertension porte**

Fibrose et cirrhose du foie

La cirrhose du foie est une maladie au cours de laquelle se déroulent de façon plus ou moins simultanée des phénomènes de nécrose, d'inflammation, de fibrose, de régénération nodale, et la formation d'anastomoses vasculaires. Les facteurs déclenchants sont dans la plupart des cas des atteintes chroniques et en particulier l'**abus d'alcool** qui est à l'origine dans le monde entier de près de 50 p. 100 des cirrhoses. La probabilité d'une cirrhose atteint 20 p. 100 après la prise cumulative de 13 kg d'éthanol par kg de poids corporel et monte jusqu'à 90 p. 100 pour une consommation de 40 kg. Le composé qui accélère la fibrose et donc la cirrhose est en particulier l'*acétaldéhyde*, un métabolite de l'éthanol. La cirrhose peut également représenter le stade final d'une **hépatite virale** (20-40 p. 100 des cas de cirrhose en Europe) ; dans le cas d'une maladie aiguë au déroulement fulminant, elle peut déjà survenir au bout de quelques semaines, dans des maladies chroniques récidivantes après des mois ou des années. De même, elle peut se développer après une obstruction de l'écoulement sanguin (*foie congestif* ; → p. 170) ou lors d'autres lésions hépatiques, par exemple comme stade terminal d'une *maladie d'accumulation* (hémochromatose, maladie de Wilson) ou dans le cas d'une déficience enzymatique d'origine génétique.

Plusieurs phénomènes participent aux **lésions des cellules hépatiques** :

- une *carence en ATP* due à des altérations du métabolisme cellulaire ;
- la formation accrue de *métabolites de l'oxygène* très réactifs ($\cdot O_2^-$, $\cdot OH_2$, H_2O_2) ;
- associée à une *carence* simultanée *en antioxydants* (entre autres, glutathion) et/ou à une *atteinte des enzymes protecteurs* (glutathion peroxydase, superoxyde dismutase).

Les métabolites de l'oxygène réagissent, entre autres, avec les acides gras insaturés des phospholipides (**lipoperoxydation**), ce qui conduit à une lésion de la membrane plasmique et des organites cellulaires (lysosomes, réticulum endoplasmique). Ces lésions provoquent une augmentation de la concentration intracellulaire de calcium, ce qui active des protéases et d'autres enzymes, provoquant finalement des lésions cellulaires irréversibles.

La **fibrose** hépatique se déroule en plusieurs étapes (→ **A**). Lors de la mort des hépatocytes lésés, les enzymes lysosomiaux déversés vont libérer, entre autres, des **cytokines** issues de la matrice extracellulaire. Ces cytokines et les débris cellulaires provenant des cellules mortes provoquent l'**activation des cellules de Kupffer** dans les sinusoïdes hépatiques (→ **A**, au milieu) et attirent des cellules inflammatoires (granulocytes, lymphocytes et monocytes). Les cellules de Kupffer et les cellules inflammatoires recrutées vont maintenant sécréter divers *facteurs de croissance* ou *cytokines* qui :

- transforment les cellules hépatiques accumulant des graisses (cellules de Ito) en **myofibroblastes** ;
- convertissent les monocytes circulants en **macrophages** activés et
- déclenchent la **prolifération des fibroblastes**.

L'action chémotactique du **TGFβ** (*transforming growth factor* β) et de **MCP-1** (*monocyte chemotactic protein 1*), dont la sécrétion à partir des cellules de Ito est à son tour stimulée par le TNFα (*tumor necrosis factor* α), le PDGF (*platelet-derived growth factor*) et l'interleukine, renforce ce processus comme le font une série d'autres signaux, entre autres, le TGFβ. Le résultat de cette multiplicité d'interactions (qui ne sont pas encore connues dans tous leurs détails) est une augmentation de la **synthèse de la matrice extracellulaire** par les myofibroblastes et les fibroblastes. Ceci signifie un dépôt accru dans l'*espace de Dissé*, de collagènes (type I, III et IV), de protéoglycanes (décorine, biglycan, lumican, aggrecan) et de glycoprotéines (fibronectine, laminine, ténascine, onduline), entre autres. Ce processus de fibrose va empêcher les échanges métaboliques entre le sang des sinusoïdes et les hépatocytes et augmenter la résistance au flux dans les sinusoïdes (→ p. 170).

La matrice en excès peut être dégradée (essentiellement par des métalloprotéases) avec une régénération des hépatocytes. Si la nécrose est limitée au centre des lobules hépatiques (→ **A**, en haut à gauche), une reconstruction complète de la structure hépatique est encore possible. Si les nécroses ont au contraire brisé les anneaux de parenchyme entourant ces lobules, il apparaît des cloisons formées de tissu conjonctif (→ **A**, en bas). Dans ces conditions, une régénération fonctionnelle correcte n'est plus possible et l'on observe la formation de nodules : **cirrhose**. Les conséquences sont : une *cholestase* (→ p. 168), une *hypertension porte* (→ p. 170), et une *insuffisance métabolique* (→ p. 174).

A. Fibrose et cirrhose du foie

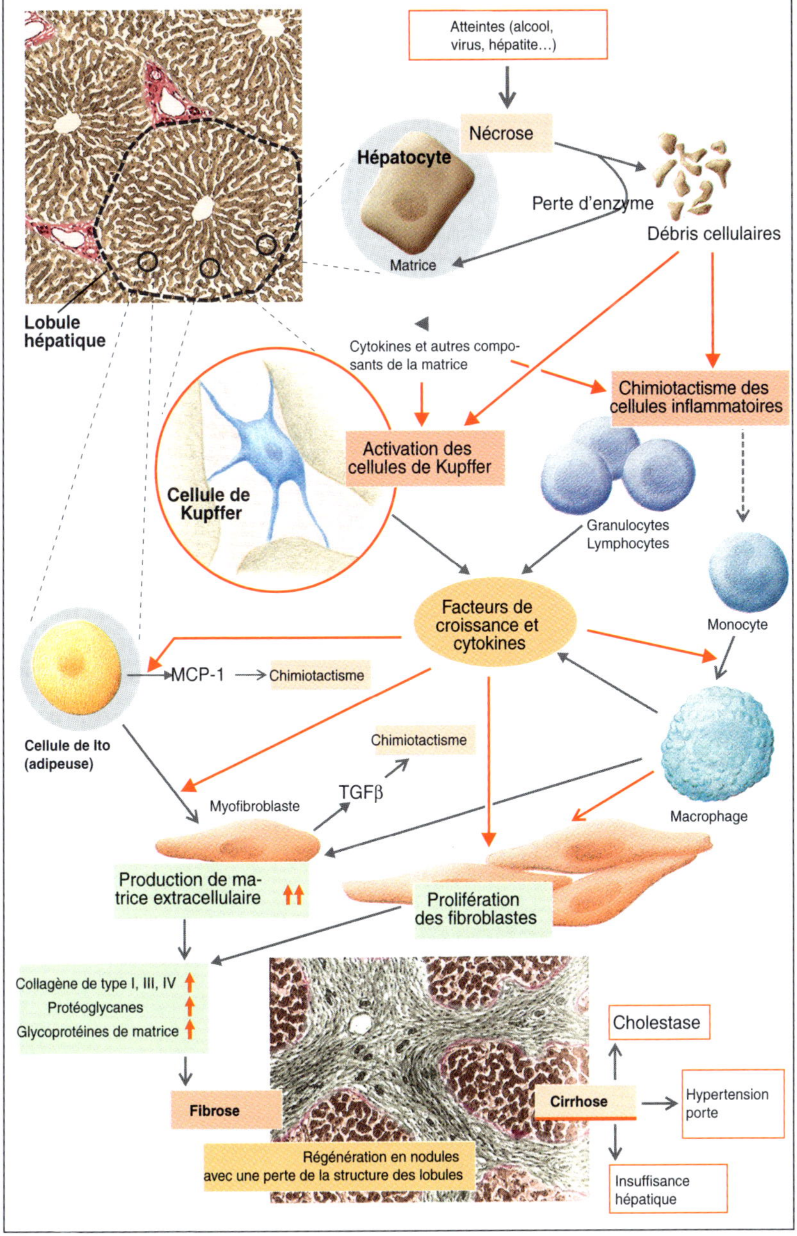

Figure 6-20 **Fibrose et cirrhose du foie**

Insuffisance hépatique (voir aussi p. 170 sqq.)

Les **causes d'une défaillance aiguë** du foie sont un *empoisonnement* et une *inflammation* par exemple une *cholangite* au déroulement fulminant ou une *hépatite virale* (en particulier après une hépatite B ou E). Dans le cas d'une **défaillance chronique**, qui est accompagnée d'un processus de fibrose hépatique (**cirrhose** ; → p. 172), les responsables sont (→ **A**) :

– des *inflammations*, par exemple une hépatite virale chronique persistante ;
– l'*alcoolisme*, qui est la cause la plus fréquente ;
– chez des patients prédisposés, les *effets secondaires de certains médicaments*, par exemple les antagonistes du folate, la phénylbutazone ;
– une *congestion de l'écoulement veineux*, d'origine cardiovasculaire, par exemple une insuffisance du cœur droit (→ p. 170) ;
– quelques *maladies héréditaires* (→ Chap. 8), par exemple glycogénose, maladie de Wilson, galactosémie, hémochromatose, carence en α_1-antitrypsine ;
– une *cholestase* intra- ou posthépatique de longue durée (→ p. 168), par exemple en cas de mucoviscidose (→ p. 162), de lithiase cholédoque (→ p. 164 *sqq*.) ou de tumeur.

Les **conséquences** les plus graves **d'une insuffisance hépatique** sont :

◆ une diminution de la **synthèse protéique** dans le foie entraîne en premier lieu une *hypoalbuminémie*, avec pour conséquence la formation d'ascites, l'accumulation de liquide extracellulaire dans la cavité abdominale et l'apparition d'autres *œdèmes* (→ p. 234). Ces phénomènes réduisent le volume plasmatique avec pour conséquence secondaire un *hyperaldostéronisme* qui conduit à une *hypokaliémie*, ce qui favorise à son tour l'apparition d'une *alcalose* (→ **A**, à gauche). Par ailleurs, la réduction de la capacité de synthèse hépatique fait chuter la concentration plasmatique en *facteurs de coagulation* ;

◆ il se produit une **cholestase** (→ p. 168), qui non seulement aggrave les lésions hépatiques, mais également la tendance aux saignements. Mécanismes : la carence en sels biliaires diminue la formation de micelles et donc l'absorption de *vitamine K* au niveau de l'intestin, si bien que la γ-carboxylation des facteurs de coagulation, prothrombine (II), VII, IX et X, dépendante de la vitamine K, est réduite ;

◆ il se produit une **hypertension porte** (→ p. 170) qui entre autres, renforce les ascites à cause de la *stase lymphatique* dans le foie, déclenche une *thrombocytopénie* par le biais d'une splénomégalie et entraîne la formation de *varices œsophagiennes*. Le manque en facteurs de coagulation actifs, la thrombocytopénie et la formation de varices prédisposent le sujet à des **saignements** sévères. Finalement, l'hypertension porte provoque une *entéropathie exsudative* qui, d'un côté, augmente encore les ascites à cause de la perte d'albumine plasmatique et de l'autre, alimente les bactéries du gros intestin en protéines déversées dans la lumière intestinale. Il y a donc une augmentation locale de la libération d'*ammoniaque*, toxique pour le cerveau ;

◆ cette *hyperammoniémie*, en partie responsable d'une **encéphalopathie** (apathie, trous de mémoire, tremblements pouvant aller jusqu'au *coma hépatique* ; → p. 342), sera renforcée par le fait que :

– les *saignements gastro-intestinaux* participent également à l'apport de protéines dans le côlon ;
– le foie défaillant n'est plus capable de transformer de façon suffisante l'ammoniaque ($NH_3 \rightleftarrows NH_4^+$) en urée ;
– l'hypokaliémie mentionnée plus haut déclenche une *acidose intracellulaire*, ce qui fait augmenter la formation d'ammoniaque dans le rein et déclenche en même temps une **alcalose** systémique. Celle-ci présente de plus une composante respiratoire, lorsque le patient *hyperventile* à cause de son encéphalopathie.

D'autres substances toxiques pour le cerveau, comme les *amines*, les *phénols* et les *acides gras à chaîne courte*, qui en temps normal sont extraits par le foie, mais le contournent en cas d'hypertension porte, interviennent également dans cette encéphalopathie. Finalement, le cerveau synthétise de **faux neurotransmetteurs** (par ex., sérotonine) à partir des *acides aminés aromatiques* qui apparaissent dans le plasma en plus grandes quantités lors d'une insuffisance hépatique. Ces molécules participent probablement à l'origine de l'encéphalopathie ;

◆ les troubles circulatoires touchent aussi les fonctions des **reins** : *syndrome hépatorénal* (→ p. 118).

A. Causes et conséquences d'une insuffisance hépatique

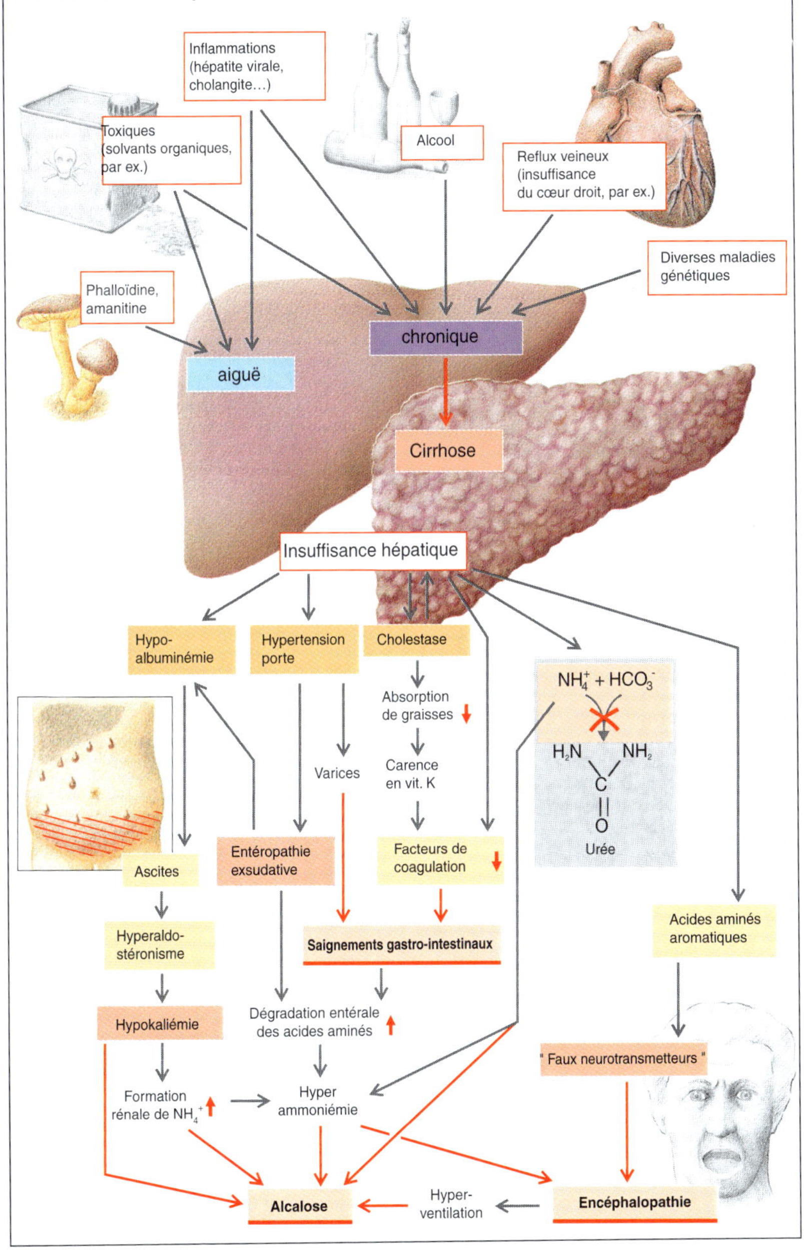

Vue d'ensemble

Grâce à sa cavité gauche, le cœur pompe le sang à travers les artères de la *grande circulation* (*systémique*) jusqu'aux capillaires sanguins de la périphérie de l'organisme. Par l'intermédiaire des veines, ce sang revient au cœur et sera maintenant pompé dans la *petite circulation* (*pulmonaire*) par le ventricule droit, à travers les poumons, puis amené de nouveau jusqu'au cœur gauche (→ **A**).

L'ensemble du volume sanguin représente environ 4,5-5,5 l (c'est-à-dire 7 p. 100 de la masse de l'organisme sans le tissu adipeux ; voir également p. 28), et se trouve à près de 80 p. 100 dans ce que l'on appelle le *système de basse pression* : dans les veines, dans le cœur droit et dans les vaisseaux de la petite circulation (→ **A**, à gauche). À cause de son *élasticité* et de sa *capacité élevées*, le système de basse pression sert de *réserve sanguine*. Si le volume sanguin normal est augmenté, (par ex., par une transfusion sanguine), plus de 98 p. 100 du volume transfusé vont se retrouver dans le système de basse pression et moins de 2 p. 100 dans le système artériel de *haute pression*. Inversement, lors d'une diminution du volume sanguin, c'est presque exclusivement le système de basse pression qui sera réduit. Pour une fonction cardiaque et pulmonaire normale, la **pression veineuse centrale** (normale 4-12 cmH_2O) est donc une bonne indication du volume sanguin.

Le **débit cardiaque** (DC) s'obtient en multipliant la *fréquence cardiaque* par le *volume d'éjection* et vaut au repos ~70 [min^{-1}] × 0,08 [l], c'est-à-dire ~**5,6 l/min** (ou plus exactement, en moyenne 3,4 l/min et par m^2 de surface corporelle). Une augmentation de la fréquence et/ou du volume d'éjection peut accroître le débit cardiaque dans des proportions importantes.

Le débit cardiaque se répartit entre les organes disposés en parallèle dans la **circulation systémique** (→ **A**, valeurs de $\dot{Q}$), d'une part en fonction de l'*importance vitale* de chacun et d'autre part en fonction des *besoins du moment*. En premier lieu sera maintenue une irrigation suffisante du *cerveau* (~13 p. 100 du débit cardiaque au repos) : non seulement il constitue un organe indispensable à la vie mais il est particulièrement sensible à une carence en oxygène. D'autre part, les cellules nerveuses, une fois détruites, ne peuvent habituellement plus être remplacées (→ p. 2 *sqq.*). L'irrigation des artères coronaires du *muscle cardiaque* (~ 4 p. 100 du débit cardiaque, au repos ; → p. 216) ne doit pas non plus chuter, car les troubles de la pompe qui en résulteraient se répercuteraient sur l'ensemble de la circulation. Les *reins* reçoivent environ 20-25 p. 100 du débit cardiaque. Cette irrigation très élevée par rapport à leur poids (seulement 0,5 p. 100 du poids du corps) sert pour l'essentiel aux *fonctions de contrôle et d'excrétion* de cet organe. En cas de choc menaçant (→ p. 230 *sqq.*), la circulation rénale peut ainsi être réduite principalement au profit du cœur et du cerveau. Lors d'un travail physique intense jusqu'à trois quarts du débit cardiaque (alors augmenté) vont traverser la *musculature squelettique*. Au cours de la digestion, le *tractus gastro-intestinal* reçoit également une proportion importante du débit cardiaque. Il est donc évident que ces deux organes ne peuvent pas être irrigués en même temps, au maximum. La circulation *cutanée* (au repos, environ 10 p. 100 du débit cardiaque) sert en premier lieu à l'*élimination de la chaleur*. Cette circulation est donc augmentée si la production de chaleur augmente (travail physique) et/ou si la température extérieure monte (→ p. 20 *sqq.*), elle peut d'un autre côté être détournée au profit des organes vitaux (décoloration, par ex., en cas de choc ; → p. 230 *sqq.*).

L'*ensemble* du débit cardiaque s'écoule dans la **circulation pulmonaire** car elle est disposée en série par rapport à la circulation systémique (→ **A**). Le sang « veineux » pauvre en oxygène parvient au poumon via les *artères pulmonaires*, et y sera enrichi en O_2 « artérialisé ». De plus, une quantité relativement faible de sang artériel sera prélevée via les *artères bronchiques* dans la circulation systémique, pour servir à l'approvisionnement du tissu pulmonaire lui-même. L'écoulement s'effectue ensemble dans les *veines pulmonaires*.

La **résistance au flux** dans la petite circulation ne correspond qu'à une fraction de la *résistance périphérique totale* dans la grande circulation, si bien que le ventricule droit doit supporter une pression moyenne (~ 15 mmHg = 2 kPa) bien plus faible que le ventricule gauche (100 mmHg = 13,3 kPa). La résistance principale dans la grande circulation est due aux petites artères et aux artérioles (→ **A**, à droite en bas), qui sont donc appelés *vaisseaux résistifs*.

A. Cœur et circulation

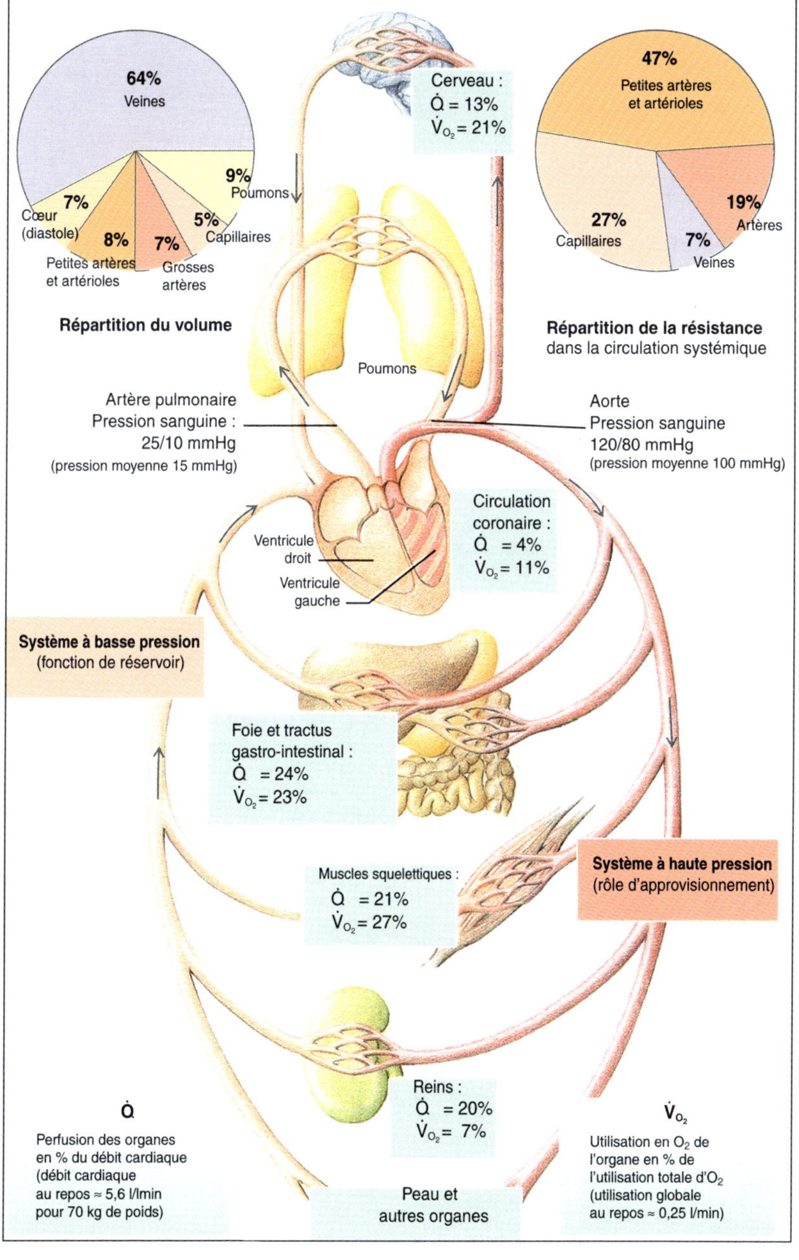

Figure 7-1 **Vue d'ensemble**

Phases de l'activité cardiaque (révolution cardiaque)

La fréquence cardiaque est au repos d'environ 70 batt/min. En à peine 1 s vont se dérouler les **quatre phases d'activité** de la cavité cardiaque (ventricule) (→ **A**) : la phase de mise en tension (I) et d'éjection (II) de la *systole* ainsi que la phase de relaxation (III) puis celle de remplissage (IV) de la *diastole*, à l'issue de laquelle les oreillettes vont se contracter. L'excitation électrique des oreillettes ou des ventricules précède ces phénomènes mécaniques.

Les **valvules cardiaques** déterminent la direction du flux dans le cœur, à savoir des oreillettes vers les ventricules (phase IV) et de là dans l'aorte ou les artères pulmonaires (phase II). Pendant les phases I et III toutes les valvules sont fermées. L'ouverture et la fermeture des valvules seront déterminées par les pressions régnant de part et d'autre de la valvule.

Révolution cardiaque. À la fin de la diastole (phase IVc), le nœud sinusal se dépolarise (onde P dans l'ECG ; → **A1**), l'oreillette se contracte, puis les ventricules vont finalement être stimulés (QRS dans l'ECG). La pression dans le ventricule commence à monter, et dépasse celle dans l'oreillette si bien que les valvules mitrales et tricuspides se referment brusquement. C'est à ce stade que se termine la diastole et le *volume de fin de diastole* dans le ventricule est d'environ 120 ml en conditions de repos (→ **A4**), et plus précisément de 70 ml/m^2 de surface corporelle.

C'est maintenant que débute la **phase de tension** (phase I), pendant laquelle les ventricules se contractent (toutes les valves sont fermées : *contraction isovolumétrique* ; *1er bruit cardiaque* → **A6**) de sorte que la pression dans les ventricules augmente très rapidement. Dans le ventricule gauche, elle dépasse vers 80 mmHg (10,7 kPa) la pression dans l'aorte (ou bien, dans le cas du ventricule droit, la pression dans l'artère pulmonaire vers 10 mmHg), si bien que les valves aortiques et pulmonaires vont alors s'ouvrir (→ **A2**).

Commence alors la **phase d'éjection** (phase II), au cours de laquelle les pressions dans le ventricule gauche et dans l'aorte vont atteindre une valeur maximale d'environ 120 mmHg (16 kPa). Dans cette phase précoce (IIa), la plus grande partie du volume d'éjection sera expulsé brusquement, le flux au départ de l'aorte passe par un maximum (→ **A5**). La pression intraventriculaire va ensuite commencer à chuter (le reste du volume d'éjection sera propulsé plus lentement, phase IIb), pour finalement tomber en dessous de celle de l'aorte ou de l'artère pulmonaire, de sorte que les valvules vont se fermer peu après (*2e bruit cardiaque*). Au repos, le volume d'éjection atteint en moyenne 80 ml (plus précisément, 47 ml/m^2 de surface corporelle.

La *fraction d'éjection* au repos (= volume d'éjection/volume diastolique final) vaut environ 0,67. Dans le ventricule persiste alors un *volume résiduel en fin de systole* qui représente environ 40 ml (→ **A4**).

C'est alors que débute la diastole avec sa **phase de relaxation** isovolumétrique (phase III). Pendant ce temps, les oreillettes se sont remplies de nouveau, essentiellement grâce à la force de succion provoquée par l'abaissement du plan des valvules durant la phase d'éjection (chute de pression de la *pression veineuse centrale*, de *c* à *x* ; → **A3**). La pression dans le ventricule tombe de façon abrupte (→ **A2**), et la pression dans l'oreillette est montée au même moment (onde *v* de la pression veineuse centrale), de sorte que les valvules s'ouvrent à nouveau.

La **phase de remplissage**, phase IV, commence alors. Le sang s'écoule si rapidement des oreillettes dans les ventricules (chute de pression *y* de la pression veineuse centrale), que ceux-ci sont déjà remplis à 80 p. 100 après seulement un quart de la durée de la diastole (pour une fréquence normale) (phase de remplissage rapide [IVa] ; → **A4**). Le remplissage se ralentit (IVb) et les oreillettes finalement se contractent (phase IVc, et onde *a* de la pression veineuse centrale ; → **A2, 3**). La contraction des oreillettes contribue pour environ 15 p. 100 au remplissage des ventricules en cas de fréquence normale. Si la fréquence cardiaque est plus élevée, la révolution cardiaque est raccourcie, surtout aux dépens de la diastole, si bien que la contribution de la contraction des oreillettes au remplissage des ventricules devient plus significative.

Les *3e et le 4e bruits cardiaques* (causés par l'influx du sang en début de diastole, ou par la contraction de l'oreillette) sont présents chez l'enfant à titre physiologique mais sont pathologiques chez l'adulte (→ p. 197 *sqq.*).

L'activité intermittente du cœur déclenche une **onde de pulsation** qui se propage le long du lit artériel avec une *vitesse* (3-5 m/s pour l'aorte, 5-10 m/s pour l'artère radiale) supérieure à celle du *flux sanguin* (max 1 m/s dans l'aorte). Cette pulsation est d'autant plus importante que la paroi du vaisseau est épaisse et rigide (accroissement lors d'une hypertension ou chez les gens âgés) et que le diamètre de ce vaisseau est étroit.

A. Phases d'action du cœur (révolution cardiaque)

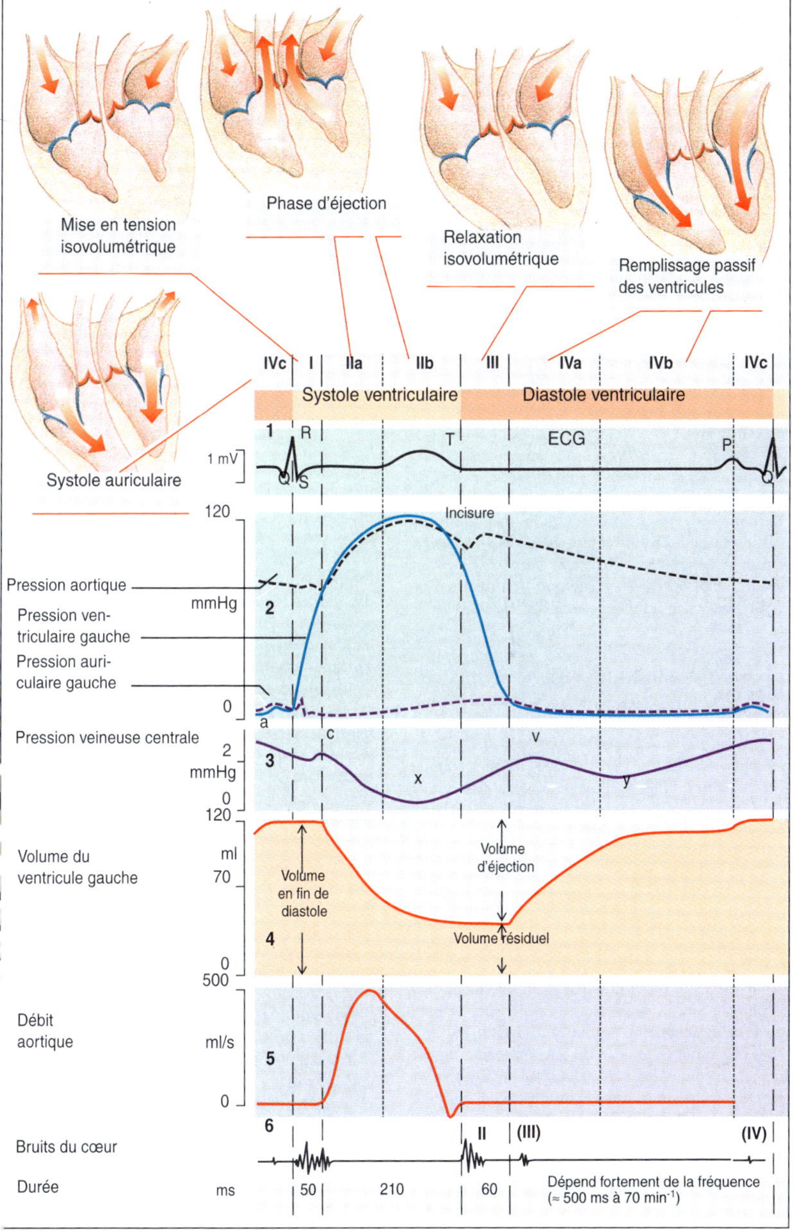

Genèse et conduction de l'excitation dans le cœur

Le cœur possède des cellules musculaires (fibres) capables de générer et de transmettre rapidement une impulsion excitatrice (*système excitable*), ainsi que d'autres qui répondent à une impulsion par une contraction (*myocarde de travail*). À la différence des muscles squelettiques, la genèse de l'excitation peut également avoir lieu à l'intérieur de l'organe : rythme spontané ou **autonomie** du cœur. L'oreillette et le ventricule constituent cependant un syncytium, c'est-à-dire que les cellules ne sont pas isolées les une des autres mais reliées entre elles par des *gap-junctions*. Un stimulus, qui se forme n'importe où dans l'oreillette ou le ventricule, conduit donc toujours à une contraction complète des deux ventricules ou des deux oreillettes (*contraction de type tout ou rien*).

En temps normal, le cœur sera excité par le *nœud sinusal*, qui constitue également le **pacemaker** cardiaque (entraîneur). La **propagation de l'excitation** (→ **A**) s'effectue à partir de là à travers les deux oreillettes jusqu'au nœud atrioventriculaire (AV) et parvient ensuite via le faisceau de His et ses deux branches (Tawara) aux fibres de Purkinje qui convoient l'excitation jusqu'au myocarde ventriculaire. À l'intérieur de celui-ci, l'excitation se propage de l'intérieur vers l'extérieur et de la pointe vers la base, ce que l'on peut suivre également sur l'organisme entier à l'aide de l'ECG (→ p. 184 ; → **C**).

Le potentiel cellulaire dans le nœud sinusal est un **potentiel entraîneur** (→ **B1**, en bas). Il ne présente *pas* un potentiel de repos stable, mais augmente après chaque repolarisation (dont la valeur la plus négative est appelée *potentiel diastolique maximal*, PDM ~ – 70 mV), de façon continue (*prépotentiel*, PP) jusqu'à atteindre de nouveau le *potentiel seuil* (PS, ~ – 40 mV) pour déclencher à nouveau un *potentiel d'action* (PA).

Celui-ci repose sur les variations suivantes des *conductances ioniques* (g) de la membrane plasmique et donc des **flux ioniques** (I) (→ **B1**, en haut). Commençant avec le PDM, une conductance non sélective s'accroît, et un influx de cations dans la cellule (I_f, f signifiant *funny*) entraîne une dépolarisation lente (PP). Lorsque le PS est atteint, g_{Ca} augmente alors relativement brutalement, si bien qu'une augmentation accrue de l'influx de Ca^{++} (I_{ca}) provoque la montée du PA. Pendant l'inversion du potentiel dans les valeurs positives, g_K augmente donnant naissance à un courant I_K sortant, qui repolarise la cellule pacemaker jusqu'au PDM.

Chaque potentiel d'action dans le nœud sinusal déclenche normalement une contraction cardiaque, ce qui signifie que la **fréquence d'impulsion** de ces cellules pacemaker gouverne la fréquence des battements du cœur. La fréquence sera plus faible lorsque :

– la *vitesse de montée du prépotentiel* diminue (→ **B3a**),
– le *potentiel seuil* est moins négatif (→ **B3b**),
– le *PDM* atteint une valeur plus négative, si bien que la dépolarisation spontanée commence plus bas (→ **B3c**) ou que
– la *repolarisation* dans un potentiel d'action se déclenche plus tard ou se déroule plus lentement (plus aplatie).

Les trois premiers événements ont en commun le fait que le seuil est atteint plus tardivement.

Tous les éléments du système conducteur excitable sont capables de se dépolariser spontanément, mais le nœud sinusal joue le rôle directeur dans l'excitation normale du cœur (rythme sinusal 70 à 80 batt/min). La raison en est que les autres éléments du système autonome possèdent une fréquence propre plus lente que celle du nœud sinusal (→ tableau **C** ; origines : PP et repolarisation sont plus aplatis, voir ci-dessus). L'excitation provenant du nœud sinusal arrive donc « plus bas », à un moment où la dépolarisation spontanée propre n'y a pas encore atteint le potentiel seuil. Cependant, si la propagation de l'impulsion sinusale est interrompue (→ p. 186 *sqq.*), c'est la fréquence propre des parties distales du système excitateur qui va prendre le relais : le cœur bat donc à un rythme auriculoventriculaire (40-60 batt/min) ou le cas échéant au rythme encore plus lent de l'entraîneur ventriculaire (tertiaire, 20-40/min).

À l'inverse des nœuds sinusaux et AV dont la phase de montée du PA, due essentiellement à un influx de Ca^{++}, est relativement aplatie (→ **A**), il existe dans le **myocarde de travail** du ventricule des *canaux sodiques* rapides, dépendants du potentiel, qui permettent au début du PA un flux transitoire élevé de Na^+ et donc une montée relativement rapide du PA, par comparaison au potentiel entraîneur (→ **A**). La durée relativement longue du PA myocardique, par comparaison avec celle du muscle squelettique, et la présence d'un *plateau*, ont une fonction importante : elles empêchent en fait une excitation circulaire du myocarde (*réentrée* ; → p. 186 *sqq.*). Ceci est également valable pour les fréquences très élevées ou très basses, car la durée du PA s'adapte à la fréquence (→ **B2**).

Lors du PA, le **Ca^{++}** extracellulaire sera importé par des canaux calciques dépendants du potentiel et sensibles aux dihydropyridines. La concentration cytosolique de Ca^{++} va de ce fait augmenter localement (effet d'amorce), après quoi vont maintenant s'ouvrir des canaux calciques, ryanodine-sensibles, déclenchés par des ligands, localisés dans le réticulum sarcoplasmique et servant de

A. Excitation cardiaque

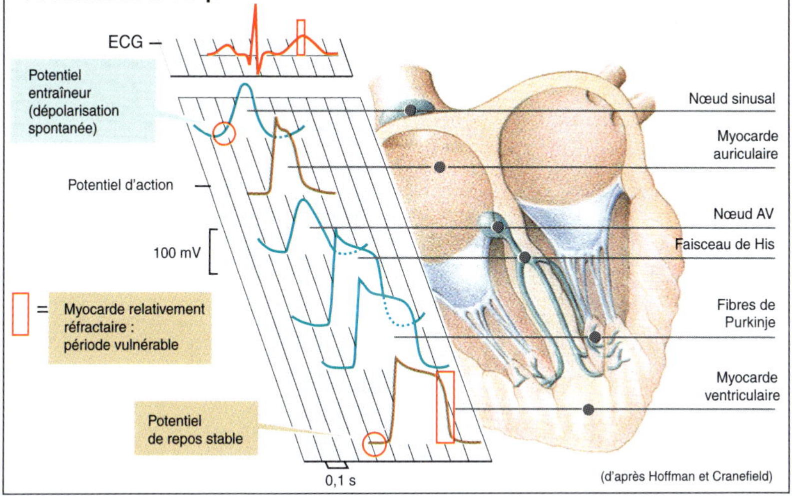

B. Potentiel entraîneur et fréquence d'excitation cardiaque

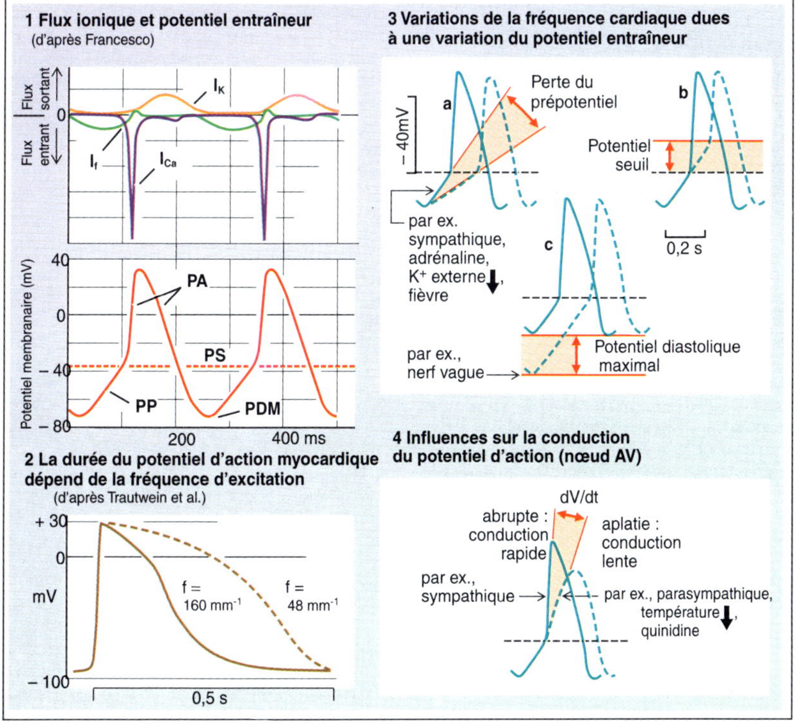

réserve (effet déclencheur). Le calcium ainsi déversé dans le cytoplasme est finalement responsable du couplage électromécanique de la contraction cardiaque. La concentration cytosolique de Ca^{++} dépendra par ailleurs du flux inverse vers les stocks de Ca^{++} (via la Ca^{2+}-ATPase) ou vers le milieu extracellulaire. Ce dernier peut être réalisé aussi bien par une Ca^{2+}-ATPase que par un échangeur $3Na^+/Ca^{2+}$, qui est indirectement actionné par la Na^+-K^+-ATPase, par l'intermédiaire du gradient électrochimique sodique existant au niveau de la membrane cellulaire.

Le cœur se contracte certes de façon autonome, mais une **adaptation de la capacité cardiaque** à des besoins variables est liée en grande partie aux *nerfs cardiaques* efférents. Les caractéristiques suivantes de la fonction cardiaque peuvent être modifiées par voie nerveuse :

- la *fréquence* de formation de l'impulsion du tissu entraîneur et donc la fréquence des battements du cœur (chronotropie) ;
- la *vitesse de propagation de l'excitation*, en particulier dans le nœud AV (dromotropie) ;
- la force de la contraction musculaire pour une tension donnée, c'est-à-dire la *contractilité* du cœur (inotropie) ;
- l'*excitabilité*, prise dans le sens d'une modification du seuil d'excitation (bathmotropie).

Ces modifications de la fonction du cœur seront déclenchées par les fibres parasympathiques du nerf vague et les rameaux du sympathique. La **fréquence cardiaque** sera ainsi augmentée par les fibres du sympathique aboutissant au nœud sinusal (effet chronotrope positif médié par les récepteurs β_1-adrénergiques), ou diminué par les fibres muscariniques parasympathiques (action chronotrope négative). Sont responsables, une modification de la pente du PP ou un changement du PDM dans le nœud sinusal (→ **B3a** ou **3c**). L'aplatissement du prépotentiel et le PDM plus négatif sous l'action du vague proviennent d'une augmentation de g_K, le caractère plus abrupt du PP sous l'effet du sympathique ou l'action de l'adrénaline est dû à une augmentation de g_{Ca} ou, le cas échéant, à une diminution de g_K. Dans les autres segments du système excitable, le sympathique a seulement une action chronotrope, ce qui lui confère une influence décisive lors d'une prise en charge éventuelle de la fonction d'entraîneur par le nœud AV ou le pacemaker tertiaire (voir ci-dessus).

Les fibres parasympathiques de la branche gauche du vague ralentissent la **conduction de l'excitation dans le nœud AV**, le sympathique l'accélère, action dromotrope négative, ou positive. Ce sont en particulier le PDM et la vitesse de montée du PA qui sont alors affectés (→ **B3c** ou **B4**). Là encore, les modifications de g_K et g_{Ca} jouent un rôle important.

Au contraire des effets chrono- et dromotropes, le sympathique exerce dans le cas d'une inotropie positive, une action directe sur le myocarde de travail. L'augmentation de la **contractilité** est alors due à un *influx de calcium* en provenance du milieu extracellulaire, médiée par les récepteurs β_1-adrénergiques, et qui accroît la concentration cytosolique de Ca^{++} dans le cytoplasme des cellules du myocarde. L'entrée de calcium peut alors être inhibée pharmacologiquement par des bloqueurs des canaux calciques (*antagonistes calciques*).

Par ailleurs, la contractilité est augmentée par un allongement du PA (et donc par un influx prolongé de Ca^{++}) ou une inhibition de la Na^+-K^+-ATPase par les *glycosides cardiaques*, digitaline et strophantine (diminution du gradient sodique au niveau de la membrane cellulaire → efficacité plus faible de l'échangeur $3Na^+/Ca^{++}$ → diminution de l'efflux de calcium → concentration accrue du Ca^{++} cytosolique).

Pour des fréquences cardiaques plus faibles, l'influx de Ca^{++}/unité de temps est faible (peu de PA), si bien qu'il existe entre deux PA un temps relativement important consacré à l'efflux de Ca^{++}. La concentration cytosolique moyenne de Ca^{++} est donc faible et par voie de conséquence, la contractilité est maintenue relativement faible. Via ce mécanisme, le nerf vague peut aussi avoir une action inotrope négative, bien sûr indirecte (inotropie de fréquence). L'inverse est vrai en ce qui concerne le sympathique.

C. Propagation de l'excitation dans le cœur

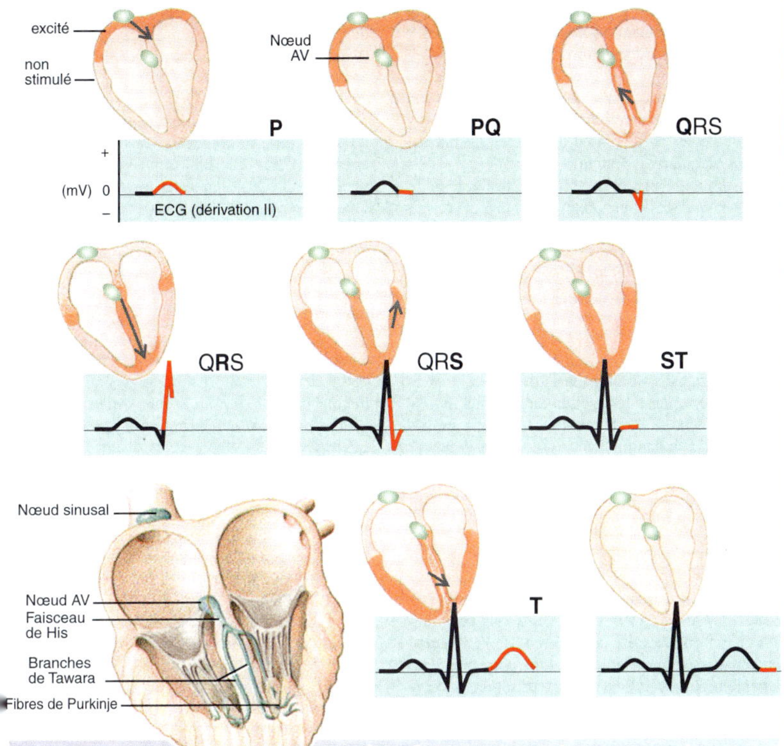

Événement		Temps (ms)	ECG	Vitesse de conduction (m·s⁻¹)	Fréquence propre (min⁻¹)
Nœud sinusal					
Formation de l'impulsion		0	Onde P	0,05	70- 80
Arrivée de l'impulsion dans les parties éloignées des oreillettes	Oreillette droite	50		0,8 -1,0 dans l'oreillette	
	Oreillette gauche	85			
Nœud AV			Intervalle PQ (excitation différée)	0,05	40 - 60
Arrivée de l'impulsion		50			
Conduction de l'impulsion		125			
Faisceau de His activé		130		1,0 -1,5	20 - 40
Terminaisons des branches activées		145		1,0 -1,5	
Fibres de Purkinje activées		150		3,0 -3,5	
Partie interne du myocarde complètement activée	Ventricule droit	175	Complexe QRS	1,0 dans le myocarde	
	Ventricule gauche	190			
Partie externe du myocarde totalement activée	Ventricule droit	205			
	Ventricule gauche	225			

Électrocardiogramme (ECG)

Un ECG enregistre les **différences de potentiel** (mV) qui proviennent de l'excitation cardiaque. Il peut fournir des informations concernant l'état du cœur, sa fréquence, le rythme et l'origine de l'excitation ainsi que la propagation de l'impulsion, la régression de l'excitation et leurs anomalies mais ne peut donner *aucun* renseignement sur la contraction cardiaque ou la fonction de pompe.

Les potentiels ECG naissent à la frontière entre les zones excitées et non excitées du myocarde. Un myocarde non excité ou un tissu complètement excité ne donnent *aucun* potentiel visible sur le tracé ECG. Durant le **déplacement de ce front d'excitation** à travers le muscle cardiaque se forment divers potentiels qui se différencient par leur forme et leur direction. De tels *vecteurs* peuvent être représentés par des flèches, dont la longueur est une fonction de l'importance du potentiel et la direction représente la direction du potentiel (pointe de la flèche : +). Les nombreux vecteurs individuels s'additionnent pour former un **vecteur somme** ou **vecteur intégral** (→ **A**, flèche rouge). Il varie en taille et en direction au cours de l'excitation cardiaque, ce qui signifie que la pointe du vecteur somme décrit des trajectoires en boucle (→ **A**), qui peuvent être observées sur un oscilloscope sous forme d'un *vectocardiogramme*.

Le décours temporel du vecteur somme peut être rendu visible grâce aux **dérivations des extrémités** et aux **dérivations thoraciques** de l'ECG projetées sur les plans de dérivation correspondant. Une dérivation parallèle au vecteur somme montre la totalité de l'oscillation ; une dérivation qui lui est perpendiculaire ne montre aucune oscillation. Les *dérivations I, II et III d'Einthoven* sont bipolaires (→ **C1**) et se trouvent dans le plan frontal. Dans le cas des *dérivations* unipolaires de *Goldberger* (*aVL*, *aVR* et *aVF*, → **C3**), une extrémité (par ex., le bras gauche pour l'aVL) est dérivée par rapport à l'association des deux autres électrodes. Ces dérivations se trouvent également dans le plan frontal. Les *dérivations* unipolaires *thoraciques* V_1-V_6 (*Wilson* ; → **C4**) se trouvent cependant dans le plan horizontal ; elles permettent en particulier de visualiser les vecteurs à orientation dorsale. Comme le vecteur QRS moyen pointe essentiellement vers le bas, en arrière et à gauche, le thorax est divisé en deux moitiés l'une positive et l'autre négative par un plan perpendiculaire à ce vecteur. Le vecteur QRS est donc essentiellement négatif en V_1-V_3 et positif en V_5 et V_6.

Une **courbe ECG** (→ **B**, et p. 183, **C**) montre des *déflections*, des *ondes* et des *segments* (une oscillation vers le haut est notée +, vers le bas –). L'*onde P* (< 0,25 mV, < 0,1 s) est un reflet de la dépolarisation de l'oreillette, dont la repolarisation n'est pas visible car elle se produit durant la déflec tion suivante. L'*onde Q* (amplitude < 1/4 de l'ampli tude de R), les *ondes R* et *S* (R + S > 0,6 mV constituent ce que l'on appelle le *complexe QRS* (< 0,1 s) même lorsque l'une des ondes est absente Il indique la propagation de la dépolarisation dans les ventricules, tandis que l'*onde T* donne leur repo larisation. Bien que ces deux événements soien opposés, l'onde T présente en temps normal la même direction que l'onde R (+ dans la plupart des dérivations), ce qui signifie que la séquence de pro pagation de l'excitation et de retour au repos es distincte : les potentiels d'action des fibres excitée les premières (proches de l'endocarde) durent plu longtemps que ceux des fibres excitées en dernie (proches de l'épicarde). L'*espace PQ* (oreillette complètement excitées) et l'*espace ST* (ventricule complètement excités) sont en général proches de la ligne de base (0 mV). L'*intervalle PQ* (< 0,2 s → **B**) est nommé *temps de conduction*. L'*intervall QT* dépend de la fréquence cardiaque et vaut pou une valeur de 75 batt/min, 0,35-0,40 s (temps néces saire pour la dépolarisation et la repolarisation du ventricule).

Les six dérivations frontales (Einthoven et Goldberger) sont représentées dans le cercle de Cabrera (→ **C3**). À partir de deux dérivations syn chrones, au moins, on peut à l'aide du triangl d'Einthoven ou du cercle de Cabrera, détermine le vecteur somme contemporain dans le plan fron tal, par exemple le **vecteur QRS moyen** (→ **C2** flèche rouge), dont la position, pour une propaga tion normale de l'excitation, correspond sensi blement au grand axe anatomique du cœur (*axe électrique du cœur*). Le potentiel du vecteur QRS moyen se mesure (en tenant compte des signes) à partir de la somme des hauteurs des déflections Q R et S. Les **positions normales** de l'axe électrique du cœur s'étendent entre + 90° et – 30° (cercle gra dué, → **C3**). Les positions pathologiques sont celle dites *orientées à droite* (> + 120°), par exempl hypertrophie du cœur droit, ou celles *orientées à gauche* (plus négatives que – 30°), par exemple en cas d'hypertrophie gauche. Les infarctus du myo carde assez étendus peuvent également faire tour ner l'axe électrique du cœur.

A. Enveloppe du vecteur de l'excitation cardiaque

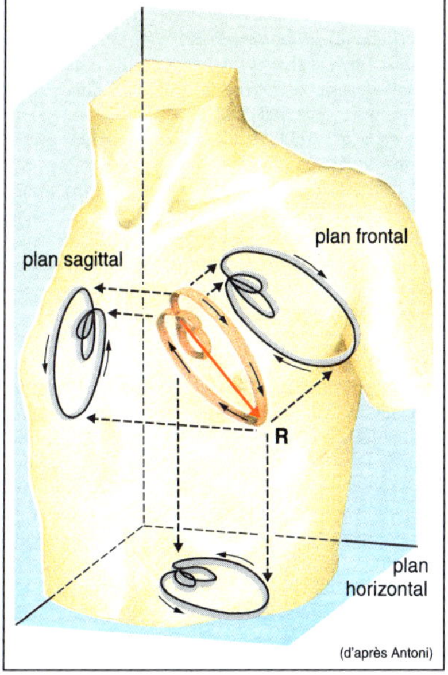

B. Tracé ECG

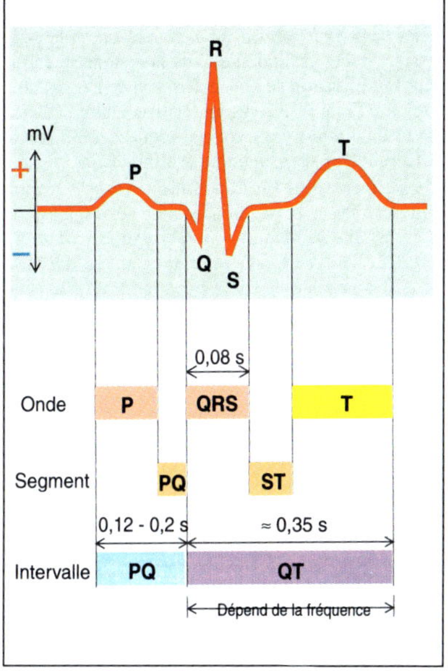

C. Dérivations bipolaires (Einthoven : 1, 2, 3) et unipolaires (Goldberger : 3, Wilson : 4)

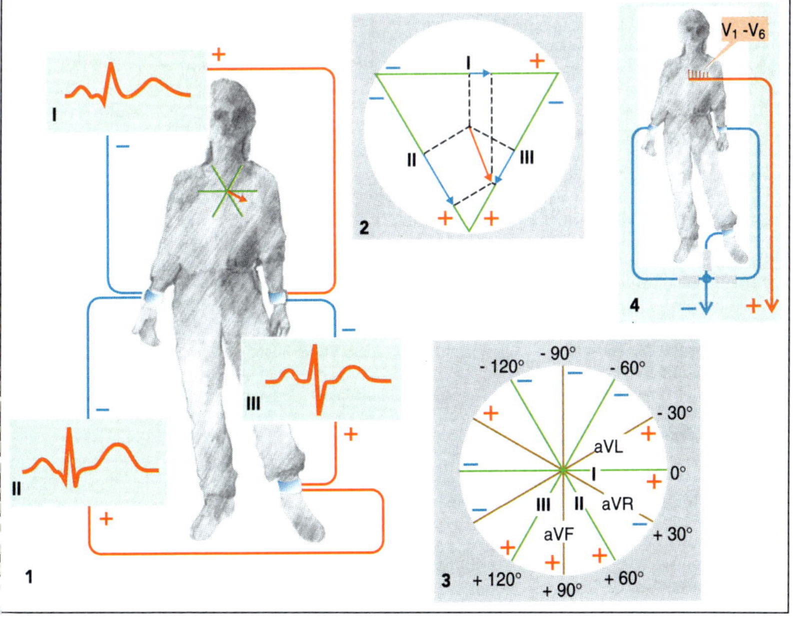

Figure 7-5 **Électrocardiogramme (ECG)**

Troubles du rythme

Les troubles du rythme (**arythmies**, dysrythmies) sont des modifications de la genèse ou de la propagation de l'excitation qui ont pour conséquences une modification de l'enchaînement de l'excitation de l'oreillette et du ventricule ou de leur couplage. Peuvent alors être affectés la fréquence, la régularité ou le site de formation de l'impulsion.

La **formation de l'excitation dans le nœud sinusal** a lieu avec une fréquence de 60-100 fois/min (en général 70-80/min ; → **A1**). Pendant le sommeil ou chez des sportifs entraînés, au repos (tonus vagal) ou encore en cas d'hypothyroïdie elle peut descendre en dessous de 60/min (*bradycardie sinusale*), ou monter en cas d'effort physique, d'émotion, de fièvre (→ p. 20) ou d'hyperthyroïdie au-dessus de 100/min (*tachycardie sinusale* ; → **A2**). Dans les deux cas, le rythme reste régulier, tandis que dans le cas d'une arythmie sinusale la fréquence fluctue. De façon physiologique, cette arythmie survient chez les gens jeunes et est fonction de la respiration : l'inspiration accélère la fréquence, l'expiration la ralentit.

Tachycardies d'origine hétérotope. Même dans le cas où la genèse de l'excitation a lieu dans le nœud sinusal (nomotope, → **A**), des stimulations anormales *hétérotopes* (*ectopiques*) peuvent partir d'un foyer dans l'oreillette (atrial), dans le nœud AV (nodal) ou dans le ventricule (ventriculaire). Une dépolarisation atriale à fréquence élevée (ligne de base dentelée, au lieu d'ondes P régulières dans l'ECG), déclenche une **tachycardie auriculaire** que le ventricule suit, chez l'homme, pour atteindre une fréquence de l'ordre de 200/min. Au-delà, seule une impulsion sur deux ou trois sera transmise, car les impulsions intermédiaires tombent pendant la période réfractaire du système de conduction en aval. La composante du système avec la durée de potentiel d'action la plus longue joue dans ce cas un rôle majeur ; ce sont en général les fibres de Purkinje (→ **C**, ligne intermédiaire). Elles constituent un *filtre de fréquence* car leur potentiel d'action prolongé présente également la période réfractaire la plus longue, de sorte qu'elles bloquent la propagation de l'excitation à partir d'une fréquence donnée (dans la figure **C**, entre 212 et 229/min ; dérivation selon Hund). Pour des décharges du foyer atrial de fréquence plus élevée (jusqu'à 350/min : *flutter auriculaire* ; jusqu'à 500/min : *fibrillation auriculaire*), seule sera transmise une impulsion de temps à autre. La stimulation du ventricule est alors complètement irrégulière (*arythmie absolue*). La **tachycardie ventriculaire** est due à une succession rapide d'excitations d'origine ventriculaire, débutant habituellement par une extrasystole (ES, voir ci-dessous ; → **B3**, deuxième ES). Le remplissage du ventricule et le rendement d'éjection diminuent et l'on aboutit à une *fibrillation ventriculaire*, avec des spasmes de haute fréquence et non coordonnés du myocarde (→ **B4**). En l'absence de mesures appropriées, ce phénomène est aussi dangereux qu'un arrêt cardiaque, à cause d'un apport de sang insuffisant.

Extrasystoles (**ES**). Si les impulsions issues d'un foyer ectopique supraventriculaire se propagent aux ventricules (ES atriale ou nodale), ceux-ci peuvent échapper à leur rythme sinusal : **arythmies supraventriculaires**. L'ES atriale se traduit dans l'ECG par une déformation de l'onde P avec un complexe QRS normal. Lors d'une ES nodale, les oreillettes sont stimulées de façon rétrograde ; l'onde P apparaît donc négative et est cachée dans le complexe QRS ou apparaît juste après lui (→ **B1**, case bleue, en comparaison avec **A**). Comme, dans le cas d'une ES supraventriculaire, le nœud sinusal est également fréquemment dépolarisé, l'intervalle entre l'onde R de l'ES (= R_{ES}), et la prochaine onde R normale s'allonge de la durée nécessaire pour que l'excitation aille du foyer au nœud sinusal : *pause postextrasystolique*. En ce qui concerne les intervalles de temps entre les ondes R on a : $R_{ES} - R > R - R$ et $(R - R_E + R_{ES} - R) < 2R - R$ (→ **B1**). Une stimulation ectopique peut également se produire dans le ventricule : **extrasystoles ventriculaires** (→ **B2, B3**). Dans ce cas, le complexe QRS de l'ES est déformé. Pour des fréquences sinusales basses, l'excitation sinusale suivante est propagée sans modification jusqu'au ventricule : *ES interposée* (→ **B2**). Pour des fréquences sinusales plus élevées, l'excitation sinusale suivante survient lorsque le myocarde est encore réfractaire, de sorte que c'est l'excitation encore postérieure qui est active : *pause compensatrice*. On a donc pour les intervalles R : $R - R_{ES} + R_{ES} - R = 2R - R$ (voir ci-dessous l'origine des ES).

Des **troubles de conduction** dans le nœud AV (*bloc AV*) ou dans les branches du faisceau de His (*bloc de branche*) provoquent également des arythmies. On désigne sous les termes de bloc AV de degré 1, un ralentissement anormal de la conduction AV (intervalle PQ > 0,2 s), sous les termes de bloc de degré 2 le fait qu'une excitation sur deux ou trois se propage effectivement et sous les termes de bloc de degré 3 une interruption complète (→ **B5**). Dans ce dernier cas, on observe des pauses cardiaques intermittentes *(syndrome d'Adam-Stokes*), mais l'entraîneur ventriculaire assure alors l'excitation ventriculaire (bradycardie ventriculaire associée à une fréquence normale d'excitation des oreillettes), avec pour conséquence une indépendance totale entre les complexes QRS et les ondes

A. Excitation nomotope avec conduction normale

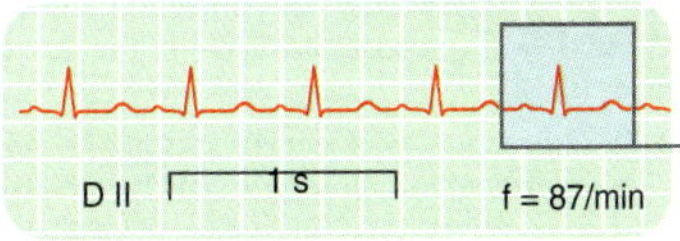

1 Rythme sinusal normal

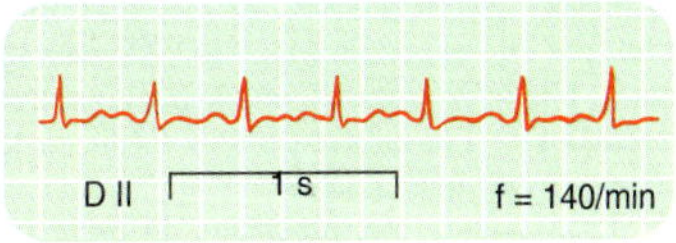

2 Tachycardie sinusale

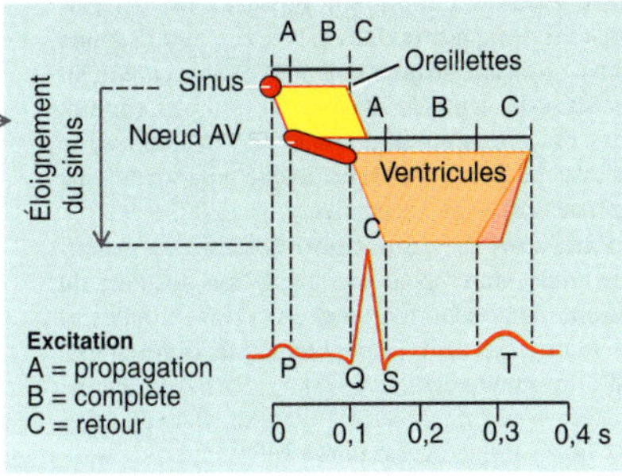

(d'après Trautwein)

B. Excitation hétérotrope (1-5) et troubles de la conduction (5)

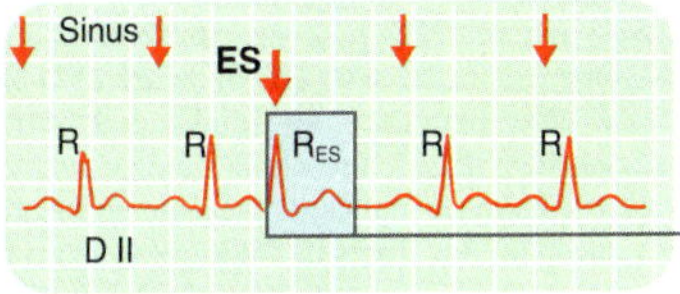

1 Extrasystole nodale (AV) avec pause compensatrice

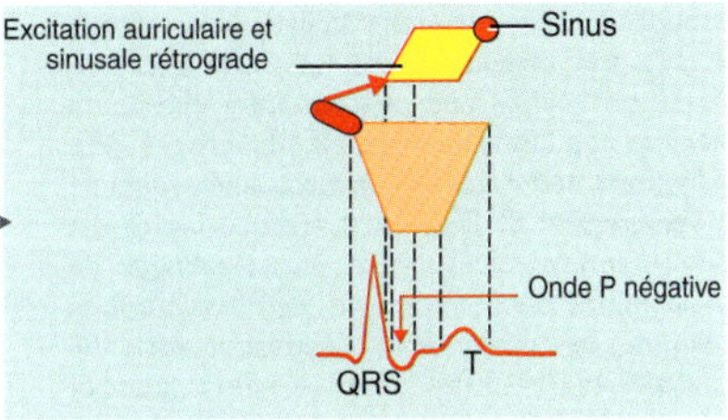

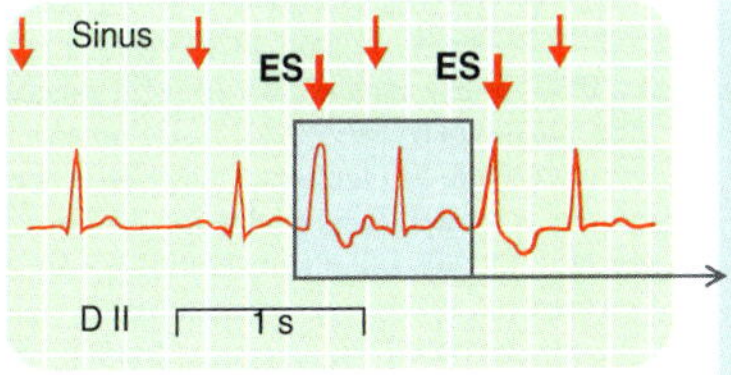

2 Extrasystole ventriculaire interposée

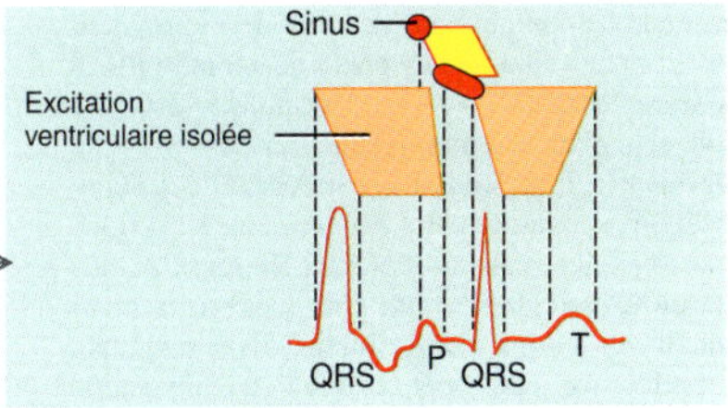

3 Tachycardie ventriculaire après une extrasystole

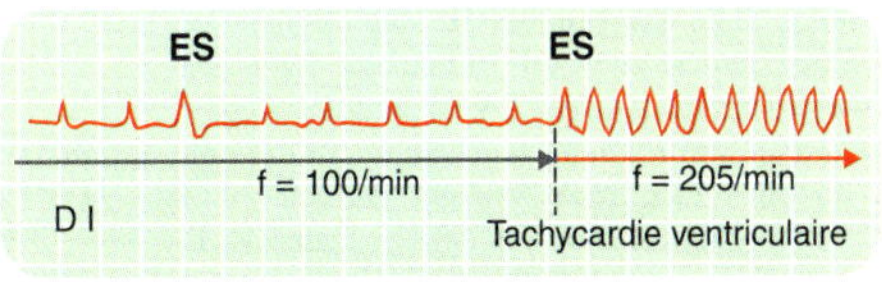

4 Fibrillation ventriculaire

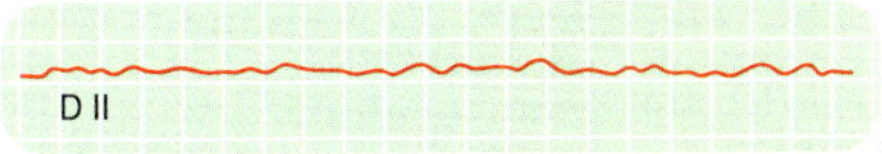

5 Bloc AV complet avec rythme ventriculaire de remplacement

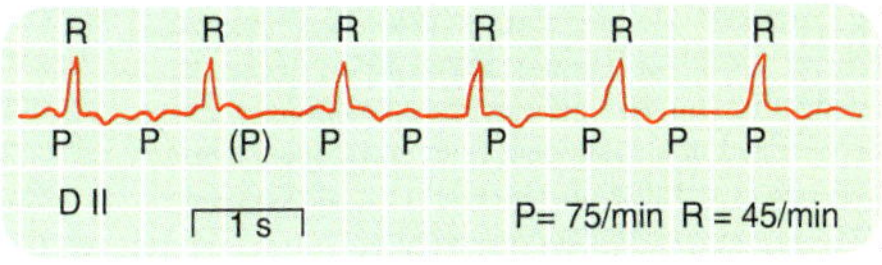

(partiellement repris de Riecker)

P (→ **B5**). La fréquence cardiaque va alors chuter à 40-60/min lorsque le nœud AV joue le rôle d'entraîneur (→ **B5**) et à 20-40/min lorsque c'est l'entraîneur tertiaire qui prend la relève. Il s'agit là d'une bonne indication pour un *entraîneur artificiel* (pacemaker). Un *bloc de branche* complet conduit à des déformations importantes de l'ECG, car le côté atteint du myocarde est excité à partir du côté sain par des voies anormales.

Variations du potentiel cellulaire. Les conditions importantes pour une excitation normale du système de conduction ainsi que des oreillettes et des ventricules sont 1) un potentiel de repos stable et d'amplitude normale (– 80 à – 90 mV) ; 2) une montée rapide du potentiel d'action PA (dV/dt = 200-1 000 V/s) ; 3) une durée suffisante du PA.

Ces trois propriétés dépendent en partie les unes des autres. C'est ainsi que les canaux rapides Na^+ – Ca^{++} (→ p. 180) ne sont pas activables lorsque le potentiel de repos est moins négatif que –55 mV (→ **H9**). Les origines d'une telle dépolarisation sont en particulier une concentration élevée ou beaucoup trop faible du K^+ extracellulaire (→ **H8**), une hypoxie, une acidose ou un médicament, comme les digitaliques. Si le courant sodique rapide est absent, l'influx calcique lent (canal calcique de type L, inhibé par le vérapamil, le diltiazem ou la nifédipine) et dont le seuil d'activation est situé aux alentours de – 30 à – 40 mV est alors accru, et déclenche maintenant de son côté un PA dont la forme est comparable au potentiel de l'entraîneur dans le nœud sinusal : la pente de montée dV/dt atteint seulement 1-10 V/s, l'amplitude est plus faible et le plateau a pratiquement disparu (→ **H1**). (Par ailleurs, il se produit le cas échéant des dépolarisations spontanées, qui peuvent être à l'origine d'extrasystoles, voir ci-dessous.) De tels PA, dus à un influx calcique, seront renforcés par la noradrénaline et l'élongation cellulaire. Ils surviennent de préférence dans des cellules du myocarde lésées, autour desquelles la concentration de noradrénaline ainsi que celle du K^+ sont augmentées, ainsi que dans le myocarde auriculaire dilaté. Des variations semblables des PA se produisent également lorsqu'une stimulation ectopique par exemple, ou un choc électrique tombent dans la phase *réfractaire relative* d'un PA déjà en cours (→ **E**). On nomme également cette phase de l'excitation cardiaque, phase *vulnérable* ; elle est synchrone avec la montée de l'onde P dans l'ECG.

Parmi **les causes des extrasystoles** (ES, → **H4**) on trouve :

– un *potentiel de membrane diastolique moins négatif* (voir ci-dessus) dans le système de conduction ou les cellules du myocarde. Cette dépolarisation a également pour conséquence une perte de la stabilité du potentiel et la survenue de dépolarisations spontanées (→ **H1**) ;

– des *postpotentiels dépolarisants* (PPD). Dans ce cas, l'ES est déclenchée à la suite du PA précédent. Le PPD peut survenir pendant la phase de repolarisation (précoce) ou après la fin de cette phase (tardif).

Des *PPD précoces* surviennent lorsque la durée du PA est fortement allongée (→ **H2**), ce qui se traduit dans l'ECG par un intervalle QT plus important (syndrome du QT). Les *conditions déclenchant des PPD précoces* sont une bradycardie (par ex., hypothyroïdie, bloc AV de degré 2 ou 3), une hypokaliémie, une hypomagnésémie (diurétiques de l'anse !) et certains médicaments, comme par exemple la quinidine, le procaïnamide et le disopyramide, des bloqueurs du canal Na^+, ainsi que les agents bloquant les canaux calciques, vérapamil et diltiazem. Certains défauts génétiques des canaux sodiques ou de l'un des canaux potassiques (HERG, Kv_{LQT1} ou le canal K^+ min) conduisent à des PPD précoces par le biais d'un allongement de la durée du QT. Si de tels PPD précoces se produisent dans des cellules de Purkinje, ils déclenchent dans le myocarde situé en aval une ES ventriculaire (le myocarde présente un PA plus court que celui des fibres de Purkinje et se trouve donc déjà repolarisé lors de l'arrivée des PPD). Il peut alors se produire une répétition en salves des PPD avec une tachycardie (voir ci-dessus). Si l'amplitude du complexe QRS (élargi) augmente et diminue de nouveau de façon régulière, apparaît un tracé ECG fuselé : *torsade de pointes*.

Les PPD tardifs sont le plus souvent précédés par une post-hyperpolarisation, qui s'inverse en une dépolarisation. Si l'amplitude de celle-ci atteint le seuil de potentiel, il se déclenche un nouveau PA (→ **H3**). De tels PPD hauts et tardifs surviennent en particulier pour des fréquences de pulsation élevées, lors d'une intoxication digitalique ou d'une augmentation de la concentration extracellulaire de Ca^{++}. Les oscillations de la concentration cytosolique de calcium semblent impliquées dans l'origine du phénomène.

Conséquences d'une extrasystole. Dans le cas d'un potentiel normal des fibres de Purkinje (voir ci-dessus, filtre de fréquence), il reste inchangé à l'occasion d'une ES unique, ou on observe une salve d'ES avec une tachycardie (→ **H6**, **7**). Si les fibres de Purkinje sont au contraire dépolarisées (anoxie, hypo- ou hyperkaliémie, digitaliques → **H8**), l'influx rapide de Na^+ n'est plus activable à ce niveau (→ **H9**). La pente de montée du PA (dV/dt) et la vitesse de propagation du PA diminuent donc fortement (→ **H10**) et l'on aboutit par le biais d'une réentrée à une fibrillation ventriculaire (→ **H11**).

Réentrée dans le myocarde. Une diminution de dV/dt conduit à une *diminution de la vitesse de*

C. Blocs de conduction liés à une fréquence d'excitation élevée

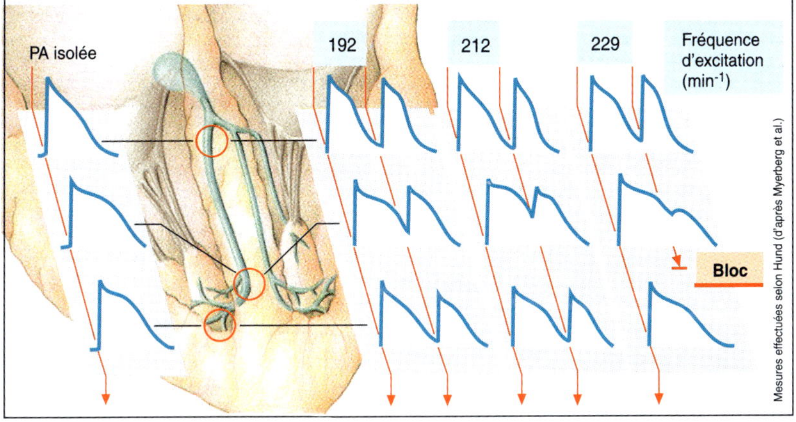

D. Réentrée

1 Propagation rapide de l'excitation et période réfractaire importante protégeant d'une réentrée

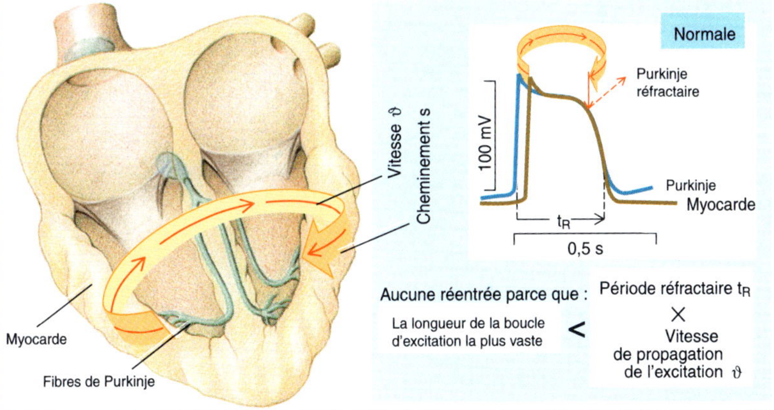

2 Principales causes d'une réentrée

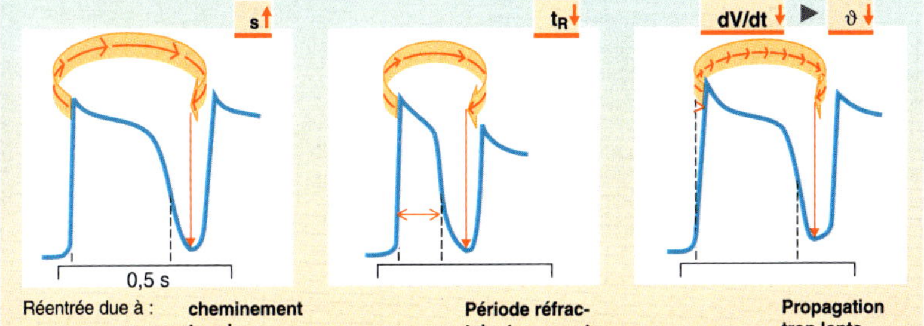

▶ *propagation* de l'excitation (ϑ), et un raccourcissement du PA, ce qui veut dire à une *période réfractaire* (t_R) *plus courte*. Ces deux phénomènes constituent une cause importante de **réentrée**, c'est-à-dire une boucle de l'excitation. Lors de la propagation de l'impulsion à partir des fibres de Purkinje vers le myocarde, l'excitation ne touche nulle part, en temps normal, des cellules du myocarde ou des fibres de Purkinje de nouveau excitables, car celles-ci sont encore réfractaires. Ceci signifie que le produit $\vartheta \cdot t_R$ est normalement toujours plus grand que la longueur *s* de la plus grande des boucles d'excitation (→ **D1**). Il peut cependant y avoir réentrée lorsque :

- la longueur maximale *s* de la boucle a augmenté, par exemple en cas d'hypertrophie cardiaque,
- la période réfractaire t_R est plus courte et/ou
- la vitesse de propagation ϑ de l'excitation est diminuée (→ **D2**).

C'est ainsi par exemple qu'une stimulation électrique intense (électrocution) ou une extrasystole hétérotope (→ **B3**) peuvent déclencher durant la phase vulnérable, des PA ayant une pente de montée et une durée réduite (→ **E**), qui conduisent à une excitation en boucle et, le cas échéant, à une fibrillation des ventricules (→ **B4**, **H11**). Diagnostiquée à temps, cette fibrillation peut être bloquée par un choc électrique très bref mais sous haute tension (*défibrillateur*). Le myocarde est alors complètement dépolarisé, ce qui permet au nœud sinusal d'assurer de nouveau son rôle d'entraîneur.

Réentrée dans le nœud AV. Tandis qu'un bloc AV complet provoque une bradycardie (voir ci-dessus), une altération partielle de la conduction dans le nœud AV peut également provoquer une *tachycardie*. La propagation de l'excitation s'y produit en temps normal par des voies parallèles, le long des cellules du nœud AV, reliées les unes aux autres, de façon assez lâche, par quelques *gap-junctions*. Si maintenant une carence en oxygène ou la formation de cicatrices (éventuellement renforcés par un tonus vagal et son action dromotrope négative) ralentissent encore plus la propagation déjà lente de l'excitation dans le nœud AV (→ tableau p. 183), il peut alors se produire que l'excitation orthograde sur l'une des voies parallèles se bloque (→ **F**). La condition pour que se déclenche une réentrée est maintenant qu'une impulsion propagée sur une autre voie parallèle (même ralentie) puisse surmonter ce bloc de façon rétrogade, si bien que se produit alors à proximité une nouvelle entrée de l'excitation (→ **F**, réentrée). Dans ce cas, il existe deux possibilités thérapeutiques pour interrompre la tachycardie : soit a) abaisser encore la vitesse de conduction ϑ de façon à ce que l'excitation ne puisse plus passer également par voie rétrograde, ou b) augmenter la vitesse de propagation ϑ jusqu'à ce que le bloc de conduction orthograde soit levé (→ **F**, **a** ou **b**).

Dans le cas du **syndrome de Wolff-Parkinson-White** (→ **G**) le bouclage de l'excitation a une origine anatomique, une jonction supplémentaire (en plus de celle du nœud AV), susceptible de conduire l'excitation entre l'oreillette et le ventricule. Lorsque le *rythme sinusal* est *normal*, l'impulsion excitatrice atteint donc le ventricule droit prématurément, ce qui déforme le complexe QRS déclenché par la voie normale (onde δ) et raccourcit l'intervalle P-R (→ **G1**). S'il se produit maintenant, prématurément, chez ces patients une *extrasystole atriale* (→ **G2**, onde P négative), l'excitation parvient bien jusqu'au ventricule droit par la voie anormale, mais elle y atteint des parties de myocarde qui sont encore réfractaires : les ventricules seront alors excités seulement par le nœud AV, et le complexe QRS semble pratiquement normal (→ **G2**, **3**). Mais, si la stimulation ventriculaire provenant du nœud AV atteint maintenant les fractions du ventricule droit qui étaient auparavant réfractaires, celles-ci sont entretemps devenues excitables : il se produit alors un passage rétrograde de l'excitation du ventricule vers l'oreillette, via la connexion anormale, et la formation de boucles. On observe alors une tachycardie paroxysmique (au déclenchement soudain) due à une réentrée ventricule-oreillette (→ **G3**).

E. Génération d'un nouveau potentiel d'action (PA) juste avant la fin ou à la fin d'un PA

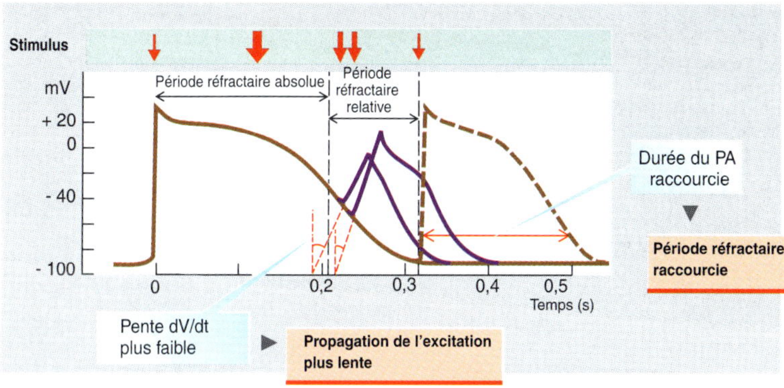

F. Bloc dans le nœud AV : réentrée avec tachycardie et traitement

(d'après Noble)

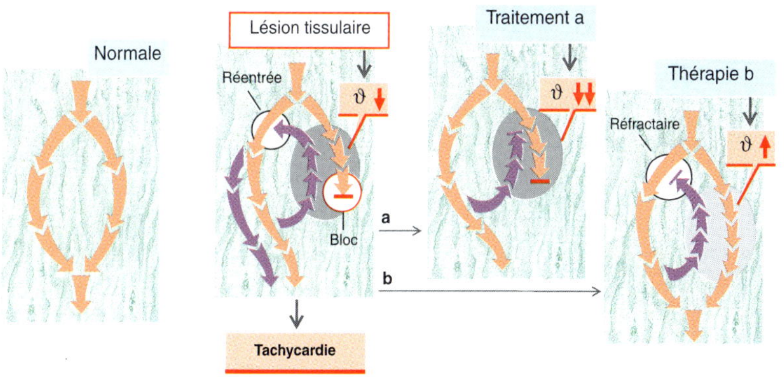

G. Réentrée dans le cas d'un syndrome de Wolff-Parkinson-White

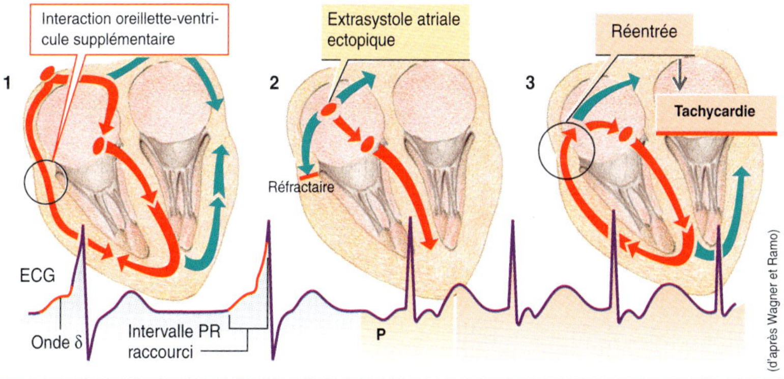

H. Causes et conséquences d'une extrasystole

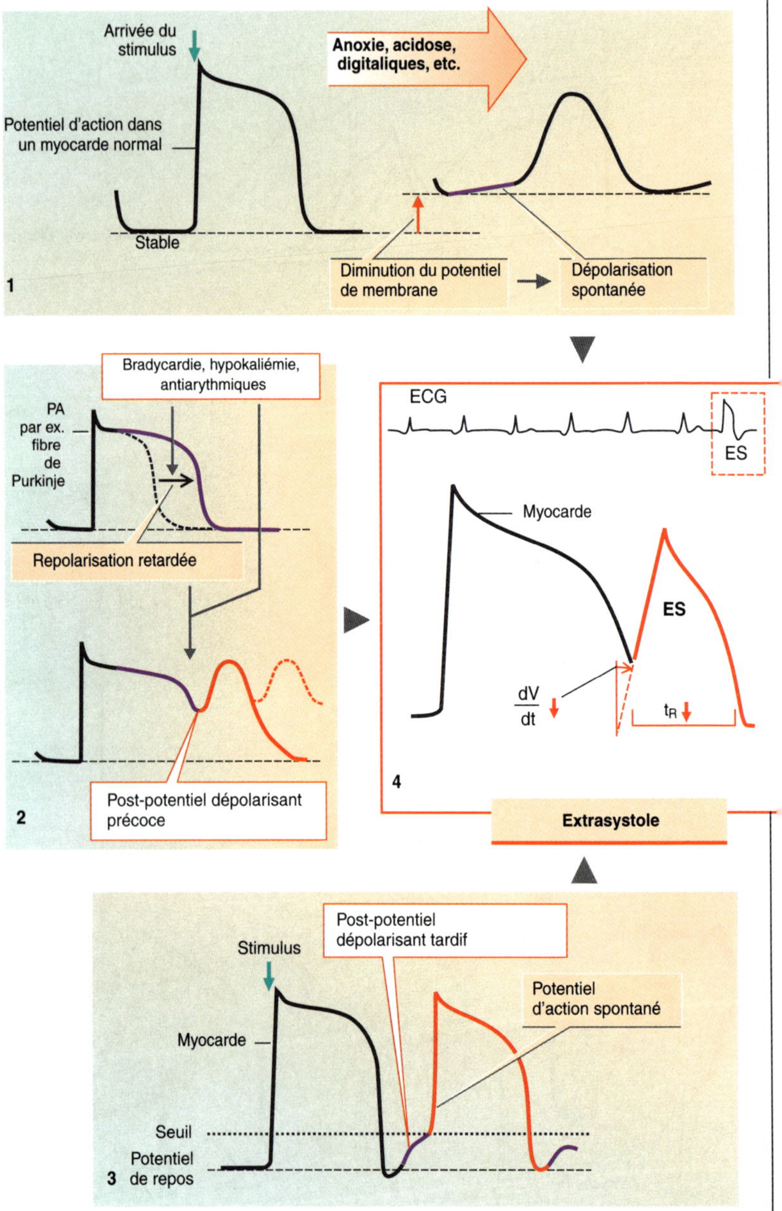

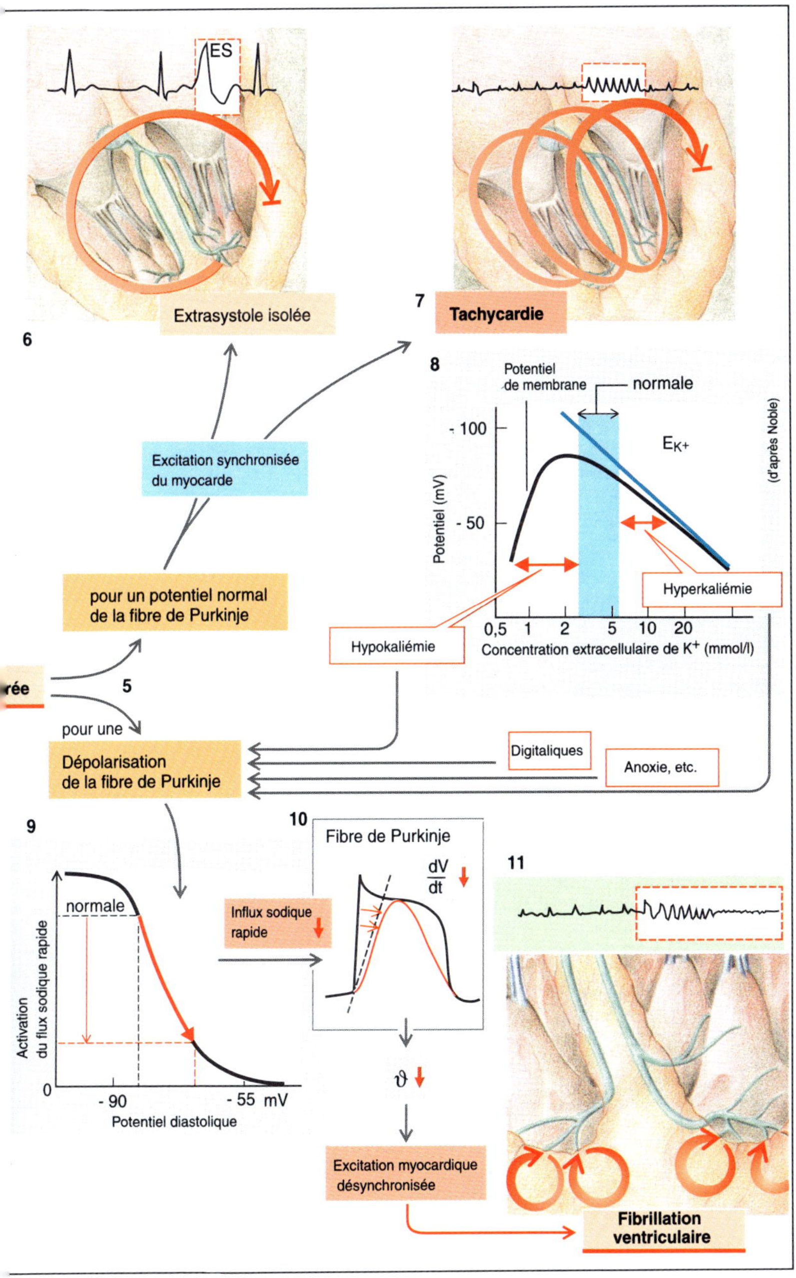

ES
Extrasystole isolée
6
7
Tachycardie
8
Potentiel de membrane
normale
- 100
- 50
Potentiel (mV)
E_{K+}
(d'après Noble)
Hyperkaliémie
Hypokaliémie
0,5 1 2 5 10 20
Concentration extracellulaire de K^+ (mmol/l)
Excitation synchronisée du myocarde
pour un potentiel normal de la fibre de Purkinje
rée
5
pour une
Dépolarisation de la fibre de Purkinje
Digitaliques
Anoxie, etc.
9
normale
Activation du flux sodique rapide
0
- 90
- 55 mV
Potentiel diastolique
10
Fibre de Purkinje
Influx sodique rapide
dV/dt
ϑ
Excitation myocardique désynchronisée
11
Fibrillation ventriculaire

Sténose mitrale

La **cause** la plus fréquente de sténose mitrale est une *endocardite rhumatoïde*, plus rarement elle peut être due à une tumeur, une prolifération bactérienne, un dépôt de calcaire ou de plaquettes. La sténose mitrale peut être congénitale et est alors associée à un défaut de la cloison de l'oreillette (→ p. 204) (*syndrome de Lutembacher*).

Les deux voiles de la valve mitrale dégagent pendant la diastole une ouverture principale et de nombreuses ouvertures secondaires entre les haubans tendineux (→ **A1**). La surface totale d'ouverture atteint normalement 4-6 cm^2. Les tendons se durcissent à la suite d'une endocardite, l'ouverture principale se rétrécit et les voiles de la valve s'épaississent et deviennent plus rigides. À l'*échocardiogramme* (→ **A3**), A est plus petit ou a disparu, et E-R s'aplatit, c'est-à-dire que le mouvement diastolique postérieur de la voile mitrale antérieure est plus lent. L'amplitude E-C est également réduite. La voile postérieure accomplit un mouvement vers l'avant anormal et l'on peut voir également l'épaississement de la valve (en rose). À l'*auscultation* (→ **A2**), on entend un premier bruit de roulement, retardé (pendant le complexe QRS dans l'ECG) (jusqu'à 90 ms, normale 60 ms). Le deuxième bruit est suivi d'un autre correspondant à l'*ouverture mitrale* (OM), que l'on peut en particulier entendre à la pointe du cœur. Si la surface tombe en dessous de 2,5 cm^2, des malaises se manifestent au moment d'une surcharge physique importante (*dyspnée*, *fatigue*, *hémoptysie* entre autres). Ces malaises sont déjà sensibles dans la vie de tous les jours lorsque l'ouverture est inférieure à 1,5 cm^2 et également au repos pour une ouverture inférieure à 1 cm^2. Une surface inférieure à 0,3 cm^2 est incompatible avec la vie.

L'*augmentation de la résistance* due à la sténose diminue le flux de sang diastolique entre l'oreillette gauche et le ventricule gauche, et donc le débit cardiaque. La **compensation** de cette diminution du débit cardiaque (**A** au milieu) peut-peut être réalisée selon trois mécanismes :

- une augmentation de l'*extraction périphérique d'O_2*, c'est-à-dire de la différence artérioveineuse en O_2 ($DAVo_2$, le débit reste diminué).
- La *durée de remplissage diastolique/durée du cycle* peut être augmentée pharmacologiquement grâce à une diminution de la fréquence cardiaque (→ **A4**, flèche verte), de sorte que le volume d'éjection augmente, de façon plus que proportionnelle, accroissant ainsi le débit cardiaque.
- Le mécanisme de compensation le plus puissant, indispensable en cas d'effort physique ou d'une sténose très forte, est une *élévation de la pression dans l'oreillette gauche* P_{OG} et donc du gradient de pression entre l'oreillette et le ventricule (P_{OG}-P_{VG} → **A2**). En dépit de la sténose, on aboutira à une augmentation de la vitesse d'écoulement diastolique ($\dot{Q}_d$; conséquence : manifestation d'un bruit au milieu de la diastole → **A2**).

Les **conséquences** négatives de l'augmentation de pression dans l'oreillette conditionnent cependant l'évolution de la maladie : l'*oreillette gauche s'hypertrophie* (*onde* P *mitrale* dans l'ECG, → **A2**), *se dilate* et est finalement tellement lésée que l'on aboutit à une *fibrillation auriculaire*. Le *bruit à renforcement présystolique* (BPS, → **A2**), qui était dû au flux rapide (turbulence poststénotique) pendant la systole de l'oreillette, lorsqu'elle se contractait normalement, va maintenant disparaître. L'absence de mouvement de l'oreillette fibrillée favorise la *formation de thrombi* (en particulier dans l'oreillette) et donc le risque d'*embolie artérielle* avec infarction des organes (notamment le cerveau, → **A** en bas ; voir aussi p. 240). En cas de fibrillation auriculaire, la fréquence cardiaque est par ailleurs augmentée (*tachyarythmie* ; → p. 186), si bien que la durée de la diastole dans le cycle cardiaque diminue fortement par rapport à la systole (temps de remplissage diastolique/durée du cycle fortement diminué ; → **A4**, flèche rouge). La pression dans l'oreillette doit encore s'accroître pour que le débit ne chute pas. Pour les mêmes raisons, on observe également lors d'une activité plus régulière de l'oreillette une augmentation transitoire (*effort physique, fièvre*) ou durant quelques mois (*grossesse*) de la fréquence cardiaque et une surchage importante (augmentation de la pression dans l'oreillette).

Plus loin en aval, la pression augmente également : elle déclenche dans la veine pulmonaire une *dyspnée* et peut provoquer des varices des veines bronchiques (risques de rupture et d'*hémoptysie*). Il se produit également un *œdème pulmonaire* (→ p. 80) et il peut finalement se développer une *hypertension pulmonaire* avec une *surcharge* et une *insuffisance du cœur droit* (→ p. 214).

Sans correction de la valve (traitement chirurgical de la valve ou pose d'une prothèse), seuls 50 p. 100 des patients vont survivre 10 ans après la début d'une sténose mitrale.

A. Causes et conséquences d'une sténose mitrale

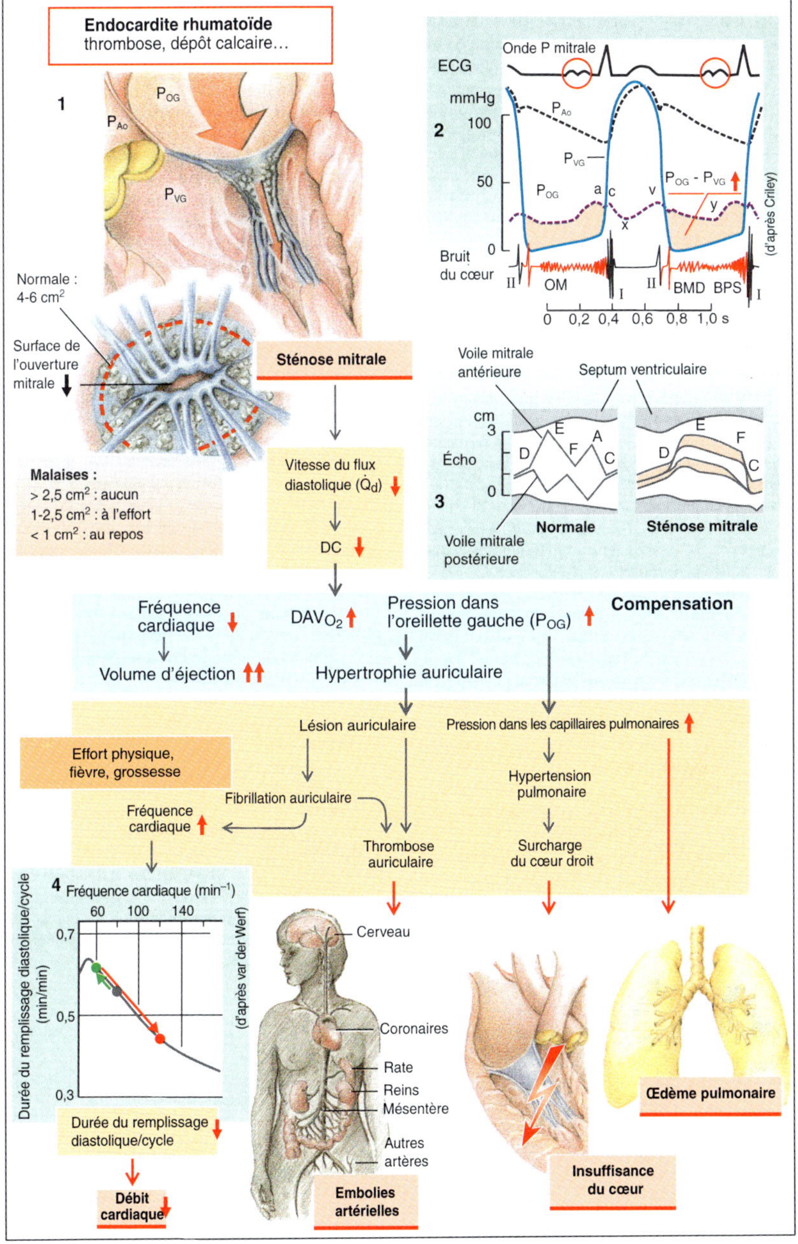

Insuffisance mitrale

Lors d'une insuffisance mitrale (IM), la valve mitrale a perdu son rôle de clapet, de sorte qu'une partie du sang s'écoule à nouveau, durant la systole, du ventricule gauche (VG) vers l'oreillette gauche (OG). Les **origines** évoquées, à côté du *syndrome de Barlow* (*prolapsus de la valve mitrale*) dont la genèse est peu claire, sont en particulier une *endocardite* rhumatoïde ou bactérienne, une *maladie coronarienne* (→ p. 218 *sqq.*) ou un *syndrome de Marfan* (maladie généralisée du tissu conjonctif, d'origine génétique).

La valve mitrale se compose d'un *anneau* et d'une *voile* antérieure et postérieure qui sont reliés par des fibres tendineuses (*chordae tendinae*) aux *muscles papillaires* issus de la paroi du ventricule. Les parois postérieures de l'oreillette gauche et du ventricule gauche participent à cet appareil **mitral**.

Une endocardite provoque surtout un rétrécissement, un épaississement et un raidissement des voiles et des tendons, ce qui empêche la fermeture de la valve. Dans le syndrome de Barlow, les tendons sont trop longs, si bien que les voiles s'arrondissent comme un parachute dans l'oreillette où elles s'ouvrent de nouveau (*prolapsus de la voile*). Ce dernier est accompagné au milieu de la systole d'un bruit de « click » (*syndrome du click systolique*) que suit un bruit de reflux en fin de systole. Si au contraire voiles et tendons sont trop courts, le bruit du cœur se manifeste dès le début de la systole (→ **A**, à gauche : bruit systolique B6). L'épaississement des voiles dans le syndrome de Marfan, ainsi qu'une incapacité à se contracter ou une destruction des muscles papillaires lors d'une ischémie coronaire du ventricule gauche, ont les mêmes conséquences fonctionnelles. Lors d'une ischémie intermittente (angor, → p. 218 *sqq.*), on peut déjà observer le cas échéant, de façon synchrone, une *insuffisance mitrale intermittente.*

La **conséquence** d'une IM est une **surcharge expansive** du cœur gauche, car une partie du volume d'éjection du ventricule gauche retourne dans l'oreillette gauche. Ce *volume oscillant* peut représenter jusqu'à 80 p. 100 du volume éjecté par le ventricule. Le volume oscillant par cycle dépend :

- de la surface d'ouverture systolique de la valve mitrale,
- du gradient de pression entre le ventricule gauche et l'oreillette gauche ($P_{VG} - P_{OG}$),
- et de la durée de la systole.

Lorsqu'il existe en plus une sténose aortique ou une hypertension, P_{VG} est augmentée et la proportion de la systole dans le cycle cardiaque augmente lors d'une tachycardie (par ex., en cas d'effort physique ou lors d'une tachyarythmie due à une lésion auriculaire), ces facteurs vont alors aggraver les effets de l'IM.

Pour maintenir en direction de l'aorte un volume d'éjection à l'efficacité normale, en dépit du volume oscillant, le ventricule gauche doit pendant la diastole être beaucoup plus rempli que la normale (onde de remplissage rapide, ORR, avec un bruit cardiaque III, expirant, → **A**). Pour propulser ce volume ventriculaire de fin de diastole accru, la tension de la paroi doit être augmentée (*loi de Laplace*), ce qui surcharge de façon chronique le ventricule gauche (→ insuffisance cardiaque, → p. 224). De ce fait, le ventricule gauche est exposé pendant la systole à une pression plus élevée (→ **A**, à gauche : onde v importante). L'oreillette gauche sera alors nettement distendue (300-600 ml !), ce qui n'est associé qu'avec une augmentation modérée de la P_{VG} car, à long terme, la capacité de l'oreillette à se distendre (compliance) va s'accroître. Une telle **IM chronique** (→ **A**, à gauche) entraîne donc plus rarement un œdème pulmonaire et une hypertension pulmonaire (→ p. 214) qu'une sténose mitrale (→ p. 194) ou une IM aiguë (voir ci-dessous). La distension de l'oreillette gauche a également pour conséquence de décaler la voile postérieure de la valve mitrale, ce qui va renforcer l'IM (cercle vicieux). Cet enchaînement, IM → surcharge du cœur gauche → insuffisance cardiaque → dilatation du ventricule → IM ↑↑, peut entraîner une *décompensation rapide de l'IM.*

Lors d'une **IM aiguë** (par ex., rupture du muscle papillaire), l'oreillette ne peut se distendre que faiblement (compliance faible). P_{OG} augmente donc rapidement jusqu'à la valeur du ventricule (→ **A**, à droite : onde v très élevée), de sorte que $P_{VG} - P_{OG}$ s'amenuise et que, par voie de conséquence, le reflux ne se calme que tardivement dans la systole (→ **A**, à droite, bruit systolique fuselé). L'OG peut également se contracter avec force (→ **A**, à droite : bruit IV), car elle n'est que faiblement distendue. La P_{OG} élevée provoque le cas échéant un œdème pulmonaire très rapide, qui, à côté de la chute de débit (→ choc, → p. 230 *sqq.*), met le patient en grand danger.

A. Origines et conséquences d'une insuffisance mitrale

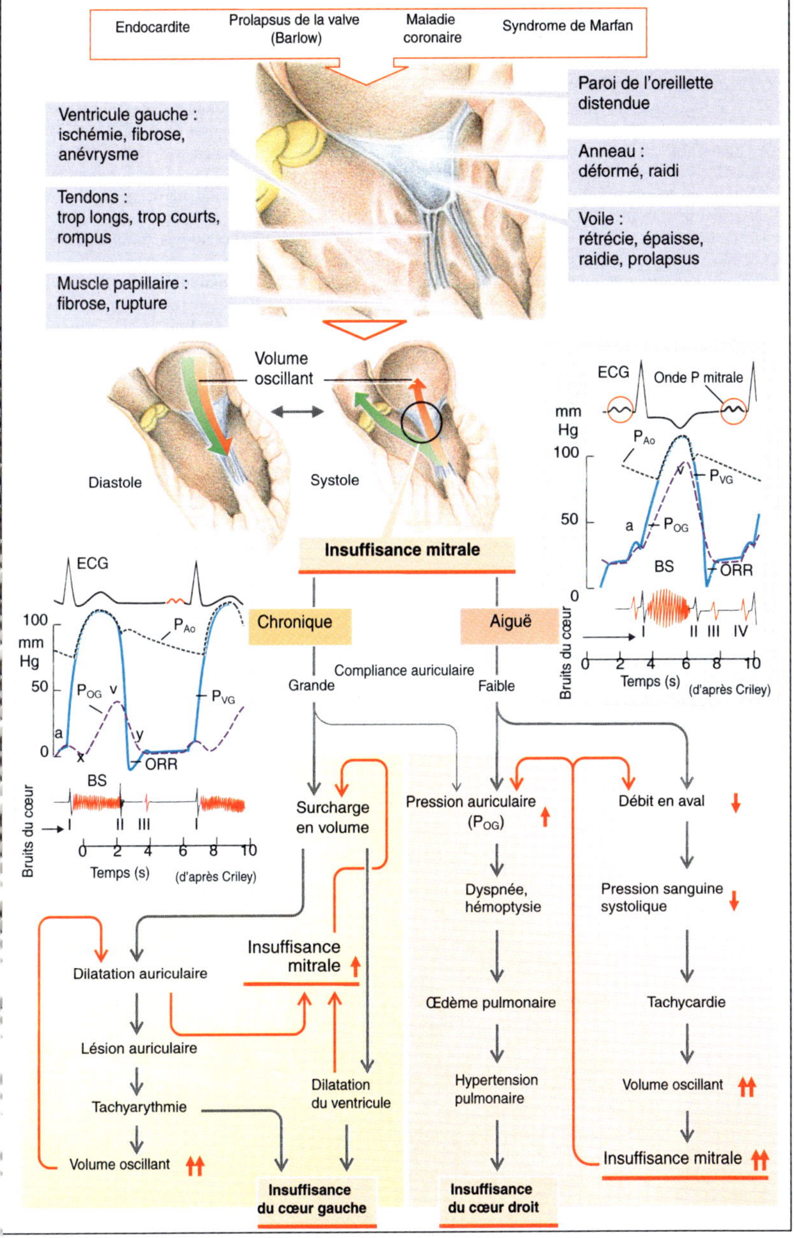

Sténose aortique

La surface d'ouverture normale de la valve aortique est de 2,5-3 cm^2. Elle suffit à faire passer le sang, non seulement au repos (~ 0,2 l/s systole) mais également lors d'un effort physique avec une différence de pression relativement faible entre le ventricule gauche et l'aorte ($P_{VG} - P_{Ao}$) (→ **A1**, zone bleue). En cas de sténose aortique (25 p. 100 de tous les troubles valvulaires chroniques), cette vidange du ventricule gauche est gênée. Les **causes** d'une sténose aortique (→ **A**, en haut à gauche), peuvent, à côté des sténose sub- et supravalvulaires, être des *malformations sténosantes* innées de la valve (âge de mise en évidence < 15 ans). Dans le cas des manifestations plus tardives (jusqu'à 65 ans), la cause la plus fréquente est une *malformation bicuspide* congénitale de la valve, qui ne devient sténotique que bien plus tard à la suite d'un *dépôt calcaire* (radiographie !). Plus rarement, il s'agit de la *sténose rhumatismale* d'une valve tricuspide, normale à l'origine. Une sténose aortique survenant après l'âge de 65 ans, est essentiellement provoquée par une *altération dégénérative de la valve* avec dépôt calcaire.

À l'inverse de la sténose mitrale (→ p. 194), on peut observer dans le cas d'une sténose aortique une **compensation** de longue durée, au cours de laquelle la résistance importante due à la sténose sera surmontée par une contraction plus importante du ventricule : la pression dans le ventricule gauche (P_{VG}) et donc $P_{VG} - P_{Ao}$ (→ **A1**, **2**) est donc augmentée de façon telle qu'un débit normal sera assuré pendant de longues années (P_{VG} jusqu'à 300 mmHg !). Ce n'est qu'à partir d'un rétrécissement de l'ouverture de la valve aortique en dessous de 1 cm^2 que l'on commence à observer, en particulier lors d'un effort physique (débit ↑ → P_{VG} ↑↑), les symptômes d'une sténose aortique.

Parmi les **conséquences** d'une sténose aortique, on compte une *hypertrophie* concentrique *du ventricule gauche* (→ p. 224), due à une augmentation de pression dans le ventricule en amont de la sténose. L'élasticité du ventricule va donc diminuer entraînant une augmentation de la pression diastolique dans l'oreillette et le ventricule (→ **A2** ; P_{VG}, P_{OG}). La forte contraction de l'oreillette qui permet d'atteindre, en fin de diastole, la pression nécessaire au remplissage du ventricule se manifeste par un bruit (IV) et une onde a de pression de l'oreillette gauche élevée (→ **A2**). La pression atriale moyenne n'est élevée en général qu'en cas d'effort physique (*dyspnée*). En aval de la sténose, l'amplitude de la pression artérielle et par la suite la pression moyenne sont diminuées (*pâleur* due à la centralisation de la circulation ; → p. 232). Par ailleurs, la durée de l'éjection est allongée (*pulsation pauvre et tardive*). Dans le *phonogramme*, on entend également, à côté du bruit de l'oreillette, un bruit systolique rauque et « fuselé » (→ **A2** ; BS), ainsi qu'un click d'ouverture de l'aorte pour des valves non calcifiées (→ **A2**). En cas de sténose aortique, la pression transmurale des *artères coronaires* est diminuée pour deux raisons :

- la pression ventriculaire est augmentée, non seulement pendant la systole, mais également pendant la diastole, importante pour la perfusion coronaire ;
- la pression dans les artères coronaires est également touchée par l'hypotension poststénotique.

La circulation coronarienne (→ p. 216) est donc diminuée ou, à tout le moins, peu susceptible d'augmentation en cas d'effort physique. Comme le myocarde hypertrophié utilise également plus d'O_2, les conséquences d'une sténose aortique sont une hypoxie myocardique (angine de poitrine ou *angor*) ou des lésions myocardiques (→ p. 218 *sqq.*).

De plus, il peut se produire lors d'un effort physique une chute brutale de la pression sanguine accompagnée de vertiges, une perte de conscience transitoire (*syncope*) ou même la mort : comme le débit doit être augmenté au cours de l'effort, à cause de la dilatation des muscles vasculaires, la pression dans le ventricule augmente de façon plus que proportionnelle (fonction hyperbolique ! → **A1**). Vraisemblablement via une stimulation des barorécepteurs du ventricule gauche, se produit de plus une vasodilatation réflexe « paradoxale » dans les autres territoires de l'organisme. La *chute* brutale *de la pression artérielle* qui en découle peut finalement être renforcée par le fait que l'approvisionnement en O_2 du myocarde, déjà critique, va en même temps s'effondrer (→ **A**). Une *insuffisance cardiaque* (→ p. 224 *sqq.*), un *infarctus du myocarde* (→ p. 220) ou des *arythmies* (→ p. 186 *sqq.*), qui détériorent encore plus le remplissage du ventricule, sont les éléments de ce cercle vicieux.

A. Causes et conséquences d'une sténose aortique

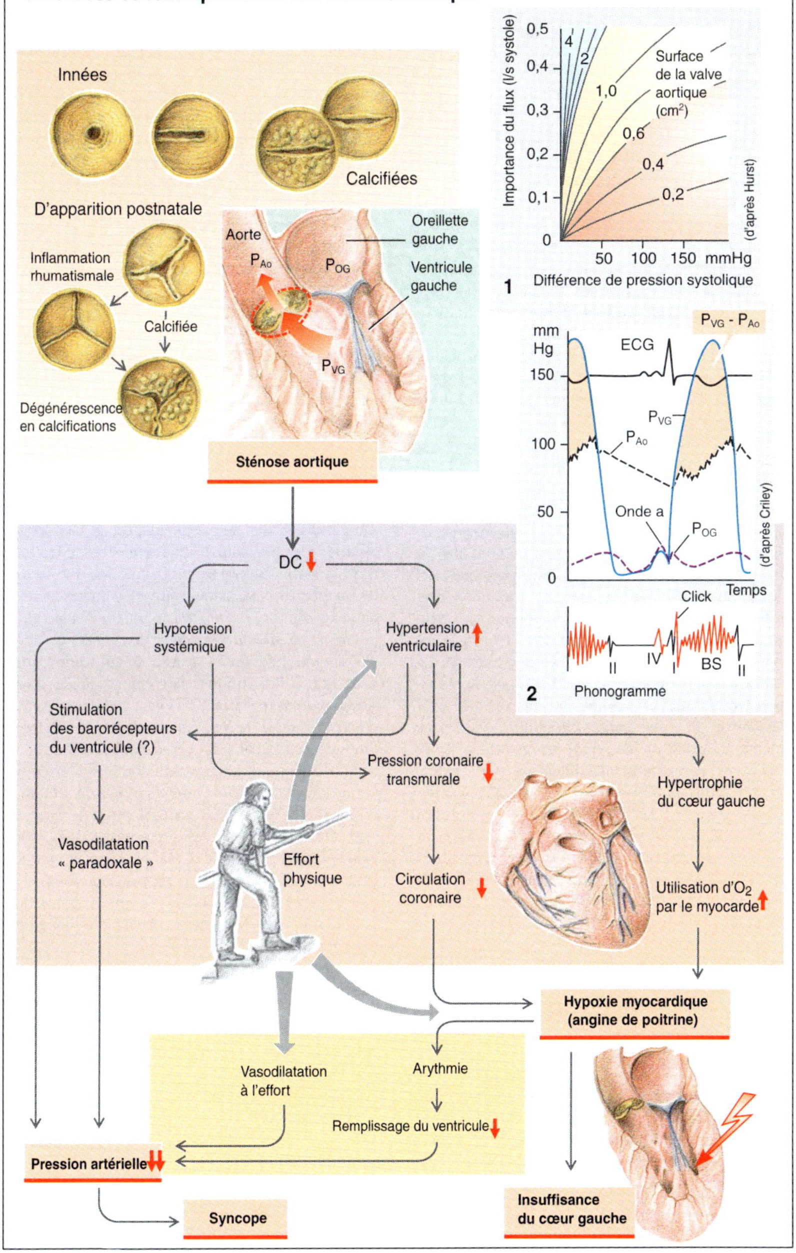

Insuffisance aortique

Après la fermeture de la valve aortique, la pression aortique (P_{Ao}) diminue relativement lentement, tandis que la pression dans le ventricule gauche (P_{VG}) chute rapidement à quelques mmHg (→ p. 179), ceci signifie qu'il existe un gradient de pression dirigé en sens inverse ($P_{Ao} > P_{VG}$). Dans le cas d'une insuffisance aortique (IA), la valve n'est pas hermétique, de sorte qu'une partie du sang propulsé durant la diastole revient vers le ventricule gauche en suivant ce gradient *(volume oscillant* ; → **A**).

Causes. Une IA peut être innée (malformation bicuspide avec calcification secondaire) ou être due à des modifications inflammatoires de la valve (fièvre rhumatoïde, endocardites bactériennes), à des maladies de la crosse de l'aorte (syndrome de Marfan, syphilis tardive, arthrite, comme en particulier la maladie de Reiter), à une hypertension ou une athérosclérose.

Les **conséquences** d'une IA dépendent de l'importance du volume oscillant (en général entre 20-80 ml, maximum 200 ml/batt) qui est déterminé par la *surface d'ouverture* et la *différence de pression* pendant la diastole ($P_{Ao} - P_{VG}$) ainsi que par la *durée de la diastole*. Pour être certain que le volume d'éjection effectif (volume propulsé vers l'avant) soit suffisant, le *volume d'éjection* doit être *augmenté* de l'équivalent du volume oscillant, (**A**$_2$: VE), ce qui n'est possible qu'avec une augmentation du volume de fin de diastole (VFD) (→ **A2**, zone orange). En situation aiguë, le mécanisme de Franck et Starling ne joue dans ce processus qu'un rôle limité, alors que dans une situation chronique intervient un *remaniement du myocarde* permettant une dilatation plus importante. (Une IA *aiguë* sera donc assez mal tolérée : débit ↓ ; P_{OG} ↑.) Le volume en fin de systole est également fortement augmenté (→ **A2**, VFS). La dilatation du ventricule nécessite, en fonction de la loi de Laplace (→ p. 225), une augmentation de la force de contraction du myocarde, car sinon P_{VG} chuterait. La dilatation est donc accompagnée d'une **hypertrophie gauche** (→ p. 224 *sqq.*). À cause de l'inversion de flux dans l'aorte, la pression diastolique de l'aorte diminue plus fortement que la normale, ce qui est compensé (pour maintenir une pression moyenne normale) par une augmentation de la pression sanguine systolique (→ **A1**). L'*amplitude élevée de la pression artérielle* se manifeste à l'extérieur par des pulsations capillaires sous les ongles, et une pulsation crânienne (signe de Musset ou de Quincke). Le *phonogramme* montre entre autres un bruit diastolique précoce, allant decrescendo, lié au flux en sens inverse (BDP), un click dû à l'éjection forcée ainsi qu'un bruit diastolique (BD) ; → **A1**).

Les mécanismes que nous venons de citer permettent de **compenser**, pendant souvent plus de dix ans, une IA. Contrairement à ce qui se produit lors d'une sténose aortique (→ p. 198), les malades sont, en général, également capables d'effort, car la tachycardie liée au travail physique diminue la durée de la diastole et diminue donc le volume oscillant. La dilatation périphérique due au travail musculaire exerce une action positive, car le gradient diastolique moyen ($P_{Ao} - P_{VG}$) va ainsi diminuer. Une bradycardie ou une vasoconstriction périphérique vont, au contraire, faire souffrir les patients.

La compensation a cependant son prix : compte tenu du travail accru provoqué par l'*augmentation de volume et de pression*, (→ **A2**, plage orange), le ventricule gauche s'hypertrophie, et son besoin en O_2 augmente. D'autre part, la pression artérielle diastolique nécessaire pour la *perfusion coronaire* est réduite et, simultanément, la tension de la paroi du ventricule gauche est relativement élevée (voir ci-dessus), deux conditions pour aboutir à une diminution de la pression artérielle coronaire transmurale et par voie de conséquence à une perfusion réduite. Cette situation en même temps qu'une augmentation du besoin en O_2 entraîne une lésion hypoxique du ventricule gauche, dont les conséquences sont une *insuffisance gauche* (→ p. 224), un *angor* ou un *infarctus du myocarde* (→ p. 220). On aboutit finalement à une **décompensation**, avec une détérioration relativement rapide de la situation (*cercle vicieux*) : à cause de l'insuffisance du cœur gauche, le VFS augmente et le VS global diminue aux dépens du VS effectif (→ **A2**, zone rouge), de sorte que la pression artérielle s'effondre (*insuffisance du cœur gauche*) et que la situation du myocarde se détériore encore plus. À cause du VFS élevé, la P_{VG} diastolique et donc la P_{OG} sont également augmentées. Cela peut en particulier déclencher par la suite un œdème pulmonaire et une hypertension pulmonaire (→ p. 214), lorsque la dilatation du ventricule gauche a provoqué une *insuffisance mitrale fonctionnelle.*

A. Causes et conséquences d'une insuffisance aortique

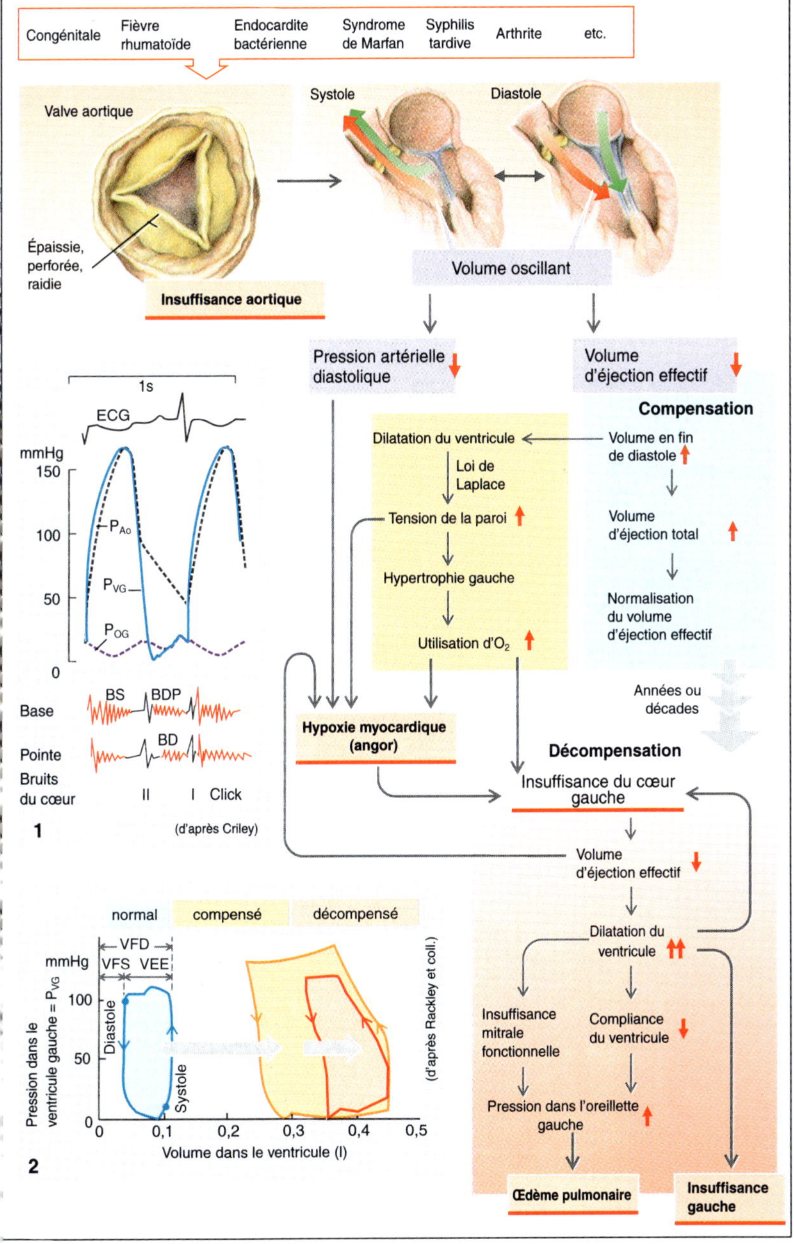

Insuffisance des valves tricuspide et pulmonaire

Les conséquences d'une sténose ou d'une insuffisance des valves du cœur droit sont en principe comparables à celles décrites pour le cœur gauche (→ p. 194-201). Les différences se manifestent en particulier au niveau des propriétés des lits vasculaires en amont et en aval.

L'**origine** de la *sténose tricuspide*, rare, est dans la plupart des cas une fièvre rhumatoïde, mais il s'y ajoute souvent, comme dans le cas de l'*insuffisance tricuspide* dont l'origine est la même, une insuffisance mitrale. Une insuffisance tricuspide peut aussi être innée, comme par exemple dans le cas de l'*anomalie d'Ebstein*, où la voile tricuspide septale est disposée trop loin à l'intérieur du ventricule droit : atrialisation partielle du VD. Dans la plupart des cas, l'insuffisance tricuspide est cependant fonctionnelle (dilatation ou insuffisance du ventricule droit). Les *insuffisances de la valve pulmonaire* sont rares : la sténose pulmonaire est en général innée et souvent combinée avec un shunt (→ p. 204), tandis qu'une insuffisance est le plus souvent de nature fonctionnelle (par ex., à la suite du développement d'une hypertension pulmonaire).

Conséquences. Dans le cas d'une **sténose tricuspide**, la pression dans l'oreillette droite (P_{OD}) est augmentée et le passage du flux diastolique à travers la valve est diminué, de sorte que le débit cardiaque décroît (la surface d'ouverture de la valve est réduite d'environ 7 cm^2 à moins de 1,5-2 cm^2). La diminution du débit cardiaque limite les capacités physiques de l'organisme. Une augmentation de la P_{OD} de plus de 10 mmHg entraîne une augmentation de la pression veineuse (onde a de la pression veineuse centrale élevée → p. 179), un œdème périphérique et éventuellement une fibrillation auriculaire. Cette dernière augmente la P_{OD} moyenne et donc la tendance aux œdèmes. Des œdèmes apparaissent également en cas d'**insuffisance tricuspide**, car P_{OD} augmente également à cause du retour sanguin systolique (onde v élevée de la pression veineuse central élevée). À l'exception de l'anomalie d'Ebstein, des symptômes sérieux ne surviennent en cas d'insuffisance pulmonaire que lorsqu'elle est accompagnée d'une hypertension pulmonaire ou d'une insuffisance du cœur droit (→ p. 214). Une **insuffisance pulmonaire** entraîne une surcharge volumique du cœur droit. Comme une insuffisance pulmonaire est presque toujours de nature fonctionnelle, le sort du patient dépend surtout des conséquences de l'hypertension pulmonaire sous-jacente (→ p. 214). Une **sténose pulmonaire** peut, en effet, comme dans le cas d'une sténose aortique, être compensée par une hypertrophie concentrique, mais les capacités physiques sont cependant limitées (débit cardiaque ↓), et il peut s'installer une fatigue accompagnée de syncopes.

En cas d'insuffisances des valves du cœur droit, le **bruit du cœur** est en général plus fort pendant l'inspiration (flux veineux rétrograde augmenté !) :

- *sténose tricuspide* : bruit I divisé, bruit d'ouverture de la valve tricuspide survenant très tôt dans la diastole, suivi par un bruit de roulement diastolique (bruit correspondant au flux à travers la tricuspide), qui prend naissance avant la diastole lors d'un rythme sinusal (contraction de l'oreillette) ;
- *insuffisance tricuspide* : bruit de reflux holosystolique ; apparition (chez l'adulte) ou augmentation (chez l'enfant) du bruit III (remplissage diastolique plus important), et du bruit IV (contraction vigoureuse de l'oreillette) ;
- *sténose pulmonaire* : apparition ou augmentation du bruit IV, click d'expulsion (sauf dans le cas d'une sténose sub- ou supravalvulaire), bruit de flux systolique ;
- *insuffisance pulmonaire* : bruit de reflux diastolique (Graham-Steell).

Shunts circulatoires

On parle d'un *shunt gauche-droite*, lorsque le sang artérialisé s'écoule de nouveau dans le système veineux en contournant les capillaires périphériques, tandis que dans un *shunt droite-gauche*, le sang pauvre en O_2 parvient dans les artères de l'organisme.

Dans la **circulation fœtale** (→ **A**) intervient :

- une résistance plus faible dans la circulation corporelle (placenta !) ;
- une pression plus élevée dans la circulation pulmonaire (→ **B2**) ;
- une résistance plus élevée dans la circulation pulmonaire (poumon non déplié et vasoconstriction hypoxique ; → **C**) ;
- à cause de la pression élevée dans la circulation pulmonaire : shunt droite-gauche au niveau du foramen ovale et du ductus arteriosus (trou de Botalli).

À la **naissance** les éléments suivants vont se modifier :

1. élimination du placenta, si bien que la *pression sanguine systémique augmente* ;
2. le dépliement des poumons et l'augmentation de la P_{O_2} alvéolaire diminuent la résistance dans la circulation pulmonaire (→ **C**), de sorte que l'irrigation pulmonaire augmente et que la *pression dans la circulation pulmonaire diminue* (→ **B1**, **2**).
3. Pour cette raison, il se produit dans le foramen ovale et le trou de Botalli une *inversion de shunt* physiologique.

A. Circulation fœtale

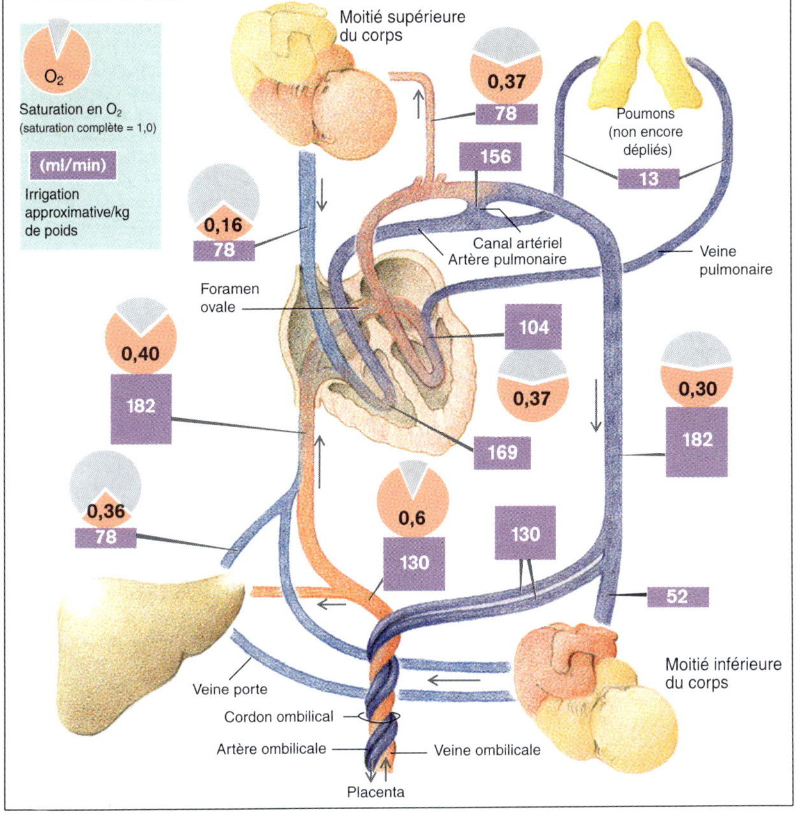

B. Circulation pulmonaire avant et après la naissance

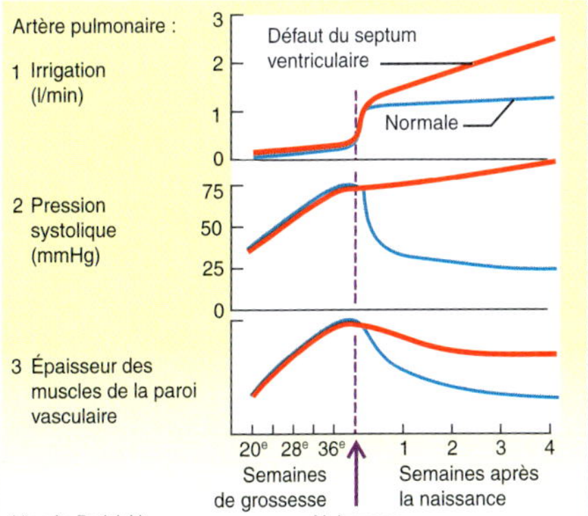

(d'après Rudolph)

C. Pression pulmonaire en O_2 chez le fœtus

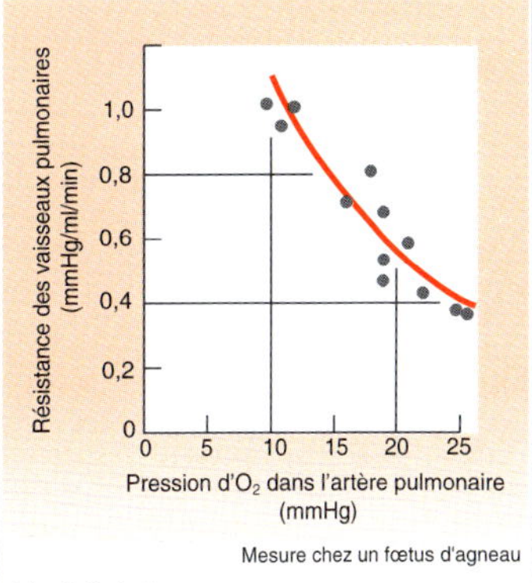

(d'après Levine)

4. Ces shunts vont normalement *se fermer* au moment de ou peu après la naissance, de telle façon que la circulation pulmonaire et la circulation corporelle soient maintenant disposées l'une derrière l'autre.

Les **shunts pathologiques** peuvent être provoqués par un *maintien* du trou de Botalli (→ **E**), ou du foramen ovale ainsi que par un *défaut de la paroi du ventricule* ou de l'*oreillette* ou des *fistules* artérioveineuses périphériques. L'**importance du shunt** et **son sens** dépendent essentiellement a) de la *surface de la section* du shunt et b) de la *différence de pression* entre les espaces vasculaires en court-circuit (→ **D**). Si l'ouverture est relativement petite, ce sont les facteurs a) et b) qui sont déterminants (→ **D1**). Si, au contraire, le shunt entre deux espaces vasculaires fonctionnels semblables (par ex., aorte/artère pulmonaire, oreillette/oreillette ou ventricule/ventricule) présente une surface importante, on arrive (presque) à un équilibre des pressions. Dans ce cas, ce qui est important pour déterminer le sens et l'importance du shunt ce sont c) les *résistances à l'écoulement* à partir des espaces en court-circuit (→ **D2** ; par ex., trou de Botalli restant ouvert) ou leur *compliance* (= capacité d'extension en volume ; par ex., celle des parois du ventricule dans le cas d'un défaut du septum ventriculaire ; → **D3**).

Le **canal artériel de Botalli** se ferme normalement dans les deux semaines qui suivent la naissance car la concentration des prostaglandines vasodilatatrices décroît. Si l'ouverture reste ouverte, le shunt droite-gauche qui était pendant la période fœtale va maintenant aller de *gauche à droite* (→ **E**, en haut) car la résistance dans la circulation périphérique et la circulation pulmonaire a maintenant changé en sens contraire. À l'auscultation on entend un bruit d'écoulement caractéristique (*bruit mécanique*, plus fort en systole qu'en diastole). Pour une **faible section de shunt**, la pression dans l'aorte est et reste nettement plus importante que celle dans l'artère pulmonaire (→ **D1** ; ΔP). Le volume de shunt est petit, et la pression des artères pulmonaires est pratiquement normale. Pour une **section de shunt plus importante**, le volume de shunt augmente. Il s'ajoute au volume d'éjection du ventricule droit, de sorte que l'irrigation des poumons et le flux vers le cœur gauche augmentent fortement (→ **E**, à gauche). L'éjection de celui-ci va donc augmenter pour compenser (mécanisme de Franck et Starling ; éventuellement hypertrophie), mais installe alors une *surcharge volumique* durable *du cœur gauche* (→ **E**, à gauche), en particulier lorsque, après la naissance, la résistance dans la circulation pulmonaire est très faible (par ex., chez les nouveau-nés). Comme le cœur des nourrissons peut à peine s'hypertrophier, la surcharge volumique importante entraîne souvent dès le premier mois de l'existence une *défaillance du cœur gauche*.

Si au contraire la résistance dans la circulation pulmonaire (R_{pulm}) est restée relativement élevée après la naissance (→ **E**, à droite), et que le volume du shunt au niveau du canal artériel de Botalli est donc relativement faible malgré une section de shunt assez importante, la surcharge du cœur gauche, seulement modérée, sera compensée durant très longtemps. En effet, la pression dans les artères pulmonaires va, dans ces conditions, devenir équivalente à celle de l'aorte. Il apparaît une *hypertension pulmonaire* (→ **E**, à droite et p. 214), qui peut à la longue conduire à une lésion et une hypertrophie de la paroi des vaisseaux pulmonaires et donc à une nouvelle augmentation de la résistance et de la pression pulmonaires. Finalement, on aboutit à une *inversion du shunt* ainsi qu'à un *shunt droite-gauche* dans le canal artériel (→ **E**, en bas à gauche). En aval du shunt, du sang déjà pauvre en O_2 est mélangé au sang de l'aorte (cyanose de la partie inférieure du corps, ongles bleus aux pieds mais pas aux mains). La *surcharge du cœur droit* conduit finalement après une période d'hypertrophie compensatrice à une *défaillance du cœur droit*. Une insuffisance pulmonaire fonctionnelle (provoquée par l'hypertension pulmonaire) peut accélérer cet événement à cause de la surcharge volumique additionnelle du ventricule droit. Une fermeture accélérée du shunt, qu'elle soit médicamenteuse (inhibiteurs de synthèse des prostaglandines) ou chirurgicale, empêche l'apparition de l'hypertension pulmonaire. Après que l'inversion du shunt a eu lieu, la fermeture du shunt aggrave, au contraire, l'hypertension pulmonaire.

Un **défaut** de grande taille **de la cloison auriculaire** provoque habituellement, dès le début, un shunt gauche-droite car le ventricule droit plus extensible rencontre moins de résistance au remplissage diastolique et va donc prendre un volume plus grand que ne le fait le ventricule gauche. Ce n'est que lorsque cette surcharge volumique a conduit à une hypertrophie du cœur droit, que la compliance du ventricule droit va diminuer, et qu'il est possible d'aboutir à une réduction du shunt et, le cas échéant, à son inversion.

D. Facteurs contrôlant le sens et l'importance des shunts circulatoires

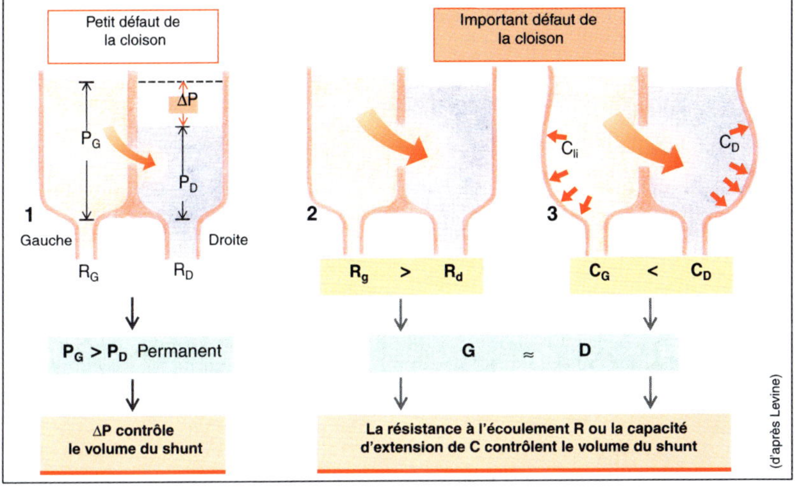

E. Conséquences du maintien d'une ouverture postnatale du canal artériel de Botalli

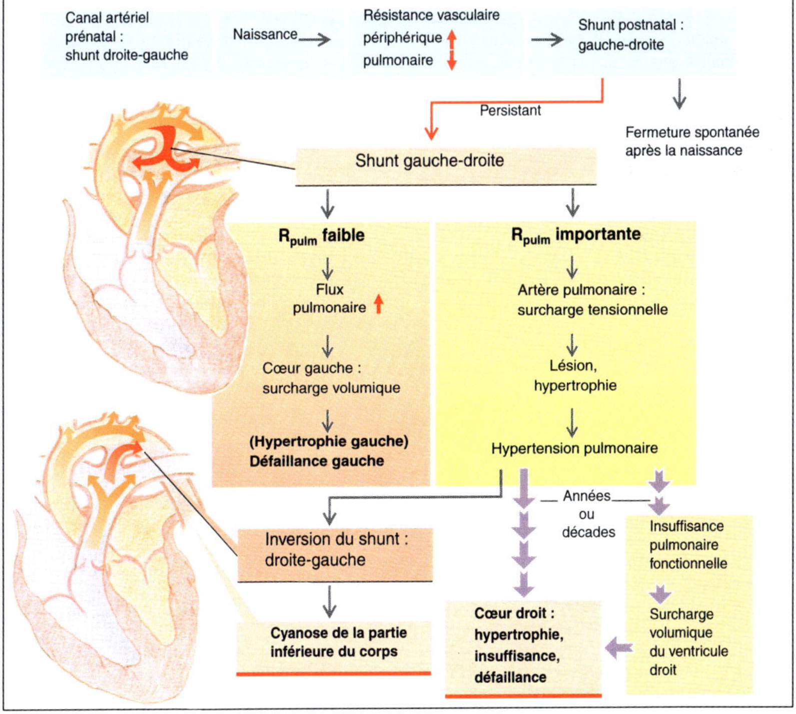

Pression sanguine artérielle et sa mesure

La pression sanguine artérielle systémique augmente pendant la phase d'éjection jusqu'à atteindre un maximum, la **pression systolique** (P_S), et pendant la diastole et la phase de tension systolique (valve aortique fermée), un minimum, la **pression diastolique** (P_D) (→ **A**). En temps normal, les mesures au repos (assis, couché) sont comprises jusqu'à environ 45 ans entre 60-90 mmHg (8-12 kPa) pour la pression diastolique, et 100-140 mmHg (13-19 kPa) pour la pression systolique (→ p. 208). La différence entre les deux valeurs est l'**amplitude de la pression sanguine** (→ **A**).

La **pression moyenne** a une grande importance pour l'irrigation périphérique. On peut la déterminer graphiquement à partir d'une courbe de pression artérielle par voie sanglante (par ex., cathéter artériel, → **A**), ou bien lors de l'enregistrement d'une courbe de ce genre, en *atténuant* les oscillations de telle façon que seule la pression moyenne sera inscrite.

Dans le système vasculaire, les pulsations dans les gros vaisseaux seront tellement atténuées (effet « d'entonnoir »), que le sang précapillaire ne coule plus de façon saccadée mais s'écoule de façon continue. Chez les sujets âgés, les artères sont plus rigides, ce qui signifie que l'élévation de pression systolique par augmentation de volume ($\Delta P/\Delta V$ = élastance = 1/compliance) devient plus importante. De ce fait, P_S augmente en particulier (→ **C**) sans que la pression moyenne ne soit obligatoirement augmentée (changement de forme de la courbe de pression). La diminution médicamenteuse inconsidérée d'une P_S élevée peut ainsi conduire à un défaut d'irrigation dangereux (par ex., du cerveau).

Mesure de la pression artérielle. La pression artérielle est mesurée en routine de façon non sanglante (à la hauteur du cœur) selon la technique de *Riva-Rocci* (→ **B**). Un manchon gonflable est appliqué de façon serrée autour de l'avant-bras et gonflé sous contrôle d'un manomètre à une pression d'environ 30 mmHg (4 kPa) au-dessus de la valeur attendue pour P_S (disparition de la pulsation !). Après avoir placé un stéthoscope au niveau du coude, on laisse maintenant descendre lentement la pression dans le manchon (2-4 mmHg/s). L'apparition des premiers bruits accompagnant la pulsation (Korotkoff) indique la limite de P_S (lecture !). Ce bruit va d'abord s'amplifier pour devenir plus faible et plus sourd au passage de la limite de P_D (seconde lecture).

Sources d'erreurs dans la mesure de la pression artérielle. Une disparition complète des bruits ne se produit souvent que pour une pression encore plus faible dans le manchon et ne doit donc pas être confondue avec son assourdissement. L'écart entre l'assourdissement et l'arrêt du bruit est augmenté dans les conditions ou les maladies, favorisant des turbulences du flux (travail physique, fièvre, anémie, thyrotoxicose, fistules AV). Si la mesure est répétée, le manchon doit être d'abord enlevé complètement pendant une à deux minutes, car l'engorgement veineux aboutirait autrement à une pression diastolique trop élevée. Le manchon doit être plus large d'au moins 20 p. 100 que le diamètre du bras ; un manchon trop étroit (obèses, ou athlètes ; mesure effectuée au niveau de la cuisse) indique en effet une valeur de pression diastolique trop élevée. C'est la même chose en ce qui concerne un manchon trop serré (formation d'un ballon !). Il peut également y avoir une erreur de mesure dans les cas où les bruits d'auscultation ne sont pas audibles dans un domaine d'amplitude élevé (trou d'auscultation). La véritable valeur de P_S ne sera donc atteinte que lorsque la pression dans le manchon est suffisamment élevée dès le début (voir ci-dessus).

Pour suivre le cours d'une hypertension systémique (par ex., dans le cas d'une hypertension labile, à partir de laquelle va souvent se développer une hypertension stable ; → **D** et p. 208), la mesure de la pression sur un seul bras est suffisante (il est préférable d'utiliser toujours le même). Dans le cas d'une sténose des gros vaisseaux on peut observer des **différences** sensibles, importantes sur le plan diagnostique, **entre les pressions** mesurées au **bras droit** et au **bras gauche** (dans ce cas, pression à droite > pression à gauche, également en cas de dextrocardie). On les observe en cas de *sténoses aortiques supravalvulaires* (en général chez l'enfant), et dans le cas du *syndrome de vol subclaviaire*, qui a essentiellement pour cause un rétrécissement de l'artère sous-claviaire proximale, dû à l'athérosclérose (diminution de la pression artérielle ipsilatérale). Des **différences de pression sanguine entre bras et jambes** peuvent survenir en cas de sténoses innées ou acquises (en général à la suite d'une athérosclérose) de l'aorte après le départ des vaisseaux des bras.

A. Courbe de pression aortique (mesure sanglante)

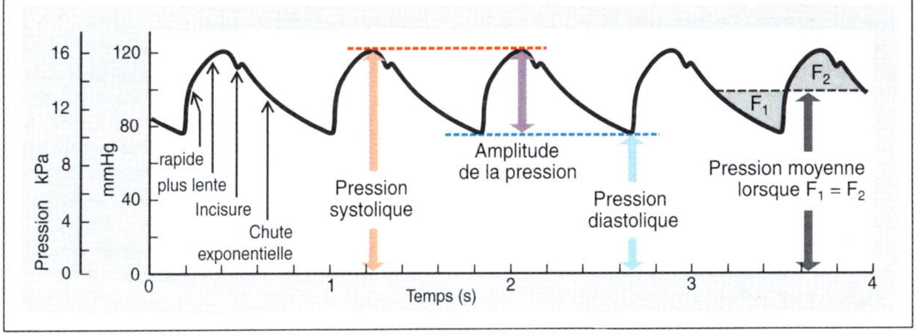

B. Mesure de la pression artérielle d'après Riva-Rocci

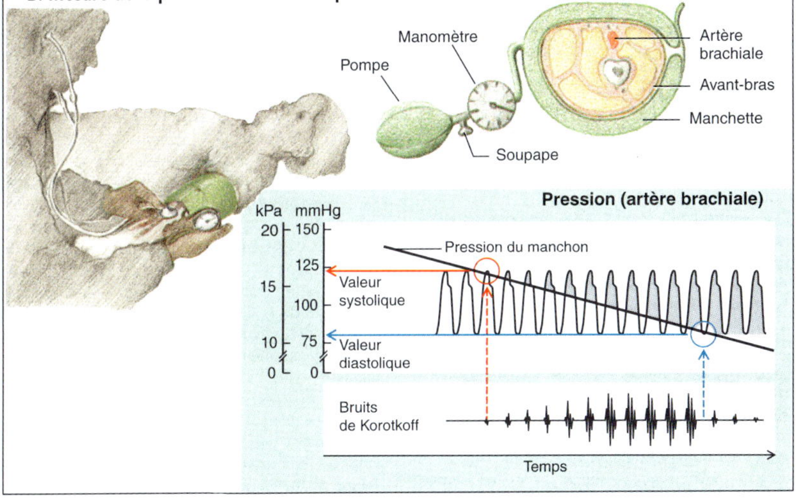

C. Évolution de la pression artérielle avec l'âge

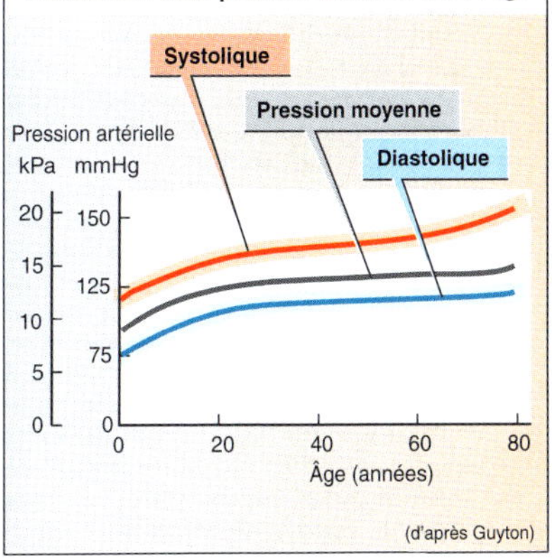

D. Prévalence d'une hypertension permanente

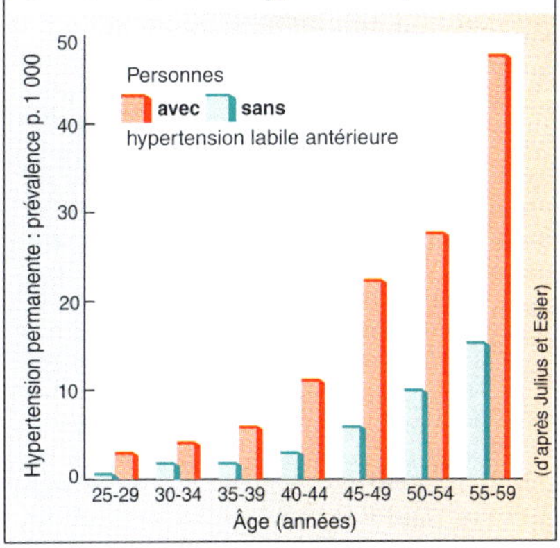

Figure 7-17 **Mesure de la pression artérielle**

Hypertension

Le terme de pression élevée ou plus simplement d'*hypertension* désigne une pression sanguine artérielle trop haute dans la circulation corporelle (pour l'hypertension pulmonaire → p. 214). Dans les pays industrialisés, environ 20 p. 100 des habitants sont atteints. Comme une hypertension débute presque toujours de façon silencieuse, mais peut, d'un autre côté, être prise en charge très efficacement, la *limite supérieure de la pression sanguine normale* doit être définie très clairement. L'organisation mondiale de la santé (OMS, WHO) a proposé pour toutes les classes d'âge les valeurs suivantes (mmHg/7,5 = kPa) :

	Normale	Limite de l'hypertension	Hypertension
Pression diastolique (P_D, mmHg)	< 90	90-95	**> 95**
Pression systolique (P_S, mmHg)	< 140	140-160	**> 160**

La manifestation variable de pressions sanguines normales ou élevées (*hypertension labile*) sera donc comptée au nombre des hypertensions limites. Les patients présentant une hypertension labile vont souvent présenter par la suite une *hypertension établie* (→ p. 207, D). Comme la P_S augmente déjà de façon régulière avec l'âge (→ p. 207, C) on a fixé chez l'adulte la valeur supérieure de la pression systolique normale à 150 mmHg entre 40-60 ans, et à 160 mmHg au-delà de 60 ans (la pression diastolique est uniformément à 90 mmHg). Chez les *enfants*, on donne au contraire des valeurs plus faibles. L'appréciation de la pression artérielle doit reposer sur la moyenne d'au moins trois déterminations effectuées sur deux jours différents (voir p. 206).

Le produit du *débit cardiaque* (volume d'éjection × fréquence cardiaque) par la *résistance périphérique totale* détermine la pression sanguine (loi d'Ohm). Une hypertension va survenir à la suite d'une élévation du débit, de la résistance ou des deux (→ **A**). Dans un premier cas on parlera d'hypertension hyperdynamique lorsque P_S est nettement plus augmentée que P_D, dans un deuxième cas d'hypertension de résistance. Dans ce cas, P_S et P_D sont augmentées de la même valeur, ou (cas le plus fréquent) P_D est plus augmentée que ne l'est P_S. C'est le cas lorsque l'élévation de la résistance diminue le volume d'éjection.

L'augmentation du débit cardiaque dans le cas d'une **hypertension hyperdynamique** est due soit à une *augmentation de la fréquence cardiaque*, soit à une augmentation du *volume extracellulaire*, qui provoque un *accroissement du retour veineux au cœur* et donc du *volume d'éjection* (mécanisme de Franck et Starling). Une élévation (d'origine centrale) de l'*activité sympathique* et/ou une *hypersensibilité aux catécholamines* (provoquée par le cortisol ou les hormones thyroïdiennes) peuvent également accroître le débit cardiaque (→ **A**, à gauche).

L'**hypertension de résistance** est essentiellement due, à côté d'une augmentation éventuelle de la viscosité du sang (augmentation de l'hématocrite !), à une *vasoconstriction périphérique* anormalement forte (artérioles) ou à un rétrécissement des vaisseaux périphériques (→ **A**, à droite). La vasoconstriction est surtout liée à un *accroissement de l'activité sympathique* (d'origine nerveuse ou surrénalienne), d'une hypersensibilité aux catécholamines (voir ci-dessus) ou une *augmentation de la concentration plasmatique d'angiotensine II.* Des *phénomènes d'autorégulation* interviennent également dans la vasoconstriction. Si, par exemple, la pression sanguine augmente par suite d'une augmentation du débit cardiaque, ces phénomènes protègent ainsi de nombreux organes des effets de cette élévation de tension (par ex., les reins et le tractus gastro-intestinal, → **A**, au milieu). Ce processus est responsable de la composante vasoconstrictrice fréquente de l'hypertension hyperdynamique, qui de ce fait va évoluer vers une hypertension de résistance (→ **A**). Une *hypertrophie* des muscles vasoconstricteurs participe également à ces phénomènes. Des *lésions vasculaires* apparaissent finalement comme conséquence de l'hypertension, ce qui va accroître la résistance périphérique totale (hypertension *établie*).

Les **causes de l'hypertension** sont en partie connues (par ex., altérations rénales ou hormonales ; → **B2**, **3**), mais ces formes d'hypertension ne représentent que 5-10 p. 100 des cas. Dans tous les autres cas on donne un diagnostic d'**hypertension primaire** ou **essentielle** (→ **B1**). À côté d'une *composante génétique*, les femmes sont plus touchées que les hommes et les citadins plus que les habitants de la campagne. Par ailleurs, un *stress psychique* chronique, qu'il soit professionnel (aiguilleur du ciel ou conducteur de bus) ou lié à la personnalité du sujet (par ex., type « lutteur frustré ») semble favoriser l'hypertension. Chez les sujets sensibles au sel (~ 1/3 des patients avec une hypertension primaire ; assez fréquent dans les cas d'hypertension familiale), l'*apport de sel relativement élevé* (10-15 g/j = 170-250 mmol/j) habituel dans la plupart des pays industrialisés, joue un rôle important. Alors que les organismes sont en

A. Formation d'une hypertension

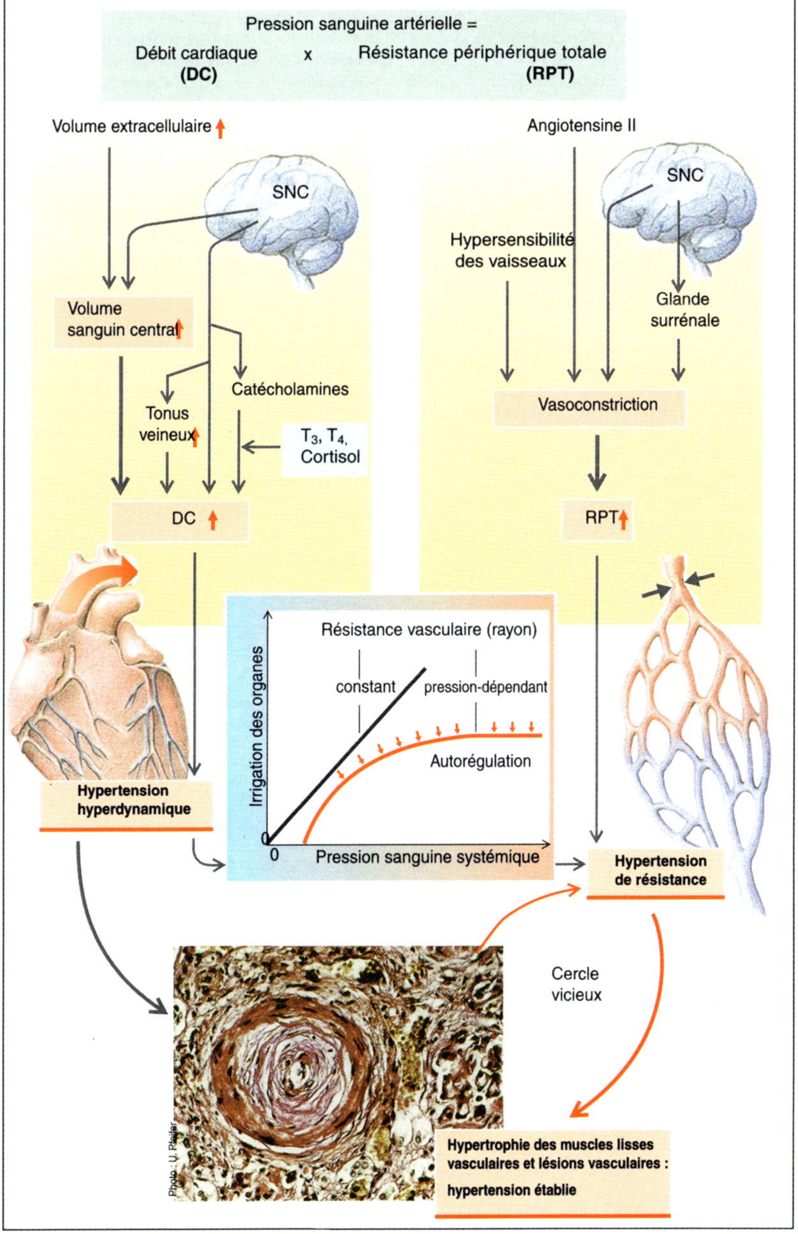

effet remarquablement armés (augmentation de l'aldostérone) contre une perte de Na^+ (ou une diminution du volume extracellulaire), les personnes présentant une hypersensibilité au sel sont relativement impuissantes en face d'un apport excessif de sel. Ceci est dû au fait que la sécrétion d'aldostérone est déjà tellement inhibée en cas d'un apport « normal » de Na^+ (> 100 mmol/j), qu'elle ne peut plus être diminuée. Un régime pauvre en sel pourrait là encore souligner l'amplitude de la régulation de l'aldostérone.

La **relation entre la sensibilité au sel et l'hypertension primaire** n'est pas encore clairement établie, mais va cependant être discutée ici : chez les gens présentant une sensibilité accrue au sel, on observe une hypersensibilité aux catécholamines. En cas de tension psychologique, par exemple, on observe donc une poussée anormale de la tension artérielle. Il s'agit d'un côté d'un effet direct lié à une stimulation cardiaque accrue (→ **B**, en haut à droite), mais également d'un effet indirect, lié à une réabsorption et donc une rétention accrue de Na^+ au niveau rénal (augmentation du VEC → élévation hyperdynamique de la pression). L'élévation de la pression sanguine entraîne une *diurèse de pression*, accompagnée d'une élimination accrue de Na^+, ce qui permet de rééquilibrer le contenu en Na^+ (Guyton). Ce mécanisme existe également chez les gens bien portants, mais l'élévation de pression nécessaire pour déclencher une excrétion de quantités accrues de NaCl, est en temps normal très faible (→ **C**, a ➤ b). Chez des sujets présentant une hypertension primaire (ou ayant un trouble des fonctions rénales), l'élévation de la pression artérielle en fonction du NaCl est plus abrupte que la normale (→ **C**, c ➤ d). Un régime pauvre en sel peut également dans ce cas faire chuter une hypertension (non encore établie) (→ **C**, c ➤ e). Un apport simultané en K^+ renforce cet effet pour des raisons inconnues. Le mécanisme cellulaire de la sensibilité au sodium attend toujours une explication. Une modulation du transport de sodium au niveau des cellules de l'organisme pourrait éventuellement jouer un rôle. La concentration intracellulaire en Na^+ de ces cellules est en effet augmentée lors d'une hypertension primaire ce qui diminue la force motrice de l'échangeur $3Na^+/Ca^{++}$; de cette façon, la concentration intracellulaire de Ca^{++} augmente, ce qui va à son tour accroître le tonus des muscles lisses vasculaires (Blaustein). Il se pourrait que soient impliqués des *inhibiteurs de la Na^+-K^+ ATPase*, semblables aux digitaliques (ouabaïne ?), qui sont peut-être présents en plus grande quantité lors d'une hypertension primaire, ou pour lesquels il existe une plus grande sensibilité. L'atriopeptine (*atrial natriuretic factor* = ANF), qui exerce une action natriurétique et vasodilatatrice, n'est probablement pas impliquée dans l'apparition de l'hypertension primaire. Bien que la concentration plasmatique de *rénine* ne soit pas augmentée lors d'une hypertension primaire, la tension artérielle peut également être fréquemment abaissée via une inhibition de l'enzyme de conversion de l'angiotensine (voir ci-dessous : inhibiteurs de l'enzyme de conversion).

Les différentes formes d'**hypertension secondaires** ne représentent que 5-10 p. 100 de toutes les hypertensions (→ **B2**, **3**, **4**), mais peuvent pour la plupart, au contraire des hypertensions primaires, être soignées selon leurs causes. À cause du caractère irréparable des dommages tardifs de l'hypertension (→ **E**), elle doit être traitée de toutes les façons aussi tôt que possible. L'**hypertension rénale**, la plus fréquente des formes d'hypertension secondaire, peut avoir les causes suivantes, qui se recoupent en partie les unes les autres (→ **B2**, voir aussi p. 114) : chaque *ischémie rénale*, provoquée par exemple par une sténose de l'aorte, ou d'une artère rénale, mais aussi par un rétrécissement des artérioles rénales et des capillaires (glomérulonéphrite, athérosclérose due à une hypertension), conduit dans les reins à une libération de *rénine*. Celle-ci libère un décapeptide, l'angiotensine I, à partir de l'angiotensinogène présent dans le plasma. Une peptidase (l'enzyme de conversion) dont les poumons sont particulièrement riches élimine deux acides aminés formant ainsi l'*angiotensine II*. Cet octapeptide agit d'un côté comme un puissant agent vasoconstricteur (la RPT augmente) et de l'autre libère l'*aldostérone* à partir du cortex surrénalien (rétention de Na^+ et augmentation du VEC) — deux actions qui augmentent la pression sanguine (→ **B2**). Dans les maladies rénales où l'on observe une importante *réduction de la masse rénale fonctionnelle*, il peut déjà se produire pour un apport « normal » en sodium une rétention sodée. La courbe de la fonction rénale est dans ce cas plus raide que la normale, si bien qu'un bilan équilibré du Na^+ ne peut être atteint que pour des valeurs élevées de la pression sanguine (→ **C**, c ➤ d). Une glomérulonéphrite, une insuffisance rénale et une néphropathie gravidique sont quelques-unes des causes de cette forme hypervolumique primaire d'hypertension rénale. Une *tumeur produisant de la rénine* ou des *kystes rénaux* (pour des raisons inconnues) seront également la cause d'une hypertension rénale. Mais, dans d'autres formes d'hypertension qui ne sont pas, initialement, causées par les reins, cet organe constitue également un élément central (hypertension primaire, hyperaldostéronisme, syndrome adrénogénital, syndrome de Cushing). De plus, chaque hypertension chronique conduit, à plus ou moins long terme, à des modifications secondaires (hypertrophie de la paroi vasculaire, athérosclérose) qui vont rendre permanente l'hypertension, même si le traitement

B. Causes d'une hypertension

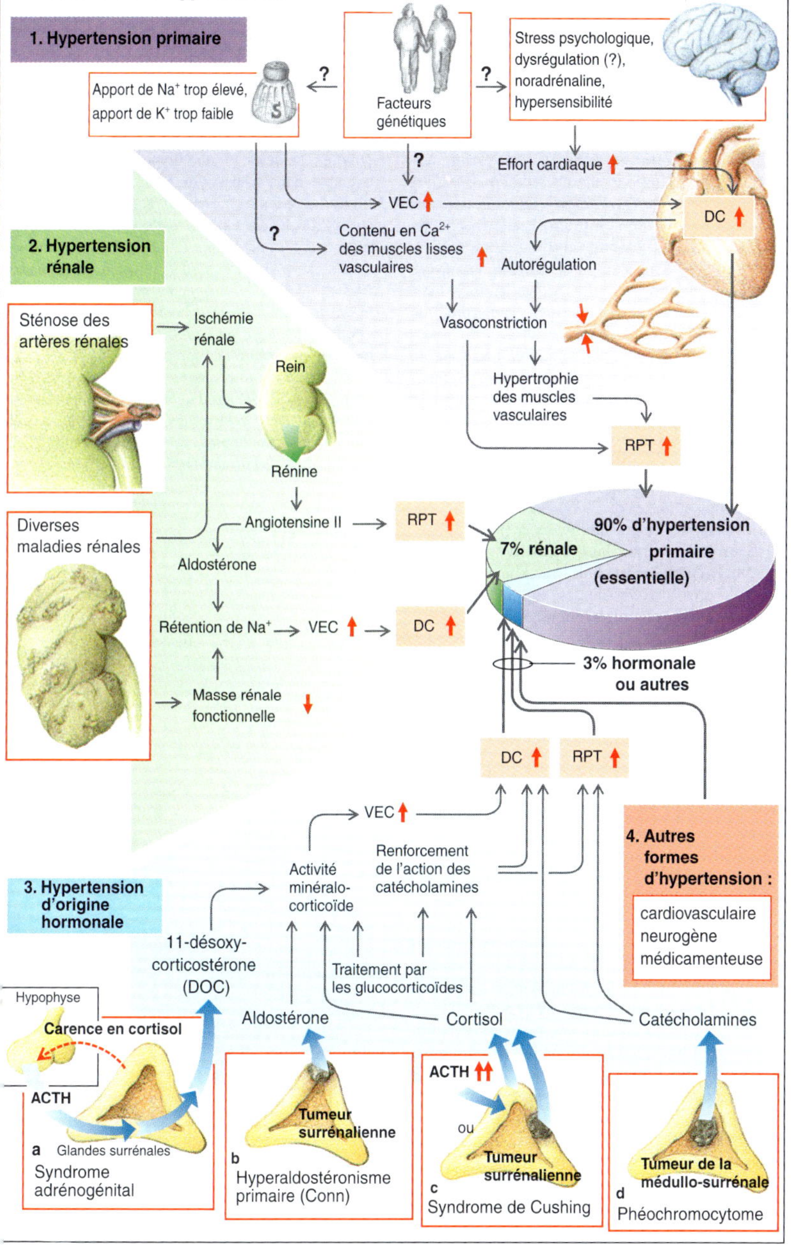

Figure 7-19 **Hypertension II**

de la cause initiale a été couronné de succès. Si par exemple une sténose unilatérale d'une artère rénale est opérée trop tardivement, l'autre artère, lésée entretemps par l'hypertension, va maintenir l'hypertension.

Une **hypertension hormonale** peut avoir des causes très différentes (→ **B3**).

◆ Dans le cas d'un *syndrome adrénogénital* (→ **B3a**) la synthèse de cortisol dans la glande surrénale est bloquée si bien que la sécrétion d'ACTH est désinhibée. Des précurseurs minéralocorticoïdes du cortisol et de l'aldostérone, actifs, comme par exemple la 11-désoxycorticostérone (DOC) seront donc synthétisés et excrétés en excès (→ voir p. 264 *sqq.*).

◆ *Hyperaldostéronisme primaire* (syndrome de Conn ; → **B3b**). Dans ce cas une tumeur de la surrénale sécrète de façon non contrôlée une quantité importante d'aldostérone, ce qui, via une augmentation de la rétention rénale de Na^+, va entraîner une augmentation du VEC et déclenche donc une hypertension due à une augmentation du débit cardiaque.

◆ *Syndrome de Cushing* (→ **B3c**). Une excrétion anormalement élevée d'ACTH (neurogène, tumeur de l'hypophyse) ou une tumeur autonome du cortex de la surrénale libèrent dans le plasma des quantités excessives de glucocorticoïdes : un renforcement de l'activité des catécholamines (augmentation du débit cardiaque) et l'action minéralocorticoïde due au niveau élevé de cortisol (rétention de Na^+) provoquent une hypertension (→ p. 264 *sqq.*). L'ingestion fréquente de quantités importantes de réglisse a le même effet, car l'acide glycyrrhizinique qu'il contient bloque la 11β-hydroxystéroïde déshydrogénase, de sorte que le cortisol n'est pas métabolisé dans le rein mais exerce une action minéralocorticoïde.

◆ *Phéochromocytome* (→ **B3d**). Une tumeur de la surrénale produisant des catécholamines aboutit à un niveau élevé et non contrôlé d'adrénaline et de noradrénaline et donc en même temps à une hypertension hyperdynamique et à une hypertension de résistance.

◆ La prise de *contraceptifs* (pilule) peut, le cas échéant, conduire à une rétention de Na^+ et donc à une hypertension avec élévation de débit cardiaque.

Hypertension neurogène. Une encéphalite, un œdème, une hémorragie et une tumeur cérébrales peuvent, via une stimulation veineuse centrale du système sympathique, provoquer une augmentation massive de la pression artérielle. Dans le syndrome appelé syndrome hyperkinétique cardiaque, l'origine de l'hypertension est également une stimulation cardiaque anormale d'origine centrale.

Les **conséquences d'une hypertension** (→ **E**) sont en premier lieu marquées par les *lésions d'athérosclérose* du système artériel, lésions que l'on peut observer aisément au fond de l'œil (→ p. 236 *sqq.*). À cause de l'élévation de la résistance résultant de ce processus, chaque hypertension aboutit finalement à un cercle vicieux. La lésion provoque à long terme une *ischémie* des organes (myocarde, cerveau, reins, mésentère et jambes), à l'occasion de laquelle l'ischémie rénale accélère le cercle vicieux. La lésion des parois vasculaires associée à une hypertension peut, par exemple dans le cerveau, provoquer des hémorragies (apoplexie) et peut dans les gros vaisseaux (aorte) déclencher la formation et finalement la rupture d'un anévrysme (→ p. 238). L'*espérance de vie* est donc fortement réduite en cas d'hypertension. Des épidémiologistes américains ont suivi le destin d'un million d'hommes dont la pression artérielle était, à l'âge de 45 ans, normale, légèrement ou moyennement augmentée (→ **D**). Près de 80 p. 100 des hommes avec une pression tout à fait normale (~ 132/85 mmHg) vivaient encore 20 ans plus tard, tandis que moins de 50 p. 100 de ceux qui avaient, au départ, une pression augmentée (autour de 162/100 mmHg) avaient survécu.

C. Consommation de Na⁺ et pression sanguine

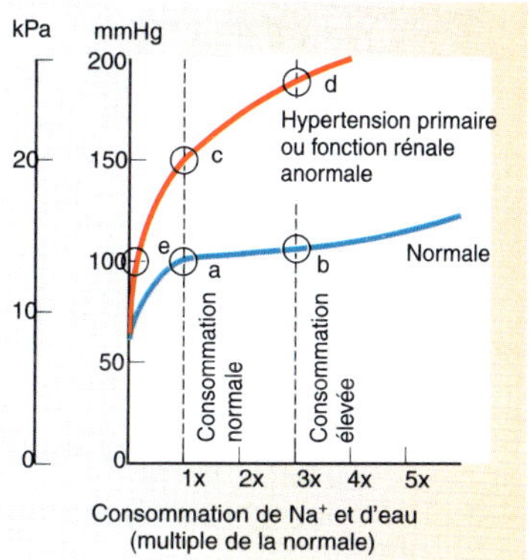

(d'après Guyton et al.)

D. Taux de mortalité et hypertension

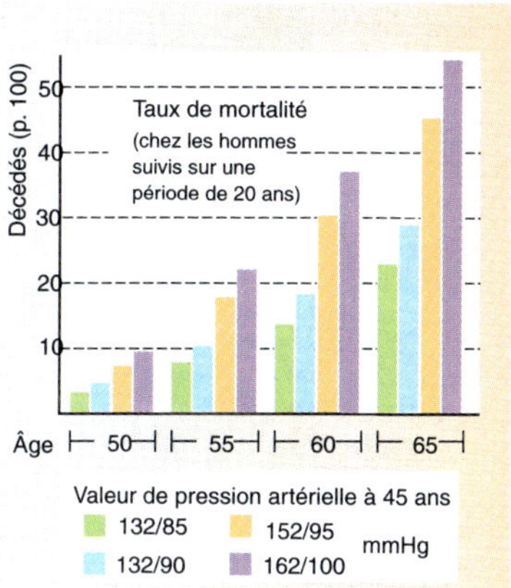

(d'après la Society of Actuaries : Build and blood pressure study, 1959)

E. Conséquences d'une hypertension

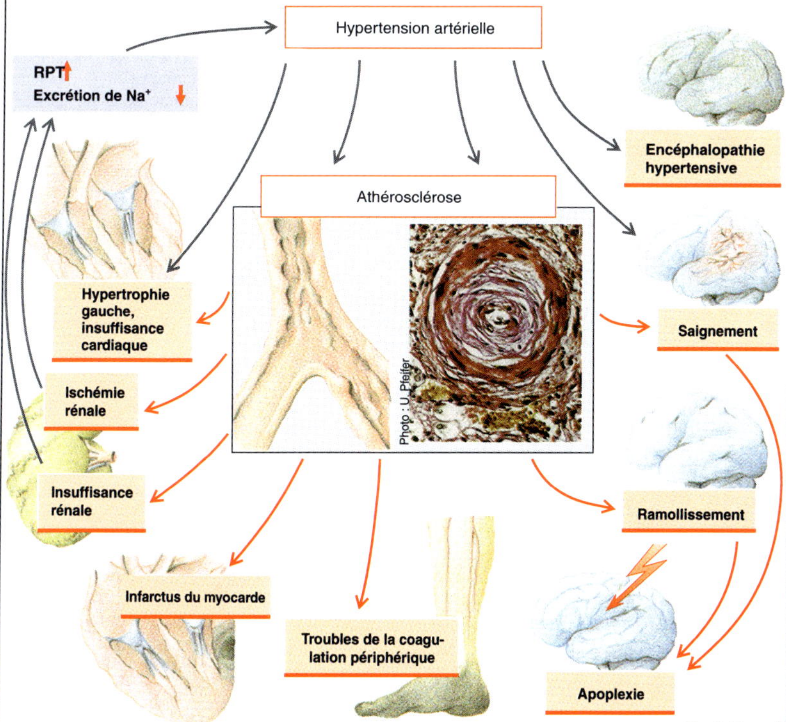

(d'après Lhomann)

Hypertension pulmonaire

Trois paramètres déterminent la pression moyenne dans l'artère pulmonaire ($\bar{P}_{AP} \approx 15$ mmHg = 2 kPa), ce sont la résistance des vaisseaux pulmonaires (RVP), le débit cardiaque (DC) et la pression dans l'oreillette gauche ($P_{OG} = \sim 5$ mmHg = 0,7 kPa).

Selon la loi d'Ohm, ΔP = RVP × DC. Comme $\Delta P = \bar{P}_{AP} - P_{OG}$, on en tire :

$\bar{P}_{AP} = RVP \times DC + P_{OG}$.

Une hypertension pulmonaire se déclare lorsque l'une (ou plusieurs) de ces trois valeurs est augmentée de telle manière que $\bar{P}_{AP}$, au repos, monte *au-dessus de 20 mmHg* (ou bien en cas d'effort au dessus de 32 mmHg) (voir aussi œdème pulmonaire, p. 80). Une hypertension pulmonaire peut de ce fait avoir en principe trois **causes** (→ **A**).

◆ La RVP augmente, on parle d'*hypertension pulmonaire obstructive*, par exemple une embolie pulmonaire, un emphysème. Les conséquences de l'hypoxie qui en résulte (vasoconstriction pulmonaire, augmentation de l'hématocrite) peuvent accroître encore la RVP.

◆ P_{OG} augmente, on parle d'*hypertension pulmonaire passive*, par exemple sténose mitrale (→ **A** à droite et p. 194).

◆ Le DC augmente : à l'exception d'un shunt gauche-droite (→ p. 204), une augmentation isolée du DC ne conduit à une *hypertension pulmonaire* (*hyperkinétique*) que dans des cas extrêmes, car les vaisseaux du poumon sont très extensibles et des segments supplémentaires de vaisseaux peuvent souvent être recrutés. Une augmentation du DC (fièvre, hyperthyroïdie, tension physique) peut aggraver cependant une hypertension pulmonaire d'origine différente.

Une **hypertension pulmonaire aiguë** se produit presque toujours à la suite d'une diminution du diamètre du lit vasculaire (d'au moins 50 p. 100, compte tenu de l'extensibilité élevée des vaisseaux), éventuellement à la suite d'une *embolie pulmonaire*, c'est-à-dire du transport de *thrombi* ou (plus rarement) d'autres emboles de leur site de formation vers l'arbre vasculaire de l'artère pulmonaire (→ **A** en haut et p. 240). Vraisemblablement, il se produit en plus, lors d'une embolie, une vasoconstriction (hypoxique) qui diminue encore le diamètre des vaisseaux. Le rétrécissement vasculaire brutal provoque ce que l'on appelle un *cœur pulmonaire aigu* (surcharge aiguë du cœur droit). Au cours d'une hypertension pulmonaire aiguë, la pression dans le ventricule droit peut augmenter de plus de 60 mmHg (8 kPa) pour revenir à la normale, le cas échéant, après 30-60 min, peut-être parce que le thrombus a été entraîné en aval et que le diamètre total du lit vasculaire est de ce fait redevenu plus important. Une thrombolyse et, éventuellement, une réduction de la vasoconstriction peuvent participer à la réduction de la pression. L'embolie peut conduire à un *infarctus pulmonaire*, en particulier lorsque les artères de taille moyenne sont encombrées et que l'approvisionnement sanguin par les artères bronchiales est simultanément gêné (par ex., par une congestion de la veine pulmonaire ou une hypotension systémique). La **conséquence** d'une embolie pulmonaire massive peut cependant se traduire également par une *insuffisance aiguë du cœur droit* (→ **A**, en bas à droite), de sorte que l'afflux sanguin au ventricule gauche et par conséquent le volume de stimulation de celui-ci diminue. Ceci entraîne une chute de la pression sanguine systémique et un *choc* vasculaire, avec ses conséquences (→ p. 230).

Parmi les **causes d'une hypertension pulmonaire chronique**, on trouve :

a des *maladies pulmonaires* (asthme, emphysème, bronchite chronique et fibrose qui constituent plus de 90 p. 100 des cas de cœur-poumon chroniques),

b les *thrombo-embolies* chroniques et les *maladies vasculaires* systémiques,

c les altérations fonctionnelles des poumons d'origine extrapulmonaire (déformation du thorax, maladies neuropulmonaires),

d une perte de tissu pulmonaire (tuberculose, tumeur),

e une *hypoxie d'altitude* chronique associée à une vasoconstriction hypoxique qui peut également jouer un rôle partiel dans le cas *c*.

f finalement, il existe des hypertensions pulmonaires primaires idiopathiques, d'origine mal connue.

Les causes *b* et *e* conduisent à une hypertension pulmonaire *précapillaire*, la cause *a* à une hypertension *capillaire*. Dans tous ces troubles, la résistance dans la circulation pulmonaire est augmentée de façon chronique, que ce soit à la suite de la perte de parties plus importantes du poumon ou par suite d'un rétrécissement général de la lumière vasculaire. La **conséquence d'une hypertension pulmonaire chronique** est une *hypertrophie du cœur droit* (*cœur pulmonaire chronique* : ECG ! → **A** en bas à gauche) et finalement une *insuffisance du cœur droit* (→ **A**, en bas à droite). À la différence des cas a-f, la cause de l'hypertension *pulmonaire passive* n'est pas primitivement au niveau des poumons (l'expression cœur pulmonaire n'est pas correcte), mais au niveau du *cœur gauche* (*hypertension pulmonaire postcapillaire*). Presque tous les patients ayant une *insuffisance de la valve mitrale* (→ p. 196 *sqq.*) ou *du cœur gauche* (→ p. 224 *sqq.*) développent une hypertension pulmonaire.

A. Causes et conséquences d'une hypertension pulmonaire

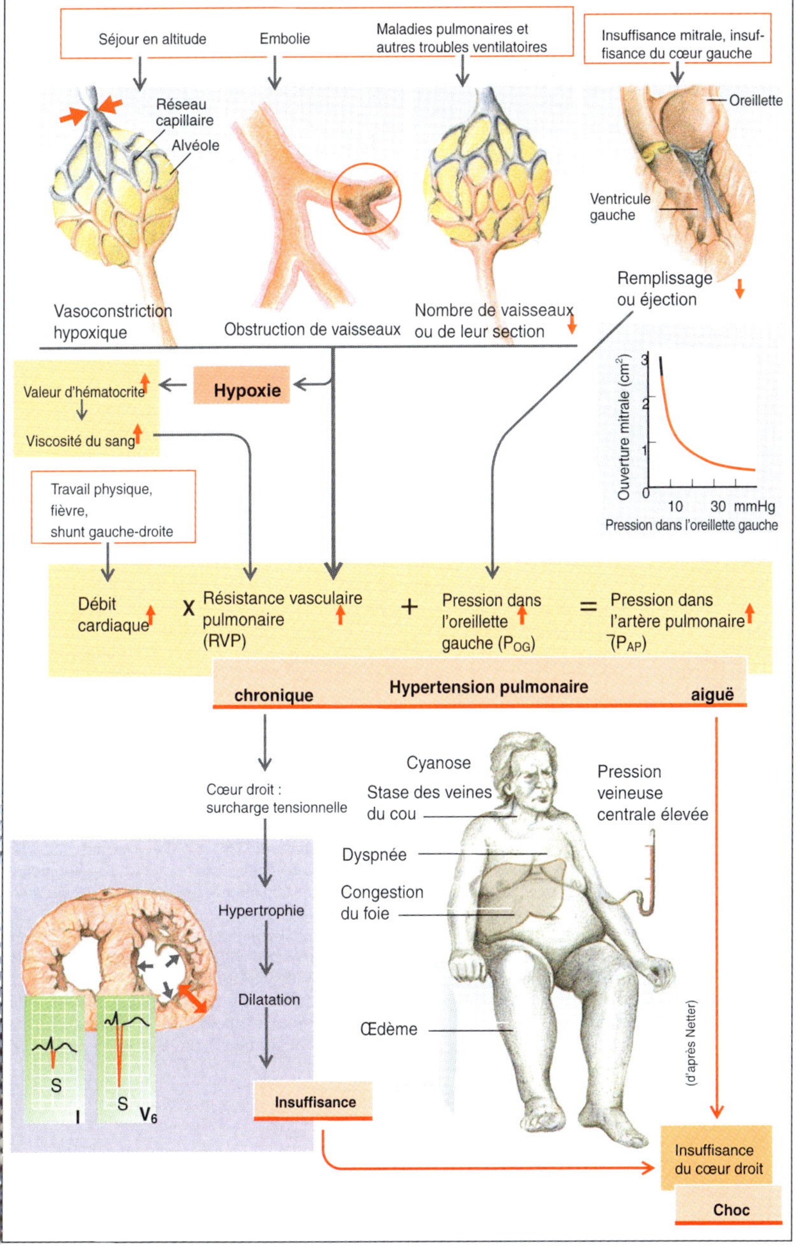

Figure 7-21 Hypertension pulmonaire

Circulation coronaire

Le myocarde est alimenté par les deux artères coronaires qui sont issues de la racine de l'aorte (→ **B**, **D**). L'artère coronaire droite alimente en général la majeure partie du ventricule droit, la gauche l'essentiel du ventricule gauche. La participation des deux artères à l'approvisionnement du septum et du fond du ventricule gauche est variable. La circulation coronaire $\dot{Q}_{cor}$ présente un ensemble de particularités.

1. **Irrigation phasique.** $\dot{Q}_{cor}$ varie de façon importante avec le cycle cardiaque (→ **A**), et en particulier à cause de la pression tissulaire élevée régnant durant la systole, qui atteint ~ 120 mmHg dans le domaine proche de l'endocarde du ventricule gauche (→ **B**) : tandis que les segments épicardiques principaux des artères coronaires ainsi que le $\dot{Q}_{cor}$ proche du péricarde demeurent largement indépendants de ce phénomène (→ **B**), les vaisseaux proches de l'endocarde du ventricule gauche vont être comprimés lors de la systole, car la pression extravasculaire (~ pression dans le VG) y dépasse à ce moment la pression dans la lumière artérielle. L'approvisionnement du ventricule gauche en sang est donc essentiellement limité à la diastole (→ **A**). Inversement, la pression tissulaire élevée durant la systole chasse le sang veineux du sinus coronaire et des autres veines, de sorte qu'il s'écoule dans l'oreillette droite surtout pendant la systole.
2. L'**adaptation au besoin en O_2** se produit essentiellement par le biais d'une *modification de la résistance vasculaire*. Le besoin en O_2 d'un organe se calcule en multipliant le débit sanguin, $\dot{Q}$, par la différence artérioveineuse de la concentration en O_2 $(C_a - C_v)_{O_2}$. Si l'utilisation de l'O_2 augmente, par exemple lors d'un effort physique ou d'une hypertension (→ **C** à droite et p. 218), les deux facteurs pourraient en principe être augmentés, mais $(C_a - C_v)_{O_2}$ et donc le taux d'extraction de l'oxygène (= $100 \times [(C_a - C_v)/C_a]_{O_2} \approx 60$ p. 100) sont déjà très élevés au repos dans le myocarde. De ce fait, au cours d'un effort, une augmentation de l'approvisionnement en O_2 du myocarde et donc de la capacité du cœur ne peut être obtenue principalement que par une augmentation de $\dot{Q}_{cor}$ (= pression aortique P_{aorte}/résistance coronaire R_{cor}). Si P_{aorte} ne change pas, il faut pour ce faire que R_{cor} soit diminuée (vasodilatation → **C**, à gauche), ce qui est possible en temps normal jusqu'au quart de la valeur au repos (*réserve coronaire*). $\dot{Q}_{cor}$ peut ainsi être augmentée au maximum d'un facteur 4 à 5 par rapport à la valeur de repos, c'est-à-dire peut couvrir lors d'un travail maximal un besoin en O_2 du cœur 4 à 5 fois plus élevé (→ p. 219 A, « normale »).
3. $\dot{Q}_{cor}$ **est étroitement couplée au besoin en oxygène du myocarde.** Le myocarde travaille de façon aérobie, il doit donc également exister un couplage rapide et étroit entre le besoin instantané en O_2 et $\dot{Q}_{cor}$. Plusieurs facteurs participent à cette autorégulation.

◆ *Facteurs métaboliques.* En premier lieu, O_2 agit comme un vasoconstricteur, c'est-à-dire qu'une *carence en oxygène* dilate les vaisseaux coronaires. D'un autre côté, en cas de carence en oxygène, le produit de dégradation de l'ATP, l'AMP, ne peut pas être régénéré de façon suffisante en ATP, si bien que la concentration d'AMP et de son produit de dégradation, l'*adénosine*, va augmenter dans le myocarde. L'adénosine, via des récepteurs A_2 exerce une action vasodilatatrice sur les muscles lisses vasculaires (augmentation d'AMPc). Finalement, l'accumulation de lactate et d'ions H^+ (tous deux provenant du métabolisme anaérobie du myocarde, → p. 219 C) ainsi que la prostaglandine I_2 provoque localement une dilatation des vaisseaux.

◆ *Facteurs dépendants de l'endothélium.* L'ATP (par ex., provenant des plaquettes), l'ADP, la bradykinine, l'histamine et l'acétylcholine sont des vasodilatateurs. Ils agissent cependant de façon indirecte en libérant du *monoxyde d'azote, NO*, à partir de l'endothélium. Celui-ci va diffuser secondairement dans les cellules musculaires lisses vasculaires et y activer l'activité de la guanylate cyclase élevant ainsi la concentration intracellulaire de GMPc (guanosine monophosphate cyclique). Le GMPc active finalement la protéine kinase G, provoquant ainsi une relaxation des muscles vasculaires.

◆ *Facteurs neurohumoraux.* Les catécholamines circulantes ou libérées par les terminaisons des nerfs sympathiques ont, d'une part, une action vasoconstrictrice au niveau des récepteurs α_1-adrénergiques, présents essentiellement sur les *vaisseaux épicardiques*, et d'autre part un effet vasodilatateur au niveau des récepteurs β_2-adrénergiques qui sont majoritaires sur les *vaisseaux sous-endocardiques*.

Lorsque l'apport en O_2 n'est plus au niveau du besoin, il peut se produire une **insuffisance coronaire** (→ **C**, **D** et p. 218 *sqq.*), par exemple pour une fréquence cardiaque élevée et une durée importante de la diastole ou un dépôt d'athérome dans les artères de la couronne cardiaque.

A. Circulation coronaire

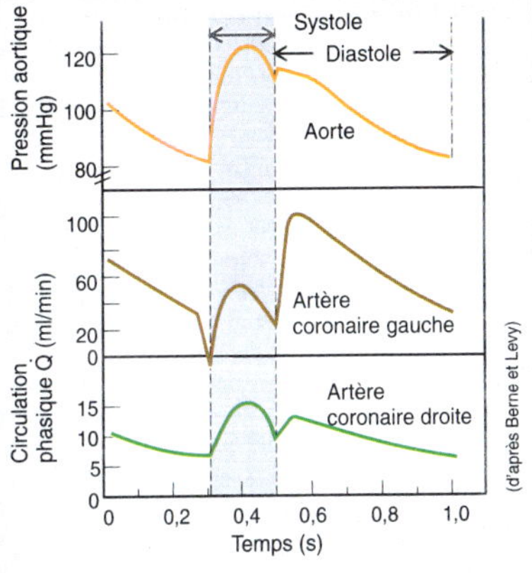

B. Gradients de pression dans le myocarde

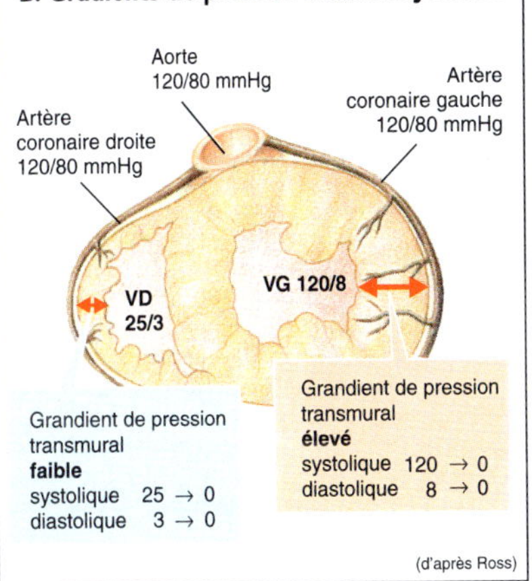

C. Composants du bilan de l'O_2 dans le myocarde

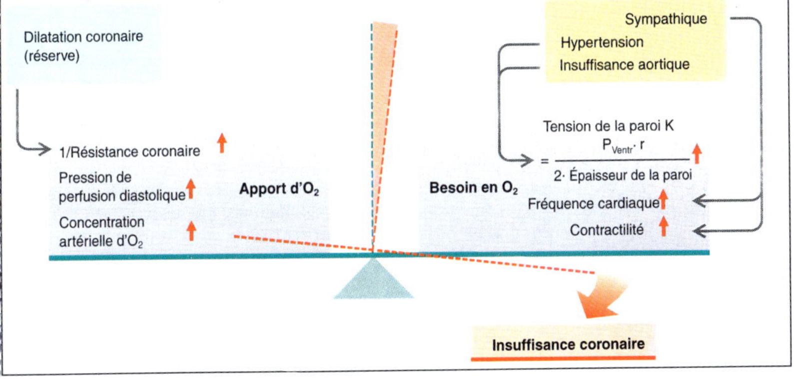

D. Athérosclérose des artères coronaires

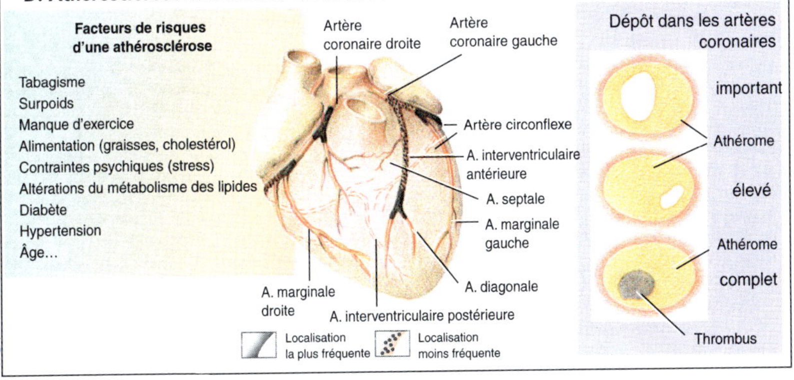

Maladie coronaire

Lors d'une activité physique ou d'une excitation psychologique, le besoin en oxygène du cœur s'accroît, en particulier parce que la contractilité du myocarde et la fréquence cardiaque sont augmentées par le système *sympathique*. Dans ces conditions, un cœur en bonne santé diminue la résistance coronaire jusqu'à 20 p. 100 de la valeur de repos, pour pouvoir, même face à cette surcharge, rétablir un bilan équilibré en O_2 grâce à l'élévation correspondante de la circulation coronaire. Cette capacité d'augmenter l'irrigation sanguine jusqu'à une valeur environ 5 fois supérieure à la valeur de repos, est appelée *réserve coronaire*. Cette plage de régulation importante de la circulation coronaire est due au fait que les vaisseaux coronaires distaux sont contractés au repos et vont d'abord se dilater en cas de besoin (→ **A**, résistance, « normale » ou un quart).

Une **diminution de la réserve coronaire** est une caractéristique de la maladie coronaire ; elle conduit au fait que l'approvisionnement en O_2 ne peut plus couvrir l'augmentation de la demande due à l'effort. Cette **anoxie ischémique** est souvent reconnaissable à l'apparition de douleurs dans la poitrine, le bras ou le cou, du côté gauche, lors d'un effort physique ou d'une émotion (*angor*, voir ci-dessous).

La **cause principale** d'une maladie coronaire est un rétrécissement des artères coronaires proximales, les plus grosses, par une **athérosclérose** (→ p. 217 D et p. 236 *sqq.*). La pression sanguine post-sténotique (P_{ps}) est donc nettement plus faible que la pression aortique moyenne en diastole P_{Ao} (→ **A**). Pour compenser cette augmentation de résistance ou cette diminution de pression, il est nécessaire de puiser, même au repos, dans la réserve coronaire. Ce phénomène a pour conséquence une diminution de la plage de compensation (→ **A**), voire même finalement son utilisation. Lorsque le diamètre de la lumière des gros vaisseaux coronaires est diminué de plus de 60-70 p. 100 et que donc la section du vaisseau est réduite jusqu'à 10-15 p. 100 de la surface initiale, on aboutit à une ischémie myocardique et à des douleurs dues au manque d'O_2, même pour un effort physique ou une émotion modérés. Si l'apport en O_2 est en plus réduit, par exemple par une diminution de la pression sanguine diastolique (hypotension, insuffisance aortique), une hypoxémie artérielle (séjour en altitude) ou une capacité de fixation diminuée (anémie), le bilan en O_2 s'écarte déjà de l'équilibre pour une sténose aortique de faible importance (→ p. 217 C).

Si les douleurs persistent lorsque l'effort est terminé, on parlera d'un **angor stable**. Cependant, lorsqu'un patient présentant un angor stable ressent brusquement des douleurs angineuses plus fortes et plus fréquentes (**angor instable**), c'est souvent le signe annonciateur d'un infarctus du myocarde aigu, c'est-à-dire d'une obturation complète du vaisseau coronaire atteint (voir ci-dessous).

Une obturation complète de l'artère coronaire n'entraîne pas obligatoirement un infarctus (voir ci-dessous), car il peut se développer, le cas échéant, un *approvisionnement sanguin collatéral*, sous forme d'une adaptation à long terme, par lequel, au moins les besoins en O_2 au repos peuvent être couverts (→ **B**). Cependant, les zones touchées sont particulièrement exposées en cas d'hypoxémie, de chute de la pression sanguine ou d'une augmentation des besoins en O_2.

Un **spasme** (récepteurs α_1-adrénergiques, → p. 216) peut également provoquer, au repos, des douleurs dues à une carence en O_2 dans une région où le rétrécissement athéromateux de la lumière n'est encore que modéré (**angine de Prinzmetal**). En effet, tandis qu'un raccourcissement de l'anneau musculaire de l'artère de 5 p. 100, par exemple, entraîne une augmentation de la résistance par un facteur 1,2, le même raccourcissement, dans une région où l'athérome coronaire recouvre 85 p. 100 de la surface de la lumière, a pour conséquence une augmentation de la résistance jusqu'à plus de 300 fois la normale (→ **D**). Il existe même des cas où c'est principalement voire exclusivement (rare) un spasme coronaire et non une sténose athéromateuse qui déclenche une angine vasospastique.

Une autre cause de la diminution de la réserve coronaire est l'existence d'un **besoin accru en O_2 au repos**, par exemple en cas d'hypertension ou de surcharge volumique du cœur. Ce qui est fondamental dans ce cas c'est la *tension de la paroi* du ventricule et également la force que doit exercer le myocarde, par unité de surface de la section du muscle [$N \cdot m^{-2}$], pour surmonter l'augmentation de la pression aortique ou pour arriver à éjecter un volume accru. Selon la *loi de Laplace*, la tension de la paroi d'un organe creux (et relativement sphérique) se calcule à partir de : K = (pression transmurale × rayon)/(2 × épaisseur de la paroi) (→ p. 217 C). Si, sans que l'épaisseur de la paroi ne change, la pression du ventricule P_{vent} (sténose aortique, hypertension ; → p. 198 et 208) ou son rayon (remplissage plus important en cas d'insuffisance aortique ou mitrale ; → p. 196 et 200) augmentent, la tension de la paroi et donc le besoin en oxygène nécessaires pour maintenir un débit cardiaque normal vont également s'accroître. Si ce phénomène se produit pendant une période assez longue, la paroi du ventricule va s'hypertrophier (→ p. 224 *sqq.*) ce qui va, au moins pour un certain temps,

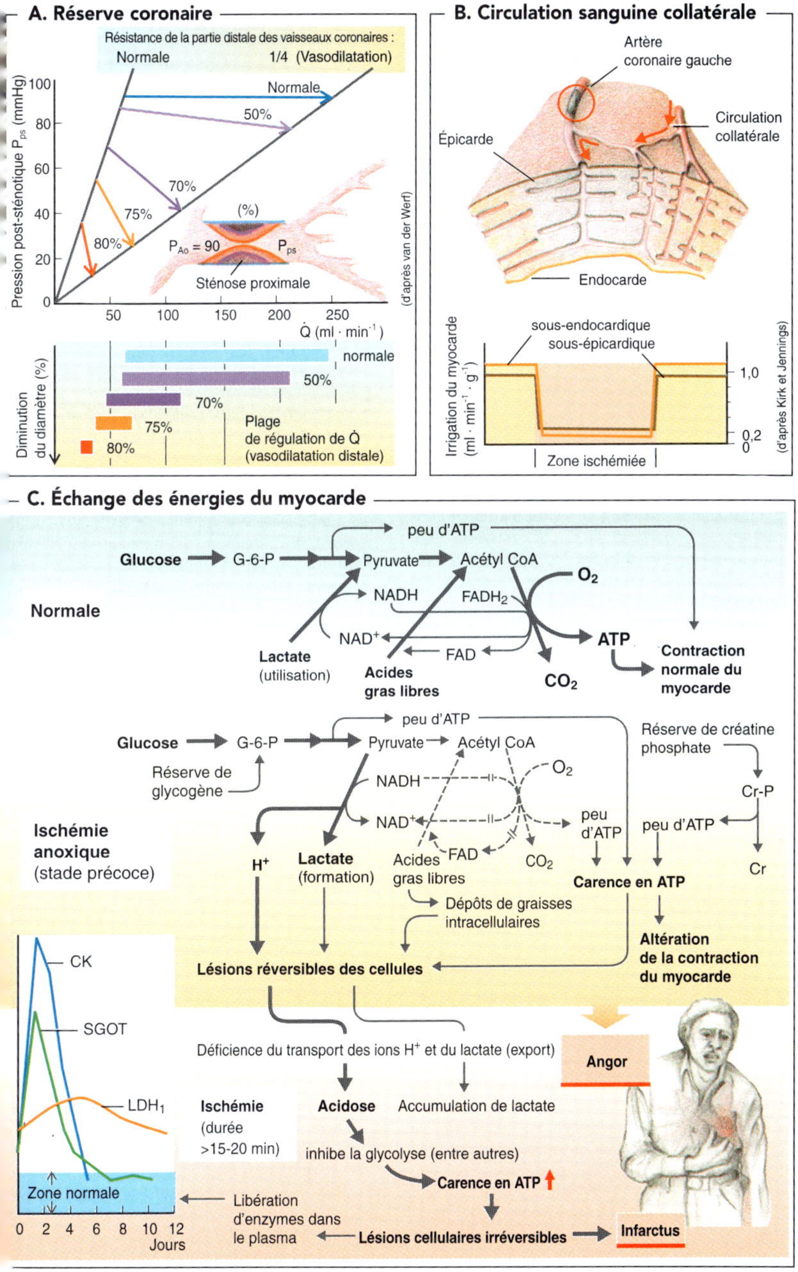
A. Réserve coronaire
Résistance de la partie distale des vaisseaux coronaires :
Normale
1/4 (Vasodilatation)
Pression post-sténotique P_{ps} (mmHg)
100
80
60
40
20
0
Normale
50%
70%
75%
80%
(%)
P_{Ao} = 90
P_{ps}
Sténose proximale
50
100
150
200
250
$\dot{Q}$ (ml · min⁻¹)
(d'après van der Werf)
Diminution du diamètre (%)
normale
50%
70%
75%
80%
Plage de régulation de $\dot{Q}$ (vasodilatation distale)
B. Circulation sanguine collatérale
Artère coronaire gauche
Épicarde
Circulation collatérale
Endocarde
Irrigation du myocarde (ml · min⁻¹ · g⁻¹)
sous-endocardique
sous-épicardique
1,0
0,2
0
Zone ischémiée
(d'après Kirk et Jennings)
C. Échange des énergies du myocarde
Normale
Glucose
G-6-P
peu d'ATP
Pyruvate
Acétyl CoA
O_2
NADH
$FADH_2$
NAD^+
FAD
ATP
Lactate (utilisation)
Acides gras libres
CO_2
Contraction normale du myocarde
Ischémie anoxique (stade précoce)
Glucose
G-6-P
Réserve de glycogène
peu d'ATP
Pyruvate
Acétyl CoA
O_2
NADH
NAD^+
FAD
CO_2
peu d'ATP
Réserve de créatine phosphate
Cr-P
peu d'ATP
Cr
H^+
Lactate (formation)
Acides gras libres
Dépôts de graisses intracellulaires
Carence en ATP
Altération de la contraction du myocarde
Lésions réversibles des cellules
CK
SGOT
LDH_1
Zone normale
0 2 4 6 8 10 12
Jours
Déficience du transport des ions H^+ et du lactate (export)
Angor
Ischémie (durée >15-20 min)
Acidose
Accumulation de lactate
inhibe la glycolyse (entre autres)
Carence en ATP
Libération d'enzymes dans le plasma
Lésions cellulaires irréversibles
Infarctus

diminuer à nouveau la tension de la paroi (compensation). Lorsque l'on atteint un poids du cœur critique, d'environ 500 g, il se produit une décompensation : le *ventricule se dilate* (→ p. 224 *sqq.*), augmentant ainsi le rayon et donc la tension de la paroi, de sorte que le *besoin en O_2 augmente maintenant d'un seul coup de façon très importante.*

Causes et conséquences d'une ischémie du myocarde. Le myocarde couvre ses besoins en énergie à partir des acides gras libres, du glucose et du lactate. Ces substrats sont utilisés pour une formation d'ATP dépendante de l'O_2 (→ **C**, « normale »). Lors d'une interruption du flux sanguin (ischémie), cette voie aérobie de formation d'énergie est très faible, si bien que l'ATP n'est plus formée que par voie anaérobie. Il se forme ainsi de l'acide lactique qui se dissocie en H^+ et lactate : dans ces conditions, le lactate n'est non seulement plus consommé mais il est de plus produit (→ **C**, « ischémie anoxique », avec inversion du lactate). Le rendement en ATP de cette voie est faible ; de plus, il s'accumule des ions H^+ à cause de l'interruption du flux sanguin — deux éléments suffisant pour altérer la contraction du myocarde (lésions cellulaires réversibles ; → **C**). Si l'ischémie dure plus longtemps, la glycolyse sera également inhibée par l'acidose cellulaire, et l'on aboutira à des lésions irréversibles des cellules (infarctus, voir ci-dessous) avec libération dans le sang des enzymes intracellulaires (→ **C**, à gauche).

La **carence en ATP** ne va pas seulement provoquer :

- ◆ une atteinte de la *fonction de pompe systolique* du ventricule (insuffisance vers l'avant, → p. 224 *sqq.*) mais également
- ◆ un *raidissement* du myocarde durant la diastole (insuffisance vers l'arrière, → p. 224 *sqq.*), si bien que la pression dans le ventricule et l'oreillette va augmenter. Ces deux phénomènes vont provoquer
- ◆ un reflux dans la circulation pulmonaire (*dyspnée* et *tachypnée*). La raideur diastolique génère par ailleurs, juste avant la systole ventriculaire, un bruit IV, qui provient de la contraction renforcée de l'oreillette (« galop auriculaire »).

Si les muscles papillaires sont atteints par l'ischémie, il peut se produire via une rupture des muscles papillaires

- ◆ une *insuffisance mitrale* (→ p. 196).
- ◆ Finalement, la perturbation de l'excitation électrique du myocarde (→ **E**), provoquée par l'ischémie, peut déclencher des *arythmies* dangereuses (ECG, → p. 186 *sqq.*). Pendant la phase d'ischémie, on observe dans l'**ECG** un accroissement ou une baisse du segment ST, ainsi qu'un aplatissement ou une inversion de l'onde T (comme en F4), ce qui a une signification diagnostique importante. Lorsque l'ECG au repos, chez un patient atteint d'un angor, est normal, ces symptômes ECG peuvent être provoqués au cours d'une épreuve d'effort contrôlée (pression sanguine, fréquence cardiaque).

La stimulation de **nocicepteurs** (par des kinines ?, la sérotonine ?, l'adénosine ?) provoque non seulement :

- ◆ une *sensation douloureuse* due à l'angor (voir ci-dessus) mais également
- ◆ une *activation du système sympathique* générale accompagnée d'une tachycardie, de sueurs et de nausées.

Les **moyens thérapeutiques initiaux** pour rééquilibrer un bilan en O_2 chez un sujet avec un angor (→ p. 217 C) sont :

- ◆ une diminution de l'utilisation myocardique d'O_2 (bloqueurs β_2-adrénergiques ; nitrates organiques qui diminuent la précharge en provoquant une vasodilatation générale) et
- ◆ une augmentation de l'apport en oxygène (nitrates organiques, bloqueurs calciques, qui agissent tous les deux en dilatant de façon spasmodique les vaisseaux coronaires). Par ailleurs il est possible d'agrandir la taille des artères coronaires sténosées par l'athérosclérose à l'aide de ballonnets ou en insérant une armature à l'intérieur du vaisseau (stents) ou encore en remplaçant le vaisseau par un fragment prélevé ailleurs (pontage).

Infarctus du myocarde

Causes : si l'ischémie du muscle cardiaque dure plus longtemps (au repos également : angor instable ; voir ci-dessus) il peut se produire en l'espace d'à peu près 1 h une nécrose tissulaire, c'est-à-dire un infarctus. La cause en est dans 85 p. 100 des cas la **formation** aiguë **d'un thrombus** dans la zone de la sténose des artères coronaires athéromateuses.

Cette formation est favorisée

- par des *turbulences* et
- la *rupture d'une plaque d'athérome* avec exposition de collagène.

Ces deux événements vont

- activer les thrombocytes (agrégation, adhésion, ainsi que vasoconstriction due à la libération de thromboxane),
- de même, les *troubles fonctionnels de l'endothélium* vont favoriser la thrombose dans la mesure où des vasodilatateurs (NO, prostacycline) formés par ces cellules ou des substances antithrombotiques vont maintenant faire défaut (t-PA [*tissue plasminogen activator*], antithrombine III, sulfate d'héparine, protéine C, thrombomoduline et prostacycline).

D'autres causes, plus rares, d'un infarctus du myocarde sont des maladies vasculaires inflammatoires, une embolie (endocardite, valve artificielle), de

D. Ischémie aiguë due à une athérosclérose des coronaires

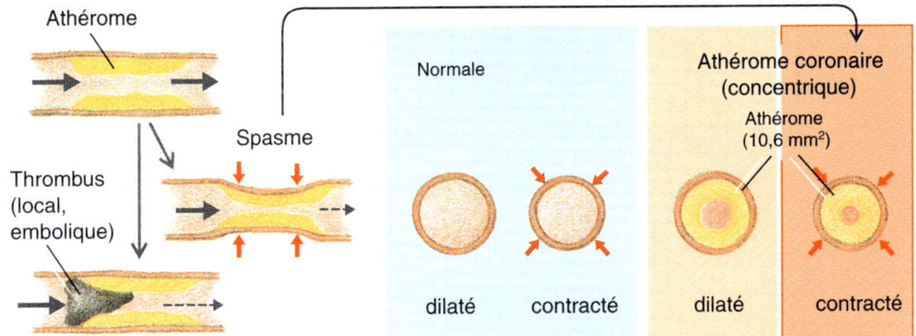

	Normale dilaté	Normale contracté	Athérome coronaire dilaté	Athérome coronaire contracté
Circonférence de l'anneau musculaire	100%	95%	100%	95%
Rayon intérieur (mm)	2	1,9	0,78	0,47
Section de la lumière (mm^2)	12,5	11,3	1,9	0,7
Réduction de la lumière à	0%	10%	85%	94%
Résistance ($\sim 1/r^4$) (l'épaisseur de la paroi est négligeable)	(1)	x 1,2	x 43	x 328 !

E. Excitation des cellules du myocarde lors d'une ischémie

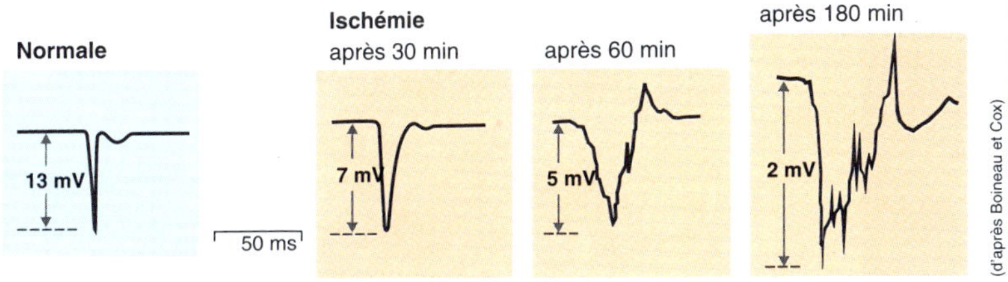

Électrogramme bipolaire intramural

F. ECG lors d'un infarctus du myocarde

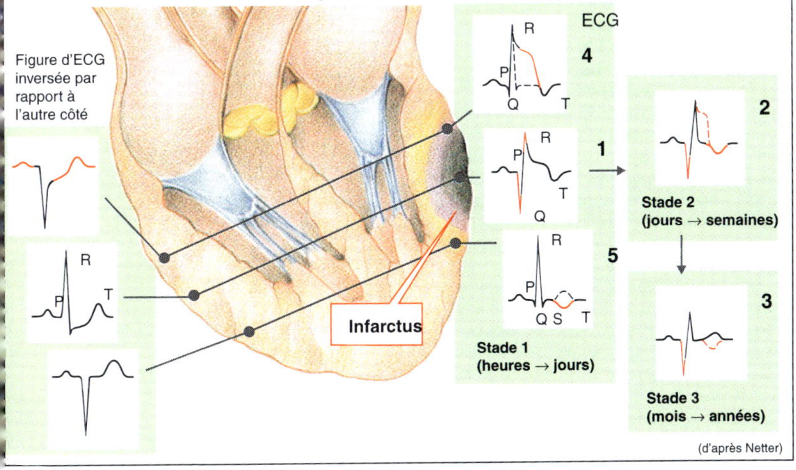

spasmes coronaires sévères (par ex., sous cocaïne), une élévation de la viscosité du sang ainsi qu'une forte augmentation du besoin en O_2 au repos (par ex., sténose aortique).

ECG (→ **F**). La caractéristique saillante d'un infarctus transmural est une **onde Q pathologique** (→ **F1**), qui dure plus de 0,04 s et dont la hauteur est supérieure à 25 p. 100 de la hauteur totale du complexe QRS. Elle apparaît au cours de la première journée et provient de ce que le myocarde nécrotique ne donne aucun signal électrique de sorte qu'au moment où cette partie du myocarde devrait être dépolarisée (première 0,04 s), le vecteur d'excitation dans la partie adjacente du cœur, saine, l'emporte. Le « vecteur 0,04 » indique donc « la direction de l'infarctus », ce qui se manifeste essentiellement au niveau des dérivations V_5, V_6 I et aVL, par une onde Q très négative (et une onde R diminuée) par exemple en cas d'infarctus de la paroi frontale. (Dans le cas d'un infarctus transmural de la paroi dorsale, la modification de Q n'est pas perceptible avec les dérivations usuelles.) Les ondes Q pathologiques peuvent encore se voir après des années (→ **F2**, **3**), ce qui signifie qu'elles ne sont pas une preuve d'un infarctus *aigu*. Un *infarctus non transmural* ne montre pratiquement aucune modification de Q. Une **augmentation du segment ST** dans l'ECG est l'indication d'une zone ischémiée mais pas encore morte. On peut l'observer :
- pendant une crise d'angor (voir ci-dessus),
- dans un infarctus non transmural,
- tout à fait au début d'un infarctus transmural, ainsi que
- dans la bordure autour d'un infarctus transmural datant de quelques heures ou de quelques jours (→ **F4**).

Un à 2 jours après un infarctus, le segment ST se normalise, mais l'**onde T** se retourne alors pour quelques semaines (→ **F5**, **F2**).

Si des parties plus importantes du myocarde sont atteintes, des **enzymes** seront libérés dans le plasma. Ce n'est pas tellement l'importance de la concentration des enzymes mais le décours temporel des pics d'enzyme qui est important pour le diagnostic d'un infarctus : la créatine kinase (CK) myocardique le premier jour, la sérum glutamate-oxaloacétate transaminase (SGOT) au deuxième jour et la lactate déshydrogénase myocardique (LDH_1) après 3-5 jours (→ **C**, en bas).

Les **conséquences** possibles d'un infarctus du myocarde dépendent de la localisation, de l'extension et de la cicatrisation de la zone infarcie. À côté d'**arythmies** très variables, susceptibles de provoquer une fibrillation ventriculaire aiguë et un danger mortel (→ p. 186 *sqq.*), peuvent se produire une série de **conséquences mécaniques** (→ **G**) :

◆ rupture des filaments tendineux débouchant sur une insuffisance mitrale aiguë (→ **G1** et p. 196) ;

◆ perforation de la paroi du ventricule provoquan un shunt gauche-droite (→ **G2** et p. 204) ;

◆ diminution du débit cardiaque (DC ; → **G**, **a**) ce qui en même temps qu'un

◆ durcissement cicatriciel de la paroi du ventricul (*akinèse* ; → **G, b**) conduit à une

◆ pression élevée en fin de diastole (→ **G3** e p. 224). Une situation encore plus défavorable qu celle due à un infarctus cicatriciel durci est

◆ une position de l'infarctus susceptible d'exten sion, car la paroi va alors se bomber vers l'exté rieur au cours de la systole (*dyskinésie*, → **G4**), c qui pour une même surface d'infarctus entraîn une diminution plus importante du débit cardia que vers une zone dangereuse (*choc cardiogéni que*) que celle observée pour une cicatrice raid (→ **G5**) ;

◆ finalement, le ventricule peut se déchirer ver l'extérieur au niveau de la position de l'infarctus provoquant ainsi une *tamponade péricardiqu* aiguë potentiellement mortelle (→ **G6** et p. 228).

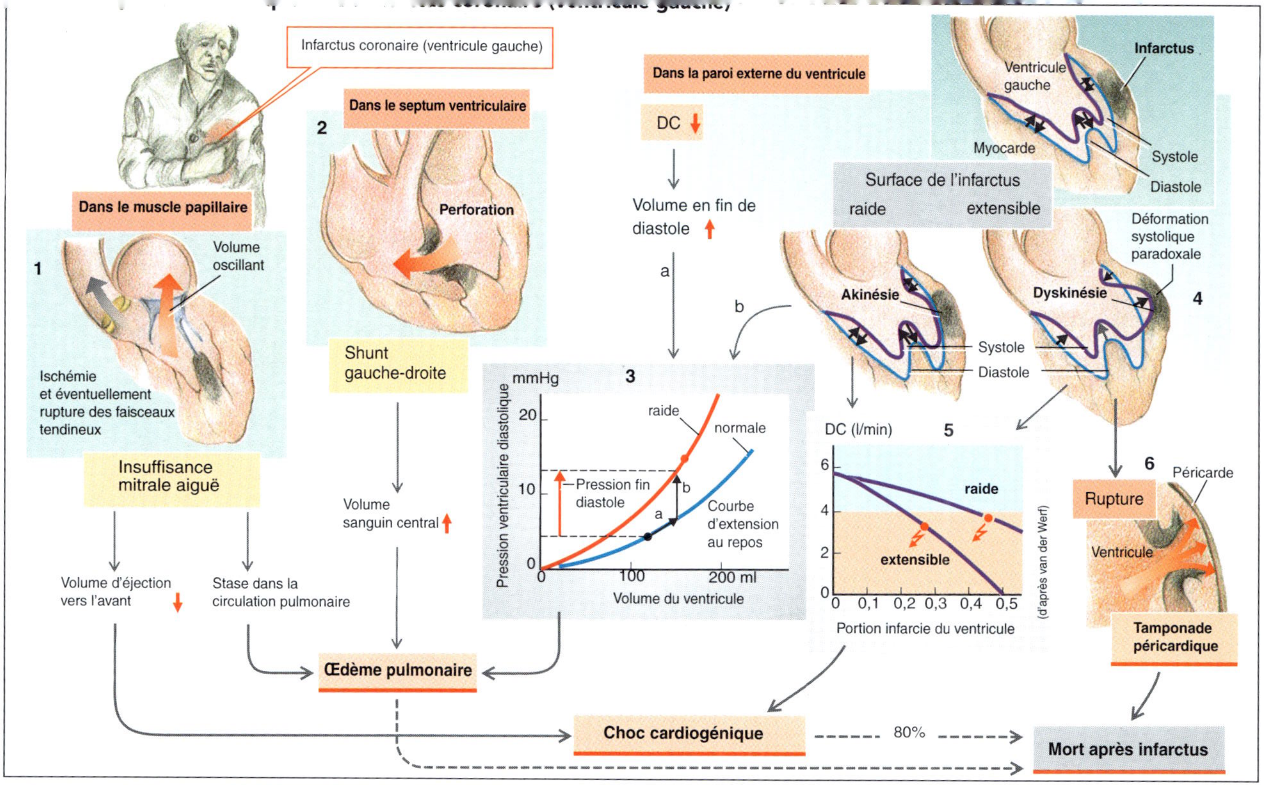

Figure 7-25 **Maladie coronaire et infarctus du myocarde III**

Insuffisance cardiaque

L'insuffisance cardiaque (IC) est une réduction de la capacité de travail du myocarde et touche essentiellement le *ventricule gauche*. Les causes les plus fréquentes (→ **A**) de cette insuffisance sont une maladie coronaire (→ p. 218 *sqq.*) et une hypertension (→ p. 208). Cependant, presque toutes les autres maladies cardiaques (insuffisance des valves cardiaques, cardiomyopathies ; → **A**) ainsi que certaines maladies extracardiaques peuvent conduire à une IC. Ainsi est-ce le cas, à côté des déficiences du cœur droit et des shunts (→ p. 202 *sqq.*), d'une hypertension pulmonaire (→ p. 214), qui surcharge le *ventricule droit*. Mais ce ventricule peut également subir les conséquences d'une stase dans le cœur gauche (sténose mitrale, IC gauche).

En principe, on distingue les IC avec une éjection systolique diminuée (**insuffisance systolique** ou **vers l'avant**), qu'elles soient dues à une surcharge volumique, à une maladie du myocarde ou à une hypertension, de celles dont le remplissage diastolique est inhibé (**insuffisance diastolique** ou **vers l'arrière**), éventuellement due au raidissement de la paroi du ventricule. Dans le cas d'une IC vers l'avant, le volume d'éjection (VE) et donc le débit cardiaque (DC) ne suffisent plus à couvrir les besoins de l'organisme. Dans le cas d'une IC vers l'arrière, il faut pour y parvenir une augmentation de la pression de remplissage diastolique. *Au début*, une IC n'est perceptible, dans la plupart des cas, *que lors d'un effort physique intense* (la capture maximale d'oxygène et le débit cardiaque maximal baissent, sinon pas de symptômes visibles : stade I selon les normes de la New York Heart Association). Plus tard, cependant, des symptômes nets se développent de plus en plus, lors des efforts quotidiens ou même au repos (stades II à IV de la NYHA).

IC due à une surcharge en volume. Une insuffisance mitrale ou aortique se caractérise par un *volume oscillant* (→ p. 196 et 200), qui s'ajoute au volume d'éjection effectif. Le volume en fin de diastole et en conséquence le rayon **r** du ventricule gauche sont ainsi augmentés. Selon la *loi de Laplace* (→ **A**), la *tension de la paroi* **T** ainsi que la force qui doit être fournie par unité de surface de la section du myocarde pour obtenir un volume d'éjection effectif normal, doivent augmenter. Comme cela n'est pas suffisant, VE et donc DC (DC = VE × fréquence cardiaque) diminuent et la pression sanguine décroît. Pour compenser ce phénomène, il se produit alors une activation du système sympathique avec une augmentation de la fréquence cardiaque et une vasoconstriction périphérique (voir ci-dessous ; → **B**). Si la surcharge volumique devient chronique, le ventricule dilaté va réagir en guise de compensation par une **hypertrophie**, c'est-à-dire un épaississement de la paroi **d**. Dans la suite, **r** demeure cependant élevé (on parle d'*hypertrophie excentrique* ; → **A1**), si bien que cette forme d'IC prend habituellement un cours plus défavorable qu'une IC avec une hypertrophie concentrique (voir ci-dessous). Si la maladie sous-jacente n'est pas éliminée précocement (par ex., insuffisance valvulaire), l'IC se développe relativement rapidement à cause de la *transformation du myocarde* (voir ci-dessous). Participe également à ce phénomène un durcissement du ventricule, provoqué par l'hypertrophie, qui présente, à cause de sa courbe d'extension au repos plus abrupte (→ **A3** ; R ➤ R′) un volume de fin de diastole réduit et donc un volume d'éjection diminué (IC vers l'arrière ; voir aussi **A5**, flèche orange). En un cercle vicieux, la paroi du ventricule dilaté va finalement céder de plus en plus (*dilatation souple*) et **r** augmente abruptement. Cette *décompensation* est caractérisée par le fait que le volume d'éjection va décroître dangereusement en dépit d'une augmentation énorme du volume de fin de diastole (→ **A5**, flèche rouge).

IC due à des maladies du myocarde. Dans le cas d'une *maladie coronaire* (ischémie ; → p. 218) et après un *infarctus du myocarde* (→ p. 220), la charge du myocarde non touché augmente, c'est-à-dire qu'il apparaît une IC vers l'avant avec une *diminution de la contractilité*. Ceci se reflète par un aplatissement de la courbe U dans le diagramme de travail du ventricule (→ **A2** : U ➤ U′) : le volume en fin de systole et dans une moindre mesure le volume en fin de diastole augmentent, le volume d'éjection décroît (→ **A2** : VE ➤ V′E ; voir aussi **A5**, flèche violette). Une hypertrophie du reste du myocarde, une cicatrice d'infarctus plus raide ainsi qu'une diminution de l'« action assouplissante » de l'ATP dans le myocarde ischémique conduisent également dans ce cas à une IC additionnelle, vers l'arrière. Finalement, une cicatrice d'infarctus flexible peut au moment de la systole se bomber vers l'extérieur (dyskinésie, → p. 223, G4), ce qui augmente la surcharge volumique (volume oscillant). Les *cardiomyopathies* peuvent également déclencher une IC, avec dans le cas de la forme dilatée une importance prépondérante de la surcharge volumique et dans le cas des formes hypertrophiée et restrictive un rôle de l'IC vers l'arrière.

IC due à une surcharge tensionnelle. Dans le cas d'une hypertension ou d'une sténose aortique, la tension de la paroi **T** du ventricule gauche augmente également, car une augmentation de la pression dans le ventricule $\mathbf{P}_{vent}$ est, bien sûr, nécessaire pour l'éjection du sang (loi de Laplace, → **A**). … se développe une insuffisance vers l'avant ave…

A. Causes et conséquences pour la mécanique cardiaque d'une insuffisance du ventricule gauche

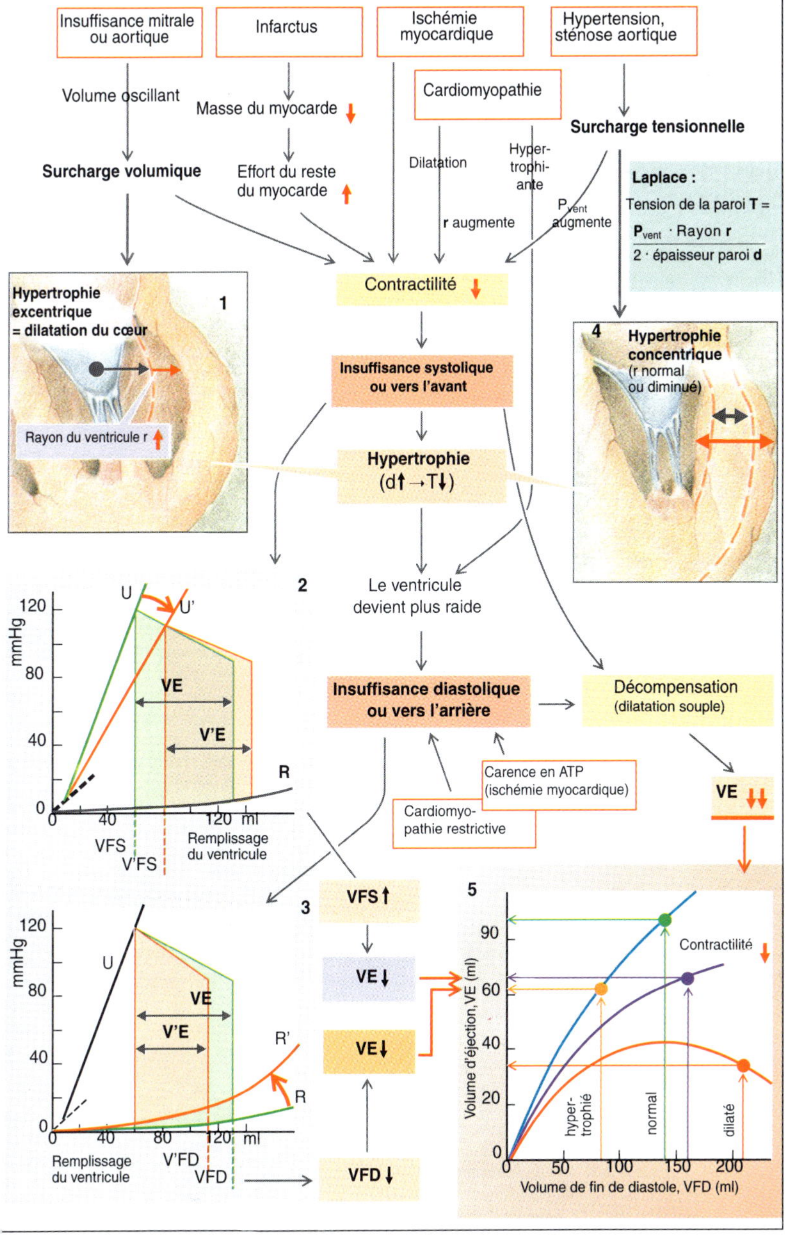

Figure 7-26 **Insuffisance cardiaque I**

diminution de la contractilité (→ **A2**). C'est la même chose qui se produit pour le ventricule droit dans le cas d'une hypertension pulmonaire (→ p. 214). Lors d'une surcharge tensionnelle, il s'établit alors, par compensation, une hypertrophie, qui est cependant *concentrique* (→ **A4**), car le volume du ventricule n'est dans ce cas pas augmenté et même, le cas échéant, diminué. Quoi qu'il en soit, le volume de fin de diastole (VFD) diminue également en cas d'hypertrophie concentrique, ainsi que le volume d'éjection (VE) (IC vers l'arrière, → **A3** ; voir aussi **A5**, flèche orange). Lors de surcharges tensionnelles importantes, le remodelage myocardique (voir ci-dessous) et l'approvisionnement insuffisant des capillaires (insuffisance coronaire relative) vont permettre d'atteindre un poids cardiaque critique d'environ 500 g, pour lequel la structure du myocarde va céder : *décompensation*.

Conséquences neurohumorales d'une IC. À côté des conséquences mécaniques (→ **A**), une IC va déclencher une série de mécanismes systémiques de compensation, qui ont pour premier objectif de restaurer le débit cardiaque et la pression artérielle (→ **B**). L'élément fondamental est dans ce cas une *élévation du tonus sympathique* associée à une augmentation de la libération de catécholamines (noradrénaline, adrénaline). Via l'activation des récepteurs β_1-adrénergiques cardiaques on parvient à :

◆ une *augmentation de la fréquence cardiaque* (tachycardie symptomatique) et

◆ une augmentation de la contractilité (*inotropisme positif*) avec un nouvel accroissement du débit cardiaque. Via une *vasoconstriction*, médiée par les récepteurs α_1-adrénergiques, on parvient par ailleurs :

◆ à diminuer la circulation sanguine dans les muscles squelettiques (fatigue), au niveau de la peau (pâleur) et dans les reins afin de pouvoir, même si le débit cardiaque est toujours trop faible, irriguer en priorité les artères coronaires et le cerveau (*centralisation*).

◆ La *diminution de la circulation rénale* conduit alors à une activation du système rénine-angiotensine-aldostérone, à une augmentation de la fraction de filtration et à une élévation réflexe de la sécrétion d'ADH, déclenchée par l'élévation de la pression auriculaire observée en cas d'IC.

◆ L'ensemble de ces phénomènes se traduit par une *augmentation de la réabsorption d'eau et de sodium* (œdème, voir ci-dessous). De plus, l'angiotensine II et l'ADH ont une action vasoconstrictrice.

Transformation du myocarde (*remodelage*). Dès le début de l'IC (NYHA I) des stimuli mécaniques et neurohormonaux vont déclencher dans le myocarde des phénomènes de transformation, qui participent de façon décisive au développement de l'IC. Les **facteurs déclenchants** sont 1) l'*augmentation de la tension de la paroi* (→ **A**) qui va en particulier provoquer une augmentation de la concentration cytosolique de Ca^{++}, ainsi que 2) des *signaux de croissance systémiques* (catécholamines, ADH, angiotensine II ; et l'insuline dans les diabètes de type II) et 3) des *signaux locaux* (endothéline, TGF [*transforming growth factor*], PDGF [*platelet derived GF*], FGF [*fibroblast GF*] et diminution de facteurs inhibiteurs : NO, PGI_2). Les cellules du myocardes vont grandir (*hypertrophie*) mais il se développe une *insensibilité aux catécholamines* (*down-regulation* des récepteurs β_1-adrénergiques, augmentation des protéines G inhibitrices : G_i, découplage) et l'*activité de la Ca^{++} ATPase décroît*.

Les **conséquences** sont en particulier un allongement du *potentiel d'action* (à cause de la diminution du flux repolarisant) et un *potentiel de repos* moins négatif. Ceci peut entraîner des *arythmies* (réentrée, postpotentiel, entraîneur ectopique ; → p. 186 *sqq.*) et même conduire à des fibrillations ventriculaires. (Environ 50 p. 100 des patients ayant une IC vont présenter un *arrêt cardiaque soudain.*) Globalement, il se produit un *affaiblissement de la contraction* (en particulier via un découplage fonctionnel partiel entre les canaux calciques sensibles aux dihydropyridines et ceux sensibles à la ryanodine ; → p. 182), ainsi qu'une *diminution de la capacité de relaxation* du myocarde (concentration cytosolique de Ca^{++} augmentée durant la diastole). Une activation des fibroblastes (entre autres FGF) est également impliquée, ce qui a pour conséquences une augmentation de la proportion de collagène dans la paroi du ventricule et une *fibrose* du myocarde et des vaisseaux.

Les **conséquences systémiques** et les **symptômes** d'une IC chronique sont surtout provoqués par la *rétention d'eau et de sodium* (→ **B**, en bas). Dans le cas d'une IC gauche, la pression capillaire pulmonaire augmente et peut conduire, via une activation des récepteurs J pulmonaires, à une *dyspnée* et une *tachypnée* et à un *œdème pulmonaire* (asthme pulmonaire) avec hypoxie et hypercapnie systémiques. Dans les IC droites apparaissent des *œdèmes périphériques* (aux membres inférieurs durant le jour ; diurèse durant la nuit : *nycturie*).

B. Insuffisance cardiaque : conséquences neurohumorales

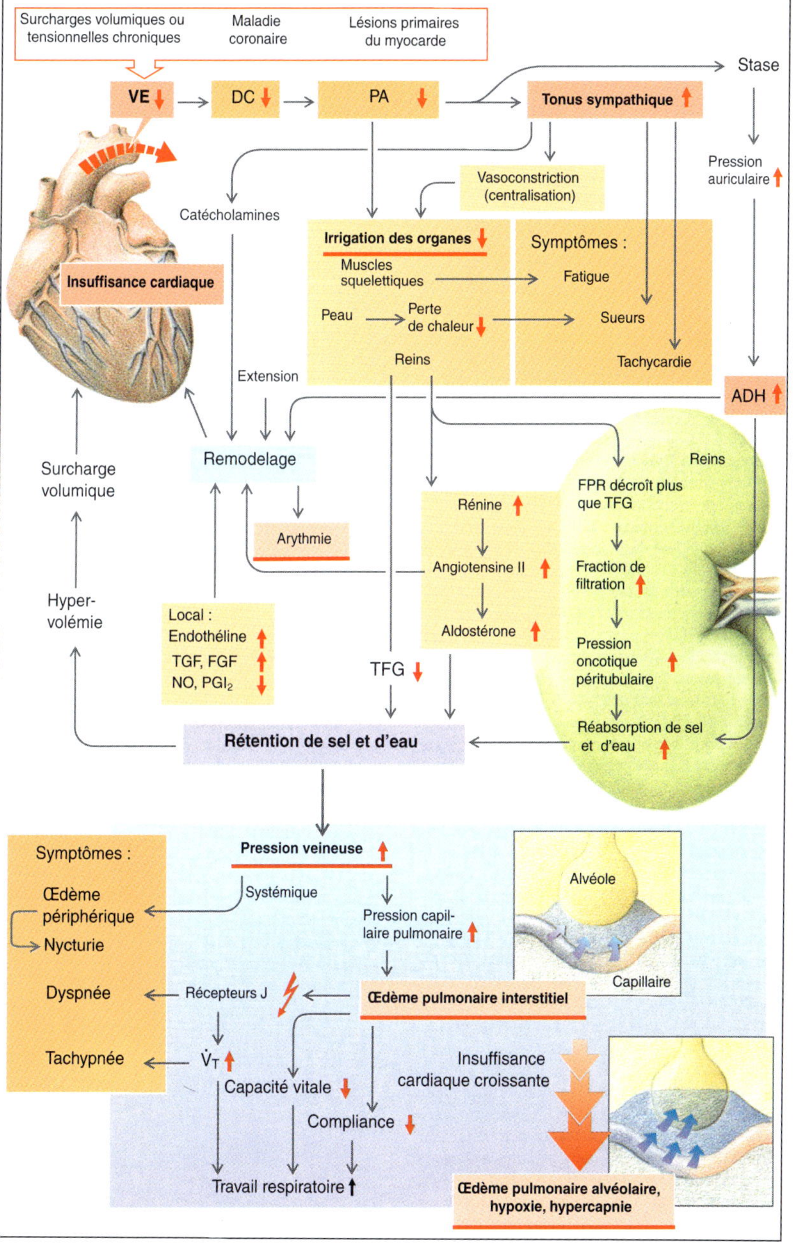

Maladies du péricarde

Le péricarde entoure le cœur formant un sac flexible à deux couches, entre lesquelles 15-50 ml d'un liquide séreux servent de film lubrifiant. La pression intrapéricardique (P_{per}) oscille, en fonction de la respiration, entre + 0,5 et – 0,5 kPa.

Une **péricardite aiguë (P)** peut avoir une *base infectieuse* (par ex., Échovirus, virus Coxsackie B, tuberculose) ou *non infectieuse* (par ex., urémie, infarctus transmural, tumeur, irradiations). Les *stades* d'une péricardite sont en général 1) une vasodilatation avec accumulation de fluide (P séreuse) ; 2) une augmentation de la perméabilité vasculaire de sorte que le contenu en protéines (y compris de la fibrine) du liquide augmente (P sérofibreuse), et 3) l'infiltration de leucocytes. Des saignements peuvent également avoir lieu (P hémoragique).

Les *symptômes* d'une P aiguë sont des douleurs thoraciques (renforcées au moment de l'inspiration ou d'une toux), de la fièvre, un bruit péricardique rapeux à l'auscultation et un *ECG anormal* (augmentation de ST via une inflammation associée du myocarde sous-épicardique ; diminution de PQ à cause d'une excitation anormale de l'oreillette).

Un **épanchement péricardique** (volume d'exsudat > 50 ml ; mesurable à l'ECG) peut se développer à l'occasion de chacune des P aiguës. S'il s'accumule, de façon *aiguë*, plus de 200 ml (par ex., saignement), P_{per} augmente brutalement à cause de la faible élasticité du péricarde (voir conséquences ci-dessous). Si au contraire l'épanchement se développe de façon *chronique*, le péricarde se distend tellement qu'il peut s'accumuler jusqu'à 1 ou 2 l sans augmentation notable de P_{per}.

Les **complications** dangereuses d'une P aiguë et d'un épanchement péricardique sont une *tamponade péricardique* et une *péricardite constrictive* ; les deux sont susceptibles de gêner le remplissage du cœur (→ **A**). Les *causes* d'une **tamponade péricardique (TP)** sont entre autres une P tumorale, virale et urémique ainsi qu'une rupture de la paroi du ventricule due à un infarctus ou à un traumatisme thoracique. La *conséquence d'une TP* est que la pression ventriculaire est amenée à la valeur la plus élevée de la P_{per} durant la totalité de la diastole. La dépression y de la courbe de pression veineuse (→ p. 179, A3), qui indique la chute de pression après l'ouverture de la valve tricuspide, va donc s'aplatir, et le « fossé » (voir ci-dessous) est alors absent.

Après une P virale ou tuberculeuse, il peut se produire une cicatrisation et une calcification ainsi qu'une déformation des parois du péricarde. Une telle **P constrictive** rend beaucoup plus abrupte la courbe de dilatation au repos du ventricule (→ **A2**), si bien que la pression ventriculaire diastolique après une courte diminution va de nouveau augmenter abruptement (→ **A1**, « fossé » avec un remplissage diastolique précoce plus rapide et plus court) puis atteindre un plateau (→ **A1**). La dépression y est plus profonde lors d'une P constrictive, car il existe au début de la diastole (et contrairement à la TP) une augmentation du gradient de pression entre le ventricule et l'oreillette.

Il est important pour effectuer un diagnostic différentiel de noter que lors d'une TP (et pas en cas de P constrictive) la pression sanguine systolique décroît de plus de 10 mmHg (normale 5), car le retour veineux accru lors de l'inspiration va gonfler le septum ventriculaire dans le ventricule gauche et diminuer donc (plus que la normale) son volume d'éjection : « *pulsation paradoxale* ». Au contraire, le signe de Kussmaul, une augmentation inspiratoire de la pression veineuse (chute en temps normal), est caractéristique de la P constrictive.

Aussi bien dans la TP que dans la P constrictive, le **remplissage** diastolique **du ventricule diminue**. Une des conséquences est une **augmentation de la pression veineuse**. Dans le cas des *veines pulmonaires*, cette augmentation est caractérisée par une dyspnée et un râle (œdème pulmonaire). L'*élévation de la pression veineuse systémique* (stase dans les veines du cou ; → **A**) provoque un grossissement du foie, des ascites et des œdèmes périphériques.

Lors d'une TP et d'une P constrictive, la réduction du remplissage du ventricule va avoir pour conséquence une **diminution du DC** (→ **A** ; zone orange). Via une activation du système sympathique, il se produit alors une tachycardie et une centralisation de la circulation (choc, → p. 230 *sqq.*). À cause de l'association d'une chute de pression artérielle, d'une tachycardie et d'une compression des vaisseaux coronaires, on aboutit à une *ischémie myocardique* avec des modifications caractéristiques de l'ECG (→ **A4**, **5** ; p. 221 F). Si la TP (en particulier la forme aiguë) n'est pas stoppée par une ponction péricardique, la pression ventriculaire diastolique s'accroît toujours plus en un cercle vicieux et bloque la fonction de pompe du cœur (→ **A3**). Une P constrictive peut être soignée par une ablation chirurgicale du péricarde.

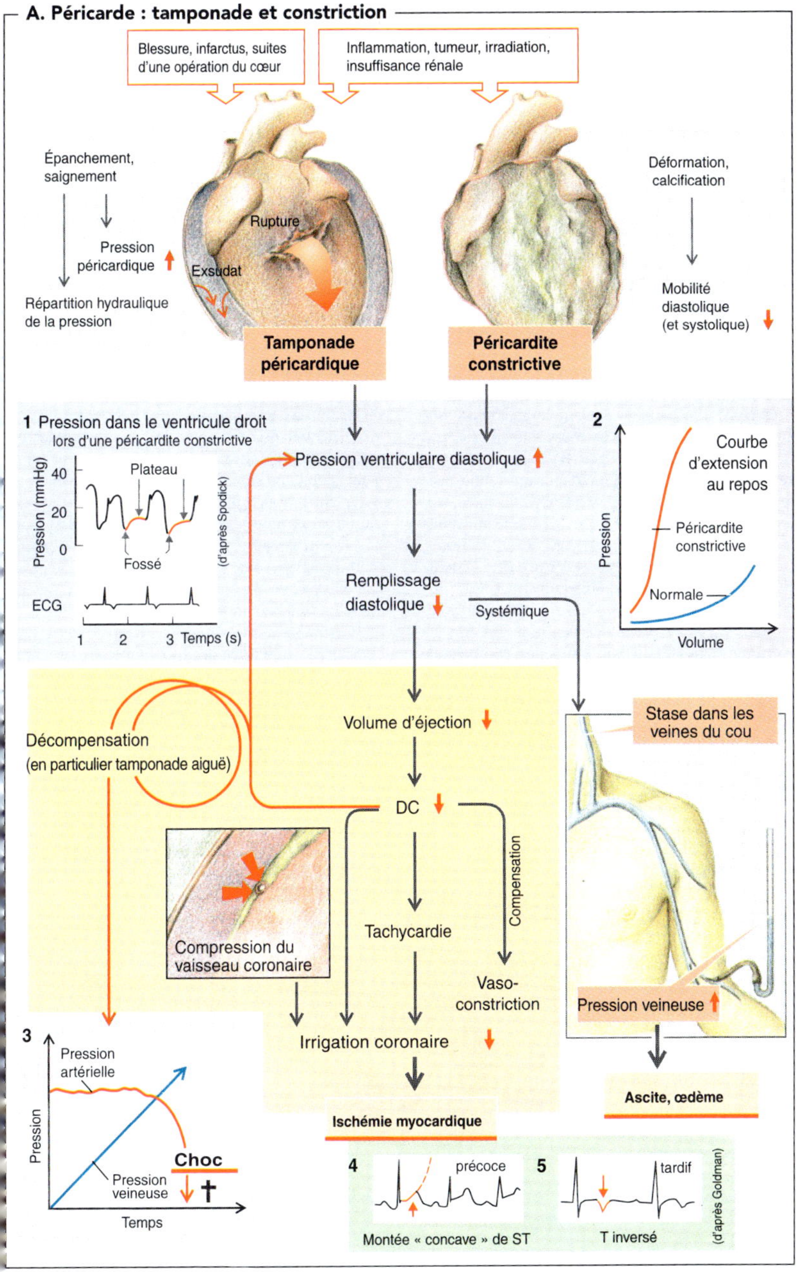

Figure 7-28 **Maladies du péricarde**

Choc circulatoire

Sous le terme de choc (circulatoire) on désigne une **défaillance circulatoire généralisée**, intervenant de façon aiguë ou subaiguë et progressant rapidement, accompagnée de troubles de la microcirculation et d'une **diminution de l'irrigation** des organes essentiels à la vie. Par extension on inclut également dans les chocs, les *troubles de l'apport et de l'utilisation de l'O_2*, qui ne sont pas (au début) associés à une diminution de l'irrigation sanguine.

L'origine du choc est le plus souvent une **réduction du débit cardiaque** (DC) dont les **bases** peuvent être les suivantes.

◆ Lors d'une hypovolémie (**choc hypovolémique**), la pression veineuse centrale est diminuée entraînant une *réduction du retour veineux* avec pour conséquence une réduction du volume d'éjection (mécanisme de Frank-Starling). L'origine de cette hypovolémie peut être un saignement (*choc hémorragique*) ou la **perte d'un** autre **fluide** *vers l'extérieur*, via le tractus gastro-intestinal (par ex., saignement, vomissements importants, diarrhées ininterrompues), via les reins (diabète, diabète insipide, diurétiques à fortes doses, polyurie après une défaillance rénale aiguë), ou via la peau (brûlures, suées importantes sans apport d'eau). Une perte de fluide *vers l'intérieur* peut également être à l'origine d'une hypovolémie, en cas d'hémorragies internes dans les parties molles (par ex., lors de fractures du bassin ou de la cuisse, ou dans la zone péritonéale), au niveau du thorax (rupture d'un anévrysme aortique) ou dans l'abdomen (rupture de la rate, par ex.), ainsi que de rétention de grandes quantités de liquide lors d'un iléus, d'une péritonite, d'une cirrhose du foie ou d'une pancréatite aiguë.

◆ **Choc cardiogénique**. Une *défaillance cardiaque* primaire ou secondaire peut être provoquée par un infarctus aigu, par une insuffisance cardiaque à décompensation aiguë, par une arythmie maligne, par des cardiomyopathies, par une insuffisance valvulaire aiguë, par une obstruction des gros vaisseaux (par ex., embolie pulmonaire) ou un blocage du remplissage cardiaque (sténose mitrale, tamponade, péricardite constrictive). Au contraire d'un choc hypovolémique, la *pression veineuse centrale* est *augmentée* dans ce cas (choc congestif).

◆ Parmi les **origines hormonales** d'un choc on trouvera, entre autres, une insuffisance surrénalienne (crise d'Addison, → p. 270), un coma provoqué par un diabète (→ p. 288 *sqq.*), un choc hypoglycémique (surdosage en insuline, insulinome ; → p. 292), un coma hypo- ou hyperthyroïdien (→ p. 282 *sqq.*) ou encore un coma provoqué par une hypo- ou une hyperparathyroïdie (→ p. 128).

◆ Les **causes toxicométaboliques** sont une cirrhose du foie décompensée, une défaillance hépatique aiguë, une urémie et de nombreux empoisonnements.

◆ Une diminution du débit cardiaque peut également trouver son origine dans une *dilatation vasculaire périphérique* (pas de pâleur) avec un «épanchement» sanguin, par exemple en cas de **choc anaphylactique** (allergie médicamenteuse ou alimentaire ; piqûre d'insecte) à l'occasion duquel est libérée de l'histamine.

◆ Dans le cas d'un **choc septique**, le débit cardiaque est initialement *augmenté* (tachycardie et diminution de la résistance périphérique totale) par des toxines bactériennes (essentiellement des bactéries à Gram–). La pression sanguine d'abord normale *chute* ensuite et il se développe une insuffisance respiratoire suivie d'un stade tardif caractérisé par une diminution du DC et une augmentation de la résistance périphérique, des coagulopathies de consommation, etc. (voir ci-dessous).

◆ Le **choc neurogénique** est rare. Il est provoqué, par exemple, par un traumatisme crânien ou de la colonne vertébrale ou un empoisonnement (barbituriques, somnifères). La régulation végétative du système circulatoire est alors altérée, ce qui va donc diminuer fortement le retour veineux.

Principaux **symptômes** (→ **B**, à gauche) : les chocs hypovolémique et cardiogénique sont, entre autres, accompagnés par une *diminution de la pression artérielle* (pouls faible), une *augmentation de la fréquence cardiaque*, une pâleur avec des sueurs froides (pas dans le choc provoqué par une dilatation des vaisseaux), une diminution de l'élimination urinaire (*oligurie*) et une *soif* intense. On peut estimer approximativement le volume déficitaire en calculant l'**index de choc** qui est obtenu en divisant le nombre de pulsations/min par la pression sanguine systolique (mmHg) :

◆ 0,5 = normal ou perte de sang < 10 p. 100 ;

◆ 1,0 = perte de sang < 20-30 p. 100, menace de choc ;

◆ 1,5 = perte de sang > 30-50 p. 100, choc manifeste.

La plupart des symptômes que nous venons de citer sont l'expression des **moyens** de rétrocontrôle mis en œuvre par l'organisme pour lutter **contre la menace de choc** (→ **A**). S'y ajoutent des mécanismes rapides qui vont *remonter la pression artérielle déclinante*, et vont *lutter*, plus lentement, *contre l'insuffisance du volume*.

◆ **Compensation de la pression sanguine** (→ **A**, à gauche). La chute de la pression artérielle inhibe les signaux afférents des barorécepteurs artériels ce qui entraîne une activation des zones pressives au niveau du SNC et une *élévation*

A. Mécanismes de compensation lors d'un choc hypovolémique imminent

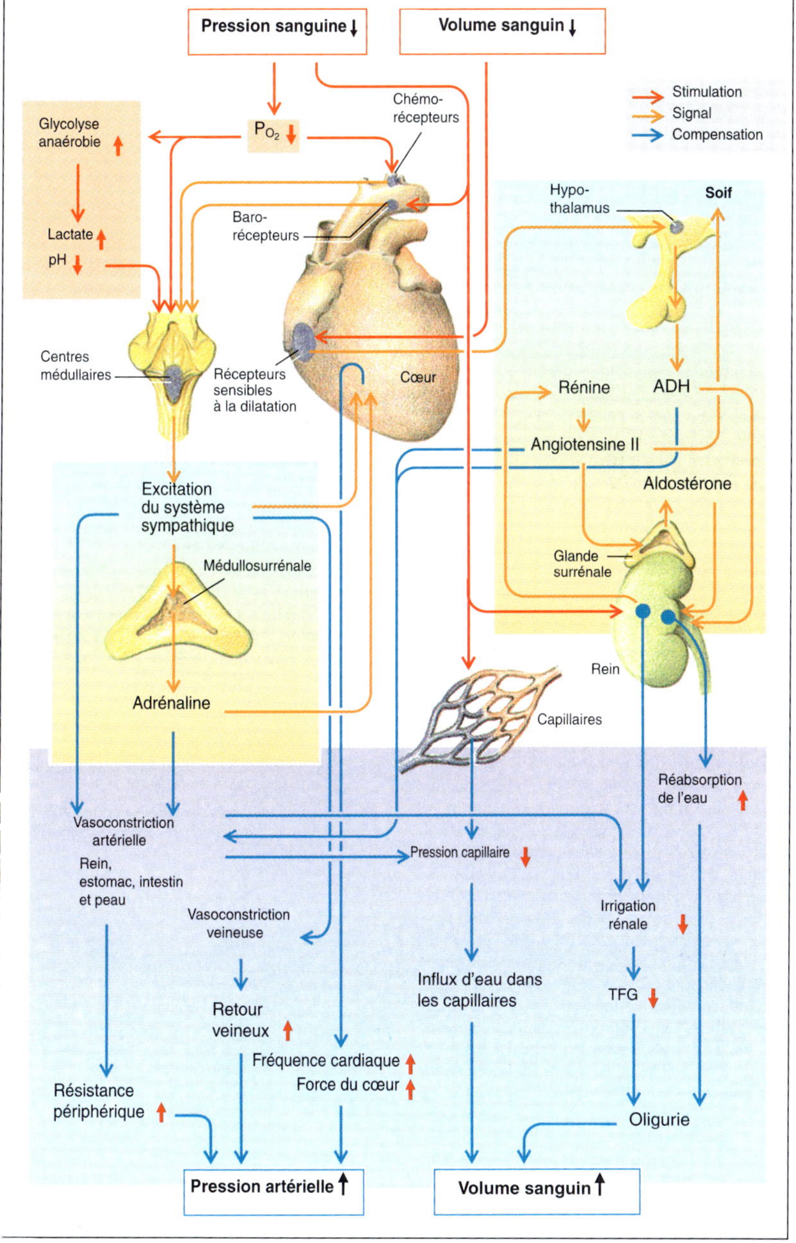

du tonus sympathique. Une *vasoconstriction artérielle* (pas dans le cas des chocs dus à une dilatation vasculaire) détourne le débit cardiaque diminué de la peau (pâleur), des organes abdominaux, des reins (oligurie) au profit des organes indispensables à la vie (artères coronaires, cerveau) : **centralisation circulatoire**. La *constriction des vaisseaux veineux capacitatifs*, liée à l'activation sympathique (augmente le remplissage du cœur), la *tachycardie* et l'*inotropisme* positif augmentent de nouveau le débit cardiaque jusqu'à présent diminué. L'*adrénaline* libérée de la médullosurrénale complète ces mécanismes nerveux.

◈ **Compensation en volume** (→ **A**, à droite). La chute de la pression sanguine et le rétrécissement des artérioles lors d'un choc menaçant, *diminuent la pression de filtration capillaire effective*, si bien qu'un influx de liquide interstitiel se produit dans le lit vasculaire. Par ailleurs, les récepteurs atriaux sensibles au volume détectent la diminution de volume (*diminution de la pression auriculaire*), ce qui déclenche la sécrétion d'ANF (atriopeptine, facteur natriurétique atrial) par la paroi de l'oreillette et déclenche de façon réflexe la *sécrétion d'ADH* (réflexe de Henry-Gauer). L'ADH a une action vasoconstrictrice et favorise la rétention d'eau. La chute de la pression artérielle rénale augmente la sécrétion de *rénine*, provoquant ainsi une augmentation de la formation d'*angiotensine II* qui a une action vasoconstrictrice et déclenche la soif. Ce peptide, par ailleurs, accroît la sécrétion d'*aldostérone* qui diminue de nouveau l'excrétion de NaCl et donc celle de l'eau (→ p. 122 *sqq.*). Si le choc qui menace peut être évité, les érythrocytes perdus vont plus tard être remplacés (élévation de la *synthèse* rénale *d'érythropoïétine* ; → p. 30 *sqq.*) et les protéines plasmatiques reconstituées par une synthèse hépatique accrue.

Si l'organisme n'est pas capable, *sans interventions extérieures* (entre autres perfusion), d'éviter le choc menaçant grâce aux mécanismes de compensation que nous venons de citer, il se développe un **choc avéré** (→ **B**). Si la pression artérielle systolique demeure de façon prolongée inférieure à 90 mmHg, ou si la pression moyenne demeure inférieure à 60 mmHg (ce qui peut se produire même en dépit d'un remplissage vasculaire : *choc confirmé*) des *lésions organiques* apparaissent comme **conséquence** de l'hypoxie et peuvent aboutir à un stade très critique de **défaillance généralisée**. Parmi les lésions fréquentes on trouve une *insuffisance respiratoire aiguë* (syndrome de détresse respiratoire de l'adulte, SDRA) associée à une hypoxémie, une *insuffisance rénale aiguë* (TFG < 15 ml/min en dépit d'une normalisation de la pression et du volume sanguin), une *insuffisance hépatique* (augmentation de la bilirubine dans le plasma, effondrement de la prothrombine), une *défaillance cérébrale* (perte de conscience, coma de plus en plus profond), une coagulation intravasculaire disséminée associée à des *coagulopathies de consommation*, des *ulcères* aigus et des saignements dans le tractus gastro-intestinal.

Au cours du choc, se développent quelques *mécanismes autoactivateurs* qui vont en partie aggraver la situation jusqu'à ce qu'elle ne puisse plus être modifiée même par un traitement (**choc irréversible** ou **réfractaire**). Les cercles vicieux suivants peuvent par exemple se mettre en place :

1. Vasoconstriction ⇒ vitesse du flux sanguin ↓ ⇒ viscosité sanguine ↑ ⇒ résistance au flux ↑ ⇒ vitesse d'écoulement ↓↓, et ainsi de suite jusqu'à un arrêt complet du flux (stase associée à un phénomène de dépôt) (→ **C1**).
2a. Volume ↓ ⇒ pression sanguine ↓ ⇒ vasoconstriction périphérique ⇒ hypoxie ⇒ ouverture des artérioles ⇒ passage du plasma dans l'espace extracellulaire ⇒ volume ↓↓ ⇒ pression artérielle ↓↓ ⇒ hypoxie ↑ (→ **C2a**).
2b. Volume ↓ ⇒ hypoxie ⇒ lésions capillaires ⇒ formation de caillots ⇒ coagulopathies de consommation ⇒ saignements intracérébraux ⇒ volume ↓↓ (→ **C2b**).
2c. Hypoxie ⇒ lésions capillaires ⇒ formation de thrombi ⇒ hypoxie ↑ (→ **C2c**).
3. DC ↓ ⇒ pression sanguine ↓ ⇒ circulation coronaire ↓ ⇒ hypoxie ⇒ acidose myocardique et carence en ATP ⇒ force du cœur ↓ ⇒ DC ↓↓ (→ **C3**, **4**).
4a. Force du cœur ↓ ⇒ écoulement du sang ↓ ⇒ thromboses ⇒ embolies pulmonaires ⇒ hypoxie ⇒ force du cœur ↓↓ (→ **C4a**).
4b. Hypoxie ⇒ force du cœur ↓ ⇒ œdème pulmonaire ⇒ hypoxie ↑ (→ **C4b**).
4c. Force du cœur ↓ ⇒ pression sanguine ↓ ⇒ circulation coronaire ↓ ⇒ force du cœur ↓↓ (→ **C4c**).

B. Causes, symptômes et conséquences d'un choc

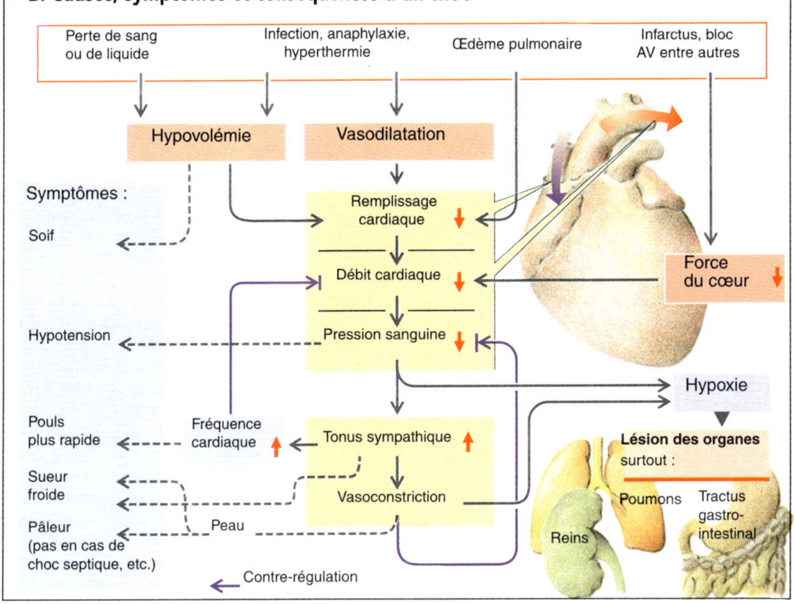

C. Cercle vicieux (1-4) conduisant à un choc irréversible

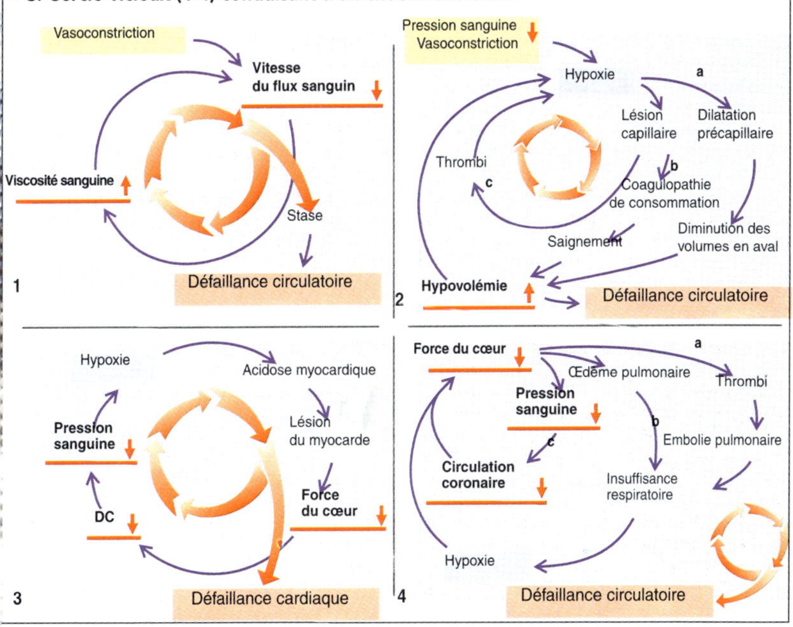

Figure 7-30 **Choc circulatoire II**

Œdèmes

Des *pores* fonctionnels présents dans l'endothélium capillaire permettent la **filtration** dans l'espace interstitiel d'un fluide plasmatique pratiquement dépourvu de protéines. Dans tous les capillaires de l'organisme, à l'exception des reins, 20 l/j environ seront filtrés, dont 90 p. 100 seront **réabsorbés** presque immédiatement. Les 2 l/j qui restent n'atteignent le lit vasculaire qu'après un détour par le **système lymphatique** (→ **A**).

Le taux de filtration ou de réabsorption Q_f sera déterminé par le **coefficient de filtration K_f** (perméabilité à l'eau × surface d'échange) de la paroi capillaire, ainsi que par la **pression de filtration effective P_{eff}** ($Q_f = P_{eff} \times K_f$). P_{eff} est la différence entre la variation de la *pression hydrostatique* ΔP et la *variation de pression oncotique* (*colloïde-osmotique*) $\Delta\pi$ de part et d'autre de la paroi capillaire (*loi de Starling*), avec ΔP = pression sanguine capillaire (**P_{cap}**) moins pression sanguine dans l'espace interstitiel (**P_{int}**, normalement ~ 0 mmHg). $\Delta\pi$ est liée au fait que la concentration en protéines dans le plasma est supérieure d'environ ΔC_{prot} ~ 1 mmol/l à celle présente dans l'interstitium. Cette valeur est d'autant plus grande que le coefficient de filtration pour les protéines plasmatiques (σ_{prot}) est proche de 1, c'est-à-dire que la perméabilité de l'endothélium aux protéines plasmatiques est faible ($\Delta\pi = \sigma_{prot} \times R \times T \times \Delta C_{prot}$). À la hauteur du cœur, ΔP vaut autour de 30 mmHg à l'extrémité artérielle des capillaires systémiques et tombe à 22 mmHg à l'extrémité veineuse. $\Delta\pi$ (~ 24 mmHg ; → **A**, à droite) s'oppose à cette pression, si bien que la filtration élevée au début (P_{eff} = + 6 mmHg), se transforme en une réabsorption lorsque P_{eff} devient négative. (Dans les *poumons*, ΔP ne vaut que 10 mmHg, si bien que P_{eff} y est très faible.)

En dessous du plan du cœur, la pression *hydrostatique* de la colonne sanguine s'ajoute à la pression dans la lumière capillaire (~ 90 mmHg au niveau des pieds !). En position debout et au repos, on assiste essentiellement dans ces zones à des niveaux de filtrations élevés qui vont *s'autoréguler* dans la mesure où la concentration en protéines et donc $\Delta\pi$ vont augmenter le long du capillaire à cause de la sortie d'eau. Le fait que P_{int} augmente lors d'une filtration accrue (capacité d'extension limitée du volume interstitiel) et que donc ΔP diminue fait également partie des mécanismes autorégulateurs.

Si la quantité filtrée dépasse la somme du volume réabsorbé et du flux lymphatique il se forme des **œdèmes**, une *ascite* dans la région de la veine porte, un œdème pulmonaire au niveau du poumon (→ p. 80). Parmi les **causes** possibles on distingue (→ **B**) :

- une augmentation de la pression sanguine dans la zone artérielle du capillaire due à une vasodilatation précapillaire (P_{cap} ↑), en particulier lorsqu'elle est associée à une augmentation simultanée de la perméabilité aux protéines (σ_{prot} ↓ et donc $\Delta\pi$ ↓) en particulier lors d'une inflammation ou une réaction anaphylactique (histamine, bradykinine entre autres) ;
- une augmentation de la pression veineuse (P_{cap} ↑ à l'extrémité capillaire), ce qui peut être dû localement à une thrombose veineuse ou de façon systémique à une insuffisance cardiaque (→ p. 224 *sqq.*, *œdème cardiaque*). Une stase dans la veine porte conduit à une ascite (→ p. 170) ;
- une diminution de la concentration plasmatique en protéines (en particulier l'albumine) entraîne une chute plus que proportionnelle de $\Delta\pi$, ce qui peut être la conséquence d'une perte rénale de protéines (protéinurie → p. 104), d'une synthèse hépatique insuffisante des protéines plasmatiques (par ex., cirrhose du foie, → p. 172 *sqq.*), ou bien, lors d'une carence en protéines, d'une dégradation accrue des protéines plasmatiques pour couvrir les besoins en acides aminés (*œdème de faim*) ;
- une diminution de l'écoulement lymphatique peut également conduire à des œdèmes locaux, que ce soit à la suite d'une compression (tumeur), d'une section (opération), d'une disparition (traitement par rayons ionisants) ou d'un encombrement (bilharziose) des vaisseaux lymphatiques.

Lors de la formation d'un œdème, l'espace interstitiel se gonfle jusqu'à ce qu'un nouvel équilibre (filtration = réabsorption + flux lymphatique) se soit établi. Une capacité d'extension accrue de l'espace interstitiel (compliance) favorise la formation d'un œdème, comme une élévation de la pression hydrostatique dans les parties du corps qui y sont sensibles (œdème des chevilles).

Comme le liquide constituant l'œdème provient du sang, la **conséquence** d'un œdème systémique (→ **B**, en bas) est une diminution du volume sanguin et donc du débit cardiaque. Par lui-même mais aussi par le biais d'une activation du système sympathique, ce phénomène diminue la circulation rénale, augmente par la même la fraction de filtration et déclenche le système rénine-angiotensine. La *rétention de* Na^+ qui en résulte augmente le volume extracellulaire, ce qui d'un côté augmente de nouveau le volume sanguin, mais de l'autre va renforcer l'œdème. La rétention de Na^+ observée en cas d'insuffisance rénale a également pour conséquence la formation d'un œdème.

A. Échange de liquide au niveau des capillaires

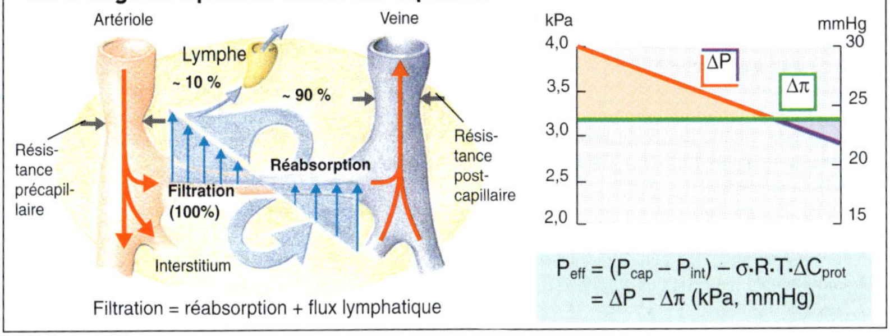

B. Formation d'un œdème

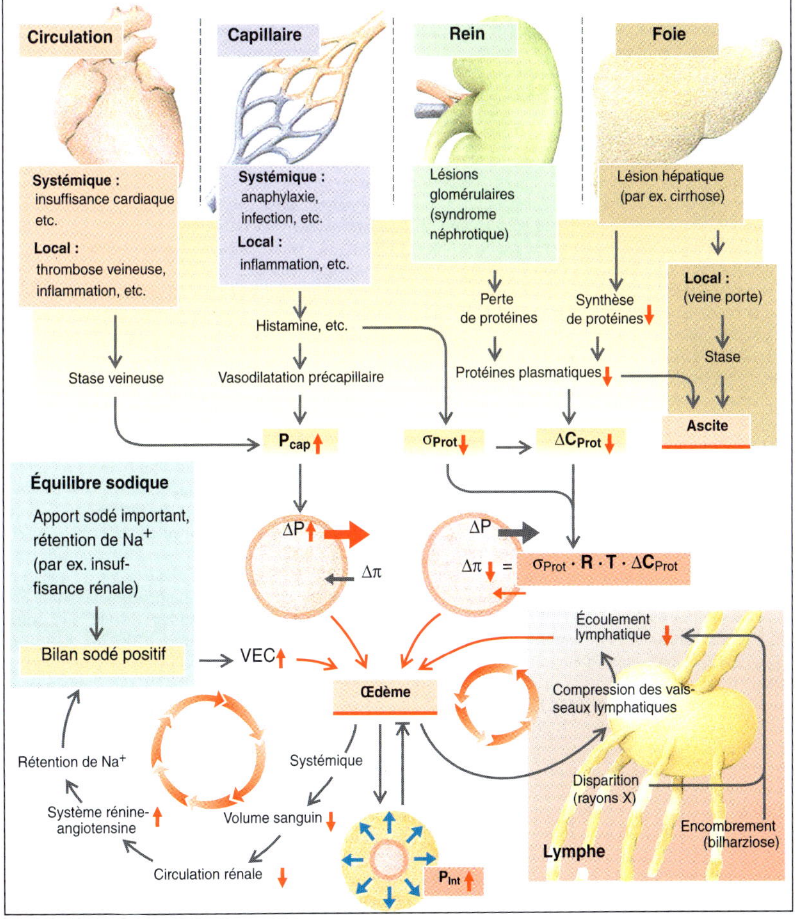

Figure 7-31 Œdèmes

Athérosclérose

L'athérosclérose est à l'origine de plus de la moitié des décès dans les pays industrialisés occidentaux. C'est une maladie des artères, à progression lente, au cours de laquelle l'intima (→ **A1**) est épaissie par des dépôts fibreux qui vont progressivement rétrécir la lumière des vaisseaux et sont également le site de saignements et de thrombus (→ **B1**).

Des *bandelettes graisseuses* sont les signes les plus précoces d'une athérosclérose (on les observe déjà durant l'enfance). Il s'agit d'une accumulation sous-endothéliale de grandes cellules contenant des graisses (*cellules spumeuses = foam cells* ; → **A2**). Plus tard se forment des **plaques fibreuses** ou plaques d'**athérome** (→ **A3**), qui sont à l'origine des manifestations cliniques de l'athérosclérose. Ces plaques sont constituées d'un amas de monocytes, de macrophages, de cellules spumeuses, de lymphocytes T, de tissu conjonctif ainsi que de débris conjonctifs et de cristaux de cholestérol. Ces plaques sont souvent infiltrées par la bactérie *Chlamydia pneumoniae*.

Les **localisations** les plus fréquentes de ces plaques sont, par ordre décroissant, l'aorte abdominale, les artères coronaires, les artères poplitées, la branche descendante de l'aorte thoracique, les artères carotides internes et le cercle artériel cérébral (cercle de Willis).

Il est possible d'agir sur cinq des **facteurs de risque** fondamentaux de l'athérosclérose (→ **C1**), ce sont en particulier l'*hyperlipidémie*, l'*hypertension*, la *tabagie*, le *diabète* et une *hyperhomocystéinémie*. On ne sait pas très bien si l'infection à *Chlamydia* a une importance pathogénique ou même est l'une des causes de l'athérosclérose. Parmi les facteurs de risque sur lesquels on ne peut pas agir, on trouve l'*âge*, le *sexe* et des *prédispositions génétiques* (→ p. 246 *sqq*.). Des facteurs de moindre importance sont un excès de poids et un mode de vie sédentaire et riche en stress.

◆ **Hyperlipidémie**. Des *valeurs de cholestérol sérique* supérieures à 265 mg/dl chez un homme de 35-40 ans sont associées à un risque de maladies coronaires 5 fois plus élevé que chez un sujet dont le cholestérol plasmatique est inférieur 220 mg/dl ; 70 p. 100 de ce cholestérol sont transportés par des **LDL**, et il existe une corrélation étroite entre l'athérosclérose et une élévation des LDL. Une déficience des récepteurs des LDL conduit très précocement à une athérosclérose (→ p. 246 *sqq*.). Un facteur de risque particulier semble être la *lipoprotéine(a)* [= LDL dont l'apolipoprotéine contient de l'apo(a)]. L'apo(a) est semblable au plasminogène et se lie à la fibrine de sorte que l'apo(a) exerce éventuellement une action antifibrinolytique et donc thrombogène. (Pour le rôle des triglycérides et des HDL, voir p. 246 *sqq*.)

◆ Le **tabagisme** multiplie le risque de mourir des conséquences d'une athérosclérose par un facteur 1,4 à 2,4 (même pour les petits fumeurs) ; pour les gros fumeurs, ce risque peut être multiplié par 3,5. Les cigarettes avec une faible teneur en goudron ou en nicotine ne diminuent pas ce risque, mais il diminue cependant lorsque l'on cesse de fumer. On ne sait pas très bien pourquoi la fumée du tabac favorise l'athérosclérose. Des explications possibles sont la stimulation du système sympathique par la nicotine, le déplacement de l'oxygène sur l'hémoglobine par le CO, l'augmentation de la viscosité des plaquettes et l'augmentation de la perméabilité de l'endothélium, due à des composants de la fumée.

◆ Une **hyperhomocystéinémie** (> 14 µg/l de plasma, par exemple en cas de déficience en méthylène tétrahydrofolate réductase, THFR) augmente le risque d'une athérosclérose. Une augmentation de 5 µmol/l correspond au risque dû à une augmentation du cholestérol de 20 mg/dl. L'homocystéine stimule vraisemblablement de plusieurs façons la formation d'une plaque. Dans les cas de polymorphismes génétiques de la THFR, souvent thermolabile, survient une *carence en folate* (→ p. 34), dont la suppression normalise le niveau d'homocystéine.

La **pathogenèse de l'athérosclérose** n'est pas bien connue, bien que des *lésions des cellules endothéliales* (et une infection à *Chlamydia* ?, voir ci-dessous) puissent être les événements premiers et que ce soit la *réaction* à ces phénomènes qui conduise finalement à la formation des plaques (*hypothèse de la réponse à une agression* ; → **C**). Les plaques apparaissent essentiellement aux emplacements soumis à des contraintes mécaniques importantes (sites de ramification), et l'*hypertension* fait également partie des facteurs de risque. Une augmentation de l'*accumulation de lipides* dans la paroi vasculaire fait également partie de ces réactions, comme l'*adhésion des monocytes et des plaquettes* (favorisée par l'homocystéine) (→ **C2, 3**). Les monocytes pénètrent dans l'intima et sont transformés en *macrophages* (→ **C4**). Ceux-ci libèrent des dérivés réactifs de l'oxygène et en particulier des anions superoxydes $\bullet O_2^-$ (libération stimulée par l'homocystéine), dont l'ensemble lèse les cellules (endothélium !) et inactive le monoxyde d'azote (**NO**) synthétisé par les cellules endothéliales, lors de son trajet vers les cellules endothéliales elles-mêmes et les muscles lisses vasculaires : $\bullet NO + \bullet O_2^- \rightarrow \bullet ONOO^-$ (→ **C5**). On assiste de ce fait à une *diminution des effets du NO*, en particulier de l'inhibition de l'adhésion des plaquettes et des monocytes à l'endothélium et de son action antiproliférative et dilatatrice au niveau

A. Modifications de la paroi vasculaire lors d'une athérosclérose

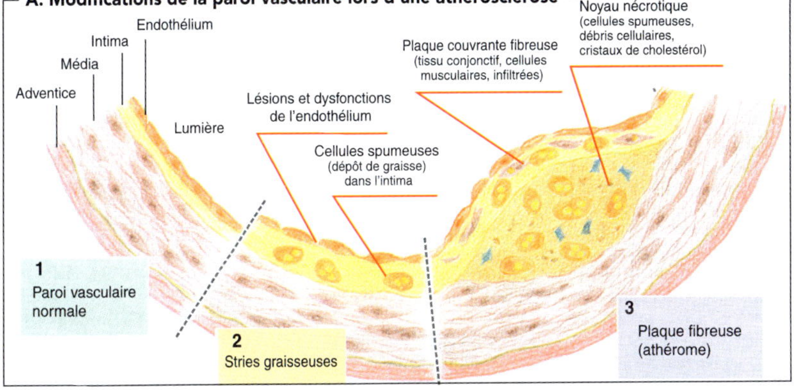

B. Conséquences d'une athérosclérose

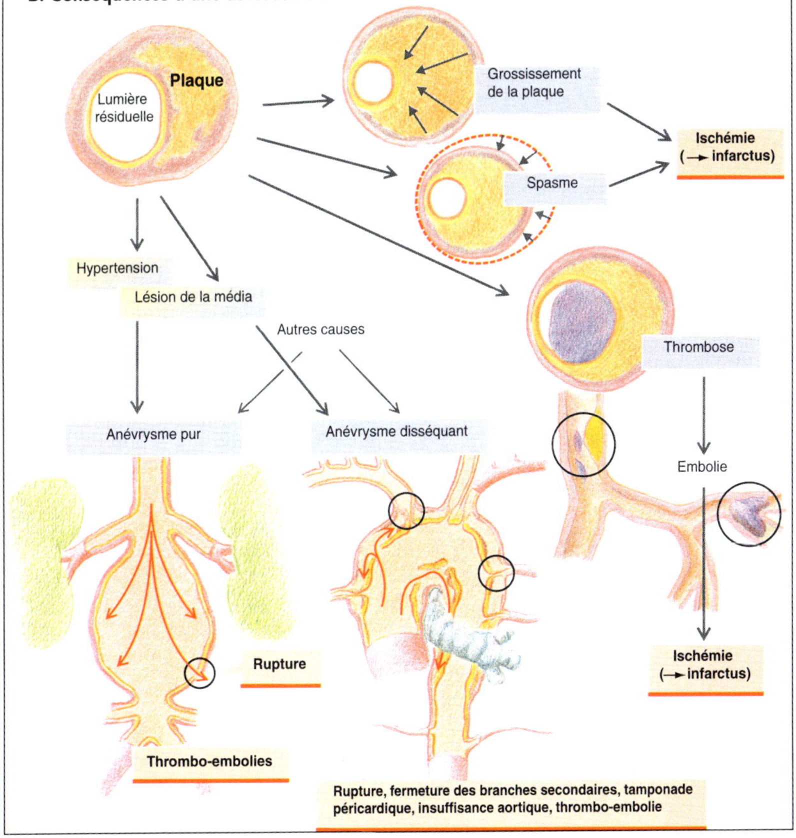

des muscles vasculaires. Ce dernier rôle favorise l'apparition d'un *spasme* (→ **B** et **C7**). Les radicaux oxygénés vont, dès les phases précoces de l'athérosclérose, *modifier par oxydation les LDL* infiltrées (→ **C8**). Les LDL oxydées vont léser l'endothélium, y induisant l'expression de molécules d'adhésion et provoquant la prolifération des cellules musculaires lisses. L'oxydation entraîne par ailleurs une modification des propriétés de liaison des LDL : elles ne sont maintenant plus reconnues par le récepteur ApoB100 (→ p. 246 *sqq.*) mais par un récepteur appelé « *scavenger receptor* », qui recouvre les macrophages en densité importante. Ceux-ci vont donc maintenant phagocyter des quantités importantes de LDL et se transformer en cellules spumeuses sédentaires (→ **C9**). Les lipoprotéines (a) peuvent de la même manière être oxydées et phagocytées. Simultanément, des facteurs chimiotactiques issus des monocytes et des plaquettes vont provoquer une *migration des cellules musculaires lisses* de la média *vers l'intima* (→ **C6**), où elles vont proliférer sous l'influence du PDGF (*platelet derived growth factor*) et d'autres facteurs de croissance (provenant des macrophages, des plaquettes, des cellules endothéliales lésées et des cellules musculaires elles-mêmes). Certaines vont également se transformer en cellules spumeuses après avoir accumulé des LDL oxydées (→ **C10**). Ces cellules vont former une matrice extracellulaire (collagène, élastine, protéoglycane), qui va également participer à la formation de la plaque d'athérome.

Les **conséquences** du dépôt de la plaque (→ **B**) sont un *rétrécissement de la lumière* vasculaire qui peut entraîner une ischémie. La maladie coronaire (→ p. 218 *sqq.*) et l'obturation artérielle chronique des extrémités avec claudication douloureuse (*claudicatio intermittens*) à l'effort en sont des exemples. D'autres conséquences de la formation d'une plaque sont un *durcissement* de la paroi des vaisseaux (dépôts de calcaire), la formation de *thrombi* qui vont obstruer la lumière vasculaire résiduelle et être la cause d'*embolies* périphériques (par ex., infarctus cérébral, apoplexie), ainsi que des saignements au niveau de la plaque (rétrécissement supplémentaire de la lumière dû à l'hématome) et de la paroi vasculaire. Ainsi altérée, cette dernière peut le cas échéant céder sous la pression (*anévrysme*, voir ci-dessous) et éclater brutalement, provoquant des *saignements* dangereux autour des vaisseaux, par exemple au niveau de l'aorte (voir ci-dessous) ou des vaisseaux cérébraux (saignement intracérébral massif : apoplexie ; → p. 360).

Un **anévrysme** est un élargissement localisé d'une artère, consécutif à une altération innée ou acquise de la paroi vasculaire. Il en existe plusieurs **formes**.

◆ L'*anévrysme pur* (→ **B**, à gauche), avec une distension des trois couches de la paroi (intima, média et adventice). Dans 90-95 p. 100 des cas il a pour base une *athérosclérose* associée à une *hypertension*, et c'est souvent l'*aorte abdominale* qui est atteinte. Plus rarement, il est congénital ou provoqué par un traumatisme, une nécrose kystique de la média (syndrome de Marfan, syphilis tardive, syndrome d'Ehlers-Danlos, syndrome des Gsell-Erdheim) ou une infection (syphilis, mycose chez des patients sensibilisés).

◆ Dans le cas du *pseudo-anévrysme*, un hématome périvasculaire est relié à la lumière vasculaire par une perforation à travers l'intima et la média. Ils sont essentiellement dus à des traumatismes ou des infections (accidents, opérations, cathétérisations).

◆ Un *anévrysme disséquant* (→ **B**, au milieu) survient essentiellement au niveau de l'aorte ascendante, lorsque, après perforation de l'intima et sous la pression, le sang se fraie un chemin à travers la média (dans la plupart des cas modifiée par une nécrose), si bien que l'intima et l'adventice vont se trouver séparées l'une de l'autre sur une longueur croissante.

◆ *Anévrysme artérioveineux* : l'anévrysme se déverse dans une veine en provoquant la naissance d'une fistule artérioveineuse.

Une des **conséquences** catastrophiques **d'un anévrysme** est sa *rupture*, avec en premier lieu dans le cas des gros vaisseaux le *risque de choc hémorragique* (→ p. 230 *sqq.*). La rupture d'un anévrysme intracrânien (souvent au niveau de l'artère communicante antérieure) associée à une hémorragie sous-arachnoïdienne représente pour les fonctions cérébrales un risque majeur. La rupture d'un anévrysme proche du cœur (particulièrement d'un anévrysme dissséquant) peut provoquer une tamponade péricardique aiguë (→ p. 228) et, dans le cas d'une localisation au niveau des racines de l'aorte, déclencher une insuffisance aortique (→ p. 200). D'autres conséquences sont une *thrombose* au niveau de l'anévrysme, l'obturation de ramifications artérielles efférentes ainsi que des *embolies* dans les territoires vasculaires distaux (*ischémie ou infarctus* ; → **B**, à droite).

C. Hypothèse dite de « response to injury » de l'apparition d'une athérosclérose

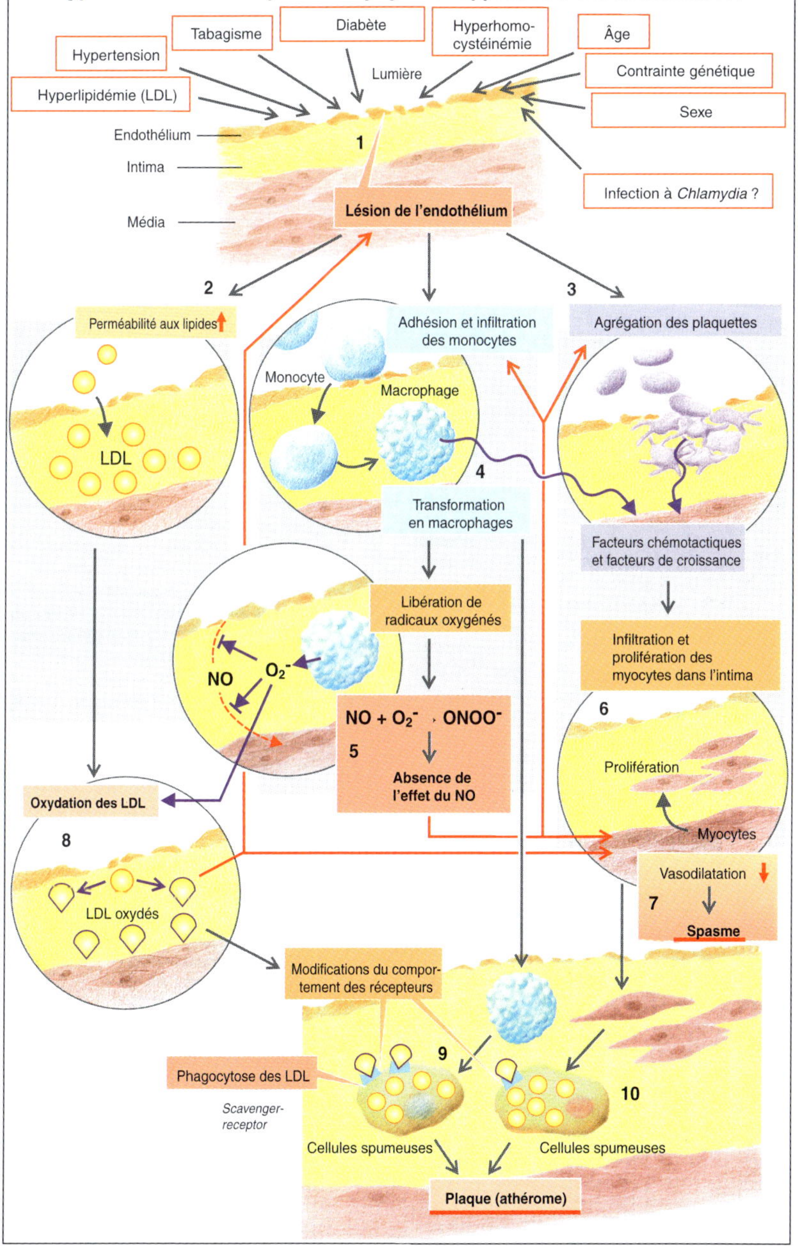

Troubles de la circulation artérielle indépendants d'une athérosclérose

Comme dans le cas d'une athérosclérose (→ p. 236 *sqq.*), les **thrombo-embolies** d'une autre origine peuvent déclencher de façon aiguë l'obturation périphérique d'artère. Les emboles proviennent essentiellement *du cœur*, à partir de l'oreillette gauche (fibrillation auriculaire ; sténose mitrale, → p. 194), du ventricule gauche (cardiomyopathie avec dilatation, infarctus du myocarde) ou des valvules cardiaques (endocardite, sténose mitrale, prothèse valvulaire). Les shunts intracardiaques (→ p. 202) favorisent même la survenue d'une thrombose veineuse (voir ci-dessous) dans le système artériel : *embolie paradoxale*.

De nombreuses formes de **vascularites** sont provoquées dans la paroi des artères par le dépôt de complexes immuns ou des réactions immunitaires à médiations cellulaires. Dans la *périartérite noueuse* (petites et moyennes artères), ce sont surtout les reins, le cœur et le foie qui sont affectés par l'ischémie résultante, dans l'*artérite temporale* ou *à cellules géantes* (grosses artères dans la poitrine ou la région du cou) surviennent des douleurs de la face et des maux de tête, une myalgie abdominale et le cas échéant une cécité. Une *artérite de Takayasu* (grosse artère dans la région du cou) peut provoquer une ischémie cérébrale, un angor, une myalgie des bras avec perte du pouls. La *thrombo-angéite oblitérante* (maladie de Buerger ; petites et moyennes artères des extrémités) survient en particulier chez les fumeurs. À côté de l'obturation artérielle et de thrombophlébites superficielles migrantes, il peut également se produire un *phénomène de Raynaud* : un spasme vasculaire douloureux (par ex., déclenché par le froid) avec engourdissement des doigts ou des orteils, qui deviennent d'abord blancs (ischémie) puis cyanosés (anoxie) puis de nouveau rouges (hyperémie compensatrice). Le phénomène de Raynaud survient également dans certaines maladies du tissu conjonctif (sclérodermie, lupus érythémateux, arthrite rhumatoïde). Ce phénomène survient également chez les femmes jeunes sans qu'il y ait de maladie sous-jacente (*maladie* de Raynaud).

Maladies veineuses

La paroi fine et pauvre en muscle des veines les rend sensibles à la dilatation, surtout au niveau des jambes, où la pression hydrostatique de la colonne sanguine accroît la pression transmurale. Les extrémités possèdent des veines profondes et des veines superficielles reliées entre elles par des veines perforantes (→ **A** en haut à droite). Les valvules veineuses maintiennent le flux sanguin dans le sens vertical, contre la pesanteur. L'alternance de la contraction et de la relaxation des muscles des jambes ainsi que les mouvements des articulations constituent une force motrice importante du retour veineux via les veines profondes des jambes (« *pompe articulaire et musculaire* »). Les valves des veines perforantes permettent lors du relâchement des muscles un flux de sang de la surface vers les profondeurs, mais empêchent le sang de couler dans l'autre sens lorsque les muscles sont tendus (→ **A1**).

Souvent en raison de *prédispositions génétiques* (élasticité accrue des parois veineuses), le fait de *rester à longueur d'années assis ou debout* conduit avec l'âge (perte de la pompe) à un élargissement des **veines superficielles** et à la formation de méandres, associés à une insuffisances des valvules et à un retour du flux dans ces veines superficielles comme dans les **veines perforantes** (oscillations d'avant en arrière du sang) : **varices primaires** (→ **A2**). Souvent elles se manifestent durant la *grossesse* ou lors d'un *surpoids*. À côté du problème esthétique, apparaissent dans les jambes des sensations de lourdeur, des brûlures, des douleurs et un œdème. Une inflammation (*varicophlébite*) et une atteinte des veines profondes conduisent à une *insuffisance veineuse chronique* (→ **A5**, pour les conséquences voir ci-dessous).

S'il se forme un thrombus dans les *veines profondes de jambe* (**phlébothrombose aiguë** ; → **A3**), les valvules des veines perforantes seront enfoncées et le sang va s'écouler dans les veines superficielles. Ce phénomène conduit alors à la formation de **varices secondaires**. Les **causes** d'une phlébothrombose sont l'existence de lésions veineuses préalables, une immobilisation (long voyage en position assise, un séjour au lit, une paralysie), des troubles de la coagulation, des opérations ou un traumatisme et le cas échéant une tumeur non découverte. La prise d'inhibiteurs de l'ovulation (pilule anti-conceptionnelle) augmente le risque d'une phlébothrombose. Parmi les **conséquences aiguës** dangereuses, le thrombus peut se déplacer et provoquer une *embolie pulmonaire* associée à un *infarctus pulmonaire* (→ **A4**). **À plus long terme** survient une *insuffisance veineuse chronique* (→ **A5**), qui peut entraîner, via des œdèmes périphériques avec exsudation et dépôts protéiques (y compris des manchettes de fibrine péricapillaire), des altérations dermatologiques (*fibrose*, *dermatosclérose*, *hypoxie tissulaire*) et finalement aboutir à des ulcérations ouvertes (→ **A6**).

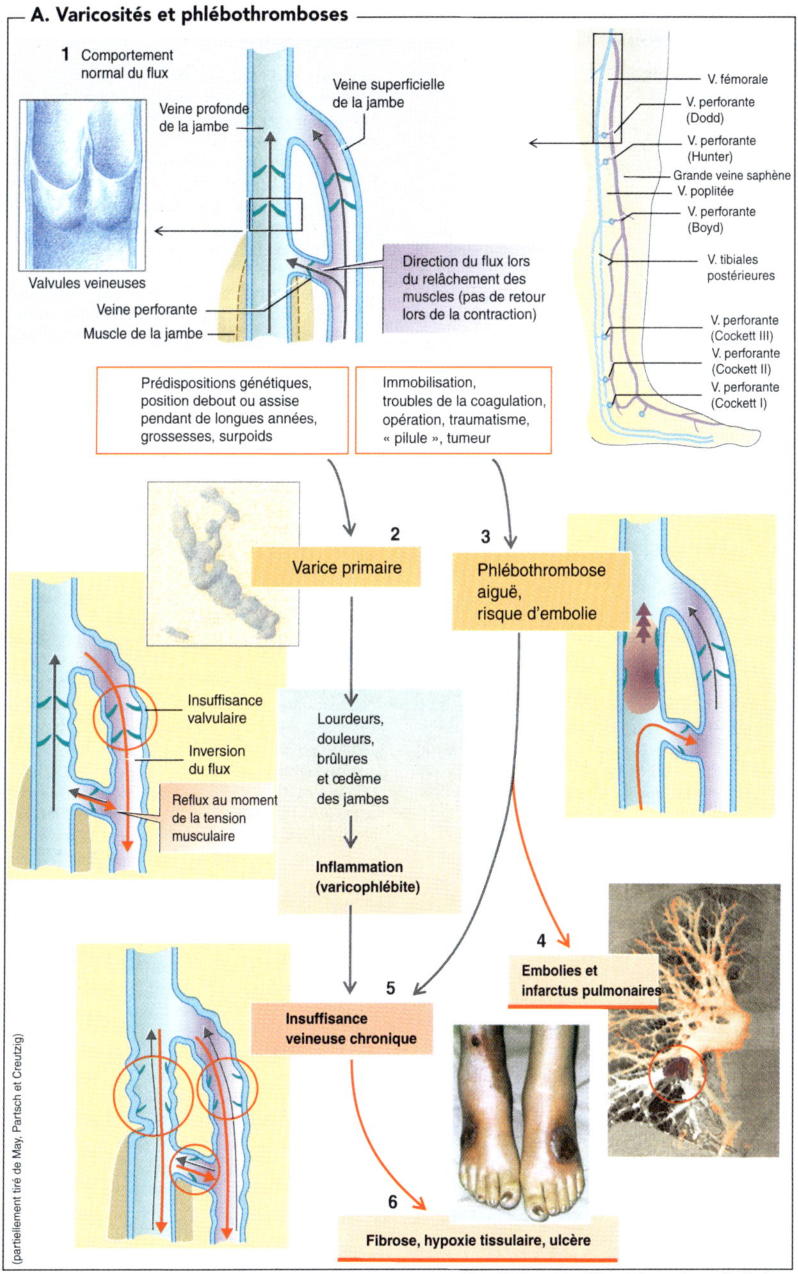

Photo : W. Siegenthaler. Differentialdiagnose innerer Krankheiten, 16e éd. Stuttgart, Thieme, 1988.

Figure 7-34 **Embolie, vascularite, maladies veineuses**

Vue d'ensemble

Les causes des troubles métaboliques sont souvent des *anomalies des régulations endocriniennes* (par ex., diabète sucré, → p. 286 *sqq.*) ou des *déficiences génétiques* touchant des *enzymes* (enzymopathies) ou des *protéines de transport* (c'est par exemple le cas de la mucoviscidose ; → p. 162 ; ou celui de la cystinose, voir ci-dessous). L'endocytose ou l'exocytose des lipoprotéines peuvent aussi être altérées, à cause d'un défaut des apolipoprotéines ou des récepteurs de membrane (→ p. 246 *sqq.*).

Dans le cas d'une **déficience enzymatique** (→ **A**, enzyme X), on observe une **accumulation** du substrat utilisé par cet enzyme (A), c'est-à-dire que la concentration de A va augmenter dans l'organite cellulaire, dans la cellule ou dans l'organisme. Cette accumulation peut avoir diverses conséquences :

- le stockage du substrat A, qui peut, pour de simples raisons d'espace, constituer un problème (maladies d'accumulation, par ex., glycogénoses, lipidoses ; → p. 244),
- ce substrat peut être toxique à forte concentration, ou, du fait de sa mauvaise solubilité, précipiter et provoquer ainsi des lésions (par ex., cystine en cas de cystinurie, ou acide urique/urate en cas de goutte ; → p. 120 et 250),
- ce substrat peut être transformé de façon accrue par une autre voie métabolique (enzyme Z) en un métabolite E dont l'accumulation peut provoquer des lésions,
- il peut également inhiber l'activité d'un autre enzyme (enzyme Y) ou d'un transporteur nécessaire au transport d'autres substances (substrat C).

Dans d'autres cas, la déficience enzymatique primaire provoque une **carence** du composé métabolisé par cette voie (→ **A**, métabolite B), dans le cas d'une glycogénose un déficit en glucose ou en ATP (→ p. 244). La carence du métabolite B peut par ailleurs augmenter l'activité d'autres réactions enzymatiques (→ **A**, enzyme Y).

Les altérations métaboliques jouent un rôle dans la plupart des chapitres de ce livre. Dans ce chapitre, nous allons parler d'autres exemples d'anomalies métaboliques, choisies en particulier en fonction de leur danger potentiel, des possibilités thérapeutiques (en cas de diagnostic correct) et de leur fréquence.

Acides aminés

Les acides aminés (AA) sont à la fois les constituants de base et les produits de dégradation des protéines, ils constituent le produit terminal d'hormones et de neurotransmetteurs, de purines, d'amines et de groupements hèmes et servent de source énergétique. L'ammoniaque formé lors de leur dégradation sera transformé en urée et excrété sous cette forme. Une carence ou un excès d'un AA, la déficience d'un transporteur (→ par ex., p. 96 *sqq.*), ou un trouble de la formation de l'urée (→ p. 174) vont donc conduire à des **troubles** importants. Dans les cas des *AA essentiels*, une carence en un acide aminé peut être liée à un apport insuffisant (nourriture mal équilibrée).

Dans le cas de la **phénylcétonurie**, la transformation de la phénylalanine (Phe) en tyrosine (Tyr) est bloquée (→ **B1**). Lorsque, dans ces conditions, la concentration plasmatique en Phe dépasse ~ 1 mmol/l, la Phe sera dégradée par des voies secondaires, en particulier en *phénylpyruvate* qui apparaît dans l'urine. La Phe inhibe de ce fait le transport de certains AA, de sorte que ceux-ci ne peuvent ni quitter les cellules (séquestration) ni pénétrer dans les cellules du cerveau (→ **B**). Ceci se traduit par un *retard* sévère *du développement* cérébral. La carence en *mélanine* (→ **B**), formée à partir de la tyrosine, perturbe également la pigmentation (hypersensibilité à la lumière). Un diagnostic précoce et une alimentation pauvre en Phe peuvent empêcher l'apparition des troubles du développement. Une forme plus rare de phénylcétonurie est due à une déficience de la dihydroptérine réductase (→ **B2**).

Les autres **altérations du métabolisme des AA** sont (avec entre parenthèses le nom de l'enzyme déficient) : *hyperglycinémie* (propionyl CoA carboxylase), *hyperoxalurie* (type I : 2-hydroxy-3-céto-adipate carboxylase ; type II : D-glycérate déshydrogénase), *maladie du sirop d'érable* (complexe multienzymatique participant à la dégradation des AA ramifiés), *homocystinurie* (type I : cystathionine synthase ; type II resynthèse de la méthionine à partir de l'homocystéine ; → p. 34, A2), *cystinose* (déficience du transporteur → accumulation lysosomiale de cystine), *alcaptonurie* (acide homogentisique dioxygénase), *albinisme* (phénoloxydase, ou déficience du transporteur de la Tyr) et *hyperprolinémie* (type I : proline déshydrogénase ; type II : l'enzyme d'après dans la chaîne), où le type I est une variante du *syndrome d'Alport*.

A. Conséquences d'une déficience enzymatique

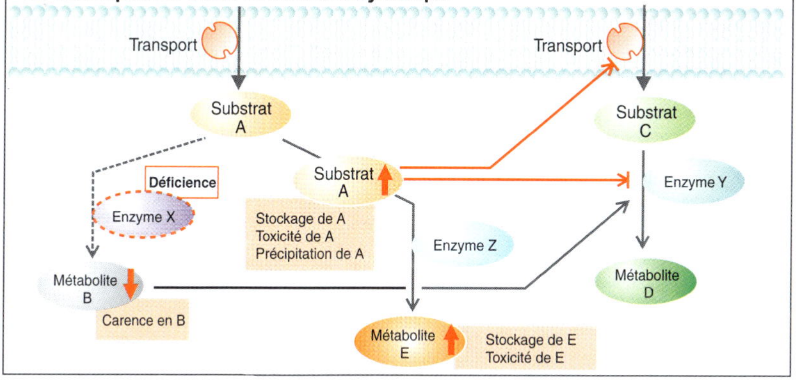

B. Phénylcétonurie

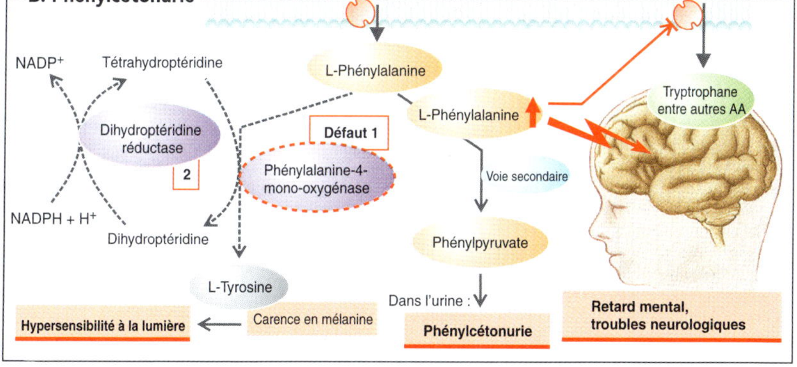

C. Galactosémie (texte page suivante)

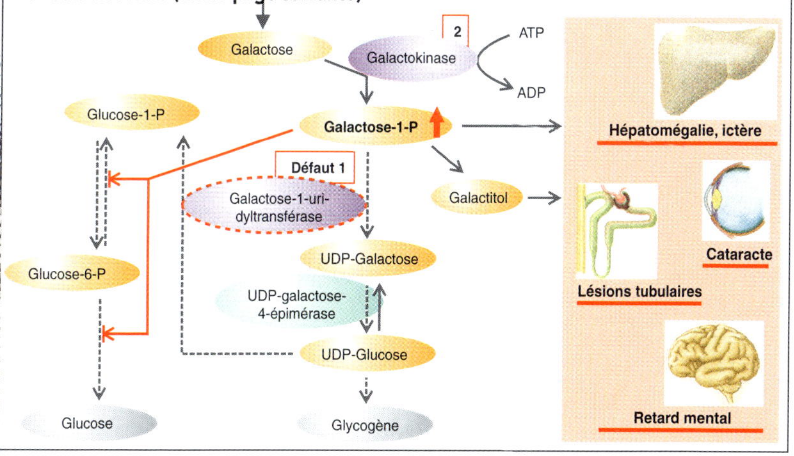

Sucres

Les altérations du métabolisme des sucres ont essentiellement comme base des enzymopathies ou des troubles de régulation (voir *anémies*, → p. 30 *sqq.*, ou *diabète sucré*, → p. 286 *sqq.*).

Galactosémie (→ p. 243 C). Le galactose est libéré dans l'intestin à partir de l'hydrolyse du lactose et peut être transformé (en particulier dans le foie) en glucose ou en glycogène. Si la *galactose-1-uridyl transférase* est déficiente (→ **C1**), le galactose-1-phosphate s'accumule dans de nombreux organes, sans inconvénients au début, mais provoque ensuite des lésions en inhibant les enzymes du métabolisme du glucose. Le *galactitol*, formé à partir du galactose-1-P, est également toxique. Un diagnostic précoce et une nourriture pauvre en galactose peuvent empêcher les lésions. (L'UDP-galactose peut encore être synthétisé.) La déficience en galactokinase (→ **C2**) est moins grave, elle s'accompagne d'une hypergalactosémie et d'une hypergalactosurie.

Dans le cas d'une **intolérance héréditaire au fructose** (→ **A**), c'est la fructose-1-P aldolase qui est déficiente. La dégradation du fructose (fruits, saccharose) est bloquée, et le fructose-1-P s'accumule. Cette accumulation entraîne dans le foie une inhibition de la phosphorylase et de la fructose-1,6-P_2-aldolase ce qui, dans les deux cas, provoque une *hypoglycémie hépatogène* et peut, le cas échéant, conduire à une *insuffisance hépatique aiguë* ou à une *cirrhose* (→ p. 172 *sqq.*). En cas de diagnostic précoce et grâce à une nourriture pauvre en fructose, l'espérance de vie est normale, mais une perfusion de fructose peut déclencher rapidement une défaillance hépatique.

Glycogénoses. Le glucose peut être stocké dans les muscles et le foie sous forme de *glycogène*. Sa dégradation libère du *glucose* qui peut être utilisé localement ou parvenir aux autres organes (→ **A, B**). Si la *dégradation du glycogène* est inhibée, à cause de **déficiences enzymatiques**, on aboutit à une *surcharge en glycogène* et à une *hypoglycémie*. On distingue (→ **A**) les types Ia (von Gierke), Ib (déficience de la glucose-6-P translocase microsomiale, non présenté), II (pompe), III (Forbes-Cori ; c'est la forme la plus fréquente), V (McArdle), VI (Hers) et VIII (Huijing). Une déficience de la *synthèse du glycogène* (type IV, Anderson) entraîne aussi une glycogénose, car, à cette occasion, une forme anormale de glycogène est stockée dans le cerveau, le cœur, les muscles et le foie. Dans le cas du type VII (Tarui) c'est au contraire l'utilisation énergétique du glucose dans les muscles qui est inhibée.

Selon les **conséquences** principales des déficiences enzymatiques on pourra distinguer facilement les *types hépatiques* (I, III, VI et VIII), les *types musculaires* (V, VII) ainsi que les autres types (II, IV) de glycogénose (→ **B**). Tandis que dans les types hépatiques c'est l'*hépatomégalie* (suraccumulation de glycogène) et l'*hypoglycémie* qui prédominent, dans le cas des types musculaires, c'est la *carence en énergie*. L'effort physique entraîne (pas d'augmentation de la concentration de lactate dans le plasma) une fatigabilité rapide, des crampes musculaires et des douleurs ainsi (type V) qu'une myoglobinurie, qui peut provoquer une insuffisance rénale. Les conséquences des maladies de type II (cardiomégalie, faiblesse des muscles respiratoires) et IV (défaillance hépatique) sont souvent mortelles dès l'enfance.

Lipidoses

Les lipidoses sont des troubles du métabolisme des graisses, au cours desquels la déficience d'un enzyme ou d'une autre protéine conduit à une accumulation de lipides. Dans la **maladie de Gaucher,** c'est la β-glucocérébrosidase lysosomiale qui est déficiente. Les glucocérébrosides s'accumulent donc dans la rate, le foie, les poumons et la moelle osseuse (cellules de Gaucher). Un hypersplénisme (thrombocytopénie), des fractures spontanées, des pneumonies et un cœur pulmonaire en sont quelques-unes des conséquences. Dans la **maladie de Nieman-Pick** (types A-E), ce sont des sphingomyélines et du cholestérol qui s'accumulent dans les lysosomes. Dans la forme A (80 p. 100 des cas) et la forme B, c'est la sphingomyélinase qui est altérée, et dans le cas du type C1 c'est la protéine NCP1, qui joue un rôle important dans la répartition du cholestérol à l'intérieur des cellules. Les conséquences d'une maladie de type A sont un gonflement des organes et, plus grave, des troubles neurologiques entraînant dès l'enfance. Une carence en lipase acide est à l'origine d'une **maladie de stockage des esters de cholestérol** (cirrhose du foie et athérosclérose !) et de la **maladie de Wolman**. Les **gangliosidoses** (Tay-Sachs, Sandhoff entre autres) ont pour base différents défauts des hexosaminidases ou de leurs activateurs ou encore de la β-galactosidase. Les gangliosides accumulés conduisent dans la plupart des formes à des troubles neurologiques gravissimes et à une mort précoce. Dans la **maladie de Refsum,** la dégradation de l'acide phytanique est bloquée (déficience de l'ac. phytanique α-hydroxylase), conduisant à son accumulation et son insertion dans la couche de myéline (polyneuropathies, entre autres).

A. Causes des glycogénoses I-VIII et de l'intolérance au fructose

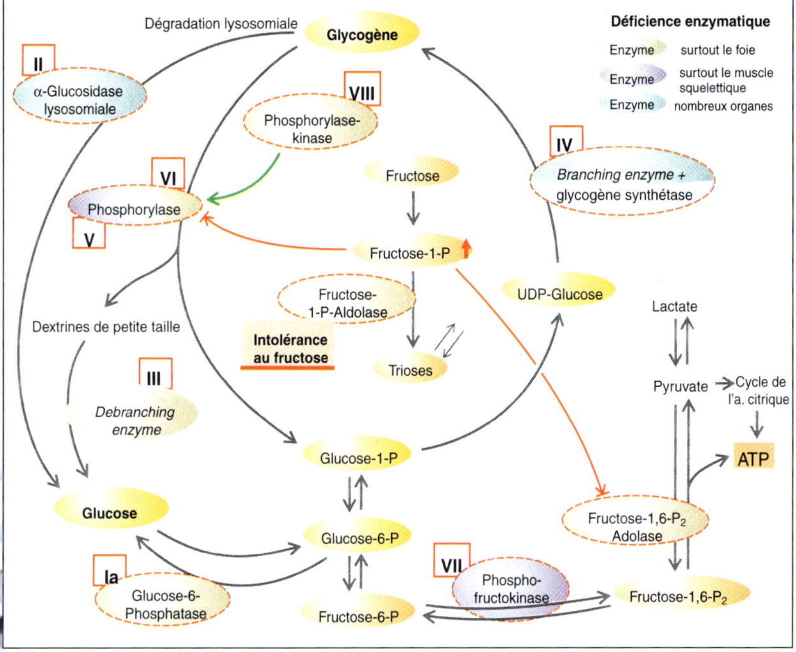

B. Conséquences d'une glycogénose

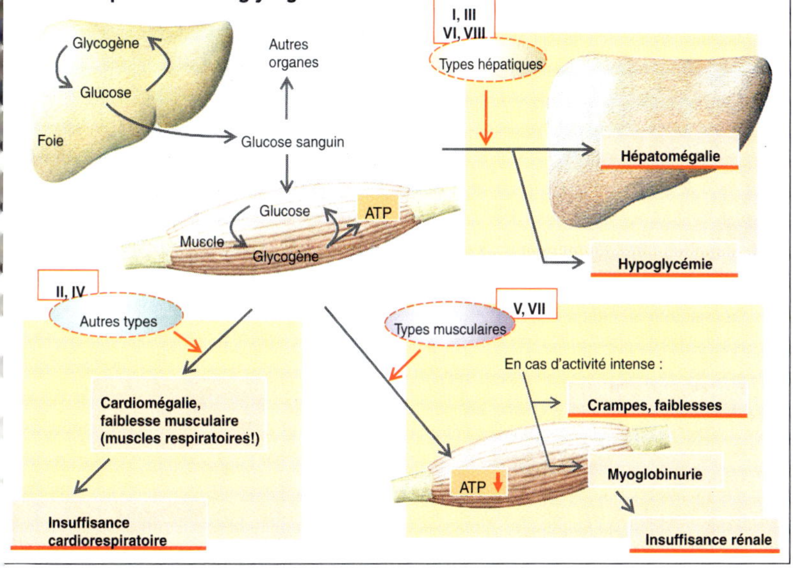

Troubles du métabolisme des lipoprotéines

Parmi les altérations du métabolisme des graisses on trouve essentiellement, à côté des lipidoses (→ p. 244), des maladies dans lesquelles les concentrations de lipoprotéines dans le sérum et donc le **transport des lipides dans le sang** sont modifiés de façon pathologique. Les lipides sont transportés dans le sang sous forme de complexes moléculaires sphériques (micro-émulsions), les **lipoprotéines** (LP). Leur « couronne » se compose de lipides amphiphiles (phospholipides, cholestérol), leur « noyau » de lipides fortement hydrophobes, triglycérides (TG) et esters de cholestérol (Chol-Ester), la forme de transport et de stockage du cholestérol. Les LP contiennent par ailleurs des apolipoprotéines (Apo) déterminées. Les LP se distinguent les unes des autres par leur taille, leur densité (qui leur donne leur noms, voir ci-dessous), leur composition en lipides, leur site de formation ainsi que leurs **apoliprotéines** (→ tableau). Ces dernières servent d'*éléments de structure* pour les LP (par ex., Apo AII et B_{48}), de *ligands* (par ex., Apo B_{100} et E), pour les récepteurs des LP dans la membrane de leurs cellules cibles (par ex., récepteur B ou E) ou encore d'*activateurs enzymatiques* (par ex., Apo AI, CII).

Les **chylomicrons** transportent, par l'intermédiaire de la lymphe intestinale, les lipides de l'intestin vers la périphérie (muscles squelettiques et tissu adipeux), ou leur Apo CII va activer la *lipoprotéine lipase* présente à la surface des cellules endothéliales, libérant ainsi des ac. gras libres (AGL) qui seront captés par les cellules musculaires ou les adipocytes (→ **A2**). Les *résidus de chylomicrons* (*-remnants*) se lient dans le foie à des récepteurs (LDL-*related proteins* [LRP] ?) par l'intermédiaire de l'Apo E (→ **A9**). Ils subissent alors une endocytose et fournissent ainsi à la cellule leurs TG ainsi que leur cholestérol ou leurs esters de cholestérol. De cette façon, le foie va exporter vers la périphérie aussi bien des TG et du cholestérol importés que ceux nouvellement synthétisés (→ **A4**) sous forme de **VLDL** (*very low density LP*). Celles-ci vont alors activer la LPL avec leur Apo CII, ce qui va aboutir à la libération d'AGL (→ **A3**). À cette occasion l'Apo CII sera perdue et l'Apo E sera exposée. Il reste des résidus de VLDL, nommés **IDL** (*intermediate density LP*) dont environ 50 p. 100 vont revenir au foie (liaison au récepteur des LDL par l'intermédiaire de l'Apo E), y être rechargés et quitter de nouveau le foie sous forme de VLDL (→ **A4**). L'autre moitié des IDL sera transformée en **LDL** (*low density LP*) au contact de la lipase hépatique (avec perte de l'Apo E et exposition de l'Apo B_{100}). Les deux tiers de ces LDL apportent leur cholestérol et leurs esters de cholestérol au foie (→ **A7**), un tiers les apportent au tissu extrahépatique (→ **A14**), ce qui nécessite la liaison de l'Apo B_{100} au *récepteur des LDL*. Les LDL subiront une endocytose (grâce à l'intervention de clathrine dans des puits recouverts = *coated pits*), avec recirculation des récepteurs des LDL jusqu'à la membrane cellulaire. Après fusion des endosomes avec les lysosomes, les apolipoprotéines seront digérées, et les esters de cholestérol hydrolysés de façon à libérer dans le cytoplasme du cholestérol libre (→ **A5**). L'*augmentation de la concentration intracellulaire de cholestérol* va a) inhiber l'enzyme clé de la synthèse du cholestérol (*3HMG CoA réductase*), b) entraîner une estérification du cholestérol sous sa forme de stockage (activation de l'*ACAT* = acyl CoA cholestérol acyltransférase) et c) inhiber la synthèse du récepteur des LDL.

Les **HDL** (*high density LP*) échangent d'une part certaines apolipoprotéines avec les chylomicrons et les VLDL et vont d'autre part récupérer le cholestérol superflu dans le sang et les cellules extrahépatiques (→ **A10**). Avec leur Apo A1 elles activent la LCAT plasmatique (lécithine-cholestérol acyl transférase,

Classe de lipoprotéine*	Pourcentage de TG	Chol.	Apolipoprotéine	Formation dans	Fonction de transport
Chylomicrons remnants	90	3	AI, B_{48}, CII + III, E	Intestin [chylomicrons]	TG : intestin ⇒ périphérie lipides : intestin ⇒ foie
VLDL	65	15	B_{100}, CII + III, E	Foie	TG : foie ⇒ périphérie
IDL			B_{100}, CIII, E	[VLDL, HDL]	lipides : foie, LDL
LDL	10	45	B_{100}	[IDL]	Cholestérol : IDL ⇒ foie, périphérie
HDL	5	20	AI, III + IV, CIII, D	Périphérie	Cholestérol : périphérie ⇒ IDL

*Selon la migration électrophorétique on distingue les lipoprotéines α (HDL), les lipoprotéines pré-β (VLDL) et les lipoprotéines β (LDL).

réalise une estérification partielle du cholestérol) et délivrent du cholestérol et des esters de cholestérol au foie et aux cellules produisant des hormones stéroïdes (ovaires, testicules et glandes surrénales) qui possèdent des récepteurs des HDL (→ **A6**).

Une **élévation des graisses sanguines** peut affecter le cholestérol, les triglycérides ou les deux ensemble : hypercholestérolémie, hypertriglycéridémie ou hyperlipidémie combinée. On utilise aujourd'hui le terme d'**hyperlipoprotéinémie**.

Chez la plupart des patients ayant une hypercholestérolémie (> 200-220 mg/dl de sérum ; un adulte sur 5 !), il semble certes y avoir une prédisposition familiale, mais la cause propre reste inconnue (**hypercholestérolémie polygénique**). L'*excès de poids* et l'*alimentation* jouent cependant un rôle important ; en privilégiant en particulier les graisses végétales (insaturées), il est possible de faire diminuer le cholestérol des LDL. Les graisses animales (saturées) augmentent en effet la synthèse de cholestérol dans le foie et y diminuent par voie de conséquence la densité de récepteur des LDL (→ **A7**). Ceci entraîne une élévation sérique des LDL riches en cholestérol (LDL-cholestérol > 135 mg/dl). La conséquence est une augmentation de la liaison des LDL aux *scavenger receptors*, qui assurent le dépôt du cholestérol dans les macrophages, la peau et les parois vasculaires (→ **A8**). L'hypercholestérolémie est donc un facteur de risque pour l'*athérosclérose* (→ p. 236 *sqq.*) ou une *maladie coronaire* (→ p. 218).

Dans les **hypercholestérolémies familiales** (hyperlipoprotéinémie de **type IIa**, fréquence : homozygotes 1/10^6, hétérozygotes 1/500) le cholestérol plasmatique est élevé dès la naissance (hétérozygotes × 2 et homozygotes × 6 !), ce qui peut entraîner même chez les enfants un infarctus du myocarde. Les causes de cette affection sont des *altérations* génétiques *des récepteurs des LDL de haute affinité*, qui empêchent la capture cellulaire des LDL (→ **A7, 14**). La déficience peut être une diminution de la transcription du gène du récepteur, un blocage de la protéine au niveau du réticulum endoplasmique, une diminution de l'insertion du récepteur au niveau de la membrane cellulaire, une diminution de la liaison des LDL, ou une altération de l'endocytose. Le cholestérol plasmatique va donc augmenter, d'une part à cause de la diminution de la capture cellulaire des LDL riches en cholestérol, et d'autre part parce que les tissus extrahépatiques vont alors synthétiser plus de cholestérol : en effet, la réduction de la capture des LDL va lever l'inhibition de l'HMG CoA réductase (→ **A5**). Sur le plan *thérapeutique*, il est possible à côté d'un régime approprié (voir ci-dessus) de capter les sels biliaires dans l'intestin avec des résines échangeuses d'ions (cholestyramine) et d'empêcher ainsi leur recirculation entérohépatique (→ **A1**). Cette inhibition augmente la néosynthèse hépatique des sels biliaires à partir de cholestérol et diminue donc la concentration intracellulaire de cholestérol dans le foie, entraînant de ce fait (chez les hétérozygotes) une augmentation de la densité des récepteurs des LDL (→ **A5**). Il est vrai que cela augmente également la synthèse du cholestérol, mais celle-ci peut de nouveau être bloquée par l'administration d'un inhibiteur d'HMG CoA réductase (mévilonine ; → **A5**). Pour le traitement des homozygotes, les LDL seront éliminées du plasma par *plasmaphérèse*.

Dans l'**hyperlipidémie combinée** (hyperlipoprotéinémie de type **IIb**), un autre défaut monogénique, les TG sont également légèrement augmentés en plus du cholestérol. La cause de cette maladie réside vraisemblablement dans une surproduction d'Apo B, qui augmente la synthèse de VLDL et aboutit donc à une formation accrue de LDL (→ **A4**). La **dysbêtalipoprotéinémie familiale** prédispose au déclenchement d'une hyperlipoprotéinémie de **type III**. Dans ce cas, un variant Apo E_2, qui n'est pas reconnu par les récepteurs E, est exprimé à la place de l'Apo normale E_3. On aboutit ainsi à un trouble de la capture des résidus de chylomicrons et d'IDL au niveau hépatique (→ **A9, 13**) et à une augmentation de leur concentration plasmatique (*risque élevé d'athérosclérose* ; → p. 236 *sqq.*

Les **hypertriglycéridémies** primaires reposent sur une *élévation de la synthèse* hépatique *de TG* (→ **A11**) ou bien (plus rarement) sur un *trouble de la dégradation des chylomicrons et des VLDL* (hyperlipoprotéinémie de **type I**), dont la base est une carence en LPL ou en ApoCII (→ **A2, 3**). Elles entraînent une prédisposition à la *pancréatite* (→ p. 158 *sqq.*) ; d'autre part les HDL sont diminuées ce qui entraîne un *risque* accru *d'athérosclérose* (diminution de l'exportation de cholestérol à partir de la paroi vasculaire ?).

Des déficiences génétiques peuvent également avoir pour conséquence une concentration anormale de LP : **hypolipoprotéinémie**. L'*hypo-α-lipoprotéinémie* (maladie de Tangier) a pour base une déficience des apolipoprotéines Apo A avec une diminution des HDL (→ **A 10**), ce qui accroît le risque d'athérosclérose. Dans l'*a-β-lipoprotéinémie* les LDL sont absentes dans le plasma (hypercholestérolémie). L'origine est une altération de la synthèse de l'Apo B, de sorte que les chylomicrons ne peuvent plus être transportés à travers la muqueuse intestinale ni sortir du foie, ce qui déclenche dans ces deux organes une dégénérescence graisseuse (TG).

A. Métabolisme des lipoprotéines et ses altérations

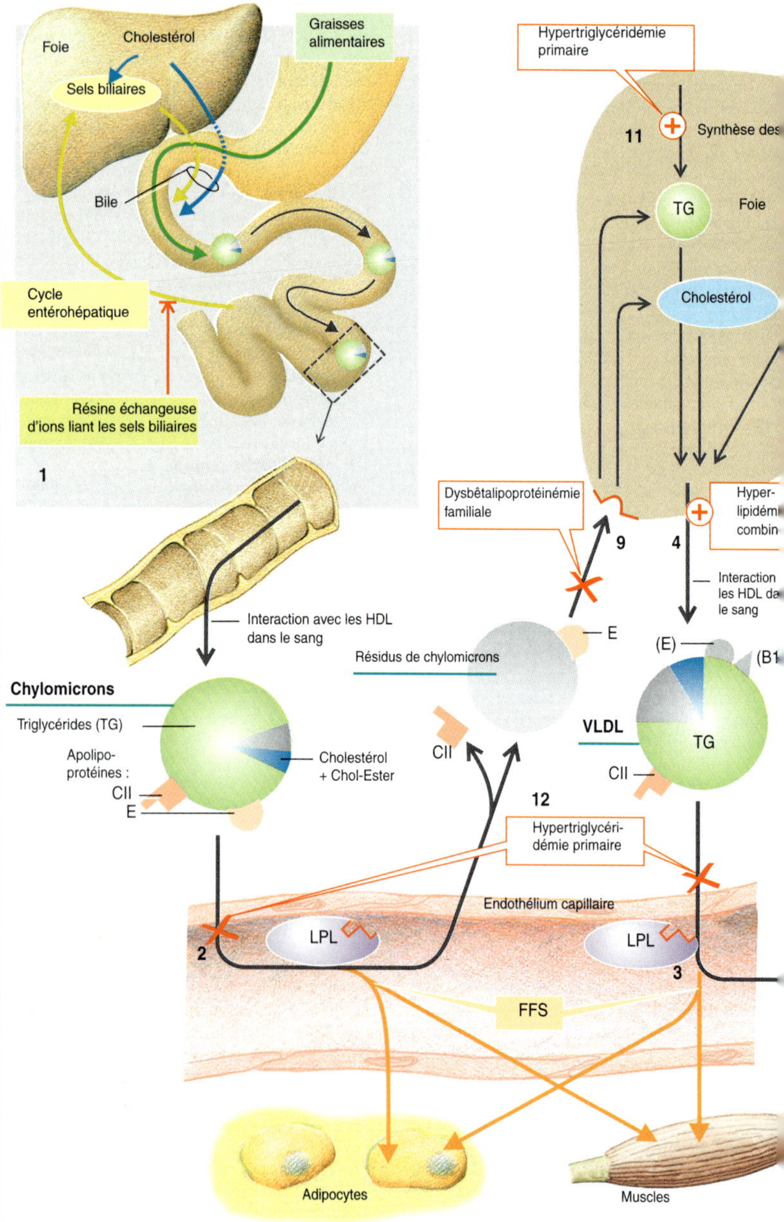

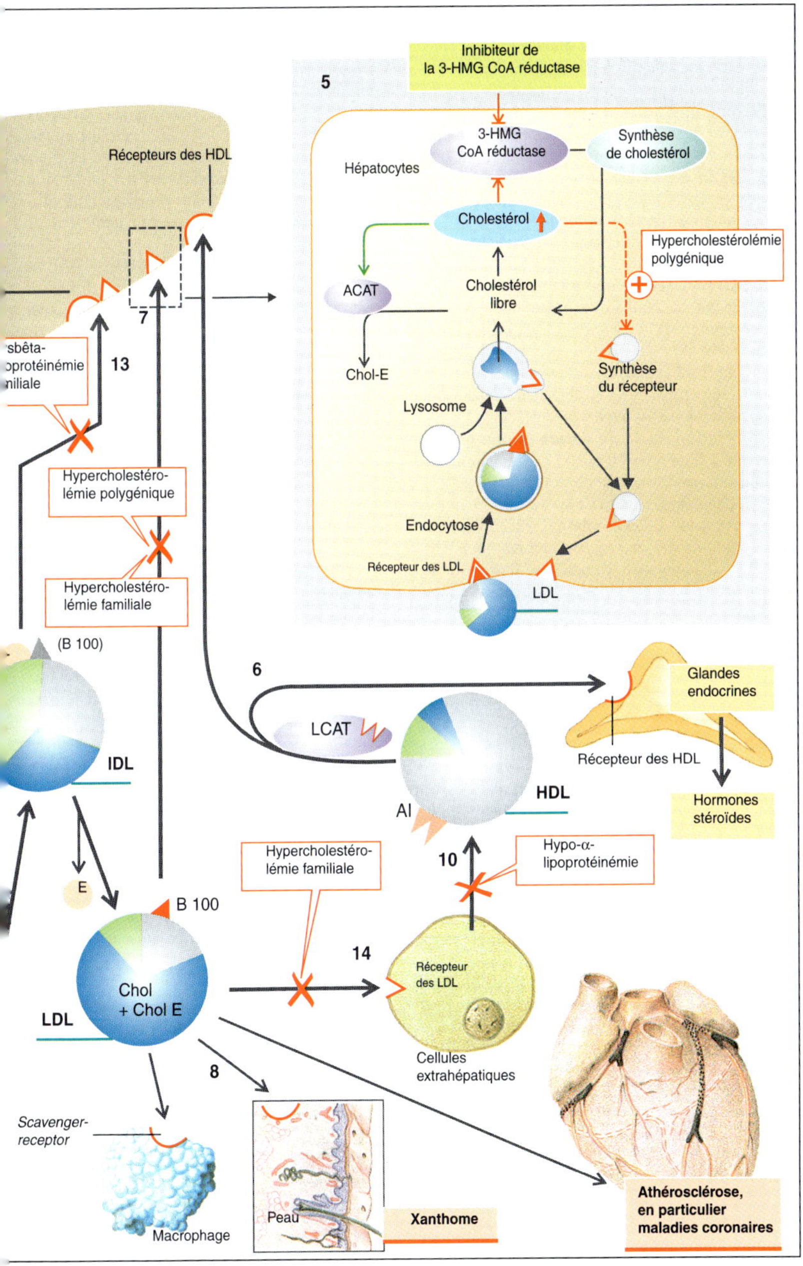
Inhibiteur de
la 3-HMG CoA réductase
5
3-HMG
CoA réductase
Synthèse
de cholestérol
Hépatocytes
Cholestérol
ACAT
Cholestérol
libre
Hypercholestérolémie
polygénique
Chol-E
Lysosome
Synthèse
du récepteur
Endocytose
Récepteur des LDL
LDL
Récepteurs des HDL
7
13
Hypercholestéro-
lémie polygénique
Hypercholestéro-
lémie familiale
(B 100)
IDL
6
LCAT
Glandes
endocrines
Récepteur des HDL
HDL
AI
Hormones
stéroïdes
E
B 100
Hypercholestéro-
lémie familiale
10
Hypo-α-
lipoprotéinémie
14
Récepteur
des LDL
Chol
+ Chol E
LDL
Cellules
extrahépatiques
8
Scavenger-
receptor
Macrophage
Peau
Xanthome
Athérosclérose,
en particulier
maladies coronaires

Goutte

La goutte est la conséquence d'une élévation chronique de la concentration plasmatique d'acide urique/d'urates (hyperuricémie : > 6 mg/dl).

Formation d'acide urique. L'acide urique est le produit final du *métabolisme des substances puriques* (→ **A1**). En temps normal, cependant, 90 p. 100 des métabolites formés, adénine, guanine et hypoxanthine sont *réutilisés* grâce à une transformation en AMP, IMP ou GMP sous l'action de l'adénine phosphoryl transférase (ARPT) ou de l'hypoxanthine-guanine phosphoribosyl transférase (HGPRT). Seul ce qui reste sera tranformé en *xanthine* par la xanthine oxydase (XO) puis en acide urique (→ **A1**). La *faible solubilité* des urates et en particulier de l'acide urique, qui décroît encore au froid et à faible valeur de pH (pK_a' des urates/acide urique ≈ 5,4 !), déclenche l'apparition de la goutte en cas d'hyperuricémie.

L'**excrétion** rénale **de l'acide urique** (→ **A2**) correspond à environ 10 p. 100 de la quantité filtrée, ce qui signifie que la concentration d'ac. urique/d'urate dans l'urine définitive est de 10-20 fois plus élevée que celle du plasma. En utilisant un agent *uricosurique* (par ex., benzbromarone), il est possible d'augmenter l'excrétion d'urates/d'ac. urique et de diminuer ainsi la concentration plasmatique.

Dans les pays occidentaux industrialisés, il existe une **hyperuricémie** chez environ 10 p. 100 de la population et sur ce pourcentage, 1 individu sur 20 présentera une goutte (hommes > femmes). Dans 90 p. 100 des cas de goutte, il s'agit de ce qu'on appelle une **goutte primaire** associée à des prédispositions génétiques (→ **A3**). L'hyperuricémie qui lui est sous-jacente est due au fait que l'excrétion rénale d'ac. urique ne peut compenser une formation normale, que si la concentration plasmatique ou la concentration d'ac. urique dans le filtrat sont augmentées : *hyperuricémie asymptomatique*. En cas d'*ingestion importante de purines* (en particulier tripes, extraits de viande = fonds de sauce, poissons, coquillages), cette concentration atteint une valeur telle que vont s'accumuler à long terme dans l'organisme des *précipités formés de cristaux d'urate de sodium*. L'hyperuricémie est due plus rarement à un **déficit en HGPRT**. Dans ce cas, la réutilisation des métabolites de nucléotides diminue (voir ci-dessus), ce qui a pour conséquence une augmentation de la formation d'urate (→ **A1**). (Dans le *syndrome de Lesh-Nyhan*, l'HGPRT entre autres est très faible [goutte de l'enfant], mais dans ce cas les symptômes cliniques majeurs sont des troubles du système nerveux central.)

La solubilité des urates est particulièrement faible dans le *liquide synovial* ainsi qu'à basse température ; comme les *extrémités* sont plus froides que le noyau corporel, les cristaux s'accumulent souvent au niveau des articulations des pieds (*microtophi*). L'alcool, qui augmente le renouvellement des nucléotides adényliques, favorise ce phénomène, comme l'obésité, certains médicaments (thiazidiques) et une surcharge en plomb. L'augmentation de la concentration urinaire d'urates/acide urique, souvent observée lors d'une hyperuricémie est à l'origine de *calculs urinaires* (→ **A5** et p. 120).

Il se produit une **crise de goutte** (→ **A4**), lorsque les cristaux d'urate sont soudain libérés des microtophi (par un traumatisme ?) et sont reconnus comme des corps étrangers. Il se développe alors une **inflammation** aseptique de l'articulation (*arthrite*, → **A4**, voir aussi p. 48 *sqq.*), avec attraction de granulocytes neutrophiles qui phagocytent les cristaux d'urate. Si les granulocytes dégénèrent, les cristaux préalablement phagocytés vont être libérés de nouveau et entretenir le processus. Globalement, il se produit un gonflement important rouge et douloureux des articulations, qui lors de la première crise de goutte touche dans 70-90 p. 100 des cas une articulation du pied.

Néphropathie aiguë liée aux urates (→ **A5**). Lorsque le concentration d'ac. urique dans le plasma et l'urine primitive augmente brutalement et de façon importante (en général en cas de goutte secondaire) et/ou (à cause d'un apport de liquide insuffisant), que l'urine est très concentrée et que la valeur de son pH est faible (nourriture riche en protéines), il peut se produire une précipitation massive d'urates/d'ac. urique dans le tube collecteur avec blocage de la lumière et par voie de conséquence une insuffisance rénale aiguë (→ p. 108).

Des crises de goutte répétées (**goutte chronique**) peuvent léser de telle façon les articulations (aussi des mains, des genoux, etc.) qu'on arrive à des déformations des articulations avec destruction des cartilages, atrophies osseuses, accompagnées de douleurs prolongées (→ **A4**, photo). Des dépôts localisés d'urate (*tophi*) se produisent au voisinage des articulations ainsi qu'autour du pavillon de l'oreille ou au niveau du rein (*rein goutteux chronique*).

Une **hyperuricémie** ou une **goutte secondaire** peut être déclenchée par exemple lors d'une leucémie, d'un traitement anticancéreux (augmentation du métabolisme des nucléotides) ou lors d'une insuffisance rénale d'origine autre (diminution de l'excrétion d'ac. urique).

A. Goutte primaire aiguë

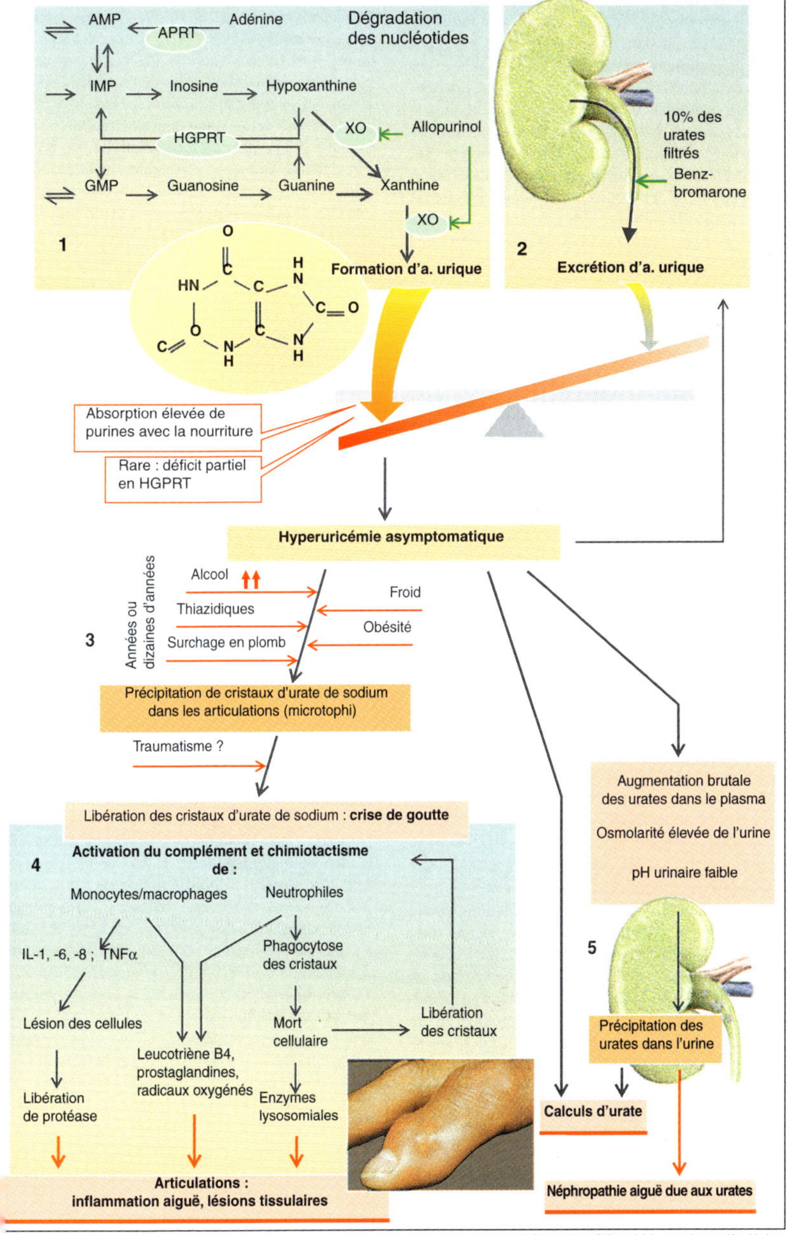

Photo : W. Siegenthaler. Differentialdiagnose innerer Krankheiten, 16e éd., Stuttgart, Thieme, 1988.

Hémochromatoses

L'hémochromatose résulte d'une accumulation excessive de fer dans l'organisme, et d'un dépôt dans les cellules parenchymateuses du foie et du pancréas, parmi d'autres organes. L'**hémochromatose primaire** (= idiopathique = héréditaire) (→ **A1**) est une maladie à transmission autosomale récessive, fréquente (1/400). L'anomalie consiste en une élévation importante de l'*absorption intestinale de fer*, de sorte que chaque année, 0,5-1 g de fer sont absorbés en trop. Dans le sérum, le fer, la ferritine et la saturation de la ferritine sont augmentés (→ p. 38). En cas de diagnostic précoce, les réserves élevées en fer (25-50 g) peuvent être normalisées en 1 à 2 ans par des *saignées* hebdomadaires (ferritine sérique < 50 µg/l ; saturation de la ferritine < 50 p. 100). Les **hémochromatoses secondaires** (→ **A2**) proviennent de *troubles de l'utilisation du fer* (absorption élevée de fer, associée à une érythropoïèse inefficace, par exemple en cas de β-thalassémie ou d'anémie sidéroblastique ; → p. 36), de *maladies hépatiques* (cirrhose d'origine alcoolique, shunt portocave), dans le cas d'atransferrinémie (→ p. 38) et de porphyrie cutanée (→ p. 254) ou encore d'un *apport trop important en fer*, qu'il soit oral ou parentéral (transfusions sanguines fréquentes = facteur aggravant en cas de troubles de l'utilisation du fer ; hémodialyse de longue durée, injection de préparations de fer).

La **conséquence** d'un dépôt important de fer (en particulier sous forme d'hémosidérine : *sidérose*) est l'apparition de **lésions cellulaires toxiques** (→ **A3**) dans lesquelles sont impliquées a) la formation de radicaux de l'oxygène, favorisée par le fer (peroxydation lipidique des membranes cellulaires), b) une dégradation de l'ADN et c) une formation accrue de collagène stimulée par le fer.

Lorsque le contenu en fer du foie a été augmenté d'environ 20 fois, il se développe une fibrose qui se termine en *cirrhose* (→ p. 172 *sqq.*). Dans ces conditions, le risque de développement d'un carcinome hépatocellulaire augmente d'un facteur ~ 200. La fibrose du pancréas, due à la sidérose, entraîne une carence en insuline et donc un *diabète* tandis que le dépôt de mélanine et d'hémosidérine au niveau de la peau (en particulier en cas d'exposition au soleil) provoque une forte *pigmentation* (« diabète bronzé »). La sidérose déclenche dans le cœur une *cardiomyopathie* qui se traduit par des arythmies et une insuffisance cardiaque, causes fréquentes de mort chez les patients plus jeunes. Une carence en vitamine C due au fer participe à des lésions des articulations (*pseudogoutte*) (le fer accélère la dégradation de l'ac. ascorbique).

Maladie de Wilson

Métabolisme du cuivre (→ **B**). La *prise normale de cuivre* est d'environ 2-5 mg/j, dont 40-60 p. 100 sont absorbés au niveau de l'estomac ou dans la partie supérieure du duodénum. Au niveau du *foie*, le Cu est inséré dans la *céruloplasmine* (CP), et parvient sous cette forme dans la circulation systémique (~ 93 p. 100 du Cu plasmatique ; → **B1**). La CP, qui fixe de façon relativement solide 6-7 atomes de Cu, est nécessaire à l'oxydation du Fe^{2+} dans le plasma (→ p. 38), mais seule une faible proportion du Cu lié à la CP est délivrée aux tissus. Ceci n'est pas valable pour le Cu lié à l'albumine et à la *transcuprine* (~ 7 p. 100 du Cu plasmatique). La CP âgée (désialylée) est dégradée dans le foie, et le Cu libéré est rapidement fixé par les protéines de la bile (→ **B2**) et excrété avec la bile et les fèces (~1,2 mg/j).

La maladie de Wilson (dégénérescence hépatolenticulaire) est une maladie héréditaire à transmission autosomale récessive, caractérisée par un **trouble du métabolisme du Cu** avec une *surcharge en Cu* du foie, du SNC, des yeux, entre autres organes. La nature de l'altération est inconnue mais le défaut génétique entraîne une diminution de l'excrétion biliaire de Cu ainsi que de l'insertion de Cu dans la CP (→ **B**). C'est ainsi que s'accumule dans le foie et par là même dans le plasma (pour une concentration totale en Cu proche de la normale ou légèrement inférieure) et dans d'autres organes du Cu libre ou faiblement lié (→ **B3**). Celui-ci est cytotoxique, car il se fixe aux protéines, en particulier au niveau des groupements SH et stimule la formation de radicaux oxygénés (lipoperoxydation) avec pour **conséquences** (→ **B4**) une *anémie hémolytique* ainsi qu'une *hépatite chronique*, qui plus tard peut provoquer une *cirrhose*. Si l'hépatite se déroule de façon fulminante, des quantités importantes de Cu seront libérées d'un seul coup des cellules nécrosées déclenchant éventuellement une crise hémolytique. Dans le *SNC*, l'accumulation de Cu peut être à l'origine de nombreux troubles neurologiques, neuromusculaires et psychiatriques. Dans les *yeux* l'accumulation de Cu se traduit par la formation d'un *anneau de Kayser-Fleischer* en bordure de la cornée. Les reins, le squelette et le cœur peuvent aussi être touchés.

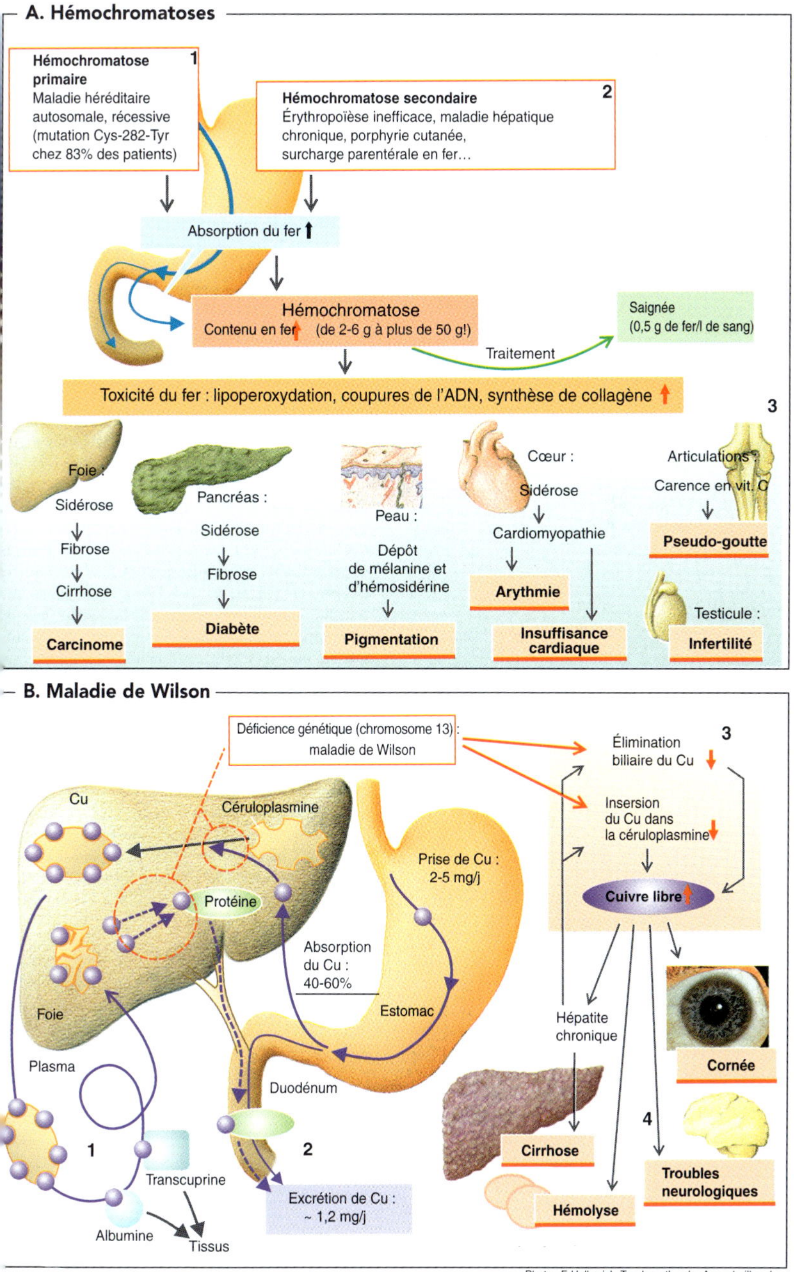

Photo : F. Hollowich. Taschenatlas der Augenheilkunde, 3e éd., Stuttgart, Thieme, 1987.

Figure 8-6 Hémochromatoses, maladie de Wilson

Synthèse de l'hème, porphyries

L'**hème** est synthétisé au cours d'une suite de 8 réactions (→ **A**). À côté de son insertion dans l'*hémoglobine* des érythroblastes (→ p. 36), l'hème sera synthétisé dans pratiquement tous les organes et intégré dans la myoglobine, les cytochromes P_{450}, la catalase, la peroxydase ou les cytochromes de la chaîne respiratoire. Comme il n'est pas possible de se passer de toutes ces *hémoprotéines*, la disparition complète de la synthèse de l'hème n'est pas compatible avec la vie. Une déficience partielle (le plus souvent hétérozygote) d'un des enzymes de la chaîne peut avoir de graves conséquences.

La **synthèse de l'hème** débute par la formation de l'α-amino-β-céto-adipate, qui se transforme spontanément en *δ-aminolévulinate* (δ-ALA = ac. δ-aminolévulinique). Cette étape, qui se déroule dans les mitochondries et qui conditionne la vitesse de synthèse, est catalysée dans les érythroblastes par la *δ-ALA synthase 2* (→ **A1**) et dans le foie par la *δ-ALA synthase 1*. L'activité des deux enzymes est inhibée par l'hème, le produit final de la chaîne de synthèse (rétrocontrôle négatif, → **A**, à gauche). Ceci est dû en partie au fait que l'hème s'associe dans le cytosol à l'*élément régulateur* du proenzyme et l'empêche ainsi de pénétrer dans la mitochondrie.

Compte tenu de ce rétrocontrôle, les conséquences d'une **altération** de la synthèse de l'hème se différencient selon que c'est le substrat de la δ-ALA synthase 2 ou celui d'un autre enzyme de la chaîne qui est diminué. Dans le premier cas (→ **A1**), la carence en hème ne permet pas en effet d'augmenter de façon suffisante l'activité de la δ-ALA synthase 2 déficiente, et il se développe une *anémie sidéroblastique* (→ p. 36). En cas de déficience des enzymes suivants (→ **A2-8**), il se produit, compte tenu d'un rétrocontrôle intact, une production énorme de δ-ALA (levée d'inhibition de la δ-ALA synthase). De ce fait, les concentrations des substrats de toutes les réactions suivantes et leur transformation vont également augmenter, jusqu'à ce qu'il y ait suffisament d'hème. Ce sont les *concentrations élevées de ces produits intermédiaires* qui sont responsables des troubles : **porphyries primaires** (→ **A2-8**). Selon leur solubilité dans l'eau ou les lipides, l'*excrétion* des produits intermédiaires se fera dans l'*urine* (δ-ALA, PBG, uroporphyrine) ou, en plus, via la bile dans les *excréments* (coproporphyrine, protoporphyrine). Les porphyrines dérivent des porphyrinogènes correspondants : leur mode d'excrétion a une signification diagnostique importante.

La *carence en δ-ALA déshydratase* (= *PBG synthase*) (→ **A2**) augmente la concentration de δ-ALA de même que l'hypofonctionnement de la PBG désaminase, la cause de la **porphyrie intermittente aiguë** (→ **A3**). On observe également dans ces conditions une augmentation du PBG. Les conséquences sont des *troubles neuroviscéraux* (tachycardie, nausée, vomissements, constipations) et des *troubles neuropsychiatriques* (paralysie, crampes, coma, hallucination) dont une des origines possibles pourrait être une compétition entre la δ-ALA et l'acide γ-aminobutyrique (GABA), un neurotransmetteur de structure voisine. Dans le cas de la **porphyrie érythropoïétique congénitale** (→ **A4**), l'uroporphyrinogène I est formé de manière non enzymatique à partir de l'hydroxyméthylbilane, puis transformé enzymatiquement en coproporphyrinogène I (semblable à A5), lequel n'est pas métabolisable et colore en rouge chez le nourrisson les couches et plus tard les dents. Les conséquences sont des réactions cutanées à la lumière et une anémie hémolytique. Dans le cas de la **porphyrie cutanée tardive** (fréquente, → **A5**), il se produit également des lésions cutanées sous l'influence de la lumière (absorption des porphyrines à λ = 440 nm) (formation de cloques à cicatrisation difficile : → **A**, photo), auxquelles participent des *radicaux oxygénés*. Dans la **coproporphyrie héréditaire** (→ **A6**) ainsi que la **porphyrie variegata** (→ **A7**, très fréquente en Afrique du Sud), ce sont à la fois la δ-ALA, le PBG et la coproporphyrine qui sont augmentés de sorte que les enfants atteints présentent des symptômes cutanés et neurologiques. Finalement, dans le cas de la **protoporphyrie** (augmentation de la protoporphyrine ; → **A8**), c'est la sensibilité à la lumière qui est dominante avec des brûlures cutanées, des démangeaisons et des sensations douloureuses après exposition aux rayons UV.

Les **porphyries acquises** surviennent lors d'un *empoisonnement au plomb* (→ **A2, 8** ; niveau élevé en δ-ALA et en PBG) ainsi que dans des *maladies hépatobiliaires* dans lesquelles l'excrétion de coproporphyrine avec la bile est diminuée.

A. Troubles de la synthèse de l'hème

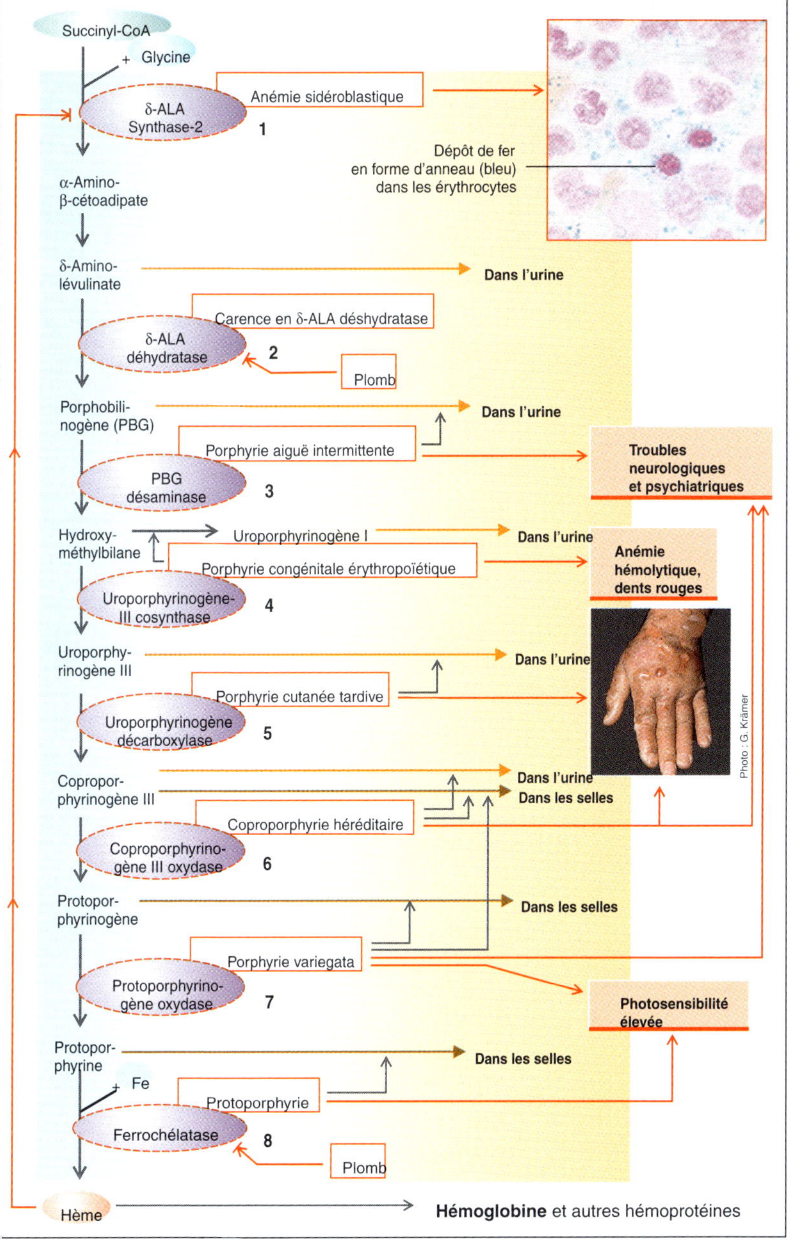

Pathophysiologie générale des hormones

Les hormones servent au *contrôle* et à la *régulation* des fonctions de l'organisme. Leur libération est stimulée (ou inhibée) par des facteurs spécifiques. Les hormones agissent sur les cellules sécrétrices elles-mêmes (action **autocrine**), influencent les cellules voisines (action **paracrine**), ou atteignent via la circulation sanguine des cellules cibles situées dans d'autres organes (action **endocrine**). Les hormones, au sens propre, exercent essentiellement leurs actions par voie endocrine. L'activité endocrine nécessite que l'hormone ne soit pas inactivée avant d'atteindre sa cible. Pour certaines hormones, une activation préalable est nécessaire (voir ci-dessous). La distinction entre les hormones agissant par voie endocrine et les médiateurs ou les neurotransmetteurs actifs exclusivement de façon paracrine est floue.

Dans les cellules cibles, les hormones se lient à des récepteurs et exercent leur action par l'intermédiaire de divers mécanismes de **transduction des signaux cellulaires**. L'effet hormonal entraîne une diminution de la libération de l'hormone considérée, le plus souvent via une réduction des facteurs stimulants : **boucle de régulation avec rétrocontrôle négatif** (→ **A6**). Dans un petit nombre de cas, il existe un **rétrocontrôle positif** (limité dans le temps), ceci signifie que les hormones entraînent une libération accrue de stimuli et favorisent ainsi leur propre synthèse. On parle de **contrôle** (→ **A1**), lorsque la sécrétion de l'hormone est affectée de façon indépendante de l'action hormonale. De nombreux stimuli peuvent réguler et contrôler les glandes endocrines de façon indépendante.

La **diminution d'une action hormonale** (flèches bleues) peut reposer sur une *altération de la synthèse ou du stockage de l'hormone*. D'autres causes possibles sont une altération du transport à l'intérieur de la cellule sécrétrice ou de la sécrétion (→ **A5**). On peut, par ailleurs, observer une carence hormonale, lorsque les glandes endocrines ne sont pas stimulées de façon suffisante pour répondre aux nécessités de l'organisme (→ **A1**), lorsque les cellules produisant l'hormone ne répondent pas correctement aux stimuli (→ **A4**) ou lorsqu'il n'y a pas assez de cellules sécrétrices (hypoplasie, aplasie ; → **A2**).

Une *inactivation trop rapide* ou une dégradation accélérée de l'hormone peut également être à l'origine de cette carence. Dans le cas des hormones qui sont liées aux protéines du plasma (→ **A7**), la durée d'action dépend de la proportion de l'hormone liée à ces protéines : sous forme liée l'hormone n'exerce plus aucune activité mais elle échappe d'un autre côté à la dégradation.

Quelques hormones doivent d'abord subir au niveau de leur site d'action, une conversion sous forme active (→ **A8**). Si cette *conversion* n'est pas possible, par exemple en raison d'une déficience enzymatique, l'hormone demeure sans action. Finalement, l'action hormonale peut ne pas avoir lieu en raison d'une *insensibilité de l'organe cible* (à la suite par exemple d'une déficience des récepteurs hormonaux ou d'un blocage de la transmission intracellulaire) ou d'une *incapacité fonctionnelle des cellules* ou des organes *cibles* (→ **A9**).

Une **augmentation des effets hormonaux** (flèches violettes) peut être due à une *stimulation de la sécrétion hormonale*. Celle-ci peut provenir d'une stimulation excessive par un stimulus donné (→ **A1**), d'une augmentation de la sensibilité cellulaire (→ **A4**) ou d'un nombre trop important de cellules sécrétrices (hyperplasie, adénome ; → **A2**). Une production ectopique de l'hormone, c'est-à-dire en un site extérieur à la glande (cellules tumorales dédifférenciées ; → **A3**) peut entraîner un excès hormonal. Les carcinomes bronchiques à petites cellules, en particulier, ont fréquemment une activité endocrine.

On peut s'attendre également à une augmentation de l'action hormonale lorsque la *dégradation* de l'hormone ou son inactivation sont *trop lentes* (→ **A7** ; par ex., en cas d'insuffisance des organes impliqués dans l'inactivation, le foie et les reins). La dégradation peut être bloquée par la liaison aux protéines du plasma, mais il ne faut cependant pas oublier que la fraction liée n'exerce, par la même occasion, aucun effet (voir ci-dessus).

L'action hormonale peut enfin être renforcée par une *hypersensibilité des organes cibles* (récepteurs trop nombreux ou avec une affinité trop élevée), par une augmentation de la transmission du signal ou par une hyperactivité de la cellule sensible à l'hormone (→ **A9**).

Le **tableau clinique**, c'est-à-dire l'ensemble des modifications physiopathologiques touchant l'organisme, est la conséquence de l'élévation ou de l'inhibition des actions hormonales spécifiques.

A. Maladies déclenchées par un déficit ou un excès hormonal (vue d'ensemble)

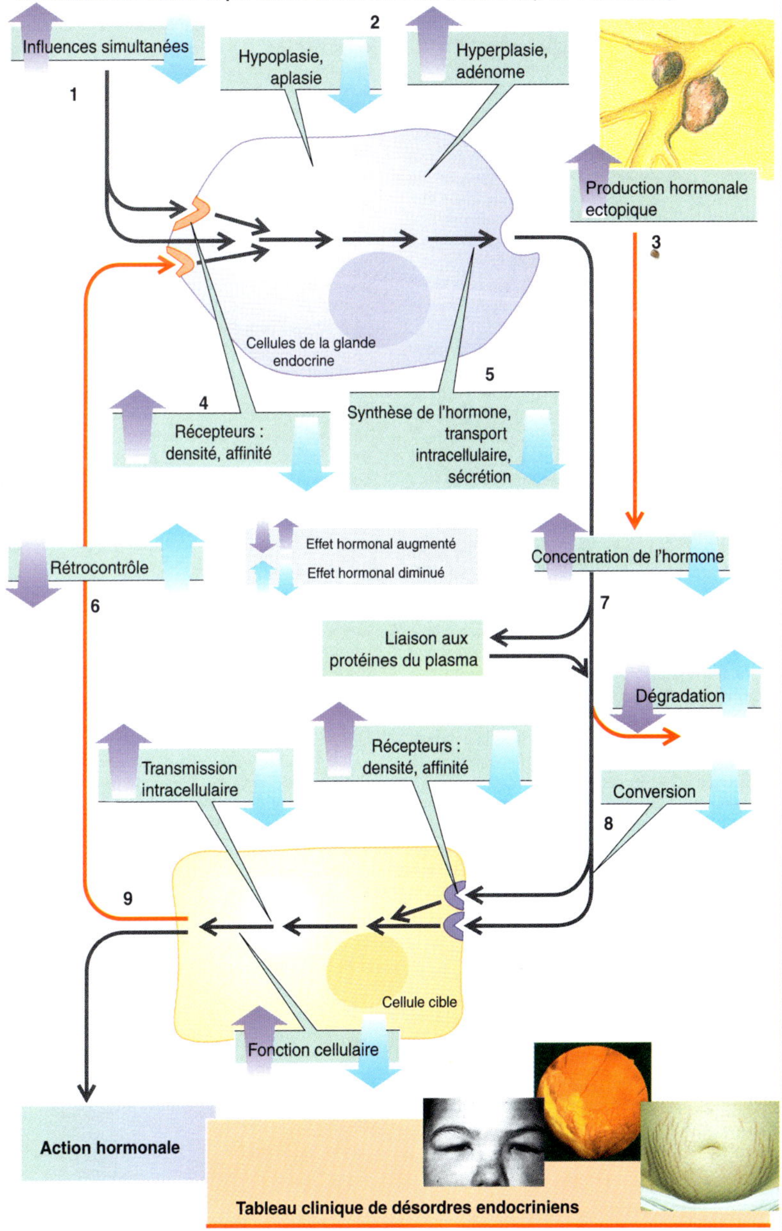

Altérations des boucles de régulations endocrines

Les hormones font pour la plupart partie de boucles de régulation. Dans une telle boucle, la perturbation d'un élément va entraîner des modifications caractéristiques des autres éléments.

Sécrétions hormonales indépendantes de l'hypophyse. La sécrétion hormonale de glandes endocrines indépendantes de l'hypophyse est en général régulée par des paramètres qui sont ceux qu'influence l'hormone considérée : l'hormone agit sur un organe cible, dont les fonctions vont en retour conduire à une diminution des stimuli responsables de la sécrétion hormonale (*boucle de régulation avec rétrocontrôle négatif*). On peut prendre comme exemple celui de la sécrétion de l'insuline (→ **A1**) : une augmentation de la concentration plasmatique de glucose stimule la sécrétion d'insuline, dont les actions sur les cellules cibles (augmentation de la glycolyse, inhibition de la néoglucogenèse et de la dégradation du glycogène), entraînent une diminution de la concentration plasmatique de glucose.

Une **sécrétion élevée** d'insuline, **inadaptée** à la concentration plasmatique de glucose (**hyperinsulinisme**) provoque une *hypoglycémie*. À côté d'une tumeur produisant de l'insuline, l'origine de cette sécrétion exagérée peut être une autre maille de la boucle de régulation : quelques acides aminés stimulent également la sécrétion d'insuline et certaines actions de l'insuline (stimulation de la synthèse protéique, inhibition de la protéolyse) aboutissent à une diminution de la concentration plasmatique en acides aminés. Une altération de la dégradation des acides aminés, par exemple due à une déficience enzymatique, peut ainsi déclencher une hypoglycémie via une augmentation de la concentration sanguine en acides aminés et une stimulation subséquente de la sécrétion d'insuline (→ **A2**).

Dans le cas d'un **hypofonctionnement de la glande endocrine** (→ **A3**), le niveau hormonal circulant et donc les effets hormonaux sont diminués. Dans notre exemple, une insuffisance des cellules β conduit à une *hyperglycémie*.

On observe également une diminution de l'action hormonale lorsque la **réponse de l'organe cible** est **plus faible** (→ **A4**). Une insuffisance hépatique peut ainsi aboutir à une hyperglycémie, bien que la concentration d'hormone dans le plasma soit élevée. Cependant, une altération de la dégradation des acides aminés peut, en cas d'insuffisance hépatique, entraîner aussi une hypoglycémie par le biais d'une hyperaminoacidémie et d'une stimulation de la libération d'insuline (voir ci-dessus, → **A2**).

Sécrétion hormonale régulée par l'hypothalamus et l'hypophyse. Dans le cas des hormones qui sont sous le contrôle de l'hypothalamus et de l'hypophyse, la concentration hormonale plasmatique est une grandeur régulée (→ **B1**). Au niveau de l'hypothalamus sont formées des *libérines* (*releasing hormones*, RH), qui vont provoquer la libération de *tropines* par l'hypophyse. Celles-ci stimulent l'excrétion des hormones correspondantes à la périphérie. L'hormone et une partie des effets provoqués par l'hormone vont finalement inhiber la libération des libérines dans l'hypothalamus et des tropines dans l'hypophyse. Notre exemple montre la régulation du cortisol sécrété par les glandes surrénales.

Une diminution de la sécrétion de l'hormone périphérique peut résulter d'une perte fonctionnelle au niveau de l'hypothalamus, de l'hypophyse ou de la glande périphérique. La cause principale d'une augmentation de la sécrétion d'une hormone périphérique peut être une libération anormalement élevée, orthotopique ou ectopique (→ p. 257, **A3**), d'une libérine, d'une tropine ou de l'hormone périphérique.

Dans le cas d'une **sécrétion élevée d'une libérine** (→ **B2**), les concentrations plasmatiques de libérine, de tropine et de l'hormone périphérique sont élevées.

Si le phénomène primaire est une **augmentation de la sécrétion d'une tropine**, les concentrations de la tropine et de l'hormone périphérique sont élevées mais celle de la libérine est diminuée (→ **B3**).

En cas d'**augmentation primaire de la sécrétion de l'hormone périphérique**, la sécrétion de la libérine et de la tropine sont inhibées (→ **B4**).

De la même manière, une **carence** primaire en libérine conduit à une diminution de la sécrétion de la tropine et de l'hormone périphérique, une carence primaire en tropine à une diminution de la sécrétion de l'hormone périphérique associée à une augmentation du niveau de libérine et une carence primaire en hormone périphérique à une sécrétion accrue de la libérine et de la tropine.

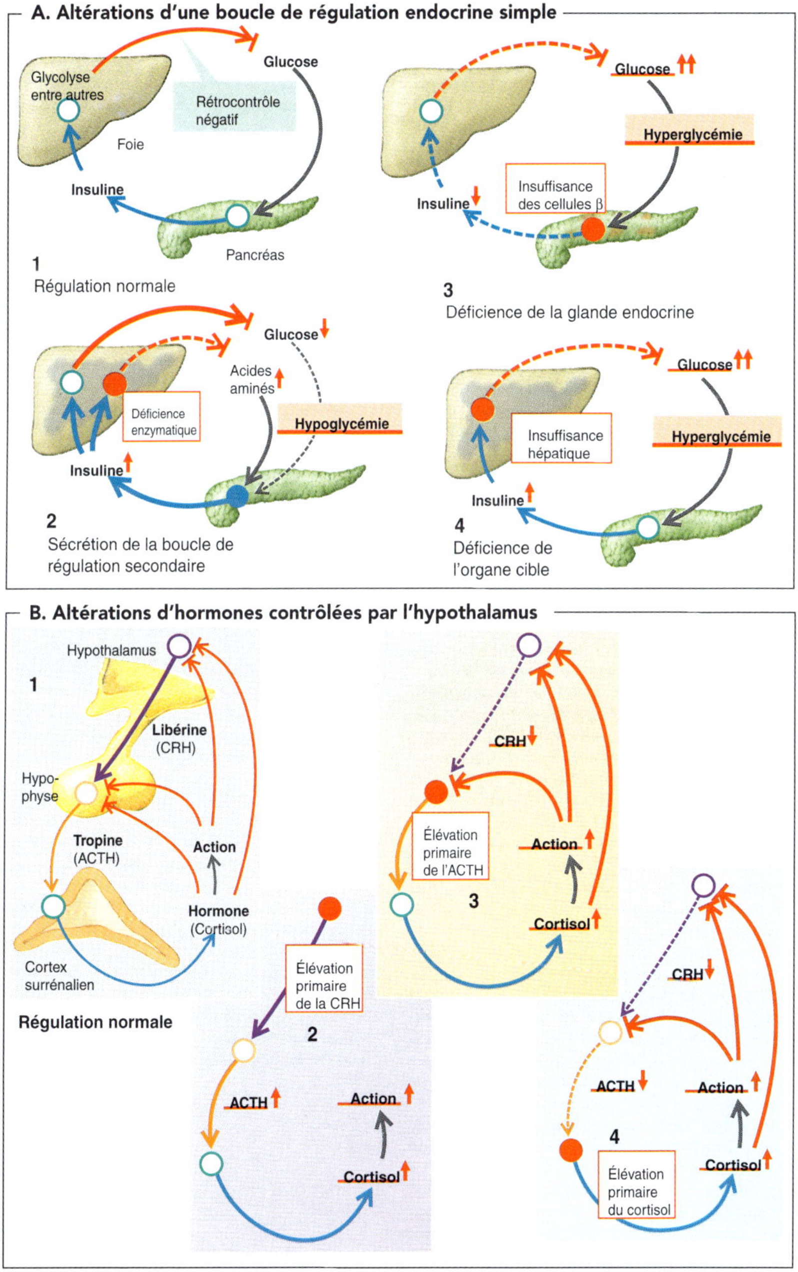

Figure 9-2 **Altérations des boucles de régulation endocrine**

Hormone antidiurétique

L'**hormone antidiurétique** (**ADH** = **vasopressine**) est formée dans les noyaux supra-optique et paraventriculaire de l'hypothalamus et transportée vers le lobe postérieur de l'hypophyse par l'intermédiaire de l'axone des neurones producteurs. Via une stimulation de l'AMPc, l'ADH provoque l'insertion de canaux permettant le passage de l'eau dans la membrane luminale du tubule distal et du tube collecteur rénal et stimule ainsi la *réabsorption d'eau*. L'ADH augmente également la réabsorption tubulaire de Na^+ et d'urée. Des concentrations importantes d'ADH exercent également une action *vasoconstrictrice*.

Les stimuli responsables de la sécrétion d'ADH sont une hyperosmolarité (le signal adéquat est un rétrécissement cellulaire) et une diminution du remplissage de l'oreillette cardiaque ainsi que des vomissements mais également l'angoisse, la douleur, le stress et l'excitation sexuelle. L'angiotensine II, la dopamine ainsi que quelques produits pharmaceutiques (par ex., nicotine, morphine, barbituriques) stimulent la sécrétion d'ADH, tandis qu'une tension accrue de l'oreillette, ainsi que le GABA, l'alcool et le froid l'inhibent.

Un **excès d'ADH** (→ **A1**) provient souvent d'une augmentation de la synthèse dans l'*hypothalamus,* par exemple à l'occasion d'un *stress*. Par ailleurs, l'ADH peut être formée de façon ectopique par des *tumeurs* (carcinomes bronchiques à petites cellules) ou lors de maladies pulmonaires. Cette hypersécrétion se traduit par une diminution de l'excrétion d'eau (**oligurie**). Il en résulte une concentration de constituants de l'urine faiblement solubles, pouvant conduire à la formation de *calculs* (urolithiase). Simultanément, l'osmolarité extracellulaire décroît (**hyperhydratation hypotonique**) provoquant un gonflement cellulaire dont la conséquence la plus dangereuse est le développement d'un *œdème cérébral* (→ p. 358).

Une **carence en ADH** (→ **A2**) est due à une diminution de l'excrétion, par exemple en cas de *diabète insipide central* d'origine génétique, de destruction des neurones à la suite d'une *maladie auto-immune* ou d'une autre lésion de l'hypothalamus. Des influences exogènes comme le froid ou l'alcool ont également été suggérées. Cependant, l'action de l'ADH au niveau rénal peut également être diminuée malgré une sécrétion normale d'ADH, par exemple en raison d'une déficience des canaux aquifères ou d'une atteinte ultérieure de la capacité de concentration rénale, en cas de carence en K^+, d'hypercalcémie et d'inflammation du parenchyme rénal (*diabète insipide rénal*). La conséquence d'une diminution de la sécrétion d'ADH ou de son action est l'excrétion de quantités importantes d'urine faiblement concentrée et le développement d'une **déshydratation hypertonique** (voir aussi p. 122), qui entraîne une *rétractation cellulaire*. Les patients sont contraints de compenser les pertes rénales d'eau par une augmentation de la consommation d'eau (polydipsie). Si les osmorécepteurs présents dans l'hypothalamus sont également détruits, la carence en ADH est associée avec une hypodipsie, et la déshydratation hypertonique est particulièrement massive. Dans la *polydipsie psychogène*, l'excrétion d'ADH est inhibée à cause de l'excès d'eau ; contrairement à la carence primaire en ADH, on observe alors une *hyperhydratation hypotonique*.

Prolactine

La **prolactine** (→ **B**) est formée dans le lobe antérieur de l'hypophyse et stimule la croissance et la différenciation des glandes mammaires ainsi que la *production de lait*. Elle n'inhibe pas la sécrétion basale de gonadotrophines (LH et FSH, → p. 274), mais bloque leur sécrétion pulsatile. Par ailleurs, elle diminue la prise cellulaire de glucose et la réponse immunitaire.

Le contact des mammelons de la femme allaitante ainsi que les œstrogènes stimulent la sécrétion de prolactine. De même, la thyrolibérine (TRH), les endorphines, le VIP (*vasointestinal peptide*), l'ocytocine, l'angiotensine II, le stress, le sommeil non REM et l'hypoglycémie ont une action stimulante. La dopamine inhibe la sécrétion de prolactine. Comme la prolactine augmente le débit de dopamine dans l'hypothalamus, elle inhibe par là même sa propre synthèse (rétrocontrôle court).

Une **hypersécrétion de prolactine** (→ **B**) peut être due à l'existence d'une *tumeur* produisant l'hormone ou à l'utilisation d'un *médicament antidopaminergique*. Une insuffisance rénale ou hépatique peut conduire à une hypersécrétion de prolactine, vraisemblablement à la suite d'une carence en dopamine. L'*hypothyroïdie* stimule la sécrétion de prolactine via une sécrétion renforcée de TRH, avec pour conséquences un **écoulement de lait** (galactorrhée) et une inhibition de la sécrétion de gonadotrophines. Cette diminution est associée à un **hypogonadisme**, une aménorrhée, une perte de la libido et une impuissance.

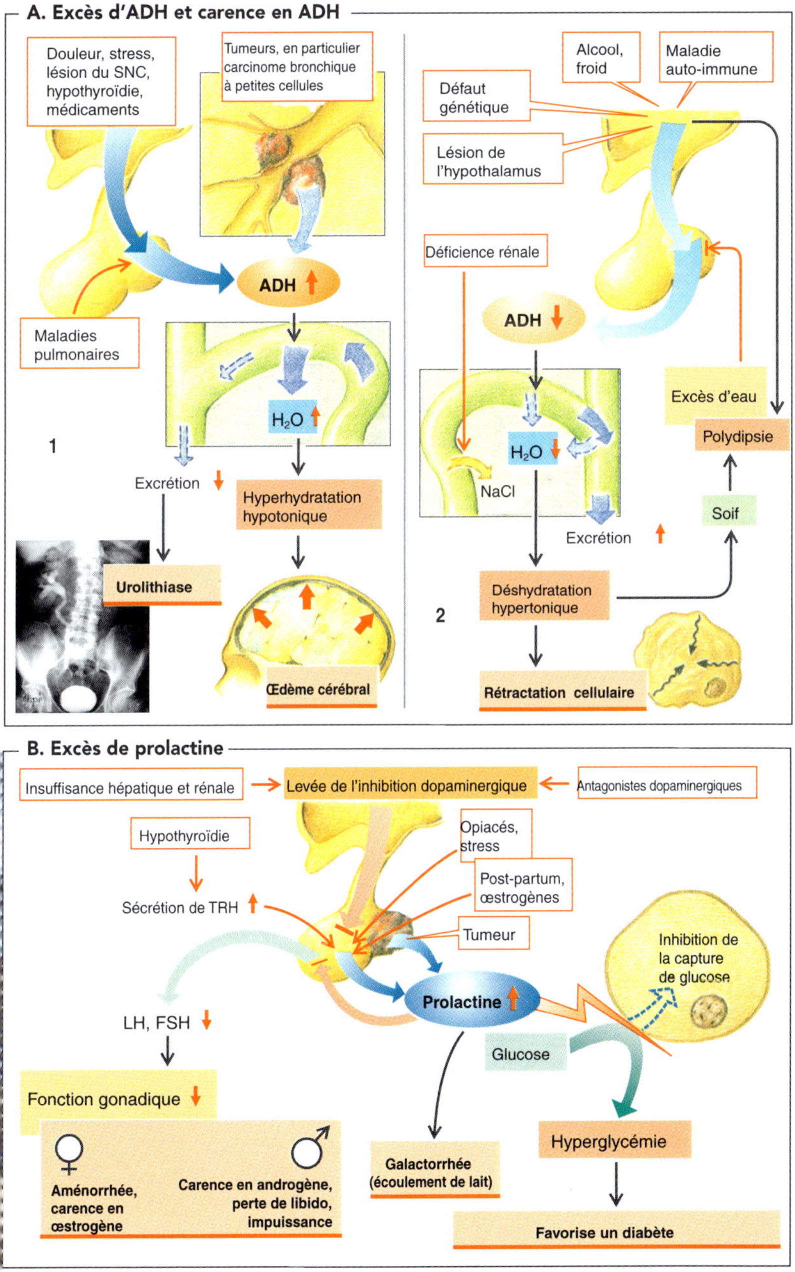

Figure 9-3 **ADH et prolactine**

Hormone de croissance (somatotropine)

L'**hormone de croissance** (**somatotropine, GH**) est synthétisée dans le lobe antérieur de l'hypophyse. Elle inhibe la *capture du glucose* par les cellules adipeuses et les cellules musculaires et *stimule* (en partie par l'entremise des somatomédines [« *insulin-like growth factors* », IGF_1, IGF_2]), la lipolyse, la néoglucogenèse, la synthèse de collagène et la *synthèse d'érythropoïétine*. L'hormone de croissance stimule l'absorption entérale de calcium et de phosphate ainsi que l'excrétion rénale de calcium. Par ailleurs, elle accroît la croissance osseuse (avant la fermeture des épiphyses), et de ce fait la croissance en longueur ainsi que la *croissance des parties molles*. La GH stimule la prolifération des cellules T, la formation d'IL-2 et l'activité des cellules *natural killer* des macrophages et des cellules T cytotoxiques, augmentant ainsi les défenses immunitaires. Les œstrogènes inhibent la synthèse hépatique des somatomédines et diminuent donc aussi l'effet de l'hormone de croissance.

La libération, pulsatile en temps normal, de l'hormone de croissance est régulée par des substances hypothalamiques, *somatolibérine* (= somatocrinine = GRH, stimulante) et *somatostatine* (inhibitrice). La sécrétion de GH est stimulée par les acides aminés, une hypoglycémie, le glucagon, la dopamine et le stress et inhibée par une hyperglycémie, une hyperlipidémie, l'obésité et le froid.

Un **excès d'hormone de croissance** est essentiellement dû à une *synthèse anarchique de l'hormone*, par exemple par un adénome hypophysaire ou, plus rarement, par une tumeur ectopique. Une cause encore plus rare est une *stimulation accrue de la synthèse de l'hormone par la somatolibérine*. Finalement, un *traitement mal contrôlé par l'hormone de croissance* peut déclencher un excès iatrogène (→ **A1**).

Un excès massif de GH conduit à la fermeture des cartilages de conjugaison, à un **gigantisme** (jusqu'à 2,60 m), ensuite, à un élargissement des os de la mâchoire, des bourrelets supra-orbitaires, des mandibules, des pieds et des mains (**acromégalie**), à une **croissance des cartilages** (accompagnée d'arthrose déformante) et à une **calcification des cartilages et des disques vertébraux** (→ **A2**). Simultanément, la taille des parties molles comme la langue, le cœur, le foie, les reins, la glande thyroïde, les glandes salivaires et la peau, va s'accroître (→ **A3**). Cet **accroissement de taille des organes** peut provoquer des complications ultérieures : si la vascularisation n'arrive pas à compenser l'augmentation de la taille du cœur, l'irrigation est insuffisante (**angor**, → p. 218). Il se développe relativement souvent (30 p. 100) une **hypertension artérielle**. L'épaississement de la peau est associé à une augmentation de la sécrétion de sueur et de sébum. La compression du nerf médian peut aboutir à un **syndrome du canal carpien**. La diminution de la capture du glucose dans les cellules périphériques favorise le développement d'une **hyperglycémie** (→ **A4**), à partir de laquelle peut se développer un *diabète*. L'augmentation de l'absorption entérale entraîne un **excès de calcium**, puis une *hypercalciurie* (→ **A5**), dont la conséquence peut être une précipitation de sels de calcium dans l'urine (néphrolithiase, → p. 120). Finalement, l'hypersécrétion de GH va favoriser le développement de **tumeurs**.

La présence d'une tumeur hypophysaire produisant de la GH va souvent élargir la selle turcique, ce qui peut produire des **altérations du champ visuel** via une pression exercée sur le chiasma optique (→ **A6**) (de façon typique une « cécité avec œillères », → p. 326). La compression d'autres cellules endocrines peut entraîner une perte des gonadotrophines, dont les conséquences sont une aménorrhée, une impuissance et une perte de la libido (→ **A7**). Inversement, les tumeurs produisant de l'hormone de croissance peuvent également sécréter d'autres hormones, comme par exemple la prolactine (→ p. 260).

Une **carence en hormone de croissance** peut être d'*origine génétique* ou être la conséquence d'une *lésion des cellules produisant l'hormone* (par ex., tumeurs, hémorragie, irradiation), d'une *diminution de la stimulation hypothalamique* ou d'une *inhibition de la sécrétion* (cortisol, hypothyroïdie). De plus, l'action de la GH peut être atténuée par les *œstrogènes*. Si la carence en GH survient avant la fermeture des cartilages de conjugaison, il se produit un **nanisme hypophysaire,** tandis qu'une carence survenant après la fin de la croissance en taille demeure sans conséquences visibles. Cependant, la diminution avec l'âge de la sécrétion de GH contribue vraisemblablement à l'**affaiblissement du système immunitaire**.

A. Excès d'hormone de croissance

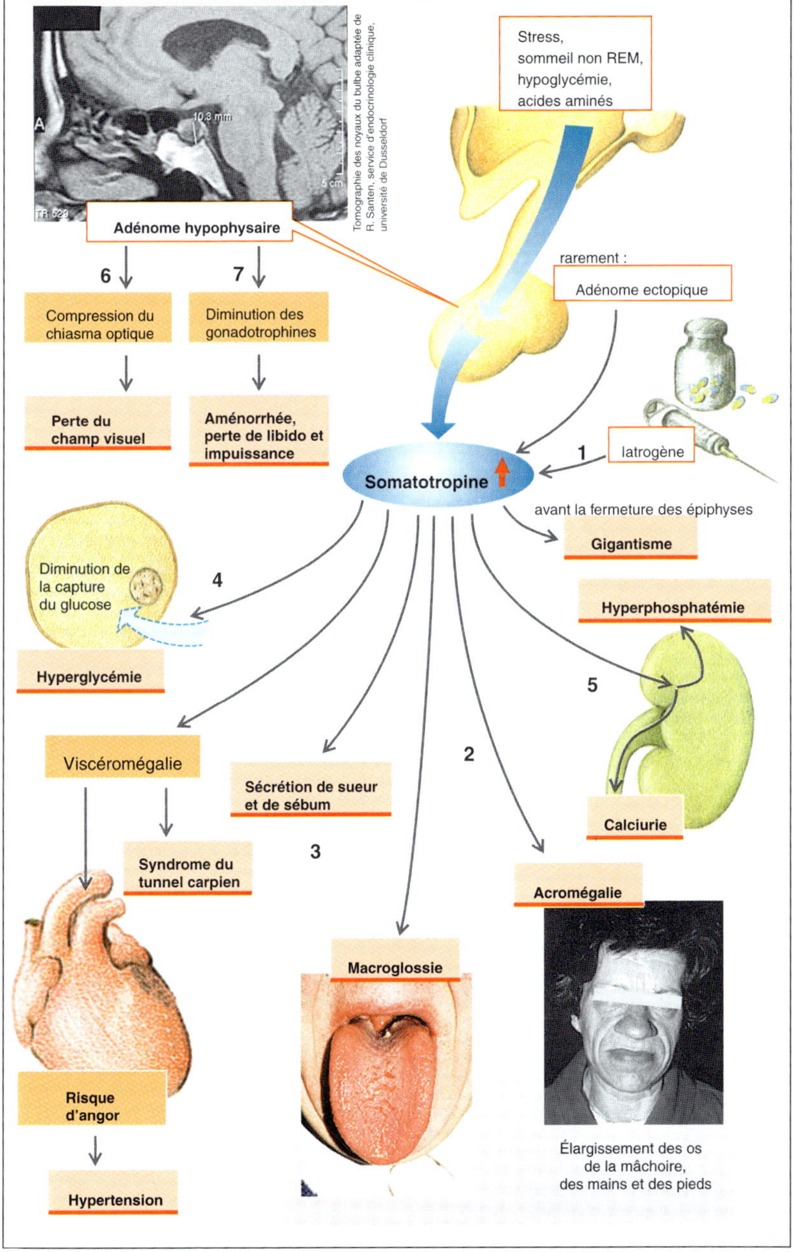

Hormones du cortex surrénalien : déficiences des enzymes de synthèse

Les hormones majeures du cortex surrénalien (*corticoïdes*) sont les **glucocorticoïdes** et les **minéralocorticoïdes**, mais des **œstrogènes**, des **androgènes** et des **progestagènes** y sont également synthétisés.

Toutes les hormones du cortex surrénalien (voir aussi p. 272 *sqq.*) sont formées à partir du **cholestérol**. Le transport de cholestérol dans les mitochondries et sa transformation en pregnénolone peuvent être perturbés par un déficit en StAR (*steroidogenic acute regulatory protein*). Plusieurs enzymes sont nécessaires à la synthèse de chaque hormone et peuvent être diminués à la suite de défauts génétiques.

Les déficiences enzymatiques provoquent une diminution de la synthèse des produits correspondants ainsi qu'une diminution de la synthèse des hormones formées « après » l'étape catalytique touchée. En effet, une diminution de la synthèse des glucocorticoïdes entraîne une **levée d'inhibition de la formation de corticolibérine** (CRH) **et de corticotropine** (ACTH). L'ACTH stimule à son tour la croissance du cortex surrénalien, la libération de cholestérol, et l'expression de nombreux enzymes impliqués dans la synthèse des hormones du cortex surrénalien. En raison de ces effets, les concentrations des substrats enzymatiques, de leurs précurseurs et de leurs métabolites ainsi que celles des stéroïdes « en amont » du blocage enzymatique, vont augmenter. Ces stéroïdes présentent une activité hormonale partielle, glucocorticoïde (bleu), minéralocorticoïde (vert), androgène (rouge), progestogène (brun) et œstrogène (violet). Ces activités sont décrites séparément aux pages 268, 272 et 276. Selon l'activité exprimée par le produit, le précurseur, le substrat ou le métabolite correspondant, on peut pour une déficience enzymatique donnée aboutir à une augmentation (↑) ou une diminution (↓) de l'action hormonale (voir tableau).

La stimulation de la production du cortex surrénalien par l'ACTH peut ainsi (presque) normaliser la production de glucocorticoïde en dépit d'une déficience enzymatique. Le plus souvent cependant l'effet glucocorticoïde décroît (p. 270). Selon la nature du défaut enzymatique l'action minéralocorticoïde peut être augmentée ou diminuée (→ p. 268 *sqq.*). En cas d'accumulation de métabolites ayant une action progestogène, leur faible action antiminéralocorticoïde peut déclencher une natriurèse (→ p. 276). Certaines déficiences enzymatiques augmentent la concentration de métabolites à action androgénique, entraînant les conséquences correspondantes pour le développement sexuel (→ p. 272, 278). En cas de déficit en 3β-hydroxydéshydrogénase (→ **A3**), la formation d'androgène est trop faible pour un développement sexuel masculin normal et trop élevée pour un développement sexuel féminin. Une réduction de la synthèse d'hormones sexuelles dans le cortex surrénalien n'altère pas, en général, le développement sexuel, car les hormones sexuelles sont essentiellement synthétisées dans les gonades.

La déficience enzymatique la plus fréquente est une **carence en 21β-hydroxylase** (cytochrome P450c21) : la déficience enzymatique bloque la transformation de la progestérone en 11-désoxycorticostérone et de la 17-hydroxyprogestérone en 11-désoxycortisol (→ **A5**). Selon l'importance du déficit de l'activité enzymatique, on aboutit à un déficit en cortisol variant de modéré à très marqué. La formation accrue d'androstènedione et de testostérone conduit à une *virilisation chez les filles* et à un développement prématuré des caractères sexuels secondaires chez les jeunes garçons (*pseudo-puberté précoce*) (**syndrome adrénogénital**, voir aussi p. 272). Ces effets sont visibles dès la naissance car les androgènes sont déjà synthétisés en excès in utero.

Déficience enzymatique (→ **A1-8**)	Action androgénique	Action glucocorticoïde	Action minéralocorticoïde
❶ 20,22-desmolase (P450scc, StAR)	↓	↓	↓
❷ 17α-hydroxylase (P450c17)	↓	↓	↑
❸ 3β-hydroxydéshydrogénase	↑ (♀) ↓ (♂)	↓	↓
❹ 17-réductase	↓	–	–
❺ 21β-hydroxylase (P450c21)	↑	↓	↓
❻ 11β-hydroxylase (P450c11)	↑	↓	↑
❼ 18-hydroxylase (P450c11AS)	–	–	↓
❽ 18-méthyloxydase (P450c11AS)	–	–	↓

A. Déficiences enzymatiques dans la voie de biosynthèse des hormones surrénaliennes

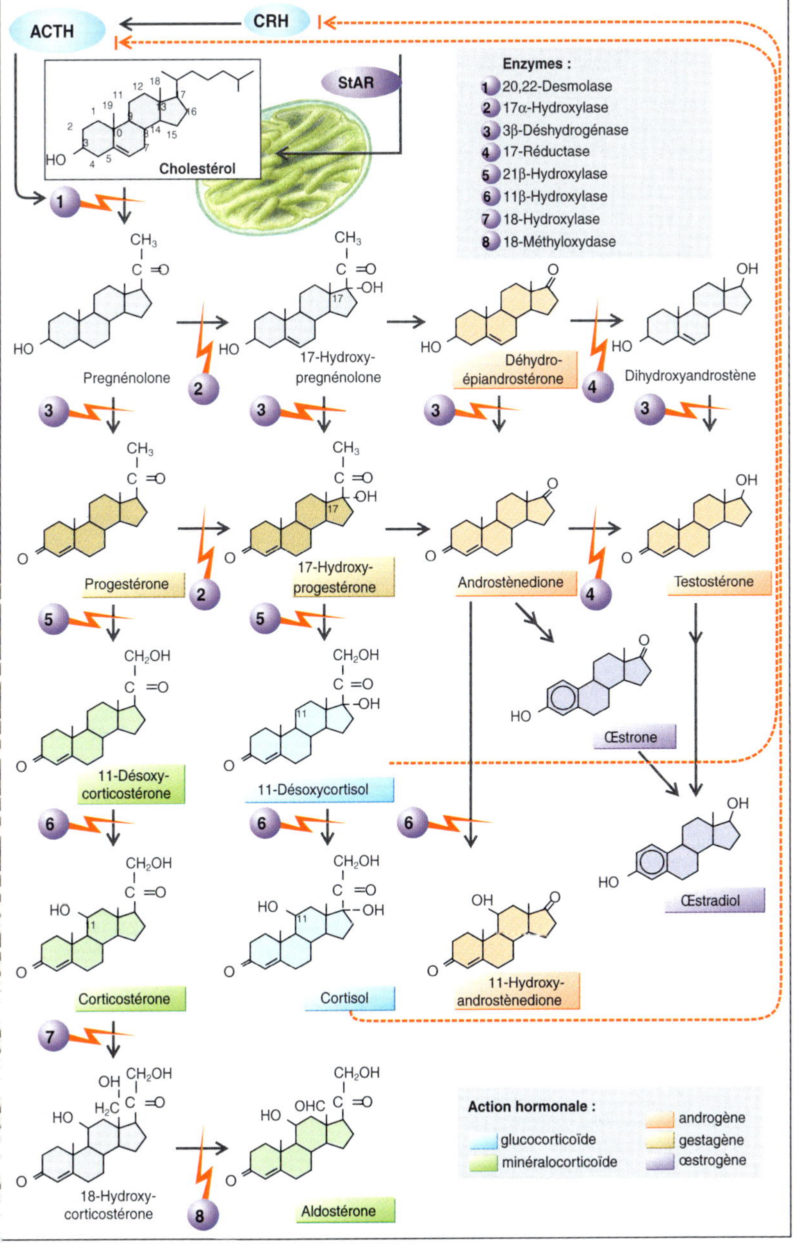

Hormones du cortex surrénalien : causes des troubles de sécrétion

Les **glucocorticoïdes** permettent essentiellement l'adaptation du métabolisme, de la circulation, du sang et du système immunitaire à un stress ou à des menaces physiques ou psychiques graves. Les **minéralocorticoïdes** interviennent dans l'équilibre minéral et hydrique via une rétention de Na^+ et une élimination de K^+ et d'autres ions (mécanismes d'action → p. 268).

La **sécrétion des glucocorticoïdes** (par ex., le cortisol) est régulée par l'ACTH (hormone adrénocorticotrope) provenant de l'hypophyse, qui de son côté est sous le contrôle de la corticolibérine hypothalamique (*corticotropin releasing hormone* = CRH) (→ **A**). Le stimulus le plus important gouvernant la sécrétion de CRH et donc d'ACTH et de cortisol est le stress. Parmi les autres éléments stimulants, on trouve l'adrénaline, l'ADH, l'histamine, les pyrogènes, la douleur, les chutes de tension et l'hypoglycémie (→ **A1**). Le CRH et l'ACTH sont sécrétés par vagues (sécrétion pulsatile, ~ 4/h). La secrétion du cortisol est maximale dans les premières heures du jour et décroît lentement durant la journée (→ rythme nycthéméral, **A2**). Cette sécrétion est inhibée par la morphine. Un **excès de glucocorticoïdes** est souvent d'origine *iatrogène* (administration thérapeutique de glucocorticoïdes pour provoquer une immunosuppression, → **A4**). Il peut cependant être dû à une *tumeur* produisant des stéroïdes, dans les surrénales ou un autre organe (en particulier un carcinome bronchique à petites cellules, → **A3**) (→ maladie de Cushing, p. 268). Une *stimulation exagérée de la surrénale* par l'ACTH peut également être à l'origine d'un tel excès (syndrome de Cushing secondaire, par exemple dans le cas d'une tumeur de l'hypophyse, d'une stimulation de la sécrétion de CRH ou de la formation ectopique d'ACTH ou plus rarement de CRH).

Le stimulus majeur gouvernant la **sécrétion** d'aldostérone, un **minéralocorticoïde**, est l'angiotensine II, formée en quantités plus importantes par le système rénine-angiotensine en cas de chute de la pression de perfusion rénale ou d'hypovolémie (→ **A5**). La sécrétion d'aldostérone est de plus stimulée par l'ADH, dont la libération est également stimulée par l'angiotensine II. Elle est augmentée par l'hyperkaliémie et inhibée par la dopamine et le facteur atrial natriurétique (ANF). Une **hypersécrétion** sélective **de minéralocorticoïdes** se produit dans la majorité des cas sous forme d'un *hyperaldostéronisme secondaire* consécutif à une augmentation de la sécrétion de rénine : lors d'une hypovolémie (par ex., à la suite d'une déshydratation), l'accroissement de la sécrétion d'aldostérone permet la régulation du volume mais il est, au contraire, trop élevé pour l'équilibre potassique. L'altération de la boucle de régulation pour le volume et le potassium (→ p. 258) provoque régulièrement une hypokaliémie lors d'une hypovolémie. Mais, même pour des volumes sanguins normaux ou élevés, la perfusion rénale peut être modifiée entraînant ainsi une élévation de la sécrétion de rénine, comme on l'observe dans une série de maladies rénales. En cas de diminution de la capacité de pompe du cœur (→ p. 224) ou de vasodilatation périphérique (choc septique, insuffisance hépatique ; → p. 118), la pression sanguine ne peut être maintenue que par une activation massive du système sympathique avec pour conséquences une vasoconstriction rénale, une sécrétion de rénine et un hyperaldostéronisme. Une autre cause possible est l'existence de *tumeurs* des surrénales, produisant de l'aldostérone (syndrome de Conn). Finalement, l'inhibition (→ p. 212) ou la déficience de la 11β-hydroxystéroïde déshydrogénase peut entraîner une augmentation de l'effet minéralocorticoïde. L'enzyme est en temps normal synthétisé dans les cellules cibles de l'aldostérone et inactive le cortisol accédant à ces cellules. Le cortisol se fixe en effet sur le récepteur minéralocorticoïde, et son action minéralocorticoïde n'est bloquée que parce qu'il est habituellement inactivé par l'enzyme avant de pouvoir accéder à ce récepteur. En cas de déficience ou de blocage de l'hydroxystéroïde déshydrogénase, le cortisol déclenche une action minéralocorticoïde intense parce que sa concentration sanguine est plusieurs centaines de fois supérieure à celle de l'aldostérone.

Un **déficit en hormones du cortex surrénalien** (→ **B**) peut être la conséquence d'une dégénérescence des surrénales (maladie d'Addison, → p. 270 ; à la suite d'un défaut génétique, d'une destruction auto-immune, d'une tuberculose, de métastases ou d'une ablation chirurgicale) ou d'une déficience enzymatique dans la voie de biosynthèse des hormones stéroïdes (→ p. 264). Par ailleurs, ce déficit peut provenir d'une stimulation insuffisante par l'ACTH, par exemple à la suite d'une lésion de l'hypophyse ou de l'hypothalamus. La sécrétion d'aldostérone peut enfin être réduite à la suite d'une hypokaliémie ou d'une diminution de la synthèse d'angiotensine II.

A. Origines d'une hypersécrétion de cortisol et d'aldostérone

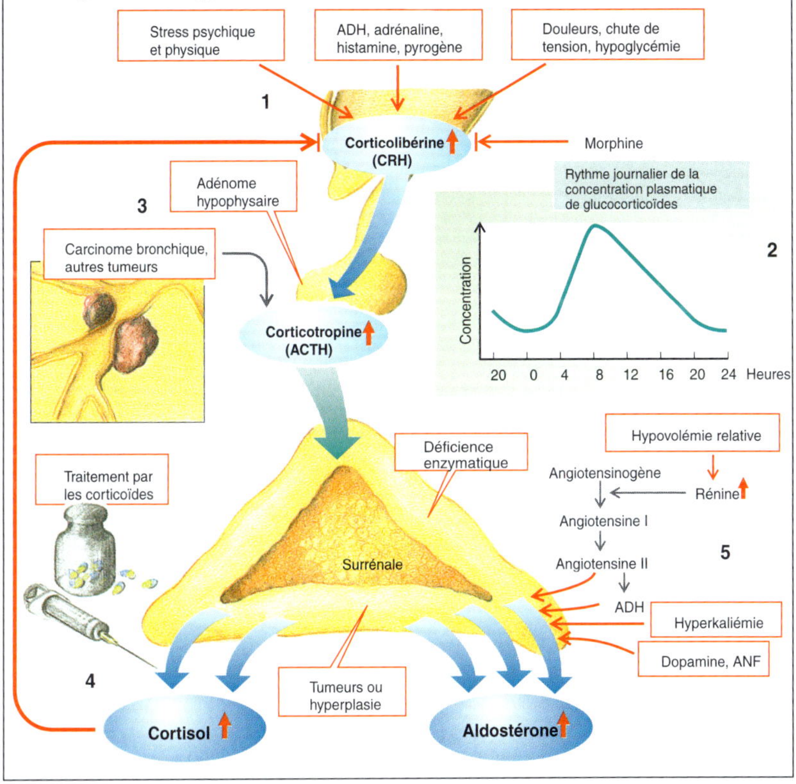

B. Causes d'un déficit en cortisol ou en aldostérone

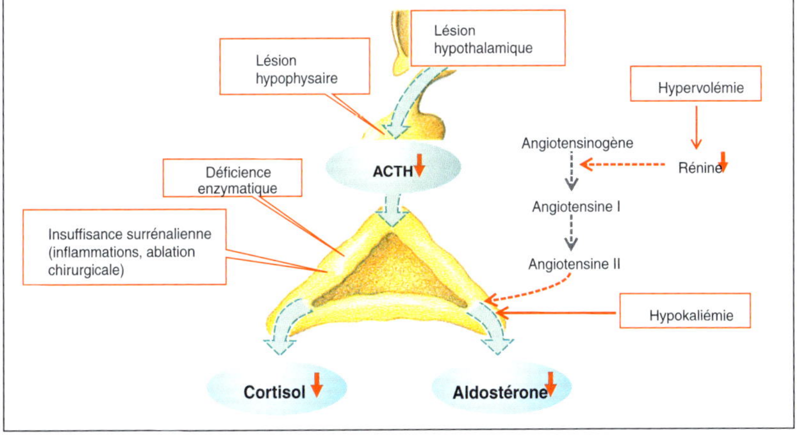

Hypersécrétion des hormones du cortex surrénalien : maladie de Cushing

Les **glucocorticoïdes** (principalement le cortisol) *stimulent la néoglucogenèse* dans le foie et *inhibent l'entrée de glucose* dans les cellules périphériques. D'autre part, ils stimulent la lipolyse, la dégradation des protéines à la périphérie et la formation des protéines plasmatiques (entre autres l'angiotensinogène) dans le foie. Ils favorisent la formation des érythrocytes, des thrombocytes et des granulocytes neutrophiles et diminuent en même temps le nombre de granulocytes éosinophiles ou basophiles, de lymphocytes et de monocytes. Via, entre autres, la formation de protéines (lipocortine, vasocortine), ils diminuent la sécrétion d'histamine, d'interleukines et de lymphokines ; via une inhibition de la phospholipase A_2 ils inhibent la synthèse de prostaglandines et de leucotriènes. Ils diminuent la synthèse d'anticorps et exercent donc une action *immunosuppressive*. En inhibant la prolifération du tissu conjonctif, les glucocorticoïdes ont une action anti-inflammatoire (*antiphlogistique*), mais ils empêchent en même temps la synthèse de collagène et la réparation. Dans l'estomac, ils stimulent la sécrétion d'acide et de pepsine et réduisent la formation du mucus. Ils abaissent le niveau plasmatique de calcium et de phosphate, entre autres via une inhibition de la formation du calcitriol. Par ailleurs, ils sensibilisent le cœur et les vaisseaux à l'action des catécholamines en bloquant la synthèse des prostaglandines, stimulent la libération de la noradrénaline et augmentent l'excitabilité du système nerveux.

Les **minéralocorticoïdes** (en particulier l'aldostérone) stimulent la rétention d'eau et de Na^+ et favorisent donc une élévation de la pression artérielle. D'autre part, ils stimulent l'élimination de K^+, de Mg^{++} et d'H^+ et favorisent en même temps l'entrée du potassium dans les cellules. À concentration plasmatique élevée, le cortisol exerce une action minéralocorticoïde non négligeable bien qu'il soit en grande partie inactivé dans les cellules cibles des minéralocorticoïdes (→ p. 266). À côté des minéralo- et des glucocorticoïdes, un précurseur des stéroïdes sexuels, la **déhydroépiandrostérone** (**DHEA**) est également synthétisée dans le cortex surrénalien.

Lors d'un **excès de glucocorticoïdes**, leurs actions métaboliques favorisent le développement d'un diabète (→ p. 286 *sqq.*), on parle alors de **diabète stéroïdien**, associé à une augmentation de la sécrétion d'insuline (→ **A2**). Les acides gras libres provenant de l'augmentation de la lipolyse sont en partie incorporés dans des VLDL et libérés dans le sang (→ **A3**). Par ailleurs, le foie synthétise des corps cétoniques à partir des acides gras. À cause de la sensibilité variable des tissus périphériques aux glucocorticoïdes et à l'insuline, on observe une **redistribution des tissus adipeux** : obésité du tronc, bosse de bison et face de lune avec un amincissement frappant des extrémités. La dégradation des protéines à la périphérie (→ **A5**) conduit à une **fonte musculaire**, une **ostéoporose** (dégradation de la trame osseuse), à l'apparition de **vergetures** (dégradation du tissu conjonctif sous-cutané) et à un **purpura** (fragilité accrue des vaisseaux). Le ralentissement des phénomènes de réparation va entraîner un **ralentissement de la cicatrisation** des plaies. L'effet sur les os est aggravé par une carence en $CaHPO_4$ et entraîne chez les enfants un **retard de croissance**. Les effets sur le sang conduisent à une polyglobulie (→ **A1**), à une thrombocytose et à une **augmentation de la tendance à coaguler** (→ **A6**). L'affaiblissement des défenses immunitaires favorise la survenue d'**infections** (→ **A4**). La sensibilisation du système vasculaire aux catécholamines entraîne, entre autres, une augmentation de la force du cœur et une vasoconstriction périphérique, ce qui provoque une **hypertension** (→ **A7**). Celle-ci, en association avec l'hyperlipidémie et l'augmentation de la tendance à la coagulation, favorise le développement de phénomènes d'*athérosclérose*, de *thrombose* et d'*occlusion des vaisseaux* (→ **A6**). La stimulation de la sécrétion d'acide chlorhydrique et de pepsine et l'inhibition de la formation de mucus conduisent à l'apparition d'**ulcères gastriques ou duodénaux** (→ **A8**). Les effets sur le système nerveux central peuvent provoquer ce que l'on appelle un **psychosyndrome endocrinien**.

Une **augmentation de l'action minéralocorticoïde** entraîne une *hypertension*, via une hypervolémie, et une *augmentation de l'excitabilité neuromusculaire* due à une hypokaliémie, une hypomagnésémie et une alcalose (→ **A10**). Ces phénomènes ont pour conséquence des troubles de la formation et de la propagation de l'excitation cardiaque.

Un **excès d'androgènes** (→ **A9**) peut provoquer chez la femme une virilisation et des aménorrhées (*virilisme*), et provoquer chez l'enfant de sexe mâle une accélération de l'apparition des caractères sexuels secondaires (*pseudo-puberté précoce* ; → p. 272).

A. Conséquences et symptômes d'un excès d'hormones du cortex surrénalien

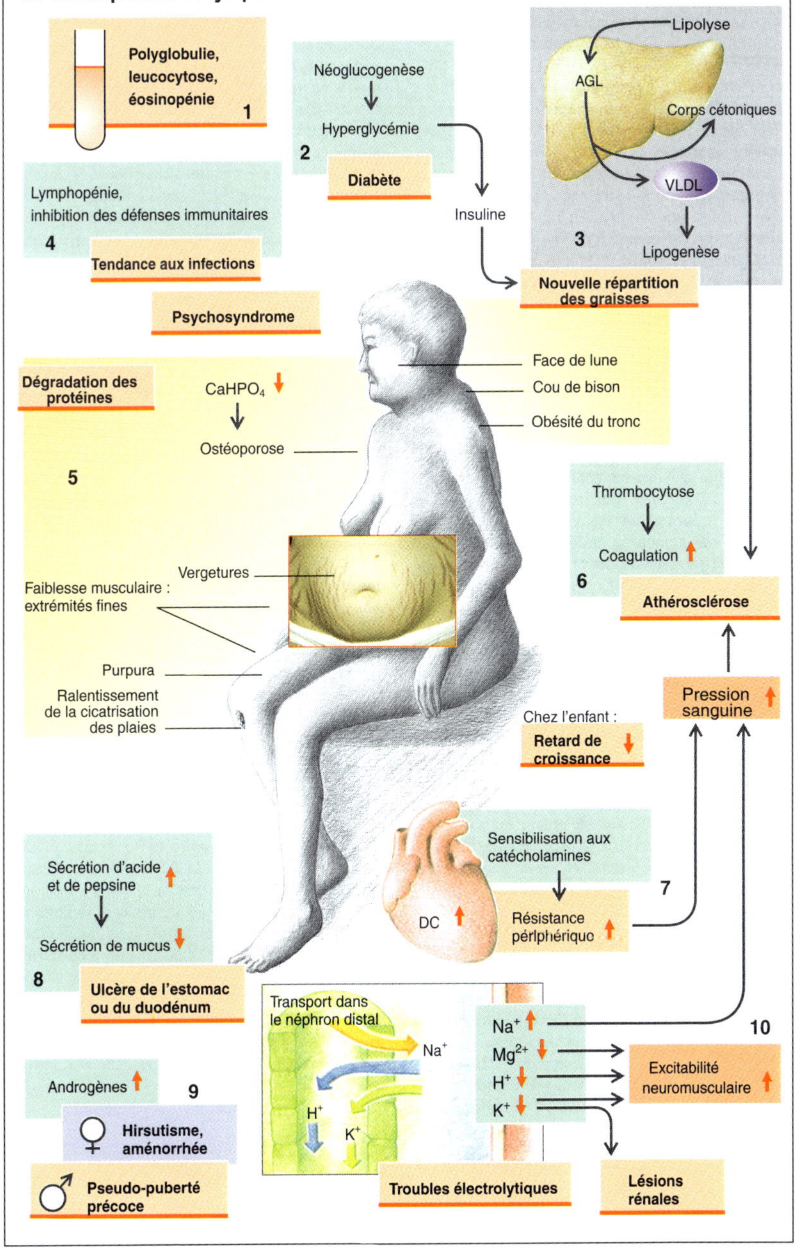

Figure 9-7 **Maladie de Cushing**

Carence en hormones du cortex surrénalien : maladie d'Addison

En ce qui concerne l'action des hormones du cortex surrénalien, voir p. 268.

On observe souvent en cas de **carence en glucocorticoïde** une **hypoglycémie** due à une diminution de la néoglucogenèse et à l'absence d'inhibition de la glycolyse (→ **A1**). Celle-ci est encore plus marquée en cas de *carence secondaire* en hormones du cortex surrénalien en raison d'une insuffisance hypophysaire, car il se produit en même temps une diminution de la sécrétion de somatotropine, dont l'action hyperglycémiante est alors absente (→ p. 262). L'hypoglycémie active le système sympathique et inhibe la sécrétion d'insuline ainsi que son action freinatrice sur la lipolyse et la dégradation des protéines. La diminution de l'action lipolytique et protéolytique du cortisol sera plus que compensée par la diminution de l'action de l'insuline et l'augmentation de celle de l'adrénaline, avec pour conséquence une **lipolyse** et une **dégradation protéique** accrues. D'autres effets de l'élévation de la sécrétion d'adrénaline sont une **tachycardie** et une **sudation** (→ **A2**). La diminution de la sensibilité aux catécholamines du cœur et des vaisseaux conduit, en dépit de l'augmentation de la sécrétion d'adrénaline à une **chute de la tension artérielle**. La diminution de la sécrétion d'acide chlorhydrique entraîne dans l'estomac une destruction moins efficace des agents pathogènes absorbés par voie orale et provoque des **infections gastro-intestinales** plus fréquentes (→ **A6**) avec pour conséquence des coliques et des vomissements et les pertes d'eau et d'électrolytes correspondantes. L'absence d'action des glucocorticoïdes sur les cellules souches hématopoïétiques provoque une *anémie*, une *neutropénie*, une *éosinophilie* et une *lymphocytose* (→ **A4**). Parmi les autres symptômes, on note la fatigue et une faiblesse musculaire. Par ailleurs, des dépressions peuvent survenir à la suite d'une absence d'action des glucocorticoïdes au niveau du cerveau. En cas de carence persistante en cortisol, les cellules cibles vont cependant augmenter leur sensibilité au cortisol et contrebalancent ainsi l'apparition des symptômes.

Lors d'une **insuffisance primaire du cortex surrénalien (maladie d'Addison)**, la diminution du rétrocontrôle exercé par le cortisol entraîne une augmentation massive de la sécrétion de *pro-opiomélanocortine*, le précurseur de l'ACTH. La conséquence est non seulement une augmentation de la synthèse d'ACTH, mais aussi de celle de l'α-MSH (α-mélanotropine). L'α-MSH mais aussi l'ACTH elle-même colorent la **peau en brun** (→ **A3**), ce qui a donné à la maladie d'Addison son nom de « maladie bronzée ». En cas de déficience unilatérale du cortex surrénalien, l'ACTH suscite une hypertrophie de la surrénale intacte. Si la déficience touche les deux glandes, l'ACTH peut même provoquer une sécrétion ectopique d'hormones stéroïdes, qui n'est de toute façon pas suffisante. Lors d'une **insuffisance surrénalienne secondaire**, la pigmentation de la peau est diminuée à cause d'une carence en ACTH et en MSH.

Une **carence en minéralocorticoïdes** conduit à une perte rénale de NaCl ainsi qu'à une rétention rénale de K^+, Mg^{++} et H^+ (→ **A5**). La réabsorption de Na^+ au niveau de l'intestin et des glandes sudoripares est également altérée. Les conséquences sont une carence en NaCl, une **déshydratation hypotonique**, une **hypovolémie**, une **baisse de la tension artérielle** et une augmentation du volume intracellulaire (→ p. 122 *sqq.*). Ces phénomènes peuvent provoquer une diminution de l'irrigation rénale et du taux de filtration glomérulaire avec une augmentation de la concentration plasmatique de créatinine. Par suite de la diminution de la perfusion rénale, la sécrétion de rénine et celle d'angiotensine I et II sont accrues. La stimulation de la sécrétion d'ADH par l'angiotensine II contribue à l'hypo-osmolarité. La rétention de K^+, Mg^{++} et H^+ provoque, par le biais d'une hyperkaliémie, d'une hypermagnésémie et d'une acidose, une diminution de l'excitabilité neuromusculaire ainsi que des troubles de la formation et de la conduction de l'excitation cardiaque (→ **A8** et p. 124 *sqq.*). L'augmentation de la dégradation des graisses et des protéines et la perte liquidienne entraînent une **perte de poids**, l'hypertension artérielle et l'anémie sont associées à une diminution des capacités physiques.

Une **carence en androgène** se manifeste en particulier par une pilosité pubienne peu abondante ainsi que par une fonte musculaire et une perte de la libido (→ **A7**). Cependant, la disparition des androgènes surrénaliens n'a chez l'homme aucune conséquence tant que la production de testostérone dans les testicules est normale.

Une manifestation aiguë de ces symptômes conduit à une **décompensation** avec une faiblesse extrême, une chute de tension, une tachycardie, des coliques, une hypoglycémie, une hyponatrémie, une hyperkaliémie et une oligurie. Cette crise est souvent la conséquence d'une infection, qui, en temps normal mais pas chez le sujet addisonien, provoque une augmentation de la sécrétion de cortisol.

A. Conséquences et symptômes d'une carence en hormones du cortex surrénalien

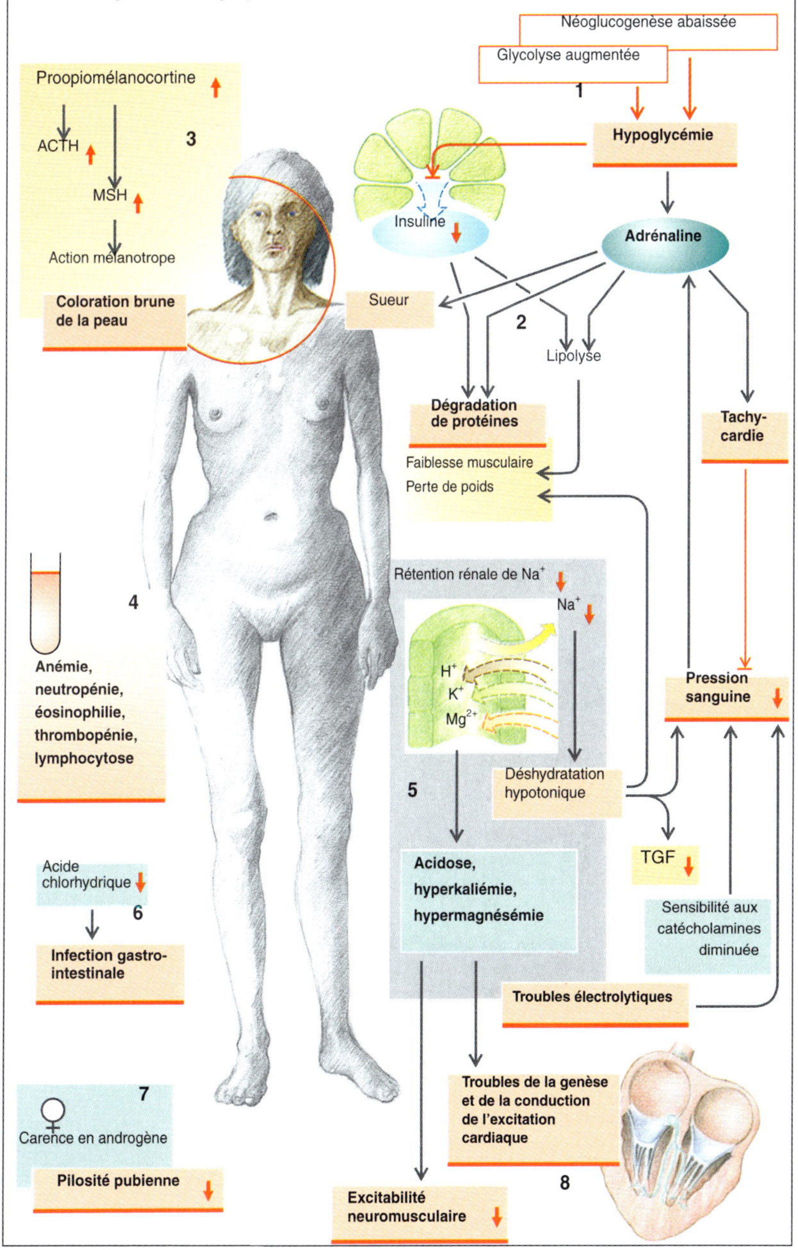

Causes et conséquences d'un excès ou d'une carence en androgènes

L'*hormone folliculostimulante* (FSH, follitropine) et l'*hormone lutéotrope* (LH, lutropine) vont être libérées par le lobe antérieur de l'hypophyse sous l'influence de la sécrétion pulsatile de la gonadolibérine (GnRH) hypothalamique (→ **A1**). La sécrétion pulsatile de ces gonadotrophines est inhibée par la *prolactine* (→ p. 260). La LH stimule dans les cellules de Leydig des testicules la sécrétion de *testostérone,* qui inhibe par rétrocontrôle la libération de GnRH et de LH (→ **A2**). La FSH induit dans les cellules de Sertoli du testicule (→ **A3**) la formation d'*inhibine*, qui bloque la sécrétion de FSH, ainsi que la formation de l'ABP (*androgen binding protein*).

La **testostérone** ou la dihydrotestostérone (5α-DHT) formée dans les cellules de Sertoli et dans quelques organes stimulent la *croissance du pénis, des tubules séminifères et du scrotum* (→ **A4**). La testostérone et la FSH sont toutes les deux nécessaires à la *formation et à la maturation du sperme.* Par ailleurs, la testostérone stimule la *capacité sécrétoire de la prostate* (diminution de la viscosité de l'éjaculat), des *vésicules séminales* (addition de fructose et de prostaglandines), ainsi que celle des glandes sébacées et des glandes sudoripares dans la région génitale et les aisselles. La testostérone augmente l'épaisseur de la peau, la pigmentation du scrotum et stimule l'érythropoïèse. En stimulant la croissance osseuse et musculaire (synthèse de protéines), la croissance en longueur et la minéralisation osseuse et en contrôlant la fermeture des cartilages de conjugaison, la testostérone influence la *taille du corps et la stature*. La testostérone stimule la *croissance de la pomme d'Adam* (mue), la *pilosité* pubienne et celle des aisselles, des parties génitales et de la poitrine, le développement de la barbe ; sa présence est indispensable à la *chute des cheveux chez l'homme*. L'hormone stimule la *libido* et le *comportement agressif.* Finalement, elle stimule la rétention rénale d'électrolytes, diminue la concentration sanguine d'HDL (→ p. 246 *sqq.*) et joue sur la répartition des graisses.

Une **diminution de la sécrétion des androgènes** peut être due à une *carence en GnRH*. Si la *sécrétion de GnRH* n'est *pas pulsatile*, la synthèse d'androgènes ne sera stimulée que de façon insuffisante. Ces deux phénomènes peuvent survenir à la suite de lésions de l'hypothalamus (tumeurs, rayonnements, troubles d'irrigation, défauts génétiques), ainsi qu'à la suite d'efforts physiques ou psychiques. Des concentrations élevées et prolongées de GnRH (ou d'analogues) diminuent la sécrétion de gonadotrophines via une *down-regulation* des récepteurs. D'autres causes possibles sont une *inhibition de la sécrétion pulsatile des gonadotrophines* par la prolactine ainsi que des *lésions* hypothalamiques (traumatisme, infarctus, maladies auto-immunes, tumeurs, hyperplasie) ou testiculaires (génétiques, maladies graves généralisées). Finalement, l'action des androgènes peut être affectée par une *déficience enzymatique dans la chaîne de synthèse*, comme par exemple une carence génétique en 5-α-réductase (→ p. 264), ou une *déficience des récepteurs de la testostérone.*

Les **conséquences d'une action défectueuse des androgènes** sont chez le fœtus masculin une **absence de différenciation sexuelle** (→ p. 278), chez le jeune, l'absence de la mue et d'une pilosité corporelle de type masculin, un ralentissement de la croissance osseuse mais finalement un allongement des extrémités dû à un retard de la fermeture des cartilages de conjugaison. Parmi les autres conséquences, on trouve (également chez l'adulte) une **infertilité**, une baisse de la libido et de l'agressivité, une masse musculaire et osseuse plus faible et un hématocrite légèrement plus bas. Si l'action des androgènes est totalement absente, la pilosité du pubis et des aisselles sera également absente.

Les **causes** possibles **d'un excès d'androgène** sont une *déficience enzymatique de la chaîne de biosynthèse des hormones stéroïdes* (→ syndrome adrénogénital, p. 264), l'existence d'une *tumeur produisant des androgènes* ou un *apport iatrogène* (→ **A2, A3**).

Les **suites d'un excès d'androgènes** sont la **différenciation d'un appareil génital** et d'une pilosité **masculine**, chez la femme également ; une augmentation de l'érythropoïèse ainsi qu'un accroissement de la masse musculaire et osseuse et une augmentation de la libido et de l'agressivité. L'inhibition de la sécrétion de GnRH et de gonadotrophine entraîne une aménorrhée (♀) et une **altération de la fertilité** (♂ et ♀).

La **fonction reproductrice des testicules** peut cependant être altérée sans qu'il existe une anomalie visible des hormones sexuelles. C'est le cas d'une absence de descente des testicules (*cryptorchidie*), d'une déficience génétique ou d'une lésion des testicules (inflammation, irradiation, problèmes de circulation sanguine dus à des varices).

A. Excès et carence en androgènes

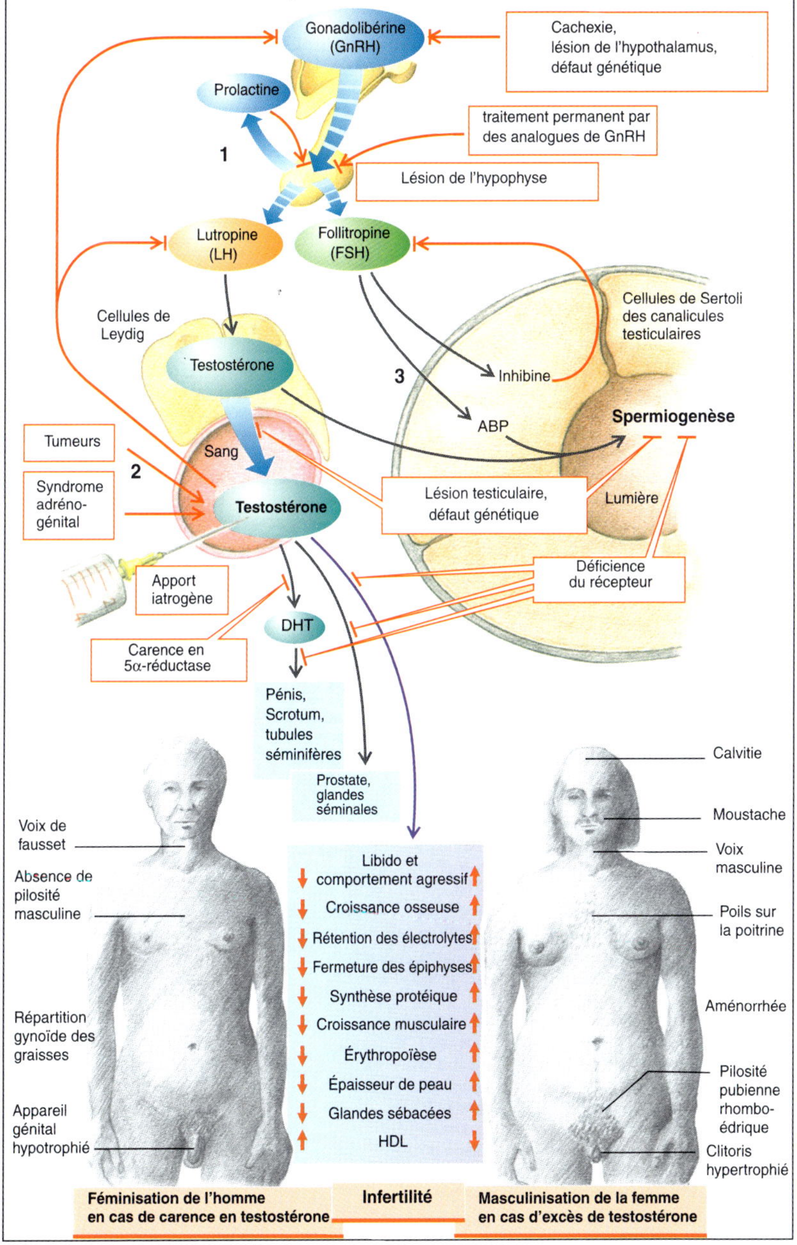

Sécrétion des hormones sexuelles féminines

Les gonadotrophines (FSH et LH) sont sécrétées de façon pulsatile par les cellules du lobe antérieur de l'hypophyse sous l'action de GnRH (gonadolibérine) provenant de l'hypothalamus (→ **A1**, voir aussi p. 272). Elles sont indispensables à la maturation du follicule et à une synthèse coordonnée des hormones sexuelles féminines : la **FSH** stimule dans les organismes féminins la maturation du follicule et la production des œstrogènes dans les cellules de la granulosa du follicule (→ **A2**). Les **œstrogènes** (œstrone, œstriol, œstradiol) stimulent d'abord la continuation de la sécrétion des gonadotrophines (rétrocontrôle positif), jusqu'à ce que la maturation du follicule conduise à l'ovulation et la formation du corps jaune. La **progestérone** synthétisée par le corps jaune sous l'influence de la **LH** ainsi que les œstrogènes (après l'ovulation) inhibent la sécrétion de gonadotrophines (→ **A3**). Leur concentration décroît de nouveau après l'ovulation, avec aussi une inhibition des œstrogènes et des progestagènes (→ **A4**). En général, ce cycle dure 28 jours, avec une variation considérable de la durée entre la menstruation et l'ovulation. En dehors des œstrogènes, les cellules de la granulosa synthétisent de l'*inhibine* et de l'*activine*, les cellules de la thèque forment les androgènes, *androstènedione* et *testostérone*. L'activine stimule et l'inhibine bloque la sécrétion de gonadotrophine. (L'action de la testostérone est décrite à la page 272.) La *prolactine* synthétisée dans l'antéhypophyse inhibe la sécrétion pulsatile des gonadotrophines. Par ailleurs, elle diminue la sensibilité de l'ovaire aux gonadotrophines.

Un **excès** d'hormones sexuelles féminines est surtout dû à un apport exogène (inhibiteurs d'ovulation). De plus, certaines tumeurs synthétisent des œstrogènes.

Une **carence** en œstrogènes et en progestagènes est souvent la *conséquence d'une réduction de la sécrétion de GnRH*, provoquée par un effort physique ou psychique important (par ex., un manque de nourriture, une maladie grave généralisée, un sport de haut niveau, un stress). La sécrétion de GnRH peut également être diminuée sous l'action de neurotransmetteurs, noradrénaline, dopamine, sérotonine et endorphine (→ **A1**).

La sécrétion de gonadotrophines est non seulement diminuée par une baisse de GnRH mais aussi par *l'utilisation sur une longue durée d'analogues de GnRH* (*down-regulation* des récepteurs du GnRH). Même si l'hypothalamus est intact, la sécrétion de gonadotrophine peut être également affectée par des *lésions de l'hypophyse* (hémorragies, ischémie, inflammations, blessures), une compression des cellules produisant les gonadotrophines par des cellules *tumorales* ou une inhibition due à une *augmentation des concentrations de stéroïdes sexuels* (inhibiteurs d'ovulation, anabolisants à activité androgénique, tumeurs, syndrome adrénogénital, → p. 264).

Lors d'une augmentation de la production ovarienne d'androgènes, la sécrétion de FSH sera interrompue ce qui bloque la maturation du follicule ; on aboutit à un *ovaire polykystique*. Les androgènes seront en partie transformés en œstrogènes qui vont de nouveau stimuler la production ovarienne d'androgène en stimulant la sécrétion de LH.

Assez souvent, une diminution de la sécrétion de gonadotrophines a pour point de départ une élévation de la concentration de prolactine, par exemple due à une absence d'inhibition de la sécrétion hypothalamique de prolactine ou à la présence d'un adénome hypophysaire produisant de la prolactine (→ p. 260). La sécrétion de gonadotrophines peut être inhibée par des médicaments antidopaminergiques, qui provoquent une augmentation de la sécrétion de prolactine. Finalement, la sécrétion de gonadotrophine peut être diminuée par une lésion de l'hypothalamus lors d'un traumatisme cérébral, par des troubles du développement, des rayonnements, une tumeur, des maladies inflammatoires ou dégénératives ainsi que par des déficiences de biosynthèse.

La formation des œstrogènes et/ou des progestagènes peut être affectée par une *insuffisance ovarienne* résultant d'une anomalie du développement (→ p. 278) ou d'une lésion (rayonnements, cytostatiques). La carence peut également être due à une maturation inappropriée du follicule ou à une transformation dans le corps jaune (*insuffisance du corps jaune*). Une carence en œstrogènes peut finalement être la conséquence d'une *déficience enzymatique*. Dans le *syndrome de l'ovaire résistant*, les ovaires sont réfractaires à l'action des gonadotrophines par suite d'une déficience des récepteurs ou de la présence d'anticorps inactivants ; on aboutit donc à une carence en œstrogènes malgré une sécrétion accrue de gonadotrophines.

A. Sécrétion des hormones sexuelles féminines

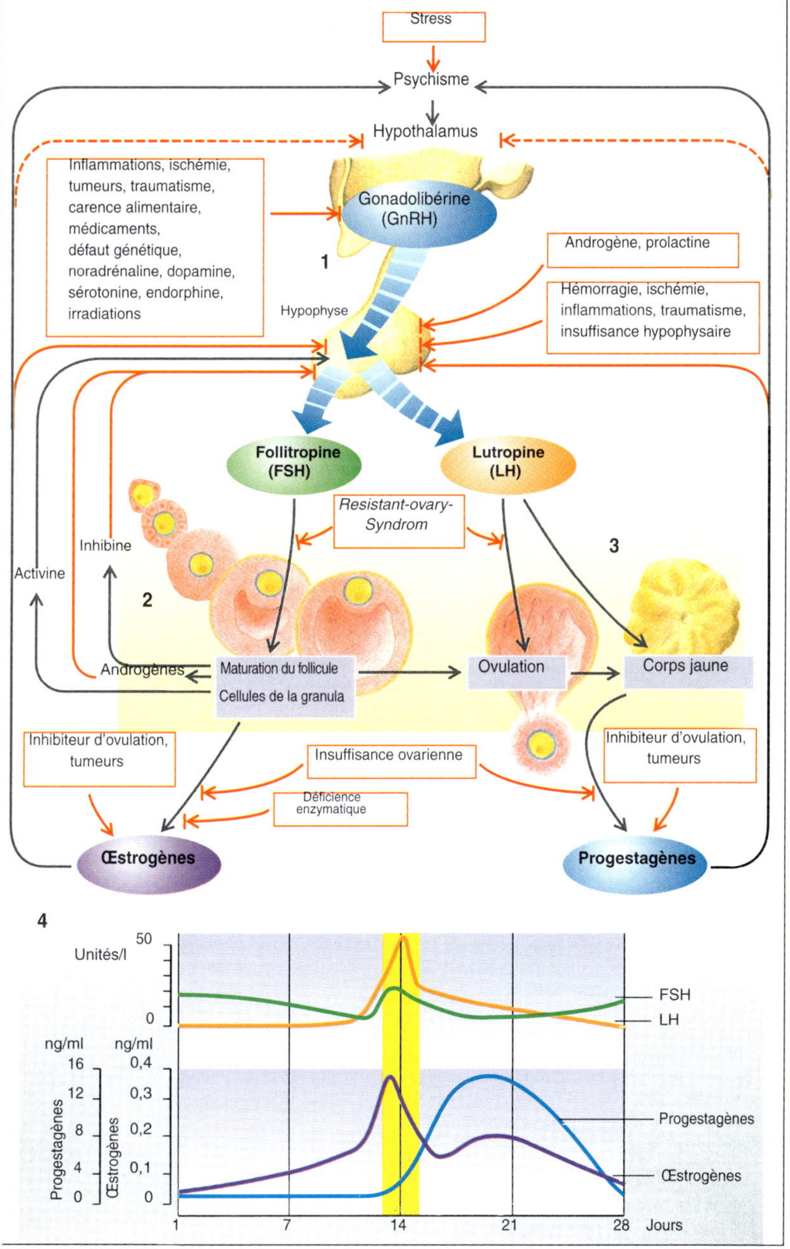

Action des hormones sexuelles féminines

Œstrogènes

Les œstrogènes stimulent le **développement des caractères sexuels féminins**, c'est-à-dire la transformation du canal de Müller en trompes utérines, utérus et vagin, ainsi que le développement des caractères sexuels secondaires (développement des seins et répartition gynoïde du tissu adipeux). La stimulation de la pilosité du pubis et des aisselles nécessite une coopération des œstrogènes avec les androgènes. Les œstrogènes exercent de plus une action sur le **développement psychique de la femme**. Chez les femmes pubères, les œstrogènes et les progestagènes exercent des actions en partie opposées.

Au niveau de l'**utérus**, les œstrogènes stimulent la prolifération de la muqueuse utérine. Dans le **col** et le **vagin**, ils diminuent la viscosité du mucus cervical et augmentent la désquamation de l'épithélium vaginal, dont le glycogène va être transformé en acide lactique par les micro-organismes de la flore vaginale. La diminution du pH qui en résulte empêche la pénétration d'agents pathogènes. Dans les **glandes mammaires**, les œstrogènes favorisent la formation des canaux glandulaires. Par ailleurs, ils stimulent la **synthèse des protéines** et augmentent la formation des **HDL** (*high density lipoproteins*) et des **VLDL** (*very low density lipoproteins*). Inversement, ils diminuent la synthèse des **LDL** (*low density lipoproteins*) et réduisent donc le risque d'athérosclérose. Les œstrogènes augmentent d'un autre côté la **tendance à la coagulation du sang**. Ils augmentent la rétention d'électrolytes au niveau **rénal** ainsi que la minéralisation des **os** (→ p. 132) en favorisant l'hydroxylation de la vitamine D3 et en inhibant l'action de la parathormone. Chez l'enfant, ils augmentent la croissance et la maturation osseuse et accélèrent la fermeture des épiphyses.

Progestérone

Dans l'**utérus** la progestérone stimule la maturation et la capacité sécrétoire de la muqueuse utérine et diminue la contractilité des muscles lisses utérins. Lors de la chute des concentrations d'œstrogènes et de progestérone vers la fin du cycle, la muqueuse utérine sera éliminée (saignement des règles). Dans le **col et le vagin**, la progestérone augmente la viscosité du mucus cervical, referme le col de l'utérus et diminue la contractilité des trompes utérines. Par ailleurs, elle inhibe la prolifération et la desquamation de l'épithélium vaginal. Dans les **glandes mammaires**, elle favorise la formation des alvéoles. La progestérone augmente le **métabolisme basal** et la température du corps, provoque une hyperventilation et diminue la sensibilité à l'insuline des tissus périphériques. De plus, elle exerce une action antiglucocorticoïde et antiminéralocorticoïde (natriurétique) importante, diminue la production de cholestérol et la concentration plasmatique de **HDL** et **LDL**.

Conséquences d'un excès ou d'une carence

Lors d'un **excès d'hormones sexuelles féminines** (→ **A2**), la sécrétion des gonadotrophines est inhibée, la maturation du follicule n'a pas lieu, il n'y a pas d'élimination régulière de la muqueuse utérine, et les patientes sont **infertiles** (lorsqu'il n'y a pas de grossesse en cours). Un excès d'œstrogènes peut déclencher des **thromboses** en augmentant la tendance à la coagulation. Chez l'enfant, des concentrations élevées en œstrogènes provoquent une **maturation sexuelle prématurée** et accélèrent la croissance. Cependant, la fermeture prématurée des épiphyses aboutit finalement à une **petite taille**. L'augmentation de l'action des progestagènes entraîne une *natriurèse*, une *augmentation de la température* et une *hyperventilation* et peut en raison de la résistance à l'insuline des tissus adipeux favoriser le déclenchement d'un **diabète**.

Comme dans le cas d'un excès, une **carence en stéroïdes sexuels féminins** (→ **A3**) ne permet pas la continuation du cycle. En cas de carence en œstrogène la phase de prolifération de l'utérus est absente, et la progestérone n'est pas capable de mener à bien la maturation du follicule. En cas de carence en progestérone, la maturation de la muqueuse utérine est absente. Dans les deux cas, les patientes sont **infertiles**. Les saignements menstruels cessent (**aménorrhée**). La carence en œstrogènes se manifeste de plus par une *diminution des caractères sexuels extérieurs*, une sensibilité accrue aux *infections vaginales*, une **ostéoporose** et un *risque plus élevé d'athérosclérose*. Chez l'enfant, la fermeture des épiphyses est retardée et on aboutit finalement, malgré une croissance plus lente, à une **taille importante**.

Les fonctions reproductrices de la femme peuvent également être perturbées, indépendamment des stéroïdes sexuels, par une anomalie de développement ou une maladie des ovaires, des trompes utérines et de l'utérus.

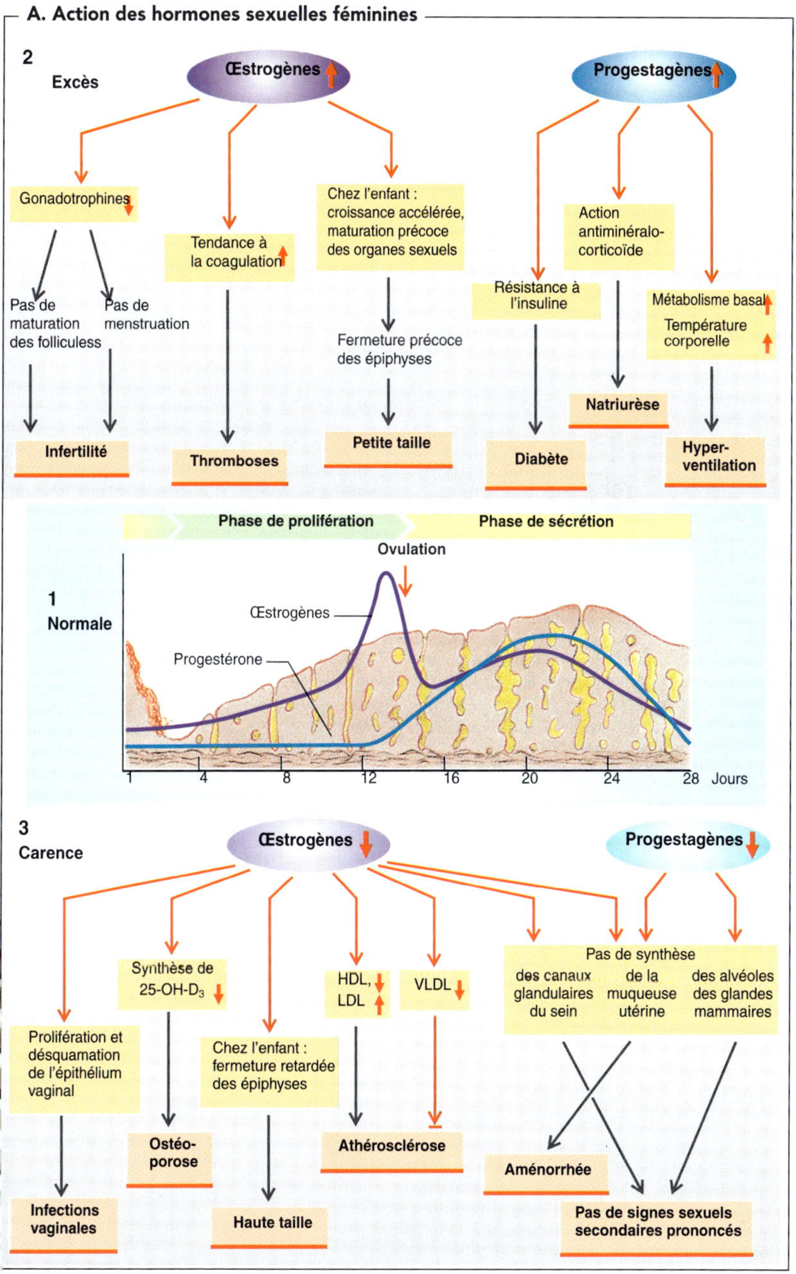

Figure 9-11 **Hormones sexuelles féminines : actions**

Intersexualité

Le **développement des ébauches de gonades** en ovaires ou testicules est déterminé par la présence ou l'absence du *facteur de détermination testiculaire* (FDT) codé par la région SRY (*sex determining region of Y*) du chromosome Y et qui gouverne le développement des testicules (→ **A1**). En l'absence du FDT ce sont les ovaires qui se développent (→ **A2**). Les gonades gouvernent la formation des **stéroïdes sexuels** masculins ou féminins. Dans les cellules de Leydig du testicule se forme la testostérone, et dans les cellules de Sertoli l'hormone antimüllérienne (MIF, *Müller inhibition factor*, → **A1**). L'homme cependant ne synthétise pas que des androgènes mais également des progestagènes (dont une partie sont des précurseurs de la synthèse de testostérone) et de l'œstradiol (essentiellement par transformation de la testostérone en périphérie). Dans les ovaires seront formés des progestagènes et des œstrogènes mais également, en plus faible concentration, des androgènes (surtout de l'androstènedione) (→ **A2**).

Le développement du canal de Wolff pour donner les **organes génitaux masculins internes** (tubes séminifères et glandes annexes) est stimulé par les androgènes, le développement du canal de Müller en **organes génitaux féminins internes** (trompes utérines, utérus et vagin) est bloqué par l'hormone antimüllérienne provenant des cellules de Sertoli. Les **caractères sexuels externes** sont essentiellement déterminés par la concentration d'androgènes (→ p. 272), le développement des organes féminins et de quelques caractères sexuels est stimulé par les œstrogènes.

La **définition du sexe** peut être effectuée en fonction de l'*assortiment des chromosomes* (XX ou XY), en fonction des *gonades* (ovaires ou testicules), des *organes génitaux internes* ou selon l'*apparence externe*. On parlera d'**intersexualité** lorsque les différents caractères sexuels se manifestent de façon équivoque ou opposée.

Une altération du caryotype est présente dans le **syndrome de Klinefelter** (47 chromosomes, **XXY**) : la formation des testicules a lieu, avec une spermatogenèse possible mais cependant une altération de la synthèse d'androgènes (→ **A3**). La carence en androgène est associée à une apparence masculine peu marquée. Dans le syndrome XYY, les signes cliniques sont faibles. Le **syndrome mâle XX** est comparable à ce syndrome. Il est vraisemblablement dû à une translocation sur le chromosome X d'un fragment du chromosome Y contenant la région SRY. Dans le cas du **syndrome de Turner (XO)**, seuls des cordons de tissu conjonctif seront formés à la place d'ovaires normaux, l'apparence externe est plutôt féminine (→ **A4**). La maladie est caractérisée par une série d'autres anomalies du développement (malformations cardiaques ou rénales, pterygium colli, petite taille).

Dans certaines **mutations du gène SRY** et malgré la présence d'un assortiment chromosomique masculin (XY), il n'y aura pas formation d'un FDT fonctionnel, et ce sont des ovaires qui se développeront (→ **A5**).

Dans l'**hermaphrodisme véritable**, des ovaires et des testicules seront formés en même temps (→ **A6**), probablement à la suite de l'existence d'une mosaïque XY/X0. Une translocation d'une partie du chromosome Y comprenant le gène SRY sur un chromosome X (comme dans le cas du mâle XX, voir ci-dessus) peut également conduire à la formation de gonades bisexuelles et à l'expression de caractères secondaires intersexuels.

Dans le **pseudo-hermaphrodisme**, les gonades correspondent au génotype sexuel, cependant, les organes sexuels et les caractères sexuels secondaires s'en écartent ou sont peu marqués. Dans les cas de **pseudo-hermaphrodisme mâle**, les caractères secondaires sont de type féminin ou intersexuel (→ **A7**). L'origine peut être une carence en gonadotrophine, par exemple une inhibition de la sécrétion de gonadotrophines consécutive à une synthèse accrue de stéroïdes sexuels féminins par une tumeur. Parmi d'autres causes possibles, on trouve une déficience des récepteurs des gonadotrophines, une aplasie des cellules de Leydig, une déficience enzymatique dans la biosynthèse de la testostérone (→ p. 264), une anomalie des testicules, l'absence de conversion de testostérone en dihydrotestostérone (absence de 5α-réductase), ainsi qu'une anomalie des récepteurs des androgènes (→ p. 272). Dans quelques cas rares, la formation d'organes génitaux féminins ne sera pas bloquée à la suite d'une déficience de la sécrétion ou de l'action de l'hormone antimüllérienne. Le **pseudo-hermaphrodisme féminin** (→ **A8**) peut être la conséquence d'un apport iatrogène ou d'une synthèse accrue d'androgènes, comme dans le cas d'une tumeur produisant des androgènes, d'une déficience enzymatique dans la biosynthèse des hormones surrénaliennes ou d'une anomalie de l'aromatase qui convertit l'androstènedione ou la testostérone en œstrogènes (→ p. 264).

A. Intersexualité

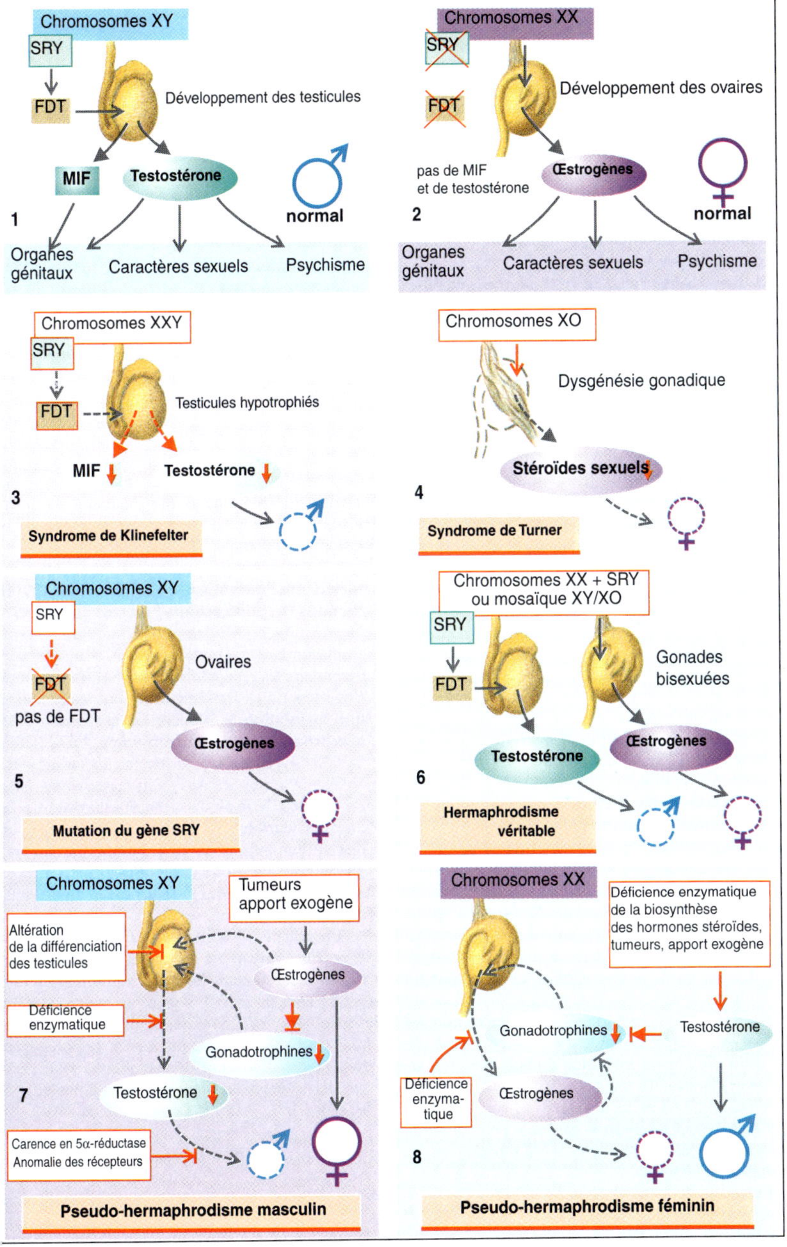

Causes d'une hypothyroïdie, d'une hyperthyroïdie et d'un goitre

Les hormones thyroxine (T_4) ou tri-iodothyronine (T_3) sont synthétisées dans les cellules épithéliales des follicules de la glande thyroïde (thyrocytes). Leur **synthèse** s'effectue en plusieurs étapes dont chacune peut être altérée ; l'iode est nécessaire à cette synthèse et doit être apporté par l'alimentation (→ **A1**). L'iode est capté dans le sang par les cellules épithéliales des follicules grâce à un système de transport couplé à un gradient de Na^+ (→ **A2**), puis déversé par exocytose à travers leur membrane apicale dans la lumière des follicules pour y être oxydé (→ **A3**).

Une protéine riche en tyrosine est synthétisée dans les thyrocytes (thyroglobuline, TG) et sécrétée également dans la lumière (→ **A4**). Les résidus tyrosyls de la globuline vont alors être iodés en di-iodotyrosyl (DIT) ou mono-iodotyrosyl (MIT) (→ **A5**). Deux résidus de ce type vont ensuite être couplés l'un à l'autre de sorte que la thyroglobuline comporte maintenant des résidus tétra-iodotyronyl et tri-iodotyronyl (→ **A6**). La colloïde constituée par la thyroglobuline dans la lumière des follicules représente la forme de stockage des hormones thyroïdiennes. Lors d'une stimulation par la TSH (voir ci-dessous), la globuline est captée de nouveau par les thyrocytes, où a lieu la libération de la thyroxine ou de la tri-iodothyronine (→ **A7**). La T_4 sera déiodée en périphérie par une déiodase et transformée en T_3 plus active (→ **A8**).

Régulation. La formation et la sécrétion de T_3 et T_4 ainsi que la croissance de la glande thyroïde sont stimulées par la **thyrotropine** (**TSH**, hormone thyréostimulante) provenant du lobe antérieur de l'hypophyse. La sécrétion de cette hormone est à son tour stimulée par la **thyrolibérine** (**TRH**) provenant de l'hypothalamus. Le stress et les œstrogènes stimulent la sécrétion de TSH, les glucocorticoïdes, la somatostatine et la dopamine l'inhibent.

Les causes d'une **diminution de la sécrétion des hormones thyroïdiennes** (**hypothyroïdie**) résident surtout au niveau de la glande thyroïde elle-même. Des *troubles de la synthèse et de l'action des hormones thyroïdiennes* peuvent apparaître à chacune des étapes suivantes (→ **A1-8**) :

1. diminution de la disponibilité en iode dans les aliments ;
2. altération de la captation d'iode dans les cellules de la glande thyroïde (défaut génétique du transporteur ou inhibition du transport par les perchlorates, les nitrates, les thyocyanates [rhodanide] et un excès d'iode) ;
3. carence en peroxydase (génétique) ou inhibition de cette peroxydase par le thio-uracile ou un excès d'iode ;
4. altérations de la synthèse de la thyroglobuline ;
5. déficience dans l'insertion de l'iode (à laquelle participe également la peroxydase) ;
6. déficience du couplage des deux résidus tyrosine iodés ;
7. incapacité de libérer la thyroxine ou la tri-iodothyronine de la thyroglobuline (due à des causes génétiques, à un excès d'iode ou à la présence de lithium) ;
8. insensibilité des organes cibles due à un défaut des récepteurs ou une transformation défectueuse en T_3, plus active ; diminue l'activité de T_3/T_4 même si la sécrétion de T_3/T_4 est normale ou même accrue.

De plus, des mutations du récepteur de la TSH peuvent modifier la capacité de la TSH à stimuler la glande thyroïde. Des déficiences de synthèse des enzymes impliqués dans la synthèse de T_3/T_4 sont cependant rares.

Des *lésions inflammatoires* de la thyroïde ou son *ablation* (à la suite d'un carcinome thyroïdien) sont des causes très fréquentes d'une hypothyroïdie, laquelle est plus rarement due à une carence en TSH (due éventuellement à une insuffisance hypophysaire) ou en TRH (à la suite d'une lésion de l'hypothalamus).

La cause la plus importante d'une **augmentation de l'excrétion des hormones thyroïdiennes** (**hyperthyroïdie**) est une IgG (LATS, *long acting thyroid stimulator* ou TSI, *thyroid stimulating immunoglobulin*) qui s'insère aisément dans les récepteurs de la TSH (**maladie de Basedow**). Les conséquences sont, entre autres une stimulation de la sécrétion hormonale et de la croissance de la glande thyroïde. La sécrétion de TSH va être bloquée par le niveau élevé de T_3/T_4. D'autres causes d'hyperthyroïdie sont l'existence de *tumeurs* orthotopiques ou ectopiques produisant les hormones thyroïdiennes, une inflammation de la thyroïde (*thyroïdite*), une augmentation de la sécrétion de TSH ou un apport trop important d'hormones thyroïdiennes.

Un **accroissement de la taille de la glande thyroïde** (**goitre**) est le résultat d'une croissance incontrôlée (tumeur) ou d'une stimulation accrue par la TSH ou la TSI. À cette occasion la sécrétion d'hormone thyroïdienne peut être diminuée (par ex., à la suite d'une carence importante en iode ou des déficiences enzymatiques déjà citées) ou bien augmentée (dans le cas de la maladie de Basedow).

A. Causes d'une hypothyroïdie, d'une hyperthyroïdie et d'un goitre

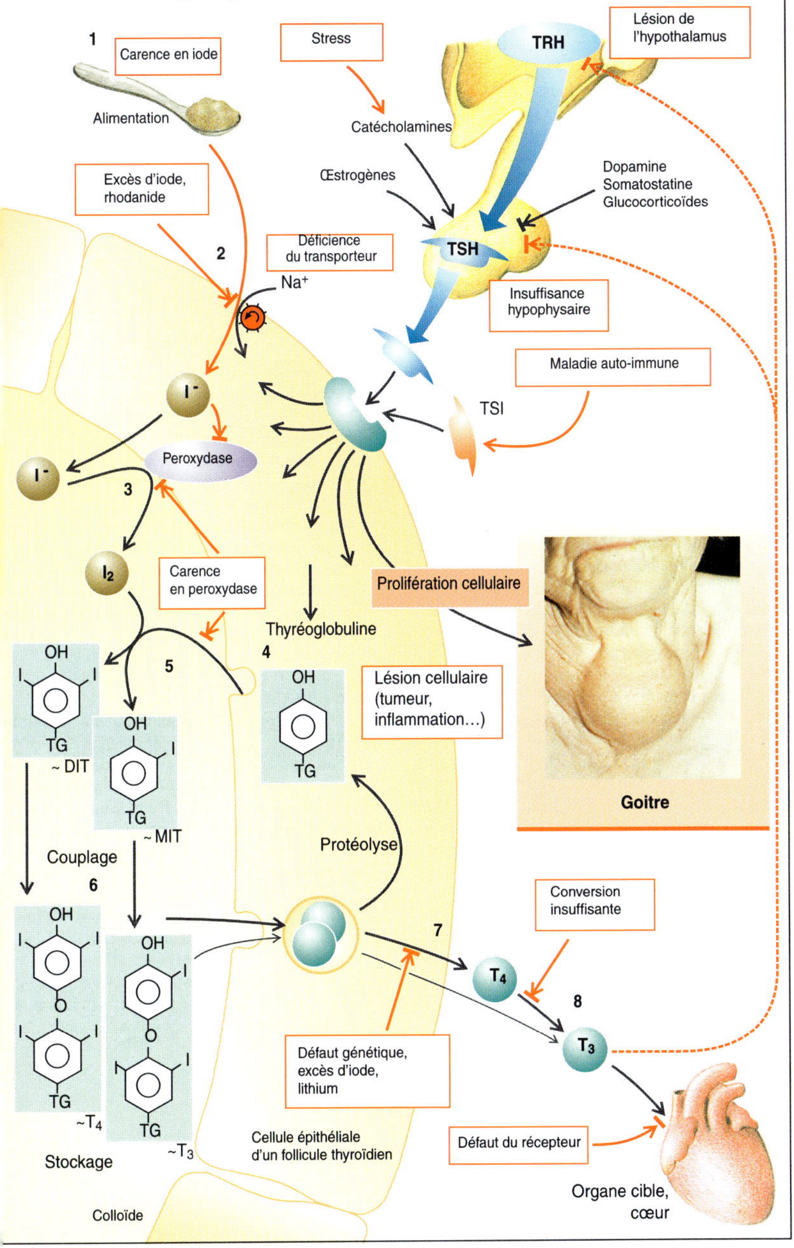

Figure 9-13 **Hypo-/hyperthyroïdie : causes**

Conséquences et symptômes d'une hyperthyroïdie

Les **hormones thyroïdiennes** (T_3, T_4) augmentent dans de nombreux tissus la synthèse enzymatique, l'activité Na^+-K^+ ATPase ainsi que le métabolisme de l'oxygène et conduisent ainsi à une *augmentation du métabolisme basal* et à une *montée de la température corporelle*. Par le biais d'une augmentation de la glycogénolyse et de la néoglucogenèse, les hormones thyroïdiennes favorisent une *augmentation de la concentration sanguine de glucose* mais d'un autre côté stimulent également la *glycolyse*. Elles stimulent la *lipolyse*, la dégradation des VLDL et des LDL ([*very*] *low density lipoproteins*) ainsi que l'excrétion des acides biliaires dans la bile. L'utilisation accrue de l'oxygène stimule la sécrétion d'érythropoïétine et favorise donc l'érythropoïèse. Le contenu élevé des érythrocytes nouvellement formés en 2,3 diphosphoglycérate (DPG) diminue l'affinité de l'hémoglobine pour l'oxygène et favorise donc l'apport d'oxygène à la périphérie. Les hormones thyroïdiennes sensibilisent les organes cibles à l'action des catécholamines (en particulier via un accroissement des récepteurs β-adrénergiques) et augmentent ainsi, entre autres, la *force* et la *fréquence cardiaques*. De plus, elles stimulent la motilité intestinale et augmentent les mécanismes de transport dans l'intestin et les reins. Elles stimulent la croissance corporelle (en particulier en taille) ainsi que le développement intellectuel. T_3/T_4 stimulent le renouvellement des os et des muscles avec une action prépondérante dans le sens d'une dégradation. Elles augmentent l'excitabilité neuromusculaire. T_3/T_4 agissent principalement par le biais d'une augmentation de l'expression des gènes qui réclame plusieurs jours. Par ailleurs, leur action de longue durée est liée à leur demi-vie importante dans le plasma (1 jour pour T_3, jusqu'à 7 jours pour T_4). T_3/T_4 d'origine maternelle seront largement inactivées dans le placenta et n'exerceront qu'une faible action sur le fœtus.

En cas d'**hyperthyroïdie**, le métabolisme et la production de chaleur vont être augmentés (→ **A1**). Le métabolisme basal peut pratiquement être doublé. Les sujets supportent des températures extérieures faibles, dans des environnements chauds ils ont tendance à des poussées de sueur (**intolérance à la chaleur**). L'augmentation des besoins en oxygène favorise une hyperventilation et stimule l'érythropoïèse. L'accroissement de la lipolyse conduit d'une part à une **perte de poids** et d'autre part à une **hyperlipacidémie** (→ **A1**). En même temps, les concentrations de cholestérol, de VLDL et de LDL sont diminuées (→ **A2**). Les effets sur le métabolisme glucidique (→ **A3**) favorisent le développement d'un **diabète** (réversible). Lors d'un apport de glucose (test de surcharge), l'augmentation de la concentration plasmatique de glucose est plus rapide et plus importante que chez les sujets sains et est suivie d'une chute plus rapide (**trouble de la tolérance au glucose**). Bien que les hormones thyroïdiennes stimulent la synthèse des protéines, on observe lors d'une hyperthyroïdie une prépondérance de la **protéolyse**, due à l'accroissement des enzymes protéolytiques, associée à une augmentation de la production et de la sécrétion d'urée. La masse musculaire diminue (→ **A1**). La dégradation de la trame osseuse peut conduire à une **ostéoporose**, une **hypercalcémie** et une **hypercalciurie** (→ **A4**). En raison de l'action stimulante exercée sur le **cœur**, le *débit cardiaque* et la *pression artérielle systolique* sont augmentés (→ **A5**), et l'on aboutit parfois à une *fibrillation auriculaire*. Les vaisseaux périphériques sont dilatés. Le taux de filtration glomérulaire (TFG), le flux plasmatique **rénal** (FPR) et le transport tubulaire augmentent (→ **A6**). Dans le **foie**, la dégradation des hormones stéroïdes et des produits pharmaceutiques est également accrue. La stimulation des muscles intestinaux provoque des **diarrhées**, tandis que l'augmentation de l'excitabilité neuromusculaire est la cause de **tremblements**, d'**hyperréflexie**, de **faiblesses musculaires** et d'**insomnies** (→ **A7**). Chez l'enfant, on observe parfois une **accélération de la croissance** (→ **A4**). T_3 et T_4 stimulent l'expression de leurs propres récepteurs et sensibilisent ainsi leurs organes cibles à leur action, ce qui potentialise les effets d'une hyperthyroïdie.

Dans l'hyperthyroïdie immunogène (**maladie de Basedow**, → p. 280), l'augmentation de l'action des hormones thyroïdiennes peut également provoquer une **exophtalmie** (→ **A8**), une saillie des globes oculaires, avec diplopie, larmoiement et sensibilité à la lumière. Son origine est une réaction immunitaire contre un antigène rétrobulbaire qui comporte des similitudes manifestes avec le récepteur de la TSH, et dont les conséquences sont une inflammation rétrobulbaire avec gonflement des muscles oculaires, infiltration lymphocytaire, accumulation de mucopolysaccharides acides et augmentation du tissu conjonctif rétrobulbaire. On observe parfois des modifications similaires au niveau prétibial.

A. Conséquences et symptômes d'une hyperthyroïdie

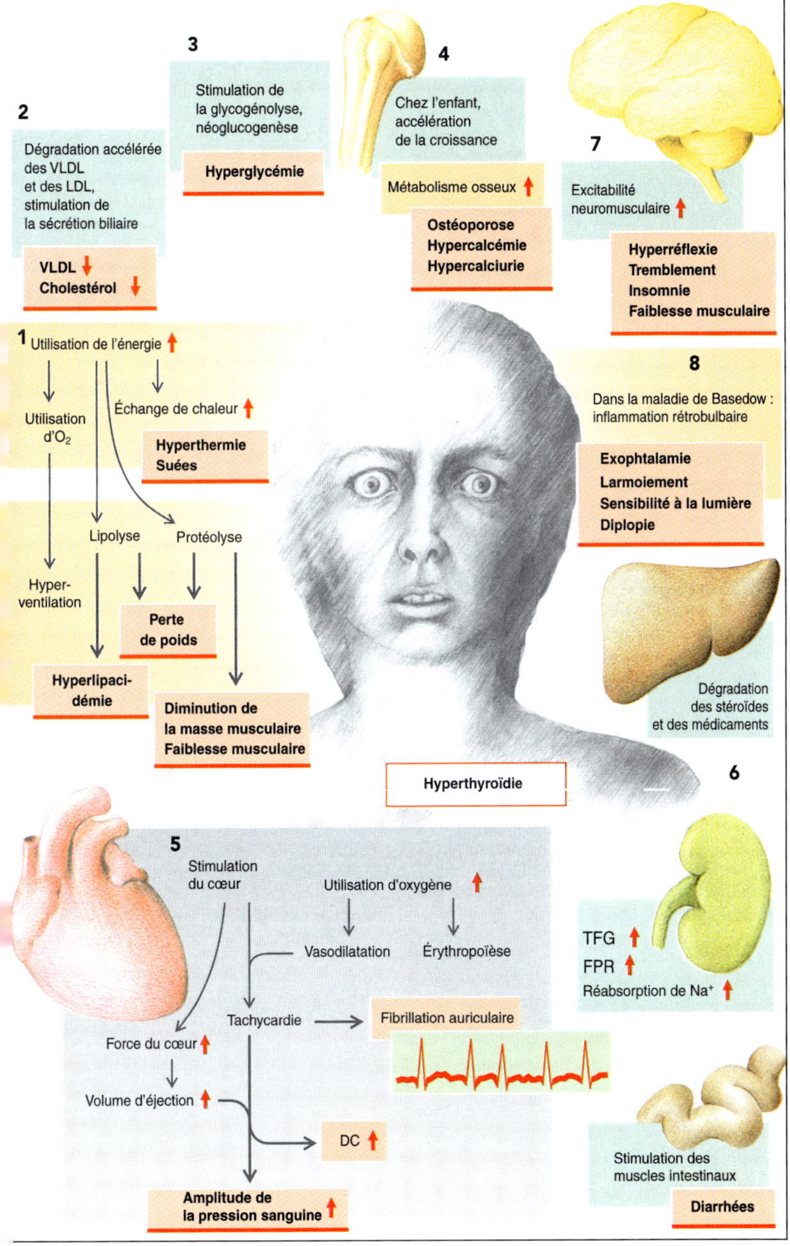

Figure 9-14 **Hyperthyroïdie : conséquences et symptômes**

Conséquences et symptômes d'une hypothyroïdie

Les fonctions des hormones thyroïdiennes ont été décrites à la page 282. Dans le cas d'une hypothyroïdie, le métabolisme et la production de chaleur sont diminués. Le métabolisme de base peut chuter de moitié (→ **A1**). Les patients ont facilement froid (**intolérance au froid**). L'utilisation d'oxygène, la ventilation et l'érythropoïèse sont réduits. De plus, le développement d'une **anémie** sera favorisé par une altération de l'absorption intestinale de fer, d'acide folique et de vitamine B12. L'altération de la lipolyse favorise une **prise de poids** et une **hyperlipidémie** (VLDL, LDL), la diminution de la dégradation du cholestérol en acides biliaires entraîne une **hypercholestérolémie** et favorise ainsi le développement d'une **athérosclérose** (→ **A2**). L'inhibition de la glycogénolyse et de la néoglucogenèse peut aboutir à une **hypoglycémie** (→ **A3**). La diminution de la dégradation des glycosaminoglycanes (mucopolysaccharides, en particulier mucine) conduit à la formation de dépôts dans divers tissus et donne à la **peau** une **consistance flasque**, qui est à l'origine du nom de la maladie (**myxœdème**, → **A4**). Dans la peau seront également déposés de la fibronectine, du collagène et de l'albumine plasmatique. La diminution de la transformation de carotène en vitamine A conduit à une **hyperkératose**. De plus, la peau est sèche en raison d'une diminution de la sécrétion des glandes sudoripares et sébacées et froide à cause de la diminution de la production de chaleur. La **voix** du patient est rauque.

La diminution de la stimulation **cardiaque** par les hormones thyroïdiennes conduit à une *réduction de la force cardiaque* et à une *bradycardie*, le volume d'éjection, le débit cardiaque et avec eux la pression systolique sont abaissés (→ **A5**). Dans le cas de carences sévères en hormones thyroïdiennes, il peut même se développer une *insuffisance cardiaque*. L'*accumulation de liquide dans la plèvre et le péricarde* est fréquente. La **respiration** est ralentie et les réactions ventilatoires à l'hypercapnie et à l'hypoxie sont inhibées.

Dans les **reins**, les glomérules et les tubules sont réduits. Le taux de filtration glomérulaire, le flux plasmatique rénal et la capacité de transport tubulaire sont diminués. Une diminution de l'élimination rénale conduit à une **rétention de NaCl et d'eau** (→ **A6**). L'accumulation de graisses, de glycosaminoglycanes, de NaCl et d'eau donne aux patients un aspect bouffi.

Dans le **foie**, la synthèse protéique est altérée et la dégradation des hormones stéroïdes et des médicaments est ralentie.

La diminution de la stimulation des muscles intestinaux conduit à une **constipation**. La perturbation des fonctions des muscles de l'œsophage et des sphincters gastro-œsophagiens peut provoquer des reflux et des œsophagites.

L'activité et l'efficacité du système nerveux végétatif sont diminuées lors d'une hypothyroïdie (→ **A7**). De plus, l'**excitabilité neuromusculaire** est **plus faible**, et il peut se produire des troubles de la sensibilité, une hyporéflexie, une perte d'appétit, une apathie, une fatigue, des troubles de la mémoire, des dépressions et des pertes de connaissance pouvant aller jusqu'au coma. Ces accès sont réversibles chez l'adulte. Au contraire, chez le **fœtus** et le **nouveau-né**, une carence en hormone thyroïdienne conduit à des *lésions cérébrales irréversibles*. Les hormones thyroïdiennes sont indispensables à la croissance des axones et des dendrites, à la formation de synapses, à la myélinisation et à la formation de la glie, des événements qui sont irremplaçables pour le développement du cerveau durant la vie fœtale et jusqu'à 2 ans. En cas de carence intra-utérine massive en hormone thyroïdienne, le développement du fœtus est perturbé de façon importante. Si l'on néglige de réaliser dès la naissance une complémentation hormonale, il va se produire des atteintes cérébrales qui ne pourront plus être empêchées par une administration plus tardive d'hormone. Les enfants atteints sont souvent sourds.

Chez l'enfant, la **croissance osseuse** est de plus ralentie (→ **A8**). Une petite taille et des capacités intellectuelles réduites forment le tableau classique du **crétinisme**.

Les conséquences fonctionnelles d'une carence en hormone thyroïdienne sont aggravées par une diminution de l'expression des récepteurs de T_3 et T_4.

Une carence en T_3/T_4 lève l'inhibition de la synthèse de TRH et de TSH (→ p. 280). TRH stimule non seulement la formation de TSH mais aussi celle de prolactine, et peut déclencher une **hyperprolactinémie** (→ p. 260). La TSH augmente la croissance de la glande thyroïde et génère ainsi un goitre (→ p. 280). Finalement, une altération de la sécrétion des **gonadotrophines** peut provoquer une infertilité.

A. Conséquences et symptômes d'une hypothyroïdie

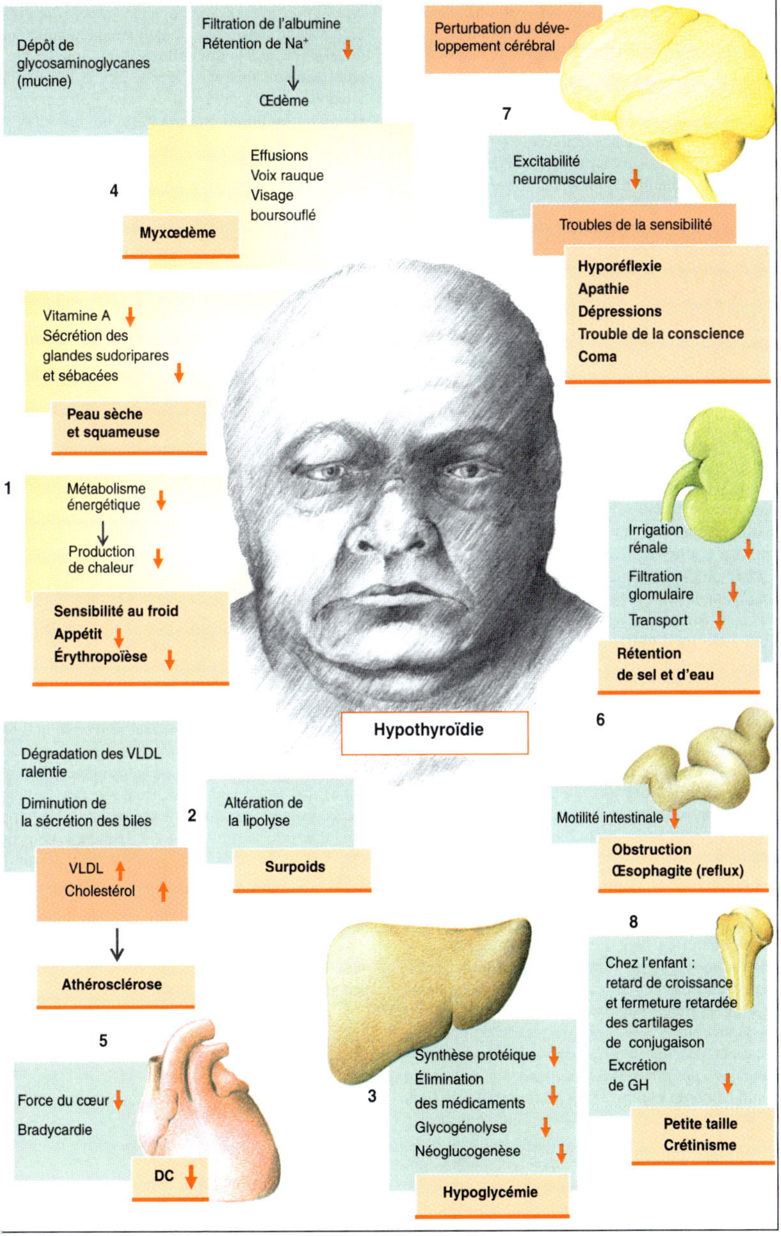

Figure 9-15 **Hypothyroïdie : conséquences et symptômes**

Origines du diabète sucré

Le diabète sucré est provoqué par une carence complète ou relative en insuline, qui conduit, entre autres, à une augmentation de la concentration plasmatique de glucose (en ce qui concerne les mécanismes d'action de l'insuline, voir p. 288). L'excrétion de glucose dans l'urine donne son nom à la maladie. Selon leur origine et leur déroulement on distingue plusieurs types de diabètes. Cette distinction est utile bien qu'elle soit fortement simplificatrice.

Dans le cas du **diabète de type I** (*insulin dependent diabetes mellitus*, **IDDM** ; appelé également **diabète juvénile** ; → **A**), il existe une *carence absolue* en insuline, le patient est dépendant d'un apport exogène d'insuline. L'origine est une lésion des cellules β des îlots du pancréas, en général provoquée par une maladie auto-immune, déclenchée le cas échéant par une infection virale. Les îlots sont infiltrés par des lymphocytes T, et il existe des autoanticorps contre les cellules du pancréas (*islet cell antibodies*, ICA) et l'insuline (*insulin autoantibodies*, IAA). Les ICA peuvent parfois être détectés des années avant le début de la maladie. Après disparition des cellules, les ICA décroissent de nouveau. Quatre-vingts pour cent des patients synthétisent des anticorps dirigés contre la glutamate décarboxylase exprimée dans les cellules. Le diabète de type I est plus fréquent chez les porteurs de certains antigènes HLA (HLA-DR3 et HLA-DR4) ; il existe également des *prédispositions génétiques*.

Le **diabète de type II** (*non insulin dependent diabetes mellitus*, **NIDDM** ; encore appelé **diabète de l'âge mûr** ; → **B**) est de loin la forme la plus fréquente de diabète. Là encore, les prédispositions génétiques jouent un rôle important. Il existe cependant une *carence relative* en insuline, les patients ne sont pas obligés de recevoir de l'insuline exogène. La sécrétion d'insuline peut être normale ou même augmentée, les organes cibles montrent cependant une sensibilité diminuée vis-à-vis de l'insuline.

La plupart des patients avec un diabète de type II présentent un surpoids. Ce poids excessif peut être la conséquence d'une prédisposition génétique, d'une nourriture trop riche ou trop abondante et d'un exercice physique insuffisant. Le rapport inadapté entre l'apport et l'utilisation de l'énergie augmente la concentration des acides gras dans le sang, ce qui provoque alors une diminution de l'utilisation de glucose dans les muscles et le tissu adipeux, avec pour conséquence une résistance à l'insuline, qui oblige à une sécrétion accrue d'insuline. La *down-regulation* des récepteurs qui s'ensuit augmente encore la résistance. L'adiposité est le principal facteur déclenchant du diabète de type II mais n'en est pas la seule cause. Une diminution de la sensibilité à l'insuline, génétiquement déterminée, a déjà une influence importante. On a aussi souvent mis en évidence dès le départ une altération de la sécrétion d'insuline. Plusieurs déficiences génétiques susceptibles de favoriser le développement d'un diabète de type II ont déjà été identifiées, comme une mutation de l'insuline, de la glucokinase, d'un transporteur mitochondrial, etc. En cas de déficience de la glucokinase, le diabète de type II peut déjà se déclencher durant l'adolescence (MODY = *maturity onset diabetes of the young*).

La diminution de la sensibilité à l'insuline touche avant tout les effets de l'hormone sur le métabolisme du glucose tandis que les actions de l'insuline sur le métabolisme des graisses et des protéines sont encore correctement maintenues. Un patient avec un diabète de type II a tendance à présenter une hyperglycémie massive sans les altérations correspondantes du métabolisme des graisses (acidocétose, → p. 288).

Une carence relative en insuline peut, de plus, être due à la présence d'*autoanticorps* contre les récepteurs ou l'insuline ainsi qu'à des défauts extrêmement rares touchant la synthèse de l'insuline, celle des récepteurs ou la signalisation intracellulaire (→ **C**).

Le diabète peut apparaître, sans qu'il y ait de dispositions génétiques, à la suite d'autres maladies comme une *pancréatite* associée à une disparition des cellules (**diabète pancréatique** ; → **C**), ou à la suite d'une lésion toxique des cellules. Le développement d'un diabète sera favorisé par une *augmentation de la sécrétion d'hormones antagonistes*, parmi lesquelles la somatotropine (acromégalie), les glucocorticoïdes (maladie de Cushing, stress, on parle de **diabète stéroïdien**), l'adrénaline (stress), la progestérone (pendant la grossesse), l'ACTH, les hormones thyroïdiennes et le glucagon. Des *infections sévères* stimulent la sécrétion de plusieurs des hormones que nous venons de citer et favorisent donc la manifestation d'un diabète sucré (→ **C**). Une tumeur sécrétant de la somatostatine peut déclencher un diabète en bloquant la sécrétion d'insuline.

A. Diabète sucré : type I

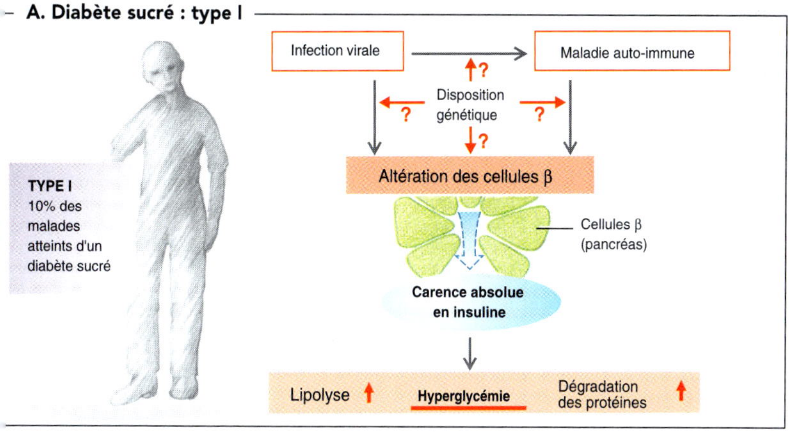

B. Diabète sucré : type II

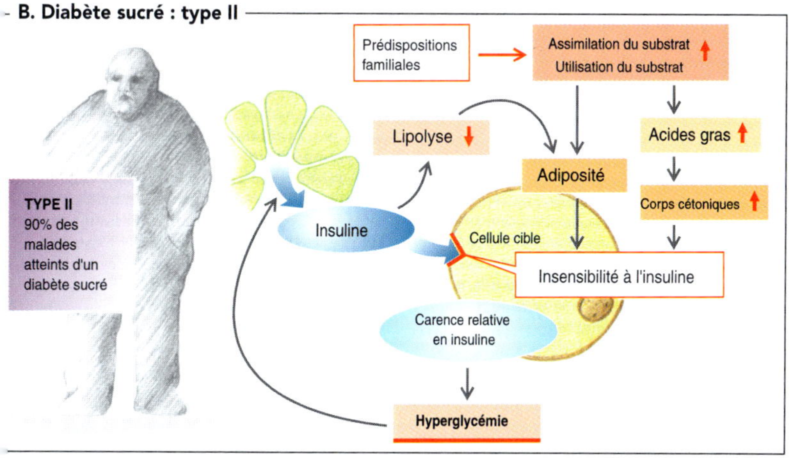

C. Autres causes d'un diabète

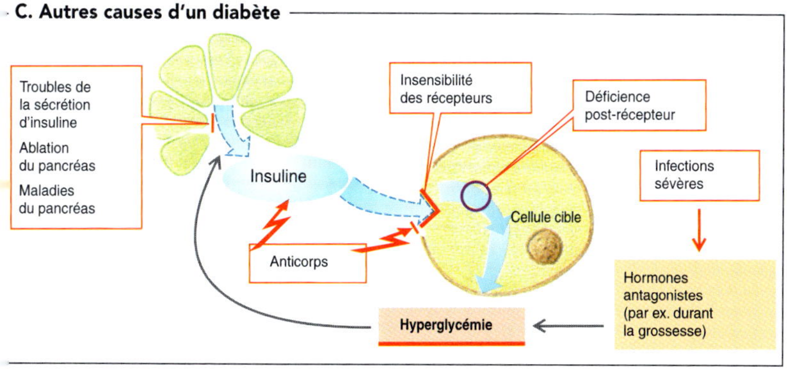

Figure 9-16 **Diabète sucré : causes**

Effets aigus d'une carence en insuline (diabète sucré)

Les **effets de l'insuline** se traduisent par la *formation de réserves énergétiques* : l'insuline stimule la capture du glucose et des aminoacides en particulier dans les muscles et les adipocytes. L'insuline favorise également la synthèse des protéines et bloque leur dégradation, entre autres dans le foie, les muscles et le tissu adipeux. Dans le foie et les muscles, l'insuline favorise la formation de glycogène, inhibe la glycogénolyse, stimule la glycolyse et inhibe la néoglucogenèse à partir des acides aminés. Dans le foie, l'insuline augmente la synthèse de triglycérides et de lipoprotéines ainsi que la libération de VLDL. En même temps, elle stimule la lipoprotéine lipase et accélère de cette façon la dégradation des triglycérides dans les lipoprotéines plasmatiques (en particulier les chylomicrons). Les acides gras libres et le glycérol seront alors captés par les adipocytes pour y être de nouveau stockés sous forme de triglycérides. L'insuline favorise la lipogenèse et bloque la lipolyse dans le tissu adipeux. Finalement, elle favorise la *division et la croissance cellulaires*, augmente la *réabsorption* tubulaire rénale *de sodium* et la *force du cœur*. Une partie des effets de l'insuline sont médiés par un gonflement cellulaire (antiprotéolyse notamment) et une alcalose intracellulaire (stimulation de la glycolyse, augmentation de la force cardiaque). L'insuline exerce ces effets en activant l'échangeur Na^+/H^+ (gonflement cellulaire et alcalinisation), le cotransport Na^+-K^+-$2Cl^-$ (gonflement cellulaire) et la Na^+-K^+ ATPase, avec pour conséquence une entrée de K^+ dans les cellules. Comme le glucose sera couplé au phosphate dans les cellules, l'insuline diminue en même temps la concentration plasmatique de phosphate. Par ailleurs, elle stimule la capture de Mg^{++} par les cellules. L'insuline inhibe par voie paracrine la sécrétion de glucagon et diminue ainsi son action stimulatrice sur la glycogénolyse, la néoglucogenèse, la lipolyse et la cétogenèse.

Lors d'une **carence aiguë en insuline**, la diminution de ses effets sur le métabolisme du glucose entraîne une **hyperglycémie** (→ **A1**). L'accumulation extracellulaire de glucose provoque une **hyperosmolarité**. La capacité maximale du transport de glucose au niveau rénal sera dépassée ce qui se traduit par une excrétion de glucose dans les urines (→ **A2**), avec pour conséquence une diurèse osmotique et une perte rénale d'eau (**polyurie**), de Na^+ et de K^+, une déshydratation et une **soif** intense. En dépit d'une perte rénale de K^+, on n'observe pas d'hypokaliémie car les cellules libèrent du potassium via une diminution de l'activité du cotransport Na^+-K^+-$2Cl^-$ et de la Na^+-K^+ ATPase. L'élévation antérieure de la concentration extracellulaire de K^+ masque complètement le **bilan potassique négatif**. Une administration d'insuline déclenche alors une *hypokaliémie dangereuse* (→ p. 124). La déshydratation conduit à une **hypovolémie** et aux altérations circulatoires correspondantes. La sécrétion d'aldostérone qui en résulte augmente la carence en K^+, la sécrétion d'adrénaline et de glucocorticoïdes renforce le catabolisme. La diminution du flux sanguin rénal diminue l'élimination rénale de glucose et augmente donc l'hyperglycémie.

Les cellules vont en plus perdre du phosphate (P_i) et du magnésium qui seront excrétés tous les deux par le rein. En cas de carence en insuline, les protéines, en particulier celles des muscles, seront dégradées en acides aminés. La dégradation des protéines du muscle en conjonction avec les troubles électrolytiques va entraîner une **faiblesse musculaire**. Dans le tissu adipeux c'est la dégradation des graisses qui prédomine. Les acides gras seront déversés dans le sang (**hyperlipacidémie**) et transformés en partie dans le foie en acide acétique et en β-hydroxybutyrate. L'accumulation de ces acides provoque une acidose qui se traduit chez ces sujets par une respiration plus profonde (**respiration de Kussmaul** ; → **A3**). Les acides seront en partie convertis en acétone (**corps cétoniques**). Par ailleurs, des triglycérides seront formés dans le foie à partir des acides gras et seront insérés dans les VLDL. Comme la carence en insuline ralentit la dégradation des lipoprotéines, l'hyperlipidémie sera encore renforcée. Une partie des triglycérides va rester dans le foie avec développement d'un « **foie gras** ».

La dégradation des protéines et des graisses ainsi que la polyurie conduisent à des **pertes de poids**. Les anomalies du métabolisme, les troubles électrolytiques et les variations du volume cellulaire liées aux changements d'osmolarité peuvent altérer les fonctions neuronales et déclencher un **coma** hyperosmotique ou par cétoacidose.

En cas de **carence relative en insuline**, les événements majeurs sont l'*hyperglycémie* et l'*hyperosmolarité*, lors d'une **carence absolue en insuline** s'y ajoutent les conséquences d'une augmentation de la protéolyse et de la lipolyse (*cétoacidose*).

A. Effets aigus d'un diabète sucré

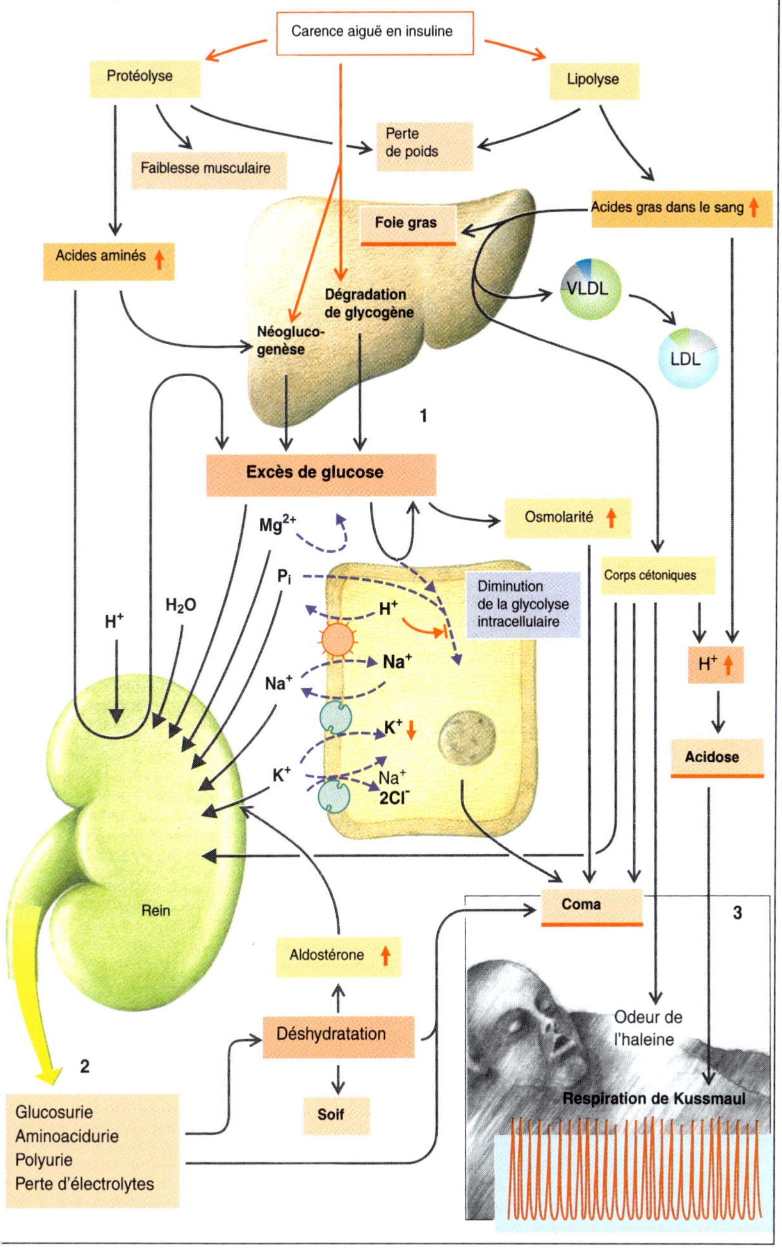

Complications tardives d'une hyperglycémie prolongée (diabète sucré)

Les dérèglements du métabolisme associés à une carence relative ou absolue en insuline, traitée de façon insuffisante, provoquent au fil des ans ou après des dizaines d'années des lésions irréversibles et importantes de l'organisme, dans lesquelles l'**hyperglycémie** joue un rôle majeur.

Le glucose sera réduit en **sorbitol** par les cellules contenant l'aldose réductase. Ce polyalcool ne peut pas traverser les membranes, si bien que sa concentration intracellulaire augmente et provoque un gonflement cellulaire (→ **A1**). L'accumulation de sorbitol dans le cristallin provoque une rétention d'eau qui va altérer la transparence de la lentille (**cataracte**, → **A2**). Dans les cellules de Schwann et les neurones, cette accumulation de sorbitol perturbe la conduction de l'influx nerveux (**polyneuropathie**) et touche surtout le contrôle végétatif, les réflexes et la sensibilité (→ **A3**). Pour éviter un gonflement, les cellules vont libérer par compensation du myo-inositol, qui va alors manquer pour d'autres fonctions.

Les cellules qui ne captent pas du glucose en quantités suffisantes vont se rétracter en raison de l'**hyperosmolarité** extracellulaire (→ **A4**). Dans les lymphocytes, ce phénomène entraîne une altération fonctionnelle, comme par exemple l'inhibition de la synthèse de superoxydes nécessaires aux défenses immunitaires. Les patients ayant un diabète sucré présentent dans tous les cas une **sensibilité accrue aux infections** (→ **A5**), dont les conséquences peuvent être des infections de la peau (furoncles) ou des reins (pyélonéphrites). Ces épisodes infectieux augmentent le besoin en insuline, car ils provoquent la sécrétion d'hormones antagonistes de l'insuline (→ p. 286).

L'hyperglycémie favorise la formation de protéines plasmatiques contenant des sucres, comme le fibrinogène, l'haptoglobine, l'α_2-macroglobuline, ainsi que des facteurs de coagulation V et VIII (→ **A6**). La tendance à la coagulation et la viscosité du sang vont ainsi être augmentées, ce qui accroît le **risque de thrombose**.

La liaison du glucose sur les groupements aminés libres des protéines, suivie de la formation d'un dépôt irréversible (Amadori) conduit à la formation d'AGE (*Advanced Glycation End products*) qui sont également augmentés au cours du vieillissement. Les protéines peuvent former des réseaux via la formation de pentoses. Les AGE se lient aux récepteurs présents sur la membrane cellulaire et peuvent ainsi stimuler, entre autres, le dépôt de collagène sur la membrane basale des vaisseaux. La formation de tissu conjonctif est en partie stimulée par le TGFβ. De plus, les fibres de collagène peuvent être modifiées par glycosylation. Ces deux altérations vont se traduire par un épaississement de la membrane basale associée à une réduction de la perméabilité et un rétrécissement de la lumière (**microangiopathie**, → **A7**). Au niveau de la rétine, se produisent des changements dus à ces microangiopathies qui peuvent finalement conduire à une cécité (**rétinopathie**, → **A8**). Dans les reins apparaît une **glomérulosclérose** (syndrome de Kimmelstiel-Wilson) qui peut entraîner une protéinurie, une chute du TFG due à la disparition des glomérules, une hypertension et une insuffisance rénale (→ **A9**). En raison de la teneur élevée des acides aminés dans le plasma, il se produit une hyperfiltration des glomérules encore intacts qui vont alors être également touchés.

L'hypertension favorise en parallèle avec l'augmentation des VLDL dans le sang (→ p. 288) et la tendance accrue à la coagulation (voir ci-dessus) le développement de **macroangiopathies** (→ **A10**), qui peuvent à leur tour provoquer des lésions rénales, un infarctus cardiaque ou cérébral et des occlusions des vaisseaux périphériques.

Le glucose peut finalement réagir avec l'hémoglobine pour donner de l'**HbA_{1c}**, dont l'élévation de la concentration sanguine témoigne d'une hyperglycémie installée depuis déjà longtemps ou répétée. L'HbA_{1c} présente une affinité pour l'oxygène plus élevée que celle de l'HbA et délivre donc moins bien l'oxygène à la périphérie (→ **A11**). La carence durable en insuline conduit par ailleurs à une diminution de la concentration érythrocytaire en 2,3 diphosphoglycérate (2,3 DPG), qui est un régulateur allostérique de l'hémoglobine et diminue son affinité pour l'oxygène. Le manque de 2,3 DPG a également pour conséquence une élévation de l'affinité de l'HbA pour l'oxygène.

Les **gros bébés** souvent observés chez des mères diabétiques (→ **A12**) sont vraisemblablement dus à l'élévation des concentrations sanguines d'acides aminés, qui pourrait déclencher une sécrétion de somatotropine.

A. Complications tardives du diabète sucré

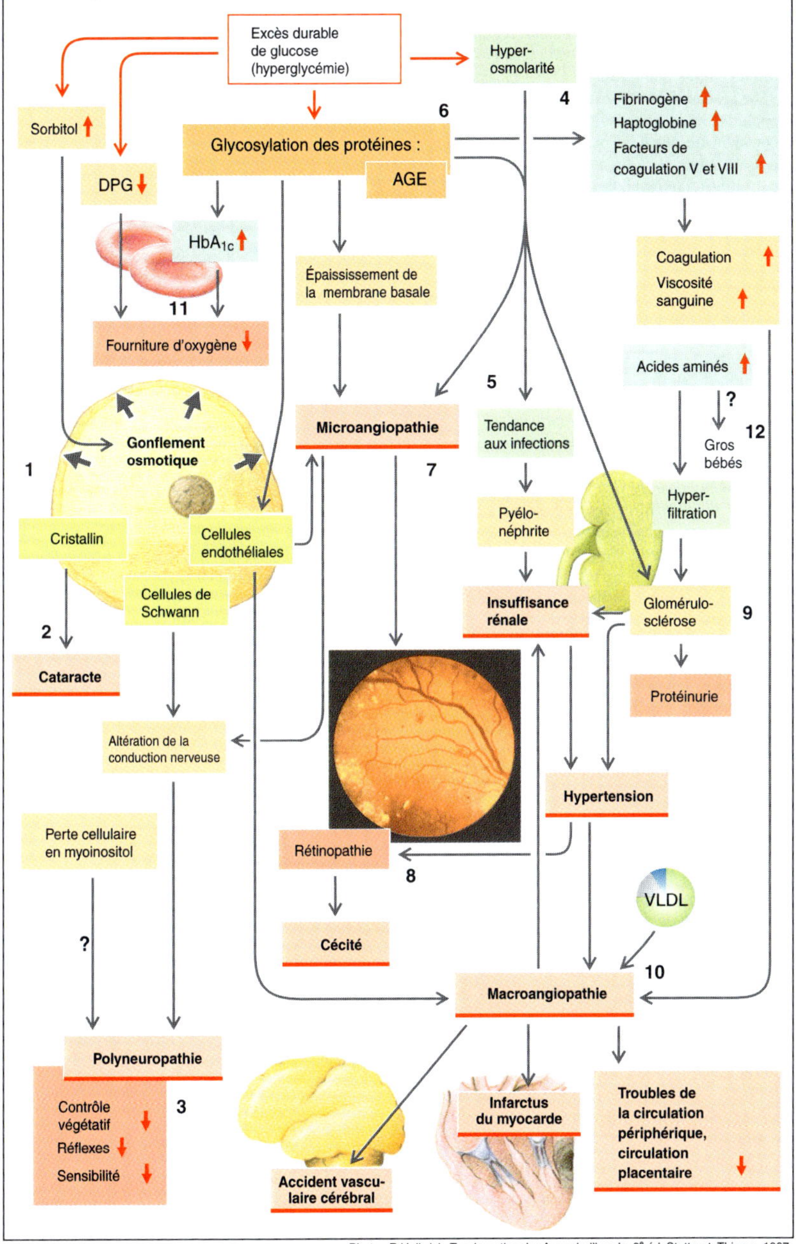

Photo : F. Hollwich. Taschenatlas der Augenheilkunde. 3e éd. Stuttgart, Thieme, 1987.

Hyperinsulinisme, hypoglycémie

La **sécrétion d'insuline** est d'abord régulée par le glucose (→ **A1**) : le glucose est capté par les cellules du pancréas et métabolisé. L'ATP ainsi formé inhibe les canaux potassiques ATP-dépendants. La dépolarisation qui en résulte ouvre des canaux Ca^{++} dépendant du potentiel permettant ainsi un influx de Ca^{++} dans la cellule. L'augmentation de la concentration intracellulaire de calcium déclenche alors la sécrétion d'insuline. Les sulfonylurées utilisés comme antidiabétiques oraux stimulent la sécrétion d'insuline en bloquant directement les canaux K^+-ATP.

À côté du glucose, les acides aminés (→ **A2**) et une série d'hormones gastro-intestinales comme le glucagon, la sécrétine, la gastrine, le GIP, la pancréatozymine et la GH stimulent également la sécrétion d'insuline. L'action des hormones gastro-intestinales explique qu'une absorption orale de glucose déclenche une sécrétion d'insuline plus forte que l'absorption parentérale de la même quantité de glucose.

Un **excès d'insuline** est surtout la conséquence d'une **administration trop importante d'insuline** ou d'**antidiabétiques oraux** lors du traitement d'un diabète (→ **A3**). Le surdosage se manifeste, en général, lorsque le besoin en insuline baisse au moment d'un effort physique. Un excès d'insuline est, de plus, souvent observé chez les **nouveau-nés de mère diabétique** (→ **A4**). Les concentrations élevées de glucose et d'acides aminés dans le sang de la mère conduisent in utero à une stimulation et à une hyperplasie des cellules β de l'enfant, qui, après la naissance, sécrètent des quantités inappropriées d'insuline.

Chez quelques patients, la **sécrétion d'insuline est retardée** et l'hyperglycémie qui survient après un repas riche en sucres est renforcée. La conséquence est une sécrétion excessive d'insuline qui provoque une hypoglycémie pouvant durer jusqu'à 4 ou 5 heures. Plus tard, ces patients développent souvent un diabète sucré.

Dans des cas extrêmement rares, une hypoglycémie peut être déclenchée par des **autoanticorps liant l'insuline**. L'insuline sera alors lentement libérée de ces autoanticorps. Il existe des cas, encore plus rares, où des autoanticorps dirigés contre les récepteurs de l'insuline peuvent déclencher une hypoglycémie.

Dans une série, globalement peu fréquente, de **défauts** génétiques **touchant la dégradation des acides aminés**, la concentration sanguine des amino-acides augmente massivement (par ex., en cas d'hyperleucinémie). La stimulation de la sécrétion d'insuline par les acides aminés est trop forte pour la concentration de glucose correspondante et on aboutit à une hypoglycémie. Dans le cas d'une **insuffisance hépatique**, la baisse de la dégradation des acides aminés peut de la même manière entraîner une hypoglycémie (→ **A2**). Les **altérations du métabolisme des sucres** comme certaines maladies de stockage du glycogène, l'intolérance au fructose et la galactosémie (→ p. 244), peuvent pareillement déclencher une hypoglycémie.

Dans le syndrome appelé *dumping syndrome* (après résection de l'estomac), les sucres avalés parviennent très rapidement dans l'intestin, stimulent de façon abrupte la sécrétion des hormones gastro-intestinales et sont absorbés très rapidement. Les hormones gastro-intestinales et l'augmentation brutale de la concentration de glucose provoquent une sécrétion excessive d'insuline, qui va entraîner une hypoglycémie après une latence de 1 à 2 heures (→ p. 148).

Dans des cas rares, une sécrétion excédentaire d'insuline peut provenir de l'existence d'une **tumeur produisant de l'insuline** (→ **A3**).

Il peut également se produire un excès relatif en insuline, même en cas de sécrétion normale, lorsque la sécrétion et/ou l'action des **hormones antagonistes de l'insuline** (glucocorticoïde, adrénaline, glucagon, GH) est altérée. C'est en particulier le cas pour des réserves en glycogènes faibles et une diminution de la néoglucogenèse à partir des acides aminés, ou encore en cas d'insuffisance hépatique, de carence alimentaire prolongée et d'alcoolisme mais aussi en cas d'utilisation élevée de glucose (travail de force, tumeurs ; → **A5**).

L'**effet** le plus important d'un excès relatif ou absolu d'insuline est une **hypoglycémie**. La fringale déclenche une activation massive du système sympathique associée à une tachycardie, à des suées et à des tremblements (→ **A6**). La perturbation de l'apport de glucose au système nerveux, qui en est dépendant, entraîne des crampes et des pertes de conscience. Finalement, surviennent des lésions irréversibles du cerveau.

A. Hyperinsulinisme

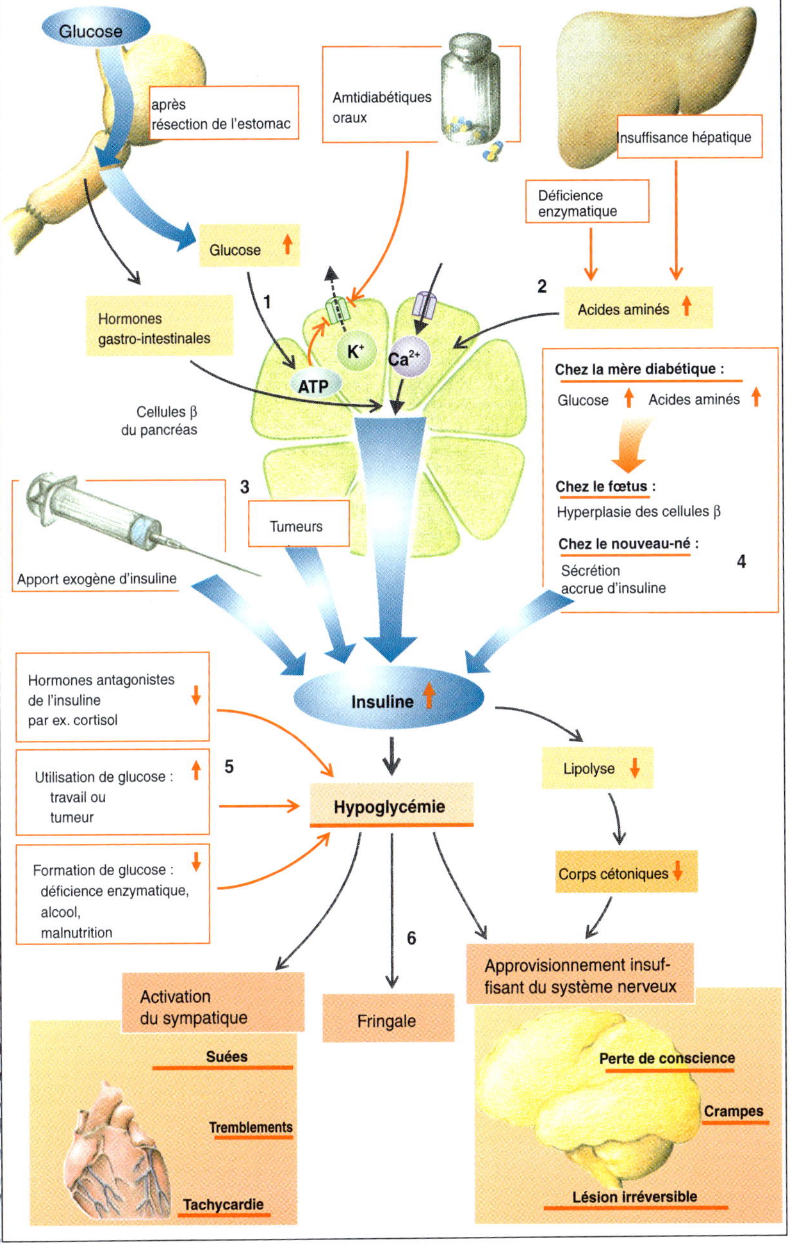

Figure 9-19 Hyperinsulinisme

Histamine, bradykinine et sérotonine

L'**histamine** (→ **A1**) est synthétisée par les mastocytes tissulaires et les granulocytes basophiles. Sa **libération** est stimulée par des *complexes antigènes-anticorps* (*IgE* ; allergie de type I, → p. 48, 52), le *complément activé* (C3a, C5a), des *brûlures*, des *inflammations* et certains médicaments. Dans quelques cas rares, une tumeur des mastocytes est à l'origine d'une sécrétion accrue d'histamine. La sécrétion d'histamine est inhibée, via une élévation de l'AMPc, par l'adrénaline, la prostaglandine E_2 et l'histamine elle-même (H_2).

L'histamine provoque, via des récepteurs H_1 et une augmentation de la concentration intracellulaire de Ca^{++}, une libération de NO qui dilate les veinules et les artérioles. L'histamine dilate également les petits vaisseaux périphériques de façon indépendante du NO via des récepteurs H_2 (médié par l'AMPc). La dilatation vasculaire périphérique peut entraîner une **baisse de la pression artérielle** malgré l'augmentation de la force du cœur (H_2), de la fréquence cardiaque (H_2), de la sécrétion de catécholamines (H_1) et de la contraction des gros vaisseaux (H_1). L'histamine augmente la perméabilité des capillaires aux protéines. Sous l'action de l'histamine, les protéines plasmatiques vont également être filtrées, ce qui diminue la pression oncotique à travers la paroi vasculaire et favorise ainsi l'apparition d'**œdèmes**. Le liquide des œdèmes est perdu par le volume plasmatique et l'hypovolémie qui en résulte participe à la chute de la pression sanguine. Un œdème de la glotte peut entraîner une obturation des voies respiratoires et des étouffements. L'histamine stimule de plus la contraction des muscles lisses de l'intestin, de l'utérus et des bronches, ce qui entraîne une augmentation de la résistance des voies respiratoires (**bronchospasme**) et des **crampes intestinales**. L'histamine provoque des **démangeaisons** via une stimulation des terminaisons nerveuses périphériques. Elle stimule par l'intermédiaire de récepteurs H_2 la **sécrétion** gastrique **d'acide chlorhydrique**. Les antagonistes H_2 sont utilisés avec succès dans le traitement des ulcères gastriques (→ p. 144 *sqq.*). C'est l'histamine qui est responsable en premier lieu des symptômes d'une allergie de type I comme l'hypotension, l'œdème cutané (urticaire), la rhinite et la conjonctivite.

Bradykinine. La **kallikréine**, un enzyme formé à partir du kallikréinogène lors d'*inflammations*, de *brûlures*, de *lésions tissulaires* (par ex., une pancréatite aiguë, → p. 158), l'activation de la *coagulation sanguine* (facteur XIIa), ainsi que sous l'influence de peptidases et de quelques toxines stimule la synthèse de bradykinine (→ **A2**). La kallikréine favorise sa propre activation via la stimulation du facteur XIIa (→ p. 60 *sqq.*). La bradykinine sera dégradée dans le plasma en un temps extrêmement bref (< 1 min) par des kininases.

Les **actions de la bradykinine** ressemblent à celles de l'histamine : vasodilatation, augmentation de la perméabilité vasculaire, chute de tension, sécrétion accrue de catécholamines et stimulation de la contraction des bronches, de l'utérus et de l'intestin. Contrairement à l'histamine, la bradykinine provoque cependant des sensations **douloureuses** au niveau des terminaisons nerveuses. Elle stimule les sécrétions intestinales et glandulaires et exerce une action diurétique sur les reins. La bradykinine joue un rôle dans les réactions inflammatoires (par ex., pancréatite), les œdèmes (œdèmes angioneurotiques) et la douleur.

Sérotonine. En dehors du système nerveux central (→ p. 350), la sérotonine (→ **B**) sera synthétisée dans les cellules entérochromaffines de l'intestin, les thrombocytes, les cellules des tubules proximaux et les bronches. Une *tumeur* des cellules entérochromaffines entraînera, en particulier, une **sécrétion** accrue de sérotonine.

La sérotonine provoque, directement et via la sécrétion d'autres médiateurs (prostaglandines, catécholamines), la **contraction des muscles lisses** des bronches, de l'intestin grêle, de l'utérus et des vaisseaux, avec pour conséquences des diarrhées, des bronchospasmes et des élévations de la pression artérielle. La sérotonine peut cependant exercer aussi une action vasodilatatrice. Les actions vasculaires de la sérotonine peuvent déclencher des douleurs cérébrales (**migraines**). La sérotonine stimule l'agrégation plaquettaire, elle engendre des sensations douloureuses, peut augmenter la perméabilité des capillaires périphériques et provoquer des **œdèmes**. Les brusques rougeurs de la peau survenant en cas de tumeurs des cellules entérochromaffines (flush) sont vraisemblablement dues à l'action d'autres médiateurs (en particulier, kinine et histamine). L'apparition d'une fibrose de l'endocarde lors d'une tumeur des cellules entérochromaffines demeure mal comprise. Comme la sérotonine est dégradée dans le foie, on observe souvent, en cas de tumeurs intestinales produisant de la sérotonine, l'apparition de symptômes systémiques, comme par exemple des bronchospasmes, après formation de métastases hépatiques.

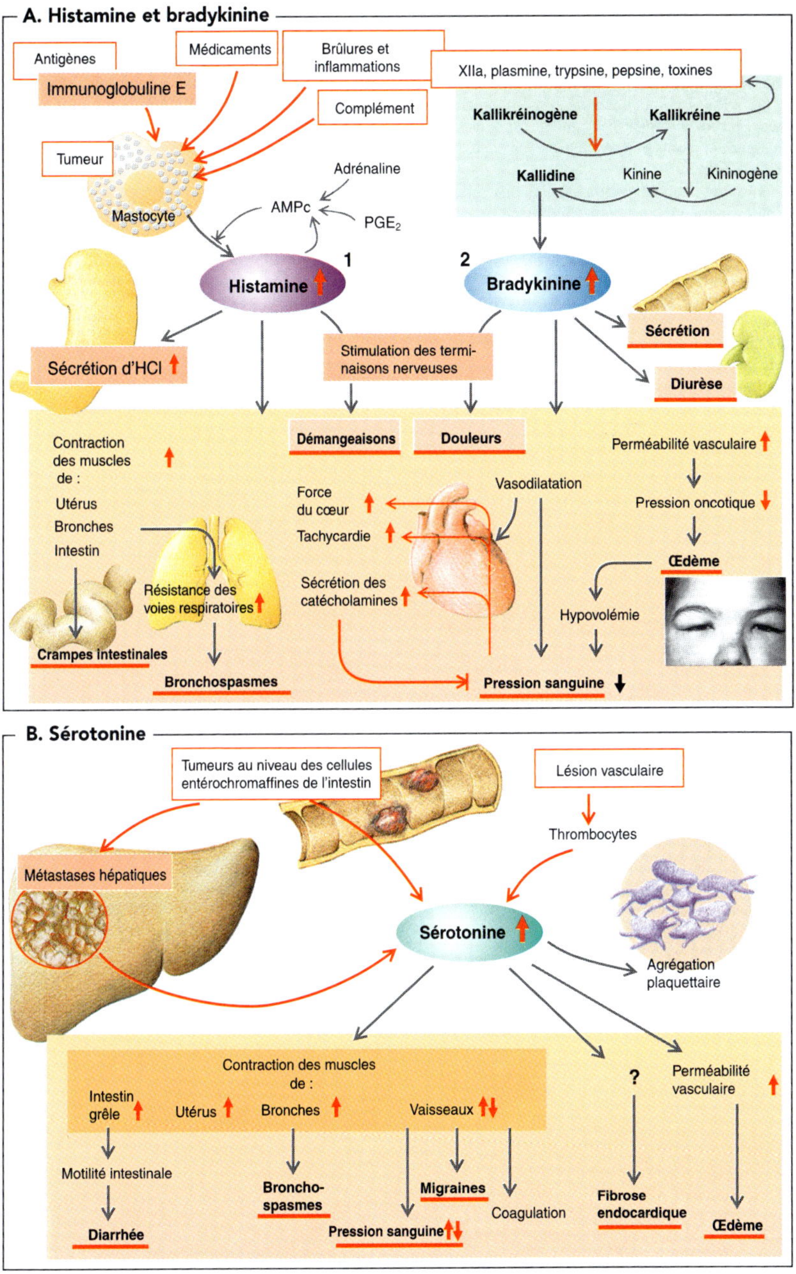
A. Histamine et bradykinine
Antigènes
Immunoglobuline E
Médicaments
Brûlures et inflammations
Complément
XIIa, plasmine, trypsine, pepsine, toxines
Kallikréinogène
Kallikréine
Kallidine
Kinine
Kininogène
Tumeur
Mastocyte
Adrénaline
AMPc
PGE2
1
Histamine
2
Bradykinine
Sécrétion
Diurèse
Sécrétion d'HCl
Stimulation des terminaisons nerveuses
Démangeaisons
Douleurs
Contraction des muscles de :
Utérus
Bronches
Intestin
Résistance des voies respiratoires
Crampes intestinales
Bronchospasmes
Force du cœur
Tachycardie
Sécrétion des catécholamines
Vasodilatation
Perméabilité vasculaire
Pression oncotique
Œdème
Hypovolémie
Pression sanguine
B. Sérotonine
Tumeurs au niveau des cellules entérochromaffines de l'intestin
Lésion vasculaire
Thrombocytes
Métastases hépatiques
Sérotonine
Agrégation plaquettaire
Contraction des muscles de :
Intestin grêle
Utérus
Bronches
Vaisseaux
?
Perméabilité vasculaire
Motilité intestinale
Diarrhée
Broncho-spasmes
Migraines
Coagulation
Pression sanguine
Fibrose endocardique
Œdème

Éicosanoïdes

Les éicosanoïdes constituent un grand groupe de médiateurs intra- et intercellulaires formés à partir d'un acide gras polyinsaturé, l'acide arachidonique. Ils sont inactivés très rapidement dans le sang et agissent donc essentiellement dans le proche environnement.

L'**acide arachidonique** est libéré des phospholipides membranaires sous l'influence de la *phospholipase* A_2 (→ **A1**). L'enzyme est activé par un gonflement cellulaire ou une augmentation de la concentration intracellulaire de Ca^{++}. Une série de médiateurs, comme l'histamine, la sérotonine, la bradykinine et la noradrénaline (via les récepteurs α) stimulent la phospholipase A_2, qui est inhibée par les glucocorticoïdes (via la lipocortine) et l'adrénaline (via les récepteurs β).

L'acide arachidonique peut être transformé en leucotriènes par la **lipoxygénase** et en prostaglandine G (PGG_2) par la **cyclo-oxygénase**. PGG_2 peut être transformée (via PGH_2) en thromboxane A_2 (TXA_2) ou en prostaglandines $F_{2\alpha}$ ($PGF_{2\alpha}$), E_2 (PGE_2), et I_2 (PGI_2 = prostacycline) (→ **A3**). La cyclo-oxygénase est bloquée par les anti-inflammatoires non stéroïdiens (par ex., l'acide acétylsalicylique). L'inflammation et les lésions tissulaires provoquent une activation de la cyclo-oxygénase ainsi que de la lipoxygénase et donc une augmentation de la synthèse d'éicosanoïdes.

Les **leucotriènes** (→ **A2**) provoquent une *contraction des muscles lisses* dans les bronches, les vaisseaux, l'intestin et l'utérus. Ils sont responsables de la bronchoconstriction durable observée dans l'**asthme**. Leurs actions sur l'intestin peuvent déclencher des **diarrhées**, celles au niveau de l'utérus peuvent provoquer l'expulsion du fœtus (**avortement**). Les leucotriènes *augmentent de façon indirecte la perméabilité vasculaire* et déclenchent donc des **œdèmes**. Ils stimulent l'*adhésion* et le *chimiotactisme* et augmentent la sécrétion d'histamine et de radicaux libres oxygénés, mais aussi celle des enzymes lysosomiaux ou de l'insuline.

Le **TXA_2** est en particulier, synthétisé par les thrombocytes et joue un rôle important dans la coagulation sanguine. Un excès de TXA_2 favorise la formation de **thrombi**. En utilisant de faibles doses d'aspirine, un inhibiteur de la cyclo-oxygénase, il est possible d'abaisser le risque d'infarctus du myocarde.

La **$PGF_{2\alpha}$** stimule la sécrétion d'une série d'hormones et la *contraction des muscles lisses* des vaisseaux, de l'intestin, des bronches et de l'utérus.

PGE_2 inhibe la sécrétion hormonale et la lipolyse, stimule la contraction des muscles lisses intestinaux et utérins mais inhibe cependant la contraction des muscles vasculaires et bronchiques. Les inhibiteurs de la cyclo-oxygénase peuvent donc déclencher un asthme chez un sujet allergique. L'action sur les vaisseaux peut entraîner une **persistance du canal de Botalli**. Inversement l'utilisation d'inhibiteurs de cyclo-oxygénase pendant le troisième trimestre d'une grossesse peut entraîner la fermeture prématurée du canal artériel. La PGE_2 augmente dans le rein le *taux de filtration glomérulaire*. Elle augmente la perméabilité vasculaire et favorise ainsi l'apparition d'**œdèmes**.

PGE_2 et **PGI_2** stimulent la déminéralisation des os (**ostéolyse**). Elles stimulent la formation rénale de rénine et provoquent une natriurèse et une diurèse en inhibant la réabsorption tubulaire d'eau et de sodium. Ils augmentent la valeur de référence de la régulation thermique (**fièvre**) et suscitent des **douleurs**. Les effets des prostaglandines participent de façon importante aux **symptômes des infections**.

Dans l'estomac, PGE_2 joue un rôle protecteur important car elle inhibe la sécrétion d'acide chlorhydrique et de pepsine et stimule la sécrétion de mucus (protecteur). De plus, elle déclenche une **vasodilatation**. Une réduction de la formation de PGE_2 par des inhibiteurs de la cyclo-oxygénase favorise le développement d'**ulcères gastriques**.

Dans la médulla rénale, la PGE_2 exerce également une action protectrice car elle améliore l'approvisionnement en O_2 et en substrat en dilatant les vasa recta, et diminue l'utilisation d'énergie en inhibant la réabsorption du NaCl.

La PGE_2 a également une grande importance dans le **syndrome de Bartter** qui est dû à une mutation du cotransport Na^+-K^+-$2Cl^-$, de canaux Cl^- ou K^+ dans l'anse de Henle (→ p. 98). La conséquence des altérations des transports qui en résultent est une synthèse locale excessive de PGE_2. L'action vasodilatatrice de la PGE_2 entraîne une chute massive de la tension artérielle. Les enfants atteints ne peuvent vivre que grâce à une inhibition thérapeutique de la cyclo-oxygénase.

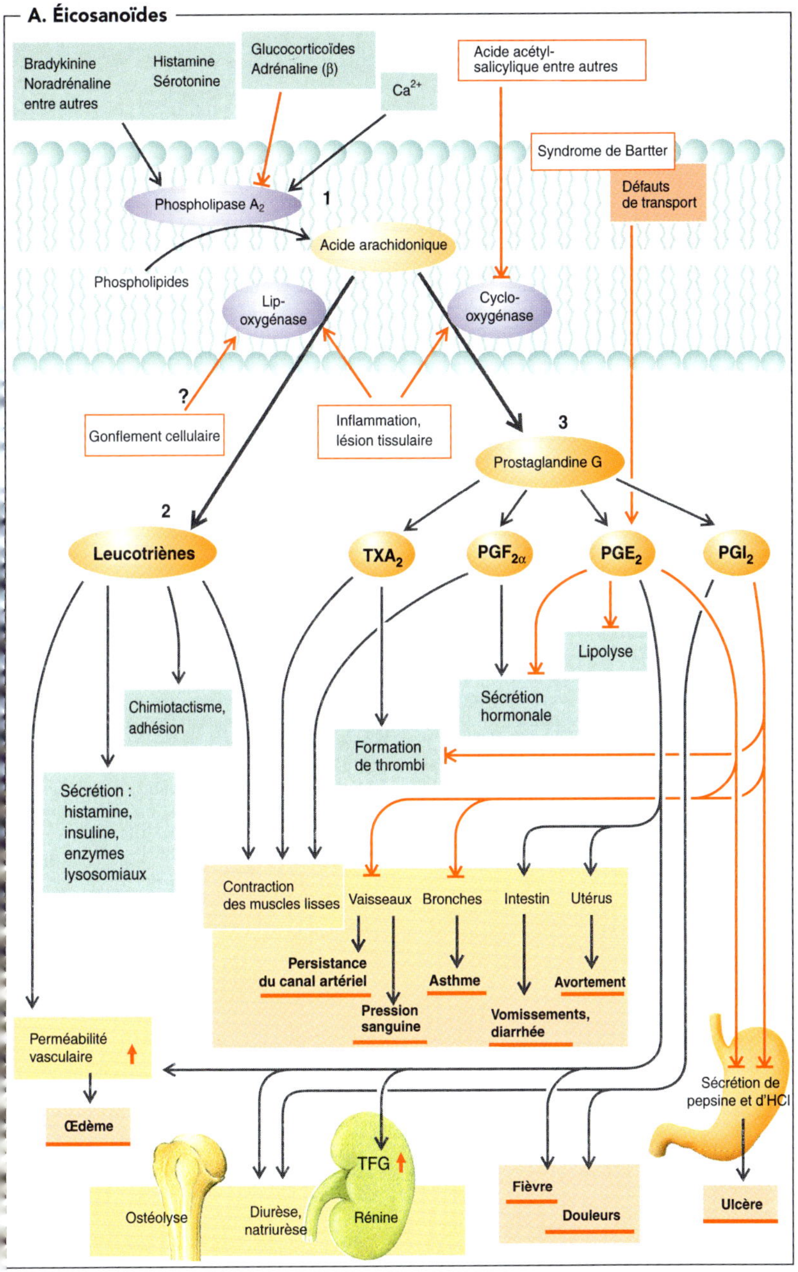

Figure 9-21 **Éicosanoïdes**

10 Système nerveux, muscles et organes des sens

F. Lang

Vue d'ensemble

Le système nerveux enregistre d'un côté les excitations venant du monde extérieur et celles provenant de l'organisme lui-même ; d'un autre côté il régule les fonctions organiques en agissant sur les activités musculaires et les fonctions végétatives (par ex., tonus vasculaire, sécrétion de sueur).

Les **signaux sensoriels** exercent une influence multiple sur les fonctions motrices et végétatives par le biais de voies réflexes ou de circuits plus complexes. Une petite partie du signal parvient d'abord par l'intermédiaire du thalamus au cortex sensoriel primaire où il sera appréhendé. Les signaux perçus seront ensuite analysés, interprétés, appréciés (genèse d'une émotion) et parfois stockés (mémoire) grâce à l'aire corticale sensorielle secondaire.

Les émotions provenant des perceptions actuelles ou du contenu de la mémoire, peuvent déboucher sur des **activités motrices**. C'est de nouveau la fonction d'aires corticales associatives que de planifier des actions motrices cohérentes et sensées : via les ganglions de la base, le cervelet, le thalamus et les aires motrices primaires, les neurones moteurs seront finalement activés et contrôleront les fibres musculaires.

Les systèmes nerveux sensoriel, moteur et végétatif sont à chaque niveau étroitement connectés les uns aux autres, si bien que le **système nerveux végétatif** se trouve sous l'influence des émotions, des mouvements et des sensations.

Les **troubles** du système nerveux peuvent avoir plusieurs **causes** comme des défauts génétiques, des maladies dégénératives, des tumeurs, des lésions mécaniques (traumatismes), des saignements, une ischémie, des altérations métaboliques systémiques (hypoglycémie, hyperglycémie, urémie, insuffisance hépatique, maladies endocriniennes, etc.) et des altérations des équilibres électrolytiques. Des médicaments, des toxines (métaux lourds, alcool), des irradiations, des inflammations ou des infections (virus, bactéries, prions, maladies auto-immunes) peuvent aussi être à l'origine de ces troubles.

Les **conséquences** peuvent être une altération des fonctions des effecteurs périphériques (récepteurs sensoriels, muscles, organes innervés par le système végétatif ; → **A1**), de la conduction nerveuse périphérique (→ **A2**), des fonctions de la moelle épinière (→ **A3**) et/ou du système nerveux supraspinal (→ **A4**).

Une **lésion des effecteurs périphériques** (→ **A1**) entraîne un trouble de la fonction correspondante, qui peut être localisé (par ex., un muscle isolé) ou généralisé (ensemble des muscles). La lésion peut aboutir à une hyperactivité (crampes involontaires ou activité inappropriée des récepteurs sensoriels avec des sensations aberrantes) ou une baisse d'activité (paralysie musculaire ou perte de sensibilité). Même si les récepteurs sensoriels sont intacts, la perception sensorielle est altérée lorsque l'organe qui capte les signaux est déficient (en particulier, l'œil ou l'oreille).

Une **interruption de la conduction nerveuse périphérique** (→ **A2**) altère les signaux transportés dans le nerf considéré. Différents faisceaux (myélinisés et non myélinisés) peuvent à cette occasion être affectés de façon totalement différente. Les conséquences d'une interruption complète de la conduction nerveuse sont une paralysie flasque, une diminution des sensations et une perte du contrôle végétatif dans la zone d'innervation du nerf touché. On peut faire l'analogie avec la lésion d'un nerf spinal qui affecte le dermatome correspondant. Le diagnostic des lésions nerveuses nécessite donc une bonne connaissance des zones d'innervation de chaque nerf et des dermatomes (consultez un livre d'anatomie).

Les **lésions de la moelle épinière** (→ **A3**) peuvent provoquer une perte des sensations sensorielles et/ou des fonctions végétatives ainsi que des paralysies flasques ou spastiques. L'excitation pathologique des neurones peut à l'inverse déboucher sur des sensations ou des fonctions inappropriées. Les zones touchées suivent à peu près la répartition des dermatomes.

Les **lésions de structures supraspinales** (→ **A4**) peuvent de la même manière provoquer des déficits ou des stimulations pathologiques sensoriels ou somatotopiques délimités (par ex., en cas de lésion localisée de l'aire corticale sensorielle primaire). Beaucoup plus souvent, elles ont cependant comme conséquences des troubles complexes des fonctions sensorielles et motrices et/ou du contrôle végétatif. De plus, il peut, le cas échéant, se produire une altération des fonctions cérébrales intégratives comme la mémoire, les émotions ou la capacité de reconnaissance.

A. Physiopathologie du système nerveux (vue d'ensemble)

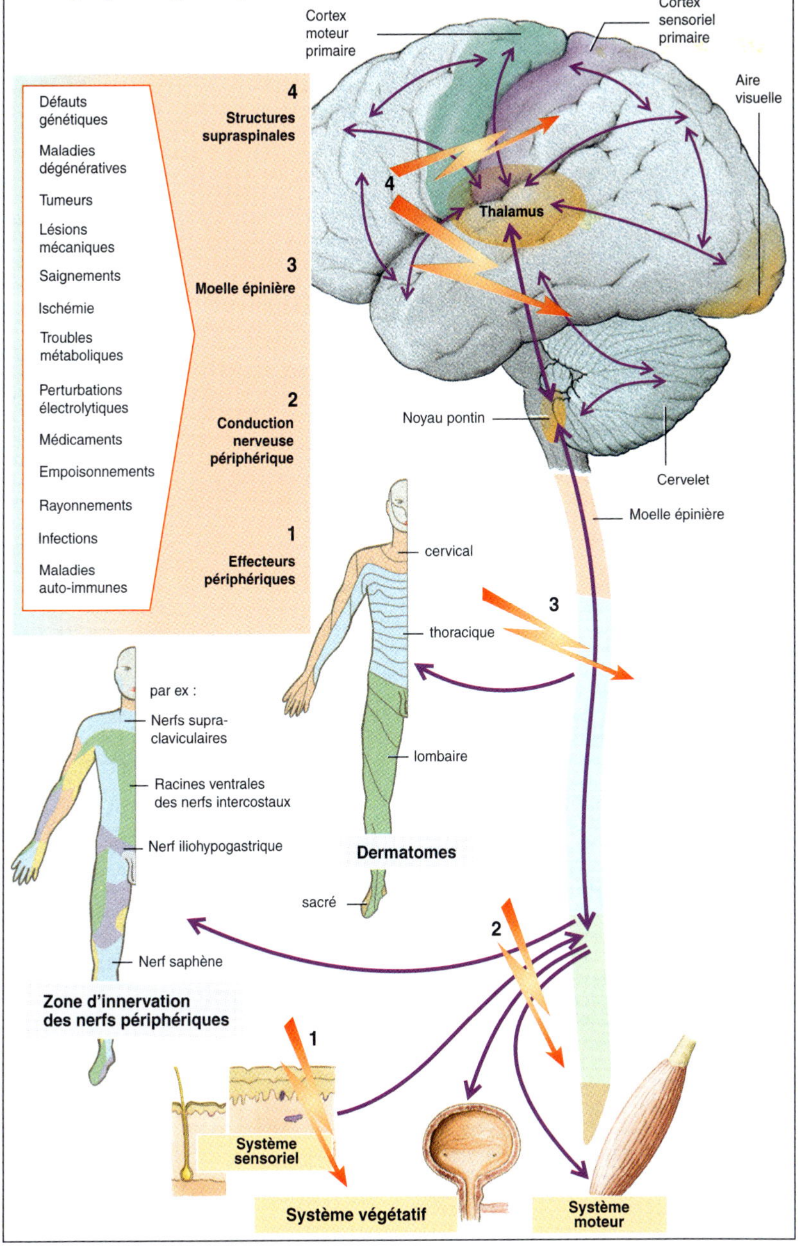

Pathophysiologie des cellules nerveuses

Pour remplir leurs fonctions, les neurones doivent pouvoir recevoir des informations en provenance d'autres cellules et les transmettre à d'autres cellules. Dans tous les cas, la réception des informations s'effectue par l'intermédiaire de **récepteurs membranaires**, qui sont activés par des neurotransmetteurs et modulent, directement ou via des mécanismes de transduction intracellulaires, l'activité de canaux ioniques. C'est ainsi que l'acétylcholine ouvre dans des cellules cibles déterminées des canaux ioniques non spécifiques, qui vont ensuite laisser passer des ions Na^+ et K^+. Cette entrée conduit à son tour à une dépolarisation de la membrane et donc à l'ouverture de canaux Na^+ et Ca^{++}, dépendants du potentiel. Le calcium stimule alors la sécrétion de neurotransmetteur dans la cellule cible et module à plus long terme le métabolisme cellulaire et l'expression des gènes et, ensuite, la synthèse et le stockage des neurotransmetteurs.

Des **altérations** peuvent se produire au niveau de chaque élément de cette cascade (→ **A**) : c'est ainsi par exemple que la densité des récepteurs peut être diminuée par *down-regulation*. Certains mécanismes de transduction intracellulaires peuvent également être interrompus ; un exemple est celui du blocage des protéines G par la toxine de *B. pertussis* (→ **A1**). Les canaux ioniques peuvent également être bloqués par des médicaments, ou leur activité modifiée par les ions Ca^{++}, Mg^{++} ou H^+. De plus, l'action de ces canaux sur le potentiel de membrane peut être faussée par la présence de gradients ioniques modifiés, comme dans le cas d'une augmentation de la concentration extracellulaire de K^+ ou d'une augmentation de sa concentration intracellulaire. Les deux phénomènes peuvent se produire à la suite d'une inhibition de la Na^+-K^+ ATPase, par exemple à la suite d'une carence énergétique. Le transport axonal, ainsi que la synthèse, le stockage, la sécrétion et l'inactivation des neurotransmetteurs (→ **A2**) peuvent être altérés par des défauts génétiques ou des médicaments. Les **troubles fonctionnels** peuvent être réversibles ou persister après la fin de l'atteinte.

Des lésions peuvent aussi se traduire par une **disparition irréversible des neurones**. Dans ce contexte, l'apoptose (mort programmée ; → **A3** et p. 12) joue, à côté de la nécrose provoquée par une atteinte directe de la cellule (carence en énergie ou atteinte mécanique), un rôle important. Chez l'adulte, la formation de nouveaux neurones n'est pratiquement pas possible. La disparition de neurones entraîne donc des dommages fonctionnels irréversibles, même lorsque d'autres neurones peuvent prendre en charge partiellement les fonctions des neurones disparus.

Les substances nocives, pour atteindre les neurones du système nerveux central, doivent passer la **barrière hémato-encéphalique** (→ **B**). Une barrière hémato-encéphalique intacte rend plus difficile le passage de la plupart des substances et empêche la pénétration des micro-organismes et des cellules immunocompétentes (→ p. 356). Par **transport axonal rétrograde** dans les neurones périphériques quelques toxines (par ex., la toxine pertussique ou botulinique) parviennent cependant jusque dans les neurones de la moelle épinière et se glissent ainsi « sous la barrière hémato-encéphalique » (→ p. 356). Quelques virus se glissent également jusqu'au système nerveux central.

Après **section d'un axone** (→ **C1**), la partie distale meurt (**dégénérescence wallérienne**). Les **axones des neurones centraux** ne repoussent en général pas, mais les neurones touchés vont mourir par apoptose. Ce phénomène est entre autres dû à l'interruption de l'effet du NGF (*nerve growth factor*), qui est en temps ordinaire libéré par la cellule innervée postsynaptique et maintient en vie le neurone présynaptique en passant par l'axone. L'interruption du transport axonal rétrograde chez un neurone, jusque-là intact, conduit en effet à une disparition du neurone. Dans le cas des **axones périphériques**, la racine proximale peut repousser (→ **C2**) ; les protéines nécessaires sont synthétisées dans le corps cellulaire et diffusent par transport axonal jusqu'à l'endroit de la blessure. Une des raisons possibles de la survie des cellules touchées est le fait que les macrophages circulant dans les nerfs périphériques peuvent stimuler les cellules de Schwann en sécrétant de l'IL-1 et leur faire sécréter du NGF. Les macrophages au contraire n'ont pas accès au SNC.

Lors d'une section de l'axone ce n'est pas seulement le neurone lésé qui meurt (→ **C1**) : l'absence d'innervation conduit souvent à la mort de la cellule cible (**dégénérescence transneuronale antérograde**), et parfois aussi à celle de cellules qui innervaient la cellule lésée (**dégénérescence transneuronale rétrograde**).

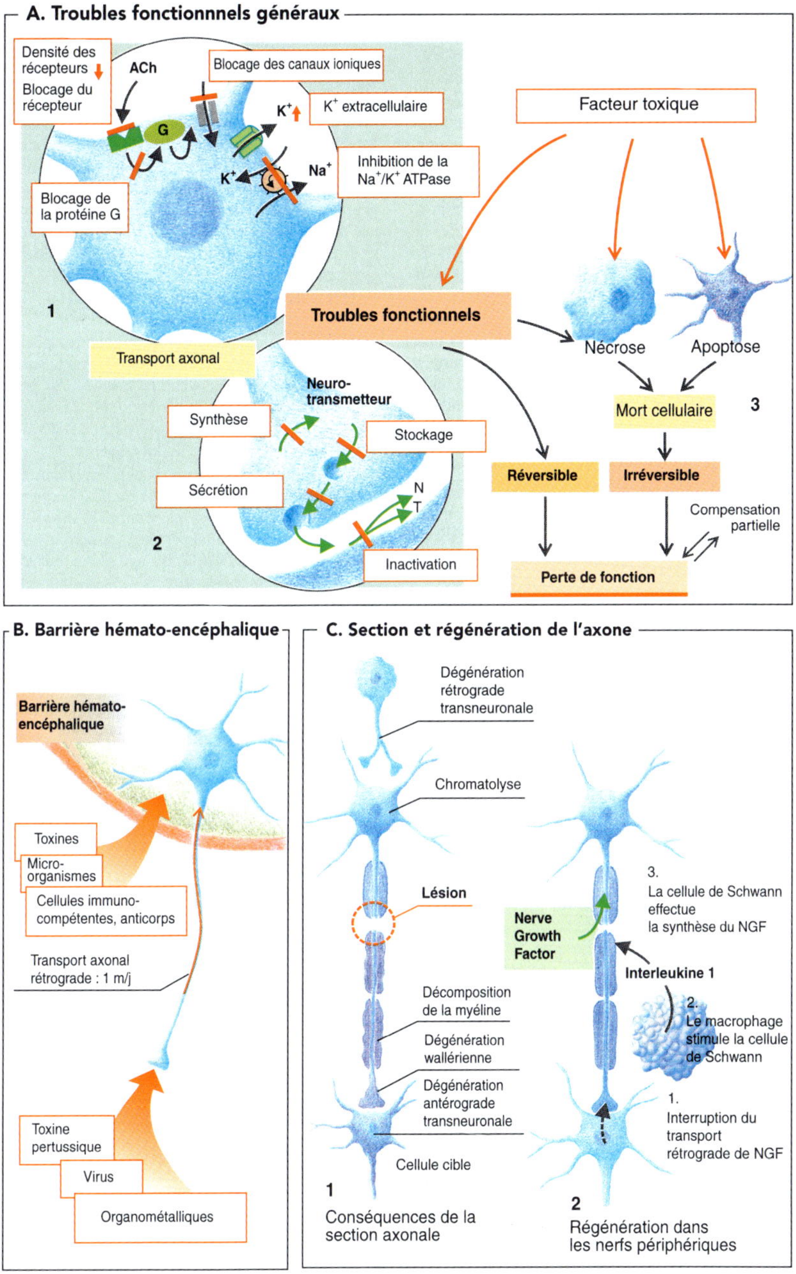

Figure 10-2 **Physiopathologie des cellules nerveuses**

Démyélinisation

La partie de l'axone située entre deux étranglements de Ranvier, ou zone internodale, est entourée d'une **gaine de myéline** (→ **A**). Elle est indispensable à la conduction saltatoire des potentiels d'action ainsi que pour le saut de l'excitation d'un étranglement (R_1) à l'autre (R_2). La zone internodale elle-même ne peut générer des potentiels d'action, la dépolarisation du deuxième étranglement (R_2) dépend du passage de la totalité du courant à travers le premier étranglement (R_1). En temps normal, le flux est si important qu'il peut même sauter par dessus des étranglements.

Sur le parcours entre les nœuds, se produisent à vrai dire des pertes de courant : en premier lieu la membrane de la zone internodale doit changer sa polarisation, le **condensateur membranaire** doit aussi être déchargé, ce pourquoi le courant est nécessaire (flèche verte en **A**). En second lieu, le courant peut également fuir à travers des **canaux ioniques** isolés de la membrane axonale (flèche orange). La myélinisation de la zone internodale assure cependant que la résistance de la membrane (R_m) est augmentée et que la capacité du condensateur membranaire (C_m) est diminuée (→ **A**, à gauche).

La **résistance** de la membrane axonale internodale est très élevée à cause de la faible densité de canaux ioniques dans cette zone. De plus, l'espace périmembranaire est isolé de l'espace extracellulaire par une couche lipidique. La faible **capacité** du condensateur est obtenue grâce à l'écartement important des « plaques » entre l'intérieur de l'axone et l'espace extracellulaire libre, et aussi à cause de la faible capacité de polarisation de l'espace entre ces plaques.

Une **démyélinisation** (→ **A**, à droite) peut se produire à la suite d'une atteinte toxique, inflammatoire ou dégénérative des nerfs, ou par suite d'une carence en vitamine B_6 ou B_{12}. Dans ces conditions, on observe dans la zone internodale une diminution de R_m et une augmentation de C_m. En conséquence, une quantité plus élevée de courant sera nécessaire pour inverser la polarisation internodale (flèche verte), et des pertes de courant plus importantes pourront se produire via l'exposition de canaux ioniques (flèche orange).

Si le courant généré en R_1, déduction faite des pertes dans la zone internodale, ne suffit plus à atteindre en R_2 le seuil de dépolarisation, l'excitation sera bloquée même si l'axone est totalement intact. Les fréquences élevées des potentiels d'action et les basses températures favorisent l'interruption de la conduction à cause de la diminution de sensibilité de l'étranglement R_2 (→ **A1**). Des lésions moins importantes de la zone internodale peuvent entraîner un ralentissement de la conduction, car il n'est plus possible de sauter par dessus aucun des nœuds, et le temps nécessaire pour atteindre le seuil de dépolarisation dans le nœud R_2 est plus grand (→ **A2**). Le ralentissement peut avoir lieu de façon variable dans les différentes fibres, entraînant une dispersion temporelle du signal. Finalement, la zone lésée, en particulier en cas d'atteinte simultanée de l'axone, peut générer elle-même un potentiel d'action (→ **A3**), une excitation peut se propager d'une fibre lésée à sa voisine (transmission éphaptique, → **A4**), et il peut se produire des excitations rétrogrades (→ **A5**).

Des déficiences génétiques des protéines de structure des couches intercalaires de myéline (par ex., de la protéine 0 [P_0], de la protéine périphérique 22 [PMP 22]) ou des jonctions communicantes dans les cellules de Schwann (connexine 22) provoquent des neuropathies périphériques héréditaires (**Charcot-Marie-Tooth**, syndrome de Déjérine-Sottas, maladie de Pelizaeus-Merzbacher).

La maladie démyélinisante la plus importante est la **sclérose multiple** (→ **B**). Elle est plus fréquente chez les femmes que chez les hommes et se produit souvent de façon familiale et chez les porteurs des antigènes HLA-3 et HLA-7. Il s'agit d'une **maladie auto-immune**, probablement déclenchée par une infection virale et caractérisée par des foyers inflammatoires démyélinisants (→ **B1**). Une caractéristique de la sclérose multiple est la survenue, au déroulement aléatoire, de pertes neuronales de localisation variable, causées par des lésions situées dans différentes structures cérébrales. Les lésions peuvent se réparer partiellement après atténuation de l'inflammation locale et reconstitution des couches de myéline (par les axones intacts). Dans l'exemple présenté (→ **B2**) survient d'abord à la suite d'une atteinte du nerf optique une perte réversible de la vue (→ p. 326), suivie d'une perte partiellement réversible de la sensibilité, due à une atteinte des voies sensibles de la moelle épinière (→ p. 318), et finalement à une ataxie causée par une atteinte du cervelet (→ p. 316).

A. Apparition et conséquences d'une démyélinisation

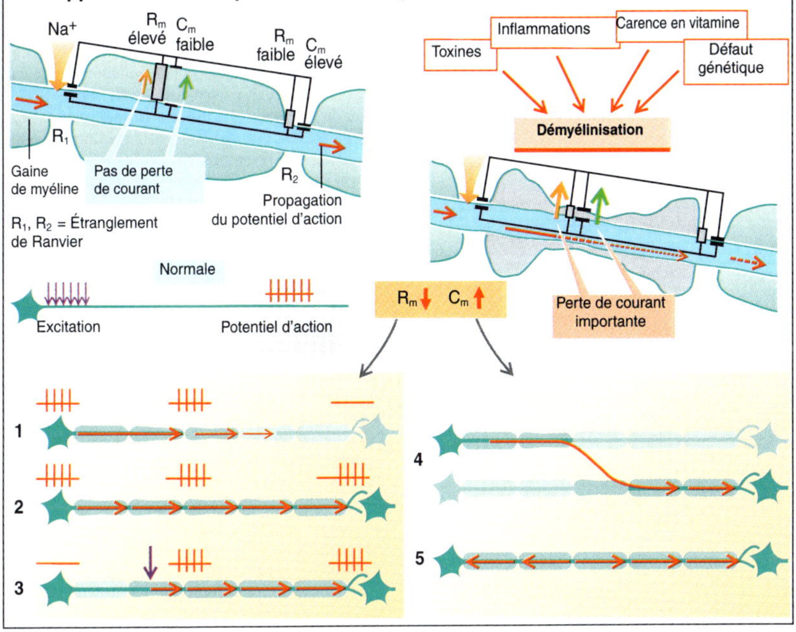

B. Sclérose multiple

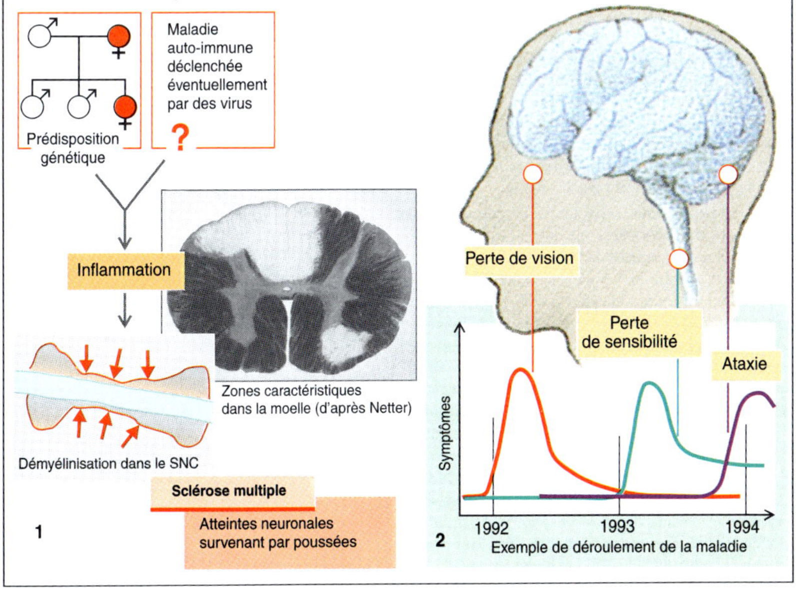

Troubles de la transmission neuromusculaire

La **transmission neuromusculaire** se déroule en une succession d'événements (→ **A**) qui peut être interrompue en différents endroits : le potentiel d'action convoyé jusqu'à la terminaison nerveuse via des *canaux* Na^+, y dépolarise la membrane cellulaire et ouvre ainsi des *canaux* Ca^{++} dépendant du potentiel. L'influx de calcium pénétrant dans la terminaison nerveuse déclenche la fusion de vésicules contenant de l'acétylcholine avec la membrane présynaptique où elles déversent leur *acétylcholine* (ACh) dans la fente synaptique. L'ACh se lie à des *récepteurs* de la membrane postsynaptique et ouvre ainsi des *canaux cationiques non spécifiques*. La dépolarisation de la membrane postsynaptique déclenche via l'ouverture de *canaux* Na^+ dépendant du potentiel, un potentiel d'action qui se propage rapidement à l'ensemble de la membrane de la cellule musculaire. L'acétylcholine est dégradée par une *acétylcholinestérase*, la choline ainsi libérée est recaptée dans les terminaisons nerveuses et réutilisée pour la synthèse d'acétylcholine.

Des **altérations** peuvent avoir lieu à chacun de ces sites : les *anesthésiques locaux* inhibent les **canaux sodiques** dépendant du potentiel et bloquent ainsi la transmission de l'influx nerveux jusqu'à la plaque motrice. Les **canaux** Ca^{++} peuvent être bloqués par des *anticorps* (voir ci-dessous). La *toxine botulinique* inactive la synaptobrévine, une protéine nécessaire à l'interaction des vésicules d'acétylcholine avec la membrane plasmique et inhibe ainsi la **sécrétion d'acétylcholine**. Comme les canaux calciques, les **récepteurs de l'ACh** peuvent être bloqués par des anticorps qui accélèrent en même temps l'internalisation et la dégradation des récepteurs. Les récepteurs peuvent de plus être bloqués par le *curare*, qui, en se liant au récepteur, inhibe de façon compétitive la liaison de l'acétylcholine sans avoir d'effet par lui-même.

La *succinylcholine* provoque une **stimulation prolongée du récepteur**, une dépolarisation durable de la membrane postsynaptique et donc une inactivation des canaux Na^+ postsynaptiques. Elle peut donc comme le curare bloquer la transmission neuromusculaire. Les inhibiteurs de l'acétylcholinestérase, par exemple la *physostigmine*, favorisent à faible concentration la transmission neuromusculaire en augmentant la disponibilité de l'acétylcholine dans la fente synaptique. À fortes doses, cependant, ils inhibent la transmission neuromusculaire car des concentrations élevées d'acétylcholine vont, comme la succinylcholine, provoquer une dépolarisation prolongée de la membrane postsynaptique et donc inactiver les canaux Na^+ postsynaptiques. La recapture de choline dans les terminaisons nerveuses peut être bloquée par les ions Mg^{++} et l'*hémicholine*.

La maladie la plus importante de la plaque motrice est la **myasthenia gravis**, une paralysie musculaire qui a pour origine un blocage de la transmission neuromusculaire (→ **B**). Celui-ci est dû à la présence d'anticorps dirigés contre les récepteurs de l'acétylcholine de la membrane postsynaptique, qui vont inhiber la fixation de l'ACh et accélérer la dégradation des récepteurs (→ **B1**). La maladie auto-immune peut être déclenchée par une infection de virus présentant une structure comparable à celle des récepteurs de l'ACh. De plus, la myasthénie sera observée chez des patients présentant une tumeur bénigne du thymus. La formation de tels anticorps est favorisée chez des sujets exprimant des sous-types (DR3 et DQw2) particuliers du complexe majeur d'histocompatibilité (MHC classe II). La stimulation répétée d'un nerf moteur entraîne d'abord chez des patients ayant une myasthénie, une sommation normale des potentiels d'action au niveau musculaire, mais leur amplitude devient cependant de plus en plus petite au fur et à mesure de l'« épuisement » croissant de la transmission neuromusculaire (→ **B2**).

Une autre maladie auto-immune associée à une altération de la transmission neuromusculaire est le **syndrome myasthénique de Lambert-Eaton** (→ **C**). On observe souvent chez ces patients un carcinome pulmonaire à petites cellules. Les canaux calciques situés dans la membrane plasmique des cellules tumorales sensibilisent le système immunitaire et stimulent la formation d'anticorps qui réagissent également avec les canaux Ca^{++} de la plaque motrice (→ **C1**). La sommation des potentiels d'action musculaires est d'abord petite ; elle se normalise cependant progressivement, car la stimulation répétée envoie toujours plus de Ca^{++} dans la terminaison nerveuse (→ **C2**).

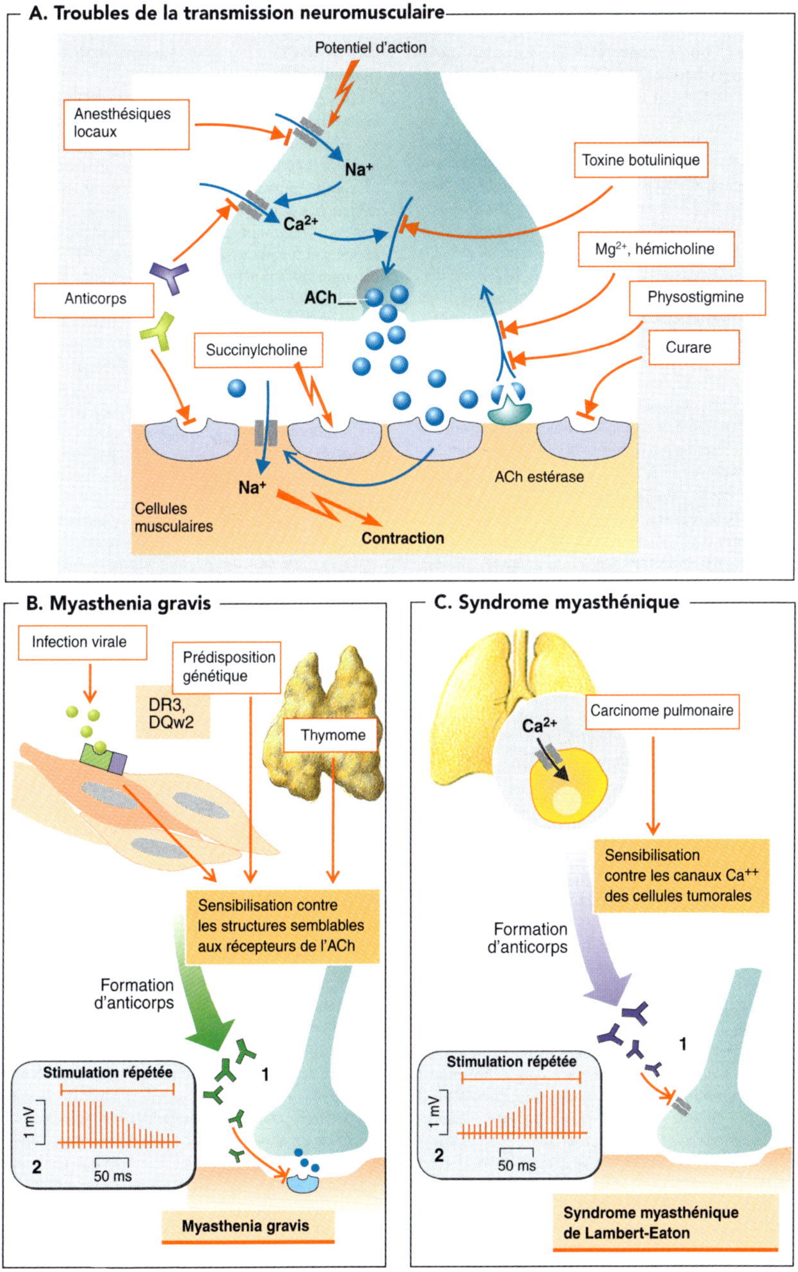

Figure 10-4 **Transmission neuromusculaire**

Maladies de l'unité motrice et des muscles

L'unité motrice se compose du motoneurone (motoneurone α) dans la moelle (ou dans les noyaux cérébraux), de l'axone qui en est issu et de toutes les fibres musculaires innervées par ses prolongements collatéraux. La fonction de l'unité motrice peut être altérée par des maladies du motoneurone, par une interruption ou un ralentissement de la conduction nerveuse ou par des maladies du muscle (→ **A**).

Les **motoneurones** α peuvent être touchés par le *virus de la poliomyélite* et être en partie détruits de façon irréversible. Dans le cas des *atrophies musculaires spinales*, un groupe de maladies dégénératives dont l'origine est pratiquement inconnue, ce sont ces cellules qui meurent. La *sclérose latérale amyotrophique* est vraisemblablement due en premier lieu à une altération du transport axonal, liée en partie à des facteurs génétiques, qui conduit secondairement à une perte des motoneurones α dans la moelle et à celle des neurones moteurs supraspinaux (→ **A1**).

Les lésions ou la disparition des **axones** peuvent être attribuées entre autres à des maladies auto-immunes, à une carence en vitamine B_1 ou B_{12}, à un diabète sucré, à des intoxications (par ex., plomb ou alcool) ou à des déficiences génétiques (maladie de Charcot-Marie-Tooth, → p. 302, **A2**).

Les **muscles** (→ **A3**) peuvent également subir les conséquences de maladies auto-immunes (par ex., dermatomyosis). Par ailleurs, des déficiences génétiques peuvent toucher les muscles comme dans le cas de la myotonie ou de la myopathie (*voir* ci-dessous).

Quel que soit le site de la lésion, le motoneurone, l'axone ou le muscle lui-même, la **conséquence d'une lésion de l'unité motrice** est une *paralysie* du muscle atteint (→ **A**). Lors d'une disparition primaire du motoneurone α, surviennent de façon typique des *fasciculations*, que l'on peut attribuer à la stimulation et à la contraction synchrone des fibres musculaires d'une unité motrice. Dans la sclérose latérale amyotrophique, on peut observer également, par suite de la disparition des neurones moteurs supraspinaux et tant que les motoneurones α sont encore partiellement intacts, des *spasmes* et une *hyperréflexie* (→ p. 310). Une lésion des nerfs périphériques entraîne d'abord un *ralentissement de la vitesse de conduction* due à une diminution de l'épaisseur de la gaine de myéline (→ p. 302). En général, les parties sensitives du nerf sont également touchées : on observe, d'une part, des *troubles de la sensibilité* et, d'autre part, il apparaît dans les nerfs lésés des *potentiels d'action spontanés* qui déclenchent les sensations correspondantes (paresthésies). Dans la **dégénérescence primaire des muscles** surviennent souvent des *fibrillations* ainsi que des contractions de fibres musculaires individuelles.

Des **défauts génétiques touchant des canaux ioniques** (→ **B**) sont à l'origine d'un groupe de maladies fonctionnelles du muscle. En temps normal (→ **B1**), la dépolarisation de la membrane de la cellule musculaire lors d'une stimulation est déclenchée via un canal Na^+ dépendant du potentiel, qui provoque l'ouverture d'un canal Ca^{++} dépendant lui aussi du potentiel (→ p. 304). Le flux calcique entrant active un canal Ca^{++} dans la membrane du réticulum sarcoplasmique, ce qui aboutit à une libération du calcium intracellulaire et permet la contraction musculaire. La repolarisation sera atteinte via une inactivation du canal sodique, due au flux entrant de Cl^- et au flux sortant de K^+. Elle provoque une inactivation du canal calcique si bien que la concentration intracellulaire de Ca^{++} diminue et que le muscle se relâche. Une inactivation plus lente du canal sodique causée par une mutation du gène codant pour la protéine canal, peut entraîner une relaxation plus lente, une augmentation de l'excitabilité et des crampes (*myotonie du canal sodique, paramyotonie congénitale* ; → **B2**). Le froid ralentit par ailleurs l'inactivation du canal sodique ; c'est ainsi que des crampes se déclencheront au moment du refroidissement des muscles, particulièrement dans la paramyotonie. Dans une autre déficience du canal sodique (ou du canal potassique ?), il peut se produire une paralysie en cas de concentration extracellulaire élevée de K^+ (*paralysie périodique hyperkaliémique*). Une anomalie génétique du canal Ca^{++} dépendant du potentiel provoque une *paralysie périodique hypokaliémique*. Dans les anomalies touchant le canal chlore il se produit de nouveau une myotonie. Selon la sévérité de l'anomalie moléculaire, la transmission de la déficience est dominante (*myotonie congénitale de Thomsen*) ou récessive (*myotonie de Becker*). Dans certaines anomalies du canal Ca^{++} sarcoplasmique, l'halothane, un anesthésique, peut activer le canal de façon indépendante du potentiel. L'augmentation massive de la consommation énergétique survenant à cette occasion dans le muscle conduit à une hyperthermie (*hyperthermie maligne* ; → p. 22).

Dans les **dystrophies musculaires dégénératives** de Duchenne et Becker (→ **C**, p. 307), la dystrophine, un élément du cytosquelette, est défectueuse. Le gène est situé sur le bras court du chromosome X ; la maladie ne se manifeste pratiquement que chez les hommes, car chez les femmes présentant un gène défectueux, la dystrophine formée à partir du gène sain, est suffisante. Dans la *maladie de Duchenne*, ce sont seulement des courts fragments,

A. Maladies de l'unité motrice

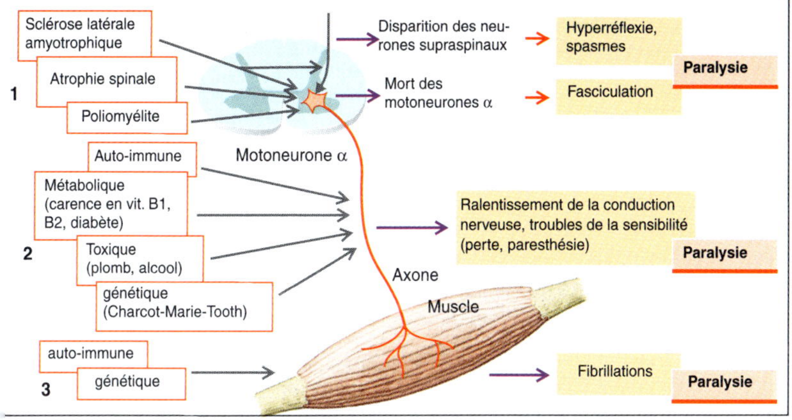

B. Myotonies

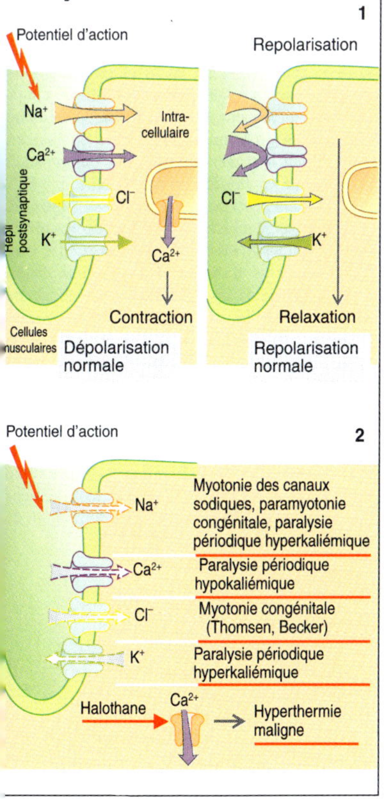

C. Dystrophies musculaires

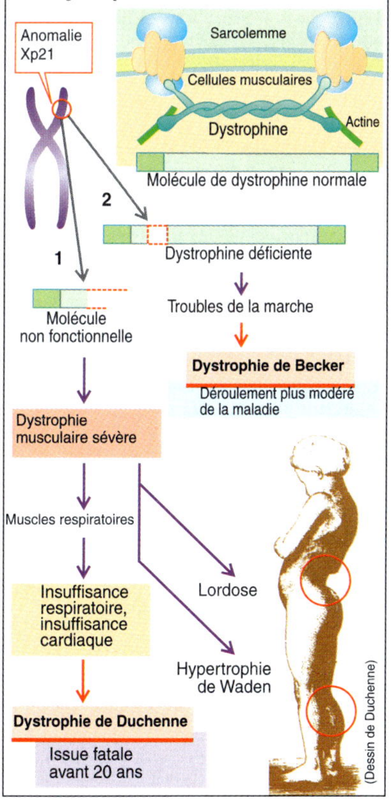

▶ non fonctionnels, de la dystrophine qui sont formés (→ **C1**) ; la maladie entraîne la mort dans les 20 premières années. Une caractéristique de cette maladie est la présence de mollets hypertrophiés mais cependant faibles et la lordose marquée de la colonne vertébrale due à la faiblesse musculaire. Dans la *myopathie de Becker,* est synthétisée une dystrophine défectueuse mais exerçant encore une fonction résiduelle (→ **C2** ; p. 307), le tableau clinique est nettement plus modéré.

Diagnostic des maladies de l'unité motrice

Une myopathie primaire peut être distinguée d'une neuropathie myogène par **électromyographie** (→ **D**).

Pour ce faire, on pique une électrode dans le muscle et on mesure la différence de potentiel par rapport à une électrode de référence placée à la surface de la peau. L'électrode implantée est en général extracellulaire de sorte que seule une fraction de la différence de potentiel au niveau de la membrane sera enregistrée. L'amplitude des variations de potentiel enregistrées dépend du nombre de fibres musculaires subissant en même temps une dépolarisation au voisinage de l'électrode implantée.

Comme toutes les fibres musculaires innervées par un même motoneurone α se dépolarisent simultanément, l'*amplitude* des variations de potentiel mesurées est d'autant plus importante que le nombre de *fibres musculaires* au voisinage de l'électrode est grand. Les différents motoneurones α ne sont en général pas stimulés en même temps, si bien que la *fréquence* des variations de potentiel est donc une indication du *nombre de motoneurones α distincts* innervant les fibres musculaires au voisinage de l'électrode.

En temps normal, les fibres musculaires innervées par un motoneurone α ne sont pas directement à côté les unes des autres dans le muscle mais réparties sur une section importante (→ **D1**). Lors de la disparition de fibres musculaires (**myopathies myogènes**, → **D2**), le nombre de fibres musculaires innervées par un seul motoneurone α à proximité de l'électrode décroît. L'*amplitude de la déviation* va donc être *plus faible*. Lors de la mort d'un motoneurone α (**myopathie neurogène**, → **D3**), les fibres musculaires qui lui sont reliées ne vont pas disparaître de la même manière, mais vont être en partie prises en charge par des prolongements collatéraux des motoneurones α voisins. Les unités motrices vont devenir plus grosses, et l'amplitude des variations de potentiel va donc l'être également. La *fréquence* maximale *de la déviation va cependant diminuer*, car les fibres musculaires situées à proximité de l'électrode dépendent maintenant d'un nombre plus faible de motoneurones.

Les concentrations sanguines de **créatine**, de **créatinine** et de **créatine kinase** fournissent une indication importante de l'existence et de la progression d'une maladie musculaire (→ **E**). La créatine est synthétisée dans le foie et est captée avidement par les cellules musculaires intactes. Dans le muscle elle peut, grâce à la créatine kinase, lier et stocker un groupement phosphate riche en énergie. Une partie de la créatine sera transformée dans le muscle en un anhydride ; la créatinine, qui, contrairement à la créatine, traverse aisément la membrane des cellules musculaires, et sera excrétée de façon quantitative par les reins. La quantité de créatinine excrétée dans l'urine par unité de temps est donc proportionnelle à la masse musculaire fonctionnelle. Si la masse musculaire diminue en raison d'une dystrophie musculaire, l'élimination de créatinine va être également diminuée (→ **E1**). Lors d'une dégénérescence aiguë des cellules, la créatine et la créatine kinase intracellulaires seront libérées, et leurs concentrations plasmatiques vont s'accroître de façon abrupte. S'il n'y a plus d'autre mort cellulaire, la concentration plasmatique de créatine kinase diminue jusqu'à atteindre de nouveau une valeur normale, mais la concentration de créatine peut cependant rester élevée, car la créatine synthétisée par le foie ne sera maintenant captée que par un nombre restreint de fibres musculaires. Cependant, la production de créatine diminue également car elle est inhibée par la créatine, via une boucle de rétrocontrôle, si bien que la concentration plasmatique ou l'élimination de créatine n'ont pas une évolution parallèle à celle de la diminution de la masse musculaire.

D. Électromyographie

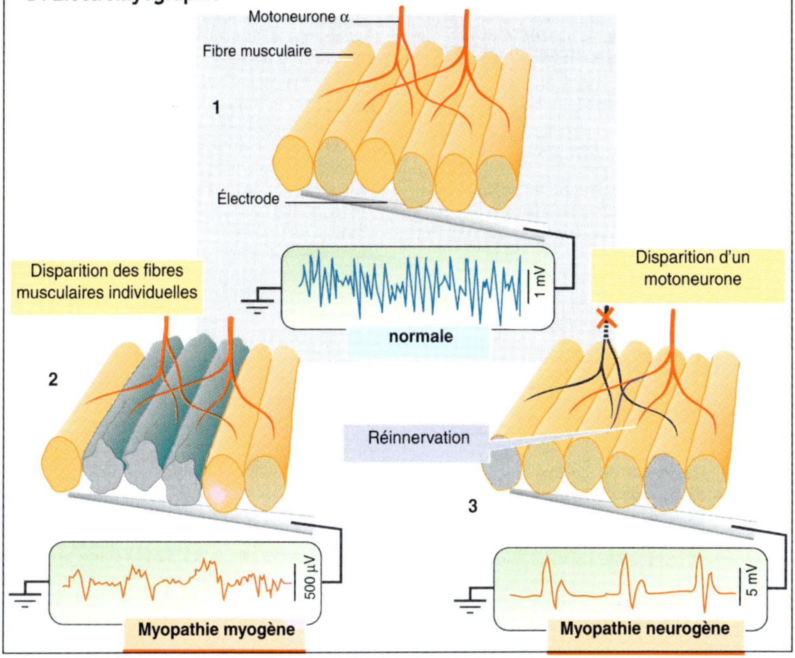

E. Métabolisme de la créatine

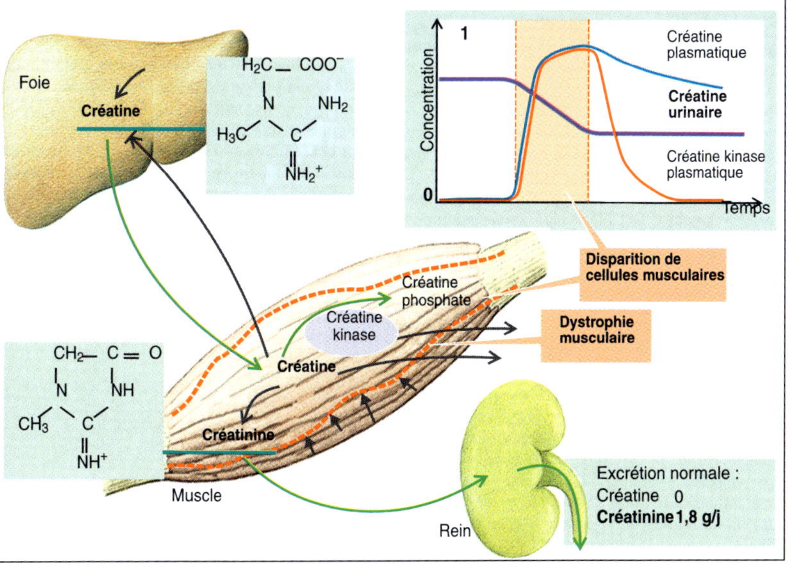

Lésions des voies motrices descendantes

Les motoneurones α de la moelle sont sous le contrôle de plusieurs **voies issues de neurones supraspinaux** (→ **A1**) :

- la *voie pyramidale* provenant du cortex moteur (violet),
- la *voie rubrospinale* issue du noyau rouge (rouge),
- le *tractus réticulospinal médian* originaire des formations réticulées du pont (orange),
- le *tractus réticulospinal latéral* provenant des formations réticulées médullaires (brun)
- et le *tractus vestibulospinal* (vert).

Les tractus réticulospinal médian et vestibulospinal stimulent essentiellement les muscles « anti-gravité », c'est-à-dire les muscles fléchisseurs du bras et les muscles extenseurs de la jambe. La voie pyramidale, la voie rubrospinale et le tractus réticulospinal latéral activent au contraire préférentiellement le fléchisseur de la jambe et l'extenseur du bras.

Lors d'une **lésion du cortex moteur ou au voisinage de la capsule interne** (par ex., due à une hémorragie ou une ischémie dans la zone irriguée par l'artère cérébrale moyenne), les voies les plus proches, c'est-à-dire les voies corticofugales, vont disparaître. Ce sont la voie pyramidale mais aussi d'autres connexions du cortex moteur comme celle conduisant au noyau rouge ou à la formation réticulée médullaire. La conséquence est non seulement une diminution d'activité de la voie pyramidale mais aussi des voies rubrospinales et réticulospinale médiane. Les voies vestibulospinale et réticulospinale médiane sont moins atteintes car elles sont principalement sous une influence non corticale, en particulier du cervelet. Une interruption de la conduction dans la région de la capsule interne a donc finalement pour conséquence une prépondérance du muscle fléchisseur du bras et du muscle extenseur de la jambe (→ **A2**).

Cependant, il se produit d'abord un **choc spinal** dû à la disparition de l'innervation supraspinale des motoneurones α (→ **A3a**). La diminution de l'activation supraspinale des motoneurones α touche également les muscles anti-gravité, même s'ils sont moins affectés que les autres muscles. Lors d'un choc spinal, les muscles sont flasques et aucun réflexe ne peut être déclenché (aréflexie).

La « dénervation » partielle des motoneurones α-γ et des interneurones augmente cependant graduellement leur sensibilité. De plus, les terminaisons disparues des neurones supraspinaux sont remplacées par des synapses de neurones médullaires (→ **A3b**), si bien que les réflexes vont exercer une influence toujours grandissante sur l'activité des motoneurones α ; on aboutit à une **hyperréflexie**.

Une autre conséquence est la survenue de **spasmes** : après la perte des voies descendantes, l'activité des motoneurones α se trouve surtout sous l'influence du faisceau musculaire et des tendons (→ **A4**). Une extension d'un faisceau musculaire stimule les motoneurones α du même muscle par le biais d'une boucle réflexe monosynaptique ; l'augmentation de l'influence du faisceau musculaire se traduit ainsi par une contraction massive à la suite d'une extension. Les faisceaux musculaires réagissent cependant essentiellement de façon phasique, c'est-à-dire que leur stimulation persiste lors d'une extension lente ou persistante. C'est alors l'influence des tendons qui devient prépondérante : ils inhibent la contraction musculaire à la suite d'une extension via un interneurone inhibiteur. On observe entre autres lors d'une extension lente ou persistante que le muscle cède brusquement après une augmentation initiale du tonus (**phénomène du couteau de poche**).

La prédominance du muscle extenseur provoque, lors d'une stimulation de la plante du pied, une flexion dorsale au lieu de la flexion plantaire habituelle chez les sujets bien-portants (→ **A5**). Ce **signe de Babinski** est considéré comme une indication d'une lésion de la voie pyramidale. En fait, les spasmes et le signe de Babinski sont plutôt la conséquence d'une lésion de plusieurs voies corticofugales, incluant la voie pyramidale. Une lésion isolée (extrêmement rare) de la voie pyramidale n'entraîne ni spasme ni signe de Babinski mais simplement des altérations mineures des mouvements précis.

La **disparition du noyau rouge** (par ex., à la suite d'une ischémie dans la zone médiane du cerveau ou de la maladie de Wilson [→ p. 252]) entraîne un tremblement de grande amplitude : les neurones du noyau rouge jouent un rôle important dans l'amortissement des oscillations, qui peuvent intervenir dans le contrôle des motoneurones α par rétrocontrôle négatif. Lors de **lésions des noyaux vestibulaires**, on observe essentiellement des troubles de l'équilibre avec des vertiges, un nystagmus et des nausées (→ p. 330).

A. Lésions des voies descendantes

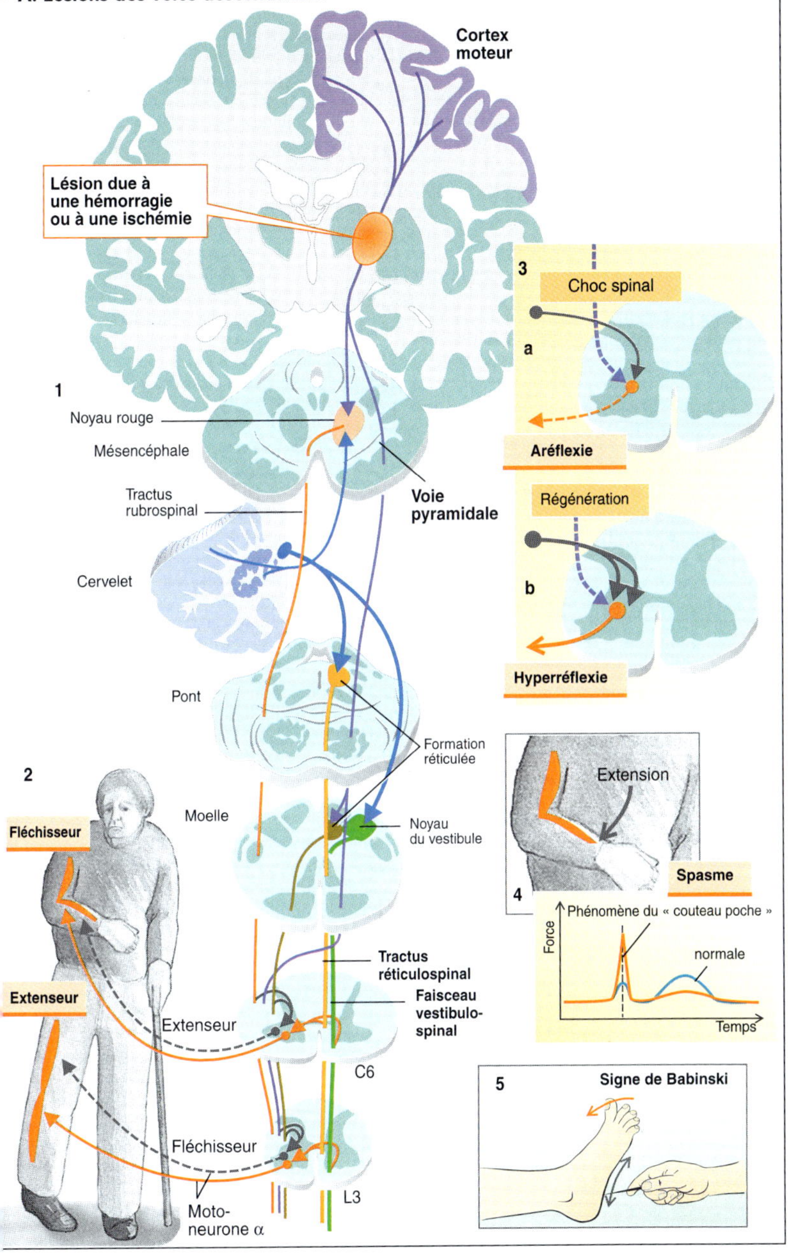

Figure 10-7 **Lésions des voies descendantes**

Maladies des ganglions de la base

Les différentes parties des ganglions de la base sont :
- le **corps strié** (striatum, comprenant le *noyau caudé* et le *putamen*),
- le **globus pallidus** interne et externe (pallidum formé de la pars interna et de la pars externa),
- le **noyau sous-thalamique** et
- la **substance noire** (pars reticulata et pars compacta).

Leur **fonction** est essentiellement le contrôle des mouvements en association avec le cervelet, le cortex moteur, les voies corticospinales et les noyaux moteurs du tronc cérébral.

Les neurones striataux sont activés par des neurones corticaux *glutamatergiques*. Les **connexions internes** aux ganglions de la base (→ **A**) utilisent principalement un neurotransmetteur inhibiteur, le *GABA* : en fin de compte, les ganglions de la base exercent une influence inhibitrice sur le noyau sous-thalamique via des neurones GABAergiques dans le pallidum interne et la zone réticulée de la substance noire. Ces neurones seront activés par des neurones glutamatergiques provenant du noyau sous-thalamique. Finalement, les neurones striataux sont en partie inhibés, en partie stimulés par des neurones dopaminergiques issus de la substance noire (pars compacta) et activés par des neurones cholinergiques. Un déséquilibre entre les influences activatrices et les influences inhibitrices se répercute de façon durable sur la motricité : une inhibition trop forte du noyau sous-thalamique provoque une hypokinésie, une inhibition trop faible se traduit par une hyperkinésie.

Maladie de Parkinson

La maladie de Parkinson est une maladie touchant la substance noire, qui affecte, via des voies dopaminergiques, des cellules GABAergiques du striatum. Son **origine** est souvent une *prédisposition héréditaire*, qui conduit, de l'âge mûr à un âge avancé, à une dégénérescence des neurones dopaminergiques de la substance noire (→ **B1**). D'autres causes possibles sont des *traumatismes* (boxeurs !), des *inflammations* (encéphalite), des *défauts d'irrigation* (athérosclérose), des tumeurs et des *empoisonnements* (en particulier par l'oxyde de carbone, le manganèse et le MPTP [1-méthyl-4-phényl-1,2,3,6-tétrahydropyridine] utilisé il y a quelques années comme un substitut de l'héroïne). La perte des cellules s'effectue vraisemblablement, en partie, par apoptose et l'on a attribué un rôle important dans ce phénomène à la formation d'anions superoxydes. Avant que ne surviennent les symptômes, il est nécessaire que plus de 70 p. 100 des neurones de la substance noire (pars compacta) aient disparu.

La perte cellulaire dans la substance noire diminue l'**innervation dopaminergique** correspondante du striatum (→ **B1**) : ceci entraîne d'une part une levée d'inhibition de neurones striataux, qui, en temps normal, inhibent d'autres neurones dans la partie externe du pallidum. On aboutit ainsi à une désinhibition des neurones glutamatergiques du noyau sous-thalamique et donc à une activation accrue des neurones inhibiteurs dans la partie interne du pallidum et la partie réticulée de la substance noire. De plus, l'activation dopaminergique des neurones striataux, qui inhibe normalement de façon directe des neurones de la substance noire (pars reticulata) et de la partie interne du pallidum, va décroître. Globalement, ces phénomènes conduisent finalement à une **inhibition excessive du thalamus** (neurotransmetteur GABA).

La conséquence d'une inhibition du thalamus est une **réduction de la motricité volontaire** (→ **B2**) : les patients ne peuvent déclencher un mouvement qu'avec peine ou sous l'influence d'un stimulus externe (**hypokinésie**). Le tonus musculaire est massivement augmenté (**rigor**). De plus, on observe souvent un **tremblement au repos** (4-8/s), avec des mouvements alternés des doigts et des mains (comme lorsque l'on compte de l'argent). L'hypokinésie induit chez les patients de façon typique une stature légèrement voûtée avec les bras et les jambes légèrement fléchies. Elle se manifeste également par une raideur de la face, une micrographie et une voix faible, monotone et déformée. On aboutit finalement à d'autres troubles comme une abondante salivation, une dépression et une démence, dues à des lésions supplémentaires (disparition des neurones du noyau du raphé, du locus coeruleus et du nerf vague).

Dans le **traitement** de la maladie de Parkinson (→ **B3**) on va chercher à augmenter la formation de dopamine des neurones nigrostriataux en fournissant de la *L-Dopa*, un précurseur de la dopamine (qui ne peut pas elle-même passer la barrière hémato-encéphalique). Les *amphétamines* peuvent stimuler la libération de dopamine et inhiber en même temps la recapture de la dopamine dans les terminaisons nerveuses, permettant ainsi d'augmenter la concentration synaptique de dopamine. Finalement, il est possible de ralentir la dégradation de la dopamine en utilisant des inhibiteurs de la monoamine oxydase (*inhibiteurs de MAO*) ou d'imiter l'effet de la dopamine en utilisant des médicaments comparables à la dopamine (*agonistes*).

En plus de l'amélioration de la synthèse ou de l'action de la dopamine on cherchera à augmenter la concentration locale de dopamine en *transplantant* dans le striatum *des cellules produisant de la dopamine*. Une amélioration de la maladie de Parkinson peut aussi être obtenue via une *inhibition des neurones cholinergiques* dans le striatum : ces

A. Ganglions de la base

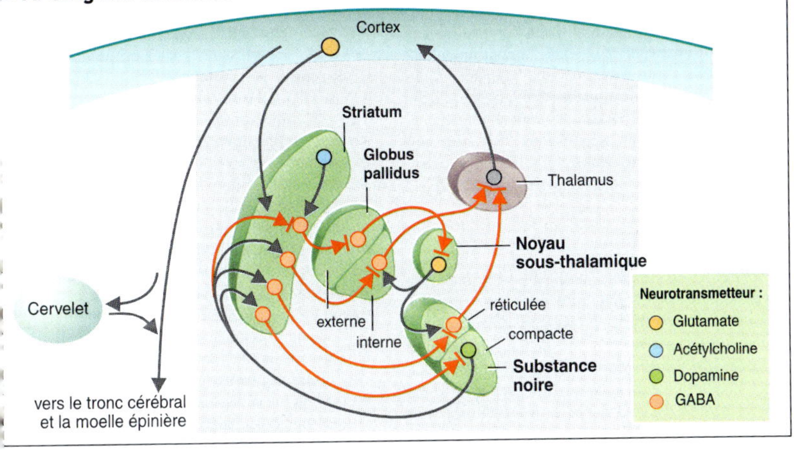

B. Maladie de Parkinson

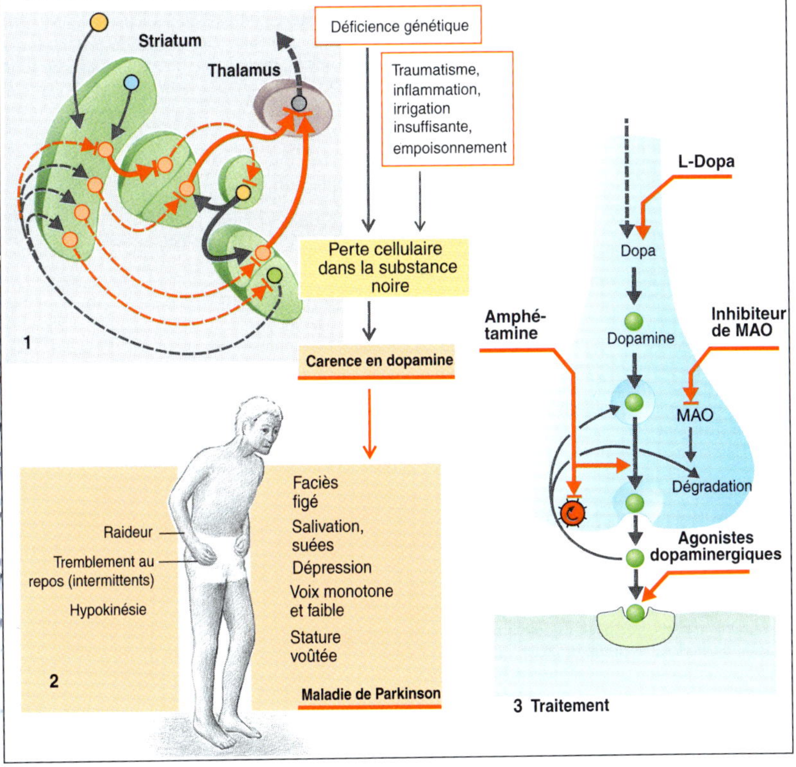

neurones stimulent les neurones striataux, qui normalement sont inhibés par la dopamine.

On cherchera également à améliorer le tableau clinique de la maladie en levant l'inhibition du thalamus grâce à des *antagonistes glutamatergiques* ou à une *lésion* du noyau sous-thalamique ou de la partie interne du pallidum. Finalement, on essaiera de ralentir la mort apoptotique des neurones nigrostriataux en utilisant des molécules antioxydantes et des facteurs de croissance.

Hyperkinésies

Chorée. C'est la plus fréquente des maladies hyperkinétiques des ganglions de la base. La chorée est essentiellement une maladie du striatum.

Son origine peut être une maladie héréditaire (**chorée de Huntington**, → **C1**), qui se manifeste dans la quatrième ou la cinquième décade de la vie par une *perte progressive et irréversible des neurones striataux*. Le gène responsable se situe sur le bras court du chromosome 4. On suppose que le défaut génétique entraîne l'accumulation intracellulaire d'une protéine difficile à dégrader (huntingtine). La mort cellulaire sera accélérée par une action excitotoxique du glutamate : le glutamate stimule les neurones via l'activation de canaux ioniques perméables au calcium et l'influx excessif de calcium va léser les cellules.

Dans la **chorée de Sydenham**, on observe au contraire de la chorée de Huntington une *lésion* largement *réversible* des neurones striataux (→ **C2**). Cette lésion est provoquée par le dépôt de complexes immuns au cours d'une fièvre rhumatismale et se manifeste en particulier chez l'enfant.

Une lésion des neurones striataux peut finalement survenir dans des cas très rares à la suite d'une **ischémie** (athérosclérose), de **tumeurs** ou d'**inflammations** (encéphalite).

La **conséquence** d'une perte des neurones striataux est en particulier une inhibition renforcée de neurones du noyau sous-thalamique qui activent en temps normal des neurones inhibiteurs situés dans la partie interne du pallidum et la zone réticulée de la substance noire. On observe donc une *levée d'inhibition des cellules du thalamus*, qui se traduit par des mouvements involontaires soudains et incontrôlés, qui normalement sont bloqués par les ganglions de la base.

Hémiballisme. Lors de la disparition du noyau sous-thalamique (ischémie, tumeur) se produisent des mouvements brusques et soudains, que l'on explique par une diminution de la stimulation de neurones GABAergiques inhibiteurs dans la partie interne du pallidum et dans la zone réticulée de la substance noire. Elle entraîne une levée d'inhibition de neurones du thalamus.

Dyskinésie tardive. C'est une conséquence de traitements de longue durée avec des neuroleptiques qui déplacent la dopamine de ses récepteurs (→ **D2**). Ces substances sont en particulier utilisées dans le traitement des schizophrénies (→ p. 352). Elles entraînent cependant une sensibilisation des neurones postsynaptiques qui vont synthétiser un plus grand nombre de récepteurs de la dopamine. Une levée d'inhibition de neurones de la partie externe du pallidum va entraîner un blocage de l'activité du noyau sous-thalamique. Une absence d'activation provenant du noyau sous-thalamique et une inhibition accrue sous l'action des neurones striataux vont diminuer l'activité de neurones situés dans la partie interne du pallidum et dans la zone réticulée de la substance noire. La conséquence est une levée d'inhibition du thalamus et l'apparition de mouvements involontaires. À côté d'une augmentation de la synthèse des récepteurs, l'apoptose de neurones qui sont normalement inhibés par la dopamine, joue également un rôle pathophysiologique.

Des lésions du striatum et du pallidum conduisent de plus à une **athétose**, une hyperkinésie accompagnée de mouvements importuns, lents et en forme d'hélice. Des lésions du pallidum et du thalamus provoquent des **dystonies** (luxations persistantes).

C. Chorée

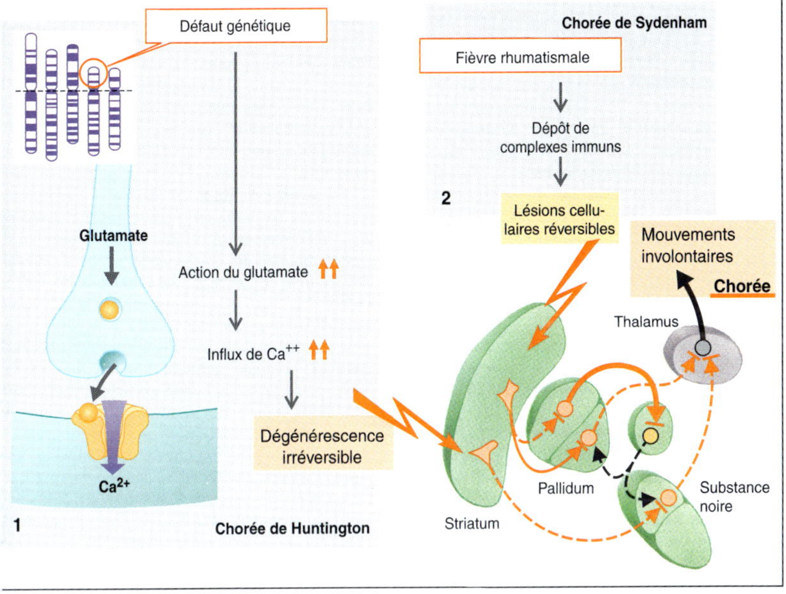

D. Hémiballisme et dyskinésie tardive

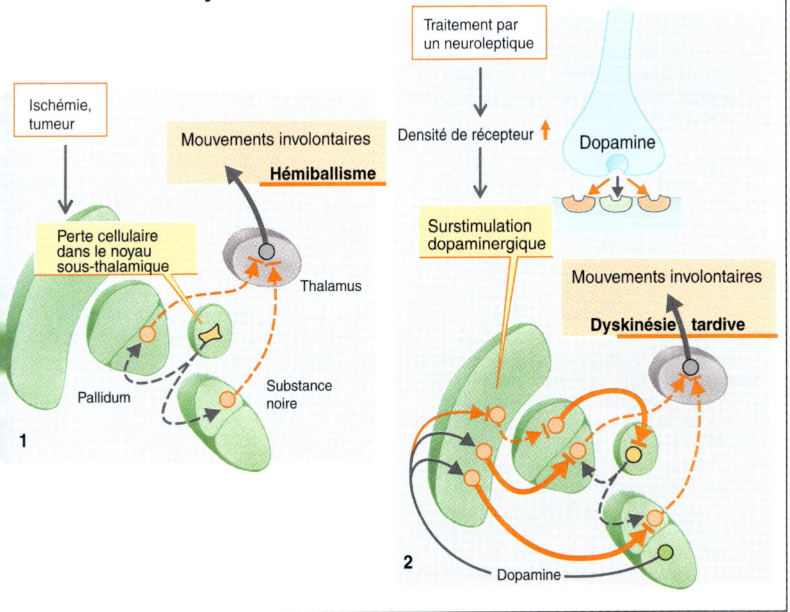

Lésions du cervelet

Les origines des lésions du cervelet sont des intoxications (en particulier l'alcool, mais aussi le DDT, la pipérazine, le 5-fluoro-uracile, le lithium et la diphénylhydantoïne), une insolation, une hypothyroïdie, un trouble de l'absorption ainsi qu'un déficit génétique touchant un enzyme ou un système de transport (hexosaminidase, glutamate déshydrogénase, pyruvate déshydrogénase, α-oxydation, réparation de l'ADN, transport des acides aminés neutres, etc.), des processus neurodégénératifs en partie héréditaires, des réactions inflammatoires (entre autres sclérose multiple, → p. 302, virus, prions), des tumeurs du cervelet et des tumeurs extracérébelleuses (paranéoplasie, → p. 16). Dans l'ataxie de Friedreich, héréditaire, la fonction du cervelet est affectée de façon indirecte entre autres par une dégénérescence des voies spinocérébelleuses. Les effets d'une lésion du cervelet dépendent de sa localisation.

Les **hémisphères cérébelleux** (jaune) stockent les *programmes de motricité volontaire* (dextérité). Lors d'un mouvement volontaire, les aires associatives du cortex (→ **A1**) activent via le noyau pontin (→ **A2**) des neurones de l'hémisphère (→ **A3**), dont les efférences (orange) projettent via le noyau denté (→ **A4**) et le thalamus (→ **A5**) jusqu'au cortex moteur (→ **A6**), d'où seront activés des motoneurones de la moelle épinière via le tractus pyramidal (violet). Des lésions des hémisphères ou des structures qui lui sont reliées vont donc altérer l'initiation et la planification des mouvements.

La **pars intermedia** (bleu clair) est en particulier nécessaire au *contrôle des mouvements* : elle reçoit des informations sur l'état de l'appareil moteur via les afférences spinocérébelleuses (bleu). Les neurones de la pars intermedia projettent jusqu'au noyau rouge (→ **A9**) et au thalamus via le noyau emboliforme et le noyau globosus (→ **A8**). Les motoneurones de la moelle seront influencés à partir du noyau rouge via le tractus rubrospinal et à partir du thalamus, via le cortex moteur et les voies pyramidales. Des altérations de la pars intermedia vont altérer l'accomplissement et le contrôle de la motricité volontaire.

Le **flocculus** et le **nodulus** ainsi qu'une partie du **vermis** (vert clair) participent au *contrôle de l'équilibre*. Des neurones du flocculus reçoivent des afférences directes en provenance des organes de l'équilibre (→ **A10**). Par ailleurs, le flocculus, le nodulus et le vermis reçoivent des afférences issues des fibres spinocérébelleuses (→ **A7**) ainsi que des informations sur la motricité oculaire. Les neurones de cette partie du cervelet projettent directement jusqu'au noyau vestibulaire (→ **A11**), ainsi que jusqu'au thalamus, à la formation réticulée (→ **A13**) et au noyau vestibulaire controlatéral (→ **A14**) via les noyaux fastigiaux (→ **A12**). Les motoneurones de la moelle seront atteints via les voies vestibulospinales et réticulospinales ainsi que par les voies thalamocorticales et corticospinales. Des lésions touchant le flocculus, le nodulus et le vermis vont affecter essentiellement l'équilibre et le maintien du corps mais aussi les muscles du tronc et du visage.

Sur le **plan clinique**, les lésions du cervelet se manifestent par un ralentissement du démarrage et de l'arrêt des mouvements. On observe une absence de coordination des mouvements (*dyssynergie*), et l'évaluation de la force, de l'accélération, de la vitesse et de l'ampleur nécessaire à un mouvement est souvent inexacte (*dysmétrie*). Les patients ne sont pas capables, si une résistance cède brusquement, de diminuer aussitôt la force musculaire (*phénomène de rebond*), ni d'enchaîner rapidement l'un après l'autre des mouvements antagonistes (*dysdiadochokinèse*). Lors de mouvements orientés se développent des *tremblements d'intention* (3-5 hertz), dont l'amplitude s'accroît à mesure que l'on s'approche du but. Leurs mouvements sont hachés et décomposés en mouvements élémentaires (*décomposition des mouvements*) ; la résistance opposée aux mouvements passifs est plus faible (*hypotonie*). Lors d'un travail en tension, le tonus musculaire ne peut pas être maintenu de façon satisfaisante, et le patient ne peut pas garder très longtemps les bras tendus vers l'avant. Les réflexes d'extension des muscles sont affaiblis (*hyporéflexie*).

La parole est saccadée, explosive, en staccato et déformée. Le *contrôle de l'équilibre* du patient est perturbé, la station debout et la marche sont incertaines et s'effectuent avec les jambes écartées (*ataxie*). Il a du mal à s'asseoir et à se mettre debout à cause d'un tremblement des muscles du tronc (titubation, 2-3 hertz). L'altération du contrôle de la motricité oculaire entraîne une asymétrie du mouvement des yeux et un *nystagmus* important (→ p. 330) dans la direction de la lésion. Celui-ci augmente lors d'un regard dans la direction de la lésion et diminue lors de la fermeture des yeux.

A. Lésions du cervelet

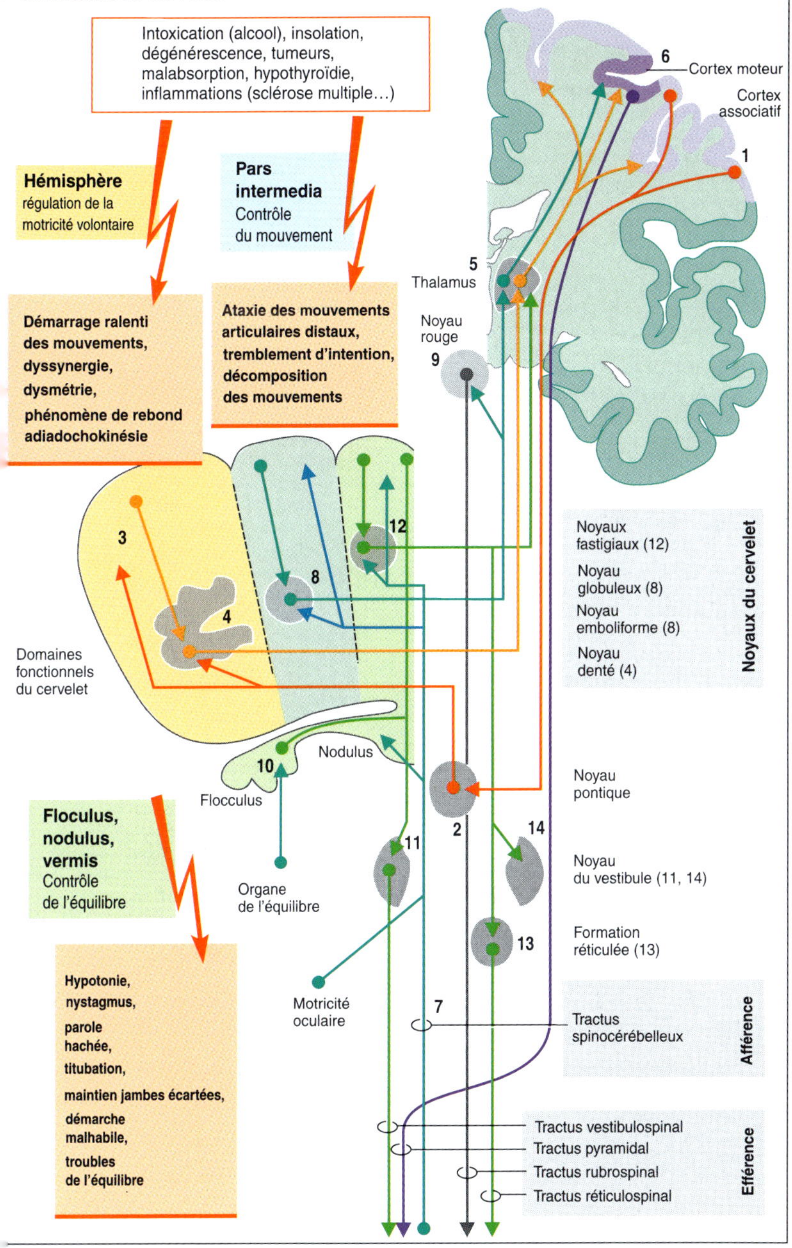

Troubles des voies sensorielles

Des **récepteurs spécialisés** (senseurs) de la *peau* sont stimulés par le toucher (corpuscules de Meissner), la pression et la tension (corpuscules de Ruffini), les vibrations (corpuscules de Pacini), le mouvement des cheveux (récepteurs des follicules pileux) ou la température (récepteurs au froid et au chaud). Les récepteurs sensibles à l'extension dans les *muscles* (faisceaux musculaires), les *tendons* et les *capsules articulaires* fournissent des informations concernant l'appareil moteur, des récepteurs présents dans différents *organes internes* donnent des informations sur l'extension des organes de la cavité abdominale et les concentrations de substances données (CO_2, H^+, glucose, osmolarité). Les stimuli douloureux seront pris en compte par des nocicepteurs (terminaisons nerveuses libres) au niveau de la peau, de l'appareil moteur, des organes internes et des vaisseaux (→ p. 320).

Les stimuli sensoriels seront conduits jusqu'à la **moelle épinière** où ils influencent de façon réflexe l'activité des motoneurones. Par l'intermédiaire des **voies circulant dans les cordons postérieurs** (sensibilité aux mouvements fins, dite épicritique, afférences des fuseaux musculaires, etc.) et de celles passant **dans les cordons antérieurs** (sensibilité aux mouvements amples, à la température extérieure et à la douleur), ils seront conduits ensuite à la medulla oblongata, au thalamus et au gyrus postcentral. Les informations concernant l'appareil moteur vont de plus parvenir au cervelet via les **voies spinocérébelleuses**. Le flux d'informations peut être perturbé à différents niveaux :

Les **récepteurs**, qui transforment à la périphérie les différentes stimulations en activité neuronale, peuvent être absents ou être stimulés de façon inappropriée (→ **A1**), avec pour conséquence une perte totale ou partielle des sensations (anesthésie ou hypoesthésie), une sensation renforcée (hyperesthésie) ou l'apparition de sensations sans qu'il y ait de stimulations adéquates (paresthésie, dysesthésie).

Des lésions des **nerfs périphériques** ou des nerfs spinaux peuvent de même déclencher an-, hypo-, hyper-, par- ou dysesthésies, mais vont cependant altérer en même temps la sensibilité profonde et la motricité (→ **A2**). Compte tenu du recouvrement des domaines d'innervation, la lésion d'un nerf spinal conduira uniquement à une hypoesthésie (ou hyperesthésie), mais pas à l'anesthésie du dermatome touché.

Moelle épinière. Lors d'une **hémisection** (Brown-Séquard ; → **A3**) sont affectées du côté ipsilatéral la sensibilité profonde et la sensibilité superficielle (épicritique). Du côté controlatéral ce sont la sensibilité thermique, la sensibilité mécanique grossière et la sensibilité à la douleur qui sont altérées (troubles de sensibilité dissociés). De plus les voies motrices descendantes du côté ipsilatéra sont également atteintes (→ p. 310).

Une interruption des **voies du cordon médul laire postérieur** (→ **A4**) interrompt la perceptio adéquate des vibrations et diminue la capacité d définir avec précision la cinétique et le développe ment spatial de stimuli mécaniques et d'apprécie correctement leur intensité. De plus, la sensibilit profonde est atteinte. De ce fait, ce sont avant tou les informations provenant des faisceaux muscu laires qui disparaissent et avec eux le contrôle de capacités musculaires. La conséquence est, entr autres, une ataxie. Si la lésion est située à l'inté rieur des voies du cordon postérieur, leur locali sation topographique a une influence : les voie cervicales sont essentiellement latérales, les voie sacrées sont médianes.

Une lésion dans le **cordon antérieur** (→ **A5** altère principalement la sensibilité à la pression, la douleur et à la température. Il peut se produir des an-, hypo-, hyper-, par- et dysesthésies. Le mouvements de la colonne vertébrale peuver entraîner, via une stimulation des afférences lésée les sensations correspondantes (signes de Lhe mitte).

Des lésions du **cortex somatosensoriel** (→ **A6** vont interrompre la capacité d'analyser l'origin spatiale et temporelle des sensations ainsi que la pe ception des mouvements ou des positions ; l'appré ciation de l'intensité d'une excitation est égalemen affectée.

Des lésions des **voies associatives ou** de **pa ties du cortex** (→ **A7**) vont entraîner une pertu bation du traitement des perceptions sensorielle avec pour conséquence une astéréognosie (incapa cité de reconnaître des objets en les tâtant) ou un topoagnosie (perte de la perception dans l'espace On observe également des troubles du schéma co porel et de l'appréciation de sa position. Il peut s produire des phénomènes d'extinction (ignoranc de l'un des deux stimuli appliqués en même temps ou une héminégligence (ignorance de la moiti controlatérale du corps et du périmètre de ce côté

A. Troubles des voies sensorielles

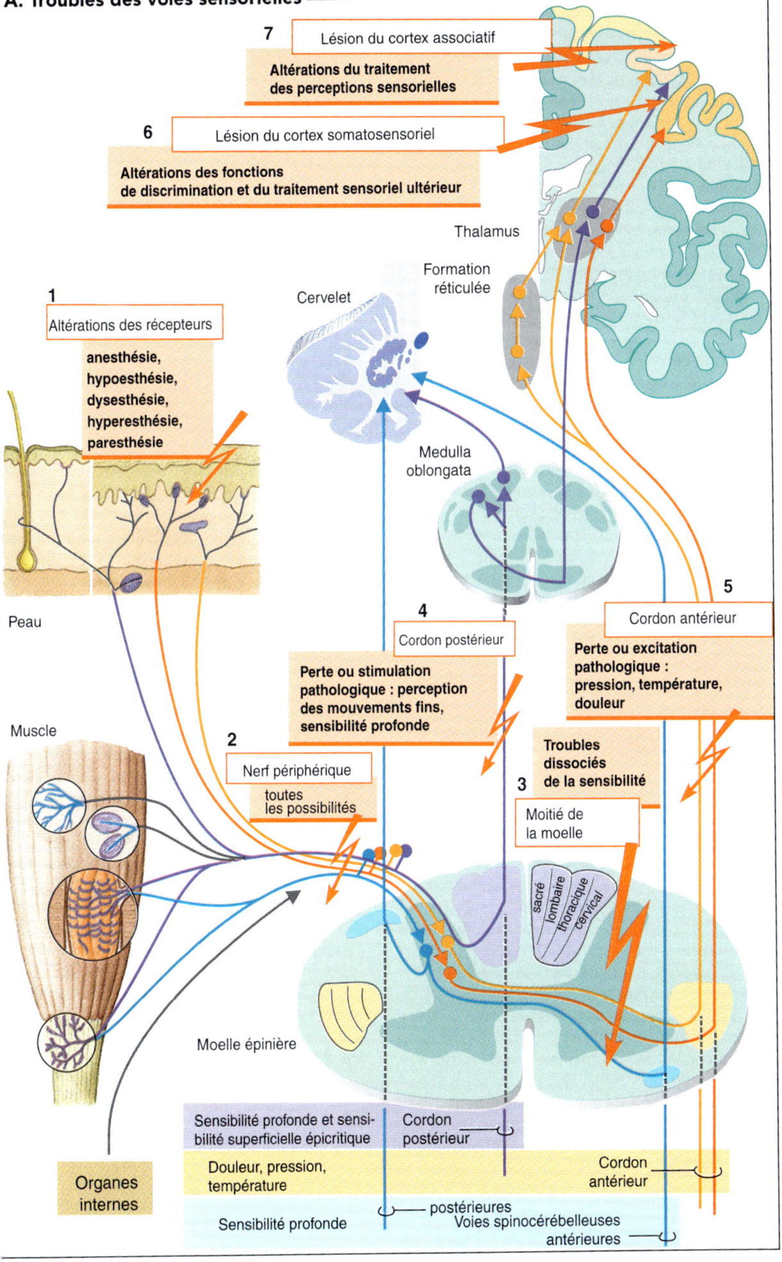

Douleur

Les stimulations douloureuses sont captées dans la peau et les entrailles par des nocicepteurs, qui sont également excités par des stimuli non algésiques de forte intensité (extension, température) ainsi que lors des **lésions tissulaires** (→ **A**). Les cellules nécrotiques vont libérer du K^+ et des protéines intracellulaires. Une augmentation de la concentration extracellulaire de K^+ dépolarise les nocicepteurs, les protéines et la présence éventuelle de micro-organismes vont déclencher une **inflammation**, dont la conséquence est la libération de **médiateurs** susceptibles de déclencher la douleur (→ p. 294 *sqq.*) : les *leucotriènes*, la *prostaglandine* E_2 et l'*histamine* sensibilisent les nocicepteurs si bien que des stimulations jusqu'à présent inférieures au seuil de la douleur ou des sensations non douloureuses peuvent maintenant provoquer des sensations douloureuses (hyperalgésie ou allodynie). Les lésions tissulaires activent de plus la **coagulation sanguine** et donc la sécrétion de *bradykinine* et de *sérotonine* (→ p. 294). L'occlusion des vaisseaux entraîne une **ischémie** ; l'accumulation de K^+ et d'H^+ qui en résulte active les nocicepteurs déjà sensibilisés. L'*histamine*, la *bradykinine* et la *prostaglandine* E_2 exercent une action vasodilatatrice et augmentent la perméabilité vasculaire, ce qui favorise la formation d'un œdème local ; la pression intravasculaire augmente, ce qui stimule aussi les nocicepteurs. Ceux-ci libèrent lors d'une stimulation des peptides, de la substance P (**SP**) et « *calcitonin gene-related peptide* » (**CGRP**), qui favorisent l'inflammation et provoquent également une vasodilatation et une augmentation de la perméabilité vasculaire.

La vasoconstriction (provoquée par la sérotonine) suivie d'une vasodilatation est vraisemblablement responsable des accès de **migraine** (forts maux de tête avec pertes neuronales vraisemblablement dues à une augmentation de l'irrigation cérébrale).

Dans la moelle épinière, les afférences provenant des organes et de l'épiderme seront en partie rassemblées, c'est-à-dire qu'elles vont converger vers les mêmes neurones dans la moelle (→ **B**). L'excitation des nocicepteurs dans un organe suscite donc des douleurs dans l'aire cutanée, dont les afférences font relais dans le même segment de la moelle (**douleur transmise**, → **B1**). En cas d'infarctus du myocarde, par exemple, les douleurs irradient dans l'avant-bras et le bras gauches.

La **douleur projetée** est déclenchée par la stimulation du nerf (par exemple du nerf ulnaire dans le sulcus ulnaris, → **B2**). La perception est alors projetée dans le domaine d'innervation du nerf. Une forme particulière de douleur projetée est la *douleur fantôme* d'un membre amputé. Lors d'une *neuralgie*, une stimulation pathologique répétée d'un nerf ou de la racine postérieure provoque des douleurs chroniques dans le domaine d'innervation.

Les **afférences** sont relayées dans la moelle, via le cordon antérieur jusqu'au thalamus, et conduites de là jusqu'au cortex somatosensoriel, au gyrus cingulaire et à l'insula (→ **C**). Via les connexions correspondantes, vont se former les composantes sensorielles (en particulier perception de la localisation et de l'intensité), affectives (peines), motrices (réflexe de défense, tonus musculaire, grimace) et végétatives (variations de pression artérielle, tachycardie, élargissement des pupilles, poussée de sueur) de la sensation douloureuse. Le relai dans la moelle épinière et le thalamus peut être inhibé par des voies descendantes provenant du cortex, de la substance grise centrale et du noyau du raphé, qui utilisent comme neurotransmetteurs la noradrénaline, la sérotonine et en particulier les endorphines. Des lésions du thalamus peuvent par exemple provoquer des sensations douloureuses en faisant disparaître cette inhibition (*syndrome thalamique*).

Pour **lutter contre la douleur** on peut, entre autres, bloquer l'*activation des récepteurs* en refroidissant les zones atteintes ou grâce à des inhibiteurs de synthèse des prostaglandines (→ **C1**). La *conduction de la douleur* peut également être diminuée par le froid ou en utilisant un bloqueur des canaux Na^+ (anesthésique local, → **C2**), la conduction jusqu'au thalamus peut être bloquée par l'alcool et une anesthésie (→ **C5**). On cherchera parfois à interrompre la conduction de la douleur par des interventions neurochirurgicales (→ **C6**). L'électroacupuncture et la stimulation nerveuse transcutanée agissent via une stimulation des *voies descendantes inhibant la douleur* (→ **C3**). Les récepteurs des endorphines seront activés par la morphine et des molécules de la même famille (→ **C4**). Il est également possible grâce à des méthodes de traitement psychologiques de stimuler les processus endogènes de lutte contre la douleur.

L'absence de sensations douloureuses, due à un traitement médicamenteux ou à une **analgésie** innée, très rare, bloque son rôle d'avertissement et peut entraîner un danger mortel s'il n'est pas possible d'éloigner la cause de la douleur.

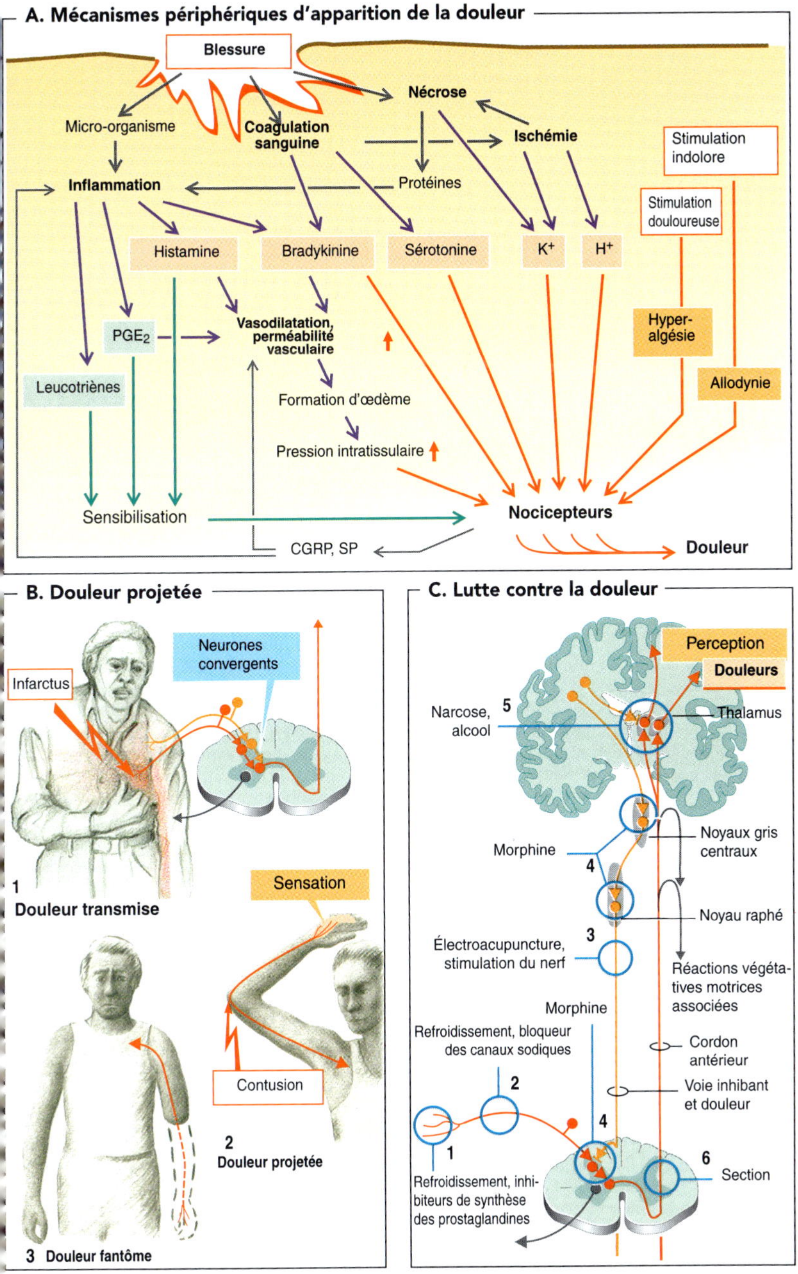

A. Mécanismes périphériques d'apparition de la douleur
Blessure
Nécrose
Micro-organisme
Coagulation sanguine
Ischémie
Stimulation indolore
Inflammation
Protéines
Stimulation douloureuse
Histamine
Bradykinine
Sérotonine
K+
H+
PGE2
Vasodilatation, perméabilité vasculaire
Hyper-algésie
Leucotriènes
Allodynie
Formation d'œdème
Pression intratissulaire
Sensibilisation
Nocicepteurs
CGRP, SP
Douleur
B. Douleur projetée
Neurones convergents
Infarctus
1
Douleur transmise
Sensation
Contusion
2
Douleur projetée
3 Douleur fantôme
C. Lutte contre la douleur
Perception
Douleurs
5
Narcose, alcool
Thalamus
Noyaux gris centraux
Morphine
4
Noyau raphé
3
Électroacupuncture, stimulation du nerf
Réactions végétatives motrices associées
Morphine
Refroidissement, bloqueur des canaux sodiques
Cordon antérieur
2
Voie inhibant et douleur
4
1
6
Section
Refroidissement, inhibiteurs de synthèse des prostaglandines

Maladies de l'œil

Le système optique de l'œil permet une formation précise de l'image des objets extérieurs sur la rétine. Les altérations les plus fréquentes de ce système de formation des images sont une mauvaise transparence des systèmes traversés par la lumière (en particulier cataracte), un défaut de formation des images (anomalies de réfraction) et un trouble de régulation de la pression interne de l'œil (glaucome).

Anomalies de réfraction (→ **A**). L'image des objets observés ne va pas être focalisée précisément sur la rétine.

◆ Dans le cas de la **myopie** (**capacité à voir de près**) le globe oculaire est trop long pour la convergence (myopie axiale), il est rare que la force de réfraction soit trop forte (myopie de réfraction). Des rayons lumineux parallèles vont se focaliser en avant de la rétine, si bien que les objets éloignés ne pourront pas être vus nettement. L'anomalie peut être corrigée par une lentille divergente.

◆ Dans le cas d'une **hypermétropie** (**bonne vision de loin**), le globe est trop court (hypermétropie axiale) ou la force de réfraction trop faible (hypermétropie de réfraction). En conséquence, les rayons qui proviennent d'un point proche ne pourront pas être focalisés sur la rétine ; les objets lointains seront vus flous. L'anomalie peut être corrigée avec une lentille convergente.

◆ Avec l'âge, la capacité de déformation du cristallin diminue et avec elle la courbure maximale lors d'une accommodation de près. La conséquence est une **presbytie** (**vision du vieillard**), incapacité de voir clairement des objets proches. Une lentille convergente est donc nécessaire pour examiner des objets proches mais elle doit être enlevée pour voir de loin.

Astigmatisme (→ **B**). La surface de l'œil s'écarte de la forme sphérique. Dans le cas d'un *astigmatisme classique*, le rayon de courbure des axes vertical et horizontal sont différents, et un carré sera perçu comme un rectangle. Cette anomalie peut être corrigée avec des lentilles cylindriques. Un astigmatisme faible (< 0,5 dioptrie), avec une réfraction plus importante dans l'axe vertical est normal. Dans le cas d'un *astigmatisme oblique*, les axes normalement verticaux et horizontaux sont inclinés l'un par rapport à l'autre. Dans le cas d'un *astigmatisme irrégulier*, la surface de la cornée est d'une épaisseur inégale, par exemple à la suite d'une cicatrice cornéenne. Cette anomalie ne peut être compensée que par des lentilles de contact.

Glaucome. La pression interne de l'œil (~10-20 mmHg) est la résultante de l'équilibre entre la production d'humeur aqueuse dans la chambre antérieure de l'œil (~4 µl/min) et l'écoulement de cette humeur dans le canal de Schlemm à travers le réseau de trabécules (→ **C**). Une augmentation de la pression interne de l'œil (glaucome) peut provenir d'une perturbation de l'écoulement de l'humeur aqueuse (fréquente) ou (plus rarement) d'une augmentation de la production de cette humeur. L'écoulement peut, par exemple, être empêché par un épaississement des trabécules ou la fermeture de l'angle iridocornéen. L'angle peut se fermer à cause de la construction même de l'œil, trop court (forte hypermétropie), ou avec l'âge, lors d'un épaississement du cristallin. De plus, un élargissement de la pupille referme l'angle via un épaississement de la base de l'iris, comme cela se produit également à l'obscurité ou sous l'action du système sympathique. La pression interne de l'œil élevée lèse de façon irréversible le nerf optique, et il se produit graduellement une perte du champ de vision, qui commence autour du point aveugle et de la partie nasale du champ (→ **C2**). On cherche sur le plan thérapeutique à diminuer la pression oculaire, en rétrécissant la pupille (parasympathomimétique) ou en inhibant la production de l'humeur aqueuse. La sécrétion de l'humeur aqueuse, comme la sécrétion proximale tubulaire de HCO_3^- (→ p. 96 *sqq.*), réclame l'activité de l'anhydrase carbonique et peut donc être bloquée par les inhibiteurs de l'anhydrase carbonique. On peut également observer les lésions du nerf optique caractéristiques d'un glaucome en l'absence d'une élévation de la pression oculaire (*glaucome à faible pression*), dont l'origine est vraisemblablement une altération de la circulation sanguine.

Cataracte. La transparence du cristallin dépend, entre autres, d'un contrôle strict de son contenu en eau. En cas de diabète, les concentrations élevées de glucose provoquent une glycosylation des protéines (*advanced glycation endproducts*, AGE ; → **C3**). Des produits comparables s'accumulent également avec l'âge. En cas de diabète, on observe en plus dans le cristallin une accumulation de sorbitol (→ p. 290). L'hydratation incontrôlée et la modification des protéines du tissu conjonctif entraînent une opacité du cristallin (**cataracte**, taie grise, → **C3**). De la même manière, une galactosémie entraîne une cataracte.

A. Anomalies de réfraction

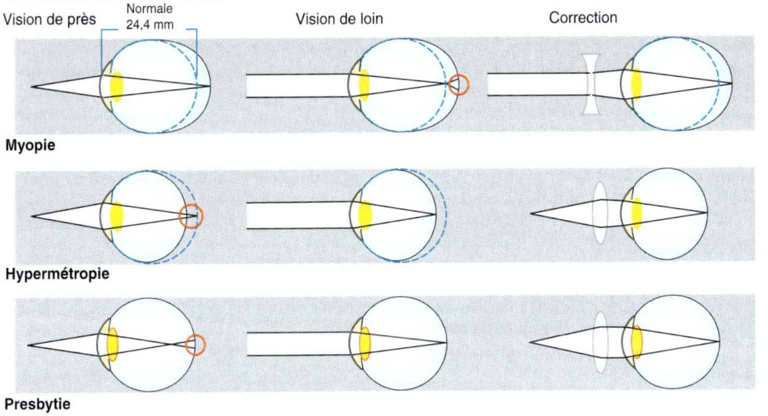

B. Astigmatisme

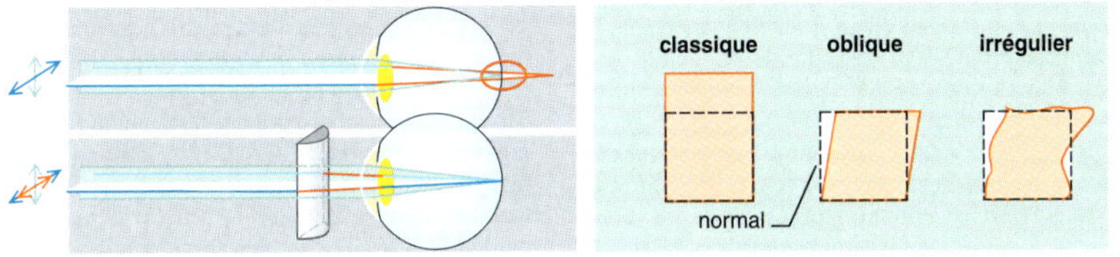

C. Glaucome et cataracte

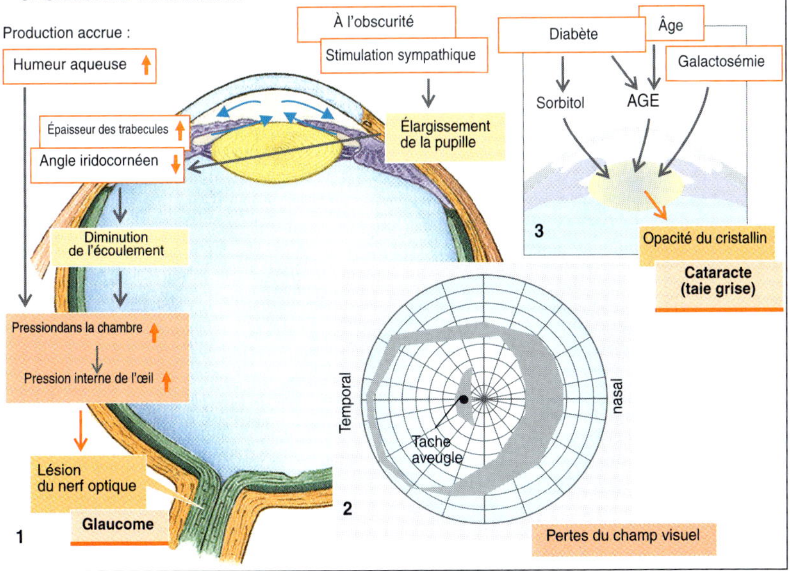

Maladies de la rétine

Les **récepteurs** de la rétine (→ **A1b**) sont les bâtonnets et trois types de cônes différents. Les cônes permettent la vision des couleurs (rouge, vert et bleu) et sont particulièrement nombreux à l'emplacement où la vision est la plus nette (tache jaune centrale). Les bâtonnets permettent la vision en noir et blanc et prédominent à la périphérie de la rétine. La couche externe des photorécepteurs, sensibles à la lumière, est renouvelée constamment et le reste des cellules de l'épithélium pigmentaire phagocyté. Les photorécepteurs transmettent leur excitation aux cellules ganglionnaires (G) via les cellules bipolaires (Bp). Les cellules amacrines (Am) comme les cellules horizontales (Hz) constituent un réseau de connexions entre les photorécepteurs, les cellules bipolaires et les cellules ganglionnaires (→ **A1a**).

Une altération de la capacité de phagocytose des cellules de l'épithélium pigmentaire laisse persister des produits du métabolisme et provoque une dégénérescence des photorécepteurs (**rétinite pigmentaire**, → **A2**). Dans l'enfance, une dégénérescence maculaire progressive (maladie de Stargardt) peut être reliée à une déficience génétique d'une protéine de transport liant l'ATP (ABCR), qui en temps normal est exprimée dans la zone externe des photorécepteurs. Un défaut de ce transporteur peut perturber le relais normal au niveau de cette couche externe. Les porteurs hétérozygotes de cette altération génétique subissent au cours du troisième âge une dégénérescence maculaire progressive.

Électrorétinogramme. Lors de l'éclairement de la rétine il est possible d'enregistrer des oscillations de potentiel entre la cornée et une électrode neutre implantée par exemple au niveau de l'oreille (→ **A3**). Une courte illumination déclenche d'abord une onde *a* due à la variation de potentiel au niveau des récepteurs, suivie d'une onde *b* liée à la stimulation des cellules successives et d'une onde *c* due à la variation de potentiel au niveau de l'épithélium pigmentaire. Lors de l'extinction de la lumière, survient une onde *d* due à l'inversion du signal. Une **obturation de l'artère centrale** entraîne une disparition des cellules amacrines, des cellules bipolaires et des cellules ganglionnaires et entraîne donc une cécité. Les récepteurs et l'épithélium pigmentaire vont cependant survivre car ils sont suffisamment alimentés en oxygène par les vaisseaux choroïdes. Dans l'électrorétinogramme, l'onde *b* a ainsi disparu tandis que les ondes *a* et *c* persistent encore. Lors du **décollement de la rétine**, on n'observe plus aucune ondulation dans l'électrorétinogramme. En cas de décollement complet, le patient est aveugle.

Rétinopathie diabétique (→ **B**). C'est une des maladies de la rétine les plus fréquentes. Face à un apport accru en glucose, les cellules entourant les capillaires de la rétine (péricytes) synthétisent du sorbitol (→ p. 290), gonflent et obturent ainsi les vaisseaux. De plus, la paroi de ces capillaires va être épaissie par glycosylation (AGE, → p. 290). Les conséquences sont multiples : ischémie des tissus, synthèse de médiateurs angiogéniques, augmentation de la perméabilité vasculaire, formation de nouveaux vaisseaux et hémorragies. Les saignements troublent l'humeur vitrée, l'ischémie détruit la rétine ; l'issue finale est la cécité.

Mauvaise vision nocturne. Le pigment visuel se compose du 11-cis-rétinal, un métabolite de la vitamine A, et d'une protéine distincte pour les bâtonnets et les trois types de cônes (→ **C1**). En cas de carence en vitamine A, la synthèse de ce pigment visuel dans les cônes et les bâtonnets est inhibée et la perception de la lumière est altérée, en particulier aux faibles intensités.

La **vision des couleurs** est une fonction des cônes. Les pigments des cônes bleus, verts ou rouges présentent chacun une sensibilité spectrale distincte. Des mutations des gènes respectifs codant pour ces différents pigments va perturber la vision des couleurs. Une disparition partielle ou totale du pigment correspondant (→ **C2**) va conduire à une mauvaise vision ou à une cécité pour le rouge (protanomalie ou protanopie), le vert (deutéranomalie ou deutéranopie) ou le bleu (tritanomalie ou tritanopie). Comme les gènes codant pour les pigments rouges et verts se trouvent sur le chromosome X, il y a beaucoup plus d'hommes que de femmes qui sont atteints d'une cécité pour le rouge ou le vert.

La disparition de tous les cônes entraîne non seulement une perte de la vision des couleurs mais également une altération massive de la précision de la vision car le patient ne peut plus voir que grâce aux bâtonnets beaucoup moins nombreux (**monochromasie des bâtonnets**).

La vision des couleurs peut être testée avec des planches, dans lesquelles les chiffres ne peuvent être reconnus distinctement qu'avec l'aide des cônes correspondants (→ **C3**).

A. Maladies de la rétine

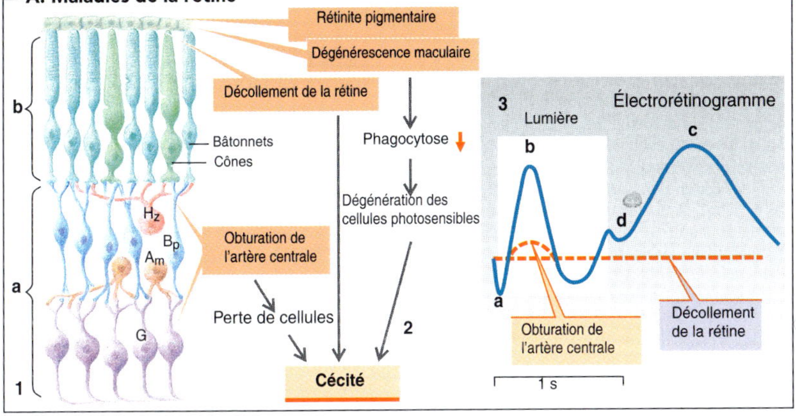

B. Rétinopathie diabétique

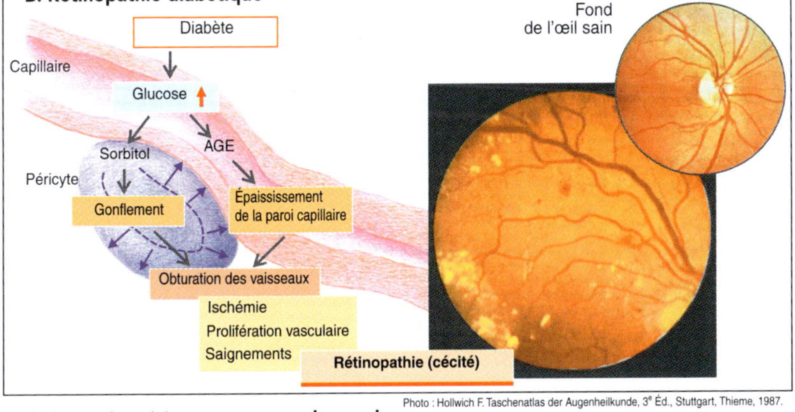

Photo : Hollwich F. Taschenatlas der Augenheilkunde, 3e Éd., Stuttgart, Thieme, 1987.

C. Mauvaise vision nocturne et des couleurs

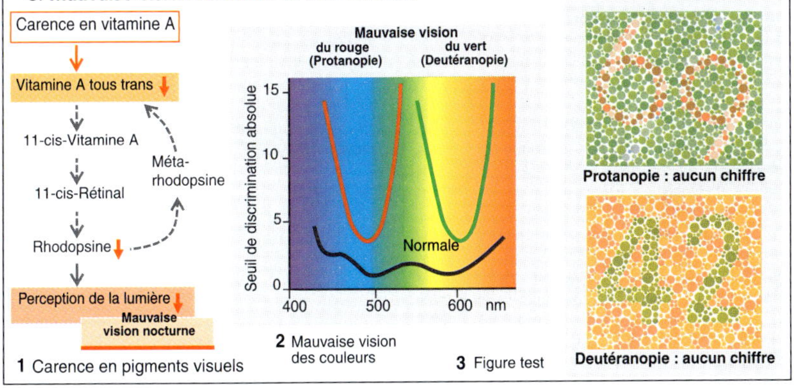

Physiopathologie des voies visuelles et du traitement des informations visuelles

Les informations provenant des deux yeux sont véhiculées par les **voies visuelles** jusqu'au cortex visuel (→ **A**). Les nerfs optiques issus des moitiés nasales de la rétine vont au cours du trajet se croiser au niveau des chiasmas optiques, tandis que les nerfs issus des moitiés temporales vont poursuivre sans se croiser. Après un relais dans le corps géniculé latéral du thalamus, ces informations atteignent le cortex visuel primaire dans le lobe occipital. Une lésion dans la zone temporale de la rétine gauche entraîne une perte de la partie droite du champ visuel de cet œil (→ **A1**). Si le nerf optique de l'œil gauche est sectionné, la totalité du champ visuel de cet œil disparaît (*amaurose*, → **A2**). Une interruption de la conduction au niveau du chiasma optique atteint en particulier le faisceau croisé : la partie latérale du champ visuel des deux yeux disparaît (*hémianopsie bitemporale*, → **A3**). Une lésion complète du tractus optique gauche a pour conséquence, au niveau des deux yeux, la perte de la partie droite du champ de vision (*hémianopsie homonyme*, → **A4**). Une disparition du corps géniculé latéral provoque également une hémianopsie homonyme. Une interruption dans la radiation optique (par ex., *anopsie quadratique supérieure* et *inférieure*, → **A5**, **A6**) et dans le cortex visuel primaire (→ **A7**, *voir* ci-dessous) entraînent d'autres modes de perte du champ visuel selon la localisation.

Diamètre de la pupille. Les afférences issues de la rétine servent non seulement à véhiculer le flux d'informations visuelles vers le cortex visuel, mais également à stimuler la contraction du sphincter de la pupille via l'aire prétectale du mésencéphale et le nerf oculomoteur (acétylcholine). Les pupilles seront au contraire élargies via la contraction du muscle dilatateur de la pupille sous contrôle du système sympathique. À l'obscurité, les pupilles sont dilatées (→ **B1**). Si un œil est éclairé, non seulement la pupille de cet œil va se rétrécir (réaction directe), mais la pupille de l'autre œil va également diminuer (réaction consensuelle, → **B2**). Si un œil est aveugle, les deux pupilles vont rester dilatées si l'on éclaire cet œil (→ **B3a**). L'éclairement de l'œil sain entraîne également, cependant, un rétrécissement consensuel de la pupille de l'œil aveugle (→ **B3b**). Lors d'une lésion unilatérale du nerf oculomoteur (→ **B4a**), l'œil malade demeure dilaté si on l'éclaire, ce qui va cependant provoquer un rétrécissement consensuel de la pupille de l'œil sain (→ **B4b**). En cas d'anomalie du système sympathique, la pupille est au contraire contractée même à l'obscurité (→ **B5**), alors qu'elle est dilatée même sous l'influence de la lumière en cas d'activation massive du système sympathique (→ **B6**). S'il existe une lésion dans la zone de l'aire prétectale, les pupilles vont demeurer dilatées à la lumière, mais seront cependant rétrécies au moment d'une accommodation proche (dissociation lumière-proximité, → **B7a, b**).

Une perte du cortex visuel primaire (→ **C**) conduit à une incapacité à prendre conscience des stimuli visuels, bien que la rétine, le thalamus ainsi que les centres visuels sous-corticaux soient intacts et que les réflexes pupillaires soient par exemple maintenus (**cécité corticale**). Dans le cas de lésions du *cortex visuel*, on observe le phénomène de la **vision aveugle** : les patients sont capables de désigner avec le doigt la direction d'éclairs lumineux localisés, sans être capables de prendre conscience de ces éclairs. Cette capacité repose sur les connexions des centres visuels sous-corticaux avec les aires somatomotrices.

Des lésions dans les *champs associatifs occipito-temporaux* entraînent une incapacité de reconnaître les objets (**objectagnosie**), les différentes formes d'expression des visages et les mimiques (**prosopagnosie**) ou les couleurs (**achromatopsie**).

Des lésions dans les *champs d'association occipito-pariétaux* peuvent entraîner une **héminégligence**, l'ignorance des perceptions provenant d'une moitié de l'espace et du corps. Elle est plus marquée dans le cas des lésions de l'hémisphère droit (négligence des objets du côté gauche) que dans celui des lésions de l'hémisphère gauche, car l'hémisphère droit joue un rôle majeur pour l'orientation dans l'espace. De plus, les patients sont souvent incapables de percevoir les mouvements des objets (**akinétopsie**).

Par ailleurs, des lésions des aires associatives visuelles provoquent souvent une difficulté de la perception dans l'espace et en trois dimensions, les objets sont perçus déformés (*dysmorphopsie*, *métamorphopsie*), trop petits (*micropsie*) ou trop grands (*macropsie*). D'autres lésions provoquent une *asynthésie* (incapacité à combiner les différentes propriétés d'un objet).

Si la connexion entre le cortex visuel et l'aire 39 est interrompue (→ p. 345), le patient ne peut plus lire (*alexie*).

A. Perte du champ visuel

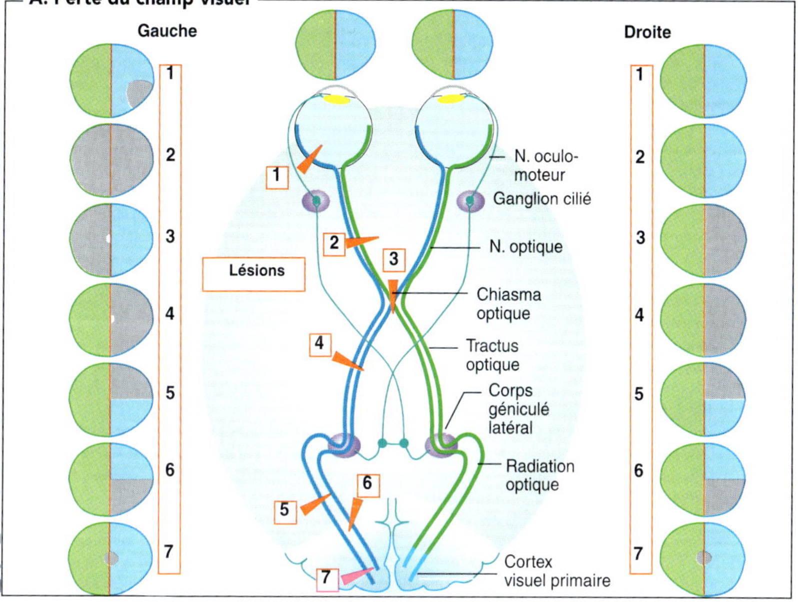

B. Réactions de la pupille

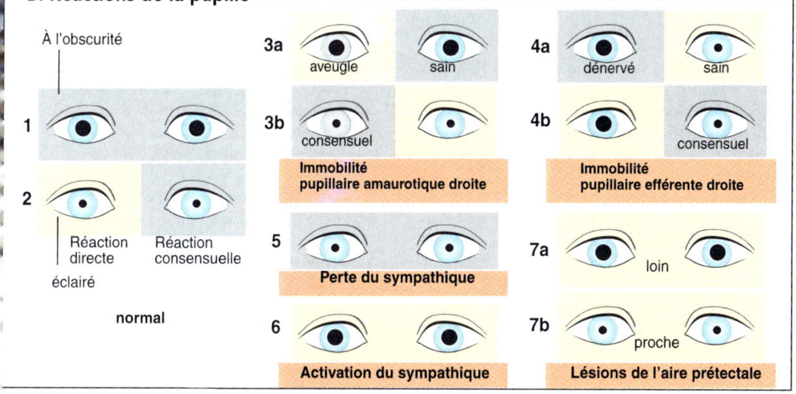

C. Troubles du traitement des informations visuelles

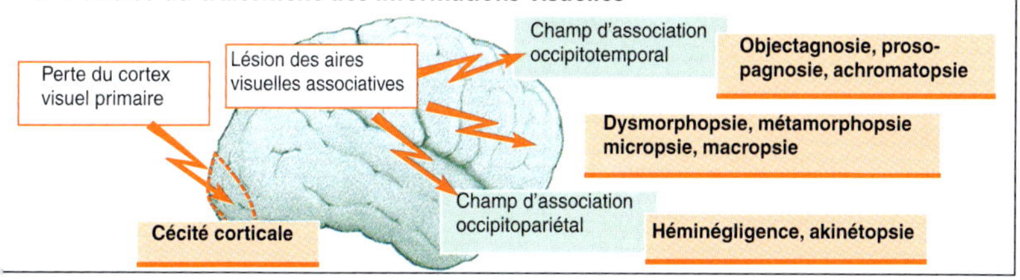

Troubles de l'audition

Les ondes sonores sont conduites du tympan à la fenêtre ovale par les osselets de l'oreille (→ **A**). Le mécanisme de transfert dans l'**oreille moyenne** agit comme un convertisseur d'impédance : en son absence, 98 p. 100 de l'énergie sonore seraient réfléchis à cause de la grande différence de résistance aux ondes sonores que présentent l'air et le liquide de l'oreille interne. Une ouverture de la fenêtre ovale va provoquer en même temps une fermeture de la fenêtre ronde. Le tympan protège en temps normal la fenêtre ronde des ondes sonores extérieures et conduit l'énergie sonore directement sur la fenêtre ovale. Les ondes sonores peuvent également être convoyées par les os de la boîte crânienne et stimuler ainsi l'oreille interne, ce qui réclame une grande énergie sonore.

La vibration de la fenêtre ovale donne naissance dans l'**oreille interne** à des ondes migratoires qui vont d'abord se propager le long de la rampe vestibulaire. La déformation de la cloison cochléaire avec la membrane basilaire et l'organe de Corti en un emplacement dépendant de la fréquence, entraîne une stimulation des stéréocils des cellules ciliées internes et externes (→ **B1**) et provoque l'ouverture de canaux K^+ dans leur membrane. L'*endolymphe*, dans laquelle plongent les stéréocils des cellules ciliées (→ **B2**), présente une très forte teneur en K^+, avec environ 150 mmol/l. Le potassium provient des cellules épithéliales de la strie vasculaire via un cotransport Na^+-K^+-$2Cl^-$ et la Na^+-K^+ ATPase dans la membrane antiluminale ou un canal potassique dans la membrane luminale (→ **B3**). L'ouverture de canaux potassiques dans la membrane des cellules ciliées déclenche un influx de K^+ et une dépolarisation membranaire. La dépolarisation déclenche, en particulier dans les cellules ciliées internes, une libération de neurotransmetteurs. Les cellules ciliées externes, en se contractant localement, renforcent l'onde propagée et par là même l'excitation des cellules internes.

Causes d'une difficulté d'audition. La déchirure du tympan, des lésions des osselets ou le blocage de l'appareil de transmission des sons, en particulier lors d'une inflammation purulente de l'oreille moyenne va affaiblir la transmission jusqu'à la fenêtre ovale. En cas de perforation du tympan, la fenêtre ronde n'est de surcroît plus isolée. La conséquence est une **difficulté d'audition due à la conduction des sons**. Tandis que la conduction par l'air est altérée, la conduction osseuse demeure normale (→ **A**).

Les **cellules ciliées** peuvent être lésées par des *sons trop forts* et une *ischémie*. Grâce à leur contenu élevé en glycogène, elles peuvent cependant supporter une courte phase d'ischémie en utilisant la glycolyse anaérobie. Les cellules ciliées peuvent de plus être atteintes par certains *médicaments*, qui s'accumulent dans l'endolymphe via les stries vasculaires, comme par exemple les antibiotiques aminoglycosides ou le cisplatine. La conséquence est une **surdité de l'oreille interne** qui touche simultanément la transmission par l'air et par la boîte crânienne (→ **B4**). Dans ces conditions, non seulement les ondes sonores sont diminuées, mais également la composante active de la stimulation de la membrane basilaire, de sorte que la discrimination entre les différentes tonalités élevées est rendue plus difficile (→ **B5**). Finalement, une dépolarisation inappropriée des cellules ciliées internes peut déclencher une sensation de bruit (**acouphènes** ou tinnitus **subjectifs**). Ces bourdonnements peuvent aussi être provoqués par une stimulation inadéquate des neurones du nerf auditif ou du cortex auditif.

Un **épaississement de la membrane basilaire** altère les phénomènes micromécaniques et participe vraisemblablement à la **surdité des gens âgés** (→ **B1**).

Une surdité de l'oreille interne peut également provenir d'une **altération de la sécrétion de l'endolymphe**. Les diurétiques de l'anse, en cas de surdosage, vont ainsi inhiber non seulement le cotransport Na^+-K^+-$2Cl^-$ rénal mais également celui des voies auditives. Il existe de plus un défaut génétique (rare) du canal potassique luminal. Ce canal constitué de deux sous-unités (IsK/Kv_{LQT1}) est également exprimé, entre autres, dans le cœur, où il participe à la repolarisation. Les conséquences d'une déficience de IsK ou de Kv_{LQT1} sont aussi bien une surdité qu'une repolarisation ralentie du muscle cardiaque (intervalle QT allongé, *syndrome de Jervell-Lange-Nielson*). Une altération de la réabsorption de l'endolymphe conduit également à des difficultés d'audition : l'espace contenant l'endolymphe se distend, et la relation entre la membrane tectoriale et les cellules ciliées va se rompre (**hydropsie de l'endolymphe**, → **B6**). Une augmentation de la perméabilité entre les espaces endo- et périlymphal peut enfin être responsable de la **maladie de Menière**, caractérisée par des accès de surdité et des vertiges (→ **B7**).

A. Troubles de l'audition dans l'oreille moyenne

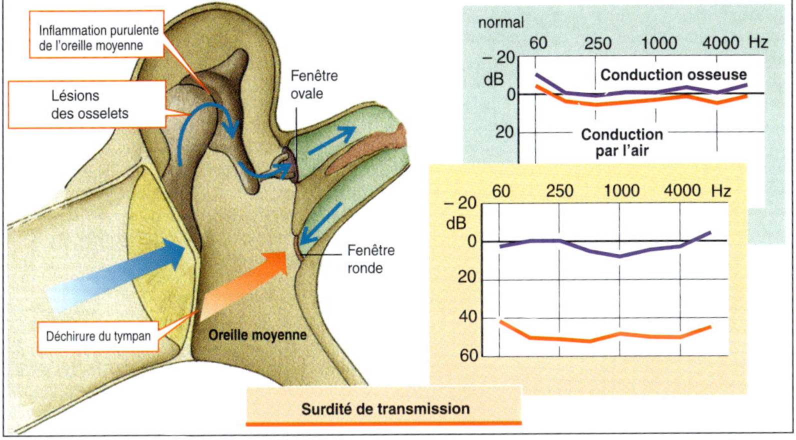

B. Trouble de l'audition dans l'oreille interne

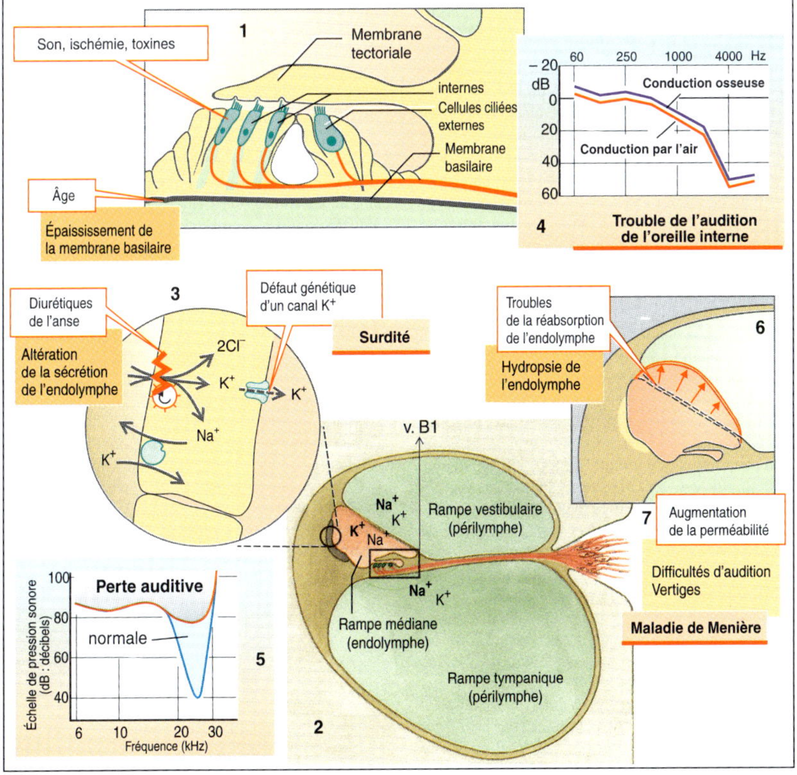

Figure 10-16 Troubles de l'audition

Équilibre, nystagmus

Le maintien de l'équilibre nécessite des informations sur les mouvements de l'endolymphe dans les labyrinthes, sur la position des organes maculaires (en relation avec la pesanteur), sur la position et la tension des muscles, ainsi que sur l'image rétinienne en relation avec la capacité des muscles oculaires (→ **A**). Lors d'une rotation de la tête, les muscles des yeux vont être mis en mouvement de façon à ce que reste avant tout sur la rétine une image stable (→ **A1**). Dès que le déplacement maximal est atteint, l'œil est ramené par des mouvements de rappel saccadés et vient fixer un nouveau point de l'environnement (nystagmus optocinétique). Les informations seront prises en compte dans le noyau du vestibule et le cervelet. Via le nerf oculomoteur et le nerf abducteur, elles influencent en retour les muscles oculaires. Une **perturbation** du sens de l'équilibre peut être due à une *lésion des labyrinthes et des organes maculaires* (ischémie, traumatisme, infections de l'oreille interne, maladie de Menière [→ p. 328]), du *cervelet* (intoxications, déficience génétique, maladies dégénératives, inflammations [→ p. 316]), du *thalamus* (ischémie), et du *cortex cérébral* (ischémie, épilepsie [→ p. 338]). L'information erronée entraîne des mouvements inappropriés des muscles oculaires (nystagmus) et entraîne ainsi un déplacement des objets environnants sur la rétine (la pièce semble tourner). Il se produit des vertiges et, par le biais d'interactions avec les neurones végétatifs, des nausées et des vomissements. Cependant, lors de la perte d'un organe de l'équilibration, ces troubles seront vite compensés.

Odorat

Des cellules sensorielles situées dans la muqueuse nasale permettent de distinguer les différentes classes d'odeur : fleurie, éthérée, musquée, camphrée, putride, métallique et piquante. Leurs axones aboutissent au bulbe olfactif à travers des ouvertures de la lamina cribrosa (→ **B**). De là, l'information parvient au tubercule olfactif via le tractus olfactif puis est véhiculée vers l'hypothalamus, les corps amygdaliens et via le thalamus jusqu'au cortex cérébral (cortex frontal et insula). Le sens de l'odorat est influencé par des *troubles de la circulation* dans les voies externes, comme par exemple lors d'un rhume, de malformations nasales, la présence de corps étrangers ou de tumeurs, d'hématomes ou d'abcès (**hypo-osmie de conduction**). La sensibilité des *cellules sensorielles* est augmentée par les œstrogènes et décroît avec l'âge. Elle est diminuée par certaines déficiences génétiques, quelques produits pharmaceutiques (par ex., morphine et cocaïne), des toxines (par ex., poussière de ciment, plomb, cadmium, cyanure et composés chlorés). Les *axones* des cellules sensorielles peuvent être détruits par des fractures dans la région de la lamina cribrosa. Les maladies neurodégénératives (maladie d'Alzheimer [→ p. 348], maladie de Parkinson [→ p. 312 *sqq.*]), des inflammations, des tumeurs, l'alcool, l'épilepsie (→ p. 338) et la schizophrénie (→ p. 352) peuvent altérer le *traitement* des sensations olfactives au *niveau central* avec pour conséquences une diminution (**hypoosmie**) ou une absence de l'odorat (**anosmie**), une augmentation (**hyperosmie**), ou encore des sensations olfactives inadéquates (**parosmie**) ou désagréables (**cacosmie**).

Goût

Les récepteurs du goût situés dans la langue, le palais et la gorge permettent d'apprécier les différentes modalités gustatives : le sucré, l'acide, le salé et l'amer. Les informations seront conduites par le nerf facial (VII), le nerf glossopharyngien (IX) et le nerf vague jusqu'au noyau solitaire (→ **C**). Après un relais, les afférences vont projeter via le thalamus jusqu'au cortex gustatif primaire dans la région insulaire. Les *récepteurs du goût* peuvent être lésés à la suite de déficiences génétiques ainsi que par certains médicaments (par ex., anesthésiques locaux, cocaïne, pénicilline, streptomycine) ou des rayonnements. Une hypothyroïdie diminue leur sensibilité. En cas de diabète, la sensibilité au sucré est réduite tandis que c'est la sensibilité au sel qui est affectée en cas de carence en aldostérone. La *conduction* nerveuse peut être interrompue par des traumatismes, des tumeurs et des réactions inflammatoires. La corde du tympan du nerf facial est exposée à ce danger en cas de fracture du crâne, d'inflammations, de blessures ou d'opération de l'oreille, tandis que le nerf glossopharyngien court un risque en cas d'ablation des amygdales. La *conduction centrale* et le *traitement* des informations peuvent être altérés par des tumeurs, une ischémie ou une épilepsie. Les principales conséquences sont une diminution (**hypogueusie**) ou une absence du goût (**agueusie**). Il peut également se produire une hypersensibilité de l'appareil gustatif (**hypergueusie**), des sensations inappropriées (**paragueusie**) ou désagréables (**dysgueusie**).

A. Trouble de l'équilibre, nystagmus

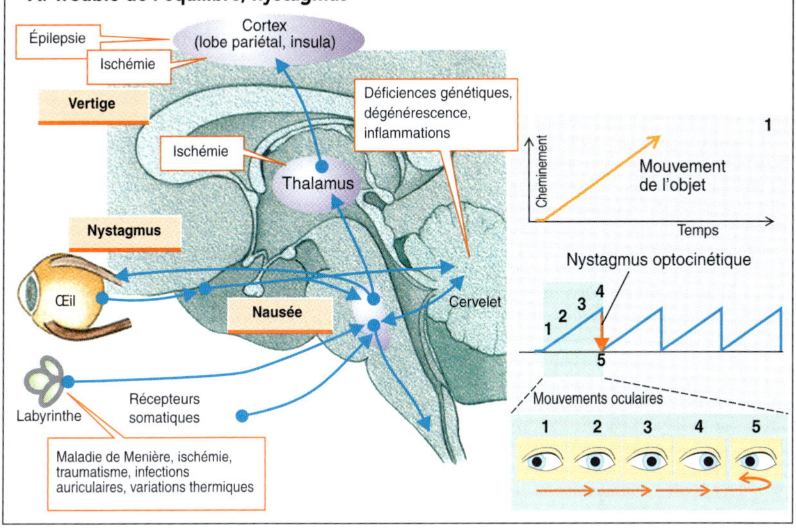

B. Altérations de l'odorat

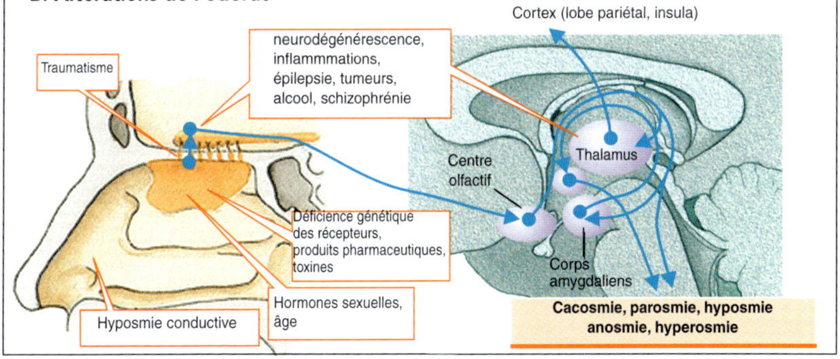

C. Altérations du goût

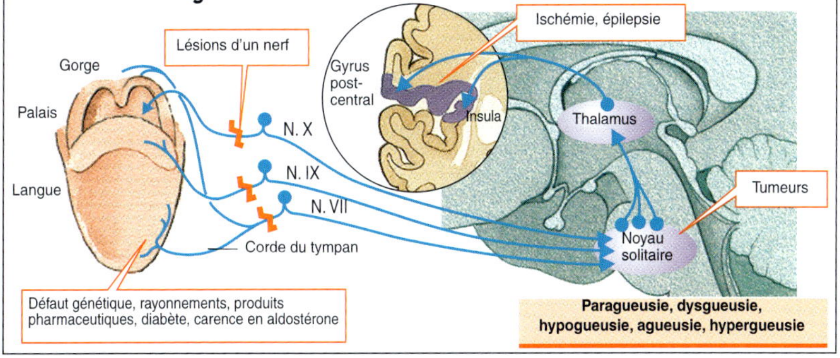

Figure 10-17 **Équilibre, odorat, goût**

Troubles du système nerveux végétatif

Les systèmes sympathiques et parasympathiques sont des régulateurs complémentaires de multiples fonctions végétatives. En raison de maladies du système nerveux végétatif, les deux systèmes peuvent être inactivés ou hyperactifs.

Le système sympathique peut être activé par les **émotions**, une **chute de pression sanguine** (par ex., perte de sang, choc) et une **hypoglycémie**. De plus, une tumeur des glandes surrénales (**phéochromocytome**) peut synthétiser et libérer de l'adrénaline. Enfin, certains *produits pharmaceutiques* provoquent des effets sympathomimétiques. En cas de *douleur* (→ p. 320), des réactions végétatives secondaires seront déclenchées par l'activation sympathique.

L'**activation du sympathique** (→ **A**) conduit, via les récepteurs β_1 à une augmentation de l'excitabilité cardiaque (*bathmotropie*), de la force (*inotropie*) et de la fréquence cardiaques (*chronotropie*), ainsi qu'à une accélération de la conduction des potentiels d'action (*dromotropie*). Via les récepteurs α_1, les *vaisseaux* de la peau, des poumons, des reins, de l'intestin et des organes sexuels seront contractés, tandis que les vaisseaux du cœur, des muscles et du foie seront dilatés par l'intermédiaire des récepteurs β_2. Les effets circulatoires du système sympathique aboutissent globalement à une élévation de la pression artérielle, mais la peau est cependant pâle en raison de la vasoconstriction. Sous l'influence du système sympathique, la *sécrétion de sueur* (cholinergique) et *de salive* (β) va être stimulée, les cheveux dressés (muscles horripilateurs ; α_1), les paupières levées (muscles élévateurs de la paupière ; α_1), et les pupilles dilatées (muscle dilatateur de la pupille ; α_1). Les muscles des bronches et de l'utérus seront dilatés (β_2). L'activité des muscles de l'intestin est inhibée et la contraction des sphincters de l'intestin et de la vessie sera stimulée. La contraction du canal séminal et du canal déférent va déclencher l'éjaculation. Le système sympathique favorise l'apparition des tremblements musculaires (frissons), stimule la *dégradation du glycogène* dans le foie et les muscles (β_2), la *lipolyse* (β_2) ainsi que la sécrétion de glucagon, d'ACTH, de somatotropine et de rénine. Il inhibe entre autres la libération d'insuline et d'histamine. Finalement, il favorise la mobilisation des leucocytes et l'agrégation des thrombocytes.

Le tonus sympathique peut diminuer partiellement ou complètement (rare) par dégénérescence des nerfs végétatifs (« ***autonomic failure*** » ou « hypotonie orthostatique idiopathique »). De plus, certains produits pharmaceutiques vont bloquer l'activité sympathique. Les conséquences sont l'image en miroir de celles observées en cas d'activation sympathique exagérée. Les patients souffrent en particulier de *chutes de tension*, de troubles fonctionnels des organes sexuels et de *troubles de la thermorégulation* en raison de la baisse de la sécrétion de sueur. Chez des patients sensibilisés on peut observer un *rétrécissement des voies respiratoires*. Une diminution de l'innervation sympathique de l'œil conduit au syndrome de Horner avec un rétrécissement de la pupille et une paupière tombante (ptose) ainsi qu'à un enfoncement du globe oculaire (énophtalmie).

Une **diminution d'activité du système parasympathique** (par ex., par des bloqueurs des récepteurs cholinergiques) entraîne une *tachycardie* et une dilatation des pupilles, une inhibition des muscles des bronches, de l'intestin et de la vessie, de l'érection (♂) ou de la congestion vasculaire (♀), des sécrétions lacrymales, salivaires, bronchiques et gastro-intestinales. Dans le cas d'une action anticholinergique, s'y ajoute encore une inhibition de la sécrétion de sueur.

Une rupture de la moelle épinière (**paraplégie**, → **C**) conduit secondairement à une perte des régulations végétatives. On observe d'abord, comme cela a été décrit pour l'activité somatomotrice (→ p. 310), un choc spinal avec défaillance de toutes les fonctions. En dessous de la lésion, les vaisseaux cutanés sont dilatés, et les fonctions végétatives, comme par exemple la **miction** et la défécation, sont absentes. En temps normal, la tension de la paroi est évaluée par des récepteurs à l'étirement (→ **C**). Si cette tension atteint une valeur seuil, la vidange de la vessie sera déclenchée par un centre de la miction situé dans le pont. Après une section récente de la moelle, la miction va donc être bloquée. Si la vidange de la vessie n'est pas obtenue grâce à une sonde, on aboutit à un reflux vésical accompagné d'infections des voies urinaires. Après 1-6 mois, les fonctions végétatives vont cependant se rétablir grâce à la formation de nouvelles synapses et à la sensibilisation des cellules privées d'innervation. En frappant sur la peau, il est alors possible de déclencher un réflexe de vidange de la vessie (vessie automatique). Le contrôle supraspinal de la vidange de la vessie n'est cependant plus possible.

A. Activation du système sympathique

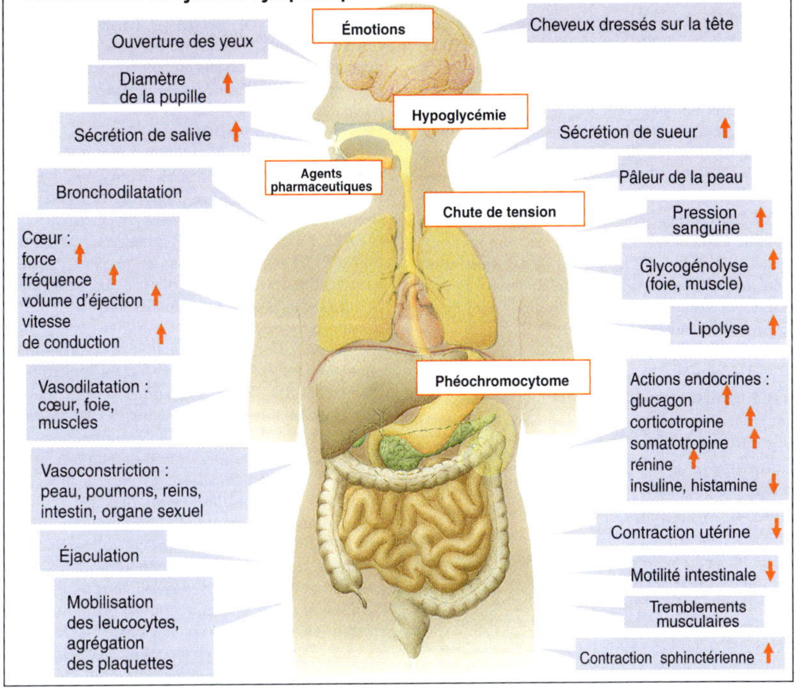

B. Diminution de l'activité parasympathique

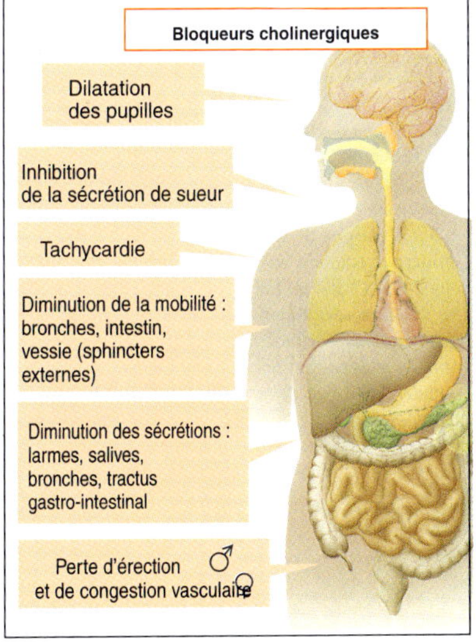

C. Paraplégie

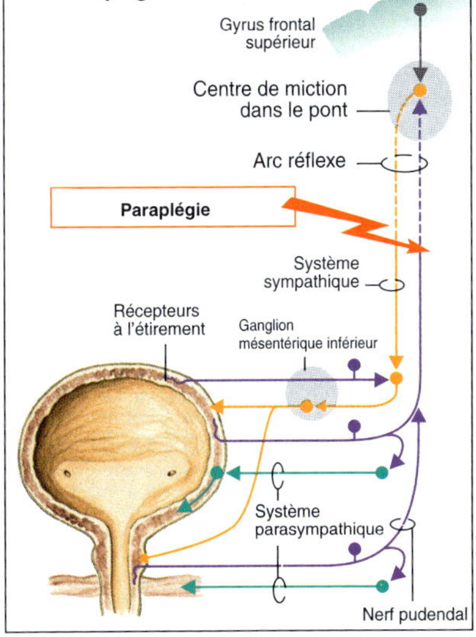

Lésions de l'hypothalamus

L'hypothalamus intègre les fonctions végétatives, endocrines et somatomotrices de l'organisme. Les neurones de l'hypothalamus sont nécessaires à la régulation de diverses **fonctions homéostasiques**, comme l'apport alimentaire, l'équilibre hydrominéral, la régulation thermique et les rythmes circadiens. De plus, ces fonctions sont, selon les cas, adaptées dans l'hypothalamus aux **modèles de comportements** innés comme par exemple le comportement d'attaque ou de fuite, les comportements alimentaires ou sexuels. Les programmes nécessaires à chacun des modes de comportement sont mis en réserve dans l'hypothalamus et sont activés en cas de besoin essentiellement par l'intermédiaire des neurones du système limbique.

Des lésions localisées de l'hypothalamus peuvent survenir à la suite de **tumeurs**, de **lésions traumatiques** ou d'**inflammations** et peuvent entraîner des atteintes profondes des régulations végétatives (→ **A1**).

Une lésion de la **partie antérieure de l'hypothalamus** (y compris la région préoptique) conduit à des troubles de la *régulation thermique* et des *rythmes circadiens* (altération du noyau suprachiasmatique). Elle se manifeste en particulier par une perte du sommeil. De plus, la formation de l'hormone antidiurétique et de l'ocytocine ainsi que la *sensation de soif* seront altérées par des lésions des noyaux supraoptique ou paraventriculaire (*voir* ci-dessous).

Une lésion de la **partie intermédiaire de l'hypothalamus** a, de même, pour conséquence une altération de la régulation thermique et de la sensation de soif. Simultanément des troubles alimentaires importants peuvent se produire : lors d'une lésion des parties latérales du lobe intermédiaire de l'hypothalamus, la sensation de faim est inhibée ; les patients n'ont aucun attrait pour la nourriture (*aphagie*), se nourrissent de façon insuffisante et maigrissent (*anorexie*). Au contraire, la lésion de la zone médiane de l'hypothalamus entraîne une boulimie (*hyperphagie*) et le développement d'une obésité, due à un apport alimentaire hypercalorique. Cependant l'anorexie ou la boulimie ont rarement pour origine une lésion physique de l'hypothalamus mais sont le plus souvent provoquées par des causes psychologiques (→ p. 26). En cas de lésion de la partie intermédiaire de l'hypothalamus, il se produit par ailleurs des *altérations des émotions et de la formation des souvenirs*.

Des lésions de la **partie postérieure de l'hypothalamus** conduisent, en plus de troubles végétatifs et émotionnels complexes, à des altérations de la *poïkilothermie*, à la *somnolence* et à une *perte des souvenirs*.

À l'occasion d'une lésion des différentes parties de l'hypothalamus, on peut aboutir à une **altération de la sécrétion des hormones hypophysaires**, entraînant ainsi une perturbation des paramètres périphériques régulés par ces hormones (→ **A2**). La conséquence d'une perte de la sécrétion d'ADH est, par exemple, un *diabète insipide* au cours duquel le rein n'est plus capable de former une urine concentrée et va éliminer jusqu'à 20 litres d'urine par jour (→ p. 160).

Une altération de la libération des gonadotrophines peut entraîner un hypo- ou un hyperfonctionnement des glandes endocrines périphériques. Une augmentation de la libération des **hormones sexuelles** peut conduire à une maturité sexuelle précoce (*puberté précoce*), une diminution de cette sécrétion peut entraîner un retard de la maturation sexuelle et une infertilité (→ p. 272 *sqq.*).

Les hormones sexuelles, l'hormone de croissance (somatotropine ; → p. 262) et l'hormone thyroïdienne (régulée par la thyrotropine ; → p. 280 *sqq.*) stimulent la **croissance en longueur**. Une diminution de la concentration de ces hormones ralentit la croissance ; il faut noter cependant qu'une diminution de la sécrétion des hormones sexuelles retarde la fermeture de épiphyses et peut donc conduire finalement à une taille importante en dépit de la lenteur de la croissance. Par l'intermédiaire du cortisol, l'ACTH (corticotropine) inhibe la croissance en taille.

L'hormone de croissance, l'hormone thyroïdienne et les hormones du cortex surrénalien (régulées par l'ACTH ; → p. 268 *sqq.*) touchent essentiellement le **métabolisme**. Une altération de la libération de ces hormones peut entraîner avec elle des troubles métaboliques massifs. Les hormones du cortex surrénalien et les hormones thyroïdiennes exercent de plus une influence profonde sur la **circulation**. Les hormones glucocorticoïdes ont enfin une action importante sur les **cellules sanguines** : elles provoquent une augmentation des érythrocytes, des thrombocytes et des granulocytes neutrophiles et diminuent le nombre des lymphocytes, des plasmocytes et des granulocytes éosinophiles. Ils influencent donc le transport de l'oxygène dans le sang, la coagulation sanguine et les défenses immunitaires (→ p. 268 *sqq.*).

A. Troubles de l'hypothalamus

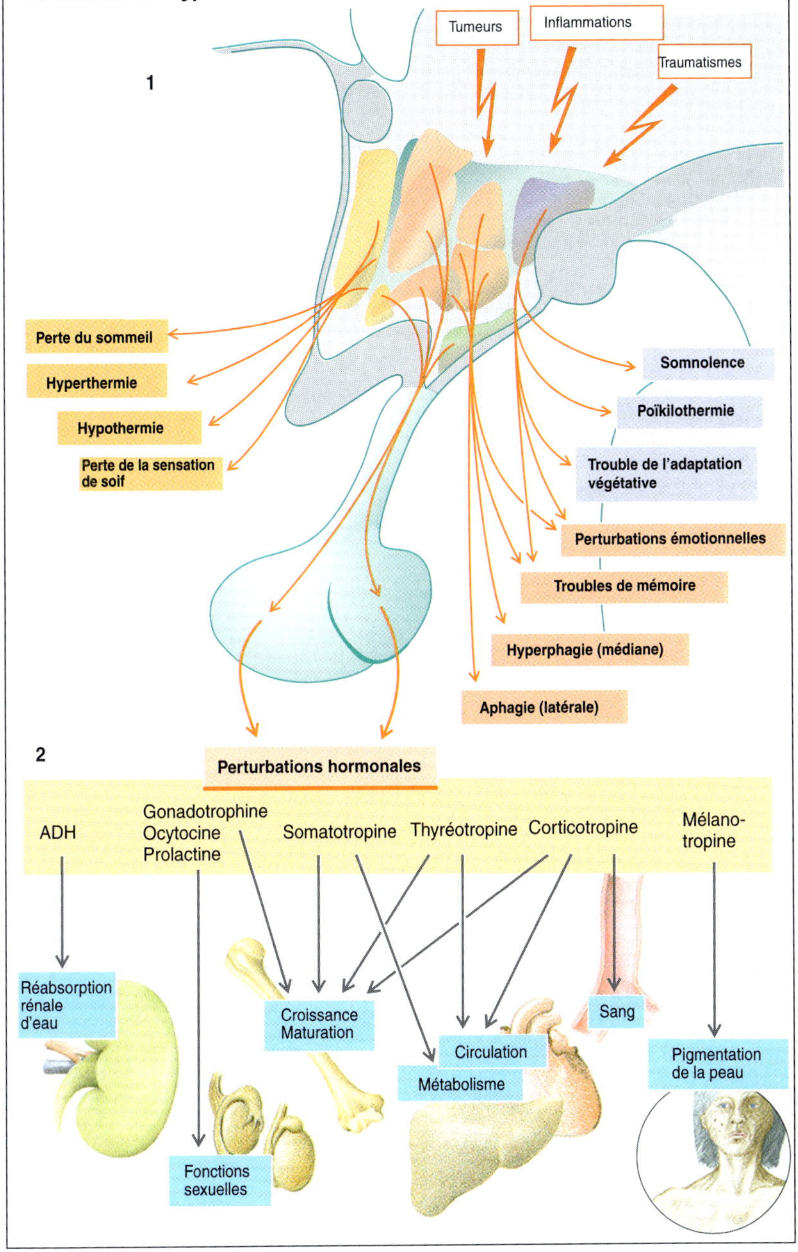

Électroencéphalogramme (EEG)

Lors des variations de leur potentiel de membrane, les neurones du cortex cérébral génèrent à la surface du crâne des champs électriques variables qui peuvent être enregistrés avec des électrodes appropriées. L'électroencéphalogramme (EEG) procure des informations très intéressantes sur le fonctionnement des neurones et a donc acquis en pratique clinique une grande importance. Comme dans le cas de l'électrocardiogramme (→ p. 184), l'EEG dépend du nombre de cellules ayant généré au voisinage de l'électrode de dérivation un **dipôle** orienté de la même façon.

Les variations du potentiel à la surface du cortex reposent en grande partie sur les **potentiels postsynaptiques au niveau des dendrites des cellules pyramidales** (→ **A**). Les potentiels postsynaptiques ont certes une amplitude inférieure à celle des potentiels d'action, mais ils durent nettement plus longtemps. Comme les cellules pyramidales sont orientées perpendiculairement à la surface du cortex, elles génèrent beaucoup plus facilement, à l'occasion d'une activité locale, un dipôle dirigé vers la surface, que les autres cellules du cortex, et jouent donc un rôle plus important dans le potentiel de surface. Comme elles sont en plus toutes orientées parallèlement les unes aux autres, les variations de même sens du potentiel de cellules pyramidales voisines vont s'additionner. Il ne faudra donc attendre des oscillations de l'EEG que lorsque plusieurs cellules pyramidales situées au voisinage de l'électrode de dérivation sont dépolarisées en même temps, ou que survient une excitation synchronisée.

Pendant un potentiel postsynaptique excitateur un flux de Na^+ pénètre dans la cellule et laisse derrière lui localement un potentiel extracellulaire négatif (→ **A1**). La dépolarisation induit un efflux de K^+ le long du reste de la membrane cellulaire, qui engendre à nouveau un potentiel extracellulaire local positif. Si une synapse excitatrice située à l'extrémité apicale d'un dendrite est activée, l'espace extracellulaire dans cette région est relativement négatif, mais au contraire relativement positif à la base du dendrite (pour simplifier, l'efflux de K^+ n'a été représenté qu'en un seul emplacement). Ce phénomène va générer un dipôle qui va conférer à la surface un caractère négatif. Les *fibres commissurales* provenant de l'autre hémisphère cortical et du thalamus non spécifique forment, surtout en surface, des synapses excitatrices ; une stimulation de ces fibres conduit donc à une résultante négative au niveau de l'électrode de surface (→ **A1**). Inversement, l'activation des *fibres* spécifiques *thalamocorticales* conduit plutôt à un caractère positif de la surface (→ **A2**), car elles agissent à proximité du corps cellulaire mais aussi plus profondément dans le cortex cérébral. Une inhibition dans la région du corps cellulaire va théoriquement aboutir à un caractère négatif de la surface, mais ce phénomène est trop faible pour être enregistré à la surface du crâne (→ **A3**).

Les neurones du thalamus, qui stimulent les cellules pyramidales du cortex, présentent une activité rythmique en raison de phénomènes de rétrocontrôle négatif (→ **A4**). Le rythme sera transmis aux cellules pyramidales par des voies thalamocorticales, et l'on observe que plusieurs cellules pyramidales peuvent être stimulées en même temps par un même neurone thalamique. Les lésions sous-corticales seront donc souvent plus visibles sur le tracé EEG que des lésions corticales de petite taille.

Un critère d'importance diagnostique dans l'analyse d'un tracé EEG est la **fréquence** des ondes enregistrées (→ **B1**). Chez un adulte, à l'état de veille et les yeux ouverts, on observe essentiellement des ondes β (14-30 Hz). Les yeux fermés apparaissent les ondes α plus lentes (8-13 Hz). On n'observe pas chez l'adulte à l'état de veille d'ondes encore plus lentes comme les ondes ϑ (4-7 Hz) ou les ondes δ (0,5-3 Hz), celles-ci ne sont visibles que chez les enfants et les adolescents. Chez l'adulte elles apparaissent en particulier dans les phases de sommeil profond (→ p. 340). Certaines maladies du cerveau peuvent provoquer un *ralentissement* de la fréquence (empoisonnement par des somnifères, démence, schizophrénie) ou une *accélération* (alcoolisme, psychose maniaco-dépressive).

L'EEG présente une importance particulière pour le diagnostic d'une **épilepsie**, qui se manifeste par une stimulation synchronisée massive des neurones corticaux (→ p. 338). On observe à cette occasion une activité de pointes plus importante (*spikes*, → **B2**) ou des complexes ondes-pointes (*spike-waves*, → **B3**).

La mort du cortex cérébral (**mort cérébrale**) fait disparaître toute activité électrique, et donne un électroencéphalogramme « plat ».

Figure 10-20 **Électroencéphalogramme**

A. Formation de l'EEG

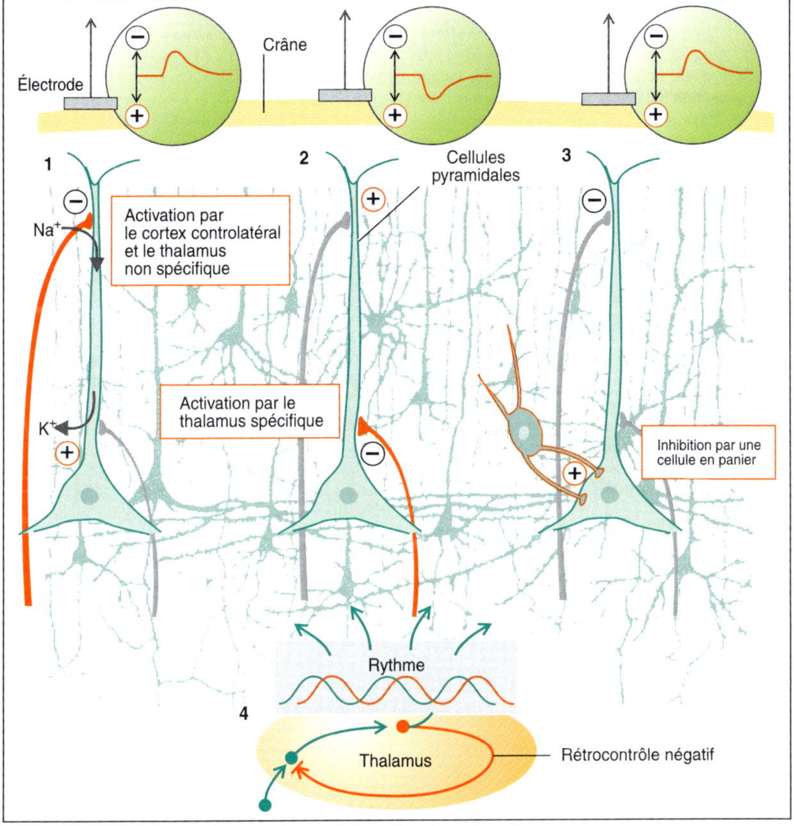

B. Modèles de fréquence observés dans les tracés EEG

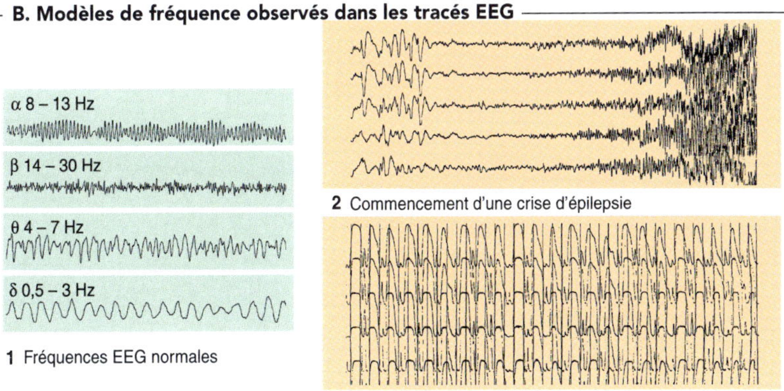

1 Fréquences EEG normales

2 Commencement d'une crise d'épilepsie

3 Complexe ondes-pointes rythmiques au cours d'une absence

Épilepsie

Une crise d'épilepsie est déclenchée par une **stimulation** massive, spontanée et synchronisée de **populations de neurones importantes** et conduit à une activation locale ou généralisée des fonctions motrices (crampes), sensorielles (impressions sensorielles), végétatives (par ex., flux de salive) ou complexes (cognitives ou émotionnelles) (→ **A**).

Les épisodes épileptiques peuvent se produire localement, par exemple dans le gyrus précentral gauche, dans la région où se trouvent les neurones qui contrôlent le pied droit (crise partielle). De là ils peuvent aussi se répandre sur la totalité du gyrus précentral (**crise dite de Jackson**). Les crampes cloniques vont se répandre en partant du pied droit pour se généraliser à toute la partie droite du corps, sans que le patient ne perde conscience. Cependant, si les crampes touchent également l'autre moitié du corps, le patient va perdre connaissance (crise partielle avec une généralisation secondaire). Les **crises primaires généralisées** sont accompagnées d'une perte de conscience. Certains épisodes peuvent aussi provoquer des pertes de conscience isolées (absences).

Le phénomène déclencheur est une **dépolarisation paroxysmique** d'un neurone isolé (*paroxysmal depolarisation shift*, PDS). Il est provoqué par l'activation de canaux calciques (→ **A1**). L'influx de Ca^{++} ouvre d'abord des canaux ioniques non spécifiques et provoque ainsi une dépolarisation massive. Celle-ci est terminée par l'ouverture de canaux K^+ et Cl^- activés par le Ca^{++}. Il se produit une crise d'épilepsie lorsqu'un nombre suffisant de neurones voisins sont excités. Les causes ou les facteurs favorisants sont en particulier des défauts génétiques (entre autre des canaux K^+), des anomalies de formation du cerveau, des traumatismes crâniens (cicatrices gliales), des tumeurs, des hémorragies ou des abcès. D'autres événements comme une intoxication (entre autres par l'alcool), des inflammations ou une fièvre, un gonflement ou un rétrécissement cellulaires, une hypoglycémie, une hypomagnésémie, une hypocalcémie, un endormissement, une ischémie ou une hypoxie et des stimulations répétées (en particulier des éclairs lumineux) peuvent favoriser ou déclencher une crise. Une hyperventilation peut par le biais d'une hypocapnie et d'une vasoconstriction cérébrale provoquer une hypoxie et favoriser ainsi la survenue d'une crise. Enfin, les crises d'épilepsie sont fréquentes au cours d'une grossesse.

L'excitation d'un neurone ou la propagation de l'excitation au neurone voisin sont favorisées par une série de **mécanismes cellulaires**.

Les dendrites des cellules pyramidales du cortex possèdent des **canaux calciques** voltage-dépendants, qui s'ouvrent lors de la dépolarisation et vont donc la renforcer. En cas de *lésions* des neurones ces canaux calciques seront exprimés de façon plus importante. Ils sont inhibés par le $\mathbf{Mg^{++}}$, si bien qu'une *hypomagnésémie* favorise donc l'ouverture des canaux (→ **A2**). Une augmentation de la *concentration* extracellulaire de K^+ diminue l'efflux de K^+ à travers les canaux potassiques, exerce aussi une action dépolarisante et stimule donc également l'activation des canaux Ca^{++}.

Les dendrites des cellules pyramidales seront de plus dépolarisés par le **glutamate** provenant des synapses excitatrices (→ **A3**). Le glutamate agit entre autres sur un canal cationique imperméable au Ca^{++} (canal AMPA), et un canal cationique perméable au Ca^{++} (canal NMDA). Le canal NMDA est en temps normal bloqué par le Mg^{++}. La dépolarisation déclenchée par l'activation du canal AMPA lève cependant le blocage par le magnésium (coopération entre les deux canaux). Une *carence en* Mg^{++} et une dépolarisation favorisent aussi l'ouverture du canal NMDA.

Le potentiel de membrane du neurone est en temps normal maintenu par des **canaux** $\mathbf{K^+}$ à condition que le gradient potassique soit suffisant de part et d'autre de la membrane. Ce gradient est engendré par la $\mathbf{Na^+}$-$\mathbf{K^+}$ **ATPase** (→ **A4**). Une *carence énergétique* (due par exemple à un manque d'oxygène ou une hypoglycémie) altère la Na^+-K^+ ATPase et favorise donc la dépolarisation de la cellule.

Les dépolarisations sont normalement réduites par des neurones inhibiteurs, qui activent via, entre autres, le **GABA** des canaux K^+ et/ou Cl^- (→ **A5**). Le GABA est synthétisé par la glutamate décarboxylase, un enzyme qui nécessite le pyridoxal-phosphate comme coenzyme (vitamine B_6). Une *carence en vitamine* B_6 ou une diminution de l'affinité de l'enzyme pour la vitamine B_6 (déficience génétique) favorise le déclenchement d'une épilepsie. Une *hyperpolarisation des neurones thalamiques* peut augmenter la sensibilité des canaux Ca^{++} de type T et favoriser ainsi le déclenchement d'absences.

A. Épilepsie

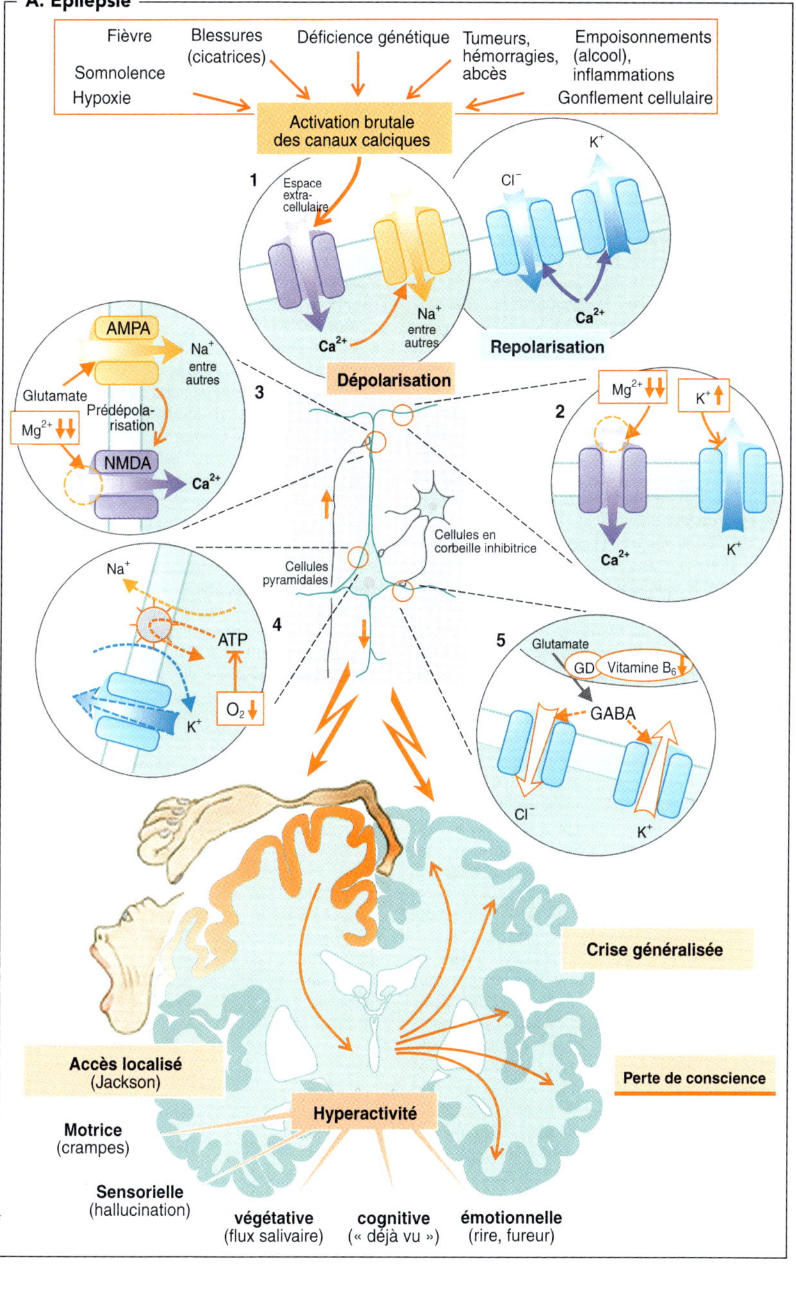

Figure 10-21 Épilepsie

Troubles du sommeil

Le sommeil normal réclame la mise en jeu simultanée de plusieurs structures cérébrales, entre autres les loci coeruleus et subcoeruleus (transmetteur : noradrénaline), le noyau du raphé (sérotonine), le noyau du tractus solitaire et des neurones dans l'hypothalamus. Une lésion du **noyau subcoeruleus** conduit à une perte du sommeil REM (voir ci-dessous), une lésion du **raphé** ou de la **partie antérieure de l'hypothalamus** à une perte transitoire du sommeil, une lésion de la partie postérieure de l'hypothalamus à une somnolence. L'excitation du noyau du tractus solitaire (par ex., due à un étirement de l'estomac) entraîne une fatigue. Le sommeil est de plus étroitement dépendant des rythmes circadiens : une altération du **noyau suprachiasmatique**, qui donne le rythme au niveau central, provoque des endormissements irréguliers et des difficultés de réveil. Le réveil est déclenché par le **système réticulé** activateur ascendant, qui relie la formation réticulée à des parties plus lointaines du cerveau via les noyaux intralaminaires du thalamus (→ **A**). La perte des **noyaux intralaminaires** du **thalamus** (par ex., à la suite d'une ischémie) provoque une somnolence. Une désynchronisation entre l'activité souscorticale et le sommeil cortical est vraisemblablement à l'origine du **somnambulisme**.

Des troubles de la régulation respiratoire durant le sommeil ont été rendus responsables de la mort subite du nourrisson (***sudden infant death***) et de l'**apnée du sommeil** observée chez l'adulte. Une alcalose métabolique va favoriser l'apnée du sommeil. De plus, la diminution du tonus musculaire durant le sommeil favorise un collapsus des voies respiratoires, l'apnée et l'hypoxie.

En temps normal, on traverse pendant le sommeil plusieurs phases d'intensité variable (→ **B**). De façon classique se produisent cinq phases de **sommeil REM** (*rapid eye movement*, rouge), à l'occasion desquelles des salves d'excitation issues du tronc cérébral déclenchent des soubresauts dans les muscles jusque-là hypotoniques. Avant d'atteindre le sommeil REM, plusieurs stades de **sommeil non REM** (NREM) doivent être franchis, au cours desquels on observe une corrélation entre la profondeur croissante du sommeil et la diminution des fréquences sur le tracé EEG. Lors d'une prise chronique de **somnifères**, le sommeil NREM devient moins profond et l'on n'observe plus que quelques périodes de sommeil REM isolées.

Pendant les phases d'éveil vont s'accumuler des **facteurs somnifères** endogènes, comme les *sleep inducing peptides*, qui seront à nouveau dégradés pendant le sommeil. La formation de ces peptides du sommeil est vraisemblablement stimulée par la sérotonine, en effet, l'inhibition de la synthèse, de la sécrétion ou de l'action de la sérotonine (par ex., par un médicament antihypertenseur, la réserpine conduit à un manque de sommeil.

Les *sleep inducing peptides* génèrent une « **incitation au sommeil** » (incitation au sommeil NREM ou tendance au *slow wave sleep*, → **C1**). L'incitation nette s'obtient en faisant la différence entre la tendance au sommeil (violet) et la valeur inverse de la tendance au sommeil REM (vert), qui suit un rythme circadien un peu comme la température corporelle et des paramètres semblables de l'organisme comme la disponibilité à l'activité et à l'excitation.

Lors d'un changement de fuseau horaire (***jet lag***, → **C2**) ou chez les **travailleurs postés**, le rythme circadien oscille d'abord dans la phase initiale. S'il y a raccourcissement du jour l'endormissement à l'heure locale tombe souvent un moment où l'envie nette de dormir est trop faible. En cas d'allongement du jour, l'envie de dormir s'est accrue durant la période de veille plus importante, et l'endormissement à la « bonne » heure n'est pas un problème. La continuation du rythme circadien provoque cependant un réveil prématuré.

L'endormissement est de plus perturbé par ce que l'on appelle « ***delayed sleep phase insomnia*** » (→ **C3**), dont l'origine est un rythme circadien rigide qui ne peut pas être raccourci. Si la mise au lit s'effectue trop tôt l'envie de dormir est encore trop faible. Lors d'une chronothérapie, le patient est soumis à un rythme journalier allongé (27 heures) jusqu'à ce que le rythme circadien désiré soit obtenu.

Les **dépressions** (→ **C4**) diminuent vraisemblablement la synthèse des peptides induisant le sommeil via une carence en sérotonine (→ p. 350), ce qui entraîne une diminution de l'envie de dormir (rouge) et des difficultés d'endormissement. Une privation de sommeil va augmenter le lendemain la tendance au sommeil, permettant d'atteindre un sommeil normal.

Une **élévation du niveau d'excitation** rend plus difficile l'endormissement et réduit la durée du sommeil (→ **C5**). La peur d'une insomnie augmente le degré d'excitation et a donc une action contreproductive.

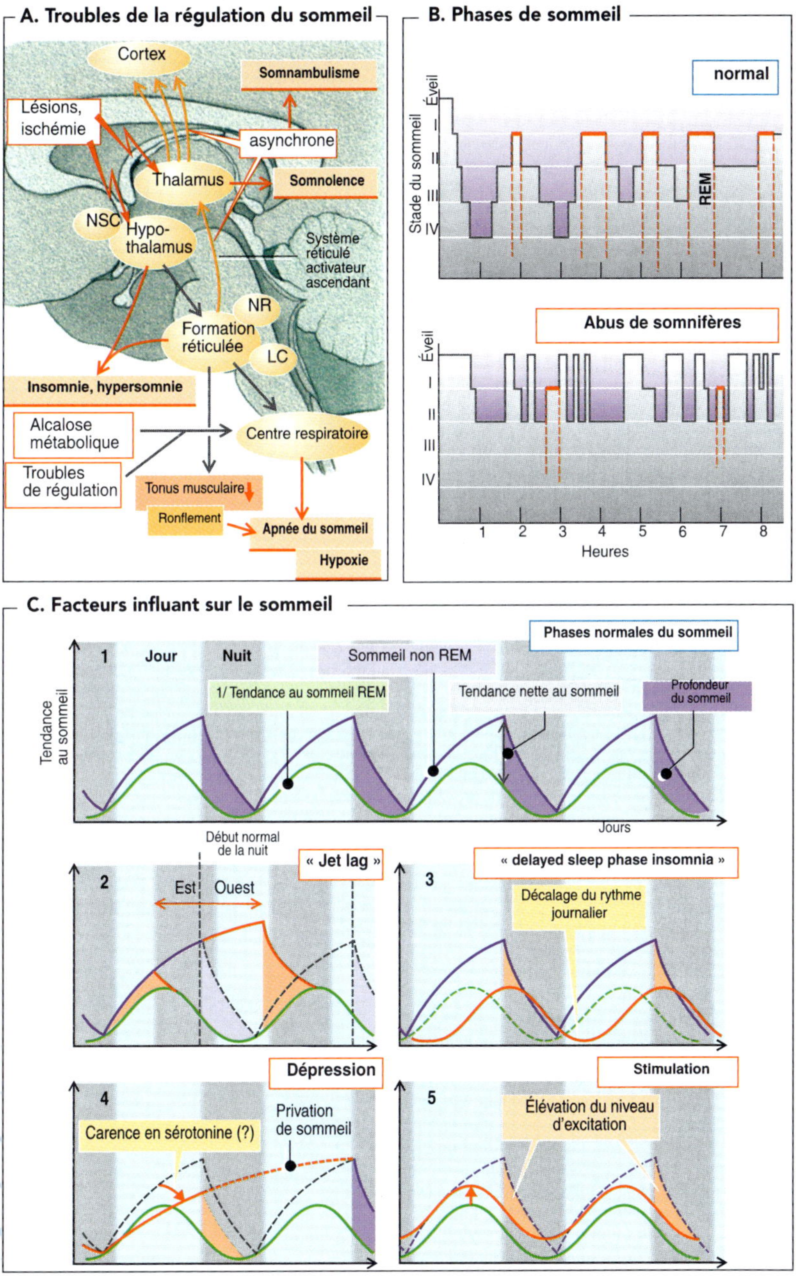
A. Troubles de la régulation du sommeil
Cortex
Somnambulisme
Lésions, ischémie
asynchrone
Thalamus
Somnolence
NSC
Hypo-thalamus
Système réticulé activateur ascendant
NR
Formation réticulée
LC
Insomnie, hypersomnie
Alcalose métabolique
Centre respiratoire
Troubles de régulation
Tonus musculaire
Ronflement
Apnée du sommeil
Hypoxie
B. Phases de sommeil
normal
Stade du sommeil
Éveil
I
II
III
IV
REM
Abus de somnifères
1
2
3
4
5
6
7
8
Heures
C. Facteurs influant sur le sommeil
Phases normales du sommeil
1
Jour
Nuit
Sommeil non REM
Tendance au sommeil
1/ Tendance au sommeil REM
Tendance nette au sommeil
Profondeur du sommeil
Jours
Début normal de la nuit
« Jet lag »
2
Est
Ouest
« delayed sleep phase insomnia »
3
Décalage du rythme journalier
Dépression
4
Carence en sérotonine (?)
Privation de sommeil
Stimulation
5
Élévation du niveau d'excitation

Conscience

Seule une partie de l'information qui atteint notre cerveau nous est connue. La teneur de la conscience est mise en réserve dans des aires corticales associatives spécialisées (→ p. 346). La perception consciente nécessite non seulement la transmission des afférences spécialisées au cortex cérébral mais aussi une activation non spécifique via le **système réticulé activateur ascendant**, stimulant d'autres parties du cerveau via les neurones de la formation réticulée et par l'intermédiaire des neurones intralaminaires du thalamus (→ **A**).

La lésion de parties importantes du cortex cérébral et/ou une perte du système réticulé activateur ascendant provoquent des **pertes de conscience.** Les causes primaires influencent finalement l'excitabilité neuronale dans les structures que nous venons de citer. Une ischémie (par ex., occlusion athérosclérotique d'un vaisseau) ou une hypoxie (par ex., étouffement) (→ **A1**) altèrent l'excitabilité directement ou via un *gonflement cellulaire* : un gonflement des cellules gliales perturbe entre autres leur capacité à capter les ions K^+ et donc à maintenir faible la concentration extracellulaire de K^+, ce qui touche indirectement l'excitabilité neuronale. Les tumeurs, les abcès, les hémorragies et les traumatismes agissent également en partie via une ischémie et une hypoxie (→ **A1**). Ils augmentent la pression intracérébrale et réduisent le débit sanguin cérébral via un rétrécissement des vaisseaux. L'hypoglycémie diminue également l'excitabilité en partie via un gonflement cellulaire (→ **A2**). De plus, l'hyponatrémie et l'ammoniaque (NH_4^+) agissent également par ces mécanismes : l'augmentation de la concentration en NH_4^+ accompagnant une encéphalopathie hépatique (→ p. 174) provoque dans les cellules gliales la formation de glutamine à partir d'α-cétoglutarate et de glutamate ; l'accumulation de glutamine entraîne un gonflement de ces cellules, qui vont alors chercher à atténuer ce gonflement en libérant des osmolytes. En spectroscopie RMN on peut alors voir une baisse de la concentration cérébrale d'inositol. Lorsque cette possibilité de compensation est épuisée on aboutit à la perte de conscience.

L'excitabilité des neurones peut par ailleurs être altérée par une épilepsie (→ p. 338), une hyperosmolarité (hypernatrémie, hyperglycémie ; → **A3**) ainsi que par des troubles de l'équilibre électrolytique (Ca^{++}, Mg^{++}, HPO_4^{2-}) et acidobasique (→ **A4**). L'urémie (en cas d'insuffisance rénale) et le diabète de type I agissent en partie via des modifications de l'osmolarité extracellulaire et de la composition en électrolytes. Un grand nombre de substances peuvent altérer l'excitabilité dans le système réticulé ascendant activateur (→ **A5**), comme les antagonistes des récepteurs NMDA, l'alcool, les narcotiques, les neuroleptiques, les anticonvulsivants, les inhibiteurs de la Na^+-K^+ ATPase (glycosides cardiaques), les métaux lourds, etc. Des excès énormes ou des carences hormonales (T_3, T_4, PTH, hormones du cortex surrénalien, phéochromocytome) ainsi que des stimulations neuronales massives (par ex., par la douleur) ou des maladies psychiques (schizophrénie) peuvent conduire à une perte de conscience (→ **A6**). Finalement, l'excitabilité neuronale peut être perturbée, jusqu'à conduire à une perte de conscience, par une hyperthermie, une hypothermie, des lésions mécaniques ou inflammatoires et des maladies neurodégénératives (→ **A7**).

La perte de conscience peut être divisée en différents **stades** (→ **A**) : lors d'une somnolence, le patient peut encore s'éveiller et parler. La stupeur correspond au stade où le patient peut encore être réveillé, ce qui n'est plus possible lors d'un coma. Dans un coma dépassé, les fonctions vitales ont en plus disparu (arrêt respiratoire).

Un trouble particulier de la conscience est ce que l'on appelle le « ***split brain*** » (→ **B**). La formation d'une activité consciente unitaire nécessite la communication entre les deux hémisphères cérébraux. Elle s'effectue par l'intermédiaire de fibres commissurales importantes passant à travers le corps calleux et la commissure antérieure. Chez des patients avec des épilepsies non traitables, les fibres commissurales étaient autrefois sectionnées, interrompant ainsi la communication entre les deux moitiés du cerveau. Les deux parties du cerveau sont maintenant conscientes de choses différentes : si l'on dépose un objet (par ex., une cocotte) dans la main droite du patient ou dans son champ visuel droit, il sera capable de la nommer. Si cet objet est déposé dans sa main gauche ou projeté dans son champ visuel gauche, le patient pourra certes reconnaître l'objet et trouver, par exemple, avec la main gauche le couvercle correspondant, mais ne sera plus capable de donner son nom.

A. Perte de conscience

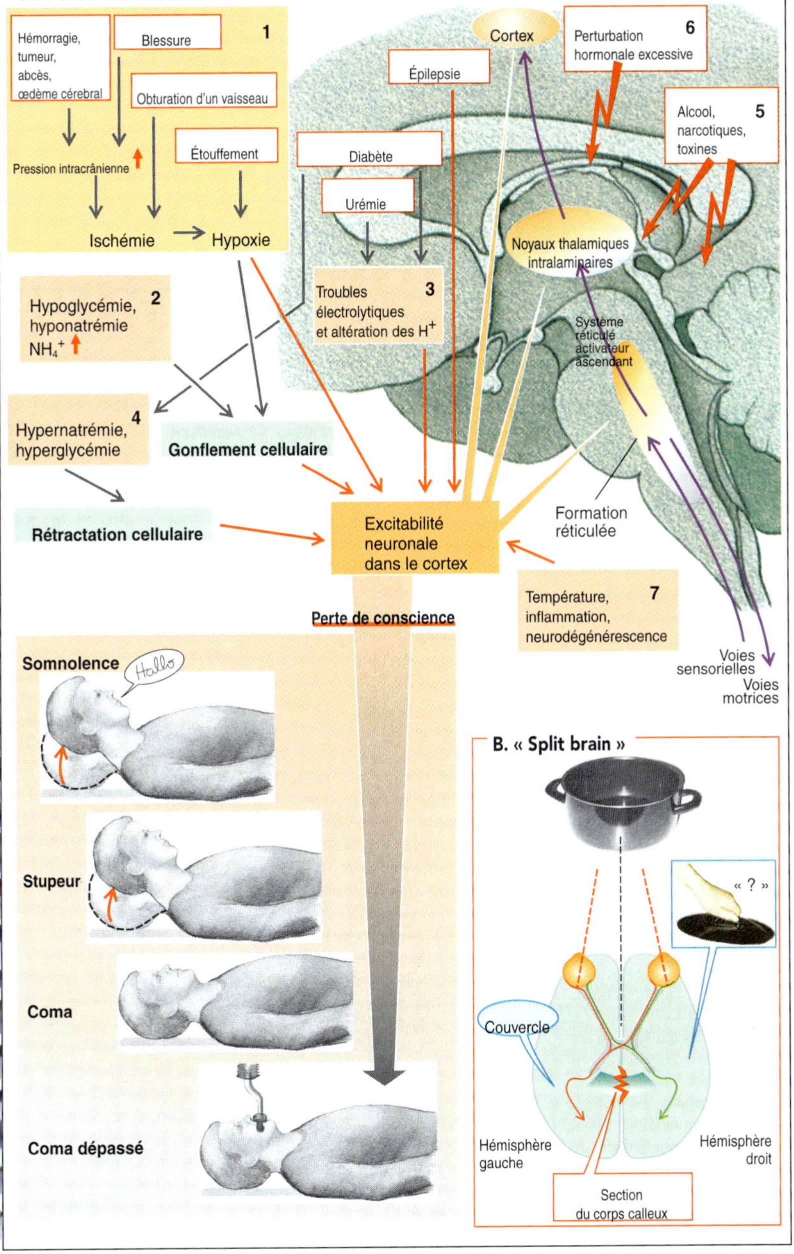

Figure 10-23 **Conscience**

Aphasies

La parole et la compréhension du langage sont des fonctions prises en charge par des parties importantes du cortex cérébral si bien que des lésions situées dans différentes parties du cerveau peuvent entraîner des perturbations du langage et de sa compréhension.

De façon simplifiée, le **langage parlé** sera d'abord perçu dans le cortex auditif primaire (violet) puis interprété dans l'aire sensorielle de Wernicke (bleu clair ; → **A**). Les **mots écrits** seront conduits via le cortex visuel primaire (bleu-gris) et secondaire (bleu-vert) jusqu'à l'aire 39, qui intègre les perceptions acoustique, optique et sensorielle. Lorsque l'on écrit, le cortex prémoteur sera activé via le faisceau arqué, et activera en retour le cortex moteur, par l'intermédiaire des ganglions de la base et du thalamus. Chez les droitiers, les structures impliquées sont localisées principalement dans la moitié gauche du cerveau, et les troubles du langage (aphasies) sont presque toujours la conséquence de lésions de l'hémisphère gauche.

Chacune des structures citées peut disparaître, à la suite d'une lésion traumatique ou d'une ischémie. Selon l'aire du cerveau atteinte, se manifesteront selon les cas des **altérations** aux propriétés distinctes.

L'**aphasie de Broca** a pour origine une lésion du *centre moteur de la parole* dans la région de l'aire 44 et des régions voisines 9, 46 et 47. La parole spontanée n'est pas fluide, est grammaticalement erronée et les patients, de façon typique, communiquent avec des mots isolés. Ils sont également incapables de répéter. La compréhension du langage n'est pas ou peu affectée. En général, les patients ne peuvent pas écrire normalement. Dans le cas d'une lésion spécifique de l'aire 44, la capacité d'écrire est cependant maintenue. Ce trouble rare est donc désigné sous le terme d'**aphémie**.

L'**aphasie de Wernicke** est une conséquence d'une lésion dans la *région sensorielle de la parole*, c'est-à-dire dans la partie postérieure du gyrus temporal ou du cortex auditif associatif (aire 22) et/ou dans le gyrus supramarginal (aire 40). Chez ces patients, la compréhension de la parole est altérée, et ils perdent donc également la capacité de répéter. La parole spontanée est facile, de temps à autres les patients parlent sans s'arrêter (*logorrhée*). À cette occasion, ils peuvent commettre des erreurs phonétiques ou sémantiques (*paraphasie*) ou utiliser des mots nouveaux (*néologismes*).

Dans l'**aphasie de conduction**, la liaison entre les centres sensoriels et moteurs de la parole (faisceau arqué) est interrompue. La parole est aisée (cependant paraphasique), la compréhension des mots est bonne. La capacité d'associer des mots est, cependant, complètement perturbée. Les patients ne sont pas non plus capables de lire à haute voix, bien qu'ils comprennent le texte lu.

Dans l'**aphasie globale** (lésion du centre sensoriel et du centre moteur de la parole, par exemple à la suite d'une occlusion de l'artère cérébrale moyenne), aussi bien la parole spontanée que la compréhension du langage sont altérées.

L'**aphasie anomique** est la conséquence d'une lésion des lobes temporaux, dans la région du gyrus médian et inférieur. Le patient parle pratiquement normalement et sa compréhension du langage est maintenue, mais il a des difficultés à trouver le mot juste pour certains objets.

Dans le cas des **aphasies achromatiques** (lésion de la partie inférieure des lobes temporaux), le malade ne connaît pas le nom des couleurs (bien qu'il connaisse parfaitement les couleurs et soit capable de classer des objets en fonction de leur couleur).

L'**aphasie transcorticale motrice** est la conséquence d'une lésion dans la partie inférieure du lobe frontal antérieur à proximité du centre de la parole de Broca. La parole spontanée est donc fortement perturbée bien que la compréhension de la parole soit normale et qu'ils soient capables de répéter.

L'**aphasie transcorticale sensorielle** survient après une lésion dans le cortex associatif temporo-pariétal, à proximité du centre de la parole de Wernicke ou bien dans l'aire 39. Les gens peuvent parler aisément et répéter ce qu'ils entendent. Ils présentent cependant des difficultés à comprendre certains mots ou à les trouver et ne peuvent ni lire ni écrire.

Une **aphasie sous-corticale** se produit après des lésions dans la région des ganglions de la base (en particulier le noyau caudé) et du thalamus. Il se produit à cette occasion des troubles transitoires de la compréhension du langage et des difficultés à trouver ses mots.

A. Aphasies

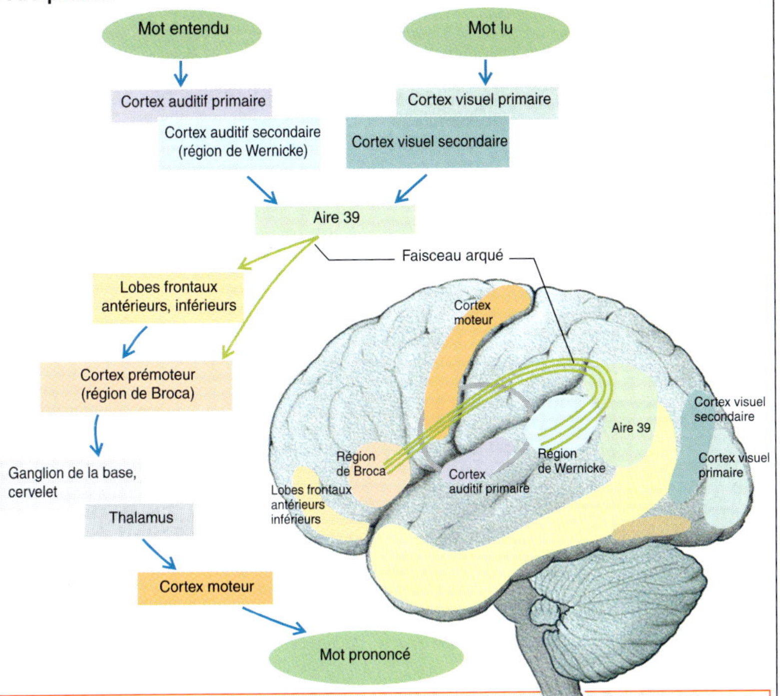

Type	Parole spontanée	Répétition	Compréhension de la parole	Choix des mots
Aphasie de Broca	perturbée	perturbée	normale	réduit
Aphasie de Wernicke	aisée (en partie logorrhée, paraphasie, néologismes)	perturbée	réduite	réduit
Aphasie de conduction	aisée mais paraphasique	presque nulle	normale	perturbé, paraphasique
Aphasie globale	perturbée	perturbée	perturbée	perturbé
Aphasie anomique	aisée	normale mais anomique	normale	réduit
Aphasie achromatique	aisée	normale mais anomique	normale	réduit
Aphasie motrice transcorticale	perturbée	normale	normale	perturbé
Aphasie sensorielle transcorticale	aisée	aisée	perturbée	perturbé
Aphasie sous-corticale	aisée	normale	perturbée (transitoirement)	perturbé (transitoirement)

Troubles de la mémoire

On distingue deux formes de mémoire : la *mémoire explicite, déclarative* (sémantique ou épisodique) conserve les informations qui devront être rappelées de façon consciente (→ **A1**). Elle est par exemple nécessaire pour reconnaître des choses déterminées (des pommes, des animaux, des visages…). La *mémoire implicite, procédurale* (→ **A3**) ne nécessite aucune activation consciente pour stocker et restituer des informations.

Lors de la formation de la **mémoire déclarative** (→ **A1**) l'information parvient d'abord via l'aire sensorielle primaire correspondante (par ex., le cortex visuel primaire) au cortex associatif correspondant (par ex., le cortex visuel secondaire). De là il aboutit, via le cortex entorhinal, à l'hippocampe, qui est absolument indispensable au stockage à long terme du contenu de la mémoire déclarative. Grâce à des structures du diencéphale, du télencephale basal et du cortex préfrontal, l'impression sera stockée de nouveau dans le cortex associatif. Le contenu de la mémoire sera de cette façon transféré, par le biais de la mémoire sensorielle, dans la **mémoire à court terme** qui ne peut retenir les souvenirs que pendant quelques secondes à quelques minutes. Le contenu de la mémoire peut être transféré, en particulier grâce à des exercices, dans la **mémoire à long terme** (→ **A2**), en ce qui concerne ces exercices, il n'y a aucune condition nécessaire pour la formation d'un souvenir de longue durée.

Le transfert dans la mémoire à long terme est essentiellement empêché par des **lésions** dans les régions que nous venons de citer, dues à des maladies neurodégénératives (par ex., maladie d'Alzheimer, → p. 348), à des atteintes traumatiques, à une ischémie, à l'alcool, au monoxyde de carbone ou à des atteintes inflammatoires. De surcroît, la mise en mémoire peut être interrompue transitoirement par un électrochoc. Le neurotransmetteur le plus important de l'hippocampe est le **glutamate** (récepteurs NMDA). La formation des souvenirs sera favorisée par la **noradrénaline** et l'**acétylcholine** (récepteurs nicotiniques).

Une lésion de l'hippocampe ou des voies nerveuses efférentes entraîne une **amnésie antérograde** (→ **A2**) : à partir du moment de la lésion, les patients touchés ne peuvent plus former de nouveaux souvenirs déclaratifs. Ils se souviennent des événements qui ont eu lieu avant ce moment, mais plus du contenu de la mémoire qui a été constituée après la lésion.

Il se produit une **amnésie rétrograde** (→ **A2**), avec perte de l'information déjà stockée, en cas d'altérations des régions correspondantes du cortex associatif. Selon l'importance de la lésion et sa localisation, la perte pourra être réversible ou irréversible. Dans le premier cas, les patients perdent certes le contenu de la mémoire mais ils peuvent cependant le récupérer. En cas de perte irréversible, les patients ne peuvent plus rappeler le contenu correspondant.

Un trouble fonctionnel bilatéral transitoire de l'hippocampe peut déclencher une amnésie antérograde et rétrograde (**amnésie globale transitoire**, de quelques jours à des années). Dans le **syndrome de Korsakow** (fréquent chez les alcooliques), se produisent simultanément une amnésie antérograde et une amnésie rétrograde. Les sujets atteints essayent souvent de combler les lacunes dans leurs souvenirs par leurs propres affabulations.

La **mémoire procédurale** (**implicite** ; → **A3**) n'est pas altérée par des lésions hippocampiques. Elle permet l'imprégnation, l'apprentissage de tours de mains, la sensibilisation, l'accoutumance et le conditionnement. Selon la tâche, le cervelet, les ganglions de la base, l'amygdale et les aires corticales seront impliqués. Lors de l'apprentissage de **tours de mains**, le cervelet et les ganglions de la base jouent un rôle important. Les afférences correspondantes parviennent au cervelet via l'olive et le noyau du pont. La capacité de stockage du cervelet peut être perdue à la suite d'une lésion toxique, de maladies dégénératives et de traumatismes. Les projections dopaminergiques de la substance noire participent également à la mise en place de la mémoire procédurale.

L'amygdale joue un rôle essentiel lors du conditionnement des **réactions d'angoisse**. Elle reçoit des informations provenant du cortex et du thalamus et influence les fonctions motrices et végétatives (par ex., tonus musculaire, battements cardiaques, chair de poule) par le biais de la formation réticulée et de l'hypothalamus. L'isolement des amygdales (traumatismes, opioïdes) abolit les réactions d'angoisse. L'ablation bilatérale des amygdales, d'une partie de l'hippocampe et des lobes temporaux entraîne, en plus de l'amnésie, un comportement dépourvu d'inhibition (**syndrome de Klüver-Bucy**).

A. Troubles de la mémoire

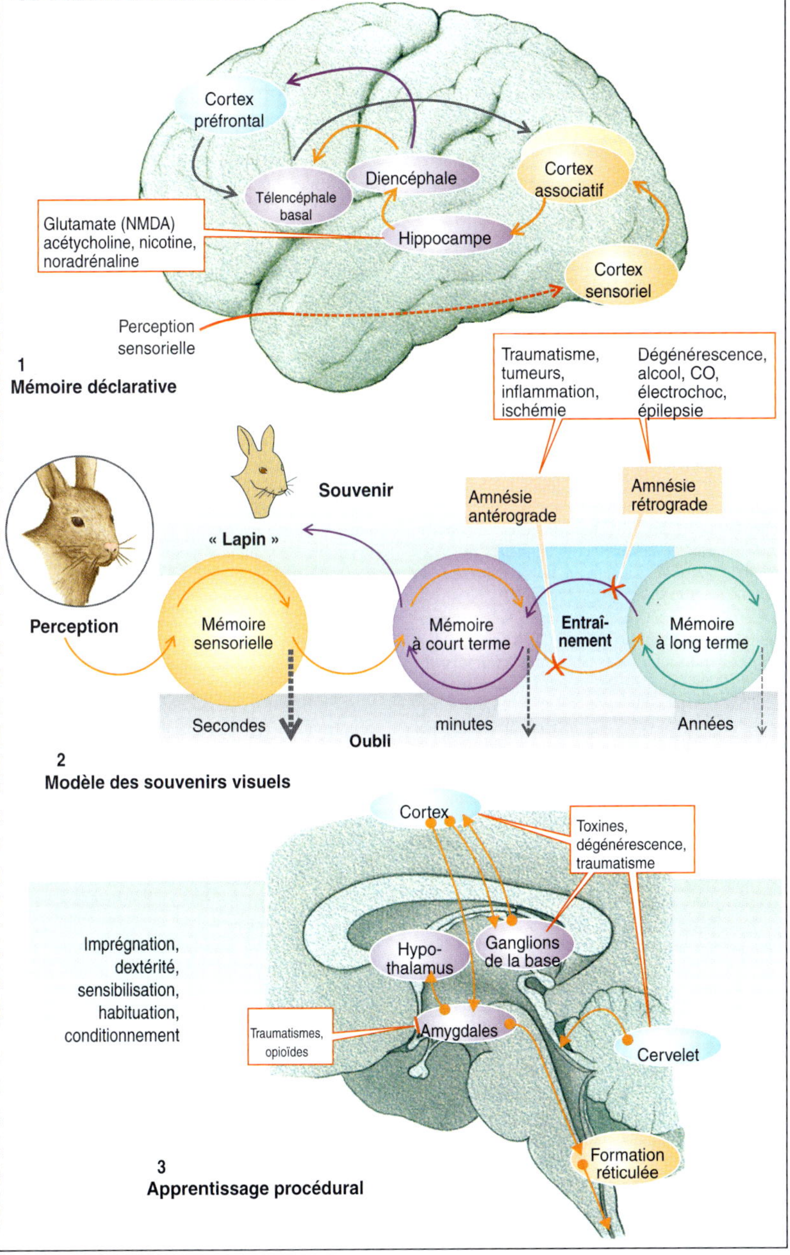

Maladie d'Alzheimer

La maladie d'Alzheimer, la forme la plus fréquente de démence (70 p. 100), est favorisée par des **prédispositions génétiques**. La maladie n'est cependant ni génétique ni unique. Une des formes particulièrement sévères de la maladie d'Alzheimer est transmise génétiquement de façon autosomique dominante. Dans les familles dont certains membres sont atteints par la maladie d'Alzheimer, il est possible de trouver des anomalies sur les chromosomes 1, 12, 14, 19 ou 21. Le gène défectueux situé sur le chromosome 19 code pour l'apolipoprotéine E (apoE 4), le gène touché sur le chromosome 21 code pour une protéine (**précurseur β-amyloïde**) dont la dégradation donne des peptides plus petits : peptides amyloïdes. Ceux-ci peuvent s'agréger spontanément pour former des fibrilles protéiques de grande taille (7-10 nm, → **A1**). Les fibrilles amyloïdes forment à leur tour des agrégats d'un diamètre de 10 à plusieurs centaines de µm (**plaques séniles**), souvent retrouvées dans le cerveau des patients atteints de la maladie d'Alzheimer (→ **A2**). Les plaques contiennent en plus du dépôt amyloïde extracellulaire, des axones et des dendrites déformés contenant des neurofibrilles intracellulaires anormales. La formation de ces éléments atypiques du cytosquelette entraîne souvent la dégénérescence du neurone (voir ci-dessous).

Certaines mutations du gène du précurseur β-amyloïde favorisent la formation des plaques séniles. Les dépôts amyloïdes peuvent de plus survenir sous l'influence d'autres facteurs, génétiques ou externes. On présume par exemple que des toxines peuvent pénétrer via le nerf olfactif et déclencher la maladie. Des dépôts amyloïdes seront également observés chez des patients présentant une trisomie 21 (syndrome de Down), qui est en même temps associée à une démence.

Les fibrilles β-amyloïdes vont réagir à la surface cellulaire avec des récepteurs **RAGE** (*receptor for advanced glycation products*) et *scavenger receptor* (**RA**), ce qui entraîne la formation de dérivés réactifs de l'oxygène, qui vont vraisemblablement augmenter la concentration intraneuronale en Ca^{++} via une dépolarisation de la membrane cellulaire et une activation des récepteurs NMDA (→ **A3**). Les dérivés réactifs de l'oxygène et l'augmentation du Ca^{++} intracellulaire vont provoquer la mort neuronale. L'activation des récepteurs RAGE et RA sur les *cellules de la microglie* (→ **A4**) stimule la formation ou la libération de NO, de prostaglandines, d'excitotoxines, de cytokines, du TNF β (*tumor necrosis factor*), du TGF-β_1 (*transforming growth factor*) et du bFGF (*basic fibroblast growth factor*) et conduit à une réaction inflammatoire, qui va en même temps favoriser la mort des neurones. L'augmentation de la concentration de l'inositol, un osmolyte, va de plus contribuer à une altération de la régulation du volume cellulaire.

La perte des neurones sera accélérée par une carence en NGF (*nerve growth factor*) ou en récepteurs du NGF, et peut être ralentie par le NGF.

Les neurones cholinergiques du nucleus basalis de Meynert, de l'**hippocampe** (en particulier CA1 et subiculum) et du cortex entorhinal sont particulièrement touchés par la mort neuronale (→ **B1**). Mais des neurones d'autres aires cérébrales, comme les lobes frontaux, les lobes temporaux antérieurs, les lobes pariétaux, le lobe olfactif, l'hypothalamus, le locus coeruleus et le noyau du raphé vont également disparaître.

La disparition des cellules est associée à une diminution de la synthèse et de la concentration cérébrale de **neurotransmetteurs**. L'acétylcholine est affectée massivement ; dans le cortex cérébral et dans l'hypothalamus, on observe une diminution de 90 p. 100 de la choline acétyltransférase, l'enzyme nécessaire à la biosynthèse de l'acétylcholine. Mais la concentration d'autres neurotransmetteurs va également diminuer comme celle de la noradrénaline, de la sérotonine, de la somatotropine, du neuropeptide Y, de la substance P et de la corticolibérine.

Les conséquences des changements dégénératifs se traduisent par une **perte** progressive **des fonctions cérébrales** (→ **B2**). De façon typique, la maladie débute sournoisement par des pertes de mémoire mineures, des négligences dans l'habillement et dans l'hygiène corporelle, des phases de confusion et l'apparition de décisions erronées. On observe avec l'allongement de la durée de la maladie, une altération des souvenirs anciens et de la mémoire procédurale, suivie d'une amnésie antérograde (→ p. 346). Les lésions du système limbique sont perceptibles d'un côté par une agitation et de l'autre par une léthargie. Ce n'est qu'assez tard que surviennent les déficits moteurs (troubles du langage, anomalies du tonus musculaire, hyperkinésie, myoclonus).

La **maladie de Creutzfeld-Jakob**, vraisemblablement due à une infection par des prions, provoque, à côté de troubles moteurs (ataxie), des troubles psychiques analogues à une démence.

A. Causes de la maladie d'Alzheimer

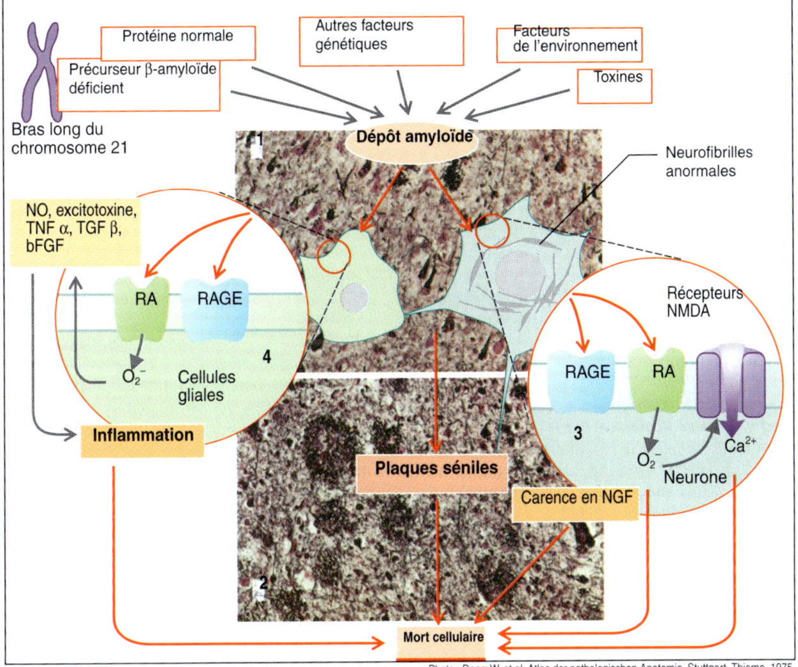

Photo : Doerr W. et al. Atlas der pathologischen Anatomie. Stuttgart, Thieme, 1975.

B. Conséquences de la maladie d'Alzheimer

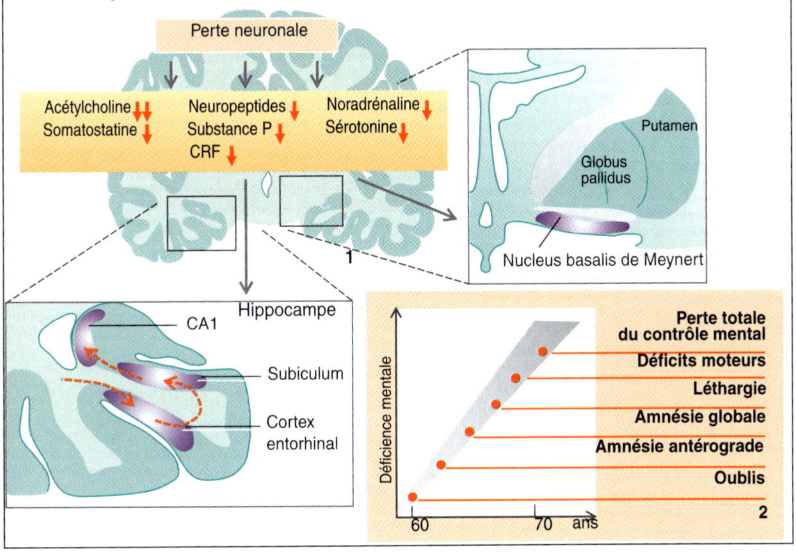

Dépressions

La dépression est une maladie à agrégation familiale, qui peut alterner avec des phases maniaques (*trouble bipolaire*) ou être isolée (*trouble unipolaire*).

Sur la plan physiopathologique, la dépression est associée à une diminution (relative ou absolue) de la disponibilité cérébrale de noradrénaline et/ou de sérotonine.

La **noradrénaline** est synthétisée dans les neurones du locus coeruleus et du tegmentum (→ **A**). Les axones issus du tegmentum aboutissent essentiellement à l'hypothalamus, à l'hypophyse, au tronc cérébral et à la moelle épinière. Les fibres provenant du locus coeruleus projettent dans la moelle épinière, l'hypothalamus, le thalamus, le système limbique et le cortex.

La sécrétion et l'action de la noradrénaline aux terminaisons nerveuses peuvent être **diminuées** par une série de substances, qui peuvent alors déclencher une dépression (→ **A1**) :

◆ la *synthèse de noradrénaline* à partir de la tyrosine et via la DOPA peut être diminuée par un inhibiteur enzymatique (par ex., méthyltyrosine) ;

◆ le *stockage de la noradrénaline dans les vésicules présynaptiques* peut être inhibé (par ex., par la réserpine) ;

◆ la noradrénaline peut être *déplacée des récepteurs postsynaptiques* (par ex., par la phénoxybenzamine ou la phentolamine).

La concentration synaptique et l'action de la noradrénaline peuvent d'un autre côté être **augmentées**, ce qui sera en partie utilisé pour le traitement médicamenteux de la dépression (→ **A2**) :

◆ les inhibiteurs de la monoamine oxydase A (MAO-A), spécifique de la noradrénaline (et de la sérotonine) peuvent ralentir la *dégradation de la noradrénaline dans les terminaisons présynaptiques* et donc augmenter leur disponibilité (par ex., tranylcypromine, moclobémide) ;

◆ les inhibiteurs de la COMT (catéchol-O-méthyl transférase, par ex., le tropolone) vont ralentir la *dégradation de la noradrénaline* ;

◆ les amphétamines stimulent la *libération* de noradrénaline, de dopamine et de sérotonine par les terminaisons présynaptiques en inhibant le transport des neurotransmetteurs ;

◆ la désipramine inhibe la *recapture* et augmente en même temps la concentration synaptique de noradrénaline ;

◆ les *récepteurs* peuvent être stimulés par des substances agonistes (par ex., la clonidine).

La **sérotonine** (5-hydroxytryptamine, 5-HT) est synthétisée dans les neurones du raphé qui projettent dans la moelle épinière, le cervelet, le thalamus, l'hypothalamus, les ganglions de la base, le système limbique et le cortex cérébral (→ **B**).

Une **diminution** de la disponibilité ou de l'action de la sérotonine (→ **B1**) favorise le développement d'une dépression, par exemple :

◆ via une *inhibition de la synthèse* à partir du tryptophane (par ex., chlorophénylalanine),

◆ via une *inhibition du stockage* dans les vésicules présynaptiques (par ex., réserpine),

◆ par l'intermédiaire d'une *augmentation de l'utilisation* de la sérotonine grâce à la synthèse de mélatonine inactive (à l'obscurité, dans l'épiphyse).

Une action antidépressive sera observée en cas d'**augmentation** de l'action de la sérotonine ou via une activation des récepteurs de la sérotonine (→ **B2**) :

◆ la *disponibilité du tryptophane* peut être augmentée par un apport de glucose : le glucose stimule la sécrétion d'insuline ; l'action antiprotéolytique de l'insuline ainsi que son action stimulante sur la synthèse protéique entraînent une diminution de la concentration des acides aminés libres dans le sang. Certains acides aminés inhibent de façon compétitive le transport du tryptophane à travers la barrière hémato-encéphalique. La levée de cette inhibition doit augmenter le transport du tryptophane vers le cerveau.

◆ Les antidépresseurs tricycliques (imipramine, fluoxétine) inhibent la *recapture* dans les vésicules présynaptiques et augmentent ainsi la concentration de sérotonine dans la synapse.

◆ Les inhibiteurs de la MAO A (voir ci-dessus) augmentent la disponibilité de la sérotonine, en *bloquant sa dégradation.*

◆ La *transformation de sérotonine en mélatonine* sera inhibée à la lumière. À cause de la brièveté du jour et de la faible lumière, les dépressions sont fréquentes pendant les mois d'hiver dans les pays nordiques. Au contraire, certaines dépressions peuvent être soignées avec succès avec de la lumière vive (photothérapie).

◆ Les *récepteurs de la sérotonine* peuvent être stimulés directement par des agonistes (par ex., diéthylamide de l'acide lysergique, LSD).

◆ Le lithium exerce probablement son action antidépressive en modulant la transduction des signaux intracellulaires (→ p. 6).

A. Transmission noradrénergique

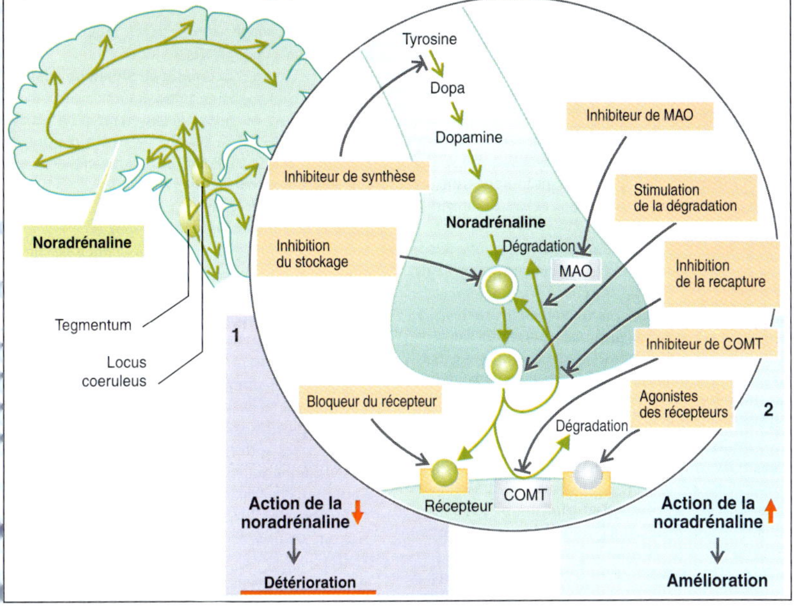

B. Transmission sérotoninergique

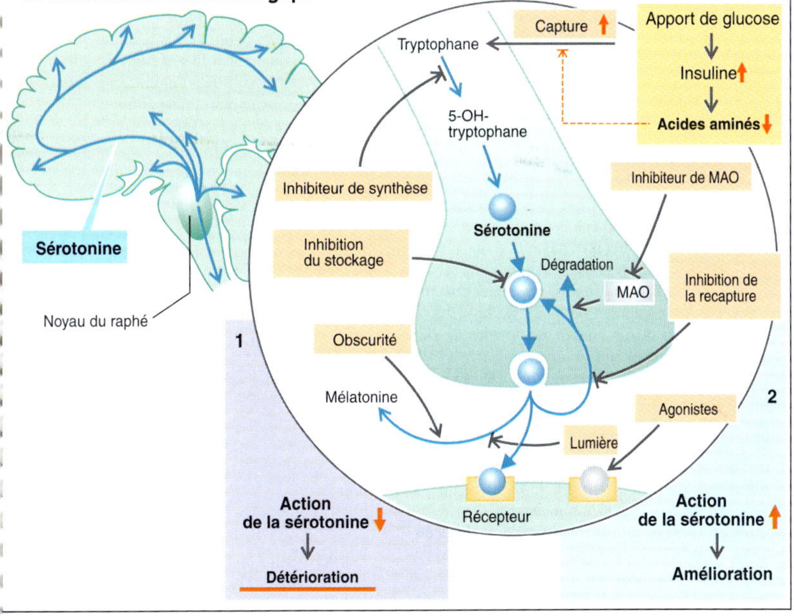

Schizophrénie

La schizophrénie est une maladie d'agrégation familiale. Elle est caractérisée par des visions, des hallucinations, des comportements sociaux inappropriés et/ou des associations inadéquates (encore appelés *symptômes positifs*). On observe souvent par ailleurs une pauvreté de motivation et un détachement émotionnel (*symptômes négatifs*). Chez certains patients ce sont les symptômes positifs qui l'emportent (type I), et chez d'autres les symptômes négatifs (type II).

En cas de schizophrénie, on met en évidence une **diminution de la circulation sanguine et de la consommation de glucose**, principalement au niveau du cortex préfrontal, et chez les patients de type II on observe de plus une diminution du nombre de neurones (**diminution de la matière grise**). Une anomalie de la migration des neurones durant le développement cérébral est, de plus, un signe d'importance physiopathologique (→ **A2**).

On détecte dans le cortex préfrontal et le gyrus cingulaire une atrophie des dendrites des cellules pyramidales et de leurs épines. Ces dernières contiennent des **synapses glutamatergiques**, si bien que la transmission glutamatergique se trouve altérée (→ **A1**). Il semble par ailleurs que la biosynthèse de **GABA** et/ou le nombre de neurones GABAergiques soient réduits, si bien que l'inhibition des cellules pyramidales est perturbée.

On attribue à la **dopamine** une signification physiopathologique particulière : une augmentation de la disponibilité de la dopamine ou des agonistes dopaminergiques peut déclencher des symptômes analogues à ceux d'une schizophrénie, et des bloqueurs des récepteurs dopaminergiques D_2 sont utilisés avec succès dans le traitement des schizophrénies (voir ci-dessous). D'un autre côté, on a mis en évidence chez des patients schizophrènes une diminution des récepteurs D_1 dans le cortex préfrontal (→ **A1**), et la diminution des récepteurs D_1 et D_2 est manifestement corrélée avec les symptômes négatifs de la schizophrénie comme la carence émotionnelle. Il est probable que la diminution des récepteurs dopaminergiques reflète une augmentation de la sécrétion de la dopamine et n'a pas en elle-même de rôle pathologique.

La dopamine sert de transmetteur dans de nombreuses voies (→ **B**) :

- les voies dopaminergiques conduisant au système limbique (*système mésolimbique*) et
- celles conduisant au cortex (*système mésocortical*) sont vraisemblablement impliquées dans le développement de la schizophrénie ;
- dans le *système tubulo-infundibulaire*, la dopamine contrôle la sécrétion des hormones hypophysaires (en particulier l'inhibition de la sécrétion de prolactine, → p. 260) ;
- dans le *système nigrostriatal*, elle régule la motricité (→ p. 312 *sqq.*).

L'excrétion et l'action de la dopamine peuvent être renforcées par un certain nombre de substances qui vont alors **favoriser** l'apparition d'**une schizophrénie** (→ **A3**, à gauche). C'est ainsi que le traitement d'une maladie de Parkinson (→ p. 312 *sqq.*) peut provoquer les symptômes d'une schizophrénie. Le traitement d'une maladie de Parkinson sera donc limité par ce phénomène :

- la *L-Dopa* provoque une augmentation de la synthèse et de la sécrétion de dopamine ;
- les inhibiteurs de monoamine oxydase (*IMAO*) bloquent la dégradation de la dopamine et augmentent donc sa disponibilité pour une sécrétion dans la fente synaptique ;
- la *cocaïne* stimule également la sécrétion de dopamine dans la fente synaptique ;
- les *amphétamines* inhibent la capture de la dopamine dans les vésicules de stockage des terminaisons présynaptiques et augmentent ainsi la concentration du transmetteur dans la fente synaptique.

Inversement, les agents antidopaminergiques peuvent **améliorer une schizophrénie** (→ **A3**, à droite) :

- certaines substances (phénothiazines, halopéridol, par ex.) *déplacent la dopamine de ses récepteurs* et exercent ainsi une action antidopaminergique ;
- l'*inhibition de la capture* de la dopamine dans les vésicules synaptiques, par exemple par la réserpine altère finalement la sécrétion du transmetteur dans la fente synaptique. La réserpine ne sera donc pas utilisée sur le plan thérapeutique.

L'utilisation chronique d'antagonistes de la dopamine peut conduire, en raison des effets sur le striatum, à ce que l'on appelle des « dyskinésies tardives » (→ p. 314). Cette complication va limiter le traitement d'une schizophrénie.

Il est vraisemblable que la **sérotonine** joue également un rôle dans les symptômes schizophréniques. Une hyperactivité de la sérotonine peut déclencher des hallucinations, et beaucoup d'agents à action antipsychotique sont des bloqueurs des récepteurs 5-HT_{2A} (→ **A1**).

A. Schizophrénie

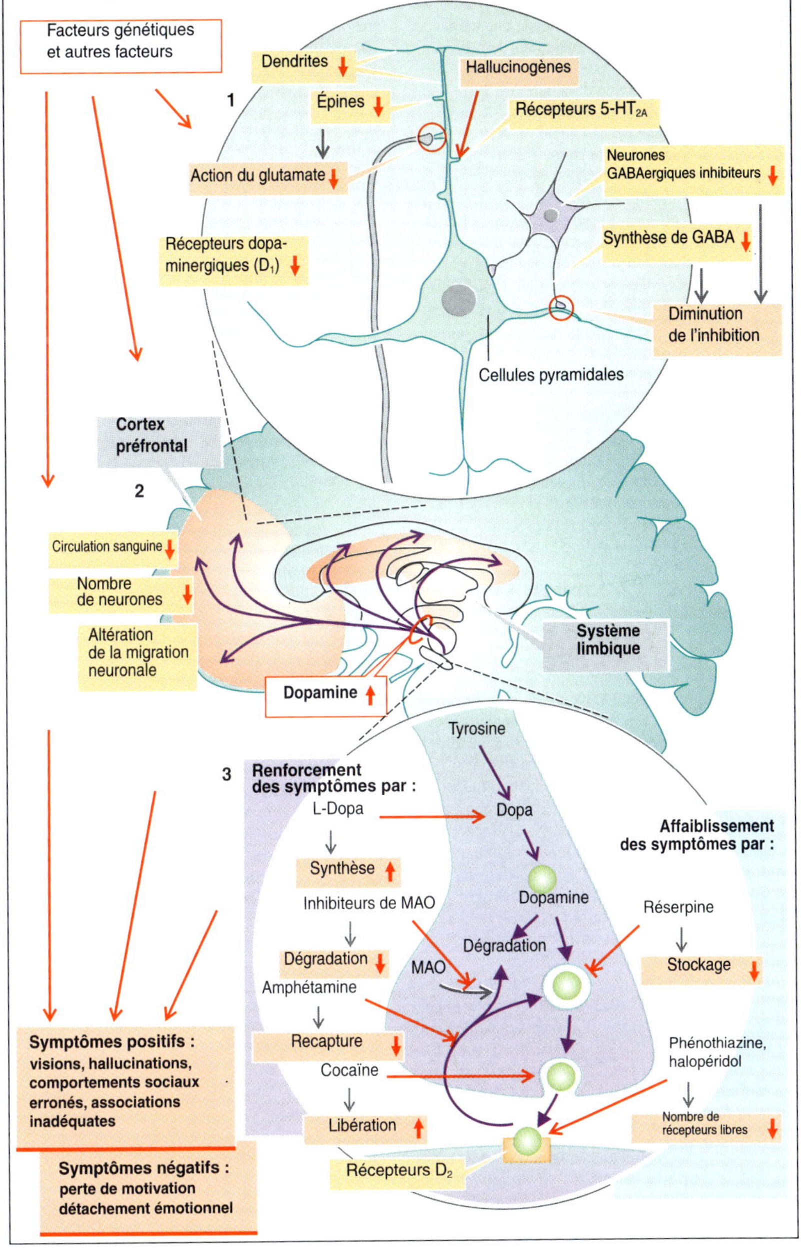

Dépendance, toxicomanie

La dépendance ou la toxicomanie est une tendance acquise, qui dicte leur comportement aux personnes dépendantes. Chez les personnes dépendantes de la drogue, il existe une demande très forte pour la drogue (*craving* = besoin maladif). Le financement et la recherche de la drogue passent en priorité devant les autres besoins de la personne dépendante. Parmi les drogues les plus importantes on trouvera la nicotine, l'alcool, les opiacés et la cocaïne. Mais un grand nombre d'autres produits pharmaceutiques (par ex., somnifères et analgésiques) peuvent aussi susciter une dépendance.

Ce n'est pas seulement l'utilisation d'une drogue qui conditionne le **développement d'une dépendance** : seule une partie des personnes, qui ont utilisé une drogue vont développer une dépendance. L'existence de **prédispositions génétiques** a une grande importance dans le développement de ce comportement de dépendance (→ **A**). On a ainsi montré fréquemment chez les personnes dépendantes de l'alcool ou de la cocaïne l'existence d'un polymorphisme particulier du gène codant pour le transporteur de la dopamine (DAT-1). Les déficiences génétiques de l'alcooldéshydrogénase (ADH) ou de l'acétaldéhyde déshydrogénase (ALDH) altèrent la dégradation de l'alcool et renforcent donc son action toxique. Ces déficiences enzymatiques vont ainsi protéger contre la dépendance vis-à-vis de l'alcool. On va chercher en inhibant de façon pharmacologique l'ALDH (désulfiram) lors d'une consommation d'alcool à produire une élévation de la concentration d'acétaldéhyde et à interrompre la toxicomanie grâce à son action toxique (vomissements, nausées, hypotension). Compte tenu d'une probabilité de réussite assez faible en cas de risque élevé, cette utilisation devra cependant être réitérée.

Le **contexte social** (→ **A**) a également une signification importante dans le développement d'une dépendance. Une modification de l'environnement peut ainsi favoriser le renoncement à la drogue. Les soldats qui prenaient de la drogue pendant la guerre du Vietnam, par exemple, n'étaient pour la plupart plus dépendants après leur retour aux États-Unis.

Les drogues provoquent souvent chez les personnes dépendantes un phénomène de **tolérance**, l'effet initial a tendance à diminuer graduellement au cours d'une utilisation persistante (→ **A**, **B**). L'arrêt soudain de la prise de drogue provoque une inversion de l'effet (→ **B**). Une utilisation chronique affaiblit l'action de la drogue et renforce l'inversion au moment de l'interruption. Si le drogué veut obtenir le même effet, il doit alors augmenter la dose, et, lors de la privation de drogue, il se produit des symptômes de manque, qui sont d'autant plus forts que la durée de la prise de drogue a été longue. Les manifestations du manque conduisent à une **dépendance physique** du patient. La **dépendance psychique** des drogués résulte du désir de retrouver les effets positifs de la drogue et/ou de la peur devant les manifestations neurobiologiques ou psychiques du manque (→ **A**). Après disparition des symptômes de manque, l'envie des effets positifs persiste, et les rechutes vont entre autres être favorisées par le stress.

Au début de la toxicomanie ou de la dépendance, les **voies dopaminergiques mésolimbiques** et **mésocorticales** (→ **A**, voir aussi p. 352) jouent manifestement un rôle important. Par l'intermédiaire de l'activation de ces voies, par exemple par l'alcool ou les opiacés, la personne dépendante cherche à atteindre le bien-être ou l'euphorie ou inversement à éviter un mal-être. Au moment de l'arrêt, l'activité des systèmes dopaminergiques est vraisemblablement diminuée ou les cellules cibles sont moins sensibles. Les symptômes de privation peuvent être atténués par l'activation des récepteurs des endorphines, GABAergiques, dopaminergiques et sérotoninergiques.

Les **mécanismes cellulaires** de la tolérance ont été partiellement découverts dans le cas des opiacés : la stimulation des récepteurs entraîne via des protéines kinase des protéines G, une phosphorylation des récepteurs et donc leur inactivation (→ **C**). Les récepteurs seront de plus internalisés. L'efficacité de la stimulation des récepteurs peut également être diminuée en jouant sur les voies de transduction cellulaires. Le récepteur des opioïdes exerce en partie son action via une inhibition de l'adénylate cyclase (AC), une diminution de la formation d'AMPc et de l'activité de la protéine kinase A (→ **D**). Un apport d'opioïdes entraîne de ce fait une diminution de la formation d'AMPc (→ **E2**). Une prise chronique augmente cependant la synthèse d'adénylate cyclase via l'action de CREB (*cAMP-responsive element-binding protein*, → p. 6 *sqq.*). Dans ces conditions, il y aura encore de l'AMPc formé même en présence d'opioïdes (→ **E3**). Une privation ultérieure d'opioïdes déclenche les symptômes du manque, entre autres via une augmentation massive de la formation d'AMPc (→ **E4**).

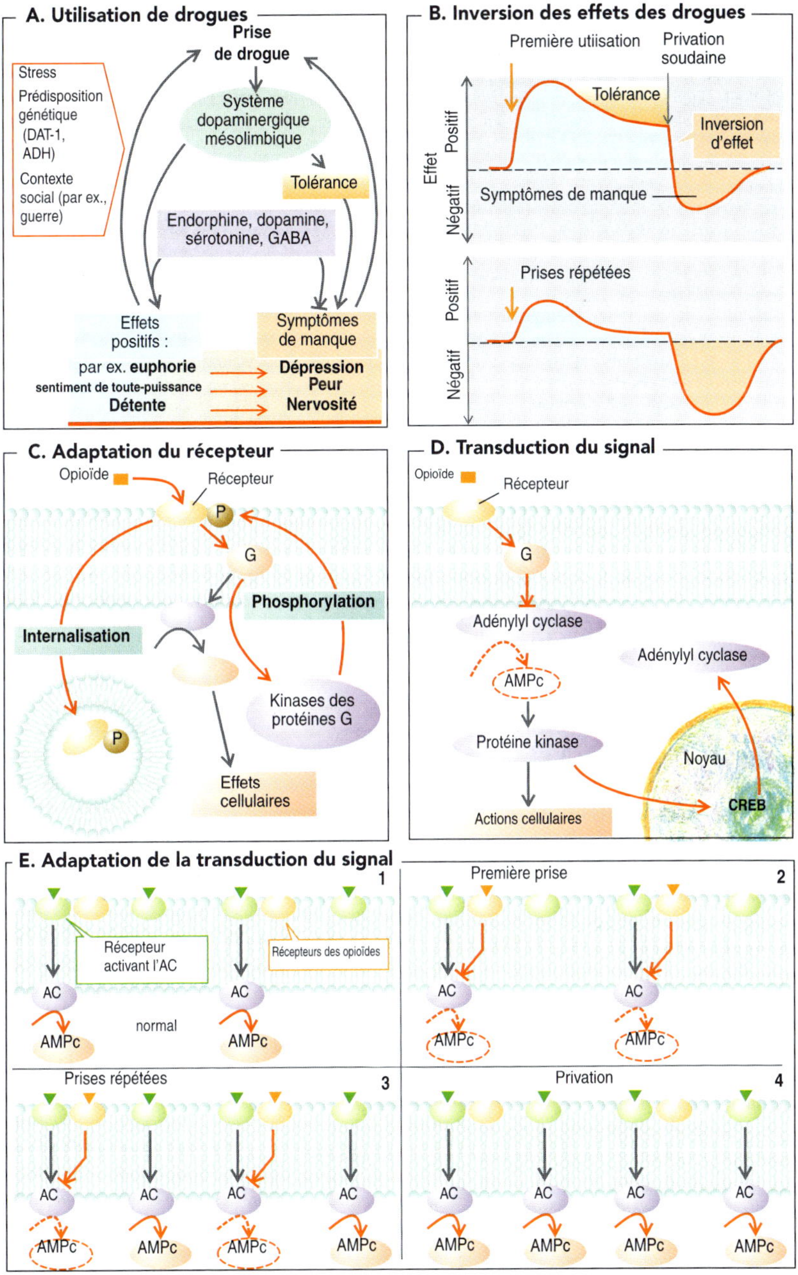
A. Utilisation de drogues
Prise de drogue
Stress
Prédisposition génétique (DAT-1, ADH)
Contexte social (par ex., guerre)
Système dopaminergique mésolimbique
Tolérance
Endorphine, dopamine, sérotonine, GABA
Effets positifs :
par ex. euphorie
sentiment de toute-puissance
Détente
Symptômes de manque
Dépression
Peur
Nervosité
B. Inversion des effets des drogues
Première utilisation
Privation soudaine
Tolérance
Inversion d'effet
Effet
Positif
Négatif
Symptômes de manque
Prises répétées
C. Adaptation du récepteur
Opioïde
Récepteur
P
G
Phosphorylation
Internalisation
Kinases des protéines G
Effets cellulaires
D. Transduction du signal
Opioïde
Récepteur
G
Adénylyl cyclase
AMPc
Protéine kinase
Actions cellulaires
Adénylyl cyclase
Noyau
CREB
E. Adaptation de la transduction du signal
1
Récepteur activant l'AC
Récepteurs des opioïdes
AC
AMPc
normal
Première prise
2
Prises répétées
3
Privation
4

Liquide céphalorachidien, barrière hémato-encéphalique

Circulation du LCR (→ **A**). Le LCR est en particulier formé dans les plexus choroïdes des ventricules latéraux. Il s'écoule à travers le foramen interventriculaire (→ **A1**) dans le troisième ventricule et de là, via l'aqueduc (→ **A2**), dans le quatrième ventricule. Il parvient par les trous de Luschke et de Magendi (→ **A3**) dans l'espace sous-arachnoïdien et les villosités arachnoïdes du sinus cérébral (granulations de Pacchioni), où il sera réabsorbé dans les sinus veineux (→ **A4**).

L'écoulement du LCR peut être réduit ou interrompu à chacun des emplacements que nous venons de citer, avec pour conséquence un **reflux liquidien** (**hydrocéphalie**). Selon la localisation on va parler d'une hydrocéphalie *communicante*, si le liquide peut circuler entre les ventricules, ou d'une hydrocéphalie *non communicante*, avec fermeture de la communication entre les ventricules.

Une fermeture des voies d'écoulement du LCR, et en particulier de l'aqueduc peut être la conséquence d'une **anomalie du développement**, d'une **cicatrice** (en particulier après une infection ou une hémorragie) ou d'une **tumeur**. La *réabsorption du LCR* dans les villosités arachnoïdes est altérée par des perturbations de l'écoulement (par ex., **thrombose**) dans le sinus ou une augmentation de la pression veineuse (par ex., à la suite d'une insuffisance cardiaque). Elle peut également être diminuée après une hémorragie sous-arachnoïdienne circonscrite ou une méningite, ou encore en cas de concentration élevée du LCR en protéines (infection, tumeur), car les villosités arachnoïdes vont être colmatées par les protéines. Finalement, cette réabsorption peut également être diminuée sans qu'il y ait de cause perceptible extérieurement. Une augmentation de l'espace céphalorachidien associée à une atrophie cérébrale est désignée sous le terme d'« *hydrocephalus e vacuo* ».

Dans le cas d'une **hydrocéphalie néonatale**, le fait que les sutures crâniennes ne soient pas ossifiées et fermées va provoquer une déformation de la calotte crânienne (→ **A5**). Si les sutures sont déjà fermées, l'accumulation du LCR va provoquer une surpression (→ p. 358).

Composition du LCR (→ **B**). La composition normale du LCR correspond à peu près à celle du sérum, cependant la concentration en protéines et en ions Ca^{++} liés au protéines est plus faible. La concentration en K^+ est également inférieure à celle du sérum de quelques mmol/l. Les modifications de la composition du LCR ont une signification diagnostique particulière dans certaines maladies du cerveau.

Le LCR est **limpide** en temps normal, et ne contient aucun érythrocyte et uniquement quelques leucocytes (< 4/µl, essentiellement des lymphocytes). Cependant, des leucocytes peuvent passer dans le LCR en cas d'infections (méningite, ⇒ trouble du LCR), des érythrocytes après une hémorragie (par ex., en cas de tumeur cérébrale, ⇒ coloration en rouge du LCR). Une couleur jaune claire du LCR peut provenir de la présence de protéines plasmatiques liant la bilirubine ou des substances colorées du sang.

La **concentration de protéines** dans le LCR est augmentée en cas de trouble de la réabsorption au niveau des villosités arachnoïdes ou d'infections (en particulier synthèse due à des cellules immunocompétentes).

La **concentration de glucose** dans le LCR est diminuée en cas de tumeur, d'infection bactérienne aiguë, de tuberculose, d'atteinte du cerveau par des champignons ainsi que dans des cas rares de déficit en transporteur du glucose.

Barrière hémato-encéphalique (→ **C**). Les cellules endothéliales des capillaires cérébraux forment sous l'influence des astrocytes (sauf au niveau du lobe médian de l'hypophyse, de l'area postrema, du plexus choroïde et des organes circumventriculaires) des jonctions serrées (*tight-junctions*), qui empêchent le passage des cellules dissoutes dans le sang (électrolytes, protéines) ou des cellules. Le milieu extracellulaire du cerveau sera ainsi découplé du sang de façon à éviter d'exposer les cellules nerveuses aux variations des électrolytes, aux transmetteurs, aux hormones, aux facteurs de croissance et aux réactions immunitaires sanguines. Les *tight-junctions* peuvent s'ouvrir dans des conditions pathologiques. C'est par exemple le cas dans les tumeurs cérébrales qui ne contiennent aucun astrocyte fonctionnel. La barrière hémato-encéphalique peut être rompue en cas d'hyperosmolarité (par ex., perfusion d'une solution hypertonique de mannitol), ou lors d'une méningite bactérienne.

Chez les nouveau-nés, la barrière hémato-encéphalique n'est pas encore serrée. Dans le cas d'une hyperbilirubinémie du nouveau-né (pas chez l'adulte), la bilirubine peut donc pénétrer dans le cerveau et léser des noyaux du tronc cérébral (**ictère nucléaire**). Les conséquences d'une lésion des ganglions de la base sont par exemple des hyperkinésies (→ p. 314).

A. Écoulement du LCR

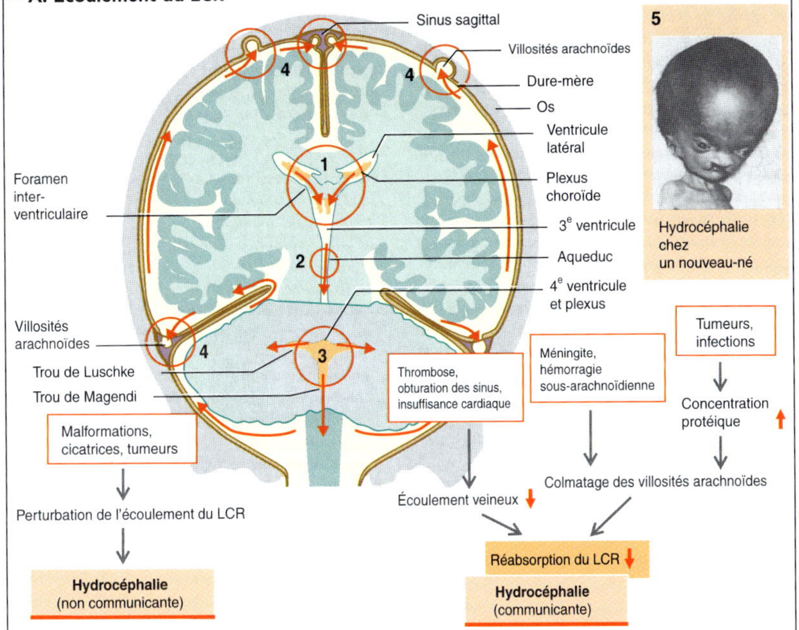

B. Composition du LCR

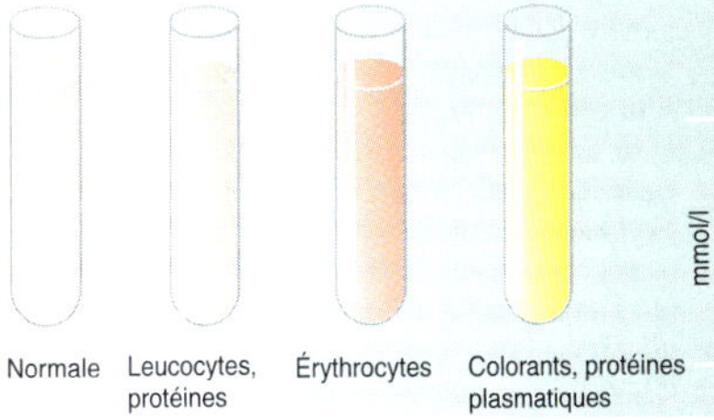

		Sérum normal	LCR	LCR pathologique
	Protéines g/l	70	0,2	↑ Infection, stase
	Glucose	5	3	↓ Tumeurs, infections
mmol/l	Na^+	145	150	
mmol/l	K^+	4	3	
mmol/l	Ca^{2+}	2,5	1	↑ Infection, stase
mmol/l	Mg^{2+}	0,8	1	
	Osm	295	295	
	pH	7,4	7,33	

C. Barrière hémato-encéphalique

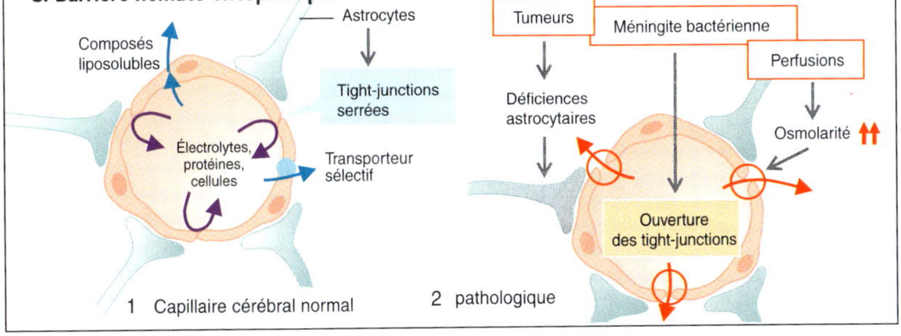

Pression intracrânienne, œdème cérébral

Après ossification des sutures crâniennes, le cerveau est entouré d'une enveloppe rigide. Aucune **augmentation de volume** n'est plus possible, et l'expansion d'un compartiment intracrânien ne peut se faire qu'au détriment des autres (→ **A1**).

Le volume de LCR entourant le cerveau est relié à celui entourant la moelle épinière par le grand foramen. À chaque pulsation l'espace intravasculaire est temporairement augmenté, et de façon synchrone, un petit volume de LCR s'écoule par le foramen. L'espace intravasculaire augmente également transitoirement au détriment du volume du LCR (→ **A2**).

L'augmentation des volumes intracellulaires ou interstitiels se produit d'abord aux dépens du volume du LCR. Si cette réserve est épuisée et si l'espace liquidien subit un collapsus, la pression intracrânienne augmente. La compression des vaisseaux qui en résulte conduit ensuite rapidement à une **altération** massive **de la circulation cérébrale** (→ **A3**).

On distingue différentes **sortes d'œdèmes cérébraux** (→ **B**) :

Dans le cas d'un **œdème cytotoxique**, l'*espace intracellulaire* est augmenté par suite du gonflement des cellules (→ **B1**). La cause peut être entre autres une carence en énergie (par ex., à la suite d'une hypoxie ou d'une ischémie). L'altération de la Na^+-K^+ ATPase augmente les concentrations intracellulaires de Na^+ et diminue la concentration de K^+. La dépolarisation qui suit ce phénomène entraîne un influx de Cl^- et un gonflement des cellules (→ p. 10).

La diminution de l'osmolarité extracellulaire, par exemple par une hyperhydratation hypotonique (→ p. 122) peut également conduire à un gonflement des cellules.

Il est nécessaire de faire attention au cours du traitement d'une hypernatrémie de longue durée : les cellules gliales et les neurones équilibrent l'hyperosmolarité extracellulaire grâce à l'accumulation intracellulaire d'osmolytes (par ex., l'inositol), un phénomène qui demande des jours. Si l'hypernatrémie est corrigée trop rapidement, les osmolytes ne peuvent pas sortir assez rapidement de la cellule et les cellules vont gonfler.

Un **œdème cérébral vasogénique** se produit à la suite d'une augmentation de la perméabilité des capillaires cérébraux et donc d'une filtration capillaire des protéines qui emmènent l'eau avec elles selon des mécanismes osmotiques (→ **B2**). L'*espace interstitiel* va donc augmenter. Les causes d'une augmentation de la perméabilité vasculaire sont des tumeurs cérébrales, des infections, des abcès, un infarctus, des hémorragies ou un empoisonnement (plomb).

Si la barrière hémato-encéphalique est intacte, l'eau peut également s'accumuler dans l'espace interstitiel lorsqu'il règne dans cet espace une osmolarité plus élevée que celle du sang. C'est ce que l'on observe en particulier en cas de chute brutale du glucose (traitement d'un diabète), de chute de l'urée (dialyse) ou de la concentration de Na^+ (**œdème cérébral interstitiel**, → **B3**). On observe également dans ces conditions un gonflement cellulaire.

De plus, un **reflux de LCR** va augmenter la pression cérébrale (→ p. 356). Une *altération aiguë de l'écoulement du LCR* entraîne une augmentation de la pression qui va, par l'intermédiaire d'un rétrécissement de la lumière vasculaire, être accompagnée d'une diminution de la circulation cérébrale (→ **A4**). Une *altération chronique de l'écoulement* aboutit finalement, via une perte neuronale et une diminution de l'espace intracellulaire, à une diminution de la masse du cerveau (→ **A5**).

Les **tumeurs** et les **hémorragies** (→ **A3**) augmentent le volume intracrânien aux dépens des autres compartiments et en particulier du compartiment du LCR.

Symptômes d'une augmentation de la pression intracrânienne. En raison de l'élévation de la pression intracérébrale, la lymphe provenant du fond de l'œil ne peut plus s'écouler vers l'espace intracrânien en empruntant le canal lymphatique situé au centre du nerf optique. La lymphe s'amasse à la sortie du nerf optique et bombe la papille vers l'avant (*œdème papillaire*, → **C1**). D'autres conséquences d'une élévation de la pression cérébrale sont des *maux de tête*, des *nausées* et des *vomissements*, des *vertiges*, des *pertes de conscience* (en particulier dues à des altérations circulatoires), une *bradycardie* et une *hypertension* (compression du tronc cérébral), un *strabisme* (compression du nerf abducteur) et des *pupilles dilatées* et *peu sensibles à la lumière* (compression du nerf oculomoteur, → **C2**). Il se produit finalement une *herniation de certaines parties du cerveau* à travers la tente du cervelet (→ **C3a**) ou le foramen (→ **C3b**). La compression du tronc cérébral va dans ces conditions conduire rapidement au décès. Lors d'une augmentation unilatérale de la pression il peut y avoir une herniation du gyrus cingulaire (→ **C3c**) avec compression des vaisseaux cérébraux antérieurs et perte des fonctions cérébrales correspondantes (→ p. 360).

Figure 10-31 Hypertension intracrânienne, œdème cérébral

A. Modifications de volume du compartiment cérébral

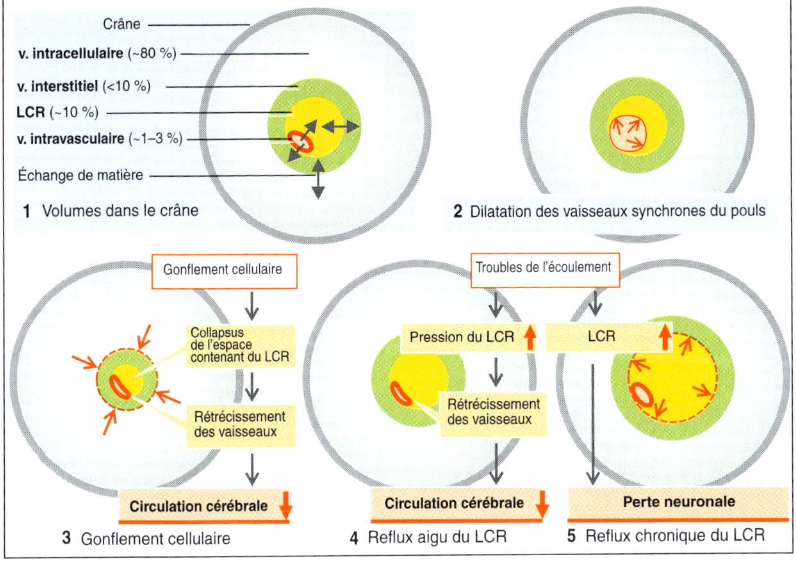

B. Œdème cérébral

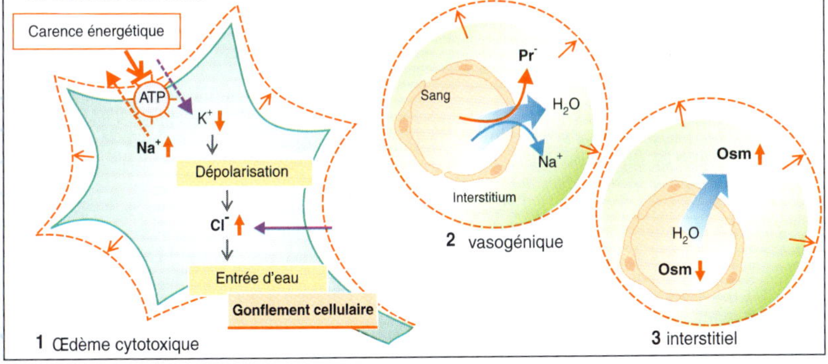

C. Conséquences d'une hypertension intracrânienne

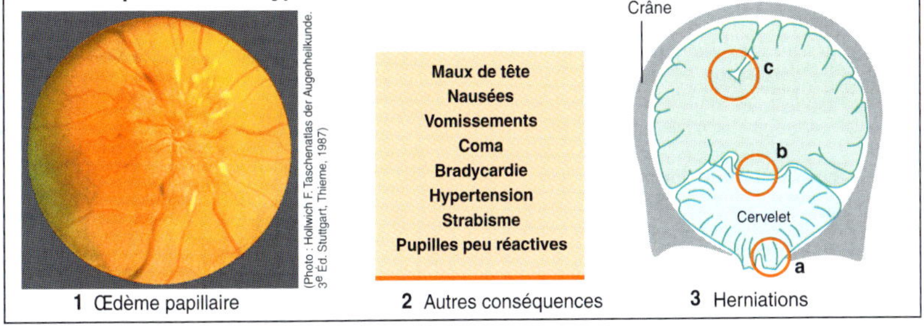

Altérations de la circulation cérébrale, accident vasculaire cérébral

Un arrêt complet de la circulation cérébrale entraîne en 15-20 s une **perte de conscience** (→ p. 342) et provoque après 7-10 min des **lésions cérébrales irréversibles** (→ **A1**). L'occlusion de vaisseaux isolés conduit à la perte de zones délimitées du cerveau (attaque d'apoplexie). Dans ces conditions, les causes des lésions sont toujours une **carence énergétique** consécutive à une **ischémie** (par ex., athérosclérose, embolie). Les **hémorragies** (traumatismes, anévrysmes vasculaires, hypertension, → p. 208) conduisent également à une ischémie via la compression des vaisseaux voisins.

La carence énergétique provoque en inhibant la Na^+-K^+ ATPase l'accumulation intracellulaire de Na^+ et de Ca^{++} ainsi qu'une augmentation de la concentration extracellulaire de K^+ et donc une dépolarisation. Celle-ci entraîne un influx de Cl^-, un gonflement et la **mort cellulaires** par nécrose (→ **A**, voir aussi p. 10). Elle entraîne par ailleurs la libération de glutamate qui accélère la mort cellulaire par l'intermédiaire d'un influx de Na^+ et de Ca^{++}.

Le gonflement cellulaire, la libération de médiateurs vasoconstricteurs et l'obturation de la lumière vasculaire par des granulocytes empêchent parfois la **reperfusion** en dépit de l'élimination des causes initiales. La mort des cellules provoque une inflammation qui va léser également les cellules situées autour du foyer ischémique (**pénombre**).

Les **symptômes** dépendront de la localisation du trouble circulatoire, c'est-à-dire de la zone irriguée par le vaisseau considéré (→ **B**).

L'occlusion fréquente de l'**artère cérébrale moyenne** entraîne de façon controlatérale une *faiblesse musculaire et des spasmes* ainsi qu'une perte de sensibilité (*hémianesthésie*) liée à la lésion des gyri latéraux, pré- et postcentraux. Parmi les autres effets on note un *renversement des yeux* (déviation conjuguée due à une lésion des champs visiomoteurs), une *hémianopsie* (radiation optique), des *altérations* motrices et sensorielles *de la parole* (aire de Broca et aire de Wernicke de l'hémisphère dominant), des altérations de la perception spatiale, une apraxie et une héminégligence (lobes pariétaux).

Les conséquences d'une occlusion de l'**artère cérébrale antérieure** sont une *hémiparésie controlatérale* et une *perte de sensibilité* (dues à la perte des parties médianes des gyri pré- et postcentraux), des *difficultés d'élocution* (lésion du cortex moteur supplémentaire), ainsi qu'une *apraxie du bras gauche* (lorsque le corps calleux antérieur et donc la connexion de l'hémisphère dominant avec le cortex moteur droit ont également été lésés). Une occlusion bilatérale des artères cérébrales antérieures entraîne une *apathie* due à des lésions des lobes frontaux inférieurs et d'une partie du système limbique.

Une occlusion de l'**artère cérébrale postérieure** conduit à une *hémianopsie controlatérale* partielle (cortex visuel primaire), et dans le cas d'une occlusion bilatérale à une *cécité*. De plus, surviennent des *pertes de mémoire* (lobe temporal inférieur).

Une occlusion des **carotides** ou de l'**artère basilaire** peut provoquer des dégâts dans les territoires irrigués par l'artère cérébrale moyenne et l'artère antérieure. En cas d'occlusion de l'**artère choroïde antérieure** ce sont les ganglions de la base (*hypokinésie*), la capsule interne (*hémiparésie*) et le tractus optique (*hémianopsie*) qui sont atteints. L'occlusion des branches de l'**artère communicante postérieure** vers le thalamus déclenche principalement des pertes de sensibilité.

Une occlusion complète de l'**artère basilaire** entraîne une paralysie des membres (*tétraplégie*) et des muscles des yeux ainsi qu'un *coma* (→ p. 342). L'infarctus des **branches de l'artère basilaire** peut léser le cervelet, le mésencéphale, le pont et la medulla oblongata. Selon la localisation, les conséquences peuvent être :

- des *vertiges*, un *nystagmus*, une *hémiataxie* (cervelet et ses afférences, nerf vestibulaire),
- *maladie de Parkinson* (substance noire), *hémiplégie controlatérale* et *tétraplégie* (voies pyramidales),
- *perte des sensations douloureuses et de chaud/froid* (hypoesthésie, anesthésie) dans la moitié ipsilatérale du visage et les extrémités controlatérales (nerf trijumeau [V] et tractus spinothalamique),
- *hypoacousie* (nerf cochléaire), *agueusie* (nerf du tractus salivaire), *singultus* (formation réticulée),
- ptose ipsilatérale, myose et anhydrose du visage (*syndrome de Horner*, perte du sympathique),
- *parésie du voile du palais* et *tachycardie* (nerf vague [X]), *paralysie des muscles de la langue* (nerf hypoglosse [XII]), *coins des lèvres tombants* (nerf facial [VII]), *strabisme* (nerf oculomoteur [III], nerf abducteur [VI]) ainsi que
- *paralysie pseudo-bulbaire* avec paralysie musculaire (mais sans perte de conscience).

A. Conséquences d'une altération de la circulation cérébrale

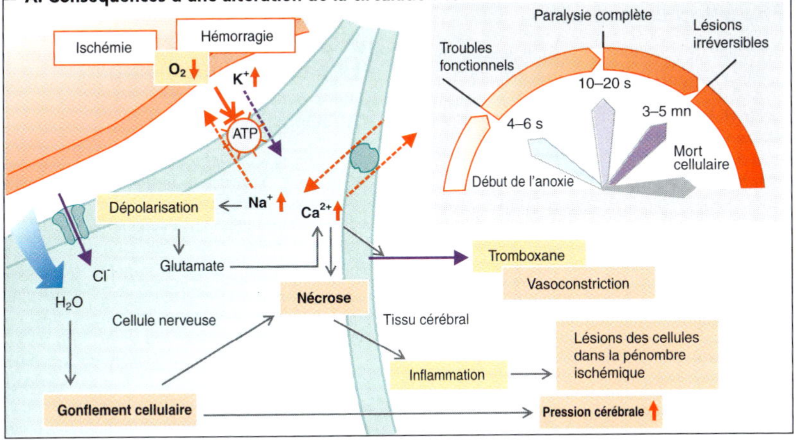

B. Occlusion cérébrale et origine d'un infarctus

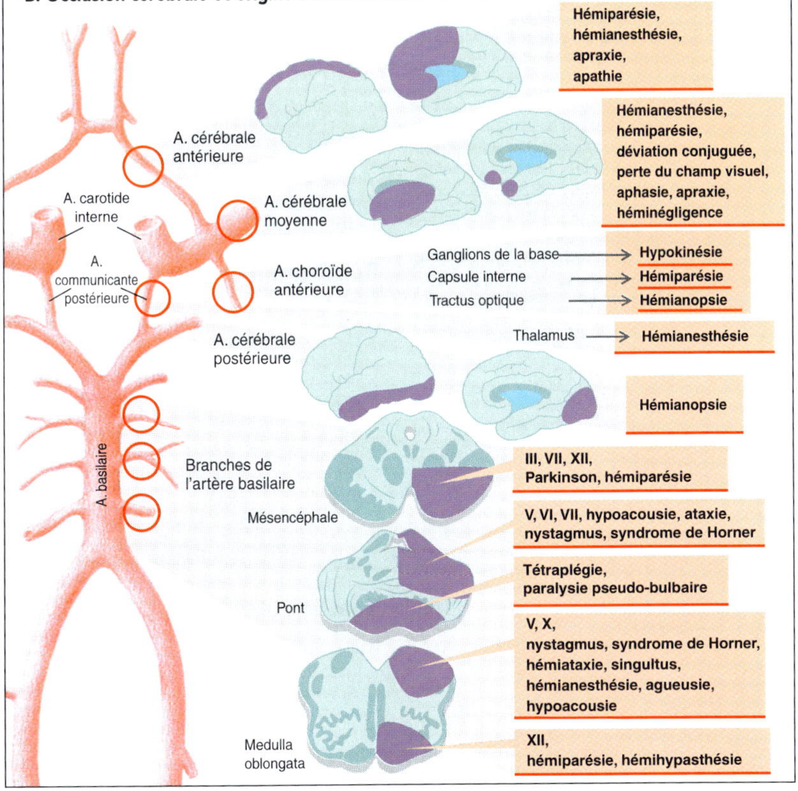

Figure 10-32 **Accident vasculaire cérébral**

Physiologie générale

Deetjen P, Speckmann E-J. Physiologie. 2. Aufl. München, Urban & Schwarzenberg, 1994

Greger R, Windhorst U. Comprehensive Human Physiology. Vol. 1 and 2. Berlin, Springer, 1996

Klinke R, Silbernagl S. Lehrbuch der Physiologie. 2. Aufl. Stuttgart, Thieme, 1996

Schmidt RF, Thews G. Physiologie des Menschen. 27. Aufl. Heidelberg, Springer, 1997

Silbernagl S, Despopoulos A. Taschenatlas der Physiologie. 4. Aufl. Stuttgart, Thieme, 1991

Silbernagl S, Despopoulos A. Atlas de poche de physiologie, 2e Éd. Paris, Flammarion Médecine-Sciences, 1998

Physiopathologie générale

Bennett JC, Plum F. Cecil Textbook of Medicine. 20th ed. Philadelphia, Saunders, 1996

Bennett JC, Plum F. Traité de médecine interne Cecil. Paris, Flammarion Médecine-Sciences, 1997

Classen M, Diehl V, Kochsiek K. Innere Medizin. 3. Aufl. München, Urban & Schwarzenberg, 1994

Cotran R, Kumar V, Robbins SL. Pathologic Basis of Disease. 5th ed. Philadelphia, Saunders, 1994

Fauci AS, Braunwald E, Isselbacher KJ, Wilson JD, Martin JB, Kasper DL, Hauser SL, Longo DL. Harrison's Principles of Internal Medicine, 14th ed. New York, McGraw-Hill, 1998

Hierholzer K, Schmidt RF. Pathophysiologie des Menschen. Weinheim, VCH – Edition Medizin, 1991

Lang F. Pathophysiologie, Pathobiochemie. 4. Aufl. Stuttgart, Enke, 1990 (Nachdr. 1992)

McCance KL, Huether SE. Pathophysiology. The Biologic Basis for Disease in Adults and Children. 2nd ed. St. Louis, Mosby-Year Book, 1994

McPhee SJ. Lingappa VR, Ganong WF, Lange JD. Pathophysiology of Disease, An Introduction to Clinical Medicine, 2nd ed. Stamford (Connecticut), Appleton & Lange, 1997

Siegenthaler W. Klinische Pathophysiologie. 7. Aufl. Stuttgart, Thieme, 1994

Domaines spécifiques de la physiologie et de la physiopathologie

Physiologie cellulaire

Alberts B, Bray D, Johnson A, Lewis J, Raff M, Roberts K, Walter P. L'essentiel de la biologie cellulaire : introduction à la biologie moléculaire de la cellule. Paris Flammarion Médecine-Sciences, 1999

Alberts B, Bray D, Lewis J, Raff M, Roberts K, Watson JD. Molecular Biology of The Cell. 3rd ed. New York, Garland, 1994

Alberts B, Bray D, Lewis J, Raff M, Roberts K, Watson JD. Biologie moléculaire de la cellule 3e Éd. Paris, Flammarion Médecine-Sciences, 1995

Lodish H, Baltimore D, Berk A, Zipursky SL, Matsudaira P, Darnell J. Molecular Cell Biology. 3rd ed. New York, Freeman and Company – Scientific American Books Inc., 1995

Sang et immunologie

Bach JF. Immunologie, 3e Éd. Paris, Flammarion Médecine-Sciences, 1999

Janeway CA, Travers P. Immunologie. Heidelberg, Spektrum Akad. Verlag, 1995

Kuby J. Immunology. 2nd ed. New York, Freeman and Company, 1994

Respiration et équilibre acide-base

Aubier M, Fournier M, Pariente R. Pneumologie, Paris, Flammarion Médecine-Sciences, 1997, 1998 tirage augmenté

Crystal RG, West JB, Barnes PJ, Weibel ER. The Lung : Scientific Foundations. 2nd ed. Philadelphia, Lippincott-Raven, 1996

Halperin ML, Goldstein MB. Fluid, Electrolyte and Acid-Base Physiology. A Problem-based Approach. 2nd ed. Philadelphia, Saunders, 1994

West JB. Respiratory Physiology : The Essentials. 5th ed. Baltimore, Williams & Wilkins, 1995

Rein et équilibre électrolytique

Halperin ML, Goldstein MB. Fluid, Electrolyte and Acid-Base Physiology. A Problem-based Approach. 2nd ed. Philadelphia, Saunders, 1994

Seldin DW, Giebisch G, eds. The Kidney : Physiology and Pathophysiology. 2nd ed. New York, Raven Press, 1992

Massry SG, Glassock RJ. Textbook of Nephrology. Vol. 1. 3rd ed. Baltimore, Williams & Wilkins, 1995

Estomac, intestin, foie

Arias IM, Boyer JL, Fausto N, Jakoby WB, Schachter D, Shafritz DA. The Liver, Biology and Pathobiology. 3rd ed. New York, Raven Press, 1994
Benhamou JP, Bircher J, McIntyre N, Rizetto M, Rodes J. Hépatologie clinique. Paris, Flammarion Médecine-Sciences, 1993
Johnson LR, ed. Physiology of the Gastrointestinal Tract. Vol. 1 and 2. 3rd ed. New York, Raven Press ; 1994
Misiewicz JJ, Forbes A, Price AB, Shorvon PJ, Triger DR, Tytgat GNJ. Atlas of Clinical Gastroenterology. 2nd ed. St. Lewis, MO, Wolfe Publishing (Mosby Year Book Europe), 1994
Netter FH. The Ciba Collection of Medical Illustrations. Vol. 3 : Digestive System, Parts I-III. Ciba Pharmaceutical Co., 1964
Sleisenger MH, Fordtran JS. Gastrointestinal Disease. Vol. 1 and 2. 5th ed. Philadelphia, Saunders, 1993

Cœur et circulation

Busse R. Kreislaufphysiologie. Stuttgart, Thieme, 1982
d'Alché EP. Comprendre la physiologie cardiovasculaire. Paris, Flammarion Médecine-Sciences, 1999
Goldman MJ. Principles of Clinical Electrocardiography. 12th ed. Los Altos/Ca, Lange Medical Publications, 1986
Katz AM. Physiology of the Heart. 2nd ed. New York, Raven Press, 1992
Levine HJ. Clinical Cardiovascular Physiology. New York, Grune & Stratton, 1976
Lilly LS, ed. Pathophysiology of Heart Disease. Malvern/Pa, Lea & Febiger, 1993
Ross G. Pathophysiology of the Heart, New York, Masson Publishing USA, 1982
Schlant RC, Alexander RW. The Heart, Arteries and Veins. 8th ed. New York, McGraw-Hill, 1994
Timmis A, Brecker S. Atlas de poche de cardiologie. Paris, Flammarion Médecine-Sciences, 1998
van der Werf T. Cardiovascular Pathophysiology. Oxford, Oxford University Press, 1980

Endocrinologie

Felig P, Baxter JD, Frohman LA. Endocrinology and Metabolism. 3rd ed. New York, McGraw-Hill, 1995
Greenspan FS, Strewler GJ. Basic & Clinical Endocrinology. 5th ed. Stamford (Connecticut), Appleton & Lange, 1997
Griffin JE, Ojeda SR. Textbook of Endocrine Physiology. 3rd ed. Oxford Univ. Press, 1996
Luton JP, Thomopoulos P, Basdevant A. Endocrinologie, nutrition et maladies métaboliques. Paris, Flammarion Médecine-Sciences, 1999
Meng W, Ziegler R (Hrsg.). Endokrinologie – Grundlagen, Klinik, Praxis. Stuttgart, Gustav Fischer, 1997
Wilson JD, Foster DW. Williams Textbook of Endocrinology. 9th ed. Philadelphia, Saunders, 1998

Système nerveux, muscles, organes des sens

Adams RD, Victor M. Principles of Neurology. 6th ed. New York, McGraw-Hill, 1997
Birbaumer N, Schmidt RF. Biologische Psychologie. 3. Aufl. Heidelberg, Springer, 1996
Frazer A, Molinoff PB, Winokur A. Biological Basis of Brain Function and Disease. 2nd ed. New York, Raven Press, 1993
Herdegen T, Tölle TR, Bähr M. Klinische Neurobiologie. Heidelberg, Spektrum Akad. Verlag, 1997
Kandel ER, Schwartz JH, Jessell TM, eds. Principles of Neural Science. 3rd ed. Stamford (Connecticut), Appleton & Lange, 1992
Kaplan IH, Sadock BJ, eds. Comprehensive Textbook of Psychiatry. Vol. 1. 6th ed. (30 th. anniversary). Baltimore, Williams & Wilkins, 1995
Rosenberg RN, Prusiner SB (ed.), Dimauro S, Barchi RL. The Molecular and Genetic Basis of Neurological Disease. 2nd ed. Boston, Butterworth-Heinemann, 1997

Biochimie pathologique, biochimie

Kaplan JC, Delpech M. Biologie moléculaire et médecine, 2e Éd. Paris, Flammarion Médecine-Sciences, 1993
Karlson P, Doenecke D, Koolman J. Kurzes Lehrbuch der Biochemie für Mediziner und Naturwissenschaftler. 14. Aufl. Stuttgart, Thieme, 1994
Lehninger AL, Nelson DL, Cox MM. Prinzipien der Biochemie. 2. Aufl. Heidelberg, Spektrum Akad. Verlag, 1994
Lehninger AL, Nelson DL, Cox MM. Principes de biochimie, 2e Éd. Paris, Flammarion Médecine-Sciences, 1994

Löffler G, Petrides PE, Biochemie und Pathobiochemie. 5. Aufl. Heidelberg, Springer, 1997
Scriver C, Beaudet AL, Sly W, Valle D, eds. The Metabolic and Molecular Basis of Inherited Disease. Vol. 1-3. 7th ed. New York, McGraw-Hill, 1995
Stryer L. La Biochimie, 4e Éd. Paris, Flammarion Médecine-Sciences, 1997

Pathologie, anatomie et histologie

Böcker W, Denk H, Heintz PU. Pathologie. München, Urban & Schwarzenberg, 1997
Cotran R, Kumar V, Robbins SL. Pathologic Basis of Disease. 5th ed. Philadelphia, Saunders, 1994
Drenckhahn D, Zenker W. Benninghoff Anatomie. Bd. 1 und 2. 15. Aufl. München, Urban & Schwarzenberg, 1994
Kahle W, Leonhardt H, Platzer W. Taschenatlas der Anatomie für Studium und Praxis. 6. Aufl. Stuttgart, Thieme, 1991
Kühnel W. Taschenatlas der Zytologie, Histologie und mikroskopischen Anatomie. 9. Aufl. Stuttgart : Thieme ; 1995
Kühnel W. Atlas de poche d'histologie, 2e Éd. Paris, Flammarion Médecine-Sciences, 1997
Riede U-N, Schaefer H-E. Allgemeine und spezielle Pathologie. 4. Aufl. Stuttgart : Thieme ; 1995

Pharmacologie

Forth W, Henschler D, Rummel W, Starke K. Allgemeine und spezielle Pharmakologie und Toxikologie. 7. Aufl. Heidelberg, Spektrum Akad. Verlag, 1996
Goodman LS, Gilman A, eds. The Pharmacological Basis of Therapeutics. 9th ed. New York, McGraw-Hill, 1996
Kuschinsky G, Lüllmann H, Mohr K. Kurzes Lehrbuch der Pharmakologie und Toxikologie. 13. Aufl. Stuttgart, Thieme, 1993
Lüllmann H, Mohr K, Ziegler A. Taschenatlas der Pharmakologie. 3. Aufl. Stuttgart, Thieme, 1996
Lüllmann H, Mohr K, Ziegler A. Atlas de poche de pharmacologie, 2e Éd. Paris, Flammarion Médecine-Sciences, 1998
Schordevet M. Pharmacologie, des concepts fondamentaux aux applications thérapeutiques, 3e Éd. Genève, Frison-Roche-Slatkine, 1999

Tables et lexiques médicaux

Pschyrembel. Klinisches Wörterbuch. 257. Aufl. Berlin : de Gruyter ; 1994
Smith AD, Datta SP, Howard Smith G, Campbell PN, Bentley R, McKenzie HA. Oxford Dictionary of Biochemistry and Molecular Biology. Oxford, Oxford University Press, 1997
Wissenschaftliche Tabellen Geigy. Einheiten im Meßwesen, Körperflüssigkeiten, Organe, Energiehaushalt, Ernährung. Teilband Körperflüssigkeiten. 8. Aufl. Basel, Ciba-Geigy AG, 1977 (2. Nachdr. 1985)
Wissenschaftliche Tabellen Geigy. Somatometrie, Biochemie. Teilband Somatometrie und Biochemie. 8. Aufl. Basel, Ciba-Geigy AG, 1982 (2. Nachdr. 1985)
Wissenschaftliche Tabellen Geigy. Physikalische Chemie, Blut, Humangenetik, Stoffwechsel von Xenobiotika. Teilband Hämatologie und Humangenetik. 8. Aufl. Basel, Ciba-Geigy AG, 1979 (4. Nachdr. 1985)

Revues

Annual Review of Physiology. Annual Review Inc. Palo Alto, California/USA
Nature Medicine. Nature America Inc., New York/USA
Nature. Macmillan Magazines, London/UK
NIPS (News in Physiological Sciences). Schultz SG, ed. Houston, Texas/USA
Physiological Reviews. The American Physiological Society, Bethesda, Maryland/USA
Reviews of Physiology, Biochemistry and Pharmacology. Springer Verlag, Berlin — Heidelberg — New York
Science. American Association for the Advancement of Science, New York/USA
Spektrum der Wissenschaft. Spektrum der Wissenschaft Verlagsges. mbH, Heidelberg

Index et table des abréviations

B

C

D

E

F

G

H

I

N

O

P

Q

R

S

T

U

V

W

X

Y

Z

Achevé d'imprimer par Corlet, Imprimeur, S.A. - 14110 Condé-sur-Noireau (France)
N° d'Éditeur : 10503 - N° d'Imprimeur : 45991 - Dépôt légal : mai 2000 - *Imprimé en U.E.*